Die «revolutionären Kader» der Roten Armee Fraktion, Bürgerkinder allesamt, wollten das Volk gegen die Obrigkeit aufwiegeln. Am Ende wurde es, wie von Heinrich Böll befürchtet, ein «Krieg von sechs gegen sechzig Millionen». Das Gruppenprojekt war alles zwischen lächerlich und größenwahnsinnig, doch mit ihrem Furor gelang es der RAF, die Republik von der Frankfurter Kaufhausbrandstiftung 1968 bis in die neunziger Jahre in Atem zu halten.

Das Unbehagen, das die Terroristen in der Wohlstandsgesellschaft verspürten, verband sie mit einem großen Teil ihrer Generation. Auch wenn «Guerillakampf» in Deutschland sinnlos war – die Terroristen führten ihn mit allen Mitteln. Heute ist die RAF Geschichte, aber eine, die nicht vergehen will. Eine Wunde ist geblieben. Was hat diese Bürgerkinder so weit gebracht, der linksliberalen Bundesrepublik den Krieg zu erklären? Wer waren die Soldaten dieser Freischärlerarmee? Willi Winkler beschreibt die RAF zum ersten Mal als Phänomen, wie es in seiner ganzen Unbegreiflichkeit nur in Deutschland möglich war.

Willi Winkler, geboren 1957, hat in München und St. Louis studiert und Bücher von John Updike, Anthony Burgess und Saul Bellow übersetzt. Er war Redakteur der «Zeit» und des «Spiegel» und schreibt heute für die «Süddeutsche Zeitung». 1998 erschien «Alle meine Deutschen. Ein Bestiarium», 2001 «Bob Dylan. Ein Leben», 2002 «Mick Jagger und die Rolling Stones». Zahlreiche Aufsätze und Artikel zur RAF und zum Linksterrorismus. 1998 erhielt Winkler den Ben-Witter-Preis.

Willi Winkler
Die Geschichte der RAF

Rowohlt Taschenbuch Verlag

4. Auflage September 2014

Veröffentlicht im Rowohlt Taschenbuch Verlag,
Reinbek bei Hamburg, Oktober 2008
Copyright © 2007 by Rowohlt · Berlin Verlag GmbH, Berlin
Umschlaggestaltung ZERO Werbeagentur, München,
nach einem Entwurf von any.way, Hamburg
Satz Life PostScript, InDesign, von
Pinkuin Satz und Datentechnik, Berlin
Druck und Bindung CPI books GmbH, Leck
Printed in Germany
ISBN 978 3 499 61666 2

MIX
Papier aus verantwor-
tungsvollen Quellen
FSC® C083411

Das für dieses Buch verwendete FSC®-zertifizierte Papier
Holmen Book Cream liefert Holmen, Schweden.

Inhalt

Prolog – Die Frau auf dem Dachboden 9

I. WIE GEWALT ENTSTEHT
Wo alles herkommt 23
Theorie der Guerilla 37
Das bewaffnete Wort 52
Tage der Kommune 63
Der surrealistische Kaufhausbrand 72
Es begann am 2. Juni 1967 79
Nie wieder Auschwitz 88
Revolutionen 95
Die Gesellschaft des Spektakels 108
Das Attentat auf Rudi Dutschke 116
Die Gewaltfrage wird beantwortet 129
Jugendarbeit 135
Morgenlandfahrer 142
Der Menschenfischer 149

II. DAS KONZEPT STADTGUERILLA
Die Baader-Befreiungsarmee 157
Im Untergrund 166
In der Wüste 173
Die Konkurrenz schläft nicht 177
Ortlose Guerilla 182
«Ein Krieg von 6 gegen 60 000 000» 191
«Mai-Offensive» 203
Schwarzer Sommer 211

III. DIE EINGESCHLOSSENEN
Toter Trakt 223
Mein Körper ist meine Waffe 230

Entr'acte: Sartre in Stammheim 237
Negerküsse für die Kundschaft 242
Das Stockholm-Syndrom 250
Textkämpfe bis in den Tod 256
Exkurs: Das Frankfurter Kreuz 265
Der letzte Auftritt 275

IV. «OFFENSIVE '77»
Vorbereitungen 285
Siegfried Buback wird ermordet 292
Der Deutsche Sommer 301
Die «Aktion» am 5. September 308
Krieg im Frieden 314
Umzug und weitere Verhandlungen 325
Die Entführung der «Landshut» 334
Die Selbstmordnacht von Stammheim und der Mord an Hanns Martin Schleyer 345
Das Ende der Reise 351

V. DER KAMPF DARF NIMMER ENDEN
Aftermath 359
Der real fusionierende Terrorismus 370
Der Osten ist rot 380
Internationale Front 393
«akteure des systems» 407
Fragen über Fragen 424
Bad Kleinen und ein letztes Spektakel 431

Epilog – Der Krieg ist aus 440

Anmerkungen 455
Literaturhinweise 515
Zeittafel 519
Bildnachweis 528

«Alle rechtsstaatlichen Errungenschaften beruhen auf revolutionärer Gewalt.»*

Otto Schily

Prolog
Die Frau auf dem Dachboden

«Und das Schiff kam zu den Grenzen des tiefströmenden
Okeanos, wo Gau und Stadt der Kimmerischen Männer
ist. In Dunst und Wolken sind sie eingehüllt, und
niemals blickt der leuchtende Helios auf sie herab mit
seinen Strahlen, weder wenn er zum gestirnten Himmel
aufsteigt, noch wenn er sich vom Himmel her wieder
zurück zur Erde wendet, sondern böse Nacht ist über
die armen Sterblichen gebreitet.»[1]
Homer, Die Odyssee, 11. Gesang, Νέκυια, V. 12–19

Die große deutsche Passionsgeschichte, die Anfang der sechziger Jahre begonnen hatte, durfte mit dem Selbstmord der Hauptdarsteller 1977, mit lebenslanger Haft für die «zweite Generation» und schließlich der verlegenen Selbstauflösung durch die verbliebenen Kämpfer auch 1998 noch nicht zu Ende sein. Viereinhalb Jahre nach ihrer Schlusserklärung, im November 2002, tauchte in der Asservatenkammer der Magdeburger Universitätsklinik das in Formaldehyd aufbewahrte Gehirn Ulrike Meinhofs auf. Die war da schon lange tot, vor Jahrzehnten am Fenster erhängt aufgefunden, aber so, als Untote, konnte sie immer noch umgehen. *Bild* schauderte es stellvertretend für die Leser: «Gruselig! / Gehirn von Ulrike Meinhof / in Pappschachtel». Gleich neben dem RAF-Emblem mit fünfzackigem Stern und der Heckler & Koch stand die positive Nachricht: «Alle bewundern sie / Die schöne / Tochter von / Johannes Rau». Doch nicht einmal die Tochter des Bundespräsidenten ist ganz frei von dieser alten Geschichte, ist sie doch die Urenkelin Gustav Heinemanns, jenes Mannes, der einmal Ulrike Meinhof vor Gericht verteidigt hatte, der trotz seiner Opposition zur politischen Entwicklung der Bundesrepublik zum Justizminister und Präsidenten aufgestiegen war und nach ihrem Tod von Staats wegen versöhnliche Worte gefunden hatte: «Mit allem, was sie getan hat, so unverständlich es war, hat sie uns gemeint.» *Bild* wollte davon nichts wissen und berichtete doch alles, was man wissen musste: «Mediziner der Uni Tübingen sollen das Hirn [nach Ulrike Meinhofs Tod] entfernt und festgestellt haben, dass die für Emotionen zuständige Gehirnregion ‹mit bloßem Auge› erkennbare, ungünstige Abweichungen aufwies. Angeblich habe der Neuro-Pathologe festgestellt, dass ein Hirnschaden, Spätfolge einer Tumoroperation, Ulrike Meinhof zur kaltblütigen Terroristin gemacht habe!»[2]

Ach, wenn es doch so einfach wäre!

Denn erklären möchte man sich das Böse schon. Woher kommt es? Wo sitzt es? Und – damit auch in postreligiöser Zeit ein schöner Syllogismus draus wird – kann man es nicht doch ausmerzen? Weil Ulrike Meinhof als ideologisches Zentrum der sogenannten Rote Armee Fraktion (RAF) galt, meldeten die Zeitungen ihre Festnahme im Juni 1972 unter der Überschrift «Kopf zerschlagen». Die Polizei in Hannover traf auf eine Frau, die keine Ähnlichkeit mehr mit dem Bild auf dem Fahndungsplakat zeigte. Dennoch war es die richtige: Der *Stern* hatte eben die Röntgenaufnahme ihres Kopfes veröffentlicht, und um das Original mit dem verräterischen Abbild zu vergleichen, brauchten die Beamten die Gefangene nur zu sedieren und eine neue Aufnahme anzufertigen.

Die Terroristin, so gefährlich sie sein mochte (schließlich hatte sie verkündet: «und natürlich kann geschossen werden»), litt unter einem weithin bekannten Defekt. Zehn Jahre zuvor hatten sie plötzlich heftige Kopfschmerzen geplagt. Ein Angiogramm ergab den Verdacht auf einen Tumor. Ulrike Meinhof, verheiratete Röhl, damals Chefredakteurin der Zeitschrift *konkret*, war zu dieser Zeit schwanger. Deshalb brachte sie mit Kaiserschnitt erst ihre Zwillinge zur Welt und ließ sich anschließend in der Universitätsklinik Hamburg-Eppendorf den schmerzenden Kopf aufschneiden. Der Arzt

Rudolf Kautzky konnte den Tumor lokalisieren. Um die Hirnhaut nicht weiter zu beschädigen, klammerte er die Missbildung ab und verschloss hinterher den trepanierten Schädel. Die Patientin erholte sich und konnte bald wieder schreiben. Sie zog ihre Kinder auf, waltete als Haus- und Ehefrau, tanzte ausgelassen auf Partys, trat im Rundfunk und im Fernsehen auf und entspannte sich zwischendurch auf Sylt. Dr. Kautzky fand sie bei einer Nachuntersuchung vier Jahre später kerngesund, attestierte ihr «volles Wohlbefinden und volle Lebenskraft». Ulrike Meinhof schrieb mit steigender Empörung Artikel gegen die Notstandsgesetze, gegen Franz Josef Strauß und gegen den Schah von Persien, wurde berühmt und in der Fachwelt ein Fall. Ein Sonderdruck aus dem *Zentralblatt für Neurochirurgie*, erschienen 1968 in Leipzig, zitierte ausführlich aus ihrer Krankenakte. Hier konnte man alles über die *Arteria carotis interna* und die kirschgroße Schwellung an der Außenwand des *Sinus cavernosus* von R.U. (Röhl, Ulrike) erfahren und dass die Patientin mittlerweile «objektiv ohne pathologische Störungen» sei.[3]

Die ehemalige Patientin hatte sich inzwischen von ihrem Mann, der sie betrog, getrennt und war mit den Kindern von Hamburg nach Berlin gezogen, wo sie rechtzeitig zur Stelle war, um zu sehen, wie andere Steine gegen das Springer-Hochhaus warfen. Die Polizei griff ein, und Ulrike Meinhof bekam Angst; seit der Operation fürchtete sie nichts mehr als einen Angriff auf ihren Kopf. Ihre weitere Radikalisierung fand in diesem aufgewühlten Berlin statt; eines kranken Gehirns bedurfte es dafür nicht. In Berlin scharte nicht sie, sondern der Rechtsanwalt Horst Mahler eine Gruppe um sich, die den Kampf gegen den als «faschistisch» verstandenen Staat aufnehmen sollte. Das war sicherlich ein verranntes Unternehmen, aber nicht unbedingt verrückt; wenn die Bundesrepublik Deutschland auch nicht «faschistisch» war, schien sie damals nicht wenigen auf dem besten Weg, ein Polizeistaat zu werden. Ulrike Meinhof führte diesen Kampf niemals an, sie ließ sich aber hineinziehen und gab der RAF, als sie endlich im Untergrund angekommen war, ein – typisch für eine Intellektuelle –

denkbar praxisfernes Programm. Das Morden konnte beginnen, das Kopfschütteln über diese Karrierewendung auch.

Und dann das Triumphgeschrei, weil man endlich das Böse in ihrem Gehirn fixieren konnte. Das Böse lag noch 2002 konserviert in Formalin, eine Dauerleihgabe der Universitätsklinik Tübingen beziehungsweise des dortigen Professors Pfeiffer. Der durfte 1976 die Leiche Ulrike Meinhofs obduzieren, denn die Staatsgewalt ebenso wie die Verteidiger wollten ausschließen, dass es sich nicht doch um einen als Selbstmord getarnten Mord handelte. Ulrike Meinhof wurde in Berlin beerdigt; ihr Gehirn allerdings behielt der Tübinger Dr. Katzenberger ein. Zusammen mit seinem Magdeburger Kollegen Bongarts wollte er herausgefunden haben, was *Bild* schon 1972 wusste, nämlich dass Ulrike Meinhof «immer wahnsinniger» geworden sei. Bundesanwalt Peter Zeis frohlockte schon bei ihrer Verhaftung: «Wäre doch peinlich, wenn alle diese Leute einer Verrückten nachgelaufen wären.» Das wäre gar nicht peinlich, sondern eine große Erleichterung gewesen: für die Justiz, für die Presse, auch für die sogenannte Öffentlichkeit, die ja ein Anrecht auf diese Art Aufklärung hat.

Für Aufklärung ist die Wissenschaft zuständig. Am Ende von Werner Herzogs Film «Jeder für sich und Gott gegen alle» (1974) wird der arme Kaspar Hauser seziert. Die Mediziner finden, was das finstre 19. Jahrhundert halt so findet: deformiert war der innen drin, die Leber, das Gehirn einfach zu klein, der Rest, logisch, verrückt. Die Wissenschaft hat zu beweisen, was längst feststeht, dass der Kaspar nämlich nicht richtig im Kopf war. Und der Aktuarius wackelt hinaus, das Protokoll unterm Arm und den schönen Satz auf den Lippen: «Wir haben endlich für diesen befremdlichen Menschen eine Erklärung, wie man sie besser nicht finden kann.» Annette Wiederhold, «Schülerin, 14 Jahre, Bonn», plädierte in einem Leserbrief an den *Stern* für den kurzen Prozess: «Rätselt nicht so lange an Ulrikes Birne rum. Seht ihr denn nicht, dass bei der ein Schräubchen locker ist? Ich kann nur raten: Zieht die Schraube an, damit man wieder ruhig schlafen kann.»[4]

Die Ruhe ist längst wiederhergestellt, doch als Drohung, als Gespenst, lebt Ulrike Meinhof weiter und mit ihr der deutsche Terrorismus der siebziger und achtziger Jahre eines nun schon vergangenen Jahrhunderts. Auch wenn sie tot ist, findet sich die Frau mühelos in die zeitgemäßen Verkehrsformen integriert. Bei eBay wurde das, was übrig ist von ihr, unter der Rubrik «Kunst & Antiquitäten: Plastik & Skulptur: Zeitgenössisch / ab 1950: Verschiedene Materialien» im bösen Scherz zum Verkauf angeboten.[5]

Das Böse soll erklärt werden und geht trotzdem nicht weg. Warum das so ist? Vielleicht, weil die RAF Geschichte ist, deutsche Geschichte. Als sich ein FDP-Abgeordneter über ein Wandgemälde in der Hamburger Hafenstraße erregte, das neben der Aufforderung «Boykottiert Israel!» ein Porträt Hanns Martin Schleyers zeigte, den die RAF im Herbst 1977 entführt und sechs Wochen später umgebracht hatte, erinnerte Jan Philipp Reemtsma daran, «welche Belastung sich vor allem für die jüdischen Bürgerinnen und Bürger der Bundesrepublik Deutschlands damals ergab, als fast alle anderen Bürgerinnen und Bürger über die Identifikation mit jenem Bild eines ehemaligen SS-Offiziers sich zu einer Nation der Opfer erklärten».[6] Aber wie kam es zu dieser Bluttat, was trieb die Mörder, warum Schleyer?

Längst muss die Geschichte der RAF rekonstruiert werden. Sie beginnt nicht mit dem militanten Haufen, der 1970 den Häftling Andreas Baader befreite, sie beginnt auch nicht am 2. April 1968, als dieser Baader mit drei Freunden Brandsätze in zwei Frankfurter Kaufhäusern deponierte. Sie hat ihre Wurzeln in den fünfziger Jahren und wäre nicht möglich gewesen ohne das «Dritte Reich», ohne die staatlich organisierte Judenvernichtung, gegen die sich kein Widerstand regte. Erst in den sechziger Jahren, erst nachdem in Israel einer der Exekutoren des Genozids vor Gericht gestellt worden war, begannen sich auch deutsche Gerichte mit dem zu beschäftigen, was Deutsche in Auschwitz und Theresienstadt getan hatten. Schwer genug wog diese Vergangenheit, lastete auf der Gegenwart, waren doch dieselben Richter, die die Verbrechen des Nationalsozialismus sanktioniert hatten, weiter für die Rechtsprechung zuständig, beherrschten die ehemaligen Mitglieder von NSDAP, von SA und SS Schule, Universität, Verwaltung und Regierung.

Vietnam erschien einer aufgebrachten Außerparlamentarischen Opposition als Wiederholung jener Vergangenheit. Die Bilder der Gräuel in Südostasien, die täglich ins Haus geliefert wurden, erinnerten an den eigenen, nie besprochenen Völkermord. Die APO vereinte deshalb nicht bloß der Kampf gegen die Große Koalition von SPD und CDU/CSU und gegen die Notstandsgesetze, sondern auch der Protest gegen den von der Bonner Regierung aus politischer Rücksicht tolerierten, gelegentlich sogar materiell unterstützten Vietnamkrieg. So glaubte man, jenen Widerstand nachholen zu können, zu dem sich die Generation davor im «Dritten Reich» nicht aufraffen wollte. Nur Einzelne hatten den Mut dazu aufgebracht, ein Held jeder für sich und jeder gescheitert am Volksganzen. Nachdem die Geschwister Scholl 1943 hingerichtet worden waren, sorgten die Bomber der britischen Royal Air Force (RAF) dafür, dass die Flugblätter der «Weißen Rose» in Deutschland Verbreitung fanden.

Die RAF, so die nicht weiter überraschende These dieses Buches, machte sich zum Werkzeug der Studentenbewegung der sechziger Jahre, setzte deren Idealismus ebenso fort wie die Hybris. Ulrike Meinhof erklärte 1975 im Stammheimer Prozess: «Es ging darum, den ganzen Erkenntnisstand der Bewegung von 1967/68 historisch zu retten; es ging darum, den Kampf nicht abreißen zu lassen.» Dass die Kombattanten der RAF Desperados waren, eine andere Form von Selbstmordattentätern, ist oft und zu Recht gesagt worden und zumeist von den linken Freunden, denen sie aus der Diskussion über die Gewalt in die Militanz davonliefen. Die RAF entstand auf einer zerfallenden, aber erstaunlich euphorischen Woge der von sich so begeisterten Jugendrevolte. Es handelte sich allerdings um die deutsche Variante der weltweiten Revolte, freudlos im Wesentlichen, zur Introspektion neigend, aber im Zweifel zum Kampf entschlossen, mit der Bereitschaft zu töten. Deutsch sein hieß wieder einmal, eine Sache um ihrer selbst willen zu betreiben, im Fall der RAF fast dreißig Jahre lang.

Doch stand die Gewalt so wenig am Anfang wie das Böse. Es brauchte mehr als ein Jahrzehnt, ehe aus dem demonstrierenden Widerstand gegen die Atom-Gefahr und aus einem Schwabinger Existenzialistenkeller so weit fort- und weitergedacht war, bis sich einige wenige entschlossen, die Waffe in die Hand zu nehmen. Die Gewalt hatte viele Väter (und wenige Mütter), der Pflasterstein wurde erst lange im Teach-in besprochen, ehe ihn jemand aufklaubte und gegen knüppelnde Polizisten schleuderte. Zwischen der Absicht einer Gruppe um Rudi Dutschke, mit Demonstrationsgewalt gegen Berliner Nato-Kasernen vorzugehen (Februar 1968) und den Mordanschlägen der RAF gegen US-Einrichtungen (Mai 1972) liegen vier Jahre, in denen der Vietnamkrieg weiter eskalierte.

Die Schüsse auf Benno Ohnesorg im Juni 1967, dann auf Rudi Dutschke im April 1968 radikalisierten die verglichen mit der amerikanischen so kleine deutsche Studentenbewegung. Mit Verzögerung erst entwickelte sich bei einigen der revolutionäre Gedanke zur, absurder Ausdruck, «Propaganda der Tat». Seit dem Sommer 1969 bildete sich vornehmlich in Berlin eine «Militanzkonkurrenz» (Detlev Claussen), aus der die bedenkenloseste Fraktion, eben die RAF, schließlich siegreich hervorging. Dass sie halb willentlich, halb ahnungslos, aber besessen von einem heute unbegreiflichen jugendlichen Moralismus in die Brutalität hineingeriet, dass die Gewalt beim starken Wort begann und erst in der Reaktion auf staatliche Gewalt in Terror umschlug, wird neuerdings gern übergangen.[7]

Die RAF mag heute so unbegreiflich erscheinen wie der *Sacco di Roma* oder der Aufstand des Mahdi im Sudan; doch sie war ein Nachkriegsphänomen und entstand zusammen mit dem gewaltigsten Modernisierungsschub, den sich die westliche Welt in den letzten sechzig Jahren leistete. «Wenn zum Beispiel die RAF, ohne zu töten, während des Vietnamkriegs oder bei Aufkommen der Arbeitslosigkeit die Widersprüche verschärft hätte», meint sogar Horst Herold, der in den siebziger Jahren als BKA-Chef die Fahndung leitete, «wären ihre Chancen größer gewesen.»[8] Und Horst Mahler erklärte anlässlich der Selbstauflösung der RAF, durch die «vorzeitige Illegalisierung der Gruppe» sei die «Fortsetzung der in Berlin im Märkischen Viertel begonnenen Basisarbeit» verhindert worden; sie sollte «das ‹Wasser› schaffen, in dem die Fische, die Kombattanten der RAF, hätten ‹schwimmen› können».[9]

Die RAF kam keineswegs aus dem Nichts, sondern aus einem aufgeklärten, liberalen Mittelstand. «Ulrike Meinhof hat mich sehr gerührt, besonders dann, wenn sie sich auf dem Hamburger Parkett der sechziger Jahre dem einen oder anderen Partygrüppchen zugesellte», rief ihr die Journalistin Christa Rotzoll in der *Frankfurter Allgemeinen* nach; im Unterschied zu manchen anderen habe sie die inzwischen als Terroristin gesuchte Kollegin nicht beherbergt, versicherte sie den beiden Polizisten, die morgens früh um neun klingelten, «daß ich sie aber gern habe, setzte ich ungefragt in edlem Bürgerstolz hinzu».[10] Ohne geistige, gelegentlich auch finanzielle Unterstützung der Aktionisten durch diesen Mittelstand wäre es nicht zur Gewalt gekommen; dass es allerdings so weit kommen würde, war zunächst völlig unwahrscheinlich.

Im Sommer 1970, wenige Monate nachdem die spätere RAF ihren Kämpfer Baader mit Gewalt aus dem Polizeigewahrsam befreite, kaufte sich Stefan Aust ein Kleinkalibergewehr und ein zehnschüssiges Magazin: Er fürchtete die Nachstellungen einer Gruppe, mit deren Mitgliedern er sich noch kurz vorher im Protest zum Beispiel gegen die Berichterstattung der Springer-Zeitungen einig gewesen war. Jetzt stand er auf der anderen, der falschen Seite. Zusammen mit einem RAF-Aussteiger veranstaltete Aust Schießübungen und ist dabei ertappt worden. «Der Wahnsinn jener Zeit hatte auch uns ergriffen», wie der spätere *Spiegel*-Chefredakteur bemerkte.[11]

Die RAF machte dann ernst mit dem, was bereits im Schwange war. Die Gewalt lag in der Luft, und die Zeit, hieß es in einem Song der tonangebenden Rolling Stones, war gekommen für den Straßenkampf. «Die Übergänge zwischen friedlicher und bewaffneter Militanz waren fließend», wie der Schriftsteller Peter Schneider bestätigt. «Ich war zu der Zeit kein Demokrat. Wir wollten nicht nur eine Gegenöffentlichkeit, wir wollten die Machtverhältnisse verändern.»[12] Die ehemalige Terroristin Inge Viett wundert sich rückblickend, dass 1968 und in den Jahren danach nicht mehr Menschen zu den Waffen gegriffen haben,[13] aber auch Schneider fragt sich angesichts der «damaligen bürgerlichen Gesellschaft»: «Wie kam es, dass jemand nicht an diesem Aufstand teilnahm? Wie kam es, dass jemand immer noch seine bügelfreien Nyltesthemden, seine Krawatte und den Scheitel zum grauen Jackett trug?»[14]

Während die einen noch mit der akademischen Unterscheidung zwischen der erlaubten Gewalt gegen Sachen und der verbotenen Gewalt gegen Personen beschäftigt waren, sammelte sich in Berlin eine zu allem entschlossene Schar. Für politische Arbeit war sich die RAF zu schade; die großen Themen lockten viel mehr – doch wen wundert das in einem Land, das den Idealismus erfunden hat? Dennoch oder vielleicht gerade deshalb durfte sie sich eine Zeitlang mit einigem Recht einreden, eine Avantgarde zu sein, die einer gesellschaftlichen Stimmung zum Ausdruck verhelfen sollte, und sie zog, weniger durch ihre Mordtaten als durch ihr öffentliches Leiden und Sterben, mehr Menschen an sich, als sich die elitären Kämpfer zunächst selber vorstellen konnten. Ihr übermäßiger Äußerungsdrang, diese Logorrhö, kombiniert mit einem esoterischen, nämlich alle Fernerstehenden ausschließenden Stil, verwandelte die angebliche Botschaft schnell in Märtyrer-Kitsch. Man muss allerdings fragen, woher dieser Kitsch kam – von jenen, die ihr näher und ferner standen, die nicht im Gefängnis oder im

Untergrund lebten und denen deshalb zeitweise das Gewissen schlug, die zum Beispiel über Jahre den armen, verfolgten Peter-Jürgen Boock als Märtyrer verherrlichten. Sie hatten ihren Vorläufer in Peter Weiss, der 1967, nach dem Tod Che Guevaras, in die Tasten seiner Schreibmaschine geweint hatte: «Sind wir mitschuldig an diesem Tod? Sind wir die Verräter? Oder waren wir nur in unserm Alltag Befangene, Gleichgültige, getrost und unbekümmert um jene ferne Revolution? Haben wir es vermieden, Stellung zu nehmen?»[15]

Die Zeit schien diese Stellungnahme zu fordern, und dann war den deutschen Guerrilleros der Wortrausch nicht mehr genug. Sie wollten den notfalls blutigen Ernst. Nein, sie würden nicht mehr in ihrem Alltag befangen sein, nicht gleichgültig zusehen, wenn wieder Unrecht in der Welt geschah. Sie wollten die ferne Revolution, die in Bolivien kläglich gescheitert war, in Vietnam sich aber aus unendlichem Leid in einen strahlenden moralischen Sieg zu verwandeln begann, nach Westdeutschland holen. Am Ende sind die von den eigenen Worten berauschten Aktivisten in den Untergrund hineingestolpert, ohne feste Absicht, ohne Plan und zunächst noch ohne Mordlust, aber so gewaltbereit, wie es nach dem «nicht erklärten Notstand» (Hans Magnus Enzensberger) im Sommer 1967 viele geworden waren.

Das, was eine kurzlebige Koalition aus Studenten, Intellektuellen und Gewerkschaften 1967 und 1968 befürchtete, ein Notstandsrecht anstelle des Grundgesetzes, ist nicht einmal im Krisenherbst 1977 eingetreten. Der Staat blieb hart gegen die terroristische Erpressung, ohne die Grundrechte außer Kraft zu setzen. Die RAF analysierte das politische System in der Bundesrepublik Deutschland so entschlossen weltfremd, wie es in keinem soziologischen Hauptseminar möglich gewesen wäre. Der Staat war nie bedroht von ihr, auch wenn die Aufmerksamkeit, die ihre Anschläge fanden, genau jene Angst zu bestätigen schien. Der Staat konnte sich gegen die rote Gefahr aufrüsten und am Ende sogar beweisen, dass er trotzdem nicht der faschistische Moloch war, als den ihn die Manifeste der RAF von vornherein entlarvt hatten. Der Staat, der so aggressiv auf die Anfänge der Studentenbewegung reagiert hatte, der verständnislos und äußerst unklug auf die ersten Straftaten antwortete, überstand die Belagerung durch die Militanten und konnte sich endlich etwas Milde leisten. Erst diese einseitige Abrüstung Anfang der neunziger Jahre brachte die RAF an ihr Ende. Am 14. April 1992 gestand sich die RAF (oder was von ihr noch übrig war) schließlich ein, dass «es nicht mehr so weitergehen kann wie bisher»[16], und verkündete, keine weiteren Anschläge auf Führungsfiguren aus Politik und Wirtschaft zu unternehmen. So lange dauerte es, bis bei den Terroristen genug Einsicht in die eigene Verstiegenheit, die maßlose Selbstüberschätzung entstanden war.

Heute sieht es danach aus, als sollte die RAF als Verbrecherbande entsorgt werden; das war sie natürlich, aber wenn sie *nur* das gewesen wäre, müsste kein weiteres Wort über sie verloren werden. Dass sie Verbrecher waren, hätten die Terroristen selber am allerwenigsten bestritten; wer gegen den Staat ist, ihm sogar den Krieg erklärt, wird sich kaum an das Bürgerliche Gesetzbuch halten.

Andererseits hat man der RAF gewiss zu viel Ehre angetan, sie politisch ernst zu nehmen. Das wäre nicht möglich gewesen, wenn man sich nicht von Gleich zu Gleich verständigt hätte: Man beneidete die anderen, die den Schritt vom Wort zur Tat gegangen waren, so wie man heute zur grundsätzlichen Verurteilung neigt, weil das eigene Leben eine so geordnete Wendung genommen hat. Das verleitete zu einer grotesken Überschätzung der RAF, die sich aufs schönste zu deren eigenem Größen- und Sendungswahn fügte.

Die endlose Debatte um die vorzeitige Entlassung Brigitte Mohnhaupts und die mögliche Begnadigung Christian Klars Anfang 2007 hat gezeigt, dass die in den Sechzigern eingeübten Reflexe noch immer funktionieren. *Bild* schürt die Furcht vor Gewalttätern und dämonisiert die nach insgesamt neunundzwanzig Jahren Haft entlassene Siebenundfünfzigjährige zur «schlimmsten Terroristin»; die Politiker fordern, dass lebenslängliche Haft doch den Tod im Gefängnis zur Folge haben müsse. Man wünscht sich das Böse einfach und will es ausgetrieben wissen. Es ist, als müsste man sonst ein Familiengeheimnis preisgeben, über einen Verwandten reden, den man nicht vorzeigen kann.

Im viktorianischen Roman meldet sich gelegentlich die «Frau auf dem Dachboden». Sie geht oben um, gilt als verrückt, sie gehört zum Hausstand, aber sie darf um Gottes willen nicht in Erscheinung treten, weil sie den Familienfrieden durch die Erinnerung an einen vor Zeiten begangenen Frevel weckte. Ulrike Meinhof hat etwas von dieser verborgenen Frau, und die RAF ist dieser alte unvergängliche Frevel. Zu viele wissen davon, zu viele sind auch heute noch damit beschäftigt. So hat dieses kurze Aufflackern politischer Gewalt in der sonst pazifizierten BRD nach dem üblichen Kopfschütteln immer neue Interpretationen gefunden. Die Geschichte der RAF ist zu Ende, aber noch lang nicht vorbei.

I. WIE GEWALT ENTSTEHT

Wo alles herkommt

«Der Sinn der Organisation ist ihr Scheitern.»
Subversive Aktion (1963)

Als Günter Grass im Sommer 2006 das Erscheinen seiner Autobiografie vorbereitete und die fünfziger Jahre unter Bundeskanzler Konrad Adenauer im Rückblick «mit all den Lügen, mit dem ganzen katholischen Mief» so «grauenhaft» nannte, wie sie waren, sich gar dazu verstieg, nachträglich eine «Spießigkeit» zu beklagen, «die es nicht einmal bei den Nazis gegeben hatte»[1], war die Verwunderung groß und die Empörung darüber staatsbürgerliche Pflicht, vor allem für die Nachgeborenen. So weit liegen diese zähen Adenauer-Jahre inzwischen zurück, dass sie unbefragt zum Leitbild für die so wenig heroische Gegenwart erhoben werden können.[2] Schließlich haben nach dem Krieg Trümmerfrauen Deutschland wiederaufgebaut, hat Ludwig Erhard allen zu Wohlstand verholfen und haben lupenreine Demokraten für den freiesten Staat auf deutschem Boden gesorgt.

Die Freiheit fand ihre Grenzen allerdings an der Demarkationslinie, die Deutschland nach der Niederlage von 1945 teilte: Im Osten wie im Westen war nicht mehr als eine Teilsouveränität möglich, dafür wurde unbedingte Bündnistreue und damit Widerstand gegen das jeweils andere System gefordert. Von Wiedervereinigung sprachen die Politiker auf beiden Seiten und gaben sich doch alle Mühe, sie zu verhindern. Als der Hamburger Schriftsteller Hanns Henny Jahnn 1956 zu einem Heine-Kongress nach Moskau reiste, wurde er als Verräter verunglimpft. Ehe ihm der Lessingpreis der Freien und Hansestadt Hamburg verliehen wurde, wollte der Kultursenator prüfen lassen, ob Jahnn die Stockholmer Weltfriedenserklärung unterschrieben hatte und ob «irgendwas beim Verf.schutzamt gegen ihn vorliegt»[3]. Der spätere Schriftsteller Peter Rühmkorf wurde 1958 «im Strahlungsbereich der McCarthy-Verfolgungspolitik»[4] als Germanistikstudent von der Hamburger Universität relegiert, weil er sich unterstanden hatte, auf Einladung einer DDR-Organisation an einer Bildungsreise nach China teilzunehmen.

Der sechzehnjährige Wolf Biermann, dessen kommunistischer Vater 1943 von den Nazis ermordet worden war, wechselte das System ganz und ging 1953 aus Westdeutschland fort in die DDR. Dort hatten sich in der Hoffnung auf ein besseres Deutschland zahlreiche Emigranten und auch Veteranen des Spanischen Bürgerkriegs gesammelt, nur um zu erleben, wie spätestens nach Bert Brechts Tod im Sommer 1956 jede Opposition brutal unterdrückt wurde.

In diesem Kalten Krieg wurde jede Seite von der jeweiligen Schutzmacht zum Bollwerk gegen die andere aufgerüstet. Noch im ersten Bundestagswahlkampf 1949 sollte auf Wunsch Konrad Adenauers (CDU) und des späteren Verteidigungsministers Franz Josef Strauß (CSU) jede Hand verdorren, die je wieder zur Waffe greifen sollte, doch kaum war die neue Regierung unter ebenjenem Adenauer im Amt, entschloss sich die Bundesrepublik Deutschland gegen den zunächst erbitterten Widerstand der Sozialdemokraten zur Wiederbewaffnung. Der SPD-Vorsitzende Kurt Schumacher nannte Adenauer nicht ganz falsch einen «Kanzler der Alliierten». Adenauers Kurs der strikten Westbindung machte sich bezahlt; schon im August 1950 kamen acht bei den Nürnberger Prozessen verurteilte Kriegsverbrecher wieder frei, darunter Friedrich Flick. Gustav Heinemann, Innenminister in der ersten Adenauer-Regierung, verließ wegen der geplanten Wiederbewaffnung im Oktober das Kabinett und später die CDU, gründete die Gesamtdeutsche Volkspartei (GVP) und kandidierte mit ihr erfolglos für den Bundestag. In der Bundesrepublik entwickelte sich der Antikommunismus zur Staatsreligion;[5] alle Wege links von der Union führten, wie die CDU auf einem Wahlplakat deutlich machte, direkt «nach Moskau».

1952 eröffnete die Polizei bei einer gewalttätigen, in letzter Minute verbotenen Demonstration der Freien Deutschen Jugend (FDJ) in Essen das Feuer auf die jugendlichen Teilnehmer. Der Münchner Arbeiter Philipp Müller wurde erschossen; die Todesumstände sind bis heute nicht geklärt. Polizei und dann auch die Zeitungen behaupteten wahrheitswidrig, die Demonstranten hätten zuerst geschossen. «Wir hatten einen Märtyrer», schrieb der Publizist Ralph Giordano, der selber als kommunistischer Journalist an der Kundgebung beteiligt war, «erschossen und geopfert, mittags gegen 13 Uhr, auf einem staubigen Platz in Essen ...»[6] In Hamburg empörte sich der Student Klaus Rainer Röhl in der Flugblattzeitung *Der Untertan*: «Solange nur ein einziger Mörder frei herumläuft, solange ein einziger Mord seine gerechte Sühne nicht findet, gibt es keine Kultur, keine Humanität und keinen Fortschritt, sondern nur das alte *neandertalische* ‹Macht geht vor Recht›-Gesetz, so lange ist dieser Staat kein Rechtsstaat!» Der Dreiundzwanzigjährige versäumte nicht, darauf hinzuweisen, dass im Düsseldorfer Gestapo-Prozess die Angeklagten freigesprochen worden waren, weil es nicht erwiesen sei, dass sie «die Unrechtmäßigkeit der Exekution voll erkannt hätten».[7]

Hier beginnt eine weitere Spaltung unter den Deutschen: in die große Mehrheit, die im Wirtschaftswunder eine Entschädigung für die Entbehrungen der Kriegsjahre sieht und deshalb auch bereit ist, über die Ursachen zu schweigen; und jene wenigen, die sich über die von Deutschen begangenen und bewusst ungesühnten Verbrechen empören und von der Empörung nicht lassen wollen. Der Soziologe Helmut Schelsky, der selber NSDAP-Mitglied gewesen war, entwarf das Ideal einer «skeptischen Generation», die sich bei den politischen Auseinandersetzungen lieber draußen hält: «In allem, was man so gern weltgeschichtliches Geschehen nennt, wird diese Jugend *eine stille Generation* werden, eine Generation, die sich damit abfindet und es besser weiß als ihre Politiker, daß Deutschland von der Bühne der großen Politik abgetreten ist.»[8]

Auf Antrag des Bundeskanzlers verbot das Bundesverfassungsgericht 1956 die KPD, worauf Röhl aus Trotz in die fortan nur mehr im Untergrund operierende Partei eintrat. Es war für ihn ein Spiel, eine kindliche Heimlichtuerei, doch war das Spiel gefährlich. Allein bis 1960 wurden 16000 Verfahren gegen KPD-Mitglieder betrieben, von denen viele unter Hitler im KZ eingesperrt waren.[9]

Die Führung der verbotenen Partei saß in Ostberlin, wohin neu geworbene Mitglieder wie Röhl unter konspirativsten Umständen bestellt wurden. Sie durften sich zu einer besonders klandestinen Elite zählen, die das bessere Deutschland verkörperte und deshalb von der Polizei verfolgt wurde, eine Selbsteinschätzung, die sie mit der viel später gegründeten RAF verbindet. Über Tarnorganisationen suchte die DDR Einfluss auf die westdeutsche Politik zu nehmen. So entstanden Zeitungen und Zeitschriften, aber auch Parteien, die Frieden statt Krieg versprachen. Der parlamentarische Erfolg blieb aus. Auch die regelmäßig wiederholten Verhandlungsangebote aus dem Osten wurden ebenso regelmäßig ausgeschlagen. Wer mehr tat, als Kerzen für die Brüder und Schwestern im Osten ins Fenster zu stellen, gar Kontakte nach «drüben» hatte, galt schon als «Ulbricht-Agent» und Verräter. So wurde Renate Riemeck, die an der Wuppertaler Pädagogischen Akademie unterrichtete, 1960 von der Presse und dann von ihrem Dienstherrn zur Kommunistin erklärt, weil sie Karl Marx geprüft habe. Sie brachte es mit diesem politischen Skandal auf die Titelseite des *Spiegel*. Trotz bundesweiter Proteste entzog ihr das nordrhein-westfälische Kultusministerium die Prüfungserlaubnis, bis sie schließlich selber um die Entlassung aus dem Beamtenverhältnis nachsuchte. Als Spitzenkandidatin der neugegründeten Deutschen Friedensunion (DFU) zog sie 1961 in den Bundestagswahlkampf.[10] Die Partei, die mit dem Segen des Friedensnobelpreisträgers Albert Schweitzer antrat, kam nur auf 1,9 Prozent. Renate Riemeck war die Pflegemutter von Ulrike Meinhof.

Ulrike Meinhof stammte aus einer Theologenfamilie; angeblich gehört der Reformator und Luther-Freund Johannes Bugenhagen zu ihren Vorfahren.[11] Sie kam 1934 in Oldenburg zur Welt und wuchs in Jena auf, wo ihr Vater, der Kunsthistoriker Werner Meinhof, seit 1936 das Stadtmuseum leitete. 1940, nach dem Tod ihres Mannes, begann Ingeborg Meinhof Kunstgeschichte zu studieren und nahm die Kommilitonin Renate Riemeck als Untermieterin auf. Als die Rote Armee einrückte, zogen die beiden Frauen mit Ulrike und ihrer drei Jahre älteren Schwester Wienke zuerst nach Bayern und dann nach Oldenburg, wo sie an der Schule unterrichteten. 1949 starb Ingeborg Meinhof nach einer Krebsoperation; Renate Riemeck kümmerte sich fortan um die jüngere der beiden Töchter. Abgesehen von sparsamen Tagebuchnotizen existiert aus diesen Jahren nur das Zeugnis der Ziehmutter. «Voller Mitleid mit benachteiligten Menschen konnte sie einen mit ihrer ständigen Hilfsbereitschaft beinahe nervös machen.»[12]

Nach der Schulzeit in Weilburg, wo Renate Riemeck inzwischen eine Stelle angenommen hatte, studierte Ulrike Meinhof in Marburg ebenfalls Pädagogik und dazu Psychologie. Mitschüler berichten von ihrer Frömmigkeit; sogar den Übertritt zum katholischen Glauben soll sie erwogen haben. Ihr Vorbild wurde die Studentin Sophie Scholl, die zehn Jahre zuvor, im späten Winter 1943 und wenige Wochen nach der Niederlage von Stalingrad, im Lichthof der Münchner Universität Flugblätter fallen ließ und damit zum Widerstand gegen einen Unrechtsstaat aufrief: «Wenn jeder wartet, bis der andere anfängt, werden die Boten der rächenden Nemesis unaufhaltsam näher und näher rücken.»[13] Sophie Scholl war dafür hingerichtet worden. Sogar in der Frisur eiferte Ulrike Meinhof der Märtyrerin nach.

In den Monaten nach dem Tod ihrer Mutter, da war sie noch nicht fünfzehn, führte sie ein lakonisches Tagebuch, in dem sie ihre Lektüre verzeichnete, aber auch wenn sie Blaubeeren pflücken war oder wie sie sich ermahnte, doch etwas abzunehmen.[14] In einer Exerzitienwoche liest sie die Geschichte der Berufung des Christen-Häschers Saulus zum Missionar Paulus. Saulus wird auf dem Weg nach Damaskus mit Blindheit geschlagen, aus der ihn der Herr befreien lässt: «Lieber Bruder Saul, der Herr hat mich gesandt, der dir erschienen ist auf dem Wege, da du herkamst, dass du wieder sehend und mit dem Heiligen Geist erfüllet werdest», versichert ihm der Christ Ananias. Und Saul ist von Stund an erleuchtet: «Alsobald fiel es ihm wie Schuppen von den Augen, und er konnte wieder sehen.» (Apg 9,17–18)

Ulrike Meinhof fühlte sich gewiss auserwählt, aber sie stand keineswegs allein mit ihrem Widerstand gegen die Adenauer'sche Aufrüstungspolitik. In Marburg verlobte sie sich 1958 mit dem Physikstudenten Lothar Wallek und trennte sich wieder von ihm, als sie, bald von der Studienstiftung des deutschen Volkes gefördert, nach Münster wechselte und dort Sprecherin im «Anti-Atomtod-Ausschuss» wurde. Er war katholisch, sie evangelisch, er wollte in der Kernforschung arbeiten, sie sah den Dritten Weltkrieg durch die atomare Aufrüstung kommen. Klaus Rainer Röhl, der inzwischen mit finanzieller Unterstützung aus der DDR den *Studentenkurier* gegründet hatte,[15] holte die Studentin zu *konkret* (wie die Zeitschrift bald hieß), warb sie gleichzeitig für die illegale KPD und präsentierte sie in Ostberlin.

konkret, zunächst stark durch Röhls Studienfreund Peter Rühmkorf geprägt, berief sich auf Kurt Tucholsky und die antimilitaristische Tradition der späten Weimarer Jahre und wurde damit schnell zur meistgelesenen Studentenzeitung. Man bemühte sich um renommierte Autoren, die sich auch politisch äußern wollten, gewann Erich Kästner und Robert Neumann und brachte manchen Erstdruck des außerhalb einer verschworenen Literaturgemeinde kaum bekannten und damals noch erstaunlich linken Arno Schmidt. Vor allem aber verstand sich *konkret* als Widerstandszelle im Adenauer-Staat. Die Zeitschrift wurde an allen Universitäten vertrieben und erreichte 1959 schließlich eine Auflage von annähernd zwanzigtausend Exemplaren. Während die ersten Wehrpflichtigen in die Kasernen einrückten und jeder Widerstand gegen die nach Westen ausgerichtete Bündnispolitik zwecklos schien, empörte sich *konkret* weiter gegen die Aufrüstung. Hier veröffentlichte beispielsweise der junge Schriftsteller Hans Magnus Enzensberger «Neue Vorschläge für Atomwaffen-Gegner».[16]

Zu Ende der fünfziger Jahre wird unter einem virtuellen Atompilz gedacht. Die Bombe bestimmt die Richtlinien der Politik. Trotz der ständig beschworenen Bedrohung aus dem Osten sammelte sich eine immer größer werdende Friedensbewegung. In einer «Göttinger Erklärung» warnten 1957 achtzehn Atomwissenschaftler vor einer atomaren Bewaffnung der Bundeswehr, wie sie die Bundesregierung und namentlich Verteidigungsminister Franz Josef Strauß beabsichtigten. Im März 1958 forderte auch noch ein Teil der SPD «Kampf dem Atomtod». Bei einer Bundestagsdebatte zogen SPD-Vertreter Vergleiche mit der Nazizeit; den Abgeordneten Helmut Schmidt erinnerte Adenauers Aufrüstungsbegehren an das genau fünfundzwanzig Jahre zuvor verabschiedete Ermächtigungsgesetz, das «uns damalige Schuljungs dem raffinierten psychologischen System des ‹Dritten Reiches› ausgeliefert»[17] habe.

Der Bundestag stimmte Adenauers atomarer Aufrüstungspolitik im Mai 1958 mit der CDU/CSU-Mehrheit zu. Die SPD verlangte eine Volksbefragung, die jedoch auf Antrag der Bundesregierung vom Bundesverfassungsgericht untersagt wurde. Der Protest verlagerte sich auf die Straße – Hunderttausende demonstrierten gegen den Atomtod. Allein an dem bundesweiten Aktionstag der Universitäten am 20. Mai beteiligten sich 18 000 Studenten und Professoren. In Münster trug Ulrike Meinhof auf einer Kundgebung vor über tausend Atomwaffengegnern eine Erklärung vor. Auf dem Römer in Frankfurt wandte sich der achtundzwanzigjährige Soziologe Jürgen Habermas, Assistent Theodor W. Adornos, gegen die «Politik der Stärke» und erinnerte daran, dass deutsche Universitäten «zu lange Hort versäumter Gewissensentscheidungen» gewesen seien.[18] In einem Brief an Adorno behauptete Max Horkheimer, dass dieser «studentische Propagandist (…) den Geschäften der Herren im Osten Vorschub» leiste.[19] Die Studentenzeitung *Diskus* druckte Habermas' Rede unter dem aufmunternden

Titel «Unruhe erste Bürgerpflicht»[20] nach, und die konkurrierende Studentenzeitschrift *konkret* brachte den Anti-Atom-Aufruf auf ihrer Titelseite: «Wir rufen das gesamte deutsche Volk, ohne Unterschied des Standes, der Konfession oder der Partei auf, sich einer lebensbedrohenden Rüstungspolitik zu widersetzen und statt dessen eine Politik der friedlichen Entwicklung zu fördern. Wir werden nicht Ruhe geben, solange der Atomtod unser Volk bedroht.»[21]

Mit der nuklearen Gefahr wuchs bei jenen, die der Macht noch nicht teilhaftig geworden waren und ihr schon deshalb grundsätzlich misstrauten, die Furcht vor einem Staat, der sich prophylaktisch um den Notstand sorgte und so die neuen demokratischen Errungenschaften gleich wieder in Frage stellte. In der Bundesrepublik Deutschland, die ihren ersten Wohlstand genoss, war ein heftiges Gruseln zu bemerken; Enzensberger überschrieb einen Aufsatz, in dem er seine Angst vor dem Atomkrieg und einem zu allem bereiten Verteidigungsminister Franz Josef Strauß formulierte, mit dem Titel «Ich wünsche nicht gefährlich zu leben».

Widerstand gegen die verordnete Politik müsste und könnte nur außerparlamentarisch sein, meinte Habermas in seiner Rede auf dem Römerberg. Dass selbst winzigste Splittergruppen damit erfolgreich sein konnten, lehrte ein Beispiel aus der «Dritten Welt». Am 1. Januar 1959 vertrieb eine Rebellenschar unter der Führung von Fidel Castro den Diktator Fulgencio Batista aus Kuba. Nach zweijährigem Untergrundkampf in der Provinz Oriente zog die Guerilla in Havanna ein, die Militärfestung Moncado in Santiago de Cuba wurde eingenommen, «ohne dass», wie sich sogar die *New York Times* verwunderte, «ein einziger Schuss fiel».[22] Fünftausend Soldaten ergaben sich, der Diktator musste fliehen. Diese fast unblutige Machtergreifung wurde zum Fanal für die «Dritte Welt»: Es war also möglich, sich mit wenig mehr als Idealismus bewaffnet gegen weit stärkere Bataillone durchzusetzen.

Zwei Tage nach dem Triumph Castros und seines Freundes Che Guevara fand in Berlin die erste Konfrontation zwischen der traditionell karriereorientierten und einer neuen, eher idealistischen Linken statt. Die im SDS organisierten Studenten, die sich im Kampf gegen die Atomrüstung gefunden hatten, wollten in grandioser Selbstüberschätzung gleich auch noch die Deutschlandfrage lösen. Sie waren beseelt von ihrem Kinderglauben, sie könnten den Großen schon zeigen, dass es geht, wenn man es nur mit aller Kraft will. Doch hatte die SPD, bei drei aufeinanderfolgenden Bundestagswahlen unterlegen, inzwischen den Weg zum Godesberger Programm, zu Marktwirtschaft und Nato-Unterstützung, eingeschlagen und reagierte äußerst ungnädig, als ihr eigener Verband, der SDS, diesen Kurswechsel nicht ohne weiteres mitmachen wollte.

Bei dem vom SDS mitgetragenen Studentenkongress gegen Atomrüstung kamen 318 Vertreter aus Berliner und westdeutschen Arbeitskreisen zusammen, dazu zweihundert deutsche und ausländische Gäste, nicht wenige davon aus Ostberlin. Willy Brandt, Regierender Bürgermeister von (West-)Berlin und der kommende Mann in der SPD, sagte deshalb demonstrativ seine Teilnahme ab. Im Vorstand der Veranstaltung saßen der evangelische Pfarrer Helmut Gollwitzer, der sich im «Dritten Reich» der Anpassung seiner Kirche an das nationalsozialistische Regime widersetzt hatte und der jetzt gegen die Wiederbewaffnung kämpfte, sowie die Schriftsteller Günther Anders und Hans Henny Jahnn. Tagelang wurde über Politik im Schatten der Bombe und eine neue Politik unter dem Motto «Deutsche an einen Tisch!» diskutiert.

Der *konkret*-Fraktion, zu der Chefredakteur Klaus Rainer Röhl sowie die Mitarbeiter Ulrike Meinhof und Monika Mitscherlich zählten, gelang es rasch, den SPD-Vertretern die Leitung zu entwinden. Gestärkt durch Vitaminpräparate und mit eiserner Disziplin gewann Ulrike Meinhof das Rededuell gegen Helmut Schmidt, den Wehrexperten der SPD, früher selber SDS-Vorsitzender, der im Jahr zuvor eine Wehrübung bei der neuen Bundeswehr absolviert hatte und zum Hauptmann befördert worden war. Ulrike Meinhof verhinderte jede antikommunistische Erklärung und formulierte zusammen mit dem Publizisten Erich Kuby eine Resolution, in der die Bundesrepublik aufgefordert wurde, das Gespräch mit den wenig geliebten Brüdern in Ostberlin zu suchen. Wie Kuby war Schmidt im Zweiten Weltkrieg Soldat gewesen. In seiner Empörung nannte er Kuby einen «Kollaborateur» und verließ türenschlagend den Saal.[23]

Der Kongress empfahl für die damalige Zeit Skandalöses, nämlich «1. die Umrisse eines Friedensvertrages zu entwickeln, 2. die möglichen Formen einer interimistischen (vorläufigen) Konföderation zu prüfen»[24]. Schmidt wird «den 68ern» diese Niederlage nie vergessen und schon gar nicht verzeihen, auch wenn er sich an den Kongress in Berlin heute nicht mehr erinnern kann.[25] Die SPD, die sich eben vom Sozialismus verabschiedete, hatte ein weiteres Mal verloren, gewonnen hatten die Studenten, vor allem aber *konkret* und Ulrike Meinhof.

Für Helmut Schmidt war *konkret* nichts weiter als eine «Kaderorganisation».[26] Die SPD ließ ein elf Seiten langes, geheimes Dossier über die Redaktionsmitglieder und die Tendenz der Zeitschrift anfertigen: «Der *Studentenkurier* [also auch *konkret*] erfreute sich in der Studentenschaft relativ großer Beliebtheit, da er militanten Pazifismus mit rücksichtsloser Kritik an Korruption und Restauration verband und in einem literarischen Teil an die Traditionen der 20er Jahre wieder anzuknüpfen sich bemühte.»[27] Antimilitarismus brachte keine Stimmen, wenn die Freiheit des Westens durch immer neue Berlin-Krisen gefährdet schien. Der Generallinksverdacht führte schließlich Ende 1961, nachdem die SPD bei der Bundestagswahl neuerlich unterlegen war, zum Unvereinbarkeitsbeschluss: Wer dem SDS angehörte, musste die SPD verlassen. Die Linke, ob kommunistisch, marxistisch oder auch nur gegen die Nato-Mitgliedschaft der Bundesrepublik, hatte mit dem faktischen Ausschluss aus der SPD in Westdeutschland keine Heimat mehr.

Dabei war die Furcht vor einer Ausbreitung bereits abgespaltenen marxistischen Gedankenguts völlig unbegründet: 1961 erschien die (1957 erhobene) Untersuchung «Student und Politik», wonach sich 66 Prozent der Studenten als «apolitisch» verstanden, 16 Prozent sich als autoritätsgebunden erklärten und nur 9 Prozent eindeutig einem «demokratischen Potential» zuzurechnen waren. In der Einleitung zu dieser Studie sah Habermas, der offenbar auf diese Minderheit baute, eine Möglichkeit zur politischen Beteiligung nur in «außerparlamentarischen Aktionen».[28] Nach Meinung des Journalisten Rudolf Walter Leonhardt war nicht einmal von den Studenten etwas für die Politik zu erwarten. Zur Freiheit würden sie nicht erzogen, denn an den Universitäten herrsche nach wie vor das «Führerprinzip» und der «Persönlichkeitskult» der Ordinarien.[29]

An eine Änderung war zunächst nicht zu denken, allenfalls auf eine in der Zukunft zu hoffen. Der wirtschaftliche Wiederaufstieg nach dem Krieg war nur möglich gewesen, weil er das Schweigen über so viele Verbrechen und die Elite des vorigen Regimes einschloss. «Statt einer politischen Durcharbeitung der Vergangenheit als dem geringsten Versuch der Wiedergutmachung vollzog sich die explosive Entwicklung der deutschen Industrie», wird das Ehepaar Mitscherlich in seiner sprichwörtlich gewordenen Untersuchung über die deutsche «Unfähigkeit zu trauern» klagen; «Werktätigkeit und ihr Erfolg verdeckten bald die offenen Wunden, die aus der Vergangenheit geblieben waren.»[30] Und weil wie auf Verabredung geschwiegen wurde, konnte die moralische Empörung der wenigen umso lauter werden. Wenn sich nun auch die SPD dem atomaren Aufrüstungskurs anschloss und dafür bereit war, Adenauers Vorgabe zu folgen, dass mit der «Naziriecherei»[31] Schluss sein müsse, blieb der versprengten Restlinken nur die *splendid isolation*, die sich schon durch den Minderheitenstatus im größeren Recht fühlen durfte.

Dennoch fanden sich einige jüngere Autoren zusammen und empfahlen im Bundestagswahlkampf 1961 zähneknirschend, die SPD zu wählen. Das von Martin Walser herausgegebene Taschenbuch «Die Alternative oder Brauchen wir eine neue Regierung?»

erreichte noch im Monat seines Erscheinens eine Auflage von 75 000 Exemplaren, doch als die DDR-Regierung im gleichen August in Berlin eine Mauer errichtete, die den Verkehr zwischen Ost und West endgültig unterband, war es mit der Alternative aus. Zwar verlor die CDU die absolute Mehrheit, aber ein Machtwechsel schien noch in weiter Ferne.

Habermas war nicht der einzige Intellektuelle, der in der SPD keine echte Alternative zum ewigen Adenauer sah. Der 1936 in Schlesien geborene Zahnarztsohn Horst Mahler musste als Kind erleben, wie sein Vater, gerade aus dem Krieg zurückgekehrt, in den Garten ging und sich mit seiner Pistole erschoss. Als der Sohn vierzehn war und damit er nicht etwa Karriere in der ostdeutschen Freien Deutschen Jugend (FDJ) machte, zog seine Mutter mit ihm nach Westberlin. Mahler trat kurz in die schlagende Verbindung Thuringia und anschließend in die SPD und den SDS ein. Nach dem Trennungsbeschluss blieb er Mitglied im SDS, engagierte sich für Abrüstung und für die Verständigung mit dem Osten. Während seines Jurastudiums besuchte und veranstaltete er Kurse über die Lage der DDR und in der Sowjetunion. Er studierte Lenin, um Lenin zu widerlegen, nahm Kontakt zum DDR-Staatsanwalt Friedrich Kaul auf, beteiligte sich an Friedensaktionen und 1965 am ersten Vietnamprotest in Berlin. Nebenbei baute er zielstrebig seine eigene Kanzlei auf, die auf Wirtschaftsstrafsachen spezialisiert war und mit der er im rundum subventionierten Berlin sofort Erfolg hatte.

Noch mehr interessierte ihn die Politik. Nach der Begegnung Meinhof/Schmidt beim Berliner Kongress gegen Atomrüstung kam es im Herbst 1962 zu einer weiteren ungewöhnlichen Konjunktion, oder doch beinah: Mahler schickte seine «Anmerkungen zur ‹unvermeidbaren› neuen Strategie des Senators Schmidt» (gemeint ist Helmut Schmidt, der inzwischen als Hamburger Innensenator populär geworden war, weil er bei der Flut vom Frühjahr so beherzt reagiert hatte) an die *Zeit*. Mahler empfahl den Ausgleich mit der Sowjetunion und den Austritt aus der Nato, zweifelte aber selber, ob «die in der Bundesrepublik gegebene Gesellschaftsordnung» das zulassen würde. Der *Zeit*-Redakteur Theo Sommer lehnte am 17. Oktober 1962 den Abdruck von Mahlers «Ausarbeitung» ab, weil «uns vom Bundesverteidigungsminister Strauß eine Zusage vorliegt, nach der er selbst bei Gelegenheit zu dem Thema die Verteidigung Europas in der *Zeit* Stellung nehmen wird». Die Gelegenheit ergab sich leider nicht mehr: Der Brief kam aus ebendem Hamburger Pressehaus, das Strauß in der Woche drauf, am 26. Oktober 1962, mit Hilfe von früher beim Sicherheitsdienst (SD) bewährten Kräften[32] überfallen ließ, weil angeblich Gefahr im Verzug war und es der damals noch im gleichen Gebäude geschriebene und produzierte *Spiegel* mit der Pressefreiheit übertrieben hatte.

Wie öfter in den Nachkriegsjahrzehnten befand sich die Welt in jenem Herbst am Abgrund, aus dem Kalten Krieg der Großmächte drohte ein heißer zu werden. Der sowjetische Generalsekretär Nikita Chruschtschow hatte Atomraketen nach Kuba bringen lassen. Die USA wollten diese Bedrohung vor der Küste des Bundesstaates Florida nicht dulden. Der US-Präsident John F. Kennedy stellte ein Ultimatum, und die Sowjetunion zog die Schiffe mit den Raketen wieder ab. Der angebliche Verrat von Wehrgeheimnissen in dieser weltpolitisch so ernsten Lage sollte belegen, dass der *Spiegel* und sein Herausgeber Rudolf Augstein Defätisten und Vaterlandsverräter seien. Aus dem Verteidigungsministerium verlautete überdies, Augstein befinde sich bereits auf dem Weg nach Kuba. Auf Betreiben Strauß' musste Augstein ins Gefängnis, Adenauer klagte im Bundestag über einen «Abgrund an Landesverrat». Die Empörung über die Redaktionsbesetzung reichte bis ins befreundete Ausland; der *Daily Mirror* sprach von einem «wahrhaft internationalen Gestapo-Stil». Eine Protestwelle, die bei den Journalistenkollegen und den Hamburger Patriziern begann, erfasste rasch die Universitäten und die Schriftstellerverbände. Professoren und Autoren versandten Resolutionen,

Studenten gingen auf die Straße und demonstrierten so lange, bis Adenauer seinen forschen Minister entließ. Für Strauß erwies sich die Strafaktion als katastrophale Niederlage, die ihm das vorläufige Ende seiner Laufbahn bescherte. Er hatte vorgeführt, dass man sich nicht ohne Grund vor ihm und seinem nicht immer vom Grundgesetz gedeckten Tatendrang fürchtete. Wenn auch sonst nicht viel, so war es Strauß doch gelungen, das Vertrauen in die westdeutsche Demokratie nachhaltig zu erschüttern. Anders als bei den Demonstrationen gegen den Atomtod hatte zum ersten Mal eine außerparlamentarische Bewegung gezeigt, dass sie sich gegen weit stärkere Institutionen durchsetzen konnte.

Theorie der Guerilla

«Wenn ich an dem, was geschehen, keinen Teil genommen und an dem, was vielleicht geschieht, keinen Teil nehmen werde, so geschieht es weder aus Mißbilligung noch aus Furcht, sondern nur weil ich im gegenwärtigen Zeitpunkt jede revolutionäre Bewegung als eine vergebliche Unternehmung betrachte und nicht die Verblendung derer teile, welche in den Deutschen ein zum Kampf für sein Recht bereites Volk sehen.»
Georg Büchner, in einem Brief an die Familie (1833)

Im gleichen Jahr 1962 entzündeten sich an der Heftigkeit, mit der die Polizei drei Musikern das mitternächtliche Gitarrespielen austreiben wollte, die «Schwabinger Krawalle», bei denen sich Anwohner, Zaungäste und die Polizei tagelang Straßenschlachten lieferten. Anders als bei den Schlägereien, die sogenannte Halbstarke in den Jahren zuvor im Umfeld von Rock-'n'-Roll-Konzerten veranstalteten, gehörte hier die Sympathie der Zeitungen sowie der eingesessenen Schwabinger den Demonstranten. Zu groß war das Missverhältnis zwischen den wehr- und arglosen und überdies völlig unpolitischen Künstlern und einer übermächtigen Polizei, die mit ihrer in der Weimarer Republik und im «Dritten Reich» erworbenen Ausbildung die Demonstranten zurückschlug. Zwar beteiligten sich auch Studenten an den Auseinandersetzungen auf der Leopoldstraße, doch waren sie in der Minderzahl. Anneliese Baader hat berichtet, ihr damals neunzehnjähriger Sohn Andreas sei von den Auseinandersetzungen mit ernstem Gesicht heimgekommen: «Weißt du, Mutter, in einem Staat, wo Polizei mit Gummiknüppeln gegen singende junge Leute vorgeht, da ist etwas nicht in Ordnung!»[1] Da war der vaterlos in einem Frauenhaushalt aufgewachsene Baader bereits von mehreren Schulen geflogen, durch Jugendstraftaten aufgefallen und eben dabei, sich in die Schwabinger Restbohème zu stürzen. Doch nicht einmal in diesem legendär toleranten Viertel, in dem sich noch vor dem Ersten Weltkrieg Menschheitserzieher, Freikörperkulturalisten, Kommunisten, Bänkelsänger oder ekstatische Lyrikerinnen gegenseitig auf die Füße getreten waren, hatte man allzu viel Verständnis für erklärte Außenseiter. Einer davon war Dieter Kunzelmann.

Der 1939 als Sohn eines Sparkassendirektors in Bamberg geborene berufsmäßige Taugenichts hatte es zwar zum bayrischen Jugendmeister im Tischtennis gebracht, aber das Gymnasium abgebrochen. Er wurde zum Prototyp des «Gammlers» aus Schwabing und konnte sich immerhin eines kurzen Praktikums als Clochard unter den Brücken von Paris rühmen, wo er von fern die Debatten zwischen Jean-Paul Sartre und Albert Camus um Kunst und Politik an der *rive gauche* miterlebt hatte. Der fast schon wieder literarische Zufall, auf die Stunde genau 150 Jahre nach dem Sturm auf die Bastille geboren zu sein, gab ihm die Frage ein, ob er «in einem früheren Leben» zu den dort Eingekerkerten gehört hätte «oder zu denen, die sie stürmten».[2]

Anders als Habermas und Enzensberger, anders als Klaus Rainer Röhl und Ulrike Meinhof mochte Kunzelmann an der Adenauer-Republik nicht einmal verzweifeln. 1960 fand er Anschluss an die aus Hans Peter Zimmer, Heimrad Prem, Dieter Sturm und Lothar Fischer bestehende Malergruppe «Spur», die den Kaffeehausliteraten als Chefpropagandisten und Ideologen einsetzte. Seit 1959 bildete die «Spur» die deutsche Sektion der «Situationistischen Internationale». Von Paris aus hatte sich diese postsurrealistische, ebenso esoterisch wie stalinistisch operierende Bewegung myzelartig über Westeuropa ausgebreitet. Einer ihrer Gründer war der französische Literat Guy Debord, der eine «Gesellschaft des Spektakels» propagierte. Der Mensch des Konsumzeitalters lebe entfremdet, weshalb die Situationisten die «unvermeidliche Liquidierung der heutigen Welt der Beraubung in allen ihren Formen»[3] erwarteten und auch befördern wollten. In München störten sie Theateraufführungen und protestierten gegen die Verwertung der Avantgarde durch bürgerlichen Kunstgenuss. Nach dem Motto «Kunst ist Leben und Leben ist Kunst»[4] traten sie in einen weitgehend politikfreien Diskurs mit einem erregungsbereiten Publikum. Als Künstler nahmen sie die Sache gerade so ernst, dass es die Polizei auch bestimmt merkte. In ihrem «Januar-Manifest» proklamierte die Gruppe «Spur»: «Wer in Politik, Staat, Kirche, Wirtschaft, Parteien, soz. Organisationen keine Gaudi sieht, hat mit uns nichts zu tun.»[5]

Der in München herrschende Geschmack wurde von der katholischen Kirche und der CSU bestimmt. Kultusminister war der Verfassungsrechtler und maßgebliche Grundgesetz-Kommentator Theodor Maunz, der 1964 zurücktreten musste, als bekannt wurde, dass er im «Dritten Reich» die Rechtsstellung des «Führers» begründet hatte.[6] In dieser Umgebung gab Kunzelmann bereitwillig den Bürgerschreck. «mein schwanz wird deine asphalthaut zerstören», versprach sein «Trampers Nachtlied». Das zur Melodie von «Stille Nacht, heilige Nacht» zu singende Gedicht brachte ihm eine Anzeige wegen Gotteslästerung, Religionsbeschimpfung und Verbreitung unzüchtiger Schriften ein und verwickelte die Gruppe in ein langwieriges Strafverfahren. Die Schwabinger Krawalle allerdings verpasste er ebenso wie die ganze Gruppe «Spur». Seiner Mutter versicherte Kunzelmann, er sei «die ganzen Krawalltage gar nicht aus dem Haus gegangen»[7], und schickte weiter seine Wäsche nach Bamberg.

1962 wurde die Gruppe «Spur» wegen Verdachts auf Kommerzialität aus der «Situationistischen Internationalen» ausgeschlossen. Kunzelmann trennte sich seinerseits von der «Spur» und rief gemeinsam mit Frank Böckelmann die «Subversive Aktion» ins Leben, die auf ungewöhnliche Weise Elemente der christlichen Jugendbewegung mit den Erkenntnissen der Psychoanalyse und Ideen des Heidegger-Schülers Herbert Marcuse zu verbinden suchte.

Die Subversivisten um Kunzelmann und Böckelmann verweigerten sich jedem klaren Programm, versuchten aber doch immer wieder jene anzusprechen, die unter dem «Mißverhältnis von Analyse und Aktion»[8] litten. In den Flugschriften wurde ein «Eschatologisches Programm» verkündet, «auch du» des Mordes an John F. Kennedy bezichtigt, der Konsumismus gegeißelt und dem Film «Dr. Seltsam oder Wie ich lernte, die Bombe zu lieben» (1964), Stanley Kubricks schwarzer Komödie über die versehentliche atomare Auslöschung der Erde, vorgeworfen, er sei zu harmlos, um Anstoß zu erregen. Dem Bürger sollte, wie für die Avantgarde vorgeschrieben, der spitze Hut vom Kopf fliegen. Worauf das Unternehmen der Münchner Spektakelisten abzielte, wurde auch in den regelmäßigen Gruppenausschlussverfahren nicht deutlich.

In München und dann auch in anderen Universitätsstädten tauchten 1964 Flugblätter und Plakate auf, für die sich ein «Th. W. Adorno, 6 Frankfurt/Main, Kettenhofweg 123» verantwortlich erklärte. «Mit dieser Welt», heißt es darin, «gibt es keine Verständigung; wir gehören ihr nur in dem Maße an, wie wir uns gegen sie auflehnen.»[9] Der Satz stammte zwar nicht von Adorno, sondern von dem surrealistischen Programmatiker André Breton, doch erzürnte dieser Missbrauch seines Namens den Philosophen so sehr, dass er Anzeige gegen unbekannt erstattete.

Theodor W. Adorno, «unser Herr und Meister»[10] (Frank Böckelmann), verkörperte für die Jüngeren das bessere Deutschland – er war Jude und deshalb zur Emigration gezwungen worden; außerdem verstand er sich als Künstler, war zudem Philosoph und vor allem (wenn auch damals kaum als solcher bekannt) ein scharfer Kritiker der bürgerlichen Gesellschaft. Dazu pflog er einen esoterischen Stil allerstrengster Observanz, dem in der Folge viele nacheifern sollten. Adorno verstand den Unernst der Aktion nicht. Dabei hatte der programmatische Satz der «Subversiven Aktion» – «Der Sinn der Organisation ist ihr Scheitern» – in der Bundesrepublik, die zum «Wohlstand für alle» (Ludwig Erhard) entschlossen war, schon beinah Beckett'sches Format.

Im Keller des Frankfurter Instituts für Sozialforschung, das

Adorno leitete, befand sich eine vollständige Ausgabe der in den zwanziger und dreißiger Jahren erschienenen *Zeitschrift für Sozialforschung*, an die die Schüler aber ebenso wenig rühren durften wie an Adornos zusammen mit Max Horkheimer verfasste «Dialektik der Aufklärung», die 1947 im Amsterdamer Exilverlag Querido erschienen und längst vergriffen war. Die Erinnerung an die marxistischen Anfangsgründe ihres Instituts, so fürchteten die beiden Autoren, könnte ihnen in der wiederaufbauseligen Bundesrepublik die Kundschaft abspenstig machen. «Die revolutionäre Karriere», hieß es apodiktisch in einem Text von Heinrich Regius, «führt nicht über Bankette und Ehrentitel, über interessante Forschungen und Professorengehälter, sondern über Elend, Schande, Undankbarkeit, Zuchthaus ins Ungewisse, das nur ein fast übermenschlicher Glaube erhellt. Von bloß begabten Leuten wird sie daher selten eingeschlagen.»[11] «Regius» war der jugendliche Max Horkheimer, der sich diese Gedanken mehr als dreißig Jahre zuvor gemacht hatte und inzwischen längst ein Professorengehalt verzehrte. Die Freiheit der Lehre und manchmal auch des Geistes erlaubt wohl Diskussionen über Staat und Revolution und vielleicht auch über Gewalt, aber die Frankfurter Schule fürchtete die praktische Anwendung, wie der junge Horkheimer sie zu empfehlen schien. Dieter Kunzelmann und Frank Böckelmann wurden wegen ihres Plakats zu einer Geldstrafe von jeweils hundert Mark verurteilt.

Kunzelmann träumte allenfalls von einer Guerilla, aber er suchte bereits Kombattanten für die «Subversive Aktion». Auch wenn der Begriff noch aus der Kunstwelt herübergerettet war, sollten die Aktionen allmählich politische Form annehmen. In einem Berliner Nachtcafé am Kurfürstendamm traf sich Kunzelmann deshalb im Herbst 1963 mit Rudi Dutschke und Bernd Rabehl, die beide aus der DDR «abgehauen» waren. Rabehl nannte sich später einen «Utopisten», der «letztlich eine idealisierte DDR auf die westdeutsche Gesellschaft projizieren wollte».[12] Sein langjähriger Kampfgenosse Dutschke hielt auch nach der Übersiedlung in den Westen an seinem streng protestantischen Weltbild fest, das ihn bereits als Jugendlichen in Konflikt mit den DDR-Behörden gebracht hatte. Noch Ostern 1963 glaubt Dutschke fest an Jesus Christus. Die Auferstehung sei «die entscheidende Revolution der Weltgeschichte», schreibt er ins Tagebuch, nur die «allesüberwindende Liebe» könne «die Wirklichkeit des Jetzt» beseitigen.[13] So spricht, so dichtet ein Mystiker, ein Heiliger, vielleicht auch ein Revolutionär. Der Körper des Revolutionärs muss geschunden und kasteit werden für kommende Aufgaben, und Rudi Dutschke mühte sich in vielen Disziplinen: Hochsprung, Diskuswerfen, Laufen, Ringen. Zunächst hegte er noch schamhafte «Sport-Hoffnung in Richtung Olympiade»[14], und immerhin wird ihm das frühe Training später bei Demonstrationen und auf der Flucht vor Polizeiknüppeln nützlich sein. Sportreporter stellt er sich als Beruf vor, aber der Mauerbau ändert für ihn alles. Dutschke bleibt in Westberlin und beginnt wie Rabehl Soziologie zu studieren. Beide fühlen sich durch den Systemwechsel von Ost nach West als «Verräter an einer großen Idee». Zum Ausgleich leben sie im Rhythmus der Arbeiter und obliegen in einer Mischung aus Anhänglichkeit und Abwehr dem Studium der marxistischen Literatur. «Früh aufstehen, Seminare, Veranstaltungen, die Bibliotheken aufsuchen, lesen, lesen und noch mal lesen, Notizen machen und gegen 22 Uhr todmüde, aber stolz über das Tagwerk ins Bett sinken.»[15]

Kunzelmann interessierte sich nicht für «längst verstaubte Revolutionsgeschichten»[16], sondern examinierte seine Gäste in moderner, in westlicher Literatur: Camus, Sartre, die Surrealisten. In die Praxis drängte es den Literaten ohne Werk, er suchte Proselyten im sonst verachteten akademischen Milieu. Kunzelmann lehnte alles ab, was eine bürgerliche Existenz befördern würde. «Boykottiert alle herrschenden Systeme und Konventionen, indem Ihr sie nur als mißratene Gaudi betrachtet»[17], hatte schon die Gruppe «Spur» gefordert. Höchste Zeit, dass die Universitäten unterwandert wurden.

Als ihn Frank Böckelmann wegen reformistischer Tendenzen, nämlich zu großer Praxisnähe, zu starker Politisierung und allzu viel Freude an der Gaudi, aus der «Subversiven Aktion» ausschließen lässt, bereitet Kunzelmann die Gründung einer nicht weniger subversiven Nachfolgeorganisation vor.

Die Berichte über den Krieg in Vietnam sind inzwischen drastischer geworden. Unter dem Vorwand, das befreundete Südvietnam zu verteidigen, kämpfen die USA gegen den Norden. Von dort aus operiert, mit sowjetischer Unterstützung, die Guerilla-Armee des Vietcong. Die amerikanische Regierung hat seit 1963 jedes Jahr mehr Soldaten geschickt, doch es gelingt nicht, den Vietcong entscheidend zu schwächen. Mit ihrer gesamten Militärmacht schlagen die USA zu, bombardieren den Norden, entlauben die Dschungelwälder und werfen, mit entsetzlichen Folgen für die Zivilbevölkerung, Napalmbomben ab. Das Fernsehen bringt die Bilder eines einseitig und besonders grausam geführten Krieges auch nach Europa. Die Wahnvorstellung einiger US-Generäle, Vietnam «in die Steinzeit zurückzubomben», empörte nicht mehr nur die Studenten, sondern auch die weniger engagierten Bürger.

Auch die Subversiven Avantgardisten sind beim zunehmenden Ernst der Lage zu einem politischen Beitrag entschlossen. Dazu trifft man sich im Juni 1966 in Kochel, wo der Vater des SDS-Mitglieds und Subversivisten Lothar Menne eine Villa besitzt. Unter den Teilnehmern: Kunzelmann, Rabehl, Dutschke, Menne, Gretchen Klotz, später verehelichte Dutschke. Zehn Tage lang wird über Kuba, Algerien, den Kongo, Vietnam und den Einfluss der US-amerikanischen Außenpolitik auf die «Dritte Welt» diskutiert. Auch die eigene Psychostruktur wird nicht vernachlässigt, wobei eine Haushälterin in weißer Schürze kocht und aufträgt.

Gerüchteweise weiß man von Che Guevara, dass er Kuba verlassen hat und irgendwo anders in der Welt den Guerillakampf fortsetzen wird, aber näher lag natürlich das fremde Mexiko von 1910, das Louis Malle in seiner Revolutionsoperette «Viva Maria!» präsentierte: Brigitte Bardot und Jeanne Moreau, die den Anarchismus beziehungsweise den Kommunismus verkörpern, sich für die Revolution zusammentun und gemeinsam den Staat so lange angreifen, bis das alte Regime gestürzt ist. Bombenattentate und Überfälle auf die Ausbeuter und Unterdrücker des Volkes erscheinen in diesem Film keineswegs als notwendiges Übel, sondern als folkloristisches Abenteuer. Die Zirkustruppe, der die beiden Marias angehören, beginnt als avantgardistisches Kommando, dem sich das Volk jedoch bald anschließt, um am Ende die Macht zu übernehmen. So heftig später auch die Gewaltfrage diskutiert wurde, der Film «Viva Maria!» spielte für die naiven und schließlich gewalttätigen Revolutionsphantasien der studentischen Linken eine weit wichtigere Rolle als all die Debatten über Bakunin und Mao.

Rudi Dutschke, der den Film, der im Januar 1966 in Berlin anlief, viermal gesehen hat[18], gründet mit Bernd Rabehl zusammen die Gruppe «Viva Maria» mit dem Ziel, fürs Erste wenigstens den biederen SDS zu unterwandern. Rabehl war die Aufgabe zugefallen, den Film so zu interpretieren, dass er die Parabel für diesen Vorsatz lieferte. Die Revolution, das hatten Brigitte Bardot und Jeanne Moreau vorgeführt, war vor allem ein romantisches Abenteuer. Die Kunzelmann-Konferenz am Kochelsee sollte die Unterwanderung vorbereiten. Zwei Bücher werden in der Gruppe besprochen: «Der eindimensionale Mensch» von Herbert Marcuse und «Die Verdammten dieser Erde» von Frantz Fanon. Vorbild für neue, nicht unbedingt politische Aktionen sollten die Amsterdamer «Provos» sein. Diese anarchistische Gruppe bezeichnet sich als «staatsgefährdend» und irritiert die Umwelt mit Happenings. Als Prinzessin Beatrix 1966 den Deutschen Claus von Amsberg heiratet, der Mitglied der Hitlerjugend war, stören die «Provos» die Feierlichkeiten durch Rauchbomben und können erleben, wie heftig die Polizei auf diese Aktion reagiert.

Schon seit 1965 hatten Rudi Dutschke und andere den Empirie-Verlust der materialistischen Theorie beklagt, die nicht in der Lage sei, «die Massen» zu erreichen. Herbert Marcuse schien die Alternative zu bieten. Er war Ende des Ersten Weltkriegs kurz Mitglied eines Soldatenrates gewesen und hatte in Berlin erlebt, wie die neuen Mächte im Verein mit den alten den kommunistischen «Spartakus» um Rosa Luxemburg und Karl Liebknecht erledigten. Seit den dreißiger Jahren war er lose mit der Frankfurter Schule verbunden, allerdings verdankte er seine wichtigste intellektuelle Anregung nicht etwa Marx, sondern Martin Heidegger, bei dem er sich sogar zu habilitieren versuchte. Weil Horkheimer und Adorno ihm misstrauten, erhielt er nie den ersehnten Ruf an eine deutsche Universität oder gar nach Frankfurt. Er lehrte auch nach dem Zweiten Weltkrieg weiter in den USA.

Gegen die Maschinerie der «verwalteten Welt» propagierte Marcuse das Recht von «kleinen und ohnmächtigen Gruppen», gegen das «falsche Bewußtsein» zu kämpfen.[19] Marcuse berief sich ebenfalls auf Frantz Fanon und übersetzte dessen antikolonialen Widerstand in ein allgemeines Widerstandsrecht, das auch in der «Ersten Welt» anzuwenden sei. In einem Aufsatz, den er «meinen Studenten an der Brandeis University zugeeignet» hatte, drückte sich Marcuse allerdings so uneindeutig aus, dass sich in seine Theorie alles hineinlesen ließ. Zwar gebe es kein Widerstandsrecht gegen eine «verfassungsmäßige Regierung», und «es kann ein solches Recht auch nicht geben». Gleich danach dekretierte er das Gegenteil: «Aber ich glaube, daß es für unterdrückte und überwältigte Minderheiten ein ‹Naturrecht› auf Widerstand gibt, außergesetzliche Mittel anzuwenden, sobald die gesetzlichen sich als unzulänglich herausgestellt haben.» Diese Minderheiten fänden (und das ist eine so ungewöhnliche wie ungewollt realistische Fügung) «keinen anderen Richter über ihnen außer den eingesetzten Behörden, der Polizei und ihrem eigenen Gewissen».[20] Marcuse hatte damit das Stichwort gegeben: Der Revolutionär in Mitteleuropa hatte womöglich mit anderen Widrigkeiten zu kämpfen als der Guerillero im südamerikanischen Dschungel, er durfte gleichwohl ein Recht auf Widerstand gegen die herrschenden Verhältnisse beanspruchen – am Gewissen schied sich alles.

Wegen dieser ungewöhnlich moralischen Zwischentöne wirkte

Marcuse wesentlich jugendlicher als die akademischen Lehrherren in der Bundesrepublik und avancierte in kürzester Zeit zum intellektuellen Leitstern (und Star) der Studentenbewegung. Auf Einladung des SDS hielt er am 22. Mai 1966 das Hauptreferat auf dem SDS-Kongress «Vietnam – Analyse eines Exempels» in Frankfurt. Die Arbeiterklasse in den USA, informierte er seine Zuhörer, «gehört nicht zur Opposition, sie ist integriert in das System». Aber er hoffte auf ein radikaleres Potential von «Gegenkräften», die er bei unterprivilegierten Gruppen und vor allem bei Vietnam-Demonstrationen unter Intellektuellen und Jugendlichen entdeckte. «Es gibt in der Geschichte so etwas wie Schuld», schloss er sein Referat mit Blick auf die Gräuel in Vietnam, und selbst wenn es hoffnungslos sei, müsse man anderen «doch noch ein menschenwürdiges Dasein möglich machen, vielleicht auch nur, weil dadurch der Schrecken und das Grauen abgekürzt werden könnten».[21] Der Marcuse-Leser Kunzelmann trat bei einer Vietnam-Demonstration in München mit einer Gasmaske auf, einer der ersten Versuche, den amerikanischen Krieg gegen das kleine Land in Südostasien als Wiederholung der nationalsozialistischen Vernichtungspolitik zu brandmarken.

Noch war alles Revolutionsgaudi, Spektakel, subversives Schwadronieren und moralische Theorie, aber die Rechtfertigung für politische Aktion war bereits formuliert. Ermächtigt durch das eigene Gewissen, wird sich bald eine kleine, ohnmächtige Gruppe aufmachen, das falsche Bewusstsein zu bekämpfen. Polizei, Staatsanwaltschaft, die angegriffene Regierung werden sich gegen diese Selbstermächtigung zu wehren wissen. In Mexiko im Jahr 1910 wirkte die Staatsmacht so lächerlich, dass sie hinweggefegt werden musste. In Deutschland ging es nicht ganz so romantisch zu wie im Kino. Hier sollte die Guerilla auf einen ebenso stabilen wie wehrhaften Staat treffen.

In China rief Mao Tse-tung, der das Land auf einem «langen Marsch» von den Kolonialmächten zurückerobert hatte, in diesem

Jahr 1966 zur großen Kulturrevolution auf, und die deutsche Kulturrevolution begann mit einer hemmungslosen Identifikation mit den Befreiungsbewegungen in der «Dritten Welt». Den Basistext dafür hatte Enzensbergers neue Zeitschrift *Kursbuch* geliefert, in der im August 1965 das Kapitel «Von der Gewalt» aus Fanons Befreiungsmanifest erschienen war. Das Buch, heißt es in der redaktionellen Bemerkung, habe besonders unter der afrikanischen und westindischen Intelligenz weite Verbreitung gefunden. Im Jahr darauf erschien «Die Verdammten dieser Erde» im Suhrkamp-Verlag. Fanon stammte aus Martinique, hatte in Frankreich studiert und als Partisan gegen die deutsche Wehrmacht gekämpft. 1953 war er als Psychiater nach Algerien gegangen, hatte sich aber drei Jahre später der Nationalen Befreiungsorganisation FLN angeschlossen. Fanon erlebte noch deren Sieg gegen die französische Kolonialherrschaft, bevor er 1961 in New York starb.

Nach dem Ende des Zweiten Weltkriegs hatte Großbritannien sein Weltreich aufgeben müssen, seit den fünfziger Jahren verloren auch Frankreich und Belgien ihre Kolonien. Befreiungsbewegungen kämpften in Vietnam, im Kongo, in Algerien erfolgreich gegen die Europäer. Es war offensichtlich möglich, dass die Schwachen über die Starken triumphierten, vorausgesetzt, diese Schwachen waren moralisch überlegen. Frantz Fanon lieferte dafür die Argumente: «Der Kolonisierte weiß das alles und lacht, wenn er in den Worten des andern als Tier auftritt. Denn er weiß, daß er kein Tier ist. Und genau zur selben Zeit, da er seine Menschlichkeit entdeckt, beginnt er seine Waffen zu reinigen, um diese Menschlichkeit triumphieren zu lassen.»[22] Wenn das Gewehr spricht, findet der Mensch seine Sprache – darauf musste man erst mal kommen. Plötzlich und unerwartet stellte sich auch in Deutschland nicht mehr bloß die Frage nach den Aktionsformen, sondern die Gewaltfrage.

Beim Diskutieren verringerte sich die Entfernung zu den exotischen Revolutionen rasch, und der Bedarf an einer im eigenen Land wurde immer dringlicher formuliert. Am Kochelsee heckten die Subversiven eine Verschwörung gegen die bestehende Ordnung aus, der es zwar vor Kommunisten gruselte, die aber nicht auf anarchistische Provokateure vorbereitet war. Kunzelmann und die Seinen zielten weniger auf politische oder Bewusstseinsveränderung, sie wollten vor allem stören und provozieren. Man wog Chancen und Risiken der Unterwanderung des SDS ab und entschied sich gegen München und Frankfurt und für Berlin. Dort herrschten ideale Voraussetzungen für jede Form von Aktion.

Die Presse in Berlin ahnte nicht einmal, welche Rolle ihr von der Kunzelmann-Gruppe zugedacht war. Die Frontstadt Berlin entwickelte sich seit 1965 zum Schauplatz einer Eskalation, die jene im fernen Vietnam abbildete. «Ist der Vietkong unter uns?», fragte *Christ und Welt*, als bei einer Demonstration auf dem Kurfürstendamm rote Fahnen mitgeführt wurden. Für die erregungsbereite Presse, in Westberlin zu annähernd drei Vierteln in der Hand des streng antikommunistischen Verlegers Axel Springer, waren die Studenten ein gefundenes Fressen. Wären die Zuständigen nicht erwiesenermaßen auf den Antikommunismus vereidigt gewesen, müsste man beinah eine Verschwörung zu beiderseitigem Nutzen vermuten: Den Redakteuren im Springer-Verlagshaus Kochstraße «an der Mauer» waren diese irregulären Gegner ebenso willkommen, wie diese den Verstärkereffekt der schlagzeilenden Berichterstattung brauchten. Die Zeitungen, das wusste Kunzelmann von seinen Aktionen in München, waren das ideale Transportmittel, weil sie «trotz ihrer negativ gefärbten Berichterstattung gerade die Ideen verbreiten und bekannt machen, die sie eigentlich unterdrücken und verschweigen wollen». Noch mangelte es an Ideen, doch fehlte es nicht an der Bereitschaft und den Fähigkeiten, sie zu verbreiten. «Berlin war reif für ein Spektakel.»[23]

Mitte der sechziger Jahre musste man einfach nach Berlin, die Jüngeren, um der Wehrpflicht in der wiederaufgerüsteten Bundesrepublik zu entgehen, die Älteren, um von der Subventionskultur zu profitieren. Horst Mahler war schon da, ebenso wie seine Kollegen Christian Ströbele und Otto Schily, Rudi Dutschke, außerdem

Andreas Baader, Jan-Carl Raspe, Gudrun Ensslin. Holger Meins kam 1966, um an der neu gegründeten «Deutschen Film- und Fernsehakademie» zu studieren.

Berlin war in jeder Hinsicht ein Sonderfall. Selbst in den von den drei Westmächten Frankreich, Großbritannien und USA kontrollierten Bezirken war der Kommunismus nur einen Steinwurf entfernt. Immer mehr Facharbeiter und Bessergebildete wanderten nach Westdeutschland ab. Zurück blieben Arbeiter und Rentner, die sich plötzlich einer wachsenden Zahl Studenten gegenübersahen. Immer mehr Abiturienten verlängerten ihren Ausbildungsweg; allein zwischen 1960 und 1968 verdreifachte sich die Zahl der Studenten.[24] Die eingesessenen Berliner sahen nicht den akademischen Nachwuchs, sondern junge Männer mit langen Haaren, die nicht arbeiten mussten und vom Staat oder ihren reichen Eltern ausgehalten wurden, und junge Frauen, die unabhängiger auftraten, als es bis dahin üblich war. Die Mehrheit entrüstete sich über das frivole Treiben der Wohlstandskinder. Schließlich teilte seit 1961 eine Mauer die Stadt Berlin, auf deren anderer Seite der Russe stand. Amerika verteidigte am Mekong die westliche Welt, also auch das freie Berlin. Der Kommunismus bedrohte diese tapfere kleine Insel im roten Meer, und ohne den Schutz der Amerikaner, davon waren vom Berliner Senat über die Berliner Presse bis zu den Berliner Bürgern alle überzeugt, wäre sie längst überspült.

Für Berlin war es selbstverständlich, seiner Schutzmacht beizustehen; in der politischen Zwangslage zwischen Ost und West hatte die Stadt auch gar keine andere Wahl. Nur daraus ist das besondere Lokalkolorit jener Jahre zu erklären. Am 1. Dezember 1965 druckten die Westberliner Tageszeitungen eine Solidaritätsadresse an die USA und versprachen darin jeder amerikanischen Familie, «die um einen in Vietnam gefallenen Mann oder Vater, Sohn oder Bruder trauern»[25] müsse, eine Nachbildung der Berliner Freiheitsglocke aus Porzellan. Als Anfang Februar 1966 zum ersten Mal vor dem Amerikahaus mehr als unkritische Solidarität demonstriert wurde, zürnte der Regierende Bürgermeister Willy

Brandt mit Volkes Stimme: «Schande über Berlin bringen solche Gruppen, die das Vertrauen zu den Schutzmächten zerstören wollen und die deutsch-amerikanische Freundschaft besudeln. Alle Welt weiß, daß wir mit solchen Elementen und den sie unterstützenden SED-Leuten nichts zu tun haben.»[26]

Denn die in der – gern in Gänsefüßchen geschriebenen – «Deutschen Demokratischen Republik» regierende Sozialistische Einheitspartei Deutschlands (SED) hatte ihre Hände mit im Spiel zu haben bei den Vietnam-Demonstrationen, die sich plötzlich im Westteil der Stadt häuften. Als der populäre Kabarettist Wolfgang Neuss mitdemonstrierte, veröffentlichte der Westberliner Senat ganz amtlich ein Foto, auf dem Neuss zu erkennen war, versah es mit einem Pfeil und dem Hinweis, dass bei dieser Kundgebung auch SED-Mitglieder aufgetreten seien. Neuss wurde daraufhin aus der SPD ausgeschlossen und zum Volksfeind erklärt. Seine Gegner vergalten die Bomben auf Vietnam mit einer Bombe gegen den Vietnam-Kritiker: Neuss wurde verprügelt, in seinem Theater ging eine Brandbombe hoch, die allerdings niemanden verletzte.[27]

Willy Brandt besuchte den amerikanischen Stadtkommandanten und entschuldigte sich für die ungebärdigen Studenten, die allen Ernstes «Frieden in Vietnam» forderten und das Amerikahaus mit Eiern bewarfen. «Mit diesen Bombenlegern werden wir fertig!», schwor deshalb *Bild* und versicherte den USA und seinen Lesern, dass treu und fest die Wacht in Berlin stehe: «Die Mehrheit der Deutschen hat Verständnis für den Kampf der Amerikaner in Asien.»[28] Zu dieser Mehrheit wollten die Studenten nicht mehr gehören, und Verständnis zeigten sie auch nicht.

In Berlin war alles möglich, vor allem die Illusion, für Vietnam zu kämpfen und damit Teil der internationalen Befreiungsbewegung zu sein. «Der Internationalismus war ein Mittel, aus einer verhaßten Haut herauszukommen, der Haut, ein Deutscher zu sein»[29], erklärte sich der Schriftsteller Peter Schneider diesen Exotismus später. Die Empörung über die Zustände in Vietnam, Lateinamerika oder

Persien verlangte keinen größeren Mut, als auf Demonstrationen hinter einem Transparent herzulaufen. Zur Belohnung gewährte einem dieses Engagement immer die moralische Oberhand. Wer sich mit der Moral bewaffnet, ist zwar immer noch wehrlos, aber er hat dafür immer recht. In der sich ständig verschärfenden Konfrontation zwischen den meisten Berliner Bürgern und den wenigen provokanten Studenten waren diese naturgemäß unterlegen, konnten aber gerade ihre Schwäche zur Stärke machen. Während die Mehrheit an dem festhielt, was die Zeitungen als politische Notwendigkeit für die Frontstadt-Bewohner erklärten, den bedingungslosen proamerikanischen Antikommunismus, durfte sich die Minderheit jeden Tag mehr den glorifizierten Minderheiten in der weiten Welt verbunden fühlen. Der Theoretiker Marcuse hatte für die Minderheit ein grundsätzliches Notwehrrecht proklamiert, der politische Philosoph Jean-Paul Sartre schien den Übergang von der Theorie in die Praxis zu ermöglichen. Von seiner eigenen Rhetorik berauscht, veredelte Sartre eine überanstrengte Moral zum existenzialistischen Kampf: «Die Waffe des Kämpfers ist seine Menschlichkeit. Denn in der ersten Zeit des Aufstands muß getötet werden.» Sartre schrieb das 1961 in seinem Vorwort zu Fanons antikolonialistischem Manifest.

Als 1966 die deutsche Ausgabe herauskommt, predigt er bereits in eine vorrevolutionär bewegte Lage, und was als Wort beginnt, kann zu Fleisch und Blut, kann zur Tat werden. Stellvertretend für den schuldbeladenen Europäer fordert Sartre die Unterwerfung unter die revolutionäre Unschuld der Ausgebeuteten und Unterdrückten: «Einen Europäer erschlagen heißt zwei Fliegen auf einmal treffen, nämlich gleichzeitig einen Unterdrücker und einen Unterdrückten aus der Welt schaffen.»[30] In seinem besinnungslosen europäischen Masochismus weiß Sartre doch, welche Konsequenz diese Befreiungstheologie haben muss, und er zögert nicht, sie jubilierend zu benennen: «Was übrig bleibt, ist ein toter Mensch und ein freier Mensch.» Als sich die RAF 1998 für aufgelöst erklärte, hatte sie durch den Tod 65 Menschen zu dieser Freiheit verholfen.[31]

Das bewaffnete Wort

«Da fängt das Gerede vom Gewissen an
ein Schweigen über Verbrechen zu werden.»
Ulrike Meinhof (1964)

«Ulrike Meinhofs Weg in den Untergrund begann, als Sozialdemokraten einen Goebbels-Referenten zum Bundeskanzler wählten», schrieb der *konkret*-Chefredakteur Hermann L. Gremliza 1976, nachdem seine Vorgängerin in der Stammheimer Zelle gestorben war.[1] Die Bundesrepublik Deutschland wurde auch mehr als zwanzig Jahre nach Kriegsende mit dem alten Personal verwaltet und regiert. Der seit 1959 amtierende Bundespräsident hatte seinerzeit als Unternehmer Zwangsarbeiter aus dem KZ eingesetzt[2], der neue Bundeskanzler war für Rundfunkpropaganda zuständig gewesen, der neue Wirtschaftsminister war Ortsgruppenleiter der NSDAP gewesen, der Präsident des Bundeskriminalamts (BKA) war ein ehemaliger SS-Untersturmführer. Kein Richter ist je wegen seiner Rechtsprechung im alten Regime verurteilt worden. Diese Vergangenheit war bis in die sechziger Jahre tabu. In seiner Einleitung zur deutschen Ausgabe des «Tagebuchs der Anne Frank» (1955) hatte der Pfarrer und Schriftsteller Albrecht Goes seinen Lesern jeden Hinweis auf die Judenverfolgung im «Dritten Reich» erspart.[3] Nicht das KZ, nicht Auschwitz war lästerlich, sondern dass darüber geredet wurde. Wenn die Namen der NS-Kollaborateure dennoch auftauchten, wurde das als DDR-Propaganda abgetan, und doch war die Vernichtung der europäischen Juden die Vorgeschichte der Bundesrepublik Deutschland.

Anders als die frühe Bundesrepublik sah die Journalistin Ulrike Meinhof in den Hitler-Verschwörern vom 20. Juli 1944 Vorbilder, anders als die übrige Bevölkerung vernahm sie einen Appell, den sie ungesäumt weitergab: «Es ist an der Zeit, zu begreifen, dass der Kampf der Männer und Frauen des 20. Juli im Widerstand gegen Unrecht und Gewalt noch nicht endgültig gewonnen ist. Das Schreckliche braucht noch nicht geschehen zu sein, um unseren Widerspruch herauszufordern.»[4] Das Foto auf Seite fünf des *konkret*-Doppelhefts August/September 1964 zeigt die Autorin pausbäckig, den Kopf leicht zur Seite geneigt, in einem weiß gestrichenen Korbstuhl. Vom Kampf, jedenfalls einem Kampf über den Papierrand hinaus, ist sie noch weit entfernt. Aber mit dieser Logik – das Schreckliche ist zwar noch nicht geschehen, lauert aber im Hintergrund, es bedarf daher jener wenigen Menschen guten Willens, um es zu erkennen und rechtzeitig abzuwehren –, mit dieser dialektischen Logik wird das Recht auf und schließlich die Pflicht zum Widerstand erklärt. Aber noch ist es nicht so weit, noch äußert Ulrike Meinhof ihren Widerstand in den dafür vorgesehenen Formen.

Sie hat ihr Studium abgebrochen, ist nach Hamburg gezogen, 1961 Chefredakteurin von *konkret* geworden und hat Klaus Rainer Röhl geheiratet. Er wollte eine pompöse Hochzeit, die der protestantische Pastor und Widerständler Martin Niemöller leiten sollte; sie verweigerte sich dieser Show. «Im Unterschied zu Klaus lebte in ihr eine tief christliche Stimmung.»[5] Gemeinsam brillierten sie in der Hamburger Kulturgesellschaft, in der Ulrike Meinhof sich «zielsicher und kontaktstrebig» eingerichtet hatte, während ihr Mann lieber den «Kotzbrocken» machte.[6]

Die *konkret*-Leser konnten es nicht wissen, aber Ulrike Meinhofs Artikel zum zwanzigsten Jahrestag des Stauffenberg-Attentats war selber ein Akt des Widerstands. Er erschien in der ersten Ausgabe, die ohne die Subventionen aus der DDR auskommen musste – Klaus Rainer Röhl und Ulrike Meinhof hatten nach einem langen Richtungsstreit die Partei verlassen.[7] Daher der überraschend schneidige Ton, in dem das ehemalige Mitglied der illegalen KPD die Brüder und Schwestern im Osten belehrt: «Diese absolute Interessengleichheit zwischen einer kleinen Schicht mächtiger Männer und allen Schichten des deutschen Volkes, das ist es, was der Osten in der Einschätzung des 20. Juli 1944 meist nicht wahrhaben will, was im Westen all diejenigen eint, die diesen Tag feierlich begehen.»[8] Eine solche Interessengleichheit zwischen Verschwörern und Volk war eine Erfindung oder vielmehr ein frommer Wunsch. Ulrike Meinhofs Kollege und zeitweiliger Freund Karl Heinz Bohrer nennt das «ihre eher harmlose ‹protestantische› Periode»[9]. Auch wenn die RAF sich später mit dem bei Mao geborgten Imperativ «Dem Volke dienen!» in den Kampf stürzte, würde dieser Wunsch doch nie in Erfüllung gehen, aber immer waren da die tapferen Männer und Frauen, «die schließlich das Gesetz des Handelns im deutschen Widerstand gegen Hitler übernahmen, deren Tat sichtbarer und glänzender in Erscheinung trat als alles, was von Kommunisten, Sozialdemokraten, Gewerkschaftlern, Christen und Studenten geleistet worden war»[10].

In dieser Aufzählung kommt die gesamte bisherige politische Laufbahn Ulrike Meinhofs vor: von der christlichen Studentin in Oldenburg und Münster bis zur Kommunistin in Hamburg und Ostberlin. Sie hatte gegen das KPD-Verbot und die Atomrüstung gekämpft, und es war alles vergeblich gewesen. Die Adenauer-Regierung scherte sich weder um die Volksempörung noch um die Wiedervereinigung, in Ulrike Meinhofs Augen blieb die Bundesrepublik der Nachfolgestaat des «Dritten Reiches». In einem Beitrag, den sie im gleichen Jahr 1964 für einen bilanzierenden Band über die «Ära Adenauer» lieferte, formulierte sie ihre abgrundtiefe Resignation: «Da stehn wir nun, nach 14 Jahren Kabinett und Regierung Adenauer, wohlgenährt und kenntnislos, übervorteilt und zufrieden, mit Eichhörnchenvorrat darüber hinweggetäuscht, daß der Krieg uns das Leben kostet, mit Kindergeld über erhöhte Mieten getröstet, mit Christlichkeit und Wohlstand gegenüber den Anfechtungen des Kommunismus gefeit, beklagend die Toten an der Mauer, aber der Versuchung Widerstand leistend, durch einfaches Verhandeln das Leben hier und dort zu erleichtern.»[11] Das war noch die KPD-Zeit und der hohe Ton Brechts. Auch nach der Abnabelung von der DDR wird davon für sie bleiben der Antifaschismus und das bessere Deutschland des guten Gewissens.

«Es ist an der Zeit, zu begreifen», schreibt sie in ihrer angestrengten Prosa, die vor allem an die Autorin selber adressiert scheint, «daß die Vergasungsanlagen von Auschwitz in der Atombombe ihre technische Perfektion gefunden haben.»[12] So pathetisch das auch klingt, 1964 ist Ulrike Meinhof keineswegs die Einzige, die eine Verbindungslinie von Auschwitz über Hiroshima zum nuklearen Weltkrieg zieht. «Die Täter der Endlösung von morgen sind von ihren Opfern nicht mehr zu unterscheiden», erläutert Enzensberger in einem Aufsatz, der bezeichnenderweise in einem Band namens «Politik und Verbrechen» erscheint; ohne dass man sich von der Vergangenheit gelöst, sich überhaupt dazu bekannt habe, verlange es die westintegrierte Bundesrepublik bereits nach den neuesten Massenvernichtungswaffen. «Wie will den Genozid von gestern verurteilen oder gar ‹bewältigen›, wer den Genozid von morgen plant und ihn sorgfältig, mit allen wissenschaftlichen und industriellen Mitteln, die uns zu Gebote stehen, vorbereitet?»[13]

Als im selben Jahr der SS-General Karl Wolff wegen seiner Beteiligung an der Judendeportation vor Gericht stand, bemühte sich Ulrike Meinhof um Gerechtigkeit und bezeichnete sich selber als «Mitglied einer Generation, die den Nationalsozialismus nicht mehr bewußt erlebte, der Gelegenheit entgangen, mitschuldig zu werden, sei es durch Bewunderung, sei es durch Mangel an Zivilcourage»[14]. Um mehr zu erfahren, befragte sie den Literaturkritiker Marcel Reich-Ranicki, der das Warschauer Getto überlebt hatte und im Wolff-Prozess als Zeuge geladen war. Am Ende habe sie Tränen in den Augen gehabt, berichtet Reich-Ranicki. «Könnte dies damit zu tun haben, dass sie die erste Person in der Bundesrepublik war, die aufrichtig und ernsthaft wünschte, über meine Erlebnisse im Warschauer Getto informiert zu werden? Und wäre es denkbar, dass es zwischen ihrem brennenden Interesse für die deutsche Vergangenheit und dem Weg, der sie zum Terror und zum Verbrechen geführt hat, einen Zusammenhang gibt?»[15]

Gute Frage.

Joachim Fest, der Ulrike Meinhof um die gleiche Zeit kennenlernte, bestätigte, dass sie ihre Widerstandsgedanken im Schutz des 20. Juli 1944 entwickelte. Sie habe wissen wollen, wie sich die Attentäter als gläubige Christen «mit dem Gedanken des Mordes abgefunden hätten»[16]. Ihr Unbehagen an der Bundesrepublik wuchs umso mehr, als die Nazis weiter mittun durften und der Verfassung durch die geplanten Notstandsgesetze Gefahr vom Staat drohte. «Mehrfach schien mir», schreibt Fest in der Erinnerung an die Gespräche, «Hitler sei für sie lediglich eine Folie. Dahinter erhoben sich, ebenso bedrohlich, wenn auch gerissener als der ‹barbarische Bock›, wie sie Hitler einmal ebenso witzig wie unzutreffend nannte, die Politiker der Bundesrepublik.»[17] Es ist, als wollte sie sich theoretisch einüben in den Widerstand, zu dem sie sich weiterhin verpflichtet fühlte. Hatte sie nicht auch jenen berüchtigten Satz gegen den Verteidigungsminister Franz Josef Strauß geschrieben? «Wie wir unsere Eltern nach Hitler fragen, so werden wir eines Tages nach Herrn Strauß gefragt werden.»[18] Wer immer dieses «wir» sein sollte, sie jedenfalls wollte sich einen Mangel an Zivilcourage nicht vorwerfen lassen, den sie bei der vorigen Generation beklagte. In Gedanken, in Worten, in *konkret* erwägt sie den letzten Schritt, der in der Tradition des deutschen Widerstands nur eine noble Tat sein kann, aber noch kokettiert sie nur damit: «Das Come-back eines Franz Josef Strauß ist auch noch nicht die Stunde des politischen Attentats.»[19] Noch nicht.

Zunächst strebt sie eine recht bürgerliche Karriere im Journalismus an, die sie leicht an die Spitze der *Zeit* oder des *Spiegel* hätte führen können. Nach der Geburt ihrer Töchter, nach der fast gleichzeitig erfolgten Tumor-Operation, gibt sie die Chefredaktion auf und schreibt eine monatliche Kolumne in *konkret*. Außerdem entstehen Rundfunk-Features über Frauen am Fließband, über die Zustände in Erziehungsheimen. Die Hamburger Gesellschaft findet das interessant, wie sich jemand den Erniedrigten und Beleidigten so leidenschaftlich nähern kann, und lässt sich gern von ihren Ausflügen nach unten berichten.

In der politischen Ausrichtung änderte sich *konkret* nach der Trennung von der DDR nicht, doch profitierte die Zeitschrift von der wieder beginnenden Politisierung. Außerdem öffnete sie sich aktuellen Themen, behandelte nicht bloß Bücher, sondern auch Filme und Popmusik. Seit es die Pille gab, konnten Probleme wie Empfängnisverhütung und außerehelicher Sex freizügiger behandelt werden. *konkret* wurde die wichtigste Plattform für die beginnende außerparlamentarische Opposition. Als die Subventionierung aus Ostberlin ausblieb, verfünffachte sich die Auflage der Zeitschrift.

Ohne die Begeisterungsfähigkeit auch der liberalen Medien, ohne das leidenschaftliche Engagement der Schriftsteller wäre aus der Protestbewegung nichts geworden. Ein großer Teil der jüngeren Autoren hatte sich im Bundestagswahlkampf 1965 im «Wahlkontor» der SPD und für den Kanzlerkandidaten Willy Brandt anwerben lassen. Unter Anleitung von Günter Grass schrieben sie Reden für Brandt und sein Team und hofften, dass endlich die Ablösung der CDU-Regierung gelingen möge. Bundeskanzler Ludwig Erhard, dieser «joviale Banause»[20], wie ihn Enzensberger später nannte, hatte das Selbstbewusstsein der Schriftsteller empfindlich getroffen, als er Rolf Hochhuth, der es gewagt hatte, die Erhard'sche Wirtschaftspolitik zu kritisieren, als «kleinen Pinscher» bezeichnete. Solche Aufsässigkeiten waren die Autoritäten nicht gewohnt; Erhard war schließlich nicht bloß Kanzler, sondern auch Professor. Sie versuchten, ihre ordnungspolitischen Vorstellungen auf den neuesten technokratischen Stand zu bringen. Bei Erhard sollte es statt einer demokratisch verfassten eine ständisch organisierte, «formierte Gesellschaft» sein.

Das Engagement für den Wechsel war vergeblich; Erhard blieb noch mehr als ein Jahr Bundeskanzler. Dann nötigte ihn seine eigene Partei zum Rücktritt und ging am 1. Dezember 1966 mit der bis dahin verteufelten SPD die Große Koalition ein. Dass der Emigrant Willy Brandt unter dem ehemaligen Parteigenossen Kurt Georg Kiesinger Außenminister werden durfte, war kein Triumph für die Linke; sogar sein treuer Gefährte Grass suchte Brandt von dieser Kollaboration abzuhalten. Die Opposition im Parlament beschränkte sich jetzt auf die bedeutungslose FDP. Nicht wenige empfanden die Große Koalition wie Enzensberger als eine «Katastrophe»[21], und er zögerte nicht, diese Bewertung den Lesern der englischen Literaturzeitschrift *Times Literary Supplement* mitzuteilen. Die Große Koalition verfügte über eine Zweidrittelmehrheit im Bundestag, war also in der Lage, die lange geplante und nicht nur von Ulrike Meinhof gefürchtete verfassungsändernde Notstandsregelung zu beschließen. Die Opposition, die im Bundestag nicht mehr stattfand, verlagerte sich nach draußen.

Am 16. März 1967 empfing Hans Magnus Enzensberger den Kulturpreis der Stadt Nürnberg, in der er seine Kindheit verbracht hatte. Die Dankesrede wurde zum politischen Skandal. Enzensberger war doch Lyriker, werden sich die Juroren gedacht haben, als sie ihm den Preis verliehen. Der Beschenkte aber sprach über Politik, schlimmer noch, über die jüngere deutsche Geschichte. Nicht nur an Lehrer und Klassenkameraden erinnerte er sich, sondern auch an Julius Streicher, der in Nürnberg das antisemitische Hetzblatt *Der Stürmer* herausgegeben hatte. Und noch einen vergaß er nicht, den Heizer Hieronymus, einen nie weiter bekannt gewordenen Antifaschisten, der eines Tages von der Gestapo abgeholt wurde. Was Enzensberger nicht erwähnte, was in dieser Rede aber auch eine Rolle spielte, war die Parteimitgliedschaft des eigenen Vaters; im Entnazifizierungsverfahren war er wie Millionen andere als «Mitläufer» eingestuft worden.[22] Die Jungen, Enzensberger voran, wollten es besser halten. Inzwischen gebe es jedes Jahr wieder zehntausend politische Verfahren in der Bundesrepublik, behauptete er in kühner Übertreibung, und deshalb stellte er das Preisgeld von 6000 Mark jenen zur Verfügung, die ihre politische Gesinnung in der Bundesrepublik vor Gericht gebracht hatte. Sarkastisch und auf den drei Jahre zuvor im Amt bestätigten Bundespräsidenten Heinrich Lübke bezogen, ergänzte Enzensberger resigniert: «Eine politische Strafjustiz, welche die Präsidenten schützt und die Heizer verurteilt, ist nicht aus den Angeln zu heben, indem man ihren Opfern unter die Arme greift.»[23]

Enzensberger war kein Jurist, von Rechts wegen stand ihm kein Urteil über die Feinheiten der aktuellen Strafverfolgung zu. Dennoch beanspruchte er, nicht anders als eine wachsende Zahl von Studenten, die staatsbürgerliche Freiheit, sich in die laufenden Geschäfte der Bundesrepublik einzumischen. Die Rede in Nürnberg war der Beginn einer ebenso kurzen wie heftigen Radikalisierung, die Enzensberger innerhalb eines guten Jahres vom skeptischen Beobachter zum Revolutionsagitator in Berlin und zum Berater Fidel Castros in Kuba machte. Voller Ekel hatte er Ende der fünfziger Jahre der Bundesrepublik, in der er überall nur «diese Nazischeiße» sah, den Rücken gekehrt und sich in Norwegen niedergelassen; 1966, als «irgendein Solarplexus mir sagte, daß in Deutschland etwas im Gange ist», ging er nach Berlin, wo er in einer Auflage von mindestens 25 000 Exemplaren die Zeitschrift *Kursbuch* herausbrachte und mit ihren Beiträgen sogleich die Basistexte für die beginnende Kulturrevolution lieferte.[24] Dabei kannte er sich auch in der Vergangenheit aus; in seiner 1965 herausgebrachten Ausgabe von Georg Büchners revolutionärer Flugschrift «Der Hessische Landbote» (1834) sparte er nicht mit Verweisen auf die Gegenwart, auf die «Notstandslegislation» und vor allem auf die Situation in Ländern, die wie die Bundesrepublik zum Einflussbereich der westlichen Hegemonialmacht gehörten wie der Iran und Vietnam. Nur mit Gewalt, schrieb Enzensberger Georg Büchner fort, sei das Verhältnis der reichen zu den armen Ländern aufrechtzuerhalten, «nur mit Gewalt kann ihm abgeholfen werden».[25] Niemand schien belesener, keiner war weiter gereist als Enzensberger, der sich viel früher als seine Kollegen mit der «Dritten Welt» beschäftigt hatte. Keiner verfügte über ein feineres Gespür für das richtige Timing, für die Lücke, die sich dem Wagemutigen in dieser politisch erzwungenen Ruhe bot. «Wann hat man schon das Glück, in Deutschland eine Revolution zu erleben?», wird er sich später selbstbewusst erinnern. «Als Schriftsteller mußte ich dabei sein.»[26] Noch im Rückblick wird er vom «Spaß» schwärmen: «Sie müssen sich vorstellen, ein paar tausend Leute machen irgendwo etwas, und ganz Deutschland steht kopf.»[27]

Es waren sogar noch viel weniger, die mitgemacht haben, vielleicht bloß 0,1 Prozent der zwischen 1938 und 1948 Geborenen[28], die im Laufe des Jahres 1967 in eine Revolte hineinstolperten, die zumindest dem Westen Deutschlands den längst fälligen Modernisierungsschub bescherte. Die Welt draußen gab keine Ruhe, der Schriftsteller musste reagieren. «Eine Handvoll Guerillas», schreibt Enzensberger Ende 1967, angesteckt von der fernen Revolution, «die im Hochland von Bolivien operieren, sind heute ein Phänomen, das die ganze Welt angeht.» Und dann droht er: «Es ist abzusehen, daß die Gewalt im internationalen Maßstab zunehmen wird. Der Frieden ist, unter den herrschenden gesellschaftlichen Verhältnissen, eine Fiktion der Metropolen. In Wirklichkeit leben wir in einem permanenten Kriegszustand.» Das ist noch lange ehe sich Andreas Baader und Ulrike Meinhof bewaffnen, doch bald sollte auch in Deutschland eine Handvoll Guerilleros in diesen Krieg eintreten. Hier, und man kann es kaum anders verstehen, betet einer die Gewalt herbei, oder doch wenigstens die Revolution: «Die Verfassung ist ein Versprechen, das die herrschende Klasse weder halten kann noch halten will», dröhnt es im Januar 1968 mit der Verve des «Kommunistischen Manifestes» aus dem *Kursbuch*. «Nur die Revolution kann es einlösen.»[29]

Sie haben sie so geliebt, die Revolution.

Einen gab es, der begnügte sich nicht mit Worten, sondern schritt zur Tat. Giangiacomo Feltrinelli in Italien war schon viel weiter. Der Verleger (unter anderem Enzensbergers) hatte eines der größten Vermögen Italiens geerbt, schloss sich aber bei Kriegsende dem

PCI, der Partei der italienischen Kommunisten, an. Auch seinen Verlag hatte er 1954 in der besten Tradition der kommunistischen Arbeiterbildungsvereine gegründet. Als Feltrinelli 1957 Pasternaks «Doktor Schiwago» herausbrachte, entfremdete er sich der Partei, die ihn endgültig verabschiedete, als er sich für die Befreiungsbewegungen der «Dritten Welt» zu begeistern begann. Schon im Dezember 1966 soll er angekündigt haben, er gehe jetzt «underground»[30], weil Lyndon Johnson seinen Vorgänger Kennedy umgebracht habe und die USA den dritten Weltkrieg vorbereiteten.

Feltrinelli war der erste Revolutionstourist und Che Guevara sein Idol. Überall wollte er dabei sein; sein Geld, seine Kontakte halfen mit, die revolutionäre Begeisterung weiterzutragen. Er reiste mehrfach nach Kuba und wollte Fidel Castros Memoiren herausbringen, packte (wie später Enzensberger) bei der Zuckerrohrernte mit an, sprach 1967 mit dem Freischärler Arafat und versuchte im selben Jahr, den intellektuellen Guerillero Régis Debray zu befreien, als der in Bolivien eingesperrt wurde. Der Verleger linker, radikaler Bücher zu sein reichte Feltrinelli bald nicht mehr aus. Castros Unternehmen gegen Batista diente dem jagderfahrenen Feltrinelli als Vorbild für einen Guerillakrieg in Europa, war er sich doch sicher, dass in Italien ein faschistischer Staatsstreich bevorstand.

Das mag sogar sein, romantisch war die Vorstellung des Intellektuellen, der sich mit der Waffe gegen die Faschisten zur Wehr setzt, auf jeden Fall. Es konnte nur eine literarische Revolte sein, und der Held kostümierte sich nicht anders als die Revolutionäre in «Viva Maria!». Sogar in einer Novelle seines Autors Saul Bellow tritt er in dieser Camouflage auf und wird mit den Worten zitiert: «Es ist höchste Zeit für Taten.»[31] Es waren die enthusiastischen Tage der Befreiungsbewegung, und die Berichte über deren Erfolge in der «Dritten Welt» und die chinesische Kulturrevolution erreichten ein staunendes Europa. Die Beatles sangen «You say you want a revolution» und erwähnten in ihrem Song die Poster mit dem Vorsitzenden Mao, die seit 1967 zusammen mit den Porträts von Ho Chi Minh (Vietnam) und Guevara (Kuba-Kongo-Bolivien) durch die Straßen getragen werden.

Für den schon über Vierzigjährigen mochte die Jugend wiederkehren, die Resistenza, als sich Italien (mit amerikanischer Unterstützung) vom Faschismus befreite. 1967 besuchte das Ehepaar Röhl Feltrinelli in Villadeati: «Er war begeistert von Ulrike und führte lange Gespräche mit ihr über den Revisionismus, den er für den Hauptfeind der Revolution hielt.»[32]

Noch aus dem Untergrund versuchte Feltrinelli, seinen neunjährigen Sohn Carlo politisch zu erziehen («Es freut mich, daß Du zur Demonstration gegangen bist»[33]); Ulrike Meinhof wird es bei ihren Kindern nicht anders machen. «Der Unterschied war nur», meint der zurückgebliebene Ehemann, «daß Feltrinelli das Geld nicht erst unter erheblichen Risiken bei Bankfilialen ‹enteignen› mußte – er brauchte es nur von seinem Konto abzuheben.»[34] Der Revolutionär Giangiacomo Feltrinelli starb am 14. März 1972 in der Nähe von Mailand bei dem Versuch, einen Hochspannungsmast in die Luft zu sprengen.

Tage der Kommune

«Wer will nicht mit Gammlern verwechselt werden? – Wir!
Wer sorgt sich um den Frieden auf Erden? – Wir!
Ihr lungert herum in Parks und in Gassen,
wer kann eure sinnlose Faulheit nicht fassen? – Wir, Wir, Wir!
(...)
Wer hat noch nicht die Hoffnung verloren? – Wir!
Wer dankt noch denen, die uns geboren? – Wir!
Doch wer will weiter nur protestieren,
bis nichts mehr da ist zum Protestieren? – Ihr, Ihr, Ihr!»
Freddy Quinn: «Wir» (1967)

Nach langen Diskussionen wurde am 1. Januar 1967 «als Form des Zusammenwohnens und Zusammenarbeitens, des sich gegenseitigen Helfens in allen Lebenslagen die adäquate Alternative zur Kleinfamilienexistenz»[1], die Kommune I (K I) gegründet. Im Namen berief sie sich auf die Pariser Commune, die 1871 heldenhaft gegen die deutschen Besatzer aufgestanden war. Die neue Gemeinschaft will das Private und das Politische zusammenführen, und der Bürger, ob klein, ob groß, soll sich ruhig entsetzen über «Orgien», «Drogen» und «Beatle-Haare». Alles, was in der «Situationistischen Internationale», in der «Spur», in der Subversiven Aktion erdacht worden war, soll in der K I verwirklicht werden.

Die Mitglieder dieser «zärtlichen Kohorte» kannten einander nur flüchtig, allerdings war Kunzelmann bereits eine politisch-anarchistische Legende. Mit ihm ziehen die Studenten Fritz Teufel, Volker Gebbert, Dagmar Seehuber, Ulrich Enzensberger, Hans-Joachim Hameister und Dorothea Ridder ein; wenig später folgt Rainer Langhans, ein ehemaliger Unteroffizier der Bundeswehr und inzwischen Student der Psychologie. Die klassische Zweierbeziehung wird für überlebt erklärt, deshalb finden zwei Anwärter doch keine Aufnahme: Rudi Dutschke bleibt bei seinem Gretchen, und auch Bernd Rabehl ist nicht dabei. Man will zwar neu leben, aber wenigstens beim Wohnen hält man sich ans Bewährte. Dagrun Enzensberger, die geschiedene Frau Hans Magnus Enzensbergers, stellt den Kontakt zu dem Schriftsteller Uwe Johnson her, der seit Mai 1966 in New York lebt. Johnson wüsste seine Wohnung und sein Atelier für die Zeit seiner Abwesenheit gern in vertrauten Händen und ist dankbar für die Untermieter. Wie hätte er auch ahnen können, dass dort, finanziert durch ein Postsparbuch seines Freundes Enzensberger, eine neue «Subversive Aktion» vor den Augen mindestens der Weltgeschichte stattfinden würde?

Zunächst jedoch beschäftigt sich die Kommune ausgiebig mit sich selber und praktiziert regelmäßig den bereits in München erprobten «Psycho-Amok»: Alle müssen sich diesem aus katholischer Beichte und laienhafter Psychoanalyse gebildeten Ritual unterziehen. Die Therapie soll Voraussetzung und dann Teil des politischen Kampfes sein. In kleinen Heften wird Protokoll über die mangelnde Kommune-Identität geführt, werden Schwächen aufgezeichnet und die Angst davor, verhaftet zu werden. Eine Aktion nach außen ist fällig, die die Gruppe in ihrem Zusammenhalt stärkt und zugleich von den Schwierigkeiten ablenkt, die sie intern belasten. Auch hier wirkt der Event-Gardist Kunzelmann als treibende Kraft. Er lebt nun schon Jahre ohne richtiges Einkommen und ohne Beruf und drängt die anderen zu illegalen Aktionen, die auch sie von einer vorbestimmten Karrierebahn abbringen könnten. Kleinere Ladendiebstähle sollen das Selbstbewusstsein stärken, doch als er selber mitmachen soll beim «Klaufen», wird Kunzelmann ganz bang. Ein erster Erfolg: Vom SDS kommt Besuch, denn das Treiben der Kommunarden erregt den Argwohn dieser vergleichsweise staatstragenden Organisation und sorgt für einen bösen Leumund der Studenten. Die Kommune wird aus dem Verband ausgeschlossen, was sie aber wenig kümmert, sie ist sich selber genug und braucht die Dachorganisation nicht.

Dann alarmiert ein Wasserschaden die Hausbesitzerin; sie will die Kommunarden nicht mehr dulden. Johnson kündigt der Kommune und spricht von «undichtem Urchristentum»[2]. Dabei weiß er noch gar nichts von den angeblichen «Peking-Bomben», die ihn und seine Wohnung Anfang April 1967 in die Schlagzeilen befördern.

In diesem Frühjahr kam Hubert Humphrey, der Vizepräsident der USA, nach Berlin, den Berlinern, die ihm, wie jedem offiziellen Gesandten aus dem Ausland, einfach zujubeln wollten, ein lieber Besuch. Nicht für alle. Er wurde an die Mauer geführt, durfte das neue Verlagsgebäude bewundern, das Axel Springer steuerschonend in der Kochstraße errichtet hatte, und erhielt die Nachbildung der Freiheitsglocke überreicht.

Für die K I war er die ideale Zielscheibe. In bedenkenloser Verkennung des in Berlin geltenden Besatzungsrechts planten die Kommunarden eine Spaßattacke auf den Vizepräsidenten. Sie wollten seinen Wagen, wenn er im Autokorso durch die Straßen der Stadt fuhr, mit Rauch einnebeln. Der Rauch sollte durch selbstgebastelte Bomben in Papprollen ausgebracht werden, die in aller Harmlosigkeit auf den Schrecken verweisen würden, den die gleichzeitig in Vietnam abgeworfenen Napalmbomben verbreiteten. Für die Berliner Studenten war das ein theatralisches Spiel, ein bescheidener Akt passiven Widerstands in einer Stadt, in der jede Kritik an der amerikanischen Schutzmacht sofort als Parteinahme für die Kommunisten ausgelegt wurde.

Am 5. April abends klopfte es bei den Kommunarden an der Tür. Sie «öffneten den ohne Formalitäten massenhaft hereindrängenden zivilen Beamten und wurden gefesselt ins Flughafengebäude Tempelhof zur Politischen Abteilung (IA) gebracht. Uns wurde die ‹Verabredung zu einem Sprengstoffverbrechen zur Last gelegt› (§§ 49a, 311a StGB). Kunzelmann protestierte, es sei ‹nichts anderes als harmlose Rauchbomben hergestellt worden›. Wir schwiegen.»[3]

Die empörungsbereite Presse blähte die Geschichte zu einem

weltfriedensgefährdenden und selbstverständlich kommunistischen Mordanschlag auf. Die *Berliner Morgenpost* berichtete: «Attentat auf Humphrey von Kripo vereitelt – FU-Studenten fertigten Bomben mit Sprengstoff aus Peking». Die *B.Z.* entdeckte einen «Abgrund an Gesinnungslumperei»[4], und *Bild* hatte genau recherchiert: «Mit Bomben und hochexplosiven Chemikalien, mit sprengstoffgefüllten Plastikbeuteln – von den Terroristen ‹Mao-Cocktail› genannt – und Steinen haben Berliner Extremisten einen Anschlag auf den Gast unserer Stadt vorbereitet.»[5] Kunzelmann hatte sein Spektakel. Mit ihrer Bombengeschichte brachte es die Kommune I bis auf die Titelseite der *New York Times*, sie war mit einem kleinen Anschlag weltberühmt.

Am 6. April 1967 erhielt Uwe Johnson ein Telegramm aus Deutschland: «Sprengbombengeschichte Erfindung der Polizei. Nur Rauchbomben gefertigt. Soweit alles ok. Mahler, Rechtsanwalt.»[6]

Aber ok war nichts mehr. Auch Hans Magnus Enzensberger versuchte, den fernen Freund zu beruhigen, und schrieb vermittelnd nach New York: «Elf Personen wurden verhaftet, darunter Ulrich E. und Dagrun E. Die Festnahmen wurden begründet mit dem Verdacht auf Geheimbündelei, Verstoß gegen das Sprengstoffgesetz, und Verabredung zu einem Verbrechen. (...) Wenn Du meine Meinung hören willst, so handelt es sich um eine gemeinsame Operation der politischen Polizei und der hiesigen Presse, gerichtet gegen den SDS und die widerstrebende Studentenschaft überhaupt.»[7] Enzensberger solidarisierte sich mit seiner Verwandtschaft, Uwe Johnson, machtlos in New York, fürchtete um seinen heimischen Arbeitsplatz. Am Ende zerbrach die Freundschaft der beiden Autoren wegen der «revolutionaeren Aktivitaet der Enzensbergerschen Sippe gegen meine Wohnung»[8].

Horst Mahler, der Anwalt der Bombenwerfer, beschwört seine Mandanten, bei der Vernehmung die Wahrheit zu sagen. Welche Wahrheit? Dass sie, wie Johnson das später einordnen würde, «den Stellvertreter des Präsidenten mit Bomben aus Puddingpulver erledigen»[9] wollten? Oder dass sie, wie Fritz Teufel es formulieren sollte, «den Amivize Hampfri mit Napalm beschmeißen» wollten, «weil die Amis Vietnam mit Pudding bombardierten. Jedenfalls dachten das die Berliner, die sich noch an die Rosinenbomber aus der Blockadezeit erinnerten»[10]?

In ihrer Kolumne zum Humphrey-Attentat beklagte Ulrike Meinhof streng, dass die «Pudding-Kommunarden» die Gelegenheit des Aufsehens nicht nutzten, «in Fernsehen und illustrierter Presse ihre Aktion zu erklären». Ulrike Meinhof verstand da keinen Spaß, es war ihr immer Ernst, die Veralberung einer lachhaften Polizei und Justiz war ihr zu wenig, aber natürlich begrüßte sie die propagandistische Absicht der Kommunarden: «Nicht Napalmbomben auf Frauen, Kinder und Greise abzuwerfen, ist demnach kriminell, sondern dagegen zu protestieren.»[11]

Kriminell blieben die Kommunarden nicht lange. Der Generalstaatsanwalt stellte ein halbes Jahr später das Ermittlungsverfahren wegen «Verdachts d.Anstiftung z.Sprengstoffanschlag pp.» ein. Doch erst nach Freigabe der Akten an die Beteiligten klärte sich ein Teil der nebulösen Geschichte.

Das Berliner Landesamt für Verfassungsschutz brauchte 1967 im Konkurrenzkampf der Geheimdienste endlich einen Erfolg. In Berlin tobte der Kalte Krieg besonders heftig, und deshalb hatten bei der Polizei und beim Verfassungsschutz viele Kräfte Unterschlupf gefunden, die seit dem «Unternehmen Barbarossa» wussten, dass der Feind links stand. Da dem Feind anders nicht beizukommen war und Straftaten schon im Ansatz vereitelt werden mussten, hatte das Berliner Amt für Verfassungsschutz in der vermeintlich umsturzbereiten Szene einen Spitzel implantiert, den auch in der Folge unverzichtbaren Peter Urbach, der dann die nötigen Sprengutensilien über den kurzen Dienstweg besorgen würde. «Vermutlich wusste der Staatsschutz schon vor unserer Festnahme, dass wir kein Bombenattentat, sondern einen Klamauk planten»[12], meinte Kunzelmann dreißig Jahre später. Dennoch wurde zugeschlagen, man wusste ja, wozu es gut war. In der Frontstadt

Berlin galten andere Regeln als im westlichen Deutschland, und da wurde nichts dem Zufall überlassen.

Selbstverständlich bestreitet heute jede Behörde, jedes Amt, jede Institution – Bundeskriminalamt, Innenministerium, das Berliner Landesamt für Verfassungsschutz – eine Zuständigkeit für den Fall, um dann zu versichern, dass ein staatliches Mitwirken bei der Bewaffnung von gewaltbereiten Personen sowieso «unwahrscheinlich und unglaubhaft»[13] sei. Aber so unwahrscheinlich es klingt, es ist doch wahr: Der gelernte Klempner Peter Urbach wurde vom Berliner Verfassungsschutz dafür bezahlt, die Revolution in Deutschland, oder wenigstens in Berlin, zu befördern. Dieser kuriose Mann war nicht bloß der erfolgreichste Agent des Berliner Verfassungsschutzes, sondern sorgte als Brandbeschleuniger dafür, dass sich unter der «kleinen radikalen Minderheit» in Berlin die rechte revolutionäre Begeisterung verbreitete. Ohne seine staatlich geförderte Tatkraft hätte es auch die sendungsbewusste Guerillatruppe, die einmal «Rote Armee Fraktion» (RAF) heißen sollte, sehr viel schwerer gehabt.

Urbach war, wie er gern erzählte, als Fürsorgekind aufgewachsen, arbeitete für die (auch in den Westsektoren von der DDR betriebene) Berliner S-Bahn, war als Familienvater für die Kommune I nicht recht geeignet, aber ideal, um bei den bohemistischen Bürgerkindern das Proletariat zu geben. Das Proletariat trug ein affiges Hütchen und kannte sich anders als die Akademiker in technischen Dingen aus. Urbach goss ihnen den Estrich und kümmerte sich um die sanitären Anlagen. Vor allem konnte er beinahe jeden Wunsch erfüllen: Rauchkerzen, Sprengstoff, Bomben, Pistolen, gern auch Haschisch und LSD. «Peter Urbach, der Verfassungsschützer in der Maske des antiautoritär-maoistischen Reichsbahners, war genau der Tüp Arbeiter, (das Stückchen Arbeiterklasse) auf das wir blöden SDS- und Kommunestudenten damals scharf waren»[14], wird der Kommunarde Fritz Teufel über den Spitzel schreiben.

Urbachs Betreuer hatten ihm eine makellose revolutionäre Legende verpasst. Er hatte sich mit seinem Arbeitgeber, der Ostberliner Reichsbahn, zerstritten und zeigte seinen neuen Genossen von der Kommune, wie man auf dem Betriebsgelände Kohlen klaute. Als Fritz Teufel Anfang 1968 wegen einer politischen Störaktion von Richter Kurt Gente, einem ehemaligen NSDAP-Mitglied, verurteilt werden sollte, warfen Teufel und Urbach Knallkörper in den Gerichtssaal. Auf Flugblättern wurde zu weiteren Gewalttaten aufgerufen: «Holen wir nach, was 1945 versäumt wurde: Treiben wir die Nazi-Pest zur Stadt hinaus.»[15] Urbach half den Aufruhr anzuheizen, den sich Polizei und Politik in Berlin offenbar so sehnlich wünschten, dass sie sogar Sprengkörper und Revolver mit dem Kalkül ins Spiel brachten, dann mit allem Recht gegen die Gewalttäter vorgehen zu können. Urbach war zur Stelle, wenn er gebraucht wurde: von den Leuten, die ihn in Gang setzten, ebenso wie von jenen, die zur Gewalttat entschlossen waren und sich dafür seiner Dienste versicherten.

Vielleicht wäre es nie bis zur RAF gekommen, wenn der Erste Staatsanwalt am 6. April 1967 bei der Vernehmung der «Berliner Extremisten» seinen Gewährsmann hätte benennen dürfen. Er konnte erklären, «daß ein Zeuge vorhanden ist, der bekunden kann, und der notfalls gegenübergestellt wird, daß das Ergebnis der Besprechung am 2. April 1967 dahin lautete, daß explosive Bomben auf Humphrey geworfen werden sollten, und daß Vorrichtungen seitens der mischenden Gruppe getroffen worden sind, solche explosiven Stoffe herzustellen»[16] – aber dann wäre der vorhandene Zeuge Urbach zu früh enttarnt worden. Er wurde noch gebraucht.

Uwe Johnson kündigte Dagrun Enzensberger mit Schreiben aus «nyc» zum 15. April. Mit einem Schlüssel und mit Hilfe der Polizei entsiegelte Günter Grass im Auftrag Johnsons am 8. April die Wohnung Niedstraße 14. Beiläufig fragte Grass den Beamten, ob sich in der Wohnung vielleicht eine Abhöranlage befinde. «Diese Frage von Herrn Grass wurde von Unterzeichnendem mit einem ‹Nein› beantwortet.»[17] So einfach kam der fürsorgliche Staat davon, der beinah jede Bewegung der kleinen Chemiker von der Kommune I beobachtet und belauscht hatte. Denn ein dummer Zufall wollte es, dass die amerikanischen Lauscher die Wohnung und das Atelier des 1959 aus der DDR übergesiedelten Uwe Johnson überwachten und ihre Aufzeichnungen maßlos übertrieben an die Berliner Behörden weiterreichten.

Peter Urbach beließ es nicht dabei, seine Auftraggeber mit Insiderberichten aus der vermeintlich gefährlichen Studentenszene zu versorgen, er begann die bis dahin unbewaffneten Störer mit immer stärkeren Waffen auszurüsten. Aus den Knallkörpern wurden Brandsätze, die er bei der Protestaktion gegen Springer verteilte, wurden fünfzig Pistolen, die er «der Revolution» anbot, wurden Sprengsätze mit Zeitzündern, die er bei der Kommune losschlagen konnte, wurden schließlich die Pistolen für die waffennärrischste Berliner Gruppe, die RAF. Alles nicht bloß mit Kenntnis staatlicher Stellen, sondern offensichtlich, um deren sehnlichsten Wunsch zu erfüllen: Die Unruhestifter sollten sich endlich als so gefährlich erweisen, dass man unbedingt gegen sie vorgehen musste.

Der Skandal Peter Urbach ist bis heute nicht aufgeklärt und wird sich auch kaum mehr aufklären lassen. Die Akten sind vernichtet, der Agent wurde nach seinen zahlreich vollbrachten Taten außer Landes geschafft.[18] Drei volle Jahre wirkte Urbach im Auftrag des Berliner Landesamtes für Verfassungsschutz auf die Studenten ein. Er hat, anders als viele intellektuelle Mitstreiter, Gewalt keineswegs gepredigt, sie, nach allem, was man weiß, auch nicht ausgeübt, aber er hat die Mittel dafür bereitgestellt: für die Brutalisierung, für die Militarisierung einiger weniger Freischärler, dafür, dass sich die schlimmsten Albträume der laufend zu Tode erschrockenen Berliner Springer-Leser endlich bewahrheiteten. Die neue Kommune, die Rainer Langhans in den Siebzigern in München um sich scharte, wollte Jahrzehnte später einen Film zum Thema Verrat drehen und wandte sich über den Verfassungsschutz an Urbach. Der soll dann wirklich und wahrhaftig aus

Südamerika angerufen und gesagt haben: «Rainer, wenn du wüsstest!»[19] Genaueres scheint keiner zu wissen oder wissen zu wollen. Sämtliche Anfragen bei allen möglicherweise zuständigen Ämtern und Behörden blieben ohne Ergebnis.[20]

Es ist nicht völlig unbegreiflich, dass die Akten zu diesem einmaligen Vorgang verschlossen bleiben sollen. Das Bild der militanten Stadtguerilla, die über Nacht auf den irrsinnigen Gedanken verfällt, einem ganzen Staat den Krieg zu erklären, verlöre an schlichter Eindeutigkeit. Ein einziges Mal nur musste Peter Urbach vor Gericht über sein klandestines Wirken aussagen, 1971 im Prozess gegen seinen ehemaligen Rechtsanwalt Horst Mahler, der sich mit Urbachs Hilfe bewaffnet hatte und in den Untergrund gegangen war. Aber manchmal ist der Staat, wenn man einmal hilfsweise die Justiz hinzuzählen möchte, doch zur Auskunft bereit. In einer Ausfertigung (500) 2 P KS 1/71 (2/73) //552-2/75 erkennt das Schwurgericht beim Landgericht Berlin am 29. November 1974 nicht nur für Recht, dass Ulrike Meinhof wegen gemeinschaftlich versuchten Mordes in Tateinheit mit gemeinschaftlicher Gefangenenbefreiung zu einer Freiheitsstrafe von acht Jahren zu verurteilen sei, sondern auch, dass Peter Urbach «insgeheim ein V-Mann des Landesamtes für Verfassungsschutz in Berlin» war.

Der surrealistische Kaufhausbrand

«Wir haben Fehler gemacht, wir legen ein volles
Geständnis ab: (...) daß wir nur einen Rasen betreten
zu brauchen, dessen Betreten verboten ist, um ehrliches,
allgemeines und nachhaltiges Grauen zu erregen.»
*Peter Schneider im Audimax
der Freien Universität (1967)*

Die Kommune I war durch das «Pudding-Attentat» weltbekannt geworden, was blieb ihr anderes übrig, als weiterzumachen? Sie machte also weiter, produzierte Texte, inszenierte Aktionen, studierte die Zeitungen «wie am Morgen nach einer Theaterpremiere»[1]. Man wetteiferte um Vorladungen und Festnahmen, die einzelnen Mitglieder legten Privatmappen mit ihren Pressekritiken an. Auch der Rechtsanwalt Otto Schily wird bald einen Ausschnittdienst damit beauftragen, die Zeitungsberichte über seine Prozesse zu sammeln. Der Staat hatte ein Auge auf die Schausteller geworfen, die Boulevardpresse reagierte wie erhofft auf die langhaarigen Roten, diese Arbeitsscheuen, diese Studenten, und die Wortgefechte wurden täglich militanter. Die Berichte mehrten sich, in denen weniger von den rätselhaften Politikvorstellungen der Kommunarden, dafür umso mehr von ihrem Luxusleben und, unweigerlich, ihrer zügellosen Sexualmoral die Rede war.

Durch den Rauswurf aus Johnsons Wohnung hatten sie eine neue Bleibe suchen müssen und sie am Stuttgarter Platz gefunden, passenderweise über einem Bordellbetrieb, was nicht zufällig zu einem Verfahren wegen Verstoßes gegen den Kuppeleiparagraphen führte. Die Kommune ernährte sich überwiegend davon, dass sie Raubdrucke marxistischer und psychoanalytischer Klassiker, unter anderem Wilhelm Reichs «Funktion des Orgasmus», herstellte und sie auf dem Campus der Freien Universität verkaufte. Außerdem wurden dort Flugblätter mit Texten von Kunzelmann, Langhans, Teufel und Ulrich Enzensberger verteilt.

Bei den Demonstrationen gegen den Krieg hatten die Studenten die Polizei und die Volkswut kennengelernt, als ihnen die aufgebrachten Bürger Westberlins Fahrkarten kauften und sie in die S-Bahn nach Ostberlin drängten. Reinhard Lettau, aus Erfurt gebürtig, inzwischen amerikanischer Staatsbürger und zeitweise Assistent Herbert Marcuses, agitierte manchmal mit einer Vietcong-Fahne. Am 19. April 1967 sprach er auf einer Informationsveranstaltung des Asta im Auditorium maximum der Freien Universität über die «Servilitaet der Presse»: «In der ganzen Welt, ausser in Westberlin, weiss man, dass die hiesige Presse polizeihoerig und servil ist und im Zweifelsfall immer auf der Seite der Autoritaet steht.»[2] Anschließend zerriss er demonstrativ Berliner Zeitungen. Die von der Berliner Polizei erwirkte Anordnung, Lettau als unerwünschten Ausländer ausweisen zu lassen, wurde erst auf massiven Protest seiner Schriftstellerkollegen zurückgenommen.

Die Kommune I setzte fort, was die Subversiven in München begonnen hatten: die Obrigkeit, das gesunde Volksempfinden, und – Ort der Handlung ist schließlich Berlin – die Trägheit des Herzens der Frontstädter sollte brüskiert werden. Bevor sich die Kommunarden ganz dem internen Psychoterror und den Drogen- und Musikexzessen ergaben, erlaubten sie sich im Mai 1967 eine weitere politische Aufwallung, die nach Lage der Dinge nur eine aktionistische oder literarische sein konnte. Die unverhältnismäßige Reaktion der Polizei und der Presse, aber auch dass sie dann doch so glimpflich davongekommen waren und in der *Zeit* als «elf kleine Oswalds» gefeiert wurden, bestärkte sie in ihrem künstlerischen Treiben.

Am 22. Mai 1967 sterben bei einem Brandanschlag im Brüsseler Kaufhaus «A l'innovation» 253 Menschen; weitere 70 gelten als vermisst; 62 werden verletzt.[3] Diese Katastrophe erregt die gesamte westliche Welt. Für die Springer-Zeitungen sind die üblichen Verdächtigen verantwortlich – Amerikafeinde, Kommunisten, militante Vietnamkriegs-Gegner.

Ja, es mussten die Kommunisten gewesen sein, die «aus Protest gegen den Vietnam-Krieg»[4] gezündet und harmlose Kunden umgebracht hatten. Dafür gab es zwar keinen Beweis, und es hat sich bis heute auch keiner gefunden, aber darauf kam es nicht an. «Die europäische Linke war damals pazifistisch bis auf die Knochen»[5], sagt Ulrich Enzensberger, der wie die anderen Kommunarden noch weit vom Schritt in die Gewalt entfernt war. Die friedlichen Vietnamkriegs-Gegner in Berlin sahen, wie sich das Berichterstattungsmuster der Boulevardzeitungen wiederholte: Wie beim «Pudding-Attentat» mussten es aus dem Osten gesteuerte Bombenleger gewesen sein. Die Springer-Zeitungen hatten offenbar nichts aus dem Humphrey-Happening gelernt, sondern setzten ihre Gräuelpropaganda fort, berichteten in Wort und Bild von Menschen, die sich zu Tode stürzen oder bei lebendigem Leib verbrennen: «Wie eine lebende Fackel liegt ein Mann auf einem Fenstersims des Kaufhauses.»[6] Die Studenten, als sexuell hemmungslose «Horror-Kommune» und erst recht seit dem «Pudding-Attentat» selber ein Lieblingshassobjekt der Springer-Zeitungen, verabredeten, nun ihrerseits *Bild* und *B.Z.* anzugreifen, indem sie deren Art der Hysterisierung noch übertrieben. Wenn den Berlinern aus Bündnisrücksichten bei den toten und verbrannten Vietnamesen nicht das Gewissen schlug, dann half vielleicht die brutale Übertreibung. Die völlig auf *Bild* und seinesgleichen fixierten Aktionisten beschlossen, mit Flugblättern zurückzuschlagen und Hanoi dorthin zu holen, wo man nichts davon wissen wollte: nach Berlin.

Schon zwei Tage nach dem Brand kommt die K I mit ihrem Flugblatt[7] Nummer 8 heraus und fragt scheinheilig: «Wann brennen die Berliner Kaufhäuser?» Die Anarchisten hatten dem Reporter von der *Zeit* gleich nach dem «Pudding-Attentat» diktiert, dass ihre Aktionen «längst noch nicht das für diese Stadt erforderliche Maß erreichten, um den borniertenProvinzialismus aufzureißen»[8]. Die Vorbilder dafür schienen jetzt gefunden: «Unsere belgischen Freunde haben endlich den Dreh heraus, die Bevölkerung am lustigen Treiben in Vietnam wirklich zu beteiligen: sie zünden ein Kaufhaus an, zweihundert saturierte Bürger beenden ihr aufregendes Leben und Brüssel wird Hanoi. Keiner von uns braucht mehr Tränen über das arme vietnamesische Volk bei der Frühstückszeitung zu vergießen.»[9]

Leicht, so leicht war die Empörung über derlei Sottisen zu provozieren, ließen es die Autoren doch am Sinn fürs Tragische fehlen, kannten keine Pietät und trieben auch noch ihren Spott mit der leidigen Vietnam-Geschichte. Die Polizei vermutete sofort, dass die K I direkte Verbindungen nach Brüssel habe. «Denn», so wusste die *B.Z.*, «zu dem Zeitpunkt, an dem die Flugblätter verteilt wurden, waren bestimmte geschilderte Einzelheiten in der Öffentlichkeit noch nicht bekannt.»[10] Das war zwar reinster konspirativer Unsinn, aber wenn sich damit ein wenig Entrüstung melken ließ, berichteten die Zeitungen gern über internationale Verschwörungen wie diese. Dann folgte auf dem Flugblatt ein Satz, der sich böswillig als Aufforderung zu einer Straftat nach belgischem Muster lesen ließ: «Ab heute geht er [der Berliner] in die Konfektionsabteilung vom DaDeWe [!], Hertie, Woolworth, Bilka oder Neckermann und zündet sich diskret eine Zigarette in der Ankleidekabine an.»[11]

Nur fünf Jahre war es her, dass John F. Kennedy dem frontstädtischen Stolz mit dem deutsch gesprochenen Satz geschmeichelt hatte: «Ich bin ein Berliner!» Vietnam ist deshalb näher, als der von *Bild* und *B.Z.* und *Berliner Morgenpost* grundversorgte Leser ahnt, und damit er es endlich merkt, malen die Flugblatt-Texter künftige Gewalttaten recht deutlich an die Wand: «Wenn es irgendwo brennt in der nächsten Zeit, wenn irgendwo eine Kaserne in die Luft geht, wenn irgendwo in einem Stadion die Tribüne einstürzt, seid bitte nicht überrascht. Genauso wenig wie beim Überschreiten der Demarkationslinie durch die Amis, der Bombardierung des Stadtzentrums von Hanoi, dem Einmarsch der marines nach China.» Das Flugblatt mahnte, trommelte, drängte: «Brüssel hat uns die einzige Antwort darauf gegeben: burn, ware-house, burn!»[12]

Wie geplant, erregten sich *Berliner Morgenpost, B.Z.* und *Bild* («Ekelerregend»[13]) begeistert. Die Staatsanwaltschaft stellte «auf Druck der Springer-Presse und der Berliner Kaufhausketten»[14] Strafanzeige wegen Aufforderung zur Brandstiftung. Rainer Langhans und Fritz Teufel mussten vor Gericht. Durch die Berichterstattung der Zeitungen erreichten die Aktionskünstler ein Publikum, das von den Flugblättern nie etwas gesehen hatte und schon gar keine Details aus dem Vietnamkrieg wissen wollte.

Der mühelos angefachten Volksempörung entsprach eine kaum weniger begeisterte Bereitschaft der Intellektuellen und der liberalen Presse, den Studenten beizustehen. Horst Mahler legte es auf einen Musterprozess an und bestellte Gutachten bei Schriftstellern und Professoren aller Fachrichtungen, darunter Alexander Kluge, Walter Jens, Reinhard Baumgart und Jacob Taubes. Die Experten kamen alle zu dem Ergebnis, dass es sich bei den insgesamt drei inkriminierten Flugblättern um surrealistische Texte handele und folglich keineswegs eine Aufforderung zu Straftaten vorliege. Zum Wesen des Surrealismus allerdings gehört, «daß er sich einzig von der Gewalt etwas verspricht», schrieb André Breton im «Zweiten Manifest des Surrealismus» (1930).[15] Nach Literatenart neigte Breton nicht zur Gewalttätigkeit, sondern bloß zum Maulheldentum, und seine Nachfolger in Berlin taten es ihm gleich. Gewalt faszinierte sie, doch beschränkten sie sich vorläufig darauf, die gewaltsame Überreaktion der Ordnungsorgane herauszufordern. Das himmelschreiende Unrecht, von dem die saturierten Bürger verschont bleiben wollten, wuchs ja mit jedem Tag, den die amerikanischen Truppen in Vietnam blieben, mit jeder Solidaritätsadresse von Bürgermeister und Bundeskanzler, mit jeder Polizeiaktion gegen unbewaffnete Studenten. Der Krieg in Ostasien lieferte die möglichen Anschlagziele, die für alle Fälle bereits benannt wurden, vorläufig nur in rhetorischer Gebärde:

Kasernen, Stadien, Kaufhäuser. Die Gewalt war damit Thema geworden, längst ehe sie wirklich ins Spiel kam.

Das terroristische Element, ohne das in der Vorstellung Bretons wie auch seines Nachfolgers Debord der Spaß nicht denkbar ist, war Kunzelmann aus seiner bisherigen Praxis bekannt, doch schien er nicht zu ahnen, wie gefährlich die Rede von der Gewalt werden konnte. Noch war alles Satire, also Kunst. Für Breton bestand die «einfachste surrealistische Handlung darin, mit Revolvern in den Fäusten auf die Straße zu gehen und blindlings soviel wie möglich in die Menge zu schießen»[16], ungefähr so, wie es die Helden in dem Film «Bonnie und Clyde» machten, der 1967 ins Kino kam.[17] Der Kritiker des *Rolling Stone* erlebte den surrealistischen Akt Bretons auf der Leinwand und folgerte konsequent: «Eine Bank zu überfallen, ist die einzig mögliche Art, sich mit der Gesellschaft auseinander zu setzen, ohne den Spaß dabei zu vergessen.» Der Spaß ist vorläufig noch garantiert, wenn man sich auch Sorgen um die Theorie machen sollte.

Die Meinung der Gutachter über den bösartigen Scherz waren zwar geteilt, der Unernst störte die meisten, die Kinderei von Leuten, die weder als Literaten noch als politische Menschen anerkannt wurden. Doch für die Experten stand mehr auf dem Spiel als die Freiheit der Kunst. Peter Szondi, Adorno-Schüler und Professor an der Freien Universität Berlin, formulierte in einem Brief seine Bedenken und verteidigte zugleich seinen Einsatz für die Brandredner: «Niemand unter den Gutachtern, vielleicht den einen [Jacob] Taubes ausgenommen, sympathisiert mit der Kommune, niemand will sie schützen. Unsere Gutachten sind nicht Verteidigungsschriften für diese Leute, sondern Anklageschriften gegen eine kleinbürgerliche und politische Justiz, die ganz im Banne jener Interdependenz steht, in der die Bevölkerung von Berlin und die Springer-Presse einander bestimmen und zwar in einem Prozess, den man getrost Eskalation nennen kann. Pubertär an unseren Gutachten mag allenfalls der naive Idealismus sein, der das nicht duldet und für den, angesichts einer drohenden Zuchthausstrafe von 5–15 Jahren, keine ‹gewichtige Analyse› zu ‹würdevoll› ist. Hier wäre das Zusehen entwürdigend.»[18]

Damit sind zwei Stichworte gefallen, die sowohl das unheimliche Anwachsen der Gewalt wie auch die gewissensethische Pflicht zur wenigstens moralischen Unterstützung bezeichnen. Szondi, der als Kind wie Anne Frank in das KZ Bergen-Belsen verschleppt wurde, warnt nicht anders als die Kolumnistin Ulrike Meinhof davor, dem befürchteten Unheil wieder nicht rechtzeitig entgegenzutreten. Die Gefahr sieht er nicht in den Guerilla-Aktionen der Boheme, sondern bei den alten Mächten. Das Wort «Eskalation» verwendet er zur Beschreibung des Hetzklimas in der Stadt. Wie bei Enzensberger marschieren bei Szondi Polizei und Presse vereint, um den Volkszorn aufzuwiegeln. Der militärische Begriff der «Eskalation» wird bald Eingang finden in die Argumentation der RAF, die sich, nicht anders als die K I, als Widerstandsunternehmen in einem Volk von gleichgültigen Wegschauern sieht: Der durch terroristische Anschläge wieder und wieder gereizte Staat werde, so die Hoffnung, seine Gewalt und die Mittel dazu derart eskalieren, dass sich am Ende das Volk doch gegen diesen vom Popanz zum Moloch aufgeblähten Staat erheben werde.

Es begann am 2. Juni 1967

«I read the news today oh boy
About a lucky man who made the grade.»
John Lennon/Paul McCartney,
A day in the life (1967)

Am 1. Juni 1967 erschien «Sgt. Pepper's Lonely Hearts Club Band», das neue Album der Beatles, und wer die beigelegten Fotos betrachtete, sah vier Musiker, die inzwischen keinen Wert mehr auf Ähnlichkeit, sondern auf größtmögliche Individualität legten. Noch fünf Jahre zuvor waren sie eine unbekannte Rock-'n'-Roll-Band gewesen, die fünfmal pro Nacht in einem Keller auf St. Pauli auftreten musste. Jetzt kannte sie die Welt, sie waren, wie John Lennon etwas unvorsichtig formulierte, «berühmter als Jesus». Lennon galt als der Intellektuelle in der Gruppe, und deshalb trug er nun eine Brille. Er war es gewesen, der bei einem Auftritt in Gegenwart der königlichen Familie die «Herrschaften auf den teureren Plätzen» aufgefordert hatte, mit dem Geschmeide zu klimpern, während sich die anderen mit dem üblichen Applaus äußern könnten. Mit dem weltweiten Erfolg der Beatles und der Rolling Stones hatte eine Jugendrevolution begonnen, der die politische nur zögernd folgte.

Fritz Teufel näherte sich langsam dem Bild an, das der maßvoll vor sich hin reifende John Lennon inzwischen abgab. Die bunten Sachen, die die vier Musiker trugen, wurden rasch zum neuen Outfit der Kommune I und der sie kopierenden Wohngemeinschaften.[1] Die Welt wurde nicht bloß jünger mit jedem Tag, sondern auch sehr viel bunter. Das Regime der alten Herren ging zu Ende.

Am 19. April war mit einundneunzig Jahren Konrad Adenauer

gestorben und in einem mehrtägigen Trauerspektakel verabschiedet worden. Der erste Kanzler der Bundesrepublik stammte noch aus dem Kaiserreich, doch hatte sein Alter auch eine Autorität gewährleistet, nach der es die Deutschen nach dem Ende des «Dritten Reiches» verlangte. Obwohl er selber von den Nazis eingesperrt worden war, sorgte Adenauer für die Wiedereingliederung mehr oder minder belasteter Nationalsozialisten. So wurde der soziale Friede gewahrt, das Wirtschaftswunder möglich und der folgenden Generation Grund gegeben, sich über die Verlogenheit der fünfziger Jahre zu empören. *Weitere Nachrichten aus diesem Frühjahr:* Griechenland muss seit April ohne König auskommen; Konstantin II. wird entmachtet. Mit dem Segen der Nato errichten Obristen um Georgios Papadópoulos ein Militärregime, in dem politische Gegner sofort eingesperrt werden. In Berlin gründet sich ein «Republikanischer Club» (RC) für «linke Leute, Leute, die im Parlament niemand vertritt, Leute, die dennoch politisch etwas bedeuten»; zu den Mitgliedern gehören Horst Mahler, Hans Magnus Enzensberger, die Politikwissenschaftler Ekkehart Krippendorf und Ossip K. Flechtheim sowie der Kabarettist Wolfgang Neuss. Im Nahen Osten entstehen, wie die Zeitungen melden, «Spannungen»; Israel fühlt sich von den arabischen Nachbarn bedroht und rüstet mit amerikanischer und auch mit deutscher Hilfe auf.

Am 2. Juni berichtet die *Frankfurter Allgemeine*, dass Bundespräsident Heinrich Lübke im Schöneberger Rathaus in Anwesenheit des Regierenden Bürgermeisters Heinrich Albertz dem Verleger Axel Springer das Große Verdienstkreuz mit Stern überreicht habe. Albertz hat an diesem 2. Juni einen noch größeren Auftritt: Er darf den Schah von Persien begrüßen, der mitsamt seiner Gemahlin die ehemalige deutsche Hauptstadt besucht. Der Schah erfreut sich besonderer Beliebtheit bei der Herz- und Kronenpresse, weil er etwas monarchischen Glanz ins demokratisch gebeutelte Land bringt. Doch nicht alle finden die Hoheiten hoheitsvoll. Ulrike Meinhof nimmt einen handelsüblichen Jubelartikel in der

Neuen Revue zum Anlass, der Kaiserin von Frau zu Frau in *konkret* einen «Offenen Brief» zu schreiben und bei der Gelegenheit den märchenhaften Orient ein wenig zu entzaubern. Sie führt Statistiken zu Unterernährung und Ausbildung an und versäumt auch nicht, drastische Folterberichte wiederzugeben, alles Fakten, die Illustriertenlesern sonst erspart bleiben. Die fasziniert an dem gutaussehenden Statthalter US-amerikanischer Öl- und sonstiger Herrschaftsinteressen naturgemäß weniger die Leidenschaft, mit der er seine Gegner foltern und massakrieren lässt, als der märchenhafte Prunk bei Hofe, von dem man in Deutschland nur träumen kann. Und dann fällt der Satz, der zusammenspannt, was für die Mehrheit und für die Leser der *Neuen Revue* schon gar nicht zusammengehört, das «Dritte Reich» und die brennende Gegenwart: «Sie wundern sich, daß der Präsident der Bundesrepublik Sie und Ihren Mann, in Kenntnis all diesem [!] Grauens, hierher eingeladen hat? Wir nicht. Fragen Sie ihn doch einmal nach seinen Kenntnissen auf dem Gebiet von KZ-Anlagen und Bauten. Er ist ein Fachmann auf diesem Gebiet.»[2]

Ulrike Meinhofs «Offener Brief» ist mit einem Foto von Gerd Heidemann illustriert, das persische Häftlinge in gestreiften Hosen hinter Stacheldraht zeigt. Die Bildlegende vereindeutigt die Aussage zu «Folter und KZ».

In Berlin wurde Ulrike Meinhofs Pamphlet ebenso verbreitet wie das Aufklärungsbuch «Persien, Modell eines Entwicklungslandes oder Die Diktatur der Freien Welt»[3] von Bahman Nirumand. Der 1936 in Teheran geborene Autor war 1960 in Tübingen mit einer Arbeit über Bertolt Brecht promoviert worden, anschließend in seine Heimatstadt zurückgekehrt und musste 1965 von dort fliehen, weil er im Iran zum Tod verurteilt wurde. Nirumand hatte das Buch über das Schah-Regime auf Anregung Hans Magnus Enzensbergers geschrieben. Der Rowohlt-Autor Peter Rühmkorf und der Rowohlt-Verlagsleiter Fritz J. Raddatz sorgten dafür, dass einige hundert Freiexemplare unter den Berliner Studenten verteilt wurden.[4] Überdies fand in der FU Berlin ein Teach-in zum

Schah-Besuch statt; wenigstens die Studenten sollten wissen, mit wem sie es zu tun hatten. Auch an diesem Abend wehte die Fahne des Vietcong.[5]

Nicht nur der Berliner Senat, der gesamte westdeutsche Staat hatte alles Erdenkliche unternommen, um dem hohen Gast den Weg zu planieren. Regimekritische persische Studenten erhielten Meldeauflagen; es wurde sogar darüber beratschlagt, ob man sie nicht für die Dauer des Besuchs auf einer Nordseeinsel internieren sollte. Straßen wurden gesperrt, ganze Autobahnen abgeriegelt, Flugzeuge durften während der Deutschlandreise des kaiserlichen Paares den Schauplatz der glanzvollen Auftritte nicht überqueren. Auch der Platz vor dem Schöneberger Rathaus wurde an diesem 2. Juni gründlich abgeriegelt. Zugelassen waren nur ein paar Dutzend «Jubelperser», aus dem Iran eingeflogene Mitarbeiter des Geheimdienstes Savak, die, angeblich ohne Kenntnis des Bürgermeisters und der Polizeiführung, als Hilfspolizisten gegen die Studenten eingesetzt wurden.

Für nachmittags 15 Uhr hatte der Vorsitzende des Disziplinarausschusses der Freien Universität Berlin, Prof. Dr. Roman Herzog, die auffällig gewordenen Studenten Fritz Teufel, Rainer Langhans und Ulrich Enzensberger vorgeladen. Die Studenten mussten leider absagen; sie hatten an diesem Tag anderes vor.

Der Schah-Besuch bot der Kommune I und ihren Sympathisanten die Gelegenheit für einen weiteren Auftritt. Die Studenten hatten Papiertüten mit den Gesichtern des Schahs und seiner Frau bemalt und zogen die Tüten subversiv über den Kopf. Bald waren «Mörder, Mörder»-Rufe zu hören, Rauchbomben flogen und ein paar Eier. Inzwischen hatten die Jubelperser vor den zweitausend Demonstranten Aufstellung genommen und hielten schahfreundliche Transparente hoch. Plötzlich wandten sie sich gegen die Studenten, holten Totschläger aus dem Ärmel und benutzten sie, um auf die Demonstranten einzudreschen.[6] Rudi Dutschke befand sich an diesem Tag in Hamburg, Andreas Baader war im bayrischen Traunstein, wo er eine Jugendstrafe wegen zu schnellen

Fahrens und auch noch ohne Führerschein abzusitzen hatte, aber der Schriftsteller Nicolas Born, die spätere Justizministerin Herta Däubler-Gmelin und die Sängerin Katja Ebstein waren dabei. Die Polizei ließ die halbamtlichen Schläger gewähren und begann nach einiger Zeit, mit Gummiknüppeln ebenfalls auf die Studenten einzuprügeln. Der Schah merkte davon nichts. Er trug sich neben dem dienernden Albertz ins Goldene Buch der Stadt ein.

Am Abend formierte sich die Anti-Schah-Demonstration neu vor der Deutschen Oper. Wieder waren es zweitausend Studenten, wieder wurden sie auf Abstand gehalten, wieder flogen Eier, diesmal auch etliche Steine, und wieder prügelten die Geheimdienstmitarbeiter. Die Berliner Polizei war von der wachsenden Opposition gegen den bisher einheitlichen antikommunistischen Kurs sichtlich überfordert. 1967 bestand sie noch überwiegend aus ehemaligen Wehrmachtsangehörigen, von denen viele in Russland Erfahrungen bei der Partisanenabwehr gesammelt hatten.[7] Auch der Innensenator Wolfgang Büsch fühlte sich beim Protest der Studenten an «Partisanenpraktiken» erinnert; die Studenten benahmen sich wie irreguläre Truppen.

Derweil wohnte das Hohe Paar zusammen mit dem Regierenden Bürgermeister einer Aufführung der «Zauberflöte» bei. Albertz erwartete, dass der Platz vor der Oper bis zum Ende der Aufführung geräumt sein würde. Polizeipräsident Erich Duensing tat wie geheißen. Er hatte für diese Truppe eine ganz neue, die «Leberwurst-Taktik» entwickelt, die er auf einer Pressekonferenz am Montag danach dergestalt zu veranschaulichen wusste: «Nehmen wir die Demonstranten als Leberwurst, nicht wahr, dann müssen wir in die Mitte hineinstechen, damit sie an den Enden auseinanderplatzt.»[8]

Sobald der Befehl «Räumen!» ergangen war, wurden nach diesem Rezept die Demonstranten von der Oper weg in die Seitenstraßen gedrängt. Eine Bauzaunbegrenzung leitete die kritische Masse in die Krumme Straße und dort in einen geschlossenen Hof. Die Polizisten, zum Teil in Zivil, trieben die Demonstranten in diese Falle hinein und fingen sie dann ab. Zur allgemeinen Paranoia trug nicht wenig bei, dass im Rundfunk den ganzen Freitagabend über die Nachricht verbreitet wurde, ein Polizist sei von den Demonstranten getötet worden. Zwei Polizisten behaupteten später, sie hätten Fritz Teufel, der keine Steine warf, Steine werfen sehen. Ein Augenzeuge schilderte die Brutalität der Polizei nicht in einer Berliner Zeitung sondern im *Kölner Stadt-Anzeiger*: «Ein junger Mann wird mit Fäusten geschlagen. Als er am Boden liegt, trampeln die Beamten mit Füßen auf seinem Körper herum. Ein uniformierter Polizist stößt ihm immer wieder mit der Schuhspitze gegen die Schädeldecke.»[9]

Auch Benno Ohnesorg wurde von Polizisten in Zivil als vermeintlicher «Rädelsführer» heftig geprügelt. Der Kriminalobermeister Karl-Heinz Kurras tat ein Übriges und erschoss den fliehenden Studenten von hinten, angeblich in Notwehr. Denn in einer ersten Stellungnahme behauptete Kurras, selber zu Boden geschlagen und mit Messern bedroht worden zu sein (und die Zeitungen druckten das ungeprüft). Der Schuss aus Kurras' Pistole wurde anders als die Schüsse, die fünfzehn Jahre zuvor den kommunistischen Arbeiter Philipp Müller töteten, in ganz Deutschland gehört. In Berlin war der «nicht erklärte Notstand» erklärt, hatte sich für die Teilnehmer an der Schah-Demonstration, für die Opfer der staatlichen Willkür der Polizeistaat gezeigt.[10]

Benno Ohnesorg war nicht der typische Student, wie ihn die eingesessene Berliner Bevölkerung zu verabscheuen gelernt hatte. Er kam nicht aus einem vorgebildeten Elternhaus, sondern hatte erst nach einer Lehre das Abitur nachgeholt. Er studierte nicht Politik oder Soziologie und nicht einmal Psychologie, sondern Romanistik und war gerade erst nach zwei Auslandssemestern aus Frankreich zurückgekehrt. Er lebte nicht in einer Kommune, sondern war verheiratet; seine Frau erwartete ein Kind. Dennoch ließ ihn die Polizei den täglich durch die Boulevardzeitungen erneuerten Volkszorn spüren.

Ohnesorgs Tod sollte zunächst nicht bekannt werden, schon gar nicht sollte die Polizei etwas damit zu tun haben. Bis zum Samstagnachmittag wurde die Version aufrechterhalten, ein Student sei Stockschlägen erlegen. Später war von einem «Querschläger» die Rede. Laut *Spiegel*, der am 2. Juni um Mitternacht Redaktionsschluss hatte und am Montag darauf (5. Juni) erschien, starb Benno Ohnesorg «um 23.21 auf dem Operationstisch des Krankenhauses in Moabit – Schädelbruch»[11]. Bürgermeister Heinrich Albertz, der vor und nach seiner politischen Tätigkeit als Pastor wirkte, formulierte tapfer vor, was die Zeitungen dann nachschrieben: «Wir lassen uns nicht länger von einer kleinen Minderheit terrorisieren.» Die Schuld lag selbstverständlich bei den Studenten, die gegen die monarchistische Etikette verstoßen hatten: «Einige Dutzend Demonstranten, unter ihnen auch Studenten, haben sich das traurige Verdienst erworben, nicht nur einen Gast der Bundesrepublik Deutschland in der deutschen Hauptstadt beschimpft und beleidigt zu haben, sondern auf ihr Konto gehen auch ein Toter und zahlreiche Verletzte – Polizeibeamte und Demonstranten»; die Polizei sei gezwungen gewesen, «scharf vorzugehen», erläuterte er noch, und habe sich überdies «bis an die Grenzen des Zumutbaren zurückgehalten».[12]

So konnte man es natürlich auch sehen, und so sah es *Bild* auch. Der Text unter dem Foto räumte alle Zweifel aus: «Durch Warnschuß getötet: B. Ohnesorg», während daneben das eigentliche Opfer zu Wort kam: «Kripo-Beamter: Zwölf Mann griffen mich an!» Bernd Rabehl, der in der Nähe des Schützen und seines Opfers stand, erlebte, wie die Polizei nach «Rädelsführern» suchte; er hält es für möglich, «dass Ohnesorg sterben musste, weil er ein rotes Hemd trug».[13]

Erst die Recherchen Horst Mahlers, der Benno Ohnesorgs Witwe vertrat, brachten zutage, was niemand für möglich gehalten hätte: Der Notstand, über dessen gesetzliche Regelung seit Anfang der sechziger Jahre immer wieder diskutiert wurde, war von der Polizei mit Unterstützung der politischen Führung faktisch in Kraft gesetzt worden. Ohne die auswärtige Presse, ohne Horst Mahler und ohne das wachsende Selbstbewusstsein der Studenten wären die Todesumstände womöglich ganz vertuscht worden.

Der Schah rümpfte die arische Nase über den so wenig kunstsinnigen Vorfall draußen vor der Oper. Als Pfarrer Albertz den Staatsgast bei der Verabschiedung am nächsten Tag auf den Vorfall ansprach, bestätigte Reza Pahlewi die herzenskalte Brutalität, die ihm Nirumand und Meinhof vorgeworfen hatten: Davon solle sich Albertz nicht beeindrucken lassen, so etwas «geschehe im Iran jeden Tag».[14]

Die Trauer um Benno Ohnesorg war groß, dabei nicht frei von Genugtuung. Ein Opfer, endlich. Nicolas Born, den vor der Oper ebenfalls die Polizeiknüppel trafen, wird ein ganz neues Lebensgefühl registrieren: «Ein fröhlicher Aufstand ging durch meinen Körper, und im Kopf waren Vorstellungen von Gewalttaten.»[15] Die Studenten, von der Springer-Presse pausenlos angegriffen, als stünden wegen ihrer noch friedfertigen Aktionen die Russen schon in der Tür, sahen sich bestätigt in ihrem Generalverdacht, dass in Berlin, in Bonn bloß weiter die alten Nazis im Amt seien, die nicht zögerten, sich der bewährten Kampfmethoden zu bedienen. Ein Putsch wie der in Griechenland wäre demnach auch in Deutschland möglich.

Der Krieg, den der Imperialismus in der «Dritten Welt» führte, hatte durch den hochmütigen Schah das friedliche Mitteleuropa erreicht. Einem auswärtigen Despoten zuliebe schien die demokratische Bundesregierung dazu bereit, selber wie ein Polizeistaat aufzutreten, der im Zweifel gegen Oppositionelle mit allen Mitteln vorging – dabei war Ohnesorg gar keiner, sondern ein Camus-Leser, den seine Neugier und sein Gewissen vor die Deutsche Oper trieben. Als die persische Regierung die deutsche aufforderte, sämtliche Majestätsbeleidiger vor Gericht zu stellen, wurde diesem Wunsch zwar nicht Folge geleistet, aber Bundeskanzler Kiesinger schrieb einen Entschuldigungsbrief nach Teheran. Nach dem Schah-Besuch fühlten sich nicht mehr alle von diesem Staat vertreten.

Der Polizeimeister in Zivil, der Mann, der angeblich aus Notwehr einen unbewaffneten, friedfertigen Demonstranten erschoss, kam im Herbst vor Gericht und wurde nach einem sehr kurzen Prozess freigesprochen. Der Tod Benno Ohnesorgs wird als Begründung für den deutschen Terrorismus dienen. Der Staat, dem die meisten Studenten ihre spätere Lebensstellung zu verdanken hofften, war in Vorleistung getreten.

Dieser Todesfall war in der Provokationsstrategie der Situationisten von der Kommune I nicht vorgesehen. Die Polizei konnte deren Taktik der begrenzten Regelverletzung mit ihren bewährten Mitteln problemlos überbieten, und so war ausgerechnet der allenfalls anpolitisierte Student Benno Ohnesorg ein Opfer der Berliner Paranoia geworden.[16] «Wie wäre unsre Geschichte verlaufen», räsonierte neunzehn Jahre später Fritz Teufel, «wären deutsche Polizisten nach 45 wie die englischen Kollegen grundsätzlich ohne Schießeisen rumgelaufen oder wäre der Schah von Perwersien schon 15 Jahre früher von Ajatollwut oder Aids hinweggerafft worden? Was wäre passiert, wenn politische Polizei und polizeiliche Politik nicht von Anfang an Militanz und Gegengewalt provoziert, herbeigeknüppelt, herbeigeschossen, herbeiverhaftet hätten, der Verfassungsschutz den bewaffneten Kampf nicht durch Lieferung von Mollis, Waffen, Sprengstoff und Dunkelmännern unterstützt und infiltriert hätte?»[17] So aber begann an diesem 2. Juni 1967 die Spirale von Gewalt und Brutalität, in der die RAF entstand.

Nie wieder Auschwitz

«Von der Gegenwart ist wenig Gutes zu berichten,
von der Zukunft Schlimmeres zu erwarten, ein
Kontinuum der faschistischen Ideologie zu
konstatieren.»
Hans G Helms, «Die Ideologie der anonymen Gesellschaft» (1966)

Noch am Abend des 2. Juni fanden sich aufgebrachte Studenten im SDS-Zentrum am Kurfürstendamm zusammen. Die Demonstration war bereits zerschlagen, als der Anruf eines jungen Arztes kam: Ein Student sei im Krankenhaus gestorben. Nur eine Handvoll SDS-Mitglieder befand sich im Saal, die anderen waren nicht stimmberechtigt. In der aufgeheizten Atmosphäre soll sich ein Auftritt ereignet haben, der inzwischen zu den «Urszenen des Terrors» (Gerd Koenen) gezählt und immer wieder als Beweis dafür angeführt wird, dass die Kinder im Eifer, den (vermeintlichen und echten) Nazismus ihrer Eltern zu bekämpfen, selber immer faschistischer geworden seien. Am Ende dieser Entwicklung steht in dieser Geschichtsdeutung unweigerlich der Genickschuss für Hanns Martin Schleyer im Oktober 1977. Eine «große blonde Frau», nämlich Gudrun Ensslin, sei erschienen und habe den «Faschistenstaat» angeklagt, der sie alle umbringen wolle. Man müsse sich organisieren und Widerstand leisten; Gewalt könne man nur mit Gewalt beantworten. «‹Das ist die Generation von Auschwitz – mit denen kann man nicht diskutieren!› schrie sie mit hysterischer Stimme und weinte hemmungslos, während ihr das schwarze Make-up von den Augen über die Wangen lief und sich auf den Schläfen verteilte.»[1] Gruselig, oder sagen wir: später deutscher Stummfilm.

Wenn man sich von der knüppelnden und um sich schießenden Polizei und einer diese Knüppelpolizei feiernden Presse umstellt sieht, mag die Erinnerung an die Generation von Auschwitz gar nicht mehr so abwegig sein, aber so theatralisch, wie er überliefert wird, hat der Auftritt gar nicht stattgefunden. Die Schilderung stammt von der britischen Autorin Jillian Becker, die sich allein auf das Zeugnis des SDS-Vorstands Tilman Fichter stützt. Über Stefan Austs Buch «Der Baader-Meinhof-Komplex», auf den sich bis heute alle RAF-Interpreten mit und ohne Quellenangabe beziehen, ist dieser kaum belegbare Auftritt Gudrun Ensslins zur Gründungslegende der Baader-Meinhof-Gruppe geworden.[2] Peter Schneider bestreitet, dass es ihn überhaupt gegeben hat.[3] «Die haben Waffen und wir haben keine», soll Gudrun Ensslin gerufen haben und: «Wir müssen uns auch bewaffnen!»

Wir müssen uns bewaffnen? Aber warum dauerte die Bewaffnung noch drei Jahre? Fichters SDS-Kollege Bernd Rabehl hält es immerhin für möglich, dass Gudrun Ensslin am Abend des 2. Juni im SDS-Zentrum dabei war. An die berühmte Aussage kann er sich nicht erinnern, wohl aber daran, dass allgemein die Rede von «Nazis in Polizeiuniform» war, «weil sich niemand vorstellen konnte, dass Zivilpolizisten ohne Warnung schießen würden»[4]. Ulrich Chaussy referiert in seiner Dutschke-Biographie den SDS-Konsens an jenem 2. Juni. Demnach war tatsächlich die Rede von Gewalt: «Wir brauchen Waffen», sei gerufen worden, und dafür sollten die Polizeikasernen gestürmt werden. Die Empörung habe sich jedoch bald wieder gelegt und sei der Depression gewichen. Gudrun Ensslin kommt in den Bewaffnungsplänen nicht vor.[5]

Bei diesem Ruf zu den Waffen dürfte es sich um die niedere literarische Form der Wandersage handeln. «Vielleicht war es ein Fehler, das Jillian Becker zu erzählen», meint Fichter heute. «Die RAF ist damit zu der Ehre gekommen, sie sei politisch gewesen.»[6] Laut Fichter ist Gudrun Ensslin abends gegen zehn Uhr zusammen mit dem Schriftsteller Reinhard Lettau und zwei weiteren Frauen im SDS erschienen. Der Auftritt Gudrun Ensslins (und Fichter ist sich sicher, dass sie es war) sei «alles andere als hysterisch, eher wie in einer griechischen Tragödie» gewesen.

Die Aufforderung «Wir müssen uns bewaffnen!» klingt jedenfalls revolutionärer, als die Zeit und Gudrun Ensslin damals waren. In der historischen Rückschau klingt das nicht bloß entschlossen, sondern so zielgerichtet, als habe sich Gudrun Ensslin am 2. Juni 1967 bereits auf dem Weg in den Untergrund befunden und sei längst dabei gewesen, Kombattanten für den bewaffneten Kampf zu werben. Die schwache Überlieferung dieser Szene wird durch die politische Entwicklung Gudrun Ensslins in jenen Wochen kaum bestätigt. Anfang Juni kannte sie weder Andreas Baader noch Ulrike Meinhof, noch Horst Mahler. Auch zur Kommune I fand sie erst nach dem Tod Ohnesorgs.[7] Vorläufig begnügte sie sich noch mit pazifistischem Straßentheater: Gemeinsam mit sieben weiteren Studenten bildete sie unter der Regie von Peter Homann auf dem Kurfürstendamm eine Buchstabengruppe. A-L-B-E-R-T-Z-! stand in Versalien auf der Brust der Teilnehmer, die sich dann umdrehten und die Aufforderung A-B-T-R-E-T-E-N vorzeigten. Damit ließ sich das vom Bürgermeister verhängte Demonstrationsverbot unterlaufen, und die Teilnehmer kamen trotzdem in die Abendschau.

Am 13. Mai 1967 hatte die ledige Germanistikstudentin ein Kind zur Welt gebracht. Sie nannte es Felix, legte es in die Hände ihres Verlobten Bernward Vesper und sorgte dafür, dass Rudi Dutschke den Taufpaten machte.

Gudrun Ensslin, 1940 geboren, kam aus einer kinderreichen schwäbischen Pfarrersfamilie und wollte Lehrerin werden. Im Gemeindesaal in Tuttlingen führte ihr Vater den Film «Nuit et Brouillard» (Nacht und Nebel) von Alain Resnais vor, in dem die Leichenberge des Konzentrationslagers Bergen-Belsen gezeigt wurden. Der Dichter Paul Celan hatte den Filmtext mit Versen wie diesen übersetzt: «Wer von uns wacht hier und warnt uns, wenn die neuen Henker kommen? / Haben sie wirklich ein anderes Gesicht als wir?» Wer nur aufmerksam schaute, hieß das doch, fand die neuen Henker. Während eines Austauschjahrs in den USA hatte die Schülerin die 1958 noch herrschende Rassentrennung erlebt. Im Seminar über moderne Literatur, das der Altphilologe und Schriftsteller Walter Jens in Tübingen veranstaltete, lernte sie Bernward Vesper kennen. Dessen traurige Lebensgeschichte lieferte die Vorlage für neuere RAF-Deutungen, die sich alle von Jillian Beckers Buchtitel «Hitler's Children» herleiten. Der junge Vesper, 1938 geboren, Sohn des Nazi-Dichters und Hitler-Sängers Will Vesper, wuchs in einem rechtsradikal-völkischen Biotop in Niedersachsen auf, in dem sich die alten Nazis gegenseitig ihrer Bedeutung versicherten und das zeitgenössische Wirtschaftswunder-Deutschland verdammten. Sie waren kein versprengtes Häuflein: Bei den Landtagswahlen 1951 in Niedersachsen errang die Sozialistische Reichspartei (SRP) elf Prozent der Stimmen. Während Linke wie Enzensberger, Klaus Wagenbach oder Ulrike Meinhof das Verbot der KPD beklagten, grämten sich die völkischen Schriftsteller Will Vesper, Hans Grimm («Volk ohne Raum») und Hermann Claudius, als 1952 vom Bundesverfassungsgericht die SRP als Nachfolgeorganisation der NSDAP verboten wurde.

Erst durch sein Studium in Tübingen konnte sich Vesper von dieser Herkunft wenigstens halbwegs befreien. Gemeinsam mit Gudrun Ensslin gründete er ein «studio neue literatur», in dem Gedichte verlegt und vergessene Autoren (dazu zählte vorübergehend auch Will Vesper) neu herausgebracht werden sollten. Zum Hauptwerk dieses literarischen Paares wird die Anthologie «Gegen den Tod» (1964), in der noch einmal an die Atomtod-Bewegung vom Ende der fünfziger Jahre angeknüpft wird. Dafür hatten sie zahlreiche Schriftsteller angeschrieben und um einen journalistischen oder literarischen Text gegen die drohende nukleare Auslöschung gebeten: Hans Magnus Enzensberger, Stefan Andres, Heinrich Böll, Erich Fried, Stephan Hermlin, Marie Luise Kaschnitz, Anna Seghers, Gerhard Zwerenz waren unter den Beiträgern. Gewidmet wurde das Buch dem inzwischen verstorbenen Hans Henny Jahnn. 1964 gingen die beiden zusammen nach Berlin und arbeiteten wie viele andere Intellektuelle im «Wahlkontor» der SPD mit. Gudrun Ensslin studierte mit Unterstützung der Studienstiftung des deutschen Volkes Germanistik und wollte über das Werk von Jahnn promovieren. Bernward Vesper gründete mit ihrer Hilfe die Edition Voltaire und wurde bald einer der wichtigsten Verleger der Studentenbewegung.

Ganz gleich, ob es eine hysterische Gudrun Ensslin war, die am 2. Juni die Generation von Auschwitz am Werk sah, mit ihrer Furcht vor den neuen Henkern war sie nicht allein. Dass der Faschismus wiederkehren, dass er womöglich gar nie ausgetrieben worden sein könnte, war eine Schreckvorstellung, die 1967 nicht nur eine kleine studentische Minderheit, sondern auch Vertreter jener Generation beherrschte, die ihn noch erlebt hatten. Beim Kriminalobermeister Kurras musste Adorno an einen KZ-Wärter denken und stellte fest: «Die Studenten haben so ein wenig die Rolle der Juden übernommen.»[8] Der Jude Adorno verschaffte damit den Studenten die höchste moralische Legitimation, weil er die deutsche Vergangenheit nicht tabuisierte, sondern ihr Fortwirken in der Gegenwart sah. Zur Inflationierung des Begriffs Faschismus trug ein anderer Emigrant bei. «Es war ein systematischer, kaltblütig geplanter Pogrom, begangen von der Berliner Polizei an Berliner Studenten»[9], schreibt der *Stern*-Kolumnist Sebastian Haffner, der 1938 wegen seiner jüdischen Freundin nach England ausgewandert war. Nichts ließ der Autor aus: Auschwitz, Reichskristallnacht, Refaschisierung, Springer und dessen Monopol.

In *konkret* legte Haffner nach: «Mit dem Studentenpogrom vom 2. Juni 1967 hat der Faschismus in Westberlin seine Maske bereits abgeworfen.»[10] Auch Enzensberger sprach vom «neuen Faschismus», der einen neuen «Innenfeind» in Auftrag gegeben habe. «Juden kommen nicht in Betracht. (...) Als ideale Zielgruppe werden die Studenten entdeckt.»[11] Im Überbietungswettbewerb um die deutlichste Parallelisierung Juden/Studenten siegte Haffner: «Man hat tatenlos zugesehen, wie Springer aus den Studenten die neuen

Juden gemacht hat.»[12] Haffner schloss mit einer dramatischen Aufforderung im revolutionären Büchner-Ton: «Frieden mit der neuen Linken, Kampf dem Faschismus!»[13]

Damit bestätigten Adorno und Haffner, zwei Verfolgte des Naziregimes, im Verein mit dem Adorno-Schüler Enzensberger, wie berechtigt der Widerstand der revolutionären Studenten gegen das *ancien régime* an den Universitäten ebenso wie zu Hause, bei Gericht und in der Politik war. Wenn die Studenten die Juden von heute sind[14], so die Schlussfolgerung, die damit jedem bereitstand, dann ist der Staat ein Polizeistaat, dann regiert ein neuer Faschismus, dann wäre, in Peter Szondis Worten, «das Zusehen entwürdigend». Nur wer statt zuzuschauen handelt, handelt richtig.

«Ich werde mich niemals damit abfinden, dass man nichts tut», wird Gudrun Ensslin nach dem Kaufhausbrand in Frankfurt erklären. Für sie und viele andere war nach den Ereignissen des 2. Juni die Zeit für den Widerstand gekommen, den die Generation davor unterlassen hatte. Trotz der Vorbereitungen für ein Notstandsrecht, trotz eines maßlos überzogenen Polizeieinsatzes, wie ihn selbst die *Frankfurter Allgemeine* nur «aus Berichten über faschistische oder halbfaschistische Länder» kennen wollte, war der Vergleich mit dem Faschismus im «Dritten Reich» nicht einmal im bedrängten Berlin angemessen, er sorgte aber für die theoretische Aufrüstung der Aktionisten. Das Angebot, das Opfer des Nationalsozialismus wie Adorno und Haffner machten, wurde von den Studenten, die sich wehrlos unter den Knüppeln der Polizei fanden, dankbar angenommen. Die Erinnerung an den Nazi-Staat war zu verführerisch, als dass man darauf hätte verzichten können.

Am Montag nach dem Tod Benno Ohnesorgs, am 5. Juni, als selbst mancher Kaisertreue ins Grübeln geraten war, stand in Berlin Hans-Joachim Rehse vor Gericht, früher einmal Kammergerichtsrat und Richter am Volksgerichtshof Roland Freislers. Der Vorsitzende Richter Friedrich Geus befragte den pensionierten Kollegen nach Recht und Gerechtigkeit im früheren Deutschland:

Geus: «Wenn man nun ein Gesetz gemacht hätte, wonach alle Brillenträger schwer zu bestrafen gewesen seien?»

Rehse: «Nichts, gar nichts hätte ich tun können. Sollte ich auf die Barrikaden gehen?»[15]

Nein, warum auch, auf die Barrikaden gingen doch nur verhetzte Studenten und nicht ehrbare Richter. Rehse, mitverantwortlich für 231 Todesurteile im lang vergangenen «Dritten Reich», wurde nicht anders als Polizeimeister Kurras am Ende freigesprochen.

Revolutionen

«Die Demonstration
ist nicht diszipliniert verlaufen
Manche Genossen
sollen sogar mit Steinen geworfen haben»
*Hans Magnus Enzensberger,
«Beschluß gegen das Abenteurertum» (1970)*

Für *Bild* waren an Ohnesorgs Tod die ungebärdigen Studenten schuld, die sich im Angesicht der fremden Majestäten nicht zu benehmen wussten. *Bild*, berlinmoralisch: «In Berlin gab es bisher nur Terror östlich der Mauer. Gestern haben bösartige und dumme Wirrköpfe zum erstenmal versucht, den Terror in den freien Teil der Stadt zu tragen.»[1] Und: «Wer Anstand und Sitte provoziert, muß sich damit abfinden, von den Anständigen zur Ordnung gerufen zu werden.» Im festgefügten Weltbild des Springer-Verlags war es die «rote SA»[2], die diesmal statt gegen Juden gegen das antikommunistische Bollwerk in der Kochstraße «an der Mauer» vorgehen wollte.

Wie zur Bestätigung des drastischen Bürgerkriegsvokabulars brach nur fünfzig Stunden nach Benno Ohnesorgs Tod im Nahen Osten der Sechstagekrieg aus. Der *Spiegel* hatte den einzig möglichen Titel dafür: «Israels Blitzkrieg»[3], und laut *Bild* hatte «unsere wirkliche Wiedergutmachung erst jetzt begonnen. Und zwar genau in dem Augenblick, als Herr Maier in Bayern, Herr Lehmann in Düsseldorf und Herr Schulze in Berlin sagte: ‹Donnerwetter, diese Juden.›» Diese Propagandaschlacht lief auf eine Kriegsempfehlung gegen «unsere Araber» hinaus: «Ulbrichts Volksarmee oder die Tschechen oder die Polen oder alle drei.»

Die Leitartiklerin von *konkret*, die so lange gegen die Wiederaufrüstung der Bundesrepublik gekämpft hatte, mochte sich über die deutsche Kriegsbegeisterung nicht recht freuen. «Erfolg und Härte des israelischen Vormarsches lösten einen Blutrausch aus, Blitzkriegstheorien schossen ins Kraut, *Bild* gewann in Sinai endlich, nach 25 Jahren, doch noch die Schlacht von Stalingrad.» Ulrike Meinhof erwähnte allerdings die Sympathie der Linken für das wehrhafte Israel, «eine Solidarität, die die Jüngeren vorbehaltlos teilen, die gegen Globke und Vialon Stellung bezogen haben und heute noch und wieder gegen SS-Geist und -Praxis demonstrieren, deren letztes und wieder erstes Opfer Benno Ohnesorg heißt».[4]

Ein Autokorso geleitete den toten Ohnesorg von Berlin durch die DDR nach Hannover, wo er am 9. Juni beerdigt wurde. Im Anschluss an das Begräbnis fand ein Studentenkongress statt, auf dem ein weiteres Mal und ein weiteres Mal theoretisch die Gewaltfrage diskutiert wurde. Knut Nevermann, Asta-Vorsitzender in Berlin, sah sich und die Studenten bereits in der «politischen Emigration»[5], weil man sich in Berlin wegen des Sechstagekrieges nicht versammeln durfte. Noch standen alle unter dem Erkenntnisschock, dass die Polizei tatsächlich bereit war, auf Unbewaffnete zu schießen. Rudi Dutschke wandte sich gegen die «staatliche Gewaltmaschine» und forderte «adäquate Aktionsformen». Was er darunter verstand, was er damit außer der Etablierung «räteartiger Gebilde an allen westdeutschen Universitäten» meinte, konnte er, mochte er nicht erklären. Umso deutlicher wurde Dutschke in seiner Reaktion auf weitere Redebeiträge. Ihm fehle der Glaube an die Naturwüchsigkeit des emanzipativen Prozesses, «ich vertraue nur auf die konkreten Tätigkeiten von praktischen Menschen und nicht auf einen anonymen Prozeß»[6].

Jürgen Habermas hörte aus dem eher konfusen und angestrengten Referat mehr heraus, als Dutschke tatsächlich gesagt hatte, aber er täuschte sich nicht über die wachsende Bereitschaft Dutschkes und seiner Anhänger, sich gewaltsam Gehör und damit ein vermeintliches Recht zu verschaffen. Auch Habermas konnte nicht anders, als von den «blanken Aufhetzungen der Springer-Presse» zu sprechen, auch er sah, dass die Ereignisse in Berlin eine «Qualität angenommen» haben, «die wir seit den Tagen des Faschismus in Berlin und in der Bundesrepublik zum ersten Mal wieder kennenlernen». Er ahnte, wohin der frühsozialistische Furor Dutschkes führen konnte, und formulierte dann hellsichtig die Gefahr, die der zunächst auch von ihm begrüßten Revolte drohte: «Ich mache mir keine Illusionen (...) über eine von Gewalt freie Welt, diese Welt ist von Gewalt besessen, wie wir wissen. Aber die Befriedigung der Art, durch Herausforderung die sublime Gewalt in manifeste Gewalt umzuwandeln, ist masochistisch, keine Befriedigung also, sondern Unterwerfung unter eben dieselbe Gewalt.»[7]

Anderswo in der Welt stellte sich die Gewaltfrage gar nicht erst, da kam die Macht seit je aus den Gewehrläufen. «Wie glänzend und nahe wäre die Zukunft, wenn zwei, drei, viele Vietnams auf der Welt blühen würden», hatte der Messias verkündet, bevor er Kuba verließ, um in den bolivianischen Dschungel zu reisen. Doch wer wusste schon, wie Ches Botschaft an die Völker der Welt weiterdröhnte: «... mit ihrer Todesrate und ihren unermesslichen Tragödien.» Aus Frankreich war der Schriftsteller Régis Debray ins Lager Che Guevaras geeilt und hatte sich freiwillig zum Einsatz beim Commandante gemeldet, wollte mittun bei dieser «uneigennützigen und geradezu chemisch reinen Tat».

Der Ruf zu den Waffen verhallt auch in Deutschland nicht ungehört. Peter Rühmkorf geht zusammen mit seinen Freunden eine Zeitlang «ernsthaft mit Gedanken an eine Intellektuellen-Miliz um»[8]. Klaus Rainer Röhl erwirbt eine frei verkäufliche Landmann-Preetz und beeindruckt damit Besucher aus Berlin, unter ihnen Rudi Dutschke.[9] Ulrike Meinhof hat dafür kein Verständnis, vor Waffen sogar eine «auffällige Scheu, fast schon Berührungsangst»[10]. Es wird verhandelt und konferiert und konspiriert. Es werden Botschafter an andere Universitäten und in fremde Länder geschickt, ganze Delegationen reisen bis nach Ostberlin, um gemeinsame Strategien zu besprechen, Ideologien zu vergleichen, eine Nebenaußenpolitik zu entwickeln. «Man will Fragezeichen setzen, wo Ausrufezeichen gestanden haben», schreibt Karl Heinz Bohrer im *Merkur*. «Die neudeutsche Wohnstube wird Stück für Stück auseinandergenommen. Und die Frage ist für die Bilderstürmer schon nicht mehr irritierend, wie denn das neue Haus aussehen soll, da das alte so häßlich war.»[11] Auch Horst Mahler wird bald über die Gründung einer bewaffneten Gruppe nachdenken. Noch aber ist er Anwalt, und zumindest sein Vorzimmer weiß mit den zukünftigen Kombattanten wenig anzufangen: Mit einem Anschreiben vom 31. Oktober 1967 erhält «Frau U. Meienhoff» die Tonbandaufzeichnung einer Diskussion zwischen Günter Grass und «Hermann Nieromand».

Da war Che Guevara schon drei Wochen tot, aber seine Stimme hallte nach. «Wo immer uns der Tod auch überraschen mag», hatte er seinen über die ganze westliche Welt verstreuten Jüngern mit auf den Weg gegeben, «er sei willkommen, wenn unser Kriegsruf nur ein aufnahmebereites Ohr erreicht hat und eine andere Hand sich ausstreckt, unsere Waffen zu ergreifen, und andere Menschen sich anschicken, die Totenlieder anzustimmen mit Maschinengewehrsalven und neuen Kriegs- und Siegesrufen.» Der Tod, das war die wahre Botschaft der Revolution, wie sie bei Fanon, bei Sartre und durch sein besonders leuchtendes Beispiel von Che Guevara verkündet wurde.

Den ausgebeuteten Indios am Osthang der Kordilleren wird der Doktor Guevara so fremd vorgekommen sein wie sechzig Jahre zuvor die Bankräuber Butch Cassidy und Sundance Kid, die mit dem Spickzettel *¡Esto es un robo!* an die Schalter stürmten. Die Revolution kam nicht viel weiter als in der Verfilmung der Banditen-Geschichte von 1969. Die CIA, das hätte Che Guevara als Kenner der nordamerikanischen Realpolitik wissen müssen, lässt ihrer nicht spotten. Als ausführendes Organ des großen Bruders brachte die bolivianische Armee den fremden Propheten am 9. Oktober 1967 zur Strecke. Seine Niederlage sollte sein größter Sieg werden. Das Foto des Toten im Waschhaus des Krankenhauses Nuestro Señor de Malta in Vallegrande ging sogleich um die Welt.

Es zeigte einen Märtyrer, umstellt von seinen Häschern – unbeabsichtigt hatte da jemand Rembrandts Gemälde «Die Anatomie des Doktor Tulp» nachgestellt.

Che Guevaras heldenhaftes Leben und heroisches Ende waren ein Beispiel, dem man nachzufolgen hatte. Wie bei Benno Ohnesorgs Tod war es der Legende nach eine Frau, die stellvertretend für alle die militante Trauer formulierte. Im Berliner Audimax trat sie plötzlich ans Rednerpult und verkündete unter Tränen, dass Che Guevara ermordet worden sei. Wieder ergreift die Zuschauer Trauer, dann Wut; wieder haben die Stärkeren gesiegt, nur weil sie stärker sind.[12]

Der schönste Todeskitsch kam natürlich von den Literaten. «Ich halte dafür», verkündete Jean-Paul Sartre priesterlich, «dass dieser Mann nicht nur ein Intellektueller, sondern der vollkommenste Mensch unserer Zeit war.» Mit diesem maßlosen Urteil stand der Kolonialismus-Kritiker Sartre keineswegs allein da. In Ostberlin sang Wolf Biermann zur Gitarre: «Der rote Stern an der Jacke / Im schwarzen Bart die Zigarre / Jesus Christus mit der Knarre / – so führt Dein Bild uns zur Attacke.»[13] In der schwedischen Zeitung *Dagens Nyheter* erschien im Herbst 1967 ein Nachruf, ach was: eine Totenklage von Peter Weiss, die im Januar 1968 das *Kursbuch 11* zum Thema «Revolution in Lateinamerika» eröffnete. Der Dichter, der in die Politik gewechselt war, schlug sich darin an die Brust: «Sind wir mitschuldig an diesem Tod? Sind wir die Verräter? Oder waren wir nur in unserm Alltag Befangene, Gleichgültige, getrost und unbekümmert um jene ferne Revolution? Haben wir es vermieden, Stellung zu nehmen?» Moralischer konnte die Anklage nicht sein: Während in Südamerika Che sein Leben hingab für uns und unsere Sünden, saß man da in Stockholm und Berlin nicht an reichgedeckten Tischen, trank gar die Milch der frommen Denkungsart? Che war anders, Che opferte sich: «Er zeigte mit seinem eigenen Leib: Wenn ihr andern es nicht tut, dann tue ich es.» Er tat vor allem eins, stellvertretend für die anderen: «Er zeigte: Das einzig Richtige ist, ein Gewehr zu nehmen und zu kämpfen.» Das stand Anfang 1968 im *Kursbuch*, wurde gelesen und diskutiert als das, was es war, eine literarische Übertreibung. Denn am Ende war Weiss doch zu sehr im Alltag befangen, ließ das Gewehr stehen und kämpfte weiter mit der Schreibmaschine. Aber der eine Satz war gefallen, der mehr als zwei Jahre vor dem ersten RAF-Manifest apodiktisch verkündete: «Nur die Gewalt kann helfen.»[14]

Berlin, Deutschland oder Europa waren bis jetzt kein Schlachtfeld. Die heroische Tat, die Che im bolivianischen Dschungelkampf vorgelebt hatte, war in Deutschland als Legende und Auftrag aus dem «Dritten Reich» überliefert. Wenn man der «Dritten Welt» half, wenn man sich – «Hier wäre das Zusehen entwürdigend» – mit den unterdrückten Völkern nicht bloß solidarisierte, sondern im selbstzufriedenen Deutschland auf die amerikanischen Kriegsgräuel reagierte, leistete man dann nicht, wenn auch arg verspätet, den Widerstand gegen den Nationalsozialismus, den die Älteren aus Feigheit unterlassen hatten? Das war ein Gedanke, der nur aus der eigenen Machtlosigkeit und nur in einem Land mit faschistischer Vergangenheit entstehen konnte.[15] Kuba, Vietnam, Bolivien: Wenn man sich in diesem fernen Kampf spiegeln konnte, ließ sich die eigene Unterlegenheit vielleicht in eine an der Guerilla orientierten Aktion überführen, die immerhin moralisch legitimiert war.

Im Spätherbst 1967 zerbricht die Ehe der Röhls. Bei einer Party hat Röhl unter den Augen seiner Frau mit einer anderen angebändelt und ist nicht bereit, das neue Verhältnis zu beenden. Tief gekränkt zieht Ulrike Meinhof nach der Jahreswende nicht bloß aus, sondern sie verlässt das bürgerliche Hamburg, um mit ihren Kindern ins revolutionäre Berlin einzutauchen. Zugleich wächst ihre politische Empörung; der Ton ihrer Artikel wird radikaler. Die moralische Diagnose für die Bundesrepublik fällt nicht anders aus als die Enzensbergers, der im Vorgehen der Berliner Polizei bereits einen «neuen Faschismus»[16] heraufziehen sah. In einem «Offenen Brief» an den Bundesjustizminister Heinemann meldete er, dass seine Freunde und er hofften, nach dem Tod Ohnesorgs «mit dem Schrecken» davonzukommen: «Dieser Schrecken heißt auf lateinisch *terror*; er soll zermürben, abschrecken, Denkzettel ausstellen; er gehört zur neuen Strategie der politischen Justiz in Deutschland. Es ist die Strategie der Angst.»[17] In einem Feature für den NDR, in dem sie die Ereignisse seit Benno Ohnesorgs Tod zusammenfasst, betrachtet Ulrike Meinhof die Bundesrepublik bereits als Polizeistaat und ihre eigene Arbeit als völlig sinnlos: «Wo Journalismus nur noch dazu da ist, Polizeieinsätze zu beschreiben, wo Polizeiknüppel, Wasserwerfer und Dienstpistole die logische, die ununterbrochene Fortsetzung von Journalismus sind, wo die Unschuld des Systems dadurch bewiesen wird, dass die Argumente seiner Kritiker verschwiegen werden, wo der Oppositionelle zum Störenfried geworden ist, da hat die Demokratie aufgehört. Da hat der Polizeistaat begonnen.»[18]

Auch für Enzensberger ist das politische System der Bundesrepublik im Sommer 1967 irreparabel: «Man kann ihm zustimmen, oder man muß es durch ein neues ersetzen. *Tertium non dabitur.*»[19] Wo er hoffnungsvoll «die ersten Kerne einer revolutionär gesinnten Opposition» beobachtet, fordern die studentischen Volkstribune Rudi Dutschke und Hans-Jürgen Krahl im gemeinsamen «Organisationsreferat» für die sogenannten Metropolen bereits die «Propaganda der Tat» und rufen zur Bildung einer «städtischen Guerilla» auf.[20] Bei der XXII. Ordentlichen Delegiertenkonferenz des SDS in Frankfurt im September 1967 wird Che Guevaras Dschungelkrieg aus Lateinamerika in die europäische Großstadt übertragen, die sich als repressiv genug erwiesen hat, dass man sie, ja: zerstören muss. Oder doch ihre Institutionen. «Der städtische Guerillero ist der Organisator schlechthinniger Irregularität als Destruktion des Systems der repressiven Institutionen.»[21]

Dutschke war sich nicht schlüssig, welchen Weg er einschlagen sollte. «Die terroristische Gewalt gegen Menschen ist in den Metropolen nicht mehr notwendig»[22], räumte er immerhin im Juli 1967 großzügig ein. Im Dezember 1967 sah er sich «unter weltgeschichtlichen Bedingungen»[23] arbeiten, erkannte den historischen Moment und hatte Angst, ihn zu verpassen. Im Februar 1968 erläuterte er seine Mission: «Es hängt von unseren schöpferischen Fähigkeiten ab, kühn und entschlossen die sichtbaren und unmittelbaren Widersprüche zu vertiefen und zu politisieren.»[24] Was Dutschke nun genau wollte, wieweit er bereit war, Gewalt zu provozieren, Gewalt auch selber anzuwenden, ist bei seinen Weggefährten umstritten. «Rudi war oft verzweifelt, weil ihm die anderen nicht folgten»[25], meint Tilman Fichter. Dutschke sei der Meinung gewesen, die Deutschen bräuchten ein Erlösungserlebnis. Wie das aber aussehen sollte, wollte sich nicht konkretisieren. Er wäre gern Revolutionär gewesen, aber Frau und Kind wollte er auch nicht verlassen. «Eine linke Volksbewegung gegen das herrschende Machtbündnis», so fasst Bernd Rabehl Dutschkes Überlegungen zur städtischen Guerilla zusammen, «benötigte einen urbanen, militärischen Apparat der Revolution.»[26] Rabehl nennt das Dutschkes «subjektiven Faktor», der fallweise erlaube, gegen markierte Ziele loszuschlagen. Das Vorbild dafür fand sich in der Revolutionsgeschichte Russlands, als der «subjektive Faktor Terror» ein «Element einer revolutionären Offensive» sein sollte. Für Südamerika jedenfalls schien ihm der Einsatz von Gewalt berechtigt, und manche meinen, Dutschke habe selber nach Südamerika gehen wollen.[27]

Dass nur eine Revolution gegen die oppressiven Verhältnisse helfen könnte, war ein bei einer kleinen Minderheit in Berlin verbreiteter Gedanke, er hatte sich aber außerhalb dieses verbalradikalen Kreises noch nicht herumgesprochen. Der importierte revolutionäre Rausch musste daher genutzt werden. Die Jugend sollte sich, so sieht es Bernd Rabehl, «revolutionär organisieren und dabei durchaus die produktiven Aspekte von Terror und Offensive bedenken»[28]. Nicht alle ließen sich in den Rausch hineinziehen. Für Jürgen Habermas blieb die Aussicht auf Schande, Elend und Zuchthaus der reine Masochismus.

Das junge Berlin taumelte in diesem Winter 1967/68 unter seiner eigenen Kraft. Aber wohin sich wenden? Gegen Springer? Gegen die Notstandsgesetze? Vietnam? Südamerika? Vietnam war das Schild, auf dem sich die gerechte Sache am besten zeigen ließ. Peter Weiss zögerte nicht, die Verbindung zu den schlimmsten Gräueln der Vergangenheit herzustellen: «Ich sehe heute die Situation in Vietnam genauso wie zum Beispiel den Aufstand des Gettos in Warschau.»[29] Vietnam war fern und doch nah. In ihrer *konkret*-Kolumne «Vietnam und die Deutschen» schreibt Ulrike Meinhof: «Wer begriffen hat, was in Vietnam los ist, fängt allmählich an, mit zusammengebissenen Zähnen und einem schlechten Gewissen herumzulaufen; fängt an zu begreifen, daß die eigene Ohnmacht, diesen Krieg zu stoppen, zur Komplizenschaft wird mit denen, die ihn führen.»[30] Deutschland beteiligte sich durch logistische Unterstützung am Vietnamkrieg, Deutschland stellte Landebahnen, Häfen und Militärbasen zur Verfügung, dieses hilfswillige Deutschland wäre demnach als legitimes Ziel in einem Krieg zu verstehen, der von der nationalen Volksbefreiungsarmee Vietnams gegen die US-Truppen geführt wurde. Rudi Dutschke träumte von «exemplarischen Aktionen», von der Sprengung «amerikanischer Schiffe» mit «Kriegsmaterial»[31], wollte womöglich selber ein Schiff ausrüsten und nach Vietnam aufbrechen.[32] Dem vietnamesischen Volk hülfen keine «hilflosen Friedenswünsche» mehr, sondern nur ernsthafte Unterstützung; ein Flugblatt, unterschrieben unter anderem von Krahl und Dutschke, fordert deshalb Anfang Februar 1968 «Waffen für den Vietcong».

Am 31. Januar hatte in Vietnam die Tet-Offensive begonnen, der Versuch der Guerilla, die Südvietnamesen zu einem Volksaufstand gegen die sie beschützenden und zugleich beschießenden Amerikaner zu bewegen. Der Vietcong griff zum ersten Mal die Städte an und wagte es sogar, die US-Botschaft zu überfallen. Obwohl der Angriff binnen weniger Tage zurückgeschlagen wurde und der Vietcong ungeheure Verluste erlitt, unterlagen die USA in der Propagandaschlacht. Als ein amerikanischer General die Bombardierung eines Dorfes mit dem Satz rechtfertigte: «Wir mussten es zerstören, um es zu retten», und zu Hause in den Nachrichten zu sehen war, wie Nguyễn Ngọc Loan, der Polizeichef von Saigon, einen gefangenen Guerilla-Kämpfer eigenhändig exekutierte, war der gesamte Vietnamkrieg mit einem Mal verloren. Vietnam heizte die Stimmung auf gegen die USA, und die beständige Unterstützung, die Westberlin der Schutzmacht angedeihen ließ, bestätigte die APO nur in ihrer Aggression gegen dieses Land und seine Hilfssheriffs im Rathaus und an der Kochstraße.

Das Schlachtfeld Großstadt bot einen idealen Angriffspunkt: die amerikanische McNair-Kaserne in Berlin. Hier lebten Soldaten, von denen man gerüchteweise wissen wollte, dass sie bereit wären, zu desertieren.[33] Flugblätter, die mit von der DDR gelieferten Papprakten in die Kasernen geschossen wurden,[34] sollten die Soldaten zur Flucht auffordern. Rudi Dutschke wollte eine Demonstration direkt vor den Stützpunkt der Amerikaner führen, und manche meinen, er habe sogar den Sturm auf McNair geplant.[35] In einem solchen Fall, das ließ die Polizeiführung wissen, würden die amerikanischen Sicherheitskräfte das Feuer auf die Studenten eröffnen, was Dutschke angeblich in Kauf genommen hätte. Dieser nur religiös zu verstehende Masochismus entsprach einem verbreiteten Opfersbedürfnis: «Unsere Leiber sollten dabei die Waffen sein»[36], wie ein ehemaliges SDS-Mitglied sich erinnert.

Innensenator Neubauer wartete nur auf eine Gelegenheit, um die außerparlamentarische Opposition mit militärischen Mitteln zu zerschlagen.[37] Allerdings kam es dann doch nicht zum Körpereinsatz. Günter Grass und Bischof Kurt Scharf intervenierten und konnten das Blutbad noch gerade rechtzeitig verhindern.

Rudi Dutschke gibt sich keineswegs geschlagen. Als am 17. und 18. Februar 1968 endlich der lange vorbereitete Vietnam-Kongress stattfindet, an dem Vertreter vieler internationaler Befreiungsbewegungen teilnehmen, drängt er, hinter sich die aufgespannte

Parole «Die Pflicht jedes Revolutionärs ist es, die Revolution zu machen», erneut zu Taten: «Genossen! Wir haben nicht mehr viel Zeit.»[38] Die Genossen jubeln, und die Aufmerksamkeit zumindest der Medien ist ihnen sicher. Wo es hingehen soll, sagt er vorsichtshalber nicht und weiß es wohl auch nicht. Peter Weiss ruft in seinem Redebeitrag erneut zu den Waffen: «Unsere Ansichten müssen praktisch werden, unser Handeln wirksam. Dieses Handeln muss zur Sabotage führen, wo immer dies möglich ist.» Rudi Dutschke tut sein Möglichstes. Kurz vor dem Kongress ist der Revolutionstourist Giangiacomo Feltrinelli in Berlin erschienen und hat Dutschke als Gastgeschenk eine Anzahl Dynamitstangen mitgebracht, die für eine «exemplarische Aktion» ausgereicht hätten. In einer Babytasche versteckt trägt Dutschke den Sprengstoff durch Berlin, hat dann aber offensichtlich doch keine Verwendung dafür. Am Ende findet sich jemand, der das Dynamit entsorgt.[39]

Ein zweiter Versuch, Revolution zu machen, verläuft nicht wesentlich erfolgreicher. Zusammen mit Bahman Nirumand fliegt Dutschke zwei Wochen nach dem Kongress nach Frankfurt, im Gepäck eine Bombe. Er will einen Antennenmast des amerikanischen Soldatensenders AFN in Saarbrücken in die Luft sprengen. Gewalt gegen Sachen natürlich nur, nicht gegen Personen: «Mit dieser Aktion wollten wir unseren Protest gegen den Vietnamkrieg demonstrieren.»[40] In Frankfurt deponiert Dutschke die Bombe in einem Schließfach. Er wird kurz verhaftet und von einem Amerikaner ins Gesicht geschlagen, der in ihm den notorischen Aufrührer erkannte. Dutschke kommt frei, aber aus dem Anschlag wird trotzdem nichts, weil der Attentäter den Sendemast nicht findet. Er nimmt die Bombe wieder mit nach Berlin und gibt sie an den Lieferanten zurück – den allzeit hilfsbereiten Peter Urbach.[41] Man darf vermuten, dass die Ordnungskräfte inzwischen ein starkes Interesse daran hatten, den Revolutionär Dutschke aus dem Verkehr zu ziehen.

Den subjektiven Faktor beanspruchen auch die eingesessenen Berliner. Während die Studenten über eine Rätedemokratie, eine

Diktatur des Proletariats, den sachten Einsatz von Gewalt, romantisch auch über eine kleine Oktoberrevolution nachdenken und trunken sind vom bisherigen Erfolg, von der bisher erzielten Aufmerksamkeit, will das Mehrheitsberlin nicht mehr die Bühne für das Revolutionsspiel sein. Der Senat wehrt sich begreiflicherweise gegen die Internationalisierung der Stadt und ruft deshalb am 21. Februar alle «anständigen Berliner» auf, sich vor und hinter Amerika und vor allem gegen die Studenten zu stellen. «Berlin darf nicht Saigon werden!» heißt der Kampfspruch, unter dem sich Zehntausende versammeln, die als Staatsangestellte dienstfrei bekommen haben und (nicht anders als bei ähnlichen Gelegenheiten im Ostteil der Stadt) mit Sonderbussen zusammengekarrt werden, um den Dienst unter freiem Himmel fortzusetzen. Klaus Schütz, als Regierender Bürgermeister der Nachfolger des zurückgetretenen Heinrich Albertz, hat zehn Tage zuvor auf dem SPD-Parteitag die bewegenden Worte gesprochen: «Ihr müßt diese Typen sehen, ihr müßt ihnen genau ins Gesicht sehen. Dann wißt ihr, denen geht es nur darum, unsere freiheitliche Grundordnung zu zerstören.»[42] Schütz und die Seinen wollen sie erhalten.

Die braven Bürger, 150 000 an der Zahl, tragen nicht bloß schöne Sprüche wie «Glückliche Reise» (versehen mit einem Galgen) spazieren und fordern zum Lynchmord an Dutschke, dem «Staatsfeind Nummer eins» auf, sie schauen den anderen wirklich ins Gesicht. Ihre von den Zeitungen angestachelte Mordlust ist bemerkenswert. Ein Verwaltungsangestellter, dessen Haare etwas zu lang sind, wird auserkoren und zu Dutschke erklärt. Die begeisterungsfähige Menge ruft ihm zu: «Kommunistensau, hau ab!», und «Schlagt den Dutschke tot!» Der Mann kommt mit dem Leben davon, aber vielleicht auch nur, weil die Menge dann einen «Mahler» entdeckt hat und verfolgen kann. *Bild* zitiert anschließend die Sprüche, die der «Berliner Witz gegen Krawall-Studenten» erdacht hat: «Laßt Bauarbeiter ruhig schaffen! Kein Geld für langbehaarte Affen!» oder «Dutschke, 'raus aus Berlin» oder das bewährte «Lieber tot als rot». Selbst dem stets senatsnahen Günter Grass wird es bei so viel Volkswillen zu viel: «*Bild* schrieb vor, und der Senat führte aus.»[43] Den Studenten aber tat das Gefühl wohl, verfolgt zu sein.

Vom SDS, der inzwischen wegen des weiteren Vorgehens heillos zerstritten ist, war ein Springer-Tribunal angekündigt worden. Rudolf Augstein spendete Geld dafür[44], Peter Schneider schrieb an Erich Mielke, den DDR-Minister für Staatssicherheit, und bat auch ihn um Unterstützung.[45] Die Anarchisten Bommi Baumann und Fritz Teufel werfen zusammen mit dem Komponisten Hans Werner Henze nachts Steine in Geschäftsstellen des Springer-Verlags. Der Herumtreiber Andreas Baader wollte den Kongress «durch ein kleines Feuer verschönen»[46], ließ es dann aber doch bleiben. Der Filmstudent Holger Meins führt einen Lehrfilm vor, der zeigt, wie man einen Molotowcocktail bastelt. In der letzten Einstellung sieht man nur das Springer-Verlagsgebäude.

Auch Enzensberger kündigt eine exemplarische Aktion an; in einem offenen Brief gibt er ein Stipendium an einer nordamerikanischen Universität mit der Begründung zurück, die US-Regierung sei «gemeingefährlich»: «Ich möchte im Herbst dieses Jahres nach Cuba gehen, um dort für längere Zeit zu arbeiten. Dieser Entschluß ist kein Opfer; ich habe einfach den Eindruck, daß ich den Cubanern von größerem Nutzen sein kann als den Studenten der Wesleyan University und daß ich mehr von ihnen zu lernen habe.»[47] Derweil setzen die Kommunarden Teufel und Langhans ihre situationistischen Aktionen im Gerichtssaal fort, wo im März 1968, zehn Monate nach den Flugblättern, darüber verhandelt wird, ob diese den Straftatbestand der Aufforderung zur Brandstiftung erfüllen. Der Jurist und Schriftsteller Peter Handke, der wie viele andere die Anarchisten besucht, bezeichnet die Kommune als das neue Berliner Ensemble. Er wünscht sich, die Kommune könnte so theatralisch weitermachen, «bis auch die Wirklichkeit ein einziger Spielraum geworden ist»[48].

Die Gesellschaft des Spektakels

«Es sah so aus, als würde die Revolution in der Literatur
hängen bleiben, ohne an die Praxis heranzukommen.»
Andreas Baader (1968)

Für Günter Grass ist der Fall eindeutig: «Ohne die pathetischen Aufrufe des SDS, ohne das Kommune-Flugblatt – ‹Burn, warehouse, burn!› – wäre es nicht zu den Kaufhausbränden in Frankfurt gekommen.»[1] Aus seiner Abscheu vor beidem – der literarischen Phantasie und der dilettantischen Praxis – entsteht der Roman «örtlich betäubt», der 1969 erschien. Darin will ein sensibler Oberschüler aus Protest gegen den Vietnamkrieg vor den sahneschleckenden Ommas auf dem Kurfürstendamm seinen Dackel anzünden.

Ein solches Verbrechen konnte Andreas Baader bis heute nicht nachgewiesen werden. Baader gilt als der Prolet der RAF, der Gangster, der Mann, dem die Frauen hörig waren und den die anderen Männer hassten. Gudrun Ensslins Klage: «Die haben Waffen, und wir haben keine», hätte er nicht unterstützt – Baader war schon früh bewaffnet, jedenfalls lief er im pazifistischen Westberlin mit einem Schreckschussrevolver herum und versuchte, damit Männer wie Frauen zu beeindrucken. Er galt als Angeber, und fast jeder, der ihn kannte, hat eine Angebergeschichte zu erzählen. Manchen gefiel seine aggressive, betont männliche Art, mit der er die literarische Boheme störte.

Baader wurde nicht durch die Universität politisiert. Er war ein Mann für die Tat und doch ein Träumer. «Das Kino stand ihm viel näher als die Apo», wie ein Bekannter aus der Schwabinger Zeit betont; im Kino habe er die «Befreiung aus dem Gefängnis bürgerlicher Zwänge» gesucht.[2] Zuerst probierte er es als Journalist (und die Berufsbezeichnung «Journalist» blieb ihm ohne den geringsten Arbeitsnachweis bei den späteren Gerichtsterminen erhalten), aber zu schreiben begann er erst im Gefängnis. Er trieb sich in der Szene herum, ließ sich von dem Modefotografen Herbert Tobias für ein Schwulenmagazin mit nacktem Oberkörper ablichten und entwickelte eine Leidenschaft fürs schnelle Fahren ohne Führerschein. Vor Männern und Frauen spielte er den Django, machte Andeutungen über Beziehungen in bessere Kreise, wollte sogar ein Nachfahr des Philosophen Franz von Bader sein.

In Berlin hatte er sich mit Elli-Leonore Michel angefreundet, die mit dem Maler Manfred Henkel verheiratet war. Baader zog bei den beiden ein, und 1965 brachte Elli-Leonore Baaders Tochter Suse zur Welt. Henkel trennte sich im Juni 1967 in einer Kunstaktion auf dem Kurfürstendamm von seiner Frau und seinen Bildern und folgte dem Gebot der Stunde: «Der Maler schmeißt den Pinsel weg und macht Kommune.» Elli-Leonore sorgte für Baader wie für ihr eigenes Kind. Später wird sie sich vor ihm fürchten und behaupten, er habe für nichts Interesse gezeigt, aber «gegen alles opponiert»[3].

Wie viele bewegte sich auch Baader im Umkreis der damals bekanntesten und modernsten Veranstaltung, der Kommune I, aber er musste sich erst bewähren. Als er Ende Juli nach Berlin zurückkehrte – die Haare haftbedingt kürzer, als es inzwischen üblich war –, war Benno Ohnesorg tot, standen die Kommunarden zum ersten Mal vor Gericht, hatte Herbert Marcuse über «Das Problem der Gewalt in der Opposition» gesprochen, und die Spaß-Terroristen machten jeden Tag neue Schlagzeilen. Baader schien das Beste an der Revolte verpasst zu haben. Seine Haftstrafe verschwieg er und gab sich Mühe, den Anschluss zu finden. Er war immer dabei, wenn und wo etwas los war. Fürs Flugblattwerfen war er sich zu fein. Während die anderen beratschlagten, wie sie den Ruinenturm der Berliner Gedächtniskirche unter Rauch setzen könnten, schlug Baader vor, sie gleich ganz in die Luft zu sprengen. Dennoch bastelte er brav die Zünder und brachte die Rauchbomben an, die die Kirche qualmen ließen – die erste Aktion, mit der Baader «bei uns Ehre einlegte»[4], wie Ulrich Enzensberger sich erinnert.

Auch Gudrun Ensslin hatte nach dem Tod Benno Ohnesorgs Kontakt zur Kommune I gefunden.[5] Seit dem 2. Juni saß Fritz Teufel in Untersuchungshaft. Um an ihn zu erinnern, störten die Kommunarden öffentliche Veranstaltungen wie die Gedenkfeier für den ehemaligen Reichstagspräsidenten Paul Löbe am 9. August. Peter Urbach hatte einen Pappsarg aufgetrieben, den außer ihm auch Volker Gebbert und Andreas Baader trugen. Dem Sarg entstieg, angetan mit einem Totenhemd, der allgegenwärtige Kunzelmann und warf Flugblätter unter die Menge. Rainer Langhans tanzte dazu. Hans Magnus Enzensberger war ebenfalls dabei und entging nur knapp der Verhaftung. Nicht weniger surreal war der Auftritt am nächsten Tag, als Fritz Teufel vorläufig freigelassen wurde: Pauken und Trompeten begrüßten den Häftling, er wurde mit Blumen umkränzt, Langhans trug Frauenkleider, und am Rande freute sich auch diesmal Andreas Baader mit. Eine Woche später brachten Kunzelmann, Volker Gebbert und Rainer Langhans ihren Teufel in einem Schandkarren vors Landgericht Moabit und baten für ihn um Wiederaufnahme in den Knast.

Andreas Baader drängte die anderen zu härteren Aktionen. Der französische Dirigent Pierre Boulez hatte in einem *Spiegel*-Interview vorgeschlagen, «die Opernhäuser in die Luft zu sprengen»[6]. Die Provos von Berlin nahmen das als Gelegenheit für ihren nächsten Auftritt, stürmten in die Oper und verlangten eine Unterbrechung der Aufführung. Boulez machte tatsächlich eine Pause und erlaubte Gudrun Ensslin und Andreas Baader, ein Manifest zum Vietnamkrieg zu verlesen. Anschließend entschuldigte sich Boulez beim Publikum, fügte allerdings hinzu, dass er mit dem Anliegen der Studenten sympathisiere. Die Polizei kam und holte die Unruhestifter ab. Dennoch war das Unternehmen ein großer Erfolg, vor allem, weil ein Redakteur des *Abend* auf die witzige Überschrift «Marx Brothers in der Oper» verfiel.[7]

Im Unterschied zur Berliner Boulevardpresse zeigte die sogenannte bürgerliche Presse im übrigen Bundesgebiet Verständnis für die Aktionen der Studenten. Nicht der Osten, wie bei Springer gern unterstellt wurde, sondern die Verleger von *Spiegel, Zeit* und *Stern* halfen den Protest der Studenten gegen ihre Professoren, gegen Vietnam und die Notstandsgesetze zu finanzieren. Rudolf Augstein erklärte seine Sympathie für die Studenten und gab ihnen nicht nur Geld für das geplante «Springer-Tribunal», sondern subventionierte zusammen mit Gerd Bucerius, dem Verleger der *Zeit*, auch den *Extra-Dienst*, der die APO publizistisch unterstützte. Bucerius lud die Wortführer der Berliner Studenten in seine Hamburger Wohnung und war begeistert: «Sie haben ja so recht, die Jungen, sie haben ja so recht.»[8] Als Unternehmer konnte Bucerius den wirtschaftspolitischen Vorstellungen der Studenten zwar nicht folgen, aber er beneidete sie «um ihren Glauben und ihre Redlichkeit. Die Gesellschaft wird sich vor ihnen bewähren müssen.»[9] Für die Studenten, die im Dezember 1967 wegen ihrer Teilnahme an der Schah-Demonstration vor Gericht gestellt wurden, zahlte Bucerius 5000 Mark auf ein «Sonderkonto Rechtshilfe»[10], das Horst Mahler verwaltete; später folgten weitere Zahlungen, insgesamt mehr als 80 000 Mark. Die Hamburger gaben das Geld nicht völlig selbstlos; der Verlag Gruner + Jahr fürchtete die Expansionsgelüste Springers, der *Spiegel* sprach von einer «Gefahr für Deutschlands Zeitungen».

Auf den Fotodokumenten der Studentenbewegung erscheint Baader als randständige Figur. Er kann die Studenten weder mit Redegewalt noch mit Wissen beeindrucken. Die anderen waren strikt pazifistisch. «Körperliche Gewalt war uns extrem zuwider. Gerade deshalb beschäftigte sie unsere Phantasie»[11], sagt Ulrich Enzensberger. Baader kam da wie gerufen, ein Stachel, Triebfeder für die Revolution. Baader traute sich mehr als die anderen. Ohne den Umweg über Dutschkes und Krahls elaborierte Gedanken zu einem möglichen Angriff auf das «System der repressiven Institutionen» platzierte Andreas Baader zusammen mit Astrid Proll am

21. Oktober 1967 einen Brandsatz in der Garderobe des Amerikahauses. Der Sachschaden war gering, aber niemand war bisher so weit gegangen.

Als Baader bei Peter Homann, der ebenfalls als Raufbold um seinen Platz in der Revolte kämpfte, Gudrun Ensslin kennenlernte, müssen die beiden sich sofort erkannt haben: Auch sie inszenierte sich als unnahbar, schüchterte die anderen mit ihrer Intelligenz und Kälte ein und verachtete alle, denen es weniger protestantisch ernst war als ihr. Gudrun Ensslin verließ Bernward Vesper, verließ ihr drei Monate altes Kind und tat sich mit Baader zusammen. Fortan waren sie unzertrennlich und bald das Hohe Paar des Terrors. Wenn sie doch getrennt wurden, setzten sie alles daran, dass sie wieder zusammenfanden. Ihr letzter Triumph sollte darin bestehen, dass sie – mit Jan-Carl Raspe als Trauzeugen – im Oktober 1977 auf dem Stuttgarter Dornhaldenfriedhof in ein gemeinsames Grab gelegt wurden.

Noch deutet nichts auf dieses drastische Ende hin. Am 22. März 1968 sprechen die Richter die Angeklagten Langhans und Teufel frei; ihre Flugblätter waren nun doch Kunst und keine Aufforderung zu Straftaten. Angeblich besuchten Baader und Ensslin nach dem Urteil die Kommune I und erklärten, nun wirklich im Kaufhaus zündeln zu wollen.[12] Thorwald Proll, der immerhin mitzündelte, hält das für erfunden, bestätigt aber, dass die Brandstiftung «von dem Flugblatt der K I beeinflusst» worden ist.[13]

Thorwald und Astrid Proll kamen aus Kassel, wo ihr Vater nach dem Krieg einiges gebaut hatte. Astrid war ihrem Bruder nach Berlin gefolgt und machte dort eine Ausbildung zur Fotografin. Thorwald wollte zum Theater und schreiben. Bei der Vorbereitung einer Straßentheater-Aktion hatte er 1967 Baader kennengelernt. «Wir wollten schon etwas Unerhörtes tun, aber was genau, weiß ich nicht mehr. Ich glaube nicht, dass wir so genaue Vorstellungen hatten», meint Proll heute.[14] Zusammen mit Gudrun Ensslin fuhren sie nach München, wo Baader von früher Horst Söhnlein kannte, der das «action-theater» leitete.

DIE GESELLSCHAFT DES SPEKTAKELS 113

Der vorangegangene Sommer hatte auch das Theater verändert. An den Münchner Kammerspielen ließ der Regisseur Peter Stein für den Vietcong sammeln; Elemente des Straßentheaters tauchten in Bühneninszenierungen auf. An Söhnleins «action-theater», das bald von Rainer Werner Fassbinder übernommen wurde, kamen zitathaft studentische Protestformen auf die Bühne, der Erlös einiger Vorstellungen sollte dem Berliner Rechtshilfefonds zufließen.

Die Berliner hatten für alle Fälle Brandsätze mitgebracht. Söhnlein lag im Streit mit seiner Frau und ging deshalb gleich auf den Vorschlag Baaders ein, mit nach Frankfurt zu fahren, wo ein SDS-Kongress stattfinden sollte, und dort eine Aktion zu veranstalten, Theater in jedem Fall. Theater musste es sein, schließlich, das wussten die drei von Berlin her, sind die Autoritäten am ehesten mit theatralischen Auftritten zu schlagen.

Am 2. April 1968, kurz vor Ladenschluss, betreten die vier Reisenden den Kaufhof und das Kaufhaus Schneider und platzieren bei den Spielwaren und in der Möbelabteilung mit einem Wecker versehene Brandsätze, die kurz vor Mitternacht losgehen. Fast gleichzeitig ruft eine Frau bei dpa an und meldet den inzwischen ausgebrochenen Brand. Es handle sich um einen «politischen Akt», sagt die Stimme.

Es brennt wie in Vietnam, nur dass es in Frankfurt Waren sind und keine Menschen. Niemand wird verletzt; der Schaden beträgt ungefähr zwei Millionen Mark.[15] Der SDS distanziert sich von derlei «unbegründbaren Terroraktionen»[16]. Die K I schöpft aus ihrer inzwischen erworbenen Psycho-Kenntnis und weiß, dass die Attentäter vor allem ins Gefängnis wollten. Die Flugblätter enthielten keine Aufforderung zur Brandstiftung, und die Schüler der K I befolgten sie trotzdem.

Ein Spektakel war's, wie es Westdeutschland noch nicht gesehen hatte, und von da wird gern die Spur des Terrors markiert, die sich dann zu den Morden an Industriellen und Bankern ziehen wird. Aber der Zusammenhang ist allenfalls ein personeller. Die

Frankfurter Brandstiftung war eine weitere Provokation im Geist der Situationisten und der Subversiven Aktion. Diese Gewalttat war greller und drastischer als alles bisher Dagewesene, und dennoch handelt es sich mehr um ein antibourgeoises Fanal als einen terroristischen Akt. Mag sein, dass die Brandstifter auf das Leid der napalmversehrten Kinder in Vietnam hinweisen wollten, vor allem aber war ihre Aktion, wie in der klassischen Moderne vorgeschrieben, gegen eine Bürgerwelt gerichtet, die sich lieber dem Konsum ergab, als sich von Vietnam rühren zu lassen. Karl Heinz Bohrer hatte davon gesprochen, dass die jüngere Generation die neudeutsche Wohnstube Stück für Stück auseinandernehme, weil sie mit der Einrichtung nicht mehr einverstanden ist. Im Kaufhaus Schneider platzierten die Brandstifter den Brandsatz in einem altdeutschen Eichenschrank.

In dem Auto, in dem sie nach Frankfurt gereist sind, finden sich Bauteile für Brandsätze, logistische Details von Kaufhäusern in München und Berlin. Bei Thorwald Proll wird ein Gedicht entdeckt, das die Tat als wiederum literarische Provokation ausweist, aber natürlich den Vorsatz bestätigt und zur Verurteilung der Täter führen wird:

«Wann brennt das Brandenburger Tor?
Wann brennen die
Berliner Kaufhäuser
Wann brennen die
Hamburger Speicher
Wann fällt der Bam-
Berger Reiter
Wann pfeifen die
Ulmer Spatzen
Auf dem letzten Loch»

Deutlicher noch ist ein Zettel, der sich in einem Papierkorb in Tatortnähe fand: «Ihr habt angefangen ... Wir fangen nicht an, wir machen Schluß.»[17] Dass die anderen, die Polizei, die Richter, der Staat mitsamt seinen aus dem vorangegangenen «Dritten Reich» übergeleiteten Stützen angefangen habe, wird der *basso continuo* der folgenden Jahre. Mit dieser Generation sei nicht zu reden, vielmehr sei es höchste Zeit, gegen sie zu handeln. Der Prozess, den die Vorläufer seit dem 2. Juni 1967 gegen die Übermacht führen und den die RAF erst in den neunziger Jahren abbricht, dieser Prozess wird immer als Gegenwehr definiert. Bleibt im beginnenden Eskalationsfieber einmal die Gewalttat von der anderen Seite aus, so gilt für die Selbstermächtigung der RAF der Hinweis auf den Auslöser des Terrors: der Tod von Benno Ohnesorg, wiederholt und bestätigt im Anschlag auf Rudi Dutschke.

Das Attentat auf Rudi Dutschke

«Die Kugel Nummer eins kam
Aus Springers Zeitungswald
Ihr habt dem Mann die Groschen
Auch noch dafür bezahlt
Ach Deutschland, deine Mörder»
*Wolf Biermann, «Drei Kugeln auf
Rudi Dutschke» (1968)*

1968 war das Jahr des politischen Attentats. Am 4. April wurde in Memphis der schwarze Bürgerrechtler Martin Luther King erschossen, im Juli in Los Angeles der demokratische Präsidentschaftskandidat Robert Kennedy, auf den vor allem die protestierende Jugend ihre Hoffnung setzte. In Deutschland, wo es ein Vierteljahrhundert zuvor nicht gelingen wollte, den Diktator Adolf Hitler zu töten, lässt sich ein unscheinbarer junger Mann zum Mord aufhetzen – allerdings nicht gegen einen Machthaber, sondern gegen einen, der die Staatsmacht in Frage stellt. Eine Woche nach dem Mord an King steigt in München der Malergeselle Josef Bachmann in den Zug. Er hat in seinem Zimmer ein Bild von Adolf Hitler hängen, er liest die *Deutsche National-Zeitung* und glaubt bereitwillig, was *Bild* und andere über den Kommunisten Dutschke verkünden, denn Bachmann hasst die Kommunisten. Seine Familie ist 1956 aus der DDR geflohen, sein Onkel wurde von den Kommunisten eingesperrt. Bachmann ist ein Herostrat und möchte töten. Dutschke ist als Opfer gerade groß genug.

Dutschke, das weiß der Berliner, das weiß bald jeder in Deutschland, ist ein gefährlicher Mann, und die Älteren hassen ihn mit Inbrunst. Ein Rentner schlägt in der Gedächtniskirche auf ihn ein, Berliner Taxifahrer umzingeln ihn eines Nachts mit ihren Fahrzeugen. Er kann noch gerade rechtzeitig entkommen und versteckt sich wegen der Todesdrohungen bei seinem väterlichen Freund Helmut Gollwitzer, der als Pfarrer im «Dritten Reich» gegen die Nationalsozialisten aufgestanden war.

Die Berliner Presse kennt den Volkszorn und weiß ihn zu reizen. Am 7. Februar 1968 ist *Bild* mit der Schlagzeile «Stoppt den Terror der Jung-Roten jetzt!» erschienen. Der Artikel war mit einem Foto Rudi Dutschkes illustriert und gab Handlungsanweisungen: «Man darf über das, was zur Zeit geschieht, nicht einfach zur Tagesordnung übergehen. Und man darf auch nicht die ganze Dreckarbeit der Polizei und ihren Wasserwerfern überlassen. Schlafen unsere Richter? Schlafen unsere Politiker? Wie lange wollen sie noch zulassen, daß unsere jungen Leute von roten Agitatoren aufgehetzt, daß unsere Gesetze in Frage gestellt, unterwandert und mißachtet werden? Aber unsere Jung-Roten sind inzwischen so rot, daß sie nur noch rot sehen, und das ist gemeingefährlich und in einem geteilten Land lebensgefährlich. Stoppt ihren Terror jetzt!»[1]

Auch Bachmann hört diese Signale; mit seiner Hilfe wird die schweigende Mehrheit endlich ihren Willen haben. Am 11. April fragt er sich in Berlin durch zur Kommune I, und Rainer Langhans schickt ihn ins SDS-Zentrum. Da kommt Dutschke zufällig vorbei, auf dem Weg von der Apotheke, wo er Medizin für seinen Sohn besorgt hat. Bachmann vergewissert sich bei seinem Opfer, ob er denn der Richtige sei, und gibt dann drei Schüsse auf Dutschke ab. «Man braucht ja nicht gleich zu schießen, aber daß er mal einen Denkzettel gekriegt hat, ist ganz gut»[2], soll Volkes Stimme anschließend gesagt haben. Dutschke windet sich auf dem Boden, schreit um Hilfe, wird ins Krankenhaus gebracht, wo ihm noch rechtzeitig die Kugeln entfernt werden. Er kommt mit dem Leben davon, wird auch wieder sprechen lernen und sein Gedächtnis wiederfinden, aber knapp zwölf Jahre später ertrinkt er, Spätfolge des Anschlags, bei einem epileptischen Anfall in der Badewanne.

Wolf Biermann, drüben in der Ostberliner Chausseestraße, wird sich seinen Reim drauf machen:

> «Es haben die paar Herren
> So viel schon umgebracht
> Statt daß sie euch zerbrechen
> Zerbrecht jetzt ihre Macht!
> Ach Deutschland, deine Mörder!»

Die Revolution hat einen weiteren Märtyrer, und Dutschke musste dafür nicht einmal nach Südamerika. «Hoffentlich stirbt er jetzt, dann gehts dem Springer an den Kragen», soll Kunzelmann nach dem Attentat gesagt haben, aber er «hätte auch so geredet, wenns um sein eigenes Leben gegangen wäre», wie Fritz Teufel meint. «Zu deutlich war uns, daß hier Springers Mordhetze einen von uns getroffen hatte, daß die Bewegung jetzt den Schritt vom Protest zum Widerstand vollziehen mußte.»[3] Was es bedeutet, diesen Schritt zu tun, erklärte Ulrike Meinhof in ihrer Kolumne «Vom Protest zum Widerstand»: «Protest ist, wenn ich sage, das und das paßt mir nicht. Widerstand ist, wenn ich dafür sorge, daß das, was mir nicht paßt, nicht länger geschieht. Protest ist, wenn ich sage, ich mache nicht mehr mit. Widerstand ist, wenn ich dafür sorge, daß alle andern auch nicht mehr mitmachen»[4] – so zitiert sie nach dem Attentat auf Rudi Dutschke einen Mann der Black Power, der ebenfalls auf der Vietnamkonferenz gesprochen hatte.

Doch Josef Bachmann hat nicht nur den sorgsam aufgeheizten Volkswillen exekutiert, sondern der unmittelbar bevorstehenden Revolution den Kopf weggeschossen. Ob Dutschke sich der entstehenden Stadtguerilla angeschlossen hätte, ist zweifelhaft, aber dass von diesem Mordanschlag eine direkte Linie zur RAF führt, ist sicher. Seine Biographen, angeleitet von Gretchen Dutschke, trachten heute danach, ihn zum franziskanischen Heiligen zu stilisieren. Dabei war es ihm zumindest zeitweise Ernst mit der Guerilla, und den Einsatz von Gewalt als sogenannter Gegengewalt hat er keineswegs verschmäht: «Wir kennen nur einen Terror – das ist der Terror gegen unmenschliche Maschinerien. Die Rotationsmaschinerie von Springer in die Luft zu jagen und dabei keine Menschen zu vernichten, das scheint mir eine emanzipierende Tat»[5], hatte Dutschke noch kurz vor dem Attentat in einem Interview erklärt, das acht Tage nach dem Anschlag im WDR ausgestrahlt wurde. Auch beim Kongress hatte Dutschke von einer in Vietnam wütenden «Kriegsmaschinerie» gesprochen, sie in einen Zusammenhang gebracht mit der «Maschinerie des Springer-Konzerns» und beklagt: «Wir haben noch nicht den Willen, mit unserem eigenen Herrschaftsapparat zu brechen.»[6]

Die Maschine ist für die Schüler von Martin Heideggers Schüler Marcuse der altböse Feind, der Menschenfeind. Nicht viel anders war es im Zweiten Weltkrieg auf den Flugblättern der «Weißen Rose» zu lesen: «Verhindert das Weiterlaufen dieser atheistischen Kriegsmaschine, ehe es zu spät ist», hatten die Geschwister Scholl und ihre Freunde 1943 gefordert. Nicht Rudi Dutschke, aber Ulrike Meinhof sieht sich in der Nachfolge Sophie Scholls, und noch Johannes Weinrich von den Frankfurter «Revolutionären Zellen» wird sich auf den todesmutigen Widerstand der Münchner Studenten berufen: «Moral, die sich nicht auch in Handlungen, in erkennbaren Tatsachen manifestiert, nützt nichts.»[7] Die Rückversicherung hin zum Widerstand gegen die Diktatur im «Dritten Reich» bläht die bei allen Schwächen unzweifelhaft demokratische Bundesrepublik zu einem Moloch auf, der vis-à-vis Vietnam den Widerstand zur Pflicht macht und den Widerständlern überdies das wohlige Gefühl verschafft, in der Minderheit und damit im moralischen Recht zu sein.

Auch wenn in der Bundesrepublik von Diktatur, von Faschismus nicht die Rede sein kann, wird er in mahnender Erinnerung an die heroische Zeit der ermordeten Widerstandskämpfer zum tagtäglichen Sprachgebrauch. «Leistet passiven Widerstand – *Widerstand* –, wo immer ihr auch seid», lautete die Forderung der Geschwister Scholl, der jetzt, fünfundzwanzig Jahre später und unter ganz anderen Umständen, endlich nachgekommen werden sollte. Jeder müsse arbeiten «wider die Geißel der Menschheit, wider den Faschismus und jedes ihm ähnliche System des absoluten Staates».[8] Im Geiste der Geschwister Scholl hatte das Ulrike Meinhof schon getan in ihren Kolumnen, aber noch immer nicht den Schritt vom Wort zur Tat gewagt. Doch je mehr sich in ihren Augen die Bundesrepublik zum Polizeistaat verwandelte, je mehr er sich für sie an die Nazi-Diktatur annäherte, desto dringender wurde der Widerstand.

Stefan Aust soll Ulrike Meinhof am Tag des Attentats vor der SDS-Zentrale gesehen haben, wo sie Steine aufgehäuft habe, bezweifelt aber, dass sie damit werfen wollte: «Sie sagte, sie habe zu viel Angst davor.»[9] Im Audimax der TU Berlin beraten etwa fünftausend Studenten darüber, wie sie sich nun verhalten sollen. Auch Politiker äußern ihre Bestürzung über das Attentat. Nach dem Tod Benno Ohnesorgs war eine Delegation der FDJ im SDS-Zentrum erschienen und hatte solidarische fünftausend Mark überbracht.[10] Auch diesmal bietet die FDJ Hilfe an, die man aber ablehnt.[11] Bernd Rabehl erklärt im Namen des SDS: «Die wirklichen Schuldigen heißen Springer, und die Mörder heißen Neubauer und Schütz.» Nach kurzer Beratung wird beschlossen, dass die Blockade des Springer-Hochhauses die einzig mögliche Antwort auf den Mordanschlag sei. Gegen 23 Uhr ziehen zweitausend Studenten, vielleicht noch mehr, zur Kochstraße.

Ulrike Meinhof zieht mit, kann sich aber nicht entschließen, sich mit ihrem Auto an der Barriere zu beteiligen, die den Lieferwagen die Ausfahrt versperren soll. Sie folgt der Empfehlung Austs, stellt den Wagen auf den Gehsteig, wo er nicht stehen darf, liefert ihn aber nicht dem Barrikadenkampf aus und kommt mit einem Strafzettel wegen Falschparkens davon. Steine geworfen habe sie nicht, wie Aust versichert[12], aber es waren genug andere, die an diesem Abend die Grenze zur Gewalt überschritten. Der Reporter Stefan Aust berichtet: «Etwa 5000 Demonstranten werfen Steine in ohnmächtiger Wut gegen die Fassade des Hochhauses. Eine rote Fahne wird vor dem Verlagshaus gehißt. Vom Dach des Springer-Hauses beobachtet Innensenator Neubauer die Operationen der Polizei, die nun mit Schlagstöcken und Wasserwerfern gegen die Demonstranten vorgeht. Gegen 0.30 Uhr schlagen plötzlich Flammen aus Auslieferungswagen von *Morgenpost* und *B.Z.* Unbemerkt von der Polizei haben sich kleine Gruppen von Demonstranten, keine Studenten, wie man später hört, Lehrlinge und Jungarbeiter, die an diesem Abend zum erstenmal dabei sind, an die gegenüber dem Verlagshaus parkenden Fahrzeuge herangeschlichen und die Auslieferungswagen in Brand gesteckt. Wasserwerfer der Polizei, die kaum 100 Meter vom Brandherd entfernt gegen Demonstranten gerichtet sind, werden nicht zum Löschen eingesetzt.»[13]

Im Haus drängt der Chefredakteur der *Berliner Morgenpost* seine Redakteure, von oben herab Horst Mahler zu identifizieren. Denn bei Springer ist längst beschlossen, wer der Rädelsführer der Demonstranten, wer der Anstifter, der schlechthinnige Böse sein muss. Nur eins ist noch böser als Mahler, noch finsterer als der unbegreifliche Zorn der Studenten. Peter Boenisch, damals *Bild*-Chefredakteur, war bis zuletzt davon überzeugt, «daß der Aufruhr vom Osten gesteuert war»[14].

Dabei war es der Brandbeschleuniger Peter Urbach, der wieder einmal einen wichtigen Beitrag leistete. Er gab den bislang ohnmächtigen Demonstranten vorübergehend ein Gefühl von Macht, während er den Ordnungskräften den Beweis lieferte, dass hier Kriminelle am Werk waren. Tilman Fichter, der vor dem Springer-Hochhaus dabei war und sich heute[15] noch gut an die Szene erinnert, hält in seiner «Kleinen Geschichte des SDS» fest: «Alles in allem verlief die Sache noch relativ friedlich, bis der Agent provocateur des Berliner Landesamtes für Verfassungsschutz, Peter Urbach, in einem geflochtenen Weidenkorb ein Dutzend Molotowcocktails heranschaffte, systematisch Leute ansprach, mit denen er auf den Fuhrpark des Springer-Konzerns zog und dort nach Aufschrauben der Tankverschlüsse einzelne Fahrzeuge umwarf und mit den mitgebrachten Cocktails in Brand setzte. Die ‹Zeitungswagen in Flammen› wurden zum Fanal für die deutsche und französische Studentenbewegung.»[16] Für Bommi Baumann, später «Bewegung 2. Juni», wird Springer ebenfalls zum Initiationserlebnis. «Als ich vor den Flammen gestanden bin, ist mir denn klar geworden, hier kannst du was erreichen.»[17]

Am nächsten Tag, Karfreitag, beginnen in Berlin Straßenschlachten, bei denen Knüppel und Wasserwerfer zum Einsatz kommen. Zwölftausend Menschen nehmen jetzt an den Protesten teil, zehntausend Polizisten kämpfen insgesamt hundert Stunden gegen die Studenten. Ähnliche Auseinandersetzungen folgen in Hamburg, Frankfurt, München, Essen, Hannover, Esslingen.[18] Das Bild der nassgespritzten Berliner Studenten, die sich um ein behelfsmäßiges Kreuz scharen, geht um die ganze Welt.

In München toben die heftigsten Kämpfe. Der Rechtsreferendar Rolf Pohle verliest auf dem Viktualienmarkt eine Erklärung zum Anschlag auf Rudi Dutschke; wie schon am Karfreitag soll auch an diesem Ostermontag die Auslieferung der *Bild*-Zeitung vom nächsten Tag verhindert werden. Bei den Auseinandersetzungen vor dem Springer-Haus in der Schellingstraße sterben der Student Rüdiger Schreck und der Fotograf Klaus Frings.

Spätestens in diesen Ostertagen schlägt die Stimmung um. Der auf den Tod verletzte Dutschke ist plötzlich nicht mehr der Staatsfeind, sondern ein Opfer. Bundeskanzler Kiesinger schickt Dutschkes Frau ein Telegramm. Der Schriftsteller Heinrich Böll rechnet sich «von Natur aus zur außerparlamentarischen Opposition»[19] und unterschreibt mit Theodor W. Adorno, Walter Jens, Eugen Kogon, Golo Mann, Alexander Mitscherlich und anderen eine «Erklärung der Vierzehn» in der *Zeit*. Darin solidarisieren sich die Intellektuellen und Akademiker mit den Studenten, warnen vor Gewalttaten und fordern dazu auf, «endlich in die öffentliche Diskussion über den Springer-Konzern, seine politischen und wirtschaftlichen Voraussetzungen und seine Praktiken der publizistischen Manipulation einzutreten»[20]. Den Schlachtruf «Enteignet Springer!» skandieren nicht mehr nur die Studenten.

Der Ton im linken Umfeld ist aber nicht bloß trotzig, sondern oft genug jubilierend. Endlich hat sich die Fratze des Faschismus und seiner Handlanger in aller Deutlichkeit gezeigt! Peter Rühmkorf, inzwischen Stipendiat in Italien, jubelt: «Sooo! Jetzt kriegt der Kamin endlich Zug»; endlich klappt es mit der internationalen Solidarität: «Das ist auch gar keine Sache mehr von der Bundesrepublik allein mit ihren lokalen Erregungszentren, das ist eine genossenschaftliche Bewegung auf internationaler Ebene, und wenn sich in Berlin was bewegt, dann hat das Folgeerscheinungen in Paris und Rom.»[21] Aber vielleicht sieht er ja keine Erscheinungen, sondern Gespenster, das Gespenst der Revolution zum Beispiel, mit dem Enzensberger im Januar gedroht hatte.[22]

Die Revolution lodert auf in den Zeitungen – und ist doch schon wieder zu Ende. Sechs Wochen später werden trotz vehementer Proteste von Gewerkschaften, Schriftstellern und Künstlern mit den Stimmen von CDU/CSU und SPD die Notstandsgesetze verabschiedet, gegen die Ulrike Meinhof immer opponiert hatte. Im Fall eines Notstands, vor allem im Verteidigungsfall, erlaubten diese Ergänzungen und Änderungen des Grundgesetzes eine Einschränkung der Grundrechte und gaben der Exekutive, die dann auch zu bestimmen hätte, wann der Verteidigungsfall eintritt, übergesetzliche Vollmachten. Die fünfziger Jahre und die damalige Ohnmachtserfahrung wiederholen sich. Die Gesetze treten allerdings mit einem Zusatz zum Grundgesetzartikel 20 (4) in Kraft, der lautet: «Gegen jeden, der es unternimmt, diese Ordnung zu beseitigen, haben alle Deutschen das Recht zum Widerstand, wenn andere Abhilfe nicht möglich ist.»

Das Mai-Heft von *konkret* trägt Dutschke auf dem Titel, bietet mit gelbem Streifen einen «Sonderreport» zum Thema Haschisch, nennt die Bundesrepublik den «Staat der Gewalt» und kündigt einen Beitrag von Enzensberger zu «Ostern '68» an. Der erklärt, eingeklinkt in die Titelreportage von Stefan Aust, «eine neue Phase des Kampfes» für eröffnet: Die «latente Internationalisierung des Konfliktes» trete nun in ein akutes Stadium. Es gebe in Europa «nicht Hunderttausende, sondern viele Millionen von Leuten, die auf unserer Seite stehen». Enzensberger entdeckt eine neue Generation von Leuten, die «gewisse historische Erfahrungen miteinander teilen». Das Stichwort für sie sei «Befreiung». Nach außen gelte dieses Stichwort für den Vietnamkrieg «und nach innen für den Kampf gegen die mörderische Manipulation, für die in Deutschland der Name Springer einsteht». Doch, so steht das da: «mörderische Manipulation».

Am 13. April 1968 erfuhren die Leser von *Bild*, dass endlich eingetreten war, was *Bild* schon immer herbeibefürchtet hatte: «Terror in Berlin!» Der «Terror der Straße» selbstverständlich, der sich gegen die Auslieferung von Springer-Zeitungen richtete. *Bild* konnte melden: «Immer mehr deutet darauf hin, dass Kommunisten die Terroraktionen gesteuert haben.»[23] Davon wusste auch der Bundesnachrichtendienst und lancierte eine Meldung, wonach während der Osterfeiertage 1968, also während in deutschen Städten die Auslieferung der Springer-Zeitungen blockiert wurde, in der sowjetischen Botschaft in Rolandseck eine «Konferenz hoher KGB-Beamter» stattgefunden habe, die «über die Steuerung der rebellischen Jugend» beraten haben soll. Die *Welt* druckte die Meldung ohne Bedenken.[24] Einige Wochen später erfährt die *Welt* vom BND, dass die rebellische Jugend Europas von China finanziert wird. *Stern* und *Spiegel* analysieren die unmittelbar bevorstehende Revolution, die dann aber merkwürdigerweise doch nicht stattfindet.

Das Jahr 1968 verging fast ganz, ohne dass die wichtigsten Protagonisten der späteren RAF groß in Erscheinung getreten wären. Baader und Ensslin saßen im Gefängnis, Ulrike Meinhof versuchte sich in Berlin einzuleben, Mahler musste sich verschiedener Klagen erwehren, Holger Meins nahm Drogen.

In Frankfurt wird ab dem 14. Oktober gegen die Kaufhausbrandstifter verhandelt. Seit sieben Monaten sitzen die vier im Gefängnis, sieben Monate, in denen auf Rudi Dutschke geschossen wurde, die Lieferwagen vor dem Springer-Verlagshaus angezündet worden waren, es in allen größeren Städten zu Demonstrationen kam; in Paris hatten die Barrikaden gebrannt und die Studenten sich vorübergehend als Sieger gefühlt, der «Prager Frühling» war in der Tschechoslowakei erblüht und durch den Einmarsch der sowjetischen Armee beendet worden, die USA hatten einen wachsenden Widerstand des Vietcong zu brechen versucht, und die mexikanische Polizei hatte auf demonstrierende Studenten geschossen. Die Brandstifter schienen das Beste zu verpassen. In einem gestammelten Brief an die Kommune I schreibt Andreas Baader: «Noch eine Bitte, wenn Bonn gefallen ist, lasst uns die Nato übrig und lasst unseren Nachlass nicht verrotten, ein Zitat (ein Kommunezitat) verkneife ich mir, schreibt, damit wir was wissen, Andreas.»

Sie haben keinen Einfluss auf das, was draußen vorgeht. «Ich sehe euch gelegentlich in Zeitungen, leider nur in dem, was sie Kulturteil nennen», schreibt Andreas Baader im Juni 1968 aus der Untersuchungshaft an die «Liebe K I». «Ihr müsst den Sprung in den Anzeigenteil schaffen, Fanta u.s.w.», und dann, typisch Baader: «was da Geld reinkäme».[25] Die Kommune hatte längst die Literatur verlassen, drohte aber statt in der Politik im Kommerz zu landen. Bevor er aus dem Gefecht genommen wurde, erschien die Zeitschrift *Capital* mit Rudi Dutschke auf der Titelseite, in der Hand das Marx'sche «Kapital». Rabehl behauptet, es sei versucht worden, Dutschke mit einem Werbevertrag an Pepsi-Cola zu binden.[26] «Wir fürchteten, vom System verdaut zu werden»[27], erinnert sich Thorwald Proll.

Die Anwälte, darunter Horst Mahler und Otto Schily, bereiten die Verteidigung vor, denn es soll ein Lehrstück werden – gegen Vietnam, gegen den Kapitalismus, gegen die Lauheit jener, die nur zuschauen und nichts unternehmen. «Wir taten es aus Protest gegen die Gleichgültigkeit, mit der die Menschen dem Völkermord in Vietnam zusehen», erklärt Gudrun Ensslin[28], und Thorwald Proll ergänzt, es sei eine «Aufforderung zur Konsumverweigerung»[29] gewesen. Mahler benutzt als Basistext Max

Frischs Theaterstück «Biedermann und die Brandstifter», zitiert aus Hermann Hesses «Steppenwolf». Das Gericht soll eine moralische Anstalt sein, in der nicht über die Angeklagten, sondern gegen eine Gesellschaft verhandelt wird, die nur mit Gleichgültigkeit auf Vietnam und die fortgesetzte Ausbeutung Lateinamerikas reagiert. Otto Schily will Bertrand Russells «Appell an das Gewissen Amerikas» verlesen lassen, eine Voltaire-Flugschrift, von Gudrun Ensslin übersetzt, von Bernward Vesper verlegt. Der Richter lehnt ab. Vesper hat sein eigenes Plädoyer für seine ehemalige Verlobte vorbereitet: «Was sich im Leben von Gudrun E. vollzog, war das gleiche, wenn auch auf einer andren Stufe der Kreativität, wie im Leben von Peter Weiss, dem einzigen Autor, der bei ihr zählte, und zwar, weil es ihm gelungen war, aus den Problemen der frühen Subjektivität herauszukommen und sie und sich gesellschaftlich zu begreifen. (...) Ich erinnere mich genau an die Nacht, in der France en Terre die Nachricht von der Ermordung Che Guevaras ausstrahlte: er *bedeutete* bereits etwas, symbolisierte den Kampf gegen die Grausamkeit und den Hunger, den das System, das auch Vietnam und Auschwitz hervorbrachte, skrupel- und bedenkenlos verewigte.»

Für Vesper und mehr noch für seine ehemalige Verlobte gehören Auschwitz und Vietnam zusammen, dazu kommt die «tiefe moralische Beleidigung», weil die anderen nicht ebenso moralisch denken. Der Anwalt Ernst Heinitz, der Gudrun Ensslin schon in der Studienstiftung des deutschen Volkes betreut hat, nennt die Angeklagte «nicht nur Überzeugungstäterin, sondern Gewissenstäterin»[30]. «Wir in der Studienstiftung», fährt er fort, «sehen nicht ohne Besorgnis, daß die Begabtesten, Sensibelsten und Kritischsten es sind, die sich nicht mit den Verhältnissen abfinden wollen und die auf Abwege kommen.»[31]

Die Angeklagten konterkarieren den Einsatz der Anwälte durch «Provokationstheater»[32]: Sie lachen, rauchen Zigarren, werfen mit Papier und tollen noch bei der Urteilsverkündung durch den Gerichtssaal. Baader und Ensslin lassen sich fotografieren mit einer

Ausgabe von «Justine oder das Mißgeschick der Tugend» des Marquis de Sade. Sie haben das Publikum draußen auf ihrer Seite, sie sind Volkshelden. Der Schwabinger Regisseur Klaus Lemke dreht noch im Tatjahr einen Fernsehfilm mit dem Titel «Brandstifter» und zeigt ein Liebespaar, das Gudrun Ensslin und Andreas Baader gleicht. Margarethe von Trotta und Iris Berben spielen die weiblichen Hauptrollen. «Worauf es jetzt ankommt», heißt es reichlich platt im Dialog, «ist, die autoritären Strukturen an der Universität bloßzulegen. Und zwar so, daß jeder einzelne Student sie ganz unmittelbar empfindet. Und nicht bloß durch Flugblätter informiert wird!» Und dann wird gezündet.

Der Prozess ist nicht allein großes Theater für die Angeklagten, sondern auch für eine neue Generation von Anwälten. Otto Schily argumentiert politisch und sagt das Nächstliegende: «In der kapitalistischen Wirtschaftsordnung gehört die Vernichtung von Gütern aller Art aus Gründen des Profits zur Tagesordnung.»[33] Horst Mahler appelliert an das moralische Gewissen der Richter: «Das Zuchthaus ist nicht der richtige Aufenthalt für diese Angeklagten. Wenn sie trotzdem ins Zuchthaus geschickt werden, so könnte man die Schlußfolgerung ziehen, daß in dieser Gesellschaft das Zuchthaus der einzige Aufenthaltsort für einen anständigen Menschen ist»; Mahler fordert gar die Richter dazu auf, dass sie «Ihre Roben ausziehen und sich an die Spitze der Protestbewegung setzen»[34], woraufhin ihm Gudrun Ensslin prophezeit, er sei es, der bald «die Robe ausziehen und mit der Maschinenpistole in der Hand argumentieren würde»[35].

Der Anschlag fand in einem menschenleeren Kaufhaus statt, doch sei nicht auszuschließen gewesen, dass sich Menschen in dem Gebäude hätten aufhalten können.[36] Deshalb verurteilt der Richter am 31. Oktober alle vier wegen versuchter menschengefährdender Brandstiftung zu je drei Jahren Zuchthaus, um sie «von weiteren Straftaten abzuschrecken und die Öffentlichkeit vor den Angeklagten zu sichern»[37]. Es bestehe kein Zusammenhang mit den politischen Studentenprozessen[38]; ganz gewöhnliche Straftäter gelte es abzuurteilen.

Das Urteil ist dennoch vergleichsweise milde ausgefallen, es überraschte in seinem Ernst aber die Angeklagten und nicht weniger die noch immer heftig engagierte Öffentlichkeit. Im Fernsehen spricht Gudrun Ensslins Vater von der «ganz heiligen Selbstverwirklichung», mit der seine Tochter ans Werk gegangen sei, einem «heiligen Menschentum».[39] Rudolf Walter Leonhardt, der Feuilletonchef der *Zeit*, schrieb den denkwürdigen Satz: «Ich glaube, daß ein Strafgesetz, welches das Eigentum so viel stärker schützt als die Person, dringend revisionsbedürftig ist.»[40] Die Anstifter von der Kommune I kommentierten den Fall exklusiv für den *Spiegel*: «Zum gegenwärtigen Zeitpunkt existieren unserer Situation besser entsprechende Objekte politischer Brandstiftung.»[41] Uwe Nettelbeck beendet seinen Prozeßbericht in der *Zeit* mit einer Aufforderung zu weiteren, vielleicht sogar konstruktiven Ordnungswidrigkeiten: «Es gibt Gesetze, deren Übertretung weniger gefährlich und doch politisch wirksamer ist.»[42] Der in Frankreich wie in Deutschland populäre Studentenführer Daniel Cohn-Bendit will dem Gericht das Recht zu einem Urteil absprechen: «Sie gehören zu uns!» Und noch jemand solidarisiert sich mit den Angeklagten: «Heute», erklärt der Verteidiger Otto Schily am Tag der Urteilsverkündung, «heute habe ich die Brücken zur bürgerlichen Gesellschaft hinter mir abgebrochen.»[43]

Die Gewaltfrage wird beantwortet

«Wenn in unserer Zeit etwas helfen soll,
so ist es Gewalt.»
Georg Büchner (1833)

Vier Tage nach dem Frankfurter Urteil steht in Berlin einer der Anwälte vor Gericht. Horst Mahler muss sich selber in einem Ehrengerichtsverfahren verteidigen, denn ihm wird die Rädelsführerschaft in der Springer-Blockade vom vergangenen April als Standeswidrigkeit angelastet. Tausend, vielleicht zweitausend Demonstranten drängen sich vor dem Landgericht am Tegeler Weg und rennen, «zum Teil behelmt»[1], gegen die Polizei an. Rote Fahnen wehen, und die Sprechchöre fordern kategorisch: «Hände weg von Mahler!» Der Anwalt hat seit 1966 in politischen Verfahren Studenten verteidigt, anfangs sogar kostenlos, und ist damit für die einen ein linker Star geworden und für die anderen eine dunkle Hassfigur. Auf Wunsch des Verlegers Axel Springer soll er persönlich für den bei der Demonstration nach dem Anschlag auf Rudi Dutschke entstandenen Sachschaden (mehr als eine halbe Million Mark) haften.

Die Polizisten, zum letzten Mal im preußischen Tschako angetreten, sind in der Minderzahl, die Studenten wehrhaft wie noch nie. Zum ersten Mal werden sie von sogenannten Rockern unterstützt, Angehörigen des lang vermissten Proletariats, die sich die Gelegenheit nicht entgehen lassen, gegen die Polizei loszuschlagen. Ein zufällig (aber was ist zufällig[2], wenn die Revolution vom Berliner Innensenator finanziert wird?) vorbeifahrender Lastwagen mit Ziegelsteinen wird vergesellschaftet, und die Steine fliegen gegen die Polizisten. Sogar ein Wasserwerfer kann umgedreht werden.

Zwei Stunden währt dieser Triumph, und die Teilnehmer werden noch ihren Enkeln von der Schlacht am Tegeler Weg erzählen können und von den angeblich 2371 Steinen[3], die danach herumlagen: «Mein Initiationserlebnis war 1968 die ‹Schlacht am Tegeler Weg›, als wir uns zum ersten Mal gegen die Polizei gewehrt haben. Damit stellte sich zum ersten Mal die Gewaltfrage»[4], berichtet die Publizistin Barbara Sichtermann. Hannah Weitemeier, die ein halbes Jahr später ihren Busen vor Theodor W. Adorno entblößen sollte, hebt ebenfalls einen Stein auf, lässt ihn aber gleich wieder sinken: «Ich habe diesen Stein angeguckt und wusste: Ich kann das nicht.»[5] Der Schriftsteller Friedrich Christian Delius sagt heute, dass ihn die Gewalttätigkeit abgestoßen habe: «Ich kann mich erinnern, wie da einige ganz begeistert waren: O, wir sind stärker als die Bullen! Jetzt wird das alles ganz schnell gehen. Mir war sehr unwohl dabei. Ich habe mir gedacht: Das ist jetzt ein Schritt, der ist nicht meiner. Und es gab viele Leute, die so gedacht haben.»[6] Barbara Sichtermann widerspricht: «Vielleicht gab es ja welche, aber ich habe 1968 keinen einzigen Pazifisten getroffen.»[7] Das ist das Ergebnis der wenigen Monate, in denen die K I mit ihren spektakulären Provokationen begann und der Staat unberaten hart zuschlug. In Berlin entsteht eine neue Identität durch Gewalt. 130 Polizisten und nur 22 Demonstranten werden verletzt. Gewalt, das hat dieses Scharmützel bewiesen, kann erfolgreich sein.

Horst Mahler wird von dem Vorwurf freigesprochen, er habe seine Berufspflichten verletzt. Sein Ruhm aber beschränkt sich nicht mehr bloß auf den Gerichtssaal und die Zeitungen, die über ihn berichten, sondern er gilt auch auf der Straße als Held.

Am gleichen 4. November, an dem die Schlacht am Tegeler Weg ausgefochten wird, erscheint in der Zeitschrift *konkret* eine Kolumne von Ulrike Meinhof mit dem Titel «Warenhausbrandstiftung». Der Text beginnt mit einer abstrakten Einschränkung («Gegen Brandstiftung im allgemeinen spricht, daß dabei Menschen gefährdet sein könnten, die nicht gefährdet werden sollen») und läuft dann auf einen Satz zu, der direkt Bretons surrealistischen Manifesten entlehnt scheint, sich aber konkret auf die Frankfurter Aktion bezieht: «Das progressive Moment einer Warenhausbrandstiftung liegt nicht in der Vernichtung der Waren, es liegt in der Kriminalität der Tat, im Gesetzesbruch.»[8]

Den scheut Ulrike Meinhof weiterhin. Sie war im Oktober zum Prozess in Frankfurt, hatte lange mit Gudrun Ensslin gesprochen und eine (jüngere) Frau kennengelernt, die zum Kampf entschlossen war. Gudrun Ensslin hatte ihren Sohn verlassen, kein Interesse an einer traditionellen Ehe und die akademische oder Lehrerlaufbahn bewusst abgebrochen; bei dem Unrecht in der Welt glaubte sie, keine andere Wahl zu haben. Dass sie damit kriminell wurde, war kein Versehen, sondern aus ihrer Sicht notwendig, um auch andere auf ihren Einsatz für die gerechte Sache aufmerksam zu machen.

Ulrike Meinhof fehlt es nicht an Einsicht in die Verhältnisse; sie weiß, «daß man den latenten Faschismus der Gesellschaft provozieren, ans Licht bringen, zur Entlarvung seiner selbst zwingen»[9] müsse. Ihre persönliche Situation macht es ihr zunehmend schwer und gleichzeitig leichter. Vor ihrem Umzug nach Berlin formulierte sie das Unwohlsein, das sie in der bislang gern besuchten Hamburger Gesellschaft befallen hat: «Die Rolle, die mir dort Eintritt verschaffte, entspricht meinem Wesen und meinen Bedürfnissen nur sehr partiell, weil sie meine Gesinnung als Kasperle-Gesinnung vereinnahmt, mich zwingend, Dinge lächelnd zu sagen, die mir, uns allen, bluternst sind; also grinsend, also maskenhaft.»[10]

Der blutige Ernst besteht für sie zunächst darin, dass sie in Berlin die Wärme der Hamburger Gesellschaft vermisst. Sie lebt in einer Wohngemeinschaft, zu der auch Jan-Carl Raspe gehört. Man will eine größere Wohnung mieten, doch sind die anderen nicht bereit, die alleinerziehende Mutter zu entlasten. Sie zieht mit den Kindern in die Kufsteiner Straße 12 und versucht, wie sie in einem Fernsehbeitrag mit erschöpfter Stimme vorträgt, die politische mit der Familienarbeit zu verbinden.

Ihr geschiedener Mann bietet ihr an, wieder die Chefredaktion von *konkret* zu übernehmen, doch dafür ist die Kränkung zu groß. Ulrike Meinhof setzt stattdessen Berliner Seiten durch, die der außerparlamentarischen Opposition ein Forum bieten, wesentlicher Teil von *konkret* werden, aber außerhalb von Röhls Regime entstehen. Enzensberger, Nirumand, Peter Schneider und zunächst auch Rudi Dutschke arbeiten daran mit. Im Juni 1968 kommentiert Schneider dort mit großer Sympathie die Rassenunruhen in den USA, bei denen die Black Panthers sich gegen die «*pigs*» genannten Polizisten zur Wehr setzen: «Ein junger Heckenschütze aus Detroit sagte einem Reporter, wie es ihm ging, als er sich von seinem Dach aus mit dem Gewehr gegen die anrückende Polizei verteidigte: ‹Es war unbeschreiblich schön, Baby, du kannst dir gar nicht vorstellen, wie schön es war.›» Der Anschluss an Frantz Fanons antikoloniale Propaganda ist geschafft: «Er [der Heckenschütze] stellte durch seinen Kampf einen Teil seiner verwüsteten Identität wieder her.»[11] Die Gewaltdiskussion in und außerhalb der APO wird vor allem auf diesen Seiten geführt.

Andere bleiben nicht in der Theorie hängen, sondern handeln. Mit dem Ruf «Nazi! Nazi! Nazi!» stürzt sich Beate Klarsfeld am 7. November 1968 auf dem Berliner Parteitag der CDU auf Bundeskanzler Kurt Georg Kiesinger (Parteigenosse von 1933 bis 1945) und verabreicht ihm eine Ohrfeige.[12] Heinrich Böll bedankte sich mit einem Strauß fünfzig roter Rosen. «Ich habe nicht studiert», sagt sie vor Gericht, «ich bin eine einfache Bürgerin. Aber eines Tages habe ich gefühlt, dass ich dies für Deutschland und um die Ehre Deutschlands zu retten tun musste.»[13]

Schriftlich hatte sich die Journalistin Ulrike Meinhof mindestens ebenso sehr um die Ehre Deutschlands gesorgt wie Beate Klarsfeld, und doch war sie auch 1968 noch nicht so weit wie das ehemalige Au-pair-Mädchen. Das Nachdenken über Gewalt hielt sie vorläufig noch von jeder eigenen Tätlichkeit ab.

Das Medienexperiment mit den Berliner Autonomen scheitert rasch. Röhl fühlt sich durch seine Ex-Frau enteignet und holt sich die Zuständigkeit für *konkret* zurück, indem er die bisher autonomen Seiten kurzerhand einstellt. Mit einem Artikel am 26. April 1969 in der *Frankfurter Rundschau* macht Ulrike Meinhof den nächsten Schritt im Röhl'schen Ehe- und Medienkrieg: «Ich stelle meine Mitarbeit jetzt ein, weil das Blatt im Begriff ist, ein Instrument der Konterrevolution zu werden, was ich durch meine Mitarbeit nicht verschleiern will.» Inzwischen hat *konkret* eine Auflage von 225 000 erreicht.[14] Das liegt an der Politisierung, das liegt aber auch an den Autoren, den prominenten Wortführern der APO, die sämtlich in *konkret* auftreten, das liegt vor allem an der Kolumnistin Ulrike Meinhof, aber auch an den Reports und milden Sex-Geschichten, in denen die Leser, die «Landlehrer, die keinen organisatorischen Zusammenhang mit der sozialistischen Linken haben»[15], ein bisschen klassische Aufklärung geliefert bekommen. «Ich gebe den Kampf um die Zeitung auf», tönt Ulrike Meinhof so großmächtig wie desperat. «Mit einer Auflage, der wir dann nichts entgegenzusetzen haben werden als unsere Verzweiflung und unser Entsetzen über den Gebrauch des Instrumentes, das wir aufgebaut haben.»[16] Entsetzen und Verzweiflung, das sind Begriffe und vor allem Gefühle, die zum Terrorismus schon gehören, ehe er recht begonnen hat.

Bluternst, wie sie ihren Lebensplan inzwischen verfolgt, stürzt sich Ulrike Meinhof in ihr erstes Kommandounternehmen. Noch lässt sich der revolutionäre Masochismus als Aktion gegen einen echten Feind tarnen. Sie stellt, nachdem sie im «Republikanischen Club» über *konkret* hat diskutieren lassen, ein Rollkommando zusammen, das Gudrun Ensslins verlassener Freund Bernward Vesper anführt. Mit dabei sind Astrid Proll, Peter Homann und Manfred Blösser, ein Jugendfreund Dieter Kunzelmanns. Der Ausflug ist als Züchtigung des kapitalistischen Unternehmers Röhl gedacht, der die Berliner Dependance aufgelöst hat und weitere Versuche der Vergesellschaftung seiner Zeitung unterbunden haben will. Wenn nicht Springer, so soll wenigstens dieses Organ der Außerparlamentarischen Opposition durch einen quasi-proletarischen Putsch enteignet werden.

Als das Kommando in Hamburg eintrifft, stellt sich heraus, dass die Redaktion rechtzeitig geräumt worden ist. So geht es weiter zu Röhls Wohnung. Ulrike Meinhof öffnet die Tür des Hauses, das ihr noch immer zu einem Drittel gehört, und überwacht die Aktion: «Mit dem Gleichmut kleinasiatischer Viehhirten rupften die Gäste Telephonkabel aus der Wand, kippten antikes Mobiliar, hoben Spiegel aus dem Rahmen, prüften Röhls Freizeitlektüre (Ernst Bloch: ‹Das Prinzip Hoffnung›) und zertraten ohne Hast alte französische Stiche. Röhl: ‹Noch nie ist so intimer, individueller Terror angewendet worden›», wie die Konkurrenz vom *Spiegel* anschaulich zu schildern weiß.[17] Es war ein billiger Triumph, für Ulrike Meinhof aber die Voraussetzung für den Absprung. Erst jetzt, mit dieser symbolischen Aktion, hatte sie mit ihrer Vergangenheit gebrochen und den Schritt vom Wort zur Tat gewagt. Das zerstörte Haus war nicht mehr das ihre. «Sie ging darin herum wie in einer Ruine ...»[18], berichtet Vesper Gudrun Ensslin ins Gefängnis.

Jugendarbeit

Maria: «Aber was hast du gemacht?»
Florès: «Revolution.»
Dialog in dem Film «Viva Maria!» (1966)

Pfarrer Helmut Ensslin aus Stuttgart-Bad Cannstatt schreibt 1969 einen Brief an den Bundespräsidenten Gustav Heinemann. Sie kennen sich seit den Fünfzigern aus der gemeinsamen Arbeit in der Gesamtdeutschen Volkspartei; Heinemann war als Kirchenfunktionär wie als Politiker mehrfach zu Gast bei den Ensslins. Der Vater bittet um juristisches Verständnis für seine Tochter. «Die Frage nach ihrer Zukunft und nach ihrer Wirkung auf viele junge Leute der Bundesrepublik hängt nicht unwesentlich davon ab, ob und wie und wie nicht die Rechtsprechung selbst zu einer berechtigten Radikalisierung beiträgt ...»[1] Heinemann, der 1957 der SPD beigetreten, 1966 zum Justizminister ernannt worden ist und im März 1969 zum Nachfolger des Bundespräsidenten Lübke gewählt wird, beantwortet den Brief nicht. Am 13. Juni 1969 kommen die Brandstifter dennoch frei. Die Anwälte haben eine Revisionsverhandlung erwirkt; womöglich ist dem Rechtsfrieden dann mit den vierzehn Monaten Genüge getan, und den Verurteilten kann die Reststrafe erlassen werden. Aus lauter Freude über die wiedergewonnene Freiheit setzen sie sich einen Schuss und bekommen Gelbsucht.[2]

Sie waren fort gewesen, als die Protestbewegung ihren Höhepunkt erreichte, und sie ahnten kaum, wie wenig vom Enthusiasmus des vergangenen Sommers geblieben war. Die Revolutionäre ließen sich treiben, es war der «Summer of 69»[3], es waren die Monate, als die ersten Menschen auf dem Mond landeten und in Woodstock eine halbe Million Hippies sich voller Liebe und Frieden in den Armen lagen, allerdings auch der Sommer, in dem der kalifornische Sektenführer Charles Manson seine *«family»* zum Morden losschickte. Manson war vielleicht nur ein wildgewordener Hippie, ein Psychopath, aber es gelang ihm, etliche bis dahin harmlose Blumenkinder um sich zu scharen und sie im Hass auf die Welt der Normalen zu erziehen und ihnen einzureden, sie müssten die *«pigs»* abschlachten.[4] «Pigs» sind auf Deutsch die Schweine, auf die man fünf Monate später Ulrike Meinhof zufolge schießen darf.

Heinemann verstand seine Wahl als ein «Stück Machtwechsel», und immerhin war in seiner Person die Rehabilitierung der Anti-Atombewegung der fünfziger Jahre gelungen. Inzwischen herrschte Wahlkampf; die vom bisherigen Außenminister Willy Brandt geführte SPD strebte eine kleine Koalition mit der FDP an. Den Studenten, die den von Dutschke empfohlenen «langen Marsch durch die Institutionen» antreten wollten, versprach sie die Amnestierung von Straftätern, die wegen Demonstrationsvergehen zu weniger als einem Jahr Haft verurteilt worden waren. Es gab die Befürchtung, die allein nicht regierungsfähige CDU/CSU könnte sich mit der rechten NPD zusammentun. Diese war erst 1964 von alten NSDAP-Mitgliedern und Neurechten gegründet worden und hatte es bis 1968 in sieben Landtage geschafft. Im Bundestagswahlkampf forderte auch die NPD zum Widerstand gegen die Verhältnisse auf, aber ihre Wahlplakate zeigten, wen es zu bekämpfen galt: Langhaarige, Steineschmeißer, Rauschgiftsüchtige.

In Frankfurt finden Baader, Ensslin und Proll Unterschlupf in einer Wohnung, die sie mit Dieter Kunzelmann und dessen Freundin Ina Siepmann teilen. Aus Berlin kommt Astrid Proll dazu. Der Frankfurter SDS hat mit einer «Heimkampagne» begonnen, der sich die Haftverschonten begeistert anschließen. Schon der französische Situationist Guy Debord hatte in den fünfziger Jahren Anstaltszöglinge um sich geschart. Auch Herbert Marcuse empfahl ja die

Randgruppenstrategie, die Arbeit mit «kleinen und ohnmächtigen Gruppen, die gegen das falsche Bewußtsein kämpfen»[5].

Die freischaffenden Sozialarbeiter, die als ordentliche Revolutionäre ihre eigenen Kinder verlassen haben, entdecken in den Lehrlingen und Heimkindern ihre Randgruppe, der man die Stimme leihen könnte. Vielleicht wäre mit diesen Außenseitern ein Aufstand möglich, den die von den inzwischen mannigfach entstehenden kommunistischen Kleinparteien begönnerten Arbeiter niemals zustande brächten.

Die Verhältnisse in diesen Verwahranstalten waren auch 1969 noch katastrophal. Die bunte Pop-Welt hatte die vernachlässigten Heimkinder nicht erreicht. Hier galten die bewährten Frisur- und Bekleidungsvorschriften; es herrschte noch der Drill des «Dritten Reiches». Gemeinsam mit den Frankfurter SDS-Funktionären fahren die «Brandstifter» am 29. Juni 1969 in das Heim Staffelberg und bewegen dreißig Jugendliche zur Flucht. Der Gruppe um Baader gelingt es durch ihre Radikalität, die Führung der Heimkampagne zu übernehmen: «Starten wir den Großangriff auf die Heime – machen wir die Heime leer und befreien wir das Heer der Hunderttausende von Heimgenossen.»[6] Im frühen Herbst wird das Frankfurter Jugendamt Wohngemeinschaften für die entlaufenen Fürsorgezöglinge genehmigen. Klaus Mollenhauer, Direktor des Pädagogischen Seminars an der Universität Frankfurt, erlaubt und fördert das zivile Zusammenwohnen in Gruppen von nicht mehr als acht Jugendlichen.

Die Sache entbehrt nicht der Groteskerie: Während die Akademiker das kleine Rote Buch des Vorsitzenden Mao konsultieren, um die Lehrlinge zu agitieren, geht es denen um ganz handfeste Dinge wie eine ordentliche Bezahlung und die Möglichkeit, am Wochenende ausschlafen oder sich die Haare so lang wachsen lassen zu dürfen wie ihre Altersgenossen. Im Lauf des Juli fliehen immer mehr aus Staffelberg und anderen hessischen Heimen.

Baader und Ensslin sind durch die Brandstiftung und den aufsehenerregenden Prozeß berühmt geworden und haben mit dem

März-Verlag einen Vertrag über ein Gefängnisbuch abgeschlossen. Bald jedoch ändert sich das Thema des Buches; die Heimkampagne drängt sich in den Vordergrund. Die Jugendlichen werden zunächst bei Freunden untergebracht, beim Zeichner Alfred von Meysenbug und beim März-Verleger Jörg Schröder. Günter Amendt, SDS-«Rädelsführer» während der Notstandsdemonstrationen in Frankfurt, nimmt drei Lehrlinge bei sich auf. Er spürt die terroristische Gewalt, die sich bald nach außen richten wird, zuerst als Druck nach innen. Für ihn ist die RAF, die er in der Frankfurter WG embryonal erlebt, nichts weiter als eine «Psychosekte».[7] Sie bietet Kindern, die nie auf Eltern bauen konnten, eine frei gewählte Familie, in der der überlieferte Kindergehorsam entfällt. Die Jugendlichen himmeln Baader an, der mit ihnen nächtliche Autojagden unternimmt und es sogar lustig findet, wenn die Fürsorgezöglinge am Bahnhof wieder ihrem vertrauten Gewerbe als Stricher nachgehen. Wie die Roten Garden der chinesischen Kulturrevolution ziehen Baader und Ensslin mit ihrer jugendlichen Eskorte 1969 über die politisch ohnehin sehr aufgeregte Buchmesse.[8]

Einer der «Befreiten» ist der Fürsorgezögling Peter-Jürgen Boock. Angeblich hatte der Achtzehnjährige bereits drei Selbstmordversuche hinter sich, als er ins «Beiserhaus» in Rengshausen bei Kassel kam. Dort erlebte er die Kaufhausbrandstifter. Mit fünfzig anderen bricht er aus. Der unternehmungslustige Baader wird sein Vorbild, der Vater, den er gern gehabt hätte. Nach einer Geschichte, die Stefan Aust berichtet (und Astrid Proll bestreitet), kommt es auch hier zu einer Urszene: In der Wohnung, in der sich Baader und Ensslin inzwischen eingerichtet haben, trifft Boock Gudrun Ensslin in der Badewanne an. «Setz dich rein», soll sie gesagt haben. «Keine Wasserverschwendung. Können wir uns unterhalten.»[9] Vater-Mutter-Kind: eine neue, eine echte Familie. Als die neuen Freunde abhauen, versinkt Boock im Drogenrausch. Einmal bietet er sich der Polizei sogar als V-Mann für die Drogenszene an. Aber seine Freunde, die ihn aus dem Heim-Elend befreit haben, wird er nie vergessen.

Auch anderswo feiert sich die göttliche Linke in diesem Sommer, und es ist wie ein Abschiedsfest, weil sie längst zerfallen ist und sich bald in alle Winde und politischen Richtungen zerstreuen wird. Kunzelmann reist mit Ina Siepmann von Frankfurt weiter zum «Knastcamp» ins fränkische Ebrach, wo sie Fritz Teufel, Brigitte Mohnhaupt und Irmgard Möller treffen. Baader und Ensslin sind auch da, außerdem Rolf Heißler, Thomas Weisbecker, Georg von Rauch und Bernward Vesper.

Der Berliner «Zentralrat der umherschweifenden Haschrebellen» hat zusammen mit der Münchner Kommune Wacker-Einstein, der inzwischen Fritz Teufel und Ulrich Enzensberger angehören, zu einer «Knastwoche» aufgerufen, zu der «kinder, (...) trips, wasserfeste kleidung für waldspaziergänge, (...) granatwerfer, (...) häftlingskleidung (blaue arbeitshose und jacke), bereitschaftspolizeiuniform, saugpostpapier, richterroben», auch Bälle und «einheitliche trikots» mitzubringen seien, denn «es geht um den dieterkunzelmannpokal».[10]

In der Jugendhaftanstalt Ebrach sitzt der Student Reinhard Wetter, der wegen verschiedener Demonstrationsvergehen und weil er unberechtigt eine Polizistenuniform getragen hat, zu einer unbedingten Strafe von acht Monaten verurteilt worden ist. Das Ebracher Solidaritäts-Happening hat den erwünschten Effekt; der Bürger entsetzt sich vor dem Treiben der Boheme. In den Tagen vom 15. bis zum 21. Juli 1969 werden alle Bilder, die vier Wochen später durch Woodstock so populär wurden, im kleinen Stil vorweggenommen: Der Bürgermeister verweigert den Veranstaltern die Wiese, ein Bauer gibt seine, eine Schaustellertruppe aus Italien namens «Uccelli» (Die Vögel) versieht einen gespendeten Hammel mit der Aufschrift «Hund». Die Polizei verhaftet Dieter Kunzelmann und etliche weitere Unruhestifter. Anschließend kommt es zum Sturm aufs Bamberger Rathaus; die Demonstranten werfen die Akten aus dem Fenster.

Es ist ein Schauspiel wie aus dem situationistischen Lehrbuch, und die alten Mächte reagieren, wie man es von ihnen erwarten darf. Als guter Staatsbürger schickt der CSU-Vorsitzende und Bundesfinanzminister Franz Josef Strauß ein Telegramm an den bayrischen Ministerpräsidenten Alfons Goppel: «Lenke Ihre Aufmerksamkeit auf die Vorgänge im Bamberger Raum, wo die APO sich außerhalb der natürlichen Gepflogenheiten des primitivsten menschlichen Anstandes stellt. Die Außergesetzlichen haben in gröbster Weise die öffentliche Ruhe und Ordnung gestört, das Landratsamt in Bamberg besetzt, die Akten durch das Fenster auf die Straße geworfen und sich bei ihrer Festnahme in übelster Form aufgeführt. Diese Personen nützen alle Lücken der Paragraphen eines Rechtsstaates aus, benehmen sich wie Tiere, auf die die Anwendung der für Menschen gemachten Gesetze nicht möglich ist, weil diese Gesetze auch bei Rechtsbrechern noch mit Reaktionen rechnen, die der menschlichen Kreatur eigentümlich sind.»[11] Der Wahlkämpfer Strauß reagiert, wie man ihn kennt (im Wahlkampf 1980, als er gegen Helmut Schmidt antritt, wird er die Schriftsteller, die ihn angreifen, als «Ratten und Schmeißfliegen» bezeichnen), und grenzt sich und seinesgleichen mit einem rhetorischen Trick von den situationistischen Aktivisten ab. Die Angehörigen der Außerparlamentarischen Opposition, die in den knapp drei Jahren der Großen Koalition die beinah unumschränkte Macht der Regierungsparteien im Bundestag von außen bekämpft hat, denunziert er gleich als die «Außergesetzlichen» und macht sie damit zu Subjekten, die einer gesetzeskonformen Behandlung schon nicht mehr würdig seien. Als das Präsidium des Deutschen Richterbundes sich bei dieser Wortwahl an «Nazizeiten» erinnert fühlt, verändert Strauß den Vergleich von «Tieren» zu «Geisteskranken»; Sebastian Haffner kommentierte die Wortwahl mit dem Satz: «Seit Auschwitz weiß man, worauf es abzielt, wenn ‹Menschentieren› der Schutz der für Menschen gemachten Gesetze entzogen wird.»[12]

Zur allseitigen Überraschung hatten sich in Bamberg ideale Gegner gefunden. Die Kampagne der Berliner Spaßguerilla gegen das absurd strenge Urteil gegen den Demonstranten Reinhard

Wetter nahm genau die exaltierte Form an, die beiden Seiten Aufsehen brachte: Strauß konnte sich stellvertretend für seine Wähler über die «Tiere» empören, die nicht einmal vor Akten den nötigen Respekt zeigten, und die Spitzenkräfte der damaligen Provokationselite durften sich ein weiteres Mal als verfolgte Minderheit fühlen. Wenn dann noch Zuspruch eines Mannes dazukam, der wie Haffner tatsächlich verfolgt worden war, hatten die «Außergesetzlichen» die Schlacht propagandistisch auf jeden Fall gewonnen.

Morgenlandfahrer

«Das ‹Ich bin gekommen, daß ich ein Feuer entzünde›
ist ein Wort zum Sonntag, an dem gleichen Tag, an dem
doch die Herren unserer Zeit und unserer Welt von den
Kreuzigungen bis Auschwitz, und von den Autodafés bis
Vietnam durchaus nicht ruhn. Es muß ihnen zur Ruhe
verholfen werden.»
Ernst Bloch (1967)

In diesem Sommer beginnt die Kampfgemeinschaft der gewaltbereiten deutschen Linken mit militanten Palästinensern, die eben anfangen, einen Guerillakrieg gegen Israel zu führen. Die arabischen Staaten hatten 1967 im Sechstagekrieg verloren, aber die Fatah konnte sich im Jahr danach auszeichnen, weil sie der israelischen Armee erbitterten Widerstand leistete. Die beiden christlichen Araber Wadi Haddad und George Habbasch versammelten die radikalsten Kämpfer um sich und genossen deshalb das höchste Ansehen. Obwohl sie Schutzgelder von verschiedenen arabischen Staaten erhielten, mussten sie dennoch immer fürchten, dass ihr Anliegen in Vergessenheit geraten würde.

Von Ebrach aus ist Dieter Kunzelmann in den Süden aufgebrochen. Die K I in Berlin hat ihn ausgeschlossen. Er schart wieder einmal eine neue Gruppe um sich, die sich aber nicht mehr als «zärtliche Kohorte» versteht. Zusammen mit Georg von Rauch, Ina Siepmann, Albert Fichter und Lena Conradt fährt er zunächst im Ford Transit nach Italien. Ursprünglich wollte auch der Filmregisseur Wim Wenders mit, der in München im selben Haus wie die Wacker-Einstein-Kommune lebte; er wurde aber durch einen schlimmen LSD-Trip zurückgehalten. Nach einigem Hin und Her reist man weiter in die Türkei und dann nach Jordanien. Afghanistan mit seinen Opiumfeldern lockt. Aber am Ende bleiben sie doch in Amman hängen, wo sich das Hauptquartier der Palästinensischen Befreiungsbewegung (PLO) befindet.

Bereits Mitte Juli 1969 war eine SDS-Delegation aus Frankfurt einer Einladung der Palästinenser gefolgt, um sich in einer Art Pfadfinderlager über das Leid der Palästinenser aufklären zu lassen. Fotografen, Reporter und sogar die meisten Genossen durften nichts davon erfahren, weil man fürchtete, von der Springer-Presse als antiisraelisch dargestellt zu werden. Mancher Teilnehmer ahnte, dass der Besuch von den Palästinensern propagandistisch ausgeschlachtet werden sollte. Sie gaben der deutschen Reisegruppe einen Abriss der Geschichte des palästinensischen Volkes und die Gelegenheit, auch einmal ein Gewehr in die Hand zu nehmen und auf Konservendosen zu schießen. Der Soziologe Detlev Claussen, Adorno-Schüler wie Amendt und Krahl, beobachtete, wie die verschiedenen palästinensischen Gruppen miteinander konkurrierten und wie anfällig sie für den «Gewaltfetischismus» waren. «Diese Militanzkonkurrenz setzte auch 1970 in Deutschland ein.»[1] Die SDS-Kundschafter kehrten ernüchtert zurück.

Der Enthusiasmus der Berliner ist nicht so leicht zu bremsen. In der Nähe von Amman lassen sich Kunzelmann und die Seinen von einer Eliteeinheit der Fatah an der Kalaschnikow ausbilden. Zu diesem Bildungsprogramm gehört auch ein Besuch in einem palästinensischen Flüchtlingslager. Kunzelmann behauptet, er habe in einem PLO-Krankenhaus «Napalm-Opfer von israelischen Luftangriffen»[2] gesehen und man habe ihn ohnmächtig ins Freie tragen müssen.

Der Aufenthalt in Jordanien hat Folgen für Deutschland. Bei der Rückfahrt am Mittelmeer entlang entsteht die Idee, «bei unserer Ankunft in Berlin nach dem Vorbild südamerikanischer Großstädte eine Stadtguerilla-Gruppe aufzubauen: die Tupamaros Westberlin».[3] Sie nannten sich nach der in Uruguay aktiven Befreiungsbewegung, den Tupamaros, die sich in ihrem Namen wiederum auf den letzten Inka-König Tupác Amaru beriefen, der den spanischen Kolonisatoren so heldenhaft widerstanden hatte und deshalb im Jahre 1572 hingerichtet wurde. So weit hergeholt kann die Revolution manchmal sein.

In Berlin gab es bereits viele unorganisierte, untereinander oszillierende Banden in wechselnder Zusammensetzung, mehr vom antiautoritären Mutwillen beseelt als vom Willen zur politischen Veränderung. Für die Polizei war dieses Milieu kaum fassbar, da es keine Protagonisten wie Mahler oder Dutschke kannte und sich in einem wachsenden Sympathisanten- und Unterstützerfeld verlor. Statt bei Kundgebungen oder Demonstrationen aufzutreten, zogen sie Einzelaktionen vor, Störungen der öffentlichen Ordnung, Denkmalschändungen, Sabotageakte, Brandanschläge. Die Gewaltfrage, im studentischen Milieu noch kaum ausdiskutiert, wurde auf der Straße Woche für Woche beantwortet. Im Laufe des Jahres 1969 verzeichnete der Polizeibericht achtzehn solcher Vergehen.

Die Leute des «Berliner Blues» oder des «Zentralrats der umherschweifenden Haschrebellen» sind weit von der kaderistischen Strenge der gleichzeitig aus dem Boden schießenden kommunistischen Kleinstparteien entfernt, die der «Zentralrat» nicht nur im Namen parodiert; auch der zunehmend imperativische Ton ihrer Verlautbarungen wird in der Programmschrift der «Haschrebellen» ironisiert, die Mitte 1969 in der Untergrundzeitung *Agit 883* erscheint: «Werdet wild und tut schöne Sachen / Have a Joint / Alles was ihr seht / und es gefällt euch nicht, / macht es kaputt / Habt Mut zu kämpfen, habt Mut zu siegen.»[4] Daran sollte es den «Palästina-Leuten» nicht fehlen; sie hatten, weiß Bommi Baumann, «in dem Augenblick, als sie wiederkamen, nichts außer ihrem Willen zu kämpfen, auch keine müde Mark, keine Wohnung in Berlin, wirklich nichts».[5] Was sie aber hatten, was sie aus dem Nahen Osten mitbrachten, war eine neue, eine alte, eine deutsche Ideologie.

Am 10. November 1969 findet die Putzfrau in der Garderobe des Jüdischen Gemeindehauses in der Berliner Fasanenstraße eine Brandbombe, die tags zuvor um halb elf, zum Zeitpunkt der

Kranzniederlegung zum Gedenken an die «Reichskristallnacht» vor einunddreißig Jahren, hätte explodieren sollen. Sie explodierte nicht, weil der Zünder defekt war. Sollte sie überhaupt explodieren? Dieter Kunzelmann behauptet heute, ihm sei «immer klar gewesen, dass die Bombe nicht zünden würde»[6].

Zur Tatausführung bekannt hat sich Albert Fichter, hinter dem als treibende Kraft Dieter Kunzelmann gesteckt haben soll.[7] Er war nicht der einzige Agent im Hintergrund: Bei der Bombe handelte es sich offenbar um einen staatlich geprüften Sprengkörper. Sie ähnelte, wie die Polizei feststellte, jener, «die am 5. März 1969 bei einer Hausdurchsuchung in der Kommune I gefunden worden war»[8], und stammte, mitsamt dem defekten Zünder, wieder einmal vom Berliner Verfassungsschutz.[9] «Es kann nicht ausgeschlossen werden», gab sehr gewunden der Berliner Innensenator Peter Ulrich 1981 zu, «dass der am 9. 11. 1969 im Jüdischen Gemeindehaus gefundene bombenähnliche Körper sich am 26. 2. 1969 vorübergehend im Besitz von Herrn Urbach befunden hat». Im gleichen Brief bestreitet Ulrich selbstverständlich die Provokationsunterstellung und bestätigt sie doch: «Tatsächlich war es dem LfV Berlin durch die Tätigkeit des Herrn Urbach möglich, von der terroristischen Entwicklung von Teilen der damaligen APO von Anfang an Kenntnis zu erhalten und die politische Führung entsprechend zu unterrichten.»[10] Die politische Führung wusste demnach genau Bescheid über die Anfänge des Terrorismus in Deutschland.

Obwohl es sich bei dem Anschlag (immer vorausgesetzt, die Bombe wäre funktionstüchtig gewesen) um einen Mordanschlag handelte und Mord nicht verjährt, ist nie ein Verfahren eröffnet worden. Die «Tupamaros» waren in eine Falle des Geheimdienstes getappt, und der Drogen-, erst recht der politische Rausch verhinderte die Einsicht, dass ihr Anschlag – zumal zum Jahrestag der «Reichskristallnacht» – zwar hundert Mal als politischer Akt gedacht sein, letztlich aber nur als antisemitisch verstanden werden konnte. In zwei Flugblättern und einem Tonband versucht sich die Gruppe, zu der neben Kunzelmann und Fichter auch Lena Conradt, Thomas Weisbecker und Georg von Rauch gehörten, in abenteuerlichster Dialektik. Die Bombe (die, wie gesagt, nicht scharf war, was zumindest Kunzelmann gewusst haben will) wurde bewusst an dem Tag gelegt, an dem das offizielle Berlin der Judenvernichtung im «Dritten Reich» gedachte, um das Heuchlerische solcher Gedenkstunden zu entlarven. «Springer, Senat und die Galinskis wollen uns ihren Judenknacks verkaufen. In dieses Geschäft steigen wir nicht ein»[11], verkündet ein Flugblatt, das die Aktion erklären soll, das erste sündenstolze Bekennerschreiben des deutschen Terrorismus. Kunzelmann, der Aktionskünstler der zweckfreien Demonstration im situationistischen Geist, der Anführer der Provokationselite, der König des Berliner Spektakels, ist durch den Aufenthalt in Palästina vom Kasperl zum politischen Eiferer und ersten Terroristen geworden. Wie in den Jahren zuvor suchte er nach dem größtmöglichen Effekt und fand ihn diesmal in einem Anschlag auf das staatliche Gedenken an den Judenmord. Der Zeitung 883 schickt er einen «Brief aus Amman», der natürlich im Kreuzberger Untergrund entstanden ist. Er kann gar nicht genug von seiner Bekehrung schwärmen: «Was alles hier so einfach macht ist der Kampf. Wenn wir den Kampf nicht aufnehmen, sind wir verloren.»[12] Dieser Kampf ist offenbar ein inneres Erlebnis, und das muss den verstockten linken Brüdern daheim mitgeteilt werden, vor allem das Grundstürzend-Revolutionäre daran. «Palästina ist für die BRD und Europa das, was für die Amis Vietnam ist. Die Linken haben das noch nicht begriffen. Warum? Der Judenknax.»[13]

Bis dahin durfte sich die Generation der Kriegskinder, die aus Nazi-Elternhäusern kam und in den fünfziger Jahren groß wurde, als die Nazi-Vergangenheit peinlich beschwiegen wurde, moralisch immer überlegen fühlen, weil sie das Schweigen mit Absicht verletzte und wie Fritz Teufel forderte: «Treiben wir die Nazi-Pest zur Stadt hinaus.» Das immer wieder beschworene Versäumnis, wie wäre es wiedergutzumachen? Doch nur durch Widerstand zur rechten Zeit. Als Gegner standen weiter die USA zur Verfügung, die ihren Krieg gegen Vietnam führten. Von seiner Reise brachte Kunzelmann aber einen ganz neuen Gegner mit: Israel, der Staat, der die palästinensischen Flüchtlingslager bombardierte. Dass in Israel die Juden lebten, die Auschwitz überlebt hatten, dass Israel in Palästina gegen die Araber ein Lebensrecht verteidigte, das ihnen dreißig Jahre zuvor in Deutschland aberkannt worden war, fiel der ausgefuchsten Dialektik des Frontkämpfers Kunzelmann zum Opfer. Für ihn und seine Gruppe stand der neue Feind jetzt in Palästina. Es war der gleiche, den schon die Väter-Generation bekämpft hatte. Im Ergebnis verhielt sich die Kunzelmann-Gruppe bei ihrem Bombenanschlag nicht weniger antisemitisch als die Nationalsozialisten.

Zwar ist es kaum glaubhaft, dass es sich bei dem Anschlag um eine «Auftragsarbeit» für die Palästinenser gehandelt hat[14], doch rechnen sich die «Berliner Tupamaros» nun stolz zu einer internationalen Befreiungsbewegung. «Und meint nicht, wir sind wenige», heißt es auf einem Tonband, das eine Woche nach dem Anschlag eingeht. «Wir sind noch viel mehr in Vietnam und in China. Wir sind noch viel mehr in Montevideo und in Chicago. Dieselben Bomben explodieren in Saigon, jetzt auch im Kriminalgericht von Manhattan. Dieselben Bomben sprengen die Pipeline bei Haifa in die Luft. Es gibt Schiffe in Hamburg, die bringen Waffen nach Israel. Es gibt Fabriken, die machen Napalm für Tel-Aviv. Mit den Milliarden der Wiedergutmachung wird ein neuer faschistischer Völkermord finanziert. Die Zionisten kaufen Phantoms bei Nixon. Denn der arabische Raum ist groß und dort gibt es viel Öl und noch andere Sachen. Der Vietkong hat Amerika in Brand gesteckt. Al-Fatah wird Europa in Brand stecken.»[15]

Das ist längst kein rhetorischer Rausch mehr, hier lodert politischer Wahn. «Unsere Araber», die zu bekämpfen die Springer-Zeitungen im Blitzkriegsrausch von 1967 aufgefordert hatte, sind für die trotzigen «Berliner Tupamaros» genau das geworden: «unsere Araber», die großen Brüder, die mit ihrem Beispiel heldenhaft vorangehen, mit denen man sich stolz verbündet zeigt. Die Wahnidee vom Weltbrand hatte zuletzt Adolf Hitler im Führerbunker beschäftigt. Die Palästina-Rückkehrer kümmerten sich nicht darum, dass sie den Nazi-Vätern mit jedem großen Wort ähnlicher wurden. Der Krieg, der die satten Bürger so wenig rührte, muss ihrer Meinung nach endlich in die westlichen Metropolen getragen werden.

Die Leute, die die Bombe im Jüdischen Gemeindehaus legten, «haben uns denn erklärt, genau diese Bombe wäre der Beginn der Guerilla in Deutschland»[16], gibt Baumann weiter, aber ist es das erwartete Fanal? Für Mahler war es genau das, für ihn war die Zeit zum Handeln gekommen. Er kritisierte Kunzelmann gegenüber den Anschlag, der wegen der deutschen Geschichte nicht zu verantworten sei, und Kunzelmann forderte ihn auf, es besser zu machen. Da will Mahler den Entschluss gefasst haben, «selbst eine bewaffnete Gruppe aufzubauen. Diese nannte sich dann später – nach mehreren Umwandlungen – ‹Rote Armee Fraktion› (RAF).»[17]

Der Menschenfischer

«Weh dem, der jetzt noch sorglos
und ohne Waffe schläft.»
*Franz Josef Degenhardt,
«Im Jahr der Schweine» (1969)*

Am selben Tag, an dem die Brandbombe im Jüdischen Gemeindehaus gefunden wurde, hatte der Bundesgerichtshof die von Horst Mahler angestrebte Revision für Baader und Ensslin abgelehnt. Die Freigelassenen müssen Meldeauflagen erfüllen und damit rechnen, ihre Reststrafe – bei vorzeitiger Entlassung nur mehr sechs bis zehn Monate – zu verbüßen. Vergeblich hatte sich die Schriftstellerin Luise Rinser, zu der Gudrun Ensslin im Gefängnis Kontakt aufgenommen hatte, für die Begnadigung der bedingt Befreiten eingesetzt, weil die Gruppe sonst «in den Untergrund gedrängt würde und von dort aus vermutlich Terrorakte setzen würde»[1]. Auch Ulrike Meinhof verwendet sich für eine Begnadigung der Brandstifter, die «vorbehaltlos das Wissen und die intellektuelle Ausbildung, die nur Studenten zugänglich sind, in den Dienst der Heimkampagne» gestellt hätten. «Ohne Angst, ihr Studium aufgeben zu müssen – sie haben es schon aufgegeben –, ohne Angst, sich die Karriere zu vermasseln, sie wollten sie längst nicht mehr.»[2]

Ulrike Meinhof hat ihre Karriere noch immer nicht aufgegeben. Zwar hat sie ihren Mann verloren, aber in Gudrun Ensslins Freund einen gefunden, den sie bewundern kann, den zu vielem entschlossenen Baader, den die «Kriminalität der Tat» nicht schreckt. Im Lehrlingsheim Guxhagen war sie plötzlich erschienen, um für den *Stern* und den NDR über die Zustände dort zu berichten, zum Erstaunen der SDS-Leute und der Brandstifter, die mit diesem Medieninteresse nicht gerechnet hätten. Niemand erwartet Taten von ihr. Sie hat ihre Kinder, sie hat einen Lehrauftrag an der FU Berlin über «Möglichkeiten von Agitation und Aufklärung im Hörfunk-Feature», und doch verlangt es sie immer stärker danach, mehr zu tun, als zu schreiben, auch um zu beweisen, wie ernst es ihr mit ihrer moralischen Empörung ist. Sie schreibt dennoch weiter.

In Berliner Mädcheninternaten wie dem Heim Eichenhof setzt sie ihre journalistische Sozialarbeit fort. «Schmöker» sind in Eichenhof ebenso verboten wie Kofferradios und alkoholische Getränke; an den Wänden dürfen keine Bilder aufgehängt werden.[3] Irene Goergens lebt dort. Ulrike Meinhof holt sie heraus und nimmt sie bei sich auf. «Gewalt produziert Gegengewalt, Druck Gegendruck. Die Formen von Widerstand, die in den Heimen praktiziert werden, entwickeln sich immer nur spontan und planlos, unorganisiert, als Aufstand, Widerstand, Rabatz, als Bambule. Irenes Geschichte ist eine Kindergeschichte, ein Schabernack. Sie endet mit Polizeieinsatz und Bunker»[4], erkennt Ulrike Meinhof in ihren Radio-Features über die Situation in den Fürsorgeheimen. Das ist, auch wenn sie «Irene» sagt, bis zur Rechtfertigung von Gewalt als Gegengewalt Ulrikes Geschichte.

Das Fernsehen scheint eine Möglichkeit zu bieten, die durchschlagende Wirkungslosigkeit des Schreibens zu überwinden. Für 18 000 Mark[5] verkauft Ulrike Meinhof dem Südwestfunk das Treatment für einen Film über einen Aufstand im Erziehungsheim, «Bambule», angelehnt an die Geschichte von Irene Goergens. Der Regisseur Eberhard Itzenplitz und der Produzent Dieter Waldmann machen daraus ein Drehbuch. Der Film sollte sogar als Volksbildungswerk vom Berliner Senat subventioniert werden. Ulrike Meinhof interessiert sich wenig fürs Ästhetische oder Dramaturgische; sie denkt an einen Agitprop-Film, es geht ihr allein um die politische Botschaft. So kommt es zum Streit, und Ulrike Meinhof erscheint ab Ende Februar 1970 nicht mehr am Drehort: «Ich habe keine Lust mehr, ein Autor zu sein, der die Probleme der

Basis, z. B. der proletarischen Jugendlichen in den Heimen, in den Überbau hievt, womit sie nur zur Schau gestellt werden, daß sich andere daran ergötzen, zu meinem Ruhm.»[6] Das ist mit Herbert Marcuse und gegen die «repressive Toleranz» einer Gesellschaft gesprochen, die sich gern sagen lässt, wie ungerecht es in ihr zugeht, solange die Haare nur sauber gewaschen und die Hände auf dem Tisch sind. Es schreibt aber auch das protestantische Mädchen, das ihren Mitmenschen helfen will. Durch einen Film ist das am Ende nicht mehr möglich. «Der Film ist ein untaugliches Mittel. Ändern wird sich nur etwas wenn die Unterdrückten selbst handeln»[7], schreibt sie mit strengem Kaderbewusstsein am 21. März 1970 an Dieter Waldmann. Inzwischen sind liebe Gäste aus Italien eingetroffen.

Von den Brandstiftern hat nur Horst Söhnlein der Aufforderung zum Strafantritt Folge geleistet und sitzt wieder im Gefängnis. Die anderen wollen auf keinen Fall dorthin zurück; vor allem dem hafterfahrenen Baader graut davor, «und so führte die Angst vor zwei Jahren Gefängnis auf einen Weg, der ohne Wiederkehr war»[8]. Noch im November fliehen sie nach Paris und kommen in der Wohnung von Régis Debray unter, der weiter in Bolivien im Gefängnis schmachtet.[9] «Wir erfanden uns die Illegalität»[10], meint Thorwald Proll, denn sie wurden nicht gesucht, niemand schien sich für sie zu interessieren. Thorwalds Schwester Astrid bringt gefälschte Papiere, ein Auto und macht die Fotos, die sie wie Touristen im Café de Flore zeigen.

Gemeinsam geht es über Zürich weiter nach Italien. Es ist das Italien, in dem Feltrinelli für den Bürgerkrieg gerüstet sein will, weil dort immer noch ein Putsch von rechts droht. In Deutschland hat die NPD bei den Wahlen im September 1969 den Einzug in den Bundestag knapp verfehlt; jetzt regiert da eine sozialliberale Koalition unter Willy Brandt, den Gudrun Ensslin im Wahlkampf 1965 unterstützt hatte – der erste sozialdemokratische Kanzler seit 1930. Die Reisenden kümmert das wenig. Sie träumen. «Ihre

Gedanken kreisen ununterbrochen um die Niederschlagung des Spartakus-Aufstands von 1919 durch Reichswehr und SPD», meint Ulrich Enzensberger, den sie in Mailand trafen. «Sie fühlten sich wie Karl und Rosa, Tote auf Urlaub. In den Sozialdemokraten sahen sie Wegbereiter des Faschismus. Vor der rasch heranrückenden Machtergreifung mußte neben dem bürgerlichen Staat eine bewaffnete Formation aufgebaut, mußten eilends die Fundamente einer Doppelherrschaft errichtet werden.»[11] In Rom besuchen sie Luise Rinser, der sie «schlecht gekleidet und völlig durchfroren, sehr mager und blaß und entsetzlich nervös» erscheinen. Baader redet manisch, stundenlang. Gewalt kommt nicht vor in seinen Reden, aber Luise Rinser hat den Eindruck, einen Märtyrer vor sich zu haben. Sie sieht nur «überspannte Kinder» und ahnt, «daß sie Wirrköpfe seien und eines Tages Amok laufen würden».[12]

In Rom finden sie Aufnahme bei dem Schriftsteller Peter O. Chotjewitz. Der ist außerdem Anwalt und hatte Baader im Gefängnis besucht, um ihm wegen des Kaufhauses Vorwürfe zu machen. Das sei ja nur ein Symbol gewesen. Ensslin und Baader lesen Lenin, lesen «Staat und Revolution» und (geht's deutlicher?) «Was tun?». Chotjewitz weiß die Antwort: «Es war nötig, die Staatsmacht direkt anzugreifen.»[13] Sie spielen mit dem Gedanken an die kommende Revolution, machen Urlaub von deutschen Sorgen, besuchen alte Partisanen in den Bergen und Kommunisten auf Sizilien, das Leben der revolutionären Boheme. Dann kommt aus Berlin Mahler und bringt Geld mit, das ihm «hochmögende Kulturschaffende in München zugeschanzt»[14] haben. Er geht seit einiger Zeit herum und sucht Kämpfer zusammen, wofür, ist auch ihm noch nicht klar.

Rudi Dutschke ist als Revolutionsführer ausgefallen, sein Charisma aber unversehrt. Mahler weiß sich zunächst keinen Besseren. Am 16. Januar 1969 hat er ihm nach London, wo Dutschke vorübergehend Asyl gefunden hat, berichtet, dass sich die Studenten in die Universität zurückgezogen hätten, der SDS existiere nicht mehr, einige jüngere Genossen seien in die SPD eingetreten, vielen fehle das Bewusstein für die globalen Zusammenhänge. Nach dem Attentat lernt Dutschke mühsam wieder sprechen. «Ich glaube», schreibt Mahler Ende 1969, «wir haben einen Punkt erreicht, wo man sich nicht mehr um die Konsequenzen drücken kann.»[15] Wie immer bei Dutschke sind seine Aussagen widersprüchlich; das Thema «Militarisierung» beschäftigt ihn aber weiter.[16] Im September 1969 hat Mahler ihn in England besucht, aber Dutschke will nicht zurück nach Deutschland, wo ihn jederzeit ein Nachfolgetäter abknallen kann.

Mahler mustert weiter die Heerscharen. Er selbst kommt zunächst als Kämpfer nicht in Frage, als Symbolfigur, als «Apo-Anwalt» kann er mehr bewirken. Er entwickelt ein Referat über die ««Krise› der Außerparlamentarischen Opposition im Sommer 1968». Damals habe sich gezeigt, dass die APO sich auf eine Massenbasis von fünfzigtausend Leuten stützen könne, eine groteske Überschätzung der Bewegung, aber er will ihr Mut machen, sich neu zu formieren.

Die Kommune hat sich plakativ von der politischen Aktion verabschiedet. Am Tag, an dem die Bombe im Jüdischen Gemeindehaus platziert wurde, erschien der *Stern* mit Rainer Langhans und dem Fotomodell Uschi Obermaier auf dem Titel, «Die Liebe der Kommune». Selbst damit ist es längst aus. Die Kommune ist zerfallen. Langhans und Obermaier hatten sich bei den Essener Rocktagen kennengelernt und träumten davon, die Restenergie der Kommune in einen Rock-Konzern zu überführen. Fürs Erste vermakelte Langhans seine Freundin an Fotografen und musste bebend vor Eifersucht erleben, wie sie sich in Jimi Hendrix verliebte, der sich von ihr die weltberühmte Kommune vorführen ließ.[17] In einem wahrscheinlich erfundenen Interview, das in *883* gedruckt wurde, äußerte Hendrix sich so kämpferisch, wie die Zeit es verlangte, und schloss, wie ein Schwarzer schließen musste: «Es ist noch viel Kampf nötig.»[18]

Der *Stern* hatte Freunde aus München eingeflogen, um die ausgezehrte Kommune wenigstens fürs Fotoshooting aufzufüllen. Auf einem der Bilder hockt neben Langhans und Obermaier der wieder freigekommene Reinhard Wetter; außerdem erkennt man die künftigen RAF-Mitglieder Rolf Pohle und Holger Meins. Pohle war nach den Osterunruhen 1968 bei mickrigster Beweislage zu fünfzehn Monaten Gefängnis wegen Landfriedensbruchs verurteilt worden, durch das zweite juristische Staatsexamen geflogen, Hilfsarbeiter geworden und wurde beständig von der Polizei observiert.[19]

Mahler findet seine Kämpfer in Rom. Ihre Flucht hat seine Mandanten hinreichend kriminalisiert. In Chotjewitz' Wohnung diskutiert Mahler nach Weihnachten 1969 mit ihnen über neue Strategien für Deutschland. Im Februar kommen Gudrun Ensslin, Andreas Baader und Astrid Proll zurück nach Berlin, wo sie jederzeit verhaftet werden könnten. Sie melden sich bei Ulrike Meinhof, die sie in ihrer Wohnung in der Kufsteiner Straße versteckt. Dort kommt es im März 1970 zu einem Delegiertentreffen: Georg von Rauch, Thomas Weisbecker und Dieter Kunzelmann streiten sich mit Meinhof, Mahler, Ensslin und Baader über den richtigen Weg zu einer städtischen Guerilla, können sich aber nicht einigen. Während sich die einen als proletarische Volksfreunde verstehen, verabschieden sich die anderen von dem Gedanken einer Massenbasis und gründen eine leninistisch-maoistische Kaderpartei.

«In der gegenwärtigen Situation besteht die Gefahr, daß entweder die Studenten oder die Exponenten der Macht Amok laufen»[20], schreibt fast gleichzeitig Hannah Arendt. Es waren dann beide.

II. DAS KONZEPT STADTGUERILLA

Die Baader-Befreiungsarmee

«Jetzt heißt die Frage: Können wir, die Studenten,
überhaupt Gewalt anwenden, bringen wir das fertig?»[1]
Peter Schneider (1968)

Zum Kampf sind sie entschlossen, aber was sollen die Freischärler tun? Da die RAF, die noch immer nicht so heißt, viel zu spät kommt, muss sie militanter auftreten und sich mit aller Gewalt von den drogenbeschwingten «Haschrebellen», den «Tupamaros» und «Blues»-Leuten unterscheiden. Ein Vorbild sind die Black Panthers. In der Zeitschrift *Ramparts* erschienen 1969 Bilder dieser prononciert marxistischen Armee, die seit zwei Jahren weltweit Aufsehen erregte mit ihrem erfolgreichen Widerstand gegen die Staatsgewalt. Im Mai 1967 waren sie mit vorgehaltener Waffe in das kalifornische Parlamentsgebäude eingedrungen, weil ihnen der Staat nicht zugestehen wollte, als «Selbstverteidigungspartei» der schwarzen Minderheit aufzutreten. Seither war es wiederholt zu bewaffneten Auseinandersetzungen mit Polizei und Nationalgarde gekommen.

Für die Abenteurer der RAF war der bewaffnete Kampf ungleich attraktiver als die mühsame Basisarbeit der verschiedenen K-Gruppen wie der KPD/AO, KPD/ML, KPD/ML-ZK Linie, KPD/ML-Bolschewik Linie, KPD/ML-Neue Einheit, Rote Garde, KB/ML, PL/PI, Proletarische Front, in denen sich die anderen Aktivisten der zerfallenen Studentenbewegung jeweils unter Berufung auf die traditionsreiche deutsche Arbeiterbewegung organisierten. «Die KPD/ML ist sich im klaren darüber, daß der Weg zur Errichtung der Diktatur des Proletariats lang, voller Schwierigkeiten und harter Kämpfe sein wird. Dieser Kampf wird von jedem einzelnen Genossen höchsten Einsatz, Mut und Opferbereitschaft erfordern», heißt es etwa in der «Erklärung zur Gründung der Kommunistischen Partei Deutschlands/Marxisten-Leninisten (KPD/ML)».[2] Allzu viele Arbeiter wird die RAF auf ihrem Weg nicht treffen.

Für größere Unternehmungen fehlt der Kadergruppe um Mahler die Erfahrung und schlicht das Können. Kunzelmann glühte doch vor Begeisterung über den heldenhaften Kampf des palästinensischen Volkes, vielleicht sollte man ebenfalls in den Nahen Osten reisen? Peter Homann, über den Winter der Geliebte von Ulrike Meinhof, ruft beim Palästina-Fahrer Detlev Claussen an und bittet um ein Entree bei der Fatah; als Claussen sich weigert, findet Homann in Heidelberg den benötigten Kontaktmann.[3] Man wägt die eigne Kampfstärke und stellt fest, dass sie nur für kleinere Störaktionen ausreichen würde. Aus dem Umfeld des Republikanischen Clubs, aus dem Kreis der nach Berlin geflohenen Bundeswehrdeserteure, die Mahler unterstützt, und aus seinem Büro finden sich schließlich etwa zwanzig Leute zusammen, die sich um Meinhof, Mahler, Baader und Ensslin scharen. Dazu gehören außer Astrid Proll und Peter Homann der Bundeswehrdeserteur Manfred Grashof, seine Freundin Petra Schelm, die Medizinstudentin Ingrid Schubert, Mahlers Mitarbeiterin Monika Berberich, die Soziologiestudentin Brigitte Asdonk und Irene Goergens. «Die Gruppe wurde von Frauen beherrscht», meint Astrid Proll. «Die Frauen waren stärker, weil sie besser miteinander umgehen konnten.»[4]

Erst im Frühjahr 1970 wird die Parole beherzigt, die nach der Ermordung Ohnesorgs laut wurde: «Wir müssen uns bewaffnen!» Mahler reist mit Urbach nach Belgien, um dort einzukaufen. Nach dem Attentat auf Rudi Dutschke haben ihn zahlreiche Morddrohungen erreicht, er beantragte einen Waffenschein, der ihm von der Behörde verweigert wurde. Dafür lieferte ihm Urbach auf dem kleinen Dienstweg «unaufgefordert ‹zum Selbstschutz› eine Pistole, belgisches Fabrikat FN 9mm mit scharfer Munition»[5]. In der Szene war Urbach schon länger verrufen, die «Haschrebellen» warnten inzwischen ausdrücklich vor ihm. Auch die beiden SDS-

Mitglieder Tilman Fichter und Jürgen Horlemann waren vergeblich zu Mahler gegangen, um ihn vor dem Spitzel zu warnen. «Für uns war klar, die lassen sich vom Verfassungsschutz bewaffnen.»[6] Der Verfassungsschutz war, wie sich das gehört, immer dabei. Schließlich zählte es zu seinen Aufgaben, in dem Moment einzugreifen, als «ein kleiner Teil der jugendlichen Protestler seine gesellschaftsfeindlichen Schwärmereien in gewalttätige politische Aktionen umzusetzen begann»[7].

Spätestens seit Anfang April 1970 weiß («dienstlich bekanntgeworden») die Polizei, vermutlich wiederum durch Urbach, wo der auf Astrid Proll gemeldete Mercedes mit dem Kennzeichen F-HC 577 steht, mit dem Baader und Ensslin aus Italien zurückgekommen sind, nämlich vor Ulrike Meinhofs Wohnung. Man braucht also nur das Auto zu überwachen und darauf zu warten, dass man Baader und seine Freunde auf frischer Tat ertappen kann. Dass sich das Warten lohnen wird, weiß die Behörde ebenfalls durch Peter Urbach. Der erzählt Mahler, dass er auf einem Friedhof in Buckow Waffen und selbstgebastelte Bomben vergraben habe, die er aber «nicht irgendwelchen Linken geben wollte, sondern nur Personen seines Vertrauens»[8]. Baader und Peter Homann sind dabei, als Urbach diese absurde Geschichte zum Besten gibt. Sie fahren nachts auf den Friedhof und graben. Die Suche verläuft ergebnislos und soll am nächsten Tag gründlicher fortgesetzt werden.[9]

In der Nacht zum 4. April wird Baader nach der erneuten Grabungsaktion um drei Uhr morgens von einer Polizeistreife angehalten. Mahler sitzt mit Urbach in einem zweiten Wagen und kann die Verhaftung beobachten. Baader weist sich als Peter Chotjewitz aus. Die Polizei weiß natürlich Bescheid und begrüßt ihn als «Herr Baader»[10]. Der V-Mann Urbach war damit erledigt oder, wie es Günther Nollau vom Kölner Bundesamt für Verfassungsschutz formuliert: «Ein geheimer Vertrauensmann, der in Berlin gearbeitet hatte, war den Terroristen bekannt geworden und damit ‹verbrannt›.»[11]

Noch ehe die Gruppe etwas unternommen hat, sitzt der für jede Form von Aktion wichtigste Mann bereits im Gefängnis. Größere Taten müssen vorläufig unterbleiben. Die übrigen Mitglieder übertragen deshalb zunächst die Randgruppenstrategie Marcuses, die sich bei der «Heimkampagne» in Frankfurt bereits bewährt hat, auf Berlin. Dafür bietet sich das Märkische Viertel an, eine riesige Neubausiedlung, in der seit Jahren soziale Konflikte schwelen. Am 14. April 1970 bittet Mahler Dutschke um Nachrichten über Mieterselbsthilfe und Mieterstreiks in Großbritannien, «da sich zur Zeit im Märkischen Viertel in Berlin sehr interessante Dinge entwickeln». Mahler entwirft einen «Vorläufigen Plan für ein Beispiel des Kampfes in den Metropolen»[12]. Von den «Senatsfaschisten» ist da die Rede und von der Propaganda, die dabei als Begleitprogramm nötig wird, auch die Wechselwäsche für den Fall einer längeren Belagerung wird nicht vergessen. Mit einer geeigneten Aktion sollen endlich die Arbeiter, die entscheidende soziale Gruppe, erreicht werden; es müsse die «Einheit der Arbeiter, Angestellten und der jungen Intelligenz» hergestellt werden. Die entstehende Stadtguerilla will in diesem ersehnten Bündnis «neue Kampfformen» erproben, «gegen die der Senat machtlos ist».

Am 1. Mai überfällt eine Gruppe, angeführt von Ulrike Meinhof und Peter Homann, ein Büro der Verwaltungsgesellschaft des Märkischen Viertels. Die Polizei greift ein, doch kann Mahler Homann und Meinhof «mit juristischen Mitteln und rednerischer Gabe» binnen Stunden freibekommen, wie ein Richter später einräumen muss.[13] Die Aktion am 1. Mai im Märkischen Viertel, für die das Papier aus Mahlers Bestand wohl das Muster vorschrieb, ist gescheitert, aber polizeilich und vor der Justiz glimpflich abgelaufen. Was genau mit der Aktion erreicht werden sollte, ist unklar; ein Bündnis mit den Bewohnern des Märkischen Viertels kommt nicht zustande, die Propaganda der Tat ist vor allem eine für die Besetzer. Die Aktion wirkt umso unverständlicher, als längst eine viel wichtigere vorbereitet wurde: die Befreiung Andreas Baaders.

Gudrun Ensslin litt wegen des verlorenen Geliebten, mit dem

sie in den letzten Monaten immer zusammen sein konnte, und entwickelte sofort Pläne, um ihn sich zurückzuholen. Ulrike Meinhof wird die Tat später nicht als Liebesgeschichte, sondern als hochpolitische Aktion erklären: «Es war die Befreiung eines Revolutionärs, eines Kaders, eines Typen, auf den wir, die wir uns entschlossen hatten, uns zu bewaffnen, die Rote Armee aufzubauen, den [!] Metropolenguerilla zu entwickeln, über antiimperialistischen Kampf nicht mehr nur zu quatschen, sondern ihn zu führen, ganz klar angewiesen waren.»[14] Vom Anfang im April und Mai 1970 in Berlin bis zum vorläufigen Ende im Herbst 1977 in Stammheim war die RAF nichts weiter als eine «BBF, eine Befreit-Baader-Fraktion»[15], wie Astrid Proll aus dem Befreit-Baader-Kommando bestätigt.

Von Ulrike Meinhof wird jetzt mehr erwartet als Falschparken vor dem Springer-Hochhaus. In einer Kneipe namens «Wolfsschanze», in der eine eher rechtsradikale Klientel verkehrt, werden die Zeugmeister der BBF an jemanden verwiesen, der ihnen zwei Revolver für je 1000 Mark verkauft. Auch bei diesem Lieferanten soll es sich um einen Vertrauensmann des Berliner Staatsschutzes gehandelt haben.[16] Noch aber weiß niemand, wie man mit den Waffen umgeht. Für alle Fälle wird von der Frauengruppe, die die Aktion durchführen wird, ein «Profi» engagiert, ein Mann, der bei der Bundeswehr war und deshalb schießen kann.[17] Die Gruppe glaubt sich damit für den Krieg gerüstet, den sie in Deutschland aber erst anzetteln muss.

Gudrun Ensslin übernimmt zum ersten Mal das Kommando. Für die Befreiung des eingesperrten Kaders erweist sich das Buchprojekt als nützlich, das im vergangenen Sommer mit dem März-Verlag verabredet worden ist. Mit Verweis auf ihren Fernsehfilm «Bambule» schlägt Ulrike Meinhof dem befreundeten Verleger Klaus Wagenbach ein Buch über die «Organisation randständiger Jugendlicher» vor.[18] Zusammen mit Gudrun Ensslin, die sich als «Dr. Gretel Weitemeier» vorstellt, meldet sie sich bei Wagenbach und bringt als Koautor Andreas Baader ins Gespräch. «Ich wußte von der Befreiungsaktion», gibt Wagenbach zu; vergeblich habe er versucht, Ulrike Meinhof davon abzuhalten, selber mitzumachen.[19] Auch mit Karl Heinz Bohrer hat sie in Andeutungen über bevorstehende Aktionen gesprochen. Angesichts der Lethargie der «Massen» und weil sie ihre alten intellektuellen Freunde inzwischen verachtete, sei ihr nur mehr der «Gestus der ‹Tat›»[20] geblieben.

Peter Paul Zahl hatte in der Ausgabe der Zeitschrift *883* vom 1. Mai 1970 Freiheit für alle politischen Gefangenen gefordert und war deshalb selber eingesperrt worden. Die Befreiung politischer Gefangener war zu Beginn der sozialliberalen Koalition ein populäres Anliegen. Die Baader-Befreier konnten also damit rechnen, dass man ihnen applaudierte.

Mahler, Meinhof und sogar Frau «Dr. Weitemeier», die flüchtige, aber offenbar für die Polizei uninteressante Gudrun Ensslin, besuchen Baader mehrfach in der Strafanstalt Tegel und können mit ihm die Einzelheiten ihres Plans erörtern. Wagenbach wendet sich am 30. April mit der Bitte an den Justizinspektor Drescher, Baader den Besuch des Zentralinstituts für Soziale Fragen zu ermöglichen, damit der Gefangene dort zusammen mit seiner Koautorin nicht ausleihbare Literatur für das geplante Buchprojekt einsehen könne.[21] Am gleichen 30. April erhält Drescher die Mitteilung, dass die Befreiung des Gefangenen Andreas Baader geplant sei. Am 12. Mai legen die Befreier einen grob skizzierten Autorenvertrag («das Werk wird etwa 150 Manuskriptseiten umfassen») vor, unterschrieben von Wagenbach auf der einen und Meinhof sowie Baader auf der anderen Seite. Wilhelm Glaubrecht, der Leiter der Justizvollzugsanstalt Tegel, lässt sich die Akte des Gefangenen Baader kommen und genehmigt anschließend die Ausführung zum Literaturstudium für den 14. Mai. Angeblich sträubte sich der Direktor zunächst, doch Horst Mahler verstand es, wie das Gericht es später formulieren wird, «mit beredten Worten den Zeugen Glaubrecht umzustimmen»[22]. Es fällt schwer, an die Ahnungslosigkeit der Behörden zu glauben.

Während der wegen eines Brandanschlags inhaftierte Bommi Baumann, der zunächst mit Baader in Moabit saß, nach Anarchistenart darüber nachdachte, wie man die Aufseher austricksen und sich davonmachen könnte, suchte die Mahler-Gruppe den großen Auftritt. Die Gelegenheit war da, Kunzelmanns Bombe im Jüdischen Gemeindehaus zu überbieten. Aber dass ihre Aktion sie alle in die Illegalität treiben würde und sie den bewaffneten Kampf schließlich nur aus dem Untergrund führen konnten, das war nicht geplant.

Ulrike Meinhof glaubte, sie könne beides haben: die Revolution kommentieren und an ihr teilnehmen. Nur wenige Tage vor der Baader-Befreiung rief sie einen alten Bekannten aus Hamburg an, Dieter E. Zimmer, den Literaturredakteur der *Zeit*, um mit ihm Berufliches zu besprechen. «Sie kam mir bedrückt und kleinlaut und hilflos vor – eben als wollte sie etwas, erwartete etwas, aber ich wusste nicht was.»[23] Ulrike Meinhof schickt ihre Töchter vorzeitig zum ehemaligen *konkret*-Redakteur Jürgen Holtkamp in die Pfingstferien. Für die Kinder muss es ein Trauma gewesen sein. Ihren Vater hatten sie bereits verloren, und ihre Mutter sollten sie erst nach mehr als zwei Jahren und dann im Gefängnis wiedersehen.

Am Tag vor der geplanten Befreiung sucht Ulrike Meinhof das Institut auf, wählt verschiedene Bücher und Zeitschriften aus und lässt sie für den nächsten Morgen zurücklegen; auch Irene Goergens und Ingrid Schubert sehen sich dort um. Am 14. Mai (Mahler plädierte zu diesem Zeitpunkt vorsichtshalber vor Gericht) erscheint Ulrike Meinhof kurz vor neun und lässt sich in den Lesesaal führen. Baader kommt eine Stunde später, begleitet von zwei Justizbeamten, die ihm, damit er am Tisch neben seiner Koautorin Platz nehmen kann, die Handfesseln lösen. Die beiden reden leise, blättern in den Büchern, rauchen, trinken Kaffee, den ein Angestellter für alle gekocht hat.

Gegen halb elf klingelt es, Irene Goergens und Ingrid Schubert, die beiden jungen Frauen vom Vortag, erscheinen, werden aber nicht in den Lesesaal gelassen. Die gewünschten Bücher bringt man ihnen nach draußen in den Flur. Der Angestellte Hans Joachim Schneider plaudert mit den Polizisten und bemerkt auch, dass im Vorraum «2 mit Perücken versehene Studentinnen»[24] sitzen, «die, wenn ich mich recht erinnere, beide eine grüne Brille trugen, beide merkwürdig nervös und abgespannt wirkten, und beide eine auffallend grosse Tasche ständig neben sich hatten»[25]. Obwohl es der Angestellte Georg Linke zu verhindern sucht, lassen die beiden Frauen ein weiteres, maskiertes Paar herein, bei dem es sich offenbar um Gudrun Ensslin und den «Profi» handelt. Der drängt Linke weg, Linke versucht zu fliehen und wird durch einen Libersteckschuss lebensgefährlich verletzt. Zu viert stürmt das Befreiungskommando in den Lesesaal. Die beiden Polizisten werden beim Kampf um den Gefangenen ebenfalls verletzt, können dessen Flucht aber nicht verhindern. Die Institutsleiterin kann nur berichten, dass der Gefangene fort ist: «Auch Frau Meinhoff [!] soll durch das Fenster herausgesprungen sein.»[26] Der «existenzielle und historische Sprung in eine neue Ära»[27], den Bohrer der Studentenbewegung als eigentliche Leistung zuspricht, war das Ende von Ulrike Meinhofs bürgerlicher Existenz und der Anfang der RAF.

Der «Profi verlor die Nerven»[28], auf dem Steckbrief aber wird wegen Mordversuchs allein Ulrike Meinhof gesucht. «Die Angeklagte», so begründet es das Gericht, «hat zwar nicht selbst auf den Zeugen Linke geschossen, muß sich das Vorgehen ihres unbekannt gebliebenen Tatgenossen jedoch als Bestandteil des gemeinsamen Tatplanes zurechnen lassen.»[29]

Am nächsten Tag hängt das manchen aus dem Fernsehen bekannte Bild Ulrike Meinhofs an den Berliner Litfaßsäulen: «Mordversuch / in Berlin / 10 000 DM Belohnung». Bernward Vesper schreibt zu dieser Zeit an der «Reise», die lange nach seinem Tod als das Buch einer, dieser Generation gefeiert werden wird. Im Radio hört er von der Befreiung und spricht von ihrem «Sprung, seinem Glanz, seiner Kühnheit»[30]. Die elektrisierende Tat, nach der es schon Dutschke dürstete, hatte endlich stattgefunden. Der Spaß hatte aufgehört, das surrealistische Happening war vorbei, der Kampf hatte begonnen. Noch Jahre später bebt die Frau, die vom Schreiben endlich zur *vita activa* gefunden hat, vor Stolz: «Die Sache war exemplarisch, weil es im antiimperialistischen Kampf überhaupt um Gefangenenbefreiung geht. Mit Gewalt, bewaffnet, nahmen wir uns, was wir brauchten, enteigneten die Justiz von dem Typen, an den sie ihren Besitzanspruch stellt.»[31]

Im Untergrund

«Es war ein schöner Sommer, und die kommenden
Sommer würden noch schöner werden. In Berlin war
Andreas Baader aus der Haft befreit worden. Ulrike
Meinhof rief aus dem Untergrund zum bewaffneten
Kampf auf.»
Jörg Fauser, «Rohstoff» (1984)

Noch schien niemand so recht zu begreifen, was eigentlich vorgefallen war. In der RAF-Programmschrift «Das Konzept Stadtguerilla», die Mitte 1971 herauskommt, heißt es, dass man Andreas Baader nicht befreit hätte, wenn «wir gewußt hätten, daß ein Linke dabei angeschossen wird»[1]. Der Schuss auf Georg Linke sei «ein Unfall» gewesen, wird der Zeuge Baader später im Prozess aussagen[2]; innerhalb der Gruppe führte dieser Angriff auf einen Unbeteiligten zu ersten Auseinandersetzungen. Linke war nicht der Feind, nicht einmal ein Staatsvertreter. Das konnte nicht der ersehnte Guerillakrieg sein.

In dem Maße, wie die Berliner Militanten ihr Gewaltniveau steigerten, musste auch die Polizei ihre Mittel steigern, um sich der wachsenden Militanz zu erwehren. Nach der Baader-Befreiung veranstaltete die Polizei eine der größten Razzien der Nachkriegszeit, doch bestand in Berlin inzwischen eine so umfangreiche Subkultur, dass sie nicht mehr vollständig zu überwachen war.

Die vermeintliche Brutalisierung der Ordnungskräfte verhilft der Guerilla bald zu neuen Rekruten. Am 14. Mai 1970 sitzen Gerd Conradt und sein Freund Holger Meins an der nächsten Ausgabe von *883*. Conradt hat seinen ersten Trip eingeworfen. Plötzlich stürmen Polizisten mit gezogener Pistole und Maschinengewehren im Anschlag herein. «Holger Meins saß in einem Sessel in der Küche und wollte einen Anwalt anrufen. Ein Ziviler drückte ihm – wie in den Kriegsbildern aus Vietnam – eine Pistole an die Schläfe: ‹Anwälte werden heute nicht gebraucht – Gefahr im Verzuge›, und hielt ihm einen Durchsuchungsbefehl unter die Augen. Nachdem alle Personen überprüft, Schränke und Betten durchwühlt waren, verließ die Armee die Etage mit der Drohung: ‹Wir kommen bald wieder!›»[3]

Obwohl an jeder zweiten Litfaßsäule ein Fahndungsplakat mit dem Foto Ulrike Meinhofs hängt, obwohl sie im ummauerten Berlin eingeschlossen sind und trotz ihres bisher so erfolgreichen Spitzels gelingt es der Polizei nicht, die Untergetauchten aufzustöbern.[4] Die Stimmung der wiedervereinigten Stadtguerilla schwankt zwischen Euphorie und ernster Depression, zwischen dem rigiden Tagesablauf des Berufsrevolutionärs und dem Rückfall in die Boheme. «Es gab Zeiten, da saß die Gruppe geschlossen in einem großen Ku'damm-Kino in der dritten Reihe und hat sich Peter Pan angeschaut.»[5] Die Zeitungen konzentrieren sich auf das Steckbrief-Gesicht; schließlich handelt es sich um eine Kollegin. Der geschiedene Ehemann weiß pikante Details aus Ulrike Meinhofs Privatleben weiterzugeben, und die Tumor-Operation, der sie sich 1962 hatte unterziehen müssen, spielt die unverzichtbare Rolle bei der Erklärung dieser unerklärlichen Laufbahn ins Verbrechen. *Bild* ist selbstverständlich am besten unterrichtet: «Hinterher [gemeint ist: nach der Operation] war Ulrike – stets schon hochnervös-intelligent und ungeheuer sprunghaft – häufig ‹abwesend›. Zu ihrem Ungeschick, sich anzuziehen, kam ein leichter Touch zur Ungepflegtheit.»[6]

Erst jetzt, da sie sich als angebliche Mörderin auf einem Steckbrief wiederfand, entschied sie sich endgültig für die Illegalität, auf die sie sich bisher nur zögernd zubewegt hatte. Tilman Fichter hat sich nach der Baader-Befreiung noch einmal mit ihr getroffen, und es war ihm klar: «Die kann man nicht mehr retten.»[7]

Wie zum Zeichen setzt der Südwestfunk die für den 24. Mai vorgesehene Ausstrahlung des Fernsehspiels «Bambule» ab. Ulrike Meinhofs Kinder werden nach einer vagen Anweisung Gudrun Ensslins über Bremen nach Sizilien verschickt, wo sie den Sommer in einem Flüchtlingslager der UN verbringen und von Hippies beaufsichtigt werden. Ulrike Meinhof hoffte, «sie dort wie in einem befreiten Land noch sehen zu können, während sie selbst auf der Flucht war».[8] Angeblich wollten Ensslin und Baader, die ihre Kinder bedenkenlos zurückgelassen hatten, dass Bettina und Regine Röhl in einem Palästinenserlager mit anderen Flüchtlingskindern aufwachsen. Im Auftrag ihres Vaters, der sich sofort nach dem Untertauchen seiner Frau die Vormundschaft sicherte, wird der ehemalige *konkret*-Redakteur Stefan Aust nach den Zwillingen suchen und sie zurückholen.

Günter Wallraff, ebenfalls *konkret*-Autor, distanziert sich von der gewaltsamen Befreiung Baaders: «Die Sehnsucht nach neuem Führerkult, die kleinbürgerlich romantische Sehnsucht nach der ‹überragenden Einzeltat›, nach Märtyrertum und Heroismus, kommt hier zum Ausdruck.»[9] So trennen sich alte Freunde.

Überhaupt fiel der Applaus geringer aus als erwartet. Vor allem wurde dem Kommando vorgeworfen, dass es den Tod des Institutsangestellten in Kauf genommen habe. Der erste RAF-Text ist auch eine Antwort auf diese Kritik und erschien am 5. Juni 1970 in *883*, dem wichtigsten Organ des Berliner Untergrunds: Der Aufruf «Die Rote Armee aufbauen» bringt das Versprechen, «daß es jetzt losgeht, daß die Befreiung Baaders nur der Anfang ist!». Es handelt sich um den einzigen Schlüsseltext in dieser frühen Phase, der noch argumentativ wirkt. «Die Baader-Befreiungs-Aktion war auch kein Deckchensticken», heißt es mit einer Verbeugung vor dem Großen Steuermann Mao. Gleichzeitig setzt man sich vom akademisch-journalistischen Milieu ab und wendet sich den «potentiell revolutionären Teilen des Volkes» zu, vor denen sich die Kritiker zu verantworten hätten: «Den Jugendlichen im Märkischen Viertel habt ihr die Baader-Befreiungs-Aktion zu erklären, den Mädchen im Eichenhof, in der Ollenhauer, in Heiligensee, den Jungs im Jugendhof, in der Jugendhilfsstelle, im

Grünen Haus, im Kieferngrund. Den kinderreichen Familien, den Jungarbeitern und Lehrlingen, den Hauptschülern, den Familien in den Sanierungsgebieten, den Arbeiterinnen von Siemens und AEG-Telefunken, von SEL und Osram, den verheirateten Arbeiterinnen, die zu Haushalt und Kindern auch noch den Akkord schaffen müssen – verdammt!»[10] Die Arbeiter in ihren verschiedenen Ausprägungen – das ist die gleiche Klientel, die eine andere nostalgische Gruppe anspricht: die 1969 mit Hilfe der DDR und in Absprache mit dem Bonner Justizministerium gegründete DKP. Während die KPD unter neuem Namen und dem zu Teilen alten Personal (Manfred Kapluck, der Betreuer des Ehepaares Röhl, gehört zu den Neugründern) aus dem Untergrund auftaucht, verschwindet das ehemalige Parteimitglied Meinhof mitsamt ihrer Bande in ebendiesem Untergrund.

«Um die Konflikte auf die Spitze treiben zu können, bauen wir die Rote Armee auf.»[11] Eine Rote Armee hatte nach dem Ersten Weltkrieg im Ruhrgebiet, eine andere in Bayern gegen die rechten Freikorpssoldaten gekämpft. Im Zweiten Weltkrieg hatte die Sowjetunion die größten Verluste zu tragen. Zusammen mit den Westalliierten hatte die Rote Armee 1945 Deutschland vom Nationalsozialismus befreit und gehörte deshalb zum Staatsgründungsmythos der DDR als des antifaschistischen Deutschlands. Mit dem Aufruf zum Aufbau einer neuen Roten Armee soll die Verbindung zum besseren Deutschland hergestellt werden. Dennoch ist er vor allem nach innen gerichtet, tönt stolzgeschwellt und erklärt trommelbubenhaft, wie es nach all den Worten hinaus ins feindliche Leben gehen soll: «Sitzt nicht auf dem hausdurchsuchten Sofa herum und zählt die Lieben, wie kleinkarierte Krämerseelen.»[12] Trotz solcher Anspielungen[13] kündigt sich hier zugleich der sprachliche Prolet-Kult an, dem die späteren RAF-Verlautbarungen huldigen werden und der im Gefängnis den tagtäglichen Ton beim Hofgang und Umschluss prägte: «Hosenscheißer», «Bullenherrschaft», «opportunistische Scheiße», «ihr Arschlöcher», «in die Fresse schlagen» und immer wieder: «die Schweine».

Die Gruppe, die noch keinen Namen hatte, sich aber schon auf die Rote Armee berief, wartete ab, blieb im Versteck, und Ulrike Meinhof und Horst Mahler nutzten alte Kontakte in Ostberlin, um sich die DDR als Rückzugsraum offenzuhalten. Von den vier leninistischen Befehlen, mit denen das Manifest vom 5. Juni endet, verträgt sich nur einer *nicht* mit der DDR-Ideologie, die anderen drei feiern Werte, an denen die DDR rhetorisch noch festhielt, wenn sie auch längst den Ausgleich mit dem Westen und vor allem mit Westdeutschland anstrebte[14]: «Die Klassenkämpfe entfalten / Das Proletariat organisieren / Mit dem bewaffneten Widerstand beginnen / Die Rote Armee aufbauen!» Die zuständigen Stellen reagierten zurückhaltend und wollten Asyl nur gewähren, wenn die politische Betätigung unterbliebe.[15]

Die langjährige Medienarbeiterin Ulrike Meinhof möchte sich nicht auf die Untergrundpresse beschränken, sondern sucht die maximale Aufmerksamkeit. Über Mittelsmänner bietet sie Reportern des *Stern* ein Tonband mit der Geschichte der Befreiung an. «Ihre Bedingung: Ein Honorar in Höhe von mehreren zehntausend Mark sollte der ‹Betreuungseinrichtung für entlassene jugendliche Straftäter› in Frankfurt überwiesen werden.»[16] Der *Stern* lehnt ab, den Zuschlag erhält der *Spiegel*.[17]

Für den geplanten Artikel wird aus Paris Michèle Ray bestellt, die Frau des Regisseurs Costa-Gavras, ehemaliges Model, *konkret*-Autorin und bekannt geworden, weil sie mitgeholfen hatte, den Tod Che Guevaras aufzuklären. Ulrike Meinhof spricht die Überlegungen der Gruppe für Michèle Ray auf ein Tonband, aus dem der *Spiegel* neun Tage danach, am 15. Juni, «unredigierte Auszüge» veröffentlicht.[18] Später hat sie ihn als «nicht authentisch»[19] bezeichnet, weil er nur die Vorlage für einen Artikel Michèle Rays bilden sollte.

Dem wirren Gestammel Ulrike Meinhofs, das der *Spiegel* druckt, ist immerhin zu entnehmen, dass es beim bevorstehenden Kampf zwar auf die Intellektuellen ankommt, aber die «Revolution nicht gemacht werden wird, ohne daß sich die Revolutionäre bewaffnen»[20]. Die Intellektuellen, die meisten jedenfalls, seien dazu nicht in der Lage, «weil sie Leute sind, die den nächsten Schritt, der jetzt zu machen ist – nämlich das, wovon sie reden, auch zu tun –, nicht machen werden». Viele sind berufen, hätte sie auch sagen können, wenige aber auserwählt. «Die Pflicht des Revolutionärs», hatte Che vor seinem glorreichen Opfertod gesagt (und Dutschke hatte es wiederholt, ehe auch er niedergeschossen wurde), «besteht darin, Revolution zu machen.» Darum ist sie in Berlin-Dahlem als Revolutionärin aus dem Fenster des Zentralinstituts gesprungen. Rudi Dutschkes Wort hatte sich erfüllt, der Umschlag vom pazifistischen Humanismus zum verselbständigten Terror war vollzogen.

Aus der «Propaganda der Tat» ist die «Kriminalität der Tat» geworden, und die Unabhängigkeitserklärung Ulrike Meinhofs im *Spiegel* tobt vor Freude über diesen *fait accompli*. Es sei falsch, zwischen Funktion und Person zu unterscheiden, und moralische Skrupel seien ohnehin überflüssig bei einer Polizei, die Menschen «einsperrt und die sie zusammenknüppelt und die in Berlin ja auch schon geschossen hat». Da ist sie, die Begründung für die kommenden Gewalttaten: Die anderen haben zuerst geschossen.[21] Die anderen, das ist nicht nur die deutsche Polizei, das sind die weltweit operierenden Imperialisten. In ihrem Freund-Feind-Denken vereinfacht die RAF die Welt brutal und sieht sich dabei durch den Lauf der Welt bestätigt: Am 4. Mai hat die amerikanische Nationalgarde auf dem Campus der Kent State University vier unbewaffnete weiße Studenten umgebracht, die gegen den Vietnamkrieg demonstriert hatten. Ronald Reagan, damals noch Gouverneur von Kalifornien, nannte das einen «berechtigten Totschlag».

Zur moralischen Aufrüstung erklärt Ulrike Meinhof im Sprachgestus des von den Black Panthers träumenden Dieter Kunzelmann: «Das ist ein Problem, und wir sagen, natürlich, die Bullen sind Schweine, wir sagen, der Typ in Uniform ist ein Schwein, das ist kein Mensch, und so haben wir uns mit ihm auseinanderzusetzen. Das heißt, wir haben nicht mit ihm zu reden, und es ist falsch überhaupt mit diesen Leuten zu reden, und natürlich kann geschossen werden.»[22]

Der Polizist ist kein Mensch mehr, sondern eine Funktion, und statt zu reden, muss man schießen – das ist das Ergebnis eines langwierigen Denkprozesses und das Ende einer politischen Journalistin, die einst mit dem sarkastischen Satz «Die Würde des Menschen ist antastbar» für die Unantastbarkeit ebendieser Würde gekämpft hatte.

«Das Schießen», heißt es in Carlos Marighellas «Kleinem Handbuch des brasilianischen Stadtguerilla», «ist der Grund für die Existenz des Stadtguerilla und die Bedingung, unter der er handelt und überlebt. (...) Das Schießen muß so lange geübt werden, bis es für den Stadtguerilla zum gelernten Reflex wird.»[23] Damit das Schießen weitergehen kann, treten die Freischärler die Reise dorthin an, wo sich dieser Reflex am besten erwerben lässt.

In der Wüste

«Die Revolution ist kein Festessen, kein
literarisches Fest, kein Deckchensticken,
die Revolution ist ein Akt der Gewalt.»
*Mao Tse-tung, zitiert als Motto in
Sergio Leones Film «Todesmelodie»
(C'era una volta la rivoluzione, 1971)*

Die Revolution, da spricht die friedensmarschbewegte Ulrike Meinhof, wird «kein Osterspaziergang sein», aber offenbar ein höheres Räuber-und-Gendarm-Spiel: «Daß sie uns nicht kriegen, das gehört sozusagen zum Erfolg der Geschichte.»[1]

Am 6. Juni 1970 trinkt man noch Kaffee mit Michèle Ray, am darauffolgenden Montag, dem 8. Juni, reist eine Vorhut mit Mahler, Manfred Grashof und Petra Schelm von Berlin-Schönefeld mit der DDR-Gesellschaft Interflug nach Beirut. Der palästinensische Student Said Dudin, den Mahler durch verschiedene Mandate kennt, hat für insgesamt 3760 DM Tickets für neun Personen gekauft. Der Agent Peter Urbach mag inzwischen verbrannt sein, die Guerilla formiert sich dennoch unter den wachsamen Augen von Stasi, BND und unter reger Anteilnahme der Kollegen Journalisten. Eine Woche später erscheint der *Spiegel* mit Ulrike Meinhofs endgültigem Abschied von dieser Welt und kann bereits berichten, unter welchen Schwierigkeiten die Vorhut in den Libanon einreist.[2] Wegen ihrer Westberliner Ausweise stutzt die libanesische Grenzpolizei und hält die Touristen erst einmal fest. Mahler ruft bei der deutschen Vertretung an, sodass das Auswärtige Amt gleich weiß, wo sich der wegen der Baader-Aktion mit Haftbefehl gesuchte Mahler befindet. Die Palästinenser können die Revolutionstouristen aber noch rechtzeitig aus der Zwangslage befreien und schaffen sie über die jordanische Hauptstadt Amman in ein Wüstencamp. Erst eine weitere Woche darauf, am 22. Juni, fliegen Ulrike Meinhof (mit den Papieren von Michèle Ray[3]), Andreas Baader und Gudrun Ensslin nach Damaskus, wo inzwischen annähernd zwanzig Auszubildende aus Deutschland versammelt sind.

Was die Besucher nicht wissen: Die Palästinenser befinden sich in jenem Sommer in einem Kampf um die Vorherrschaft in Jordanien. Tausende leben in Flüchtlingslagern, während die Anführer stolz durch Amman paradieren und jeden Tag selbstbewusster auftreten. Im September wird die PFLP (Popular Front for the Liberation of Palestine) drei Flugzeuge aus Europa nach Jordanien entführen, um sie schließlich, nachdem die Passagiere freigelassen worden sind, vor den Fernsehkameras der Welt in die Luft zu sprengen, damit diese Welt auf das Schicksal der Palästinenser aufmerksam werde. Fast gleichzeitig wird König Hussein gegen sie zuschlagen, die Flüchtlingslager bombardieren und in zwei Wochen mehrere tausend Palästinenser töten lassen. Am Ende werden sie auch aus Jordanien vertrieben.

Die Besucher haben in dieser Situation vor allem propagandistischen Wert: Zum einen sollen sie – wie zuvor die SDS-Delegation und die Kunzelmann-Gruppe – im Westen die Sache der Palästinenser vertreten, die den arabischen Nachbarn und Brüdern selber zunehmend lästig wird; zum anderen ist es für Araber nicht ohne Reiz, wenn Soldaten, die gegen Israel kämpfen, Besucher aus Deutschland ausbilden können, wo man über einige Erfahrung im Töten von Juden verfügt. Die RAF scheint diese groteske Konstellation nicht weiter beschwert zu haben. Obwohl die einzelnen Mitglieder, allen voran Ulrike Meinhof und Gudrun Ensslin, ihren Widerstand gegen das politische System der Bundesrepublik Deutschland immer wieder hochmoralisch mit dem unterlassenen Widerstand gegen den Judenmord legitimierten, sollten sie zu diesem Kampf nicht zuletzt die Palästinenser befähigen, deren Ideologie im Wesentlichen darin bestand, die Juden auszurotten und die Überlebenden ins Meer zu treiben. Offenbar war der Fanatismus der RAF da schon so stark, dass er durch keinerlei moralische Skrupel mehr zu bremsen war. Horst Mahler ist der Einzige, der sich mit diesem Problem wenigstens nachträglich auseinandergesetzt hat. «Ich bin mit dieser Geschichte überhaupt nie ins reine gekommen», erklärte er 1997, ehe er sich zu seiner speziellen Form von Neo-Nationalsozialismus bekehrte. «Eine traumatische Geschichte, aber Sie sehen, wir haben uns darauf eingelassen.»[4]

Dass die RAF aber wegen dieser Wochen im Palästinenser-Camp gleich an den Strippen mehrerer Geheimdienste gehangen sei, wie Peter Homann meint, müsste erst noch bewiesen werden.[5] Jedenfalls wird die PLO und ihr besonders militanter Flügel, die PFLP, die RAF in den kommenden Jahren bei ihren Aktionen in Europa logistisch unterstützen. Die Araber werden für die militärische Ausbildung und den Waffennachschub sorgen, den Terroristen aber vor allem den Rückzugsraum gewähren, der ihnen immer wieder die Möglichkeit bieten wird, sich zu regenerieren.

Die militärische Ausbildung leitet ein Algerier, der bereits mit der FLN gegen die Kolonialmacht Frankreich gekämpft hat. Gelegentlich erscheint auch Ali Hassan Salameh, genannt Abu Hassan, im Lager, der neben Arafat prominenteste Palästinenser. Der Sohn des Scheichs Hassan Salameh genießt höchstes Ansehen, weil sein Vater in den dreißiger Jahren den arabischen Aufstand angeführt hat.

Die Palästinenser wollen keine «schöngeistigen Wortgefechte», sondern suchen «Kämpfer».[6] Die hoffnungsvolle Stadtguerilla muss zu ihrer Überraschung durch den Sand und unter Stacheldraht hindurchrobben[7], recht spartanisch hausen und essen, und die Männer veranstalten sogleich Hahnenkämpfe um die Führung. Mahler, der Gründer der Gruppe, wird von seinem ehemaligen Mandanten Baader an die Wand gedrängt, der Tatmensch gewinnt ohne weiteres gegen den Intellektuellen.

Peter Homann verwandelt sich binnen weniger Wochen vom Geliebten Ulrike Meinhofs zu ihrem Opfer. Bei der Baader-Befreiung hat er nur Handlangerdienste geleistet, er wird aber als vermeintlicher Schütze gesucht und fliegt den anderen hinterher, um der Fahndung zu entgehen und «um durch Gespräche mit ihnen auch meine Situation zu klären»[8]. Mehr als die Angst vor der Polizei habe ihn nicht mit Mahler und Baader verbunden, und deshalb kommt es bald zum Krach, zu «mörderischen Machtkämpfen»[9]. Homann will aussteigen, die anderen erklären ihn zum «israelischen Spion». Für Mahler zeigte sich im Rückblick hier zum ersten Mal die «faschistische Strukturierung in der Gruppe»; er besteht auf der juristischen Form und installiert ein «Volksgericht», das Homann zum Tod verurteilt; Ulrike Meinhof stimmt ebenfalls für seine «Liquidierung».[10]

Astrid Proll zeigt Homann zum Zeichen dafür, dass sein Schicksal beschlossen ist, eine Patrone. Die «Landsknechte in der RAF», sagte Horst Mahler später (und schloss sich nicht aus), waren «versessen darauf, zu töten».[11] Für Homann werden verschiedene Varianten durchgespielt. Man will ihn durch einen Unfall zu Tode kommen lassen, gemeinsam erschießen oder den Palästinensern als Spion zur Hinrichtung ausliefern.[12] Die Palästinenser bringen den «Banditenhaufen von durchgeknallten Deutschen»[13] wieder zur Vernunft, entwaffnen sie und schicken sie nach Hause.

Eine nennenswerte Ausbildung an der Waffe werden die Revolutionäre in den sechs bis acht Wochen Wüstencamp nicht erhalten haben. Als sich Homann im Jahr darauf der Polizei stellt, kann er aber mitteilen, «daß sich diese Gruppe erst in Jordanien unter dem Druck der Fahndung konstituiert hat»[14]. Bei den Palästinensern bedurfte es allerdings keines äußeren Drucks vonseiten der Polizei oder von wem auch immer. Der Binnendruck war in der Gruppe inzwischen stark genug, um den zu Hause theoretisch vorbereiteten Guerillakampf von der Ausbildung in die Praxis zu überführen. Am Anfang ihres Krieges um die Macht in den Metropolen steht ein mörderisches Ritual. In einer Art Nachwort hat Mahler das Verhalten im Camp selbstkritisch als leninistische Moral bezeichnet: «Wem es ernst ist mit der Revolution, der muß sich befähigen, die schlimmsten Schandtaten zu begehen.»[15]

Die Konkurrenz schläft nicht

«Wer die knallhärtesten Taten bringt, der gibt die
Richtung an.»
Bommi Baumann (1975)

Der Rückweg führt wieder über Ostberlin. Vermutlich am 10. August 1970 landen die Heimkehrer in Schönefeld. Eine Woche später nimmt Ulrike Meinhof Kontakt mit verschiedenen Behörden in Ostberlin auf. Sie möchte das Territorium der DDR als Ausgangsbasis für die «Organisierung des Widerstands in Westberlin»[1] nutzen können. Noch immer reist sie mit dem Pass von Michèle Ray. Nach etlicher Mühe am Grenzübergang, wo sie nach einem Vertreter der «Stasi» verlangt[2], gelingt es ihr, bei einem führenden Funktionär der FDJ vorzusprechen, dem sie ihre wahre Identität offenbart und in einem zwanzigminütigen Gespräch auseinandersetzt, dass die «intellektuellen Linken» von Kampf zwar redeten, aber nicht bereit seien, die Konsequenzen zu ziehen. «Ich hatte den Eindruck», setzt der «Gen. Rauh» in seinem streng geheimen Protokoll hinzu, «daß Ulrike M. nach einem Ausweg aus ihrer prekären Lage sucht und ziemlich ratlos ist. Sie machte einen hilflosen Eindruck.»[3] Drei Tage später ergeht vom «Genossen Minister» (womit Erich Mielke gemeint ist) die Weisung: «Der M. ist beim Erscheinen an der Grenzübergangsstelle die Einreise zu gestatten.»[4]

Nachdem sich Ulrike Meinhof auf diese Weise der kritischen Solidarität der DDR versichert hat, kann sie mit ihren Freunden darangehen, die Kampfzelle in Westberlin aufzubauen. Die Gruppe versteckt sich in den alten konspirativen Wohnungen, die die Polizei merkwürdigerweise noch immer nicht gefunden hat. Maos

Empfehlung folgend, bewegen sich die Revolutionäre im Volk wie Fische im Wasser. Während die rechte Presse weiter das Bild des verhaschten Gammlers beschwört, sind leitende Angestellte unterwegs, ordentlich gekleidet und adrett frisiert, um die Gesellschaft anzugreifen, deren Idealbild sie vollkommen zu entsprechen scheinen. Aber dieses Opfer hatte schon Carlos Marighella in seinem «Kleinen Handbuch des brasilianischen Stadtguerilla» gefordert. Nach dessen Anleitung spaltet sich die RAF in verschiedene Kommandos auf, die relativ autonom Aktionen durchführen und damit das Gesamtunternehmen fast unangreifbar machen: Die Polizei weiß so gut wie nichts über diese Gruppenstruktur, und die Sensationspresse berichtet hingebungsvoll von einer Mörderbande, angeführt offenbar von mehreren Flintenweibern, die alle dem nicht besonders gelittenen Desperado Baader hörig sind.

Während sich die RAF in der Wüste ausbilden ließ, gingen die Brand- und Sprengstoffanschläge auf staatliche Einrichtungen weiter. Auf dabei hinterlassenen Flugblättern wurde «Freiheit für Teufel» gefordert, der als einer der Münchner «Tupamaros» verdächtigt wurde, im dortigen Justizpalast Brandsätze deponiert zu haben. Am 19. Juli war Kunzelmann, dem man eine Reihe von Gewalttaten vorwarf, ebenfalls verhaftet worden. Er selber versteht das rückblickend als «glückliche Fügung des Schicksals»[5], weil er damit überlebte und auch keine anderen Menschen in Gefahr brachte. Den «Umherschweifenden Haschrebellen» wie den «Tupamaros» gingen so immer mehr Kämpfer verloren. Zumindest in Berlin blieben noch genug übrig, die sich dann zur «Bewegung 2. Juni» zusammenfanden. Der Name war bewusst so gewählt, dass er in den Zeitungen bei jeder ihrer Aktionen erklärt und damit an die Erschießung Benno Ohnesorgs im Jahr 1967 erinnert werden musste.

Bei der «Bewegung 2. Juni», der unter anderem Ralf Reinders, Georg von Rauch, Michael (Bommi) Baumann, Peter Knoll, Heinz Brockmann, Thomas Weisbecker, Annerose Reiche, Angela Luther und Till Meyer angehörten, war so gar nichts von der «Märtyrergeilheit»[6] zu merken, die Peter Rühmkorf bei der RAF konstatierte. Außerdem sind die Leute von der späteren «Bewegung 2. Juni» nicht von Anfang an mit der Waffe im Hosenbund herumgelaufen. «Wir haben mit der Gewalt von Kindesbeinen an gelebt»[7], sagt der ehemalige Fürsorgezögling Baumann, deshalb hätten er und seine Freunde zur Selbstbestätigung keine Waffen gebraucht.

«Im Gegensatz zur ‹RAF›», heißt es später fast vorwurfsvoll in einer Anklageschrift, hätten die Mitglieder des «2. Juni» davon abgesehen, «ihre politischen Vorstellungen der Bevölkerung zu vermitteln».[8] Der «2. Juni» sah allerdings auch davon ab, in umständlichen, philologisch korrekt annotierten Seminararbeiten Kontakt zum akademischen Milieu zu halten, dem man mit seinem bald mörderischen Tatendrang imponieren wollte. Die Volksnähe ergab sich schon dadurch, dass der «2. Juni» auch bei den Leuten lebte, für die er kämpfen wollte: Es gehörte zum Selbstverständnis der ehemaligen «Haschrebellen», dass sie als Stadtindianer in Berlin und Teil der Szene blieben. Daran änderte sich auch nichts, als sie dem Beispiel der RAF zu folgen begannen und selber nachrüsteten. Ein Augenzeuge bestätigt, dass Baumann und andere die Waffen am Gehsteig ablegen konnten, um auf der Straße Fußball zu spielen.[9] Das klandestine Zellenwesen war ihnen fremd, deshalb war es für V-Leute auch immer leichter, die «Bewegung 2. Juni» statt der RAF zu infiltrieren.

Die RAF zweifelte an der Seriosität dieser Spaßguerilla; sie konnte die kiffenden Bundesbrüder nicht akzeptieren: «Ihr rennt durch zich Wohnungen, fickt lauter Bräute und raucht Haschisch, das macht euch wohl Spaß, diese Sache. Diese Sache darf keinen Spaß machen, das ist hier ein harter Job», referierte Bommi Baumann die gestrenge Gudrun Ensslin und grenzte sich seinerseits vom Tübinger Pietismus ab: «Da steht rigides Studententum für mich dahinter, das ist die totale Lustfeindlichkeit. Da fehlt jede Ekstase, ohne die eine Revolution gar nicht laufen kann.»[10]

Die neue Bonner sozialliberale Koalition bot den Linken ganz neue Karrierechancen. Umso entschiedener wollten die «Haschrebellen» wie die RAF die Revolution betreiben. Bei allen Unterschieden waren sie deshalb auch zu Koalitionen fähig, wenn die Lage es erforderte.

Zur Finanzierung des geplanten Guerillakrieges plant die RAF einen großen Banküberfall. Dafür werden im Bundesgebiet Autos gemietet und nach Berlin überführt, wo sie von den beiden Mechanikern Eric Grusdat und Karl-Heinz Ruhland mit gefälschten Kennzeichen versehen werden. Beide waren für die niederen Tätigkeiten angeworben worden und wurden, da ohne erworbenes Interesse am Klassenkampf, als Leichtlohngruppe eingestuft. Mahler und Baader lassen sich bei ihnen in der Werkstatt weiterbilden; das militärische Training bei der Fatah allein bot keine Handreichung für ein so dicht bevölkertes Land wie die Bundesrepublik. Schließlich handelte es sich bei den Guerilleros um Intellektuelle, denen ihr sozialer Status bisher erspart hatte, bei irgendetwas selber Hand anzulegen. «Der, der ein Auto am besten knacken kann, übernimmt die Führung»[11], wird der kommende Chef, wird Andreas Baader erklären. Auch Ulrike Meinhof übt sich im Metropolenkampf: Zusammen mit anderen sprengt sie einen Bagger in die Luft, ein Früchtekontor wird abgefackelt, und mehrere Fahrzeuge der Berliner Polizei und der amerikanischen Armee werden angezündet. Manfred Grashof fälscht für alle Ausweise.

Am 29. September unternimmt die Gruppe einen synchronisierten Bankraub, den «Dreierschlag». Innerhalb von zehn Minuten werden drei Filialen gestürmt, Beute: 217 135 Mark. Die Bankräuber sind alle aktenkundig, und von Baader über Meinhof bis Mahler sind sämtliche RAF-Mitglieder daran beteiligt. Aber für die Täter bei der Zweigstelle 92 der Berliner Sparkasse interessiert sich niemand. Dort war es nämlich gar nicht die RAF, die zuschlug, sondern die sich formierende «Bewegung 2. Juni», darunter Georg von Rauch und Thomas Weisbecker. Die beiden hinterlassen einen Zettel mit der Aufschrift «Enteignet die Feinde des

Volkes!». Ohne diese Unterstützung wäre der Tripel-Überfall gar nicht möglich gewesen. Die Leute vom «Blues» fahren gleichzeitig durch die Straßen in der Nähe, um mit einem Störsender den Polizeifunk zu sabotieren. Da für die Polizei die RAF als Hauptfeind erkannt war, wurde die Tatbeteiligung des «2. Juni» bis heute nicht verfolgt.[12]

Noch nie gab es in Berlin einen derart dreisten Überfall, aber schon nach zehn Tagen werden fünf der Beteiligten festgenommen; ihr Versteck war verraten worden. Am 8. Oktober verhaftet die Polizei in einer konspirativen Wohnung in der Berliner Knesebeckstraße Horst Mahler, Irene Goergens und Ingrid Schubert, Monika Berberich und Brigitte Asdonk. Zu ihrem Glück (oder Unglück) entgehen Ulrike Meinhof, Andreas Baader und Gudrun Ensslin der Verhaftung, weil sie bereits auf dem Weg nach Westen sind. Längst nämlich ist der Plan gefasst, die Operationsbasis nach Westdeutschland zu verlegen. Zwar ist das Berliner Untergrundnetz von der Polizei nur schwer zu durchdringen und schon gar nicht zu zerschlagen, aber sicher können sich die Terroristen dort nicht mehr fühlen. Brigitte Mohnhaupt, die von den «Tupamaros München» zur RAF gestoßen ist, wird die Statthalterin in Berlin, während die Hauptleute ausfliegen: nach Hamburg, Stuttgart und vor allem nach Frankfurt. Die Welt soll nicht mehr nur auf Berlin schauen, die RAF hat es auf ganz Deutschland abgesehen.

Ortlose Guerilla

«Macht kaputt, was euch kaputt macht!»
Populäre Handlungsanweisung (ca. 1969)

Im Februar 1970 gründet der wissenschaftliche Assistent Wolfgang Huber, den die Universitätsklinik Heidelberg fristlos entlassen hat, weil er Patienten und Personal gegen die Klinikleitung aufwiegelte, das «Sozialistische Patientenkollektiv» (SPK). Mit Hilfe seiner Patienten besetzt Huber ein Haus und erzwingt damit, dass ihnen vier Räume überlassen werden. Das baden-württembergische Kultusministerium untersagt diese duldende Förderung, und dagegen können auch Rechtsmittel nichts ausrichten. «Das SPK muß sich daher zum Ziele setzen», verkünden Huber und sein Kollektiv am 29. Juli 1970 in einer «Wissenschaftlichen Darstellung», «die von den Herrschenden zu Kapital gemachte Krankheit, die ihrerseits wieder Kapital und Krankheit produziert, zurückzuholen, damit das kranke Kapital oder die kapitalistische Krankheit verschwindet und der kapitalistische Verantwortungs- und Verschleierungsprozeß zum Stillstand komme, bzw. sich in die Gegenrichtung bewege. Eine Bewegung in die Gegenrichtung aber nennt man mit dem Fremdwort Revolution.»[1]

Die Revolution führen zu dieser Zeit auch andere Leute an anderen Orten im Munde, aber niemand betreibt sie so konsequent wie Wolfgang Huber. In der «Patienten-Info Nr. 1» heißt es schön dialektisch: «Genossen! Es darf keine therapeutische Tat geben, die nicht zuvor klar und eindeutig als revolutionäre Tat ausgewiesen worden ist. (...) Es lebe der Sieg der Arbeiterklasse! Das System hat uns ‹krank gemacht›, geben wir dem kranken System den Todesstoß!»[2]

Das System, so viel weiß der Kenner, ist nicht bloß die Psychiatrie, sondern gleich die ganze Gesellschaft, die aus Menschen Patienten macht und sie in der Psychiatrie weiter deformiert. Wenn also nach den Worten des Verteidigers Horst Mahler im Prozess gegen die Kaufhausbrandstifter «in dieser Gesellschaft das Zuchthaus der einzige Aufenthaltsort für einen anständigen Menschen ist», dann ist es für das SPK naturgemäß die Klinik. Die Heidelberger sind nicht weniger kunstsinnig als die Münchner und Berliner Spektakel-Künstler, und so wird ein beliebtes literarisches Motiv der Moderne durchgespielt: Nicht die Irren sind krank, sondern die Irrenwärter.

Hier in Heidelberg manifestiert sich ein *double bind*, der das gesamte Jahrzehnt beherrschen und die ganze Bundesrepublik in eine große Heil- und Pflegeanstalt verwandeln wird. Von dem Moment an, da sie in Erscheinung getreten sind, wird an den Terroristen herumgedoktert. Da sie sich auffällig benehmen, sucht man nach immer neuen Erklärungen. Für die Terroristen wiederum genügt die Gesellschaft nicht den hohen Ansprüchen, die sie sich auf dem langen Marsch in den bewaffneten Kampf erworben haben. Jetzt sind sie Einzelkämpfer, bald auch Märtyrer, die ein verstärktes therapeutisches Interesse beanspruchen. Die Sympathisanten nehmen, selber nie ganz frei von Schuldgefühlen, weil sie nicht auch mittun, in Worten und Werken Anteil am zunehmend mörderischen Treiben der Baaders und Meinhofs. Die RAF, einmal formiert, kann nicht ablassen von ihrem Feindbild, dem bösen Staat, und der wehrt sich nicht bloß nach Kräften, sondern sucht zu verstehen, was diese aus der Mitte der privilegierten Gesellschaft entlaufenen Kinder zu diesem Feldzug treibt. So entsteht ein wechselseitiges Betreuungsverhältnis. Die siebziger Jahre werden in einer großen Encounter-Gruppe begangen werden, von der Gesprächs- und Psychotherapie, von der Hypnose bis zur Gehirnwäsche wird fast nichts unversucht gelassen, und natürlich kann eine so genussreiche Therapie niemals aufhören.

Nicht anders als die Berliner Brandredner der Jahre 1967 und

1968 wiegelt Wolfgang Huber seine Patienten zum Kampf auf und verweist sie zugleich auf die homöopathische Arznei: «Aus der Krankheit eine Waffe machen!» Rasch schart er Anhänger um sich; bis zum Sommer 1970 sind es dreihundert Leute, die sich durch die ständig drohende Polizeigewalt immer mehr im Recht fühlen. Der Selbstmord einer psychisch labilen Frau bestätigt das SPK: «In dieser Gesellschaft sind wir alle krank.» Huber ruft einmal nachts den Rektor an und verkündet, dass er im Besitz mehrerer Handgranaten sei und sich und die anderen jetzt in die Luft sprengen werde. Zusammen mit seiner Frau, seiner Geliebten und einer Handvoll weiterer Kader bildet Huber «Arbeitskreise», in denen Vorbereitungen für den Sturz der unzweifelhaft verkommenen Ordnung getroffen werden.

Im Herbst 1970 fährt eine Abordnung des SPK nach Hamburg, um einem NDR-Redakteur das neue therapeutische Modell vorzustellen. Unterwegs in Hannover klingeln sie bei Peter Brückner. Der Psychologie-Professor, Sohn einer Jüdin, bekennt sich offen zu einigen Zielen der kampfbereiten Linken; später wird er von der «ortlosen»[3] Guerilla sprechen. Brückner ist zwar Sympathisant, doch lässt er die Besucher nur widerstrebend bei sich übernachten – unter der Bedingung, dass sie sich nicht um weiteren Besuch kümmern. Noch später in der Nacht klingelt es tatsächlich wieder, und auch diese Besucher werden diskret untergebracht. Am Morgen ist niemand mehr da. Bei den späten Gästen handelte es sich wahrscheinlich um Ulrike Meinhof und ihren Begleiter Ruhland.

Die Terroristen irren als versprengtes Häuflein, Meinhofs verlorene Schar, durch die Bundesrepublik, fordern Obdach und ein bisschen Unterstützung, Zombies schon jetzt, Kämpfer ohne Gelegenheit zum Kampf. Ulrike Meinhof nutzt Kontakte von früher, um immer neue Quartiere für sich und die anderen zu finden. So wohnen sie bei Pfarrern, Redakteuren, Pädagogen, bei Studienfreunden und der weitläufigeren Verwandtschaft. Mitte Dezember klopft sie in Frankfurt an die Wohnungstür des Schriftstellers Ror Wolf, den sie für einen RAF-Sympathisanten hält. Statt seiner wohnt da jetzt Michael Schulte, der sie und einige weitere Gruppenmitglieder bei sich aufnimmt. Sie hausen auf Luftmatratzen und betrachten die Wohnung bald als ihr Eigentum. Als sie sich auch noch an seinen Büchern vergreifen und darin herumschmieren, zieht er aus und bittet die Genossen, sich möglichst rasch aus dem Staub zu machen. Schulte beobachtete einen starken Realitätsverlust. «Die gesamte deutsche Arbeiterschaft steht hinter uns»[4], soll ihm Jan-Carl Raspe versichert haben.

Raspe hat sich, wie Holger Meins, im Herbst 1970 der RAF angeschlossen. In Berlin hatte er sich mit antiautoritärer Pädagogik beschäftigt und gerade seine Abschlussarbeit über die Erziehung proletarischer Jugendlicher beendet. Er war Mitbegründer der Kommune 2, in die die Kinder aus der K I abgeschoben wurden – sie hätten bei den Aktionen gestört. Dagmar Seehuber, die von Kunzelmann schwanger geworden war, musste abtreiben lassen: «Die Kommune I sollte sich – biologisch – nicht fortpflanzen.»[5] Die K 2 hatte keine Angst vor Kindern und versuchte, die antiautoritäre Erziehung am lebenden Objekt auszuprobieren. Ziemlich hölzern begründete Raspe zusammen mit zwei anderen Mitgliedern in einem Beitrag für das *Kursbuch* vom Juni 1969 das neue Lebenskonzept: «Aus unserer theoretisch erfaßten Radikalität, alle bestehenden Verhältnisse umwälzen zu wollen, und der Notwendigkeit, unser eigenes Milieu zu schaffen, um uns psychisch fähiger zur Rebellion zu machen, entstand die Idee, in Wohnkollektiven zusammenzuziehen.»[6] Über seine Freundin Marianne Herzog lernte er Ulrike Meinhof kennen, in deren Wohnung die ersten Diskussionen zum Aufbau einer Stadtguerilla geführt wurden. Im Herbst gehörte er dazu.

Holger Meins war im August 1970 unter dem Verdacht verhaftet worden, er hätte sich an einem Anschlag gegen die Berliner Polizei beteiligt. Es war ihm nichts nachzuweisen, und nach einem Monat wurde er wieder freigelassen. Die Tatsache, dass er über die «Tagesschau» als Verbrecher gesucht wurde, muss ihn so nachhaltig verstört haben, dass er in den folgenden Wochen alle Brücken hinter sich abbrach und sich Anfang Dezember in Frankfurt bei Andreas Baader und Ulrike Meinhof zum Einsatz meldete.

Der Sprung im Mai in die kriminelle Freiheit war für alle überraschend gekommen. Den Mitgliedern der RAF fehlte jede Erfahrung für das Leben in der Illegalität. Sie mussten sich erst die Fertigkeiten von Kleinkriminellen aneignen. Zusammen mit Karl-Heinz Ruhland bricht Ulrike Meinhof nachts im Bürgermeisteramt von Lang-Göns ein und besorgt Blankoausweise und Stempel, mit denen sich neue Papiere herstellen lassen. Ulrike Meinhof, die sich zunächst so ungeschickt anstellte, dass sie beim ersten Banküberfall in der Hektik einen Geldschuber mit hunderttausend Mark stehenließ, beweist ein erstaunliches Talent fürs Autoknacken. Banken werden ausgespäht und Waffengeschäfte, schließlich kauft Ulrike Meinhof im Dezember bei zwei Leuten, die zur Fatah gehören, 35 «Firebird»-Pistolen. Hier beginnt der Waffenkult der RAF. Die (möglichst geladene) Waffe musste beim richtigen Terror dabei sein. Ohne Waffe war alles nichts. Wer fortan in die Gruppe aufgenommen wird, erhält eine «Firebird». Wer die RAF verlässt, hat die Pistole abzugeben.

Da es trotz des militärisch-martialischen Auftretens kein Operationsziel gibt, bestehen die Aktionen der Gruppe vor allem in einer heftigen Reisetätigkeit, die am erraubten Kapital zehrt. Gudrun Ensslin führt mit protestantischer Strenge das Kassenbuch. In verschiedenen Städten werden Basislager angelegt, Frankfurt und Hamburg zu den beiden wichtigsten Operationsbasen erhoben. Frankfurt ist als westdeutsche Zentrale schon aus geographischen Gründen ideal; außerdem bestehen auch hier linke Netzwerke, bei denen sich genügend militante Unterstützer finden. Baader und Ensslin melden sich bei ihrem treuen Verehrer Peter-Jürgen Boock, der ihnen aber für den Kampf noch nicht bereit scheint.

Noch vor Jahresende sind die RAF-Handlanger Karl-Heinz Ruhland und Heinrich «Ali» Jansen verhaftet worden. Ruhland ist der Erste, der aussagt, und die Polizei erfährt von den Startschwierigkeiten der Gruppe: vom Ungeschick, mit dem man anfangs zu Werke ging, von den vergeblichen Versuchen, Waffen aufzutreiben, dem Katz-und-Maus-Spiel, das gerade erst begonnen hat und das für einige schon beendet ist: Von der Gruppe, die im Juni nach Jordanien aufgebrochen ist, sind zum Jahreswechsel 1970/71 nur noch Baader, Meinhof, Ensslin, Proll, Schelm und Grashof übrig. Homann ist untergetaucht, Raspe und Meins sind neu dazugestoßen, außerdem Fritz Teufels Freundin Irmgard Möller, Rolf Pohle und für wenige Monate die mit Holger Meins befreundete Physikstudentin Beate Sturm. In Berlin baut Brigitte Mohnhaupt eine neue Zelle der RAF auf.

Im Februar 1971 schreibt das Bundeskriminalamt die ihm bisher bekannten Gewalttäter, die den «radikalen Umsturz der gegenwärtigen Gesellschaftsordnung» anstreben, zur Fahndung aus. Bald hängen die Steckbriefe überall. Astrid Proll ist die Erste, die nach diesem Signalement erkannt und verhaftet wird. Bei einer Schießerei in Frankfurt im Februar war sie noch einmal entkommen, am 6. Mai wird sie in Hamburg von einem Tankwart erkannt und der Polizei gemeldet.

Für den geplanten Krieg in den Metropolen drohen der RAF die Kämpfer auszugehen. Im Frühjahr 1971 fahren Andreas Baader und Gudrun Ensslin nach Heidelberg und sondieren eine gemeinsame Strategie mit dem SPK, das mit dem Slogan «Irre ans Gewehr!» seine Gewaltbereitschaft signalisiert hat. Das sozialistische Patientenkollektiv RAF liefert Waffen und Ausweispapiere und nimmt weitere Mitglieder auf. «MAHLER, MEINHOF, BAADER – das sind unsere Kader!» lautet bald der neue Slogan. Huber und die Seinen wollen sich aus der selbstverschuldeten Krankheit befreien und steigern sich in eine Paranoia, die nach Bestätigung verlangt: Am 24. Juni 1971 geraten SPK-Mitglieder in der Nähe von Heidelberg in eine Verkehrskontrolle, dabei wird ein Polizist verletzt. Wie es die RAF verlangt, haben sich die Verdächtigen mit Hilfe ihrer Schusswaffen der Festnahme widersetzt. Die am Tatort gefundenen Spuren reichen aus für eine Durchsuchungsaktion im Heidelberger Hauptquartier des SPK, das damit zerschlagen ist. Die Mitglieder, soweit sie nicht im Gefängnis landen, gehen in den Untergrund: Klaus Jünschke, Knut Folkerts, Gerhard Müller, Margrit Schiller, Elisabeth von Dyck, Bernd Rössner, Ralf Baptist Friedrich, Carmen Roll und (nach Verbüßung einer Jugendstrafe) Siegfried Hausner verstärken fortan die RAF. Auf dem letzten Flugblatt des SPK wird dessen Signet durchgestrichen und durch «RAF» ersetzt.

Die ständigen Passagen durch die Bundesrepublik erhöhen die Wahrscheinlichkeit, dass die Untergetauchten der Polizei auffallen. Die Bewaffnung und die öffentlich erklärte Bereitschaft, auf Polizisten, die sich ihnen in den Weg stellen, zu schießen, führt denn auch zu den ersten Toten. Zwar verspricht die RAF, «den Bullen, der uns laufen läßt, lassen wir auch laufen»[7], doch kann auf diesen Handel niemand eingehen.

Ohne dass die RAF bis dahin anders als durch Banküberfälle und Beschaffungseinbrüche in Erscheinung getreten wäre, müssen jetzt im Namen eines unbekannten Ziels Menschen sterben. Bei einer Großfahndung in Norddeutschland wird am 15. Juli 1971 Petra Schelm erschossen, die sich mit ihrer Pistole gegen die Verhaftung wehrt. Werner Hoppe schießt auf die Polizisten, wird aber festgenommen. Am 22. Oktober 1971 erschießt Gerhard Müller in Hamburg den Polizisten Norbert Schmid. Mit seinem Kollegen Heinz-Ruthard Lemke ist Schmid nach Mitternacht Streife gefahren. Dabei ist ihm die ungewöhnlich große Margrit Schiller aufgefallen. Nachdem er sie kurz aus den Augen verloren hat, erscheint sie wieder, diesmal in Begleitung von Gerhard Müller und Ulrike Meinhof. Die Polizisten versperren ihnen den Weg. Margrit Schiller flieht. Müller, der im SPK keine bedeutende Rolle spielte, ist bei der RAF sofort zum Beschützer Meinhofs avanciert und betrachtet es als seine Aufgabe, Meinhof unter allen Umständen vor einer Verhaftung zu bewahren. Er feuert auf die beiden Polizisten, die ihren Wagen verlassen haben. Schmid geht tödlich getroffen zu

Boden; sein Kollege ist ebenfalls verletzt. Müller kann mit Meinhof fliehen. Margrit Schiller versucht, mit dem Streifenwagen zu entkommen, wird aber wenige Minuten später gestellt. Am nächsten Tag wird sie den Medien als Mörderin vorgeführt.

Norbert Schmid ist der erste Polizist, den die RAF umbringt. Er wird unter großer Empörung der Bevölkerung zu Grabe getragen. Später hat man nicht weit vom Tat- und Sterbeort sogar einen Platz nach ihm benannt. Die Empörung über den Mord, die Trauer um den toten Polizisten wirken jedoch wie ein Ritual, wenn, wie hier, bei der Ahndung der Mordtat bis heute jedes Aufklärungsinteresse unterbleibt. Obwohl Schmids verletzter Kollege Lemke[8] und später sowohl Irmgard Möller wie Margrit Schiller[9] aussagen, dass Gerhard Müller der Mörder Schmids war, wird Müller zwar vor dem Hamburger Schwurgericht wegen Mordes und Mordversuchs angeklagt, aber in dieser Sache freigesprochen. Es wird auch sonst niemand verurteilt; der Mord gilt als nicht aufgeklärt. Für den *Spiegel* handelt es sich um das «Resultat einer beispiellosen Manipulation des Rechts»[10]. Weil «mein Haß auf die RAF und bestimmte Leute sehr viel stärker ist, als z. B. auf die Leute, die gegenwärtig für meine Haftbedingungen verantwortlich zeichnen»[11], war Müller nämlich zweieinhalb Jahre nach seiner Verhaftung im Sommer 1972 bereit, detailliert über die Bombenanschläge der RAF im Mai desselben Jahres auszusagen, an denen er ebenfalls beteiligt war. Ein Kronzeuge war der Staatsanwaltschaft wichtiger als die Aufklärung eines Mordes; in der Urteilsbegründung vom 28. April 1977 in der «Strafsache gegen Andreas Baader (...) wegen Mordes u. a.» wird Gerhard Müller als «vielseitig verwendbar» bezeichnet.[12] Obwohl es die Kronzeugenregelung noch längst nicht gibt, kommt Müller mit einer Freiheitsstrafe von zehn Jahren davon, von denen er sechseinhalb Jahre absitzen muss.[13] Die entsprechenden Akten werden bis heute zurückgehalten. Die Begründung dafür lautet nicht anders als 1979, als man sie nicht freigeben wollte, weil die Veröffentlichung «dem Wohle des Bundes Nachteile bereiten würde»[14]. Das muss die Staatsräson sein.

Dieser andauernde Justizskandal ändert nichts daran, dass die RAF sich mittlerweile zu genau jener Mörderbande entwickelt hat, als die sie schon vor dem Mord an Norbert Schmid in den Zeitungen auftrat. Ein Guerillakrieg mag romantisch sein, wenn von ihm in Heldensagen aus fernen Ländern berichtet wird. Als Freischärlerkommando aber einem demokratischen Staat wie der Bundesrepublik den Krieg zu erklären, ist nicht bloß Wahnsinn, sondern bringt statt der Gloriole des Freiheitskämpfers am Ende nur Mord und Totschlag.

«Ein Krieg von 6 gegen 60 000 000»

«Sie können einen Menschen nicht begreifen, der zu
seiner Zeit auch handeln kann, und finden mich
verabscheuungswürdig, nun ich nach den Grundsätzen
wirklich zu Werke gehe, die sie auf meinem Papier
ihres Beifalls würdigen ...»
*Georg Forster am 1. Januar 1793
an seine Frau Therese*

Während die RAF bemüht ist, ihr Personal zu erhalten, stellt sich die Polizei auf die neue Bedrohung ein. Eine «Sonderkommission Terrorismus» wird gebildet und die Polizeiarbeit der Bundesländer koordiniert. Die sozialliberale Bundesregierung verabschiedet ein «Schwerpunktprogramm ‹Innere Sicherheit›». Am 1. September 1971 wird Horst Herold, zuvor Staatsanwalt, Richter und Polizeipräsident in Nürnberg, Präsident des Bundeskriminalamtes (BKA), bei dem die Fahndung zusammenlaufen soll. Herold genießt das besondere Vertrauen von Innenminister Hans-Dietrich Genscher und erhält den Auftrag, die bisher vernachlässigte elektronische Datenverarbeitung auf internationales Niveau zu bringen. Während seiner zehnjährigen Amtszeit steigt der Etat des BKA von 54,8 auf 290 Millionen Mark. Allein von 1975 bis 1981 erhöht sich die Zahl der BKA-Mitarbeiter von 2425 auf 3289. Herold, mit mehr Befugnissen als seine Vorgänger ausgestattet, revolutioniert die Polizeiarbeit. Täterprofile werden mit neuesten wissenschaftlichen Methoden erstellt.

Herold weiß, dass auch Terroristen in ihrer Logistik bestimmten Zwängen unterliegen: «Sie müssen Wohnungen, sie müssen Waffen haben, sie müssen mobil sein, sie müssen Abdeckpapiere haben, und sie müssen Geld haben.»[1] Sein Computer weiß sogar, wer welche Zahnpasta verwendet und wie lange er die Bürste dazu in Gebrauch hat. Schließlich sind seine Beamten sogar in der Lage, aus dem Restmaterial, das in einer von den Terroristen «gecleanten» Wohnung zurückgeblieben ist, den Zeitpunkt zu berechnen, an dem die RAF wieder eine Bank überfallen muss, um die Gruppenkasse nachzufüllen. Je brutaler die Anschläge sind, die die RAF in den kommenden Jahren verüben wird, desto leichter wird es Herold fallen, die Möglichkeiten und auch die Kompetenzen des BKA zu erweitern.

Zwischen Herold, der als einziger führender Beamter in Westdeutschland eine marxistische Schulung hinter sich hat, und der RAF wird sich fast eine Symbiose entwickeln, insbesondere mit Andreas Baader. Selbstverständlich bestreitet Herold, je über ihn gesagt zu haben: «Ich habe ihn geliebt», aber es liege «auf der Hand, daß man jeweils vom anderen lernt, wenn sich zwei Parteien so auf Leben und Tod bekämpfen»[2]. Baader soll gelobt haben: «Herold ist auf der Höhe der Reaktion und hochintelligent.»[3] Hier hatten sich offenbar die Richtigen gefunden: Herold akzeptierte die RAF als Gruppe denkender Menschen, ohne deshalb von der Kriminalität ihrer Taten abzusehen, während sich die meisten staatlichen Vertreter mit ihr gar nicht auseinandersetzen konnten, weil es sich für sie um eine «Bande feiger Mörder» handelte.

Horst Herold wurde bald zum Computergehirn dämonisiert; Enzensberger sprach vom «Sonnenstaat des Doktor Herold»[4]. Dabei war Herold vor allem ein guter Kriminalist. 1975 erklärte er auf dem «Hessenforum», es sei nur eine «Denksportaufgabe, die Nervenknoten des Gegners herauszuisolieren, sie dann gezielt mit Maßnahmen anzugehen, sie zu paralysieren, zu neutralisieren»[5]. Für die Bundesrepublik ist die RAF etwas völlig Neues, für Herold aber ist sie berechenbar, eine Gruppe, bei der sich «einmalig in der Geschichte die bisher so einander entgegengesetzten Weltanschauungen wie Marxismus und Anarchismus zu einer Mischung von äußerster Brisanz zu vereinigen beginnen»[6]. Der Terrorismus sei eben keine Ausgeburt kranker Gehirne. Es wäre vielmehr die Frage zu erörtern, ob er nicht «eine Widerspiegelung gewisser gesellschaftlicher Situationen in der westlichen, auch in der östlichen Welt ist, so daß der Terrorismus im Überbau lediglich die Probleme reflektiert, die objektiv bestehen»[7]. Bei solchen Globalanalysen geht dem Kriminalisten Herold leicht die Theorie durch. Doch in der Fahndungshysterie der siebziger Jahre, zu der das BKA nicht wenig beiträgt, ist er beinah der Einzige, der darauf hinweist, dass zu den Aufgaben des Staates nicht bloß die Verfolgung der Täter gehört, sondern auch, «die Verhältnisse zu ändern, unter denen Terrorismus entstehen kann»[8]. Es war Carlchristian von Braunmühl, der Bruder des 1986 von der RAF ermordeten Diplomaten Gerold von Braunmühl, der sich und anderen die Frage stellte: «Sind die Terroristen vom Himmel gefallen oder sind sie aus dem Boden der Gesellschaft gewachsen? (...) Mir genügt es nicht zu sagen: So ein paar Unglücksmenschen, die gibt es immer, dagegen lässt sich nichts machen.» Den Terroristen der ersten Generation erkennt er mit Berufung auf den Soziologen Norbert Elias ein echtes Leiden an der Gesellschaft zu. «Die Aufrichtigkeit dieser Gedanken und Gefühle, die ja völlig falsch gewesen sein mögen, waren nicht die von amoralischen, kalten Killern.» Bei Herold würdigt Braunmühl die Begabung, sich in die Welt der Terroristen hineinzuversetzen. Ohne diese Fähigkeit könne man nicht anerkennen, «was aufrichtig, ehrlich, intelligent an ihnen ist. Das anzuerkennen gehört zum zivilen Engagement dazu.»[9] Herold ist der ideale Widerpart für die Gründergeneration der RAF, die sich in ihren theoretischen Schriften noch in der Tradition der marxistischen Revolutionsgeschichte sieht. «In dem Augenblick, als sie ihre Ideologie hintangestellt hat, konnte man sie nicht mehr packen.»[10]

Ohne eine ausformulierte Ideologie aber will die RAF nicht kämpfen. Zwischen den Beschaffungsaktionen studiert Ulrike Meinhof Karl Marx und die anderen Klassiker, die sie bis dahin kaum gelesen hatte. In Wohnungen befreundeter Genossen nutzt sie die

Bibliothek; Untergrundarbeit muss noch intensiver sein als die in der Legalität. Als «Stimme der RAF» und ihre nach wie vor bekannteste Figur hat sie den Auftrag, «Das Konzept Stadtguerilla» zu entwerfen, eine Propagandaschrift, in der zum ersten Mal der Name «Rote Armee Fraktion» auftaucht. Auch das Emblem wird darauf zum ersten Mal verwendet, die Maschinenpistole Heckler & Koch MP 5 im fünfzackigen Stern und darüber der Schriftzug «RAF». Auf Außenwirkung bedacht, bittet Andreas Baader seinen alten Freund Holm von Czettritz, das RAF-Signet graphisch zu bearbeiten. Dem «Markenartikler» Czettritz (Johnnie Walker; Zigaretten) gefällt aber gerade der «raue Ursprungscharakter» der Zeichnung («Das war ja wie ein Kartoffeldruck»), von einer Aufhübschung rät er ab.[11]

Die Broschüre wird im Samisdat-Verfahren hergestellt und, obwohl bald verboten, im Sommer 1971 erfolgreich in ganz Westdeutschland vertrieben. Wie auch bei allen folgenden Texten der RAF geht es darum, an die Diskussionen der Studentenbewegung anzuschließen und sie, gesättigt durch die neuen Erfahrungen («Primat der Praxis»), weiter voranzutreiben.

«Unsere Praxis ist kein Jahr alt», erklärt die RAF; die Zeit sei «zu kurz, um schon von Ergebnissen reden zu können. Die große Öffentlichkeit, die uns die Herren Genscher, Zimmermann & Co. verschafft haben, läßt es uns aber propagandistisch opportun erscheinen, schon jetzt einiges zu bedenken zu geben.»[12] Zwar wird dann geschildert, wie sich die Verhältnisse in der Bundesrepublik darstellen, doch die Analyse ist längst beendet, das Urteil über die Zustände fertig, nämlich dass sie ohnehin nur gewaltsam (maoistisch: durch die Praxis) zu ändern seien. Obwohl sich die RAF als marxistisch-leninistische Kadergruppe versteht (die vielen Lenin- und Mao-Zitate belegen es), will sie die Gesellschaft nicht elitär von außen kritisieren. Die Studentenbewegung und die wissenschaftliche Marx-Lektüre werden als Voraussetzung für den nunmehr bewaffneten Kampf angeführt, gleichzeitig aber die Unterschiede zu den K-Gruppen betont. Unüberhörbar der Stolz der Frau, die nach langem Nachdenken zur Waffe gegriffen hat und jetzt jene verhöhnt, die sich schon für Revolutionäre halten, wenn sie die Untergrundkämpfer eine Nacht beherbergt haben. «Sie konsumieren. Wir haben mit diesen Schwätzern, für die sich der antiimperialistische Kampf beim Kaffeekränzchen abspielt, nichts zu tun.»[13] Das Pamphlet endet mit einer Kampfansage, bei der sich die RAF auf Eldridge Cleaver von den Black Panthers beruft: «Entweder sie [die revolutionären Kräfte] sind ein Teil des Problems oder sie sind ein Teil der Lösung. Dazwischen gibt es nichts.»[14]

Die RAF will, was sonst, die Lösung sein oder doch zu ihr beitragen. In Berlin-Moabit sitzt der Häftling Horst Mahler, dem neben der Freiheit die von ihm gegründete Gruppe abhandengekommen ist. Sein Anwalt Otto Schily hat ihm die vom *Kursbuch*-Mitherausgeber Karl Markus Michel betreute Hegel-Gesamtausgabe in die Zelle gebracht. Mahler bereitet sich auf seinen Prozess vor, und er liest. Er liest, und er schreibt, denn er will die Deutungshoheit über den «bewaffneten Kampf in Westeuropa» zurückerobern: In Moabit entsteht ein weiterer Basistext der RAF, in dem Ulrike Meinhofs «Konzept Stadtguerilla» von der Praxis weg hin zu einer mit Hegel kompatiblen Theorie geführt wird. Mahler hat die Professionalisierung der RAF nicht mehr miterlebt. Seine Vorstellung vom Kampf ist längst nicht so gewaltverliebt wie die der Straßenkämpfer draußen. Als Stratege mustert Mahler wieder die Heerscharen. 1968 glaubte er, dass sich die revolutionäre Linke allein in Berlin auf «eine Massenbasis von ca. 50 000 stützen»[15] könne. Nach wie vor betrachtet sich Mahler als Teil der Gruppe, die draußen in der Praxis weiterkämpft und sein Theorieangebot als Unternehmen eines Einzelnen schließlich zurückweist, und fordert statt des einsamen Kampfes einer revolutionären Elite den Partisanenkampf im Namen der Arbeiterklasse. «Wir müssen also einen Angriff unternehmen, um das revolutionäre Bewußtsein der Massen zu wecken. (...) Die Bomben gegen den Unterdrückungsapparat schmeißen wir auch in das Bewußtsein der Massen.»[16]

Obwohl «Über den bewaffneten Kampf in Westeuropa» wieder mit Lenin und Mao bewehrt ist, klingen zwischendurch sozialromantische Töne an, die nicht zum kaderistischen Maoismus der RAF passen. In einem Beitrag für den *Spiegel*, in dem Mahler sein neues Konzept erläutert, schreibt er, die «Kriminalität der Revolutionäre» richte sich «gegen die Reichen und Mächtigen und schont die Besitzlosen und Unterdrückten. Wir werden siegen!»[17] Die RAF als die Bande von Robin Hood.[18]

Dabei ahnte die RAF nicht einmal, wie volkstümlich sie war. Im Frühjahr 1971, als sie eher als Fahndungsphantom und noch kaum durch Gewalttaten aufgefallen war, führte das Institut für Demoskopie in Allensbach unter rund zweitausend Bundesbürgern eine Umfrage über die «Baader-Gruppe» durch. Das Ergebnis war verblüffend: 82 Prozent der erwachsenen Bevölkerung kannten die Namen Baader und Meinhof. Immerhin 18 Prozent billigten der Gruppe politische Motive zu. Jeder vierte Bundesbürger unter dreißig hegte gewisse Sympathien für Baader-Meinhof. Und auf die Frage, ob sie den Verfolgten Nachtasyl gewähren würden, wollte sie von den in Norddeutschland Befragten jeder zehnte aufnehmen. Ein Dreivierteljahr darauf billigen der RAF sogar 40 Prozent politische Motive zu, nur 28 Prozent glaubten an kriminelle Gründe. Diese Umfrage, die erst mit großer Verspätung veröffentlicht wird, scheint niemanden mehr überrascht zu haben als die RAF[19], die bei der kontinuierlichen Berichterstattung über ihre Gewalttaten mit einer weit stärkeren Ablehnung gerechnet hatte. In einem Aufsatz für die *Kölner Zeitschrift für Soziologie und Sozialpsychologie* hat der Kommunikationswissenschaftler Hans Mathias Kepplinger die Erhebung ausgewertet. Demnach war es keineswegs so, dass etwa Akademiker am ehesten geneigt gewesen wären, die RAF zu unterstützen. «Die Baader-Meinhof-Gruppe genoß insbesondere entgegen einer häufig geäußerten Vermutung unter den Hoch-Gebildeten keine besonderen Sympathien. Gerade die Hoch-Gebildeten zweifelten besonders häufig an den politischen Motiven der Gruppe» und lehnten es ab, sie selber zu beherbergen.[20] Dennoch fanden sie es richtig, der RAF im Zweifel Schutz zu gewähren, vor allem, wenn das andere übernahmen. Die RAF erreichte erstaunlicherweise am ehesten das sogenannte Proletariat, für das zu kämpfen sie vorgab. Woher aber rührte dann die hartnäckige Solidarisierung der «Hoch-Gebildeten», die in den folgenden zwei Jahrzehnten auf den verschiedensten Podien demonstriert werden sollte? Es handelte sich, so Kepplinger, um einen «demonstrativen Radikalismus», der jedoch ohne Folgen bleibt. «Die Privilegierten unter ihnen dürften ihre demonstrative Bereitschaft zur aktiven Unterstützung der Gruppe (...) häufig eher als Gesellschaftsspiel mit beschränkter Haftung betrachtet haben.»[21]

Gern erwog man, nachdem Ulrike Meinhof die von Peter Rühmkorf so genannten Party-Republiken in Hamburg und Berlin verlassen hatte, wie man sich verhalten würde, wenn sie nachts klingelte und um Quartier bäte. Leicht konnte man sich im entsprechenden Milieu vormachen, einen Widerstandsakt zu leisten, den die Eltern, die ihre jüdischen Nachbarn hätten schützen können, unterlassen hatten. Die Journalistin Christa Rotzoll, in erster Ehe mit dem *Spiegel*-Redakteur Walter Busse, später mit Sebastian Haffner verheiratet, hat geschildert, wie das Unterschlupfgewähren tatsächlich zum Gesellschaftsspiel wurde: «Revolutionäre waren ja das Neueste auf dem Prominentenmarkt, ein toller Festschmuck, eine fette Beute.»[22] Auch Fritz J. Raddatz berichtet in seinen Erinnerungen, die *Zeit*-Herausgeberin Marion Gräfin Dönhoff habe sich in der Gewissensfrage dergestalt vernehmen lassen: «Ich würde ihr Geld geben und sie wegschicken.»[23] Bei anderen tauchten sie im Ferienhaus auf und wollten dort Schießübungen veranstalten. Sogar der Schauspieler Eberhard Feik (damals am Stuttgarter Staatstheater, später bekannt geworden durch das Fernsehen) ist als Mittelsmann beteiligt. Er mietet 1971 in Freiburg im Breisgau ein Auto für eine Renate Bender, die in Wirklichkeit Irmgard Möller heißt. Peter Handke gibt im Sommer 1971 einem «Mann aus den Außenbezirken der RAF» Geld.[24] Nach den ersten Morden verlor Handke allerdings jede Sympathie für die

Leute, die sich zur Armee erklärten, Gefangene machten und sie ins Volksgefängnis steckten. «Ich verstehe euch nicht / und verachte euch / wie eure Vorfahren».[25]

Um die Jahreswende 1971/72 verlieren sich die wenigen Spuren der RAF. In Berlin erwischt es bei einem Schusswechsel mit der Polizei Georg von Rauch, der wie Thomas Weisbecker und Bommi Baumann zur «Bewegung 2. Juni» gehört. Für den «2. Juni», für die RAF, für die Berliner Szene gilt Georg von Rauch als Opfer einer schießwütigen Polizei, die auf offener Straße Unbewaffnete exekutiert. Doch sein Freund Bommi Baumann hat dann 1974 im *Spiegel* offenbart, dass es Rauch war, der zuerst geschossen hat.[26] Nach von Rauchs Tod wechseln Thomas Weisbecker und Angela Luther vom «2. Juni» zur RAF.

Bei seiner Festnahme bezeichnet Peter Homann Andreas Baader als «Feigling»[27]. Doch der Feigling, der in der *Bild*-Zeitung liest, dass er aufgeben wolle, schickt dpa einen Brief mit seinem Daumenabdruck und zitiert Marighella: «Die Bullen werden so lange im Finstern tappen, bis sie sich gezwungen sehen, die politische in eine militärische Situation umzuwandeln.» Weder er noch sonst jemand in der RAF gedenke sich zu stellen. «Erfolgsmeldungen über uns können nur heißen: ‹verhaftet oder tot›.» Dann folgt der geläufige Schlusssatz: «Der Kampf hat erst begonnen.»[28]

Auch um Ulrike Meinhof gibt es Gerüchte. Tatsächlich ist sie über Wochen unauffindbar; nicht einmal Baader und Ensslin wissen, wo sie steckt. Noch immer gilt sie als entlaufene Bürgertochter, die nur zufällig in dieses Desperado-Unternehmen hineingeraten ist und aus dem Unheil, das sich anbahnt, rechtzeitig herausgeholt werden muss. Im November ruft Renate Riemeck der einstigen Ziehtochter über *konkret* ein flehentliches «Gib auf, Ulrike!» zu: «Die Bundesrepublik ist kein Pflaster für eine Stadtguerilla lateinamerikanischen Typs», und «Opfermut und Todesbereitschaft werden zum Selbstzweck, wenn sie nicht begreifbar gemacht werden können».[29] Drei Wochen nach Erscheinen dieses

Artikels findet sich in einem Papierkorb am Berliner Wittenbergplatz eine Plastiktüte mit Munition und etlichen Briefen. Auf einem wendet sich die RAF an die Arbeiterpartei Nordkoreas (wohin sich soeben ein Teil der linken Splittergruppen mit großer Begeisterung zu orientieren begann) und bittet um militärische Unterstützung.

Neben der politischen Botschaft steckt ein weiterer Brief mit der Überschrift «Eine Sklavenmutter beschwört ihr Kind», offensichtlich eine sarkastische Parodie auf Renate Riemecks Appell.[30] «Ich will, daß du Sklavin bleibst – wie ich. (...) Die Revolution ist groß – wir sind zu klein für sie», schrieb die «Sklavenmutter» an ihr ungehorsames Kind.[31] Inzwischen aber hat sich das Kind ermannt, ist aufgestanden, auch gegen die «Sklavenmutter». Das Kind nimmt die Revolution ernst: Ulrike Meinhof ist bereit, für sie zu sterben, sich zu opfern in einem wagnerianisch-guevaresken Trauerspiel, das sich noch viele Jahre hinziehen wird.

Rettungsbemühungen werden auch von anderer Seite unternommen: Der Verfassungsschutz meldet sich nach ihrem Appell bei Renate Riemeck und bittet sie, sich mit Ulrike Meinhof zu treffen. Riemeck lehnt ab, weil sie es nicht erleben will, wie ihre Ziehtochter «vor ihren Augen durch die Leute vom Verfassungsschutz zusammengeschossen wird»[32]. Anfang 1972 trifft sich der Verleger Klaus Wagenbach mit Ulrike Meinhof in einem Hamburger Keller und will ihr mit Hilfe französischer Freunde die Flucht nach Algerien ermöglichen.[33] Sie lehnt diesen Vorschlag ebenfalls ab und tut den spruchreifen Satz: «Der Vietcong macht auch keinen Urlaub.»[34] Urlaub vielleicht nicht, aber der Vietcong, vertreten durch Oberbefehlshaber Lê Đúc Thọ, führt da in Paris bereits Geheimverhandlungen mit dem Vertreter des Feindes, mit Henry Kissinger. Die Rächer Vietnams hätten diese ausgeklügelte Form von Diplomatie nicht verstanden. Vietnam galt, neben der Arbeiterklasse, weiter als Panier.

Schließlich versuchte es ihr geschiedener Ehemann bei Kanzleramtsminister Horst Ehmke, der wie Klaus Rainer Röhl aus Danzig stammt. Er will sie zum Aufgeben überreden, sie in der DDR unterbringen und bittet den Minister um ein «unblutiges Ende», wenn sie sich stelle; der Wunsch wird ihm abgeschlagen, «wir würden sie auf keinen Fall außer Landes lassen», erklärt ihm Ehmke nach Rücksprache mit Innenminister Hans-Dietrich Genscher.[35] Und dann geistert durch die Zeitungen noch das Gerücht, sie sei tot, bereits heimlich eingeäschert und auf dem Hamburger Friedhof Ohlsdorf bestattet worden. «Beging Ulrike Meinhof Selbstmord?», fragt teilnahmsvoll und verlässlich infam die *Bild*-Zeitung.

Wo immer Ulrike Meinhof zu diesem Zeitpunkt steckt, die RAF zieht weiter ihre Spur. Am 18. Dezember 1971 wird Rolf Pohle beim Versuch, Waffen für die RAF zu kaufen, verhaftet. Zwei Tage vor Weihnachten überfällt ein Kommando eine Bank in Kaiserslautern. Der Polizist Herbert Schoner, der ein falsch geparktes Auto vor der Bank überprüfen will, wird vom Fahrer angeschossen; es handelt sich um das Fluchtfahrzeug. Schoner taumelt in den Vorraum der Bank, wo ihn ein Schuss aus dem Kassenraum tötet. Die Täter, unter ihnen Manfred Grashof und Klaus Jünschke, nehmen ihre Beute von 133 000 Mark an sich und fliehen.[36] «Baader-Meinhof-Bande mordet weiter» lautet auf bloßen Verdacht hin die *Bild*-Schlagzeile vor Weihnachten 1971. Das war klassische Vorverurteilung, aber hier hatte *Bild* doch recht; der Verdacht bestätigte sich: Es war die RAF, die weiter tötete.

In seiner Empörung über diese Vorverurteilung veröffentlicht Heinrich Böll daraufhin im *Spiegel* einen Aufsatz mit dem Titel «Will Ulrike Gnade oder freies Geleit?» und spricht von einem «Krieg von 6 gegen 60 000 000». Zum ersten Mal nimmt die Gesellschaft, vertreten durch ihren prominentesten Schriftsteller, die Kriegserklärung zwar nicht an, aber doch wahr. «Ulrike Meinhof hat dieser Gesellschaft den Krieg erklärt, sie weiß, was sie tut und getan hat, aber wer könnte ihr sagen, was sie jetzt tun sollte?» Wie Röhl, Riemeck, Wagenbach und ihre ehemaligen Kollegen versucht er die Frau, die halbwillentlich mit in den Untergrund ging, von den anderen abzuspalten. Möglicherweise wolle Ulrike Meinhof gar keine Gnade, «wahrscheinlich erwartet sie von dieser Gesellschaft kein Recht. Trotzdem sollte man ihr freies Geleit bieten, einen öffentlichen Prozeß, und man sollte auch Herrn Springer öffentlich den Prozeß machen, wegen Volksverhetzung.» Denn die Art, wie *Bild* den Kriegszug der RAF begleitet, ist für Böll «nicht mehr kryptofaschistisch, nicht mehr faschistoid, das ist nackter Faschismus, Verhetzung, Lüge, Dreck».[37]

Nie in der Geschichte des *Spiegel* hat ein Artikel solches Aufsehen erregt wie der Aufruf Heinrich Bölls zum Waffenstillstand (verbunden allerdings mit heftigen Attacken gegen Springers *Bild*). Er wurde nicht bloß in den Zeitungen und im Fernsehen, sondern auch im Bundestag diskutiert. Die Kämpfer der RAF machte Bölls Appell allerdings «ziemlich wütend»[38], wie Irmgard Möller später erklärte. Sie wollten sich keiner Volksfront gegenübersehen, sondern wenn nicht mit dem Volk, so doch im Namen des Volkes «die Regierung und den Staat» angreifen. Gerhard Löwenthal ereiferte sich im ZDF-Magazin über den «Wohlstands-Dornröschen-Schlaf» der Bundesrepublik und schimpfte über «die Bölls und Brückners», die «Sympathisanten dieses Linksfaschismus», die nicht einen Deut besser seien «als die geistigen Schrittmacher der Nazis, die schon einmal soviel Unglück über unser Land gebracht haben».[39]

Wie hysterisch das Kriegsgeschrei der RAF das Land gemacht hat, zeigt ein nahezu perfekt inszeniertes Medienspektakel: Mit der Absicht, die Landtagswahlen am 25. April 1971 gegen die SPD zu beeinflussen, hatte sich der rechtsradikale Kölner Byzantinistikprofessor Berthold Rubin selber entführt. Er schrieb einen Brief an die *Welt*, in dem die Freilassung Horst Mahlers und weiterer RAF-Mitglieder gefordert wurde, sonst würden ihn die Entführer hinrichten. Vier Tage später wurde Rubin gefesselt im Wald gefunden und musste sein Manöver zugeben.

Die Politik dämpfte die allgemeine Hysterie nicht, im Gegenteil. Keine zwei Jahre nachdem für den «inneren Frieden» eine begrenzte Amnestie für Demonstrationsstraftäter bekannt gegeben worden war, traten die Regierungschefs des Bundes und der Länder am

28. Januar 1972 zusammen und verabschiedeten den Extremistenbeschluss, der als «Radikalenerlass» weltberühmt wurde. Beamter sollte danach nur mehr werden dürfen, wer «jederzeit für die freiheitliche demokratische Grundordnung im Sinne des Grundgesetzes eintritt». Zwischen 1972 und 1976 werden eine halbe Million Bewerber auf ihre Gesinnung überprüft.[40] Horst Ehmke, als Kanzleramtsminister zunächst Befürworter der Regelung, kritisierte sie später streng. «Das Schlagwort von den ‹Berufsverboten› wurde zwar propagandistisch genutzt, traf aber doch das Problem.»[41]

Propaganda war Ehrensache, aber nicht bloß für die Boulevardzeitungen, sondern auch für mehr oder minder sympathisierende Autoren. Der Schriftsteller Alfred Andersch, längst schon aus Deutschland in die Schweiz übersiedelt, kommentierte mit bewährten Vergleichen und vertrauter Kleinschreibung: «das neue kz / ist schon errichtet / (...) ein geruch breitet sich aus / der geruch einer maschine / die gas erzeugt»[42]. Mit Verlaub, niemand hatte die Absicht, ein KZ zu errichten. Der Radikalenerlass war ein grober politischer Fehler, seinetwegen wurden Hunderttausende verdächtigt, aber es kam doch keiner ins Gefängnis. Allein, die Metapher Auschwitz war zu verführerisch, zu billig, als dass sie nicht von teilnehmenden Beobachtern, denen am Zuschauerrand weder Strafverfolgung noch Berufsverbot drohte, eingeworfen worden wäre. Statt des Waffenstillstands, um den Heinrich Böll bat, herrschte in diesem Jahr 1972 schlimmste Hysterie.

«Mai-Offensive»

«Sind Gewalt und Sinnlosigkeit nicht zuletzt ein
und dasselbe?»
Peter Handke (1975), Max Horkheimer zitierend

1972 befindet sich die Bundesrepublik im Dauerwahlkampf. Die von der sozialliberalen Regierung mit Polen und der Sowjetunion abgeschlossenen Verträge werden von der CDU/CSU innerhalb und außerhalb des Bundestags als «Verrat» und «Verzicht» bekämpft, weil damit die Oder-Neiße-Linie als polnische Westgrenze und der endgültige Verlust der ehemals deutschen Ostgebiete festgeschrieben wird. Die Zeitungen des Springer-Verlags sekundieren der Opposition, die den Verlust der Regierungsmacht noch immer nicht verkraftet hat. Im Richtungsstreit wird die Regierung auch für den Terrorismus verantwortlich gemacht; ein mit Unterstützung des BKA entstandenes Buch zeigt in einer Grafik Verbindungen, die von Andreas Baader bis zu den Söhnen des Bundeskanzlers Willy Brandt reichen.[1]

Am 27. April versucht Rainer Barzel, den Bundeskanzler mit einem Misstrauensvotum zu stürzen; er scheitert knapp. Wie sich später herausstellt, waren mehrere der sicher geglaubten Stimmen von der Stasi, womöglich auch vom KGB gekauft. Die Ostverträge werden schließlich verabschiedet, aber Regierung und Opposition verabreden für den Herbst Neuwahlen, um mit einer stabilen Mehrheit die Regierungsfähigkeit wiederherzustellen. In den Wahlkampf hinein explodieren Bomben.

Am 19. Mai 1972 um 15.41 Uhr geht im dritten Stock des Springer-Hochhauses in Hamburg ein Sprengsatz im Waschraum hoch.

Die Druckwelle presst die Fensterscheiben nach außen. Fünf Minuten später explodiert eine weitere Bombe im sechsten Stock. Insgesamt werden 17 Menschen verletzt. Zwar waren vorher mehrere Anrufe eingegangen, in denen zur Räumung des Hauses aufgefordert wurde, aber die Warnung traf sehr spät ein, und für eine Räumung wurden keine Anstalten getroffen. Es war kurz vor Redaktionsschluss der Kernseiten, und eine schnelle Evakuierung hätte womöglich das Erscheinen der nächsten *Bild*-Ausgabe verhindert. Am Tag darauf kommt noch ein Anruf, der auf weitere Bomben aufmerksam macht: in einem Schrank, in der Rotation, in der Direktion. Sie waren glücklicherweise nicht explodiert, hätten aber den Tod vieler Angestellter verursachen können; im Haus arbeiteten ungefähr 2500 Personen. Ein «Kommando 2. Juni» bekennt sich in einem Brief, der beim NDR abgegeben wird, zu dem Anschlag. In der ausleitenden Floskel («Enteignet Springer!») eines weiteren Briefes schließt die RAF an eine Hauptforderung der Studentenbewegung an, beklagt außerdem die «antikommunistische Hetze» in den Springer-Zeitungen, verlangt, dass der Verlag die Unterstützung für den Zionismus, «die imperialistische Politik der herrschenden Klasse Israels», einstelle, und fordert auch noch den Abdruck dieser Erklärung.[2]

Der Kampf, der schon vor dem Tod Benno Ohnesorgs begonnen hatte und am 11. April 1968 vor dem Springer-Hochhaus in Berlin weiterging, sollte bei Springer in Hamburg fortgesetzt werden. Das nach dem Todesdatum des ersten Opfers der Studentenbewegung benannte Kommando wollte mit großer Verspätung Rudi Dutschkes Letzten Willen erfüllen und jene «emanzipierende Tat» ausführen, von der er kurz vor seinem Attentat gesprochen hatte, nämlich die «Rotationsmaschinerie von Springer in die Luft zu jagen»; allerdings wäre es darauf angekommen, «dabei keine Menschen zu vernichten»[3]. Zu spät befallen die Attentäter nach dem Anschlag Skrupel («Wir sind zutiefst betroffen darüber, daß Arbeiter und Angestellte verletzt worden sind»), aber für die Opfer wird allein der Betreiber der Rotationsmaschinerie verantwortlich gemacht: «Springer geht lieber das Risiko ein, daß seine Arbeiter und Angestellten verletzt, getötet werden als das Risiko, ein paar Stunden Arbeitszeit, also Profit durch Fehlalarm zu verlieren. Das ist das Wesen der Ausbeutung: Für die Kapitalisten ist der Profit alles, sind die Menschen, die ihn schaffen, ein Dreck.»[4]

Ulrike Meinhof hat diese erbarmungslos ideologischen Sätze formuliert. Für sie gilt weiter der Auftrag, Axel Springer das reißerische Handwerk zu legen. Der Anschlag, den sie zusammen mit Siegfried Hausner und Klaus Jünschke ausführt, ist eine zumindest sie emanzipierende Tat. Eine Siebenunddreißigjährige zeigt den Studenten, was sie 1968 auf dem Höhepunkt der revolutionären Emphase hätten tun müssen, als sie selber noch kaum in der Lage war, einen Stein gegen das Verlagsgebäude Springers zu schleudern.

Die Bomben von Hamburg sind ein Teil der sogenannten Mai-Offensive. Es geht noch immer um Springer, und es geht noch immer um Vietnam, um Vietnam und die Deutschen. Die USA haben Anfang Mai begonnen, die Häfen Nordvietnams zu verminen. Die RAF, die sich im Krieg gegen die kriegerischen USA und aufseiten Vietnams befindet, schlägt zurück. Innerhalb von zwei Wochen werden sechs Sprengstoffanschläge verübt: in Frankfurt, Augsburg, München, Karlsruhe, Hamburg und in Heidelberg.

Nach den Toten der letzten Monate ist der Rachedurst der RAF nur mehr durch weitere Gewalttaten zu stillen. Am 1. März 1972 war der Polizei in Tübingen das defekte Rücklicht an einem Wagen aufgefallen, der sich verkehrswidrig verhielt. Die Polizeistreife nahm die Verfolgung auf, und der Fahrer, ein siebzehnjähriger Lehrling ohne Führerschein, der nichts mit der RAF zu tun hatte, wurde an einer Straßensperre erschossen. Am nächsten Tag stellte die Polizei in Augsburg den untergetauchten Thomas Weisbecker. Er und seine Begleiterin Carmen Roll waren wochenlang observiert worden. Als sie mit einem gestohlenen Auto Richtung Innenstadt fuhren, folgte ihnen die Polizei. Die beiden parkten das

Auto, und als Weisbecker den Durchgang unter dem Stadtwerkehaus passierte, wurde er von einem Scharfschützen erschossen.

In der Wohnung Weisbeckers finden sich Hinweise auf eine Hamburger Wohnung, in der die Polizei noch am selben Tag erscheint, um Manfred Grashof festzunehmen. Bei einem Schusswechsel wird Grashof schwer verwundet, überlebt aber nach etlichen Operationen, während der Polizist Hans Eckardt[5] drei Wochen später[6] seinen Verletzungen erliegt.

Petra Schelm, Georg von Rauch, Thomas Weisbecker, Manfred Grashof: Die Guerilla wird weiter dezimiert, noch ehe ihr ein einziges politisches Attentat gelungen ist. Seit Ende 1971 bereitet die RAF den großen Schlag vor. Gerhard Müller fährt als Sprengstoffbeschaffer durch ganz Deutschland; Zündkapseln werden in Steinbrüchen gestohlen. In einer Frankfurter Tarnwohnung wird eine Sprengmischung zusammengerührt und in Rohrbomben abgefüllt. Für deren Bau versichern sich Raspe, Meins und Baader der Hilfe eines Bekannten von Holger Meins: Der Mechaniker Dierk Hoff brüstete sich damit, dass er am algerischen Befreiungskampf teilgenommen habe. Er baute die Bomben, mit denen die RAF im Mai 1972 losschlug.[7]

Im Hauptquartier des V. US Corps, das im IG-Farben-Haus in Frankfurt untergebracht ist, in dem sich auch die Zentrale des amerikanischen Geheimdienstes befindet, werden drei Bomben deponiert, die am Abend des 11. Mai detonieren. Mehrere Soldaten werden verletzt, Paul A. Bloomquist verblutet. Im Bekennerschreiben wird darauf hingewiesen, dass das Attentat an dem Tag begangen wurde, an «dem die Bombenblockade der US-Imperialisten gegen Nordvietnam begann».[8] Achtzig Kilo TNT habe man zur Explosion gebracht, rühmt sich das «Kommando Petra Schelm» und zitiert Che Guevaras Kampfruf: «Schafft zwei, drei, viele Vietnams!»

Am nächsten Tag werden die Polizeidirektion in Augsburg und das Landeskriminalamt in München angegriffen; das sei die Rache für den Tod von Thomas Weisbecker. Am 15. Mai explodiert eine Bombe im Privatwagen des Bundesrichters Wolfgang Buddenberg, des für die RAF-Gefangenen zuständigen Haft- und Ermittlungsrichters. Das «Kommando Manfred Grashof» empört sich über die «Rechtsbrüche», die an den «politischen Gefangenen» begangen würden. Statt Buddenberg zu treffen, verletzt die Bombe seine Frau.

Der verheerendste Anschlag gilt dem Hauptquartier der 7. US Army in Heidelberg, wo ein Computer steht, über den die Bombeneinsätze der amerikanischen Luftwaffe in Nordvietnam koordiniert werden. In zwei Autos, die mit Army-Kennzeichen versehen sind, werden am 24. Mai drei zu Bomben umgebaute Propangasflaschen auf das Gelände gefahren. Die RAF führte Krieg, und sie musste zeigen, dass sie über die Mittel dazu verfügte, deshalb der ständige Verweis auf die Menge Sprengmasse, die man zum Einsatz bringen konnte. Die Zündung der zweihundert Kilo Sprengstoff erfolgt nahezu gleichzeitig. Drei Soldaten – Clyde R. Bonner, Ronald A. Woodward und Charles L. Peck – sterben bei der Explosion, fünf weitere werden schwer verletzt. Im Bekennerschreiben eines «Kommandos 15. Juli» (das Todesdatum Petra Schelms) heißt es: «Die amerikanische Luftwaffe hat in den letzten 7 Wochen mehr Bomben über Vietnam abgeworfen als im 2. Weltkrieg über Deutschland und Japan zusammen. (...) Das ist Genozid, Völkermord, das wäre die ‹Endlösung›, das ist Auschwitz.»[9]

Auschwitz und Endlösung – damit wären die Amerikaner ausdrücklich zu den Nazis geworden, die man seinerzeit versäumt hatte zu bekämpfen.

Der Brief wurde auf einer in Hamburg gefundenen Schreibmaschine getippt, auf der auch das Bekennerschreiben für die Bomben bei Springer verfasst wurde. Vieles spricht dafür, dass Ulrike Meinhof die Autorin zumindest dieser beiden Briefe ist. Für sie hatte sich ein lebenslanger Kampf gegen das Unrecht der staatlichen Übermacht vollendet, als die winzige deutsche Stadtguerilla an der Seite des Vietcong in den Verteidigungskrieg gegen die USA eintrat.

Am letzten Maitag wird im Hörsaal VI der Frankfurter Universität ein Tonband mit der Stimme Ulrike Meinhofs abgespielt. Es muss ein gespenstischer Moment gewesen sein. Deutschlands meistgesuchte Terroristin meldet sich zwischen den aufsehenerregenden Anschlägen mit einer Art «Rede zur Lage der Nation» aus dem Untergrund. Sie will erkennbar an dem Grundsatz einer vereinigten Linken festhalten, denn sie erwähnt Veränderungen in der Gesellschaft, unter denen die RAF keineswegs allein zu leiden habe; das Berufsverbot und die hektische Datenerfassung betreffe alle. Deshalb klagt sie auch bitter über die ausbleibende Solidarität der nichtmilitanten Linken: «Das System, das die Städte aus Profitgier verwüstet, das den Lehrern den Maulkorb umhängt oder sie feuert, das seine Kommunikationsmedien von auch nur fortschrittlichen, kritischen Journalisten säubert, das gegen die Streikposten die Bereitschaftspolizei auffährt, das dem Bundeskriminalamt den Rest von Pressefreiheit ausliefern möchte, das wartet nicht, bis die legale Linke den bewaffneten Aufstand proklamiert, das kämpft jetzt, das greift jetzt an und ihr wehrt euch jetzt und fangt an Widerstand zu leisten – oder wann?»[10]

Auf die Mai-Offensive der RAF reagiert das BKA in Absprache mit dem Innenministerium vom 31. Mai an mit der größten Fahndungsaktion in der Geschichte der Bundesrepublik, der Operation «Wasserschlag». Bereits auf der Innenministerkonferenz am 22. Mai sind Maßnahmen beschlossen worden, die kaum mehr durch die bestehenden Gesetze gedeckt sind: Telefonüberwachung, V-Männer, Observation der Anwälte, sogar publizistische Angriffe auf die später so genannten Sympathisanten wurden verabredet. Am wichtigsten war aber die All-Präsenz. Die RAF-Terroristen sollten sich fürchten und nirgends mehr sicher sein.

Erst jetzt, wo «das Bewußtsein der Bevölkerung durch spektakuläre Ereignisse wie die Bombenattentate massenhaft aufbereitet worden war»[11], wie Horst Herold erklärt, hatte eine solche Großfahndung den beabsichtigten Sinn. Der Staat ist da, wo ihn die RAF schon immer haben wollte, bei der Totalüberwachung aus der Luft, bei lückenlosen Autobahn-, Bahnhofs- und Grenzkontrollen, beim gegenseitigen Verdächtigen.[12] «In der frühen Phase des RAF-Terrors hat die Bundesrepublik das Antlitz eines Polizeistaats gezeigt. Genau das wollte die RAF erreichen», sagt heute Klaus Pflieger, der als Stuttgarter Oberstaatsanwalt die Anklage in den letzten großen RAF-Prozessen führte.[13] Es hatte aber keineswegs die von der RAF erhofften Konsequenzen, die gerade noch im Bekennerschreiben nach dem Heidelberger Anschlag dekretiert hatte: «Die Menschen in der Bundesrepublik unterstützen die Sicherheitskräfte bei der Fahndung nach den Bombenattentätern nicht, weil sie wissen, daß gegen die Massenmörder von Vietnam Bombenanschläge gerechtfertigt sind.»[14] Es kann nur der revolutionäre Rausch sein, eine trunkene Euphorie, weil es endlich gelungen war, den zum faschistischen Popanz stilisierten Staat anzugreifen, dass die RAF sich selber dermaßen verkennt. Es ist doch nur Wunschdenken, wenn Ulrike Meinhof glaubte, die Bevölkerung sympathisiere mit der RAF und helfe ihr wie einer Räuberbande, die mit der Polizei Fangen spielt. Die ehemalige Journalistin liefert ein klassisches Beispiel dafür, wie man seiner eigenen Rhetorik der geliehenen Phrasen erliegen kann.

Ein weiteres Schreiben schien zu bestätigen, dass es die RAF auf Terror gegen die Zivilbevölkerung abgesehen hatte: Am 27. Mai ging bei der *Frankfurter Rundschau* eine Drohung ein, aufgemacht wie ein klassischer Erpresserbrief und zusammengestückelt aus Zeitungswörtern, der angeblich von der «Rote Armee Fraktion, Baden-Württemberg, Kommando 2. Juni» stammte: «Die RAF will beweisen dass sie wann und wo sie will zuschlagen kann», hieß es in drängenden Versalien. Die Herkunft des Briefes wurde nie geklärt. Die RAF beklagte ihn als «faschistische Provokation» und wies die Urheberschaft weit von sich. Dennoch taucht er fast wörtlich in der Urteilsbegründung in Stammheim vom 28. April 1977 auf.[15] In diesem Schreiben werden für den 2. Juni Bombenanschläge in Stuttgart angekündigt, bei denen es zu Toten unter der Zivilbevölkerung kommen könne, sodass an jenem Tag wirklich eine ganze Stadt in Alarmbereitschaft versetzt wird.

Wer auch immer diese Terrordrohung unters Volk brachte, in jenem Mai 1972 wird die RAF zum Staatsfeind, der wirklich zum Krieg gegen das übrige Volk angetreten ist. Die Sympathiewerte, die die RAF zu Beginn des Jahres 1971 zumindest bei den jüngeren Deutschen genoss, sind weggeschmolzen. Horst Mahler, zur Zeit der Mai-Offensive seit mehr als eineinhalb Jahren im Gefängnis, wird sich 1979 streng äußern: Die Aktionen der RAF hätten sich inzwischen «gegen den Teil des Volkes» gerichtet, «für den man vorgab, diesen Kampf zu führen, nämlich für die Arbeiter und Angestellten»[16]. Auch Baader wird die gesamte Mai-Offensive bald als Ausdruck einer «überschätzung unserer stärke»[17] kritisieren.

Schwarzer Sommer

> «Wir haben – wie unvollkommen auch immer – durch
> unsere Praxis den Volkskrieg in der Bundesrepublik
> und Westberlin auf die Tagesordnung geschrieben.»
> *Horst Mahler, Rede vor Gericht (1972)*

Schon seit geraumer Zeit observiert die Polizei eine Garage am Hofeckweg in Frankfurt. Das graue Pulver, das man dort findet, erweist sich tatsächlich als Sprengstoff und wird vorsorglich ausgetauscht. Am frühen Morgen des 1. Juni beginnt die Belagerung. Zehn Minuten vor sechs taucht ein Porsche auf. Drei Männer steigen aus, zwei gehen in die Garage, einer bleibt draußen. Nach einer kurzen Schießerei, bei der niemand verletzt wird, kann der als Aufpasser am Rand des Geländes postierte Jan-Carl Raspe festgenommen werden. Holger Meins und Andreas Baader ziehen sich in die Garage zurück. Baader schießt durch die geschlossene Tür, als draußen ein Polizist vorbeigeht. Die Polizei drückt auf der Rückseite die Glasziegel nach innen durch und wirft Tränengasgranaten in die Garage, aber selbst da geben die beiden noch nicht auf, sondern versuchen, die Granaten wieder nach draußen zu befördern. Ein Panzerfahrzeug soll die Garagentore zudrücken, aber ein Flügel bleibt offen. Die Männer versuchen, im Schutz des Panzers zu flüchten. Dann nimmt ein Scharfschütze von einer gegenüberliegenden Wohnung aus Ziel und schießt Baader in den Oberschenkel. Baader bricht schreiend zusammen, daraufhin gibt auch Meins auf, zieht sich nach Aufforderung bis auf die Unterhose aus und wird abgeführt. Baader schreit noch immer vor Schmerzen, als ihm Handschellen angelegt werden. Zuerst verweigert er sich aus Angst, man würde ihm ein Wahrheitsserum verabreichen, jeder Narkose. Als er wieder zu Bewusstsein kommt, fragt er als Erstes nach den Zeitungen, die in Sonderausgaben und großen Geschichten von der Festnahme berichten.[1] Am selben Tag wird das Landhaus Heinrich Bölls in der Eifel durchsucht.

Da ein Redakteur des nahe gelegenen Hessischen Rundfunks die Vorgänge um die Garage bemerkte, war rechtzeitig ein Kamerateam zur Stelle, und die Festnahme von Baader und Meins wird im Lauf des Fronleichnamstages achtmal im Fernsehen gesendet. Endlich war dem Staat der entscheidende Schlag gegen den Terrorismus gelungen und die erste Generation der RAF dramatisch aus dem Verkehr gezogen worden. Es war zwar nicht das filmische Ende, das sich Baader vielleicht gewünscht hätte, aber Millionen schauten zu, wie er mit Sonnenbrille und gefärbten Haaren abtransportiert wurde. Er benötigt eine Bluttransfusion, bei allen dreien kollabiert der Kreislauf; sie sind vom jahrelangen Leben im Untergrund vollkommen erschöpft.

Zwei Tage später wird der Soziologe Oskar Negt, Adorno-Schüler auch er und ehemaliger Assistent Habermas', die Linke ausdrücklich dazu auffordern, nicht zu den Terroristen zu halten. In einer mehrfach unterbrochenen Rede auf dem Frankfurter Solidaritätskongress für die Marcuse- und Adorno-Schülerin Angela Davis, der in den USA wegen ihrer Nähe zu den Black Panthers die Todesstrafe droht[2], räumt Negt zwar ein, dass Vietnam «zum Symbol der Gewalt für diese Generation geworden»[3] ist, lehnt aber jeden gewalttätigen Widerstand ab und verlangt die bedingungslose Distanzierung von der RAF: «Es gab und gibt mit den unpolitischen Aktionen, für die die Gruppe um Andreas Baader und Ulrike Meinhof die Verantwortung übernommen hat, nicht die geringste Gemeinsamkeit, die die politische Linke der Bundesrepublik zur Solidarität veranlassen könnte.»[4] Der «Revolutionäre Kampf» (RK), angeführt durch Daniel Cohn-Bendit und Joschka Fischer, kritisiert diese Aufkündigung der Solidarität durch «linke Professoren» scharf[5], distanziert sich aber gleichzeitig von der revolutionären Strategie der RAF. Wenn ein Anschlag, der «unter anderem einem amerikanischen Oberst, der selbst zweimal in Vietnam an dem zynischen Vernichtungskrieg beteiligt war, das Leben gekostet hat, so sind wir über sein plötzliches Ableben nicht mit Trauer erfüllt»[6], erklären die Frankfurter Kämpfer schneidig, aber es sei doch die falsche Strategie: «Mit Bomben wird jedenfalls Springer nicht ausgerottet oder zum Schweigen gebracht.»[7]

Am 7. Juni wird die Konsumkritikerin Gudrun Ensslin in der Boutique «Linette» am Hamburger Jungfernstieg erkannt und festgenommen. Sie sah sich Pullover an, probierte, zog aus und an, und dabei fiel der Geschäftsführerin die schwere Lederjacke mit einem Revolver auf, die die Kundin abgelegt hatte. Die Frau holte die Polizei. Zwei Beamte überwältigten die Unbekannte, die außerdem Zeitungsausschnitte über Baaders Verhaftung und Verletzung in der Handtasche trug. Möglicherweise wollte sie sich sogar fangen lassen, nachdem ihr «Baby» bereits im Gefängnis saß. In einem Kassiber beschreibt Gudrun Ensslin den Hergang in der Stummelsprache, die bald zum Gruppen-Code werden sollte: «Dann i. d. Laden hab ich nur noch Scheiße im Hirn gehabt, erregt, verschwitzt etc. sonst hätte ich ticken müssen, ich hab aber gepennt; ging auch irre schnell, mögl. weiter ne Kripovotze sofort hinter mir i. Laden, ich hab gepennt, sonst wäre jetzt eine Verkäuferin tot (Geisel), ich und vielleicht 2 Bullen ...»[8]

Der Kassiber, in dem Gudrun Ensslin dazu auffordert, die Spuren der Gruppe zu verwischen, findet sich eine Woche später bei Ulrike Meinhof, die als Letzte aus der Führungsgruppe verhaftet wird.[9] Sie hat sich über Brigitte Kuhlmann von den Frankfurter «Revolutionären Zellen» bei Fritz Rodewald anmelden lassen[10], in dessen Wohnung in Hannover-Langenhagen sie zusammen mit Gerhard Müller am 15. Juni erscheint. Der Lehrer ist Mitglied der Gewerkschaft Erziehung und Wissenschaft (GEW) und hilft wie Brigitte Kuhlmann mit, US-Deserteure aus Deutschland nach Schweden zu schleusen. Durch die Anschläge der RAF sieht er die gesamte Linke diskreditiert. Er folgt also Negts Aufruf vom 3. Juni und verständigt die Polizei, die eine bis zur Unkenntlichkeit abgemagerte, dabei merkwürdig aufgedunsene Frau antrifft, die eine Feldflaschenbombe, zwei Handgranaten, eine Maschinenpistole, zwei weitere Pistolen, reichlich Munition und mehrere tausend Mark Bargeld mit sich führt. Zusammen mit ihr wird Gerhard Müller verhaftet.

Über das, was sich auf der Polizeiwache abspielt, gibt es als Zeugnis nur Ulrike Meinhofs Bericht an ihren Verteidiger Heinrich Hannover. Ihm hat sie die Vorgänge um die Verhaftung so gehetzt geschildert, wie sich die Terroristin offenbar fühlte.[11] Man sucht nach der Narbe, um sie zu identifizieren. «Da haben die Bullen gesagt: Dann müssen wir röntgen oder die Haare abscheren. Ich habe gesagt: Dann abscheren.» Was für die Polizei ein normaler Vorgang zur Identifizierung war, empfand Ulrike Meinhof als Angriff auf ihren Kopf, an dem sie zehn Jahre zuvor operiert worden war. Eine Polizeikraft habe gesagt: «Schade, dass wir keinen Hitler mehr haben!», und ein Beamter habe das Verfahren erläutert: «Wir sind zu Menschen wie ein Mensch, zu Schweinen wie eine Sau, wenn's sein muss wie eine Wildsau.» Sie lässt sich abtasten, die Schwestern und der Arzt finden die Operationsnarbe, doch ist sie ohne Beweiskraft. Schließlich wird die Gefangene doch betäubt und dann geröntgt. Die Aufnahme entspricht jener im *Stern*, den sie mit sich führt, und nun steht fest, dass es sich um das bekannteste Gesicht der RAF handelt. In einem Kassiber von 1974 klagt sie sich an, «daß die niederlage 72 hauptsächlich durch meine scheiße kam». Ausgerechnet ein Lehrer habe sie verraten; «ich hätte aber bei diesem schweinepack durchblicken müssen/können – sie sind schließlich der markt meiner kolumne gewesen.»[12]

Ulrike Meinhof wird wie alle anderen Häftlinge für die erkennungsdienstliche Behandlung ein Polizeigesicht aufsetzen: verzerrt, entstellt, in ihrem Fall auch noch abgemagert und aufgedunsen zugleich. Seht her, wollen sie sagen, uns wird Gewalt angetan, der Staat ist genau so, dass wir ihn bekämpfen müssen. Einer, der noch vor kurzem Randgruppen in der Theorie ein Naturrecht auf Widerstand zugebilligt hatte, findet zur Praxis zurück: «Der Terror von kleinen Gruppen hat noch nie die Sache der Revolution gefördert»[13], erklärt Herbert Marcuse in einem Interview, das am Tag der Verhaftung in der Zeitschrift *konkret* erscheint.

«Die Nation war wieder wer»[14], heißt es im *Spiegel* nach der Verhaftung Baaders, doch nicht alle teilen die Freude über den kriminalistischen Erfolg. «An jenem Nachmittag, als sich die Nachricht von Ulrike Meinhofs Gefangennahme verbreitete, nahmen einige jüngere FAZ-Redakteure dies nicht mit Freude zur Kenntnis, sondern mit jenen klammheimlichen Gefühlen, die sie selbst wohl damals nicht genau hätten definieren können»[15], erinnert sich Karl Heinz Bohrer, damals Literaturchef der *Frankfurter Allgemeinen*. Außenminister Walter Scheel verkündet frohgemut, das Problem Baader-Meinhof sei erledigt. Horst Herold ist anderer Meinung. Im *Stern* erscheint ein Kurzinterview, in dem der BKA-Präsident sagt: «Wenn die Revolution in der nächsten Zeit nicht von oben kommt, dann kommt sie mit Sicherheit in kurzer Zeit von unten.»[16]

Die Großfahndung ist ein ungeheurer Erfolg für die Polizei, dann auch für die sozialliberale Regierung, die sich nun nicht mehr vorwerfen lassen muss, sie gehe nicht entschlossen genug gegen die Gefahr von links vor. Aber der Polizei unterläuft ein weiteres Missgeschick – wieder wird ein Unbeteiligter erschossen: Am 25. Juni tötet ein Rollkommando in Stuttgart den unbewaffneten schottischen Handelsvertreter Ian McLeod; seine Vormieter gehörten zur RAF.

Zwei Jahre nach ihrem Anfang, fünf Jahre nach dem Tod Benno Ohnesorgs, schien der Terrorismus in der Bundesrepublik besiegt. Nacheinander wurden auch noch Brigitte Mohnhaupt, Bernhard Braun, Klaus Jünschke und Irmgard Möller festgenommen; Katharina Hammerschmidt stellte sich freiwillig. Die RAF war hinter Schloss und Riegel, das Konzept Stadtguerilla war gescheitert.

Am 30. Mai, als sich die Anführer der RAF noch auf freiem Fuß befanden, haben auf dem Flughafen von Tel Aviv drei Mitglieder der Japanischen Roten Armee 28 Menschen erschossen, die eben mit einem Air-France-Flugzeug gelandet waren. Die Terroristen waren vom PFLP-Chef George Habbasch angeheuert worden und mordeten im Auftrag der Palästinenser. Der Anschlag wird in der westlichen Welt verurteilt, in den arabischen Ländern äußert sich eher ein Triumphgefühl, weil die Israelis doch verwundbar sind. Spätestens seit der Ausbildung im Palästinenserlager 1970 weiß auch die RAF, wo sie steht. Schon drei Monate nach der Verhaftung bietet sich die Chance zur Befreiung, und diesmal nicht so unprofessionell wie vor zwei Jahren in Berlin, sondern richtig militant, mit Presse und vor allem Fernsehen, endlich Weltniveau.

Am frühen Morgen des 5. September übersteigen acht Mitglieder des Terrorunternehmens «Schwarzer September», einer Untergruppe der PLO, den nicht sehr hohen Zaun, der um das Olympische Dorf in München gezogen ist. Um zu beweisen, wie friedlich es in Deutschland 1972 (anders als 1936) zugeht, hat man bei den XX. Olympischen Spielen auf eine allzu starke Polizeipräsenz verzichtet. Die acht Araber bringen zwei Mitglieder der israelischen Delegation um und nehmen neun weitere als Geiseln. Sie fordern die Freilassung von 234 gefangenen Palästinensern aus israelischen Gefängnissen. Außerdem sollten zwei Deutsche dabei sein: Andreas Baader und Ulrike Meinhof.[17]

Für das Schauspiel, das den Palästinensern vorschwebt, gibt es keine bessere Bühne als die Olympischen Spiele in München, die live in alle Welt übertragen wurden. «Weder eine Bombe im Weißen Haus, eine Tretmine im Vatikan noch ein Erdbeben in Paris hätte bei jedem Menschen auf der Welt ein ähnliches Echo erzeugen können wie die Operation des ‹Schwarzen September› in München»[18], erklärte George Habbasch. Nach der Vertreibung aus Jordanien hatten die Palästinenser Zuflucht im Libanon und in Tunesien gefunden, erhielten finanzielle Unterstützung aus verschiedenen arabischen Ländern und konnten so weiterhin in Israel den Hauptfeind sehen, dem Land, das ihnen durch die Staatsgründung die Heimat genommen hatte. Der «Schwarze September» erreichte durch die Fernsehübertragung der ganztägigen Belagerung am 5. September mehr als die Palästinenser mit ihren Flugzeugentführungen je zuvor. Zum Entsetzen der ganzen westlichen Welt verhandelte ein Geiselnehmer mit übergestülpter Bankräubermütze vom Balkon einer Wohnung aus wie ein Geschäftsmann über Leben und Tod. Dieses Bild wurde zum Symbol für den neuen Terrorismus.

Zweimal wird das Ultimatum, ursprünglich auf zwölf Uhr mittags angesetzt, verlängert. Innenminister Hans-Dietrich Genscher bietet an, sich gegen die Geiseln austauschen zu lassen, aber die Terroristen gehen nicht darauf ein. Schließlich fliegt man sie und ihre aneinandergefesselten Opfer mit Hubschraubern vom Olympiagelände zum Militärflughafen Fürstenfeldbruck. Von dort aus, so macht man ihnen vor, sollen sie in ein Land ihrer Wahl ausgeflogen werden, wo dann die Geiseln freikommen würden. Stattdessen nehmen Scharfschützen die Terroristen auf dem Flughafengelände in Fürstenfeldbruck unter Beschuss. Sie schießen zurück, ein Palästinenser tötet die Gefangenen im ersten Hubschrauber, indem er eine Handgranate hineinschleudert. Ein anderer schießt auf den Tank des zweiten Hubschraubers, der sofort in Flammen aufgeht; auch hier sterben alle Geiseln. Von den acht Mitgliedern des palästinensischen Kommandos überleben nur drei. Sie werden aber nicht vor Gericht gestellt, sondern bereits einen Monat später freigepresst: Als ein weiteres Kommando eine Lufthansa-Maschine, die von Beirut aus nach Frankfurt fliegen sollte, in seine Gewalt bringt, lässt die Bundesregierung die Palästinenser nach kurzem Zögern und auf Druck der amerikanischen Regierung frei.

Das palästinensische Unternehmen in München scheitert. Es scheitert, weil Bundes- und Landesregierung nicht nachgeben und auch die israelische Regierung nicht bereit ist, sich erpressen zu lassen. Doch obwohl die deutschen Behörden hart geblieben sind, unterliegen sie am Ende den zum Sterben bereiten Geiselnehmern. Weltweit wird die Erinnerung an das «Dritte Reich» wachgerufen, weil in Deutschland wieder Juden getötet wurden.

Die RAF solidarisiert sich mit den mörderischen Palästinensern, die für sie die strahlenden Sieger von München sind, auch wenn Baader und Meinhof nicht befreit wurden. Nach dem Vietcong, nach Che Guevaras Guerilla bewundert die RAF einen weiteren großen Bruder, der mit seinen Aktionen eine Weltbühne bespielen konnte. Die Münchner Aktion zeigt zugleich eine Militanz, zu der die erste Generation der RAF noch nicht fähig war. «Der Konsens aus der Gründungsphase», erklärt Horst Mahler heute, «schloß die Ermordung von ‹Feinden› aus. Es war an ein wesentlich niedrigeres Militanzniveau gedacht. Die Tötung von Menschen sollte nur in ‹Notwehr› – d. h. in einer Gefechtssituation – in Kauf genommen werden.»[19] Zum Konsens der Gründungsphase gehört für die RAF allerdings auch, so ebenfalls Mahler, die bedingungslose Solidarität mit dem antikolonialen Befreiungskampf: «Wir fühlten uns nicht mehr als Deutsche, sondern als fünfte Kolonne der dritten Welt in den städtischen Metropolen.»[20] Die rhetorische Anteilnahme am palästinensischen «Volkskrieg» steht daher auch am Anfang der ungleich militanteren Aktionen, zu denen die Nachfolger von Baader, Meinhof, Ensslin und Mahler bereit waren. Auch Stefan Wisniewski, der 1977 an der Schleyer-Entführung beteiligt war, wird später sagen: «Wir haben Deutschland nur noch aus der Sicht der ‹Verdammten dieser Erde› gesehen.»[21]

Nach dem Massaker in Fürstenfeldbruck und nach der Freipressung der Geiselnehmer veröffentlicht die RAF ihren Kommentar «Zur Strategie des antiimperialistischen Kampfes». Der «Schwarze September» befinde sich auf einem «ungeheuer hohen Niveau von marxistischer Theorie und revolutionärer Praxis», heißt es da, doch wäre ein «Austausch der israelischen Geiseln gegen die Charaktermasken der sozialliberalen Koalition noch besser gewesen».[22]

Die Gefangenen sind selber machtlos, deshalb bewundern sie umso hemmungsloser die Gewalttaten anderer. Ulrike Meinhof, die Autorin des Papiers, hatte in Andreas Baader den Tatmenschen, den Kriminellen verehrt. Jetzt gilt ihre Bewunderung dem gewalttätigen Kommando, das das eigene Leben einsetzt, auf großer Bühne mit der Waffe plädiert und notfalls auch durch sie stirbt. Ausführlich beschäftigt sie sich mit der Rede Oskar Negts («das Schwein») im Sommer zuvor in Frankfurt und erkennt resigniert die «Spaltung der Linken in den Metropolen in einen revolutionären, antiimperialistischen Flügel und einen opportunistischen»[23]. Auch wenn es daheim an Unterstützung fehle, auch wenn dort nur noch eine «verblödete Linke» am Werk sei, so weise ein Fanal wie das des «Schwarzen September» doch den Weg. Dann zetert sie über den «Moshe-Dayan-Faschismus», nennt den israelischen Verteidigungsminister den «Himmler Israels» und verlegt Auschwitz nach Israel: «Es hat seine Sportler verheizt wie die Nazis die Juden – Brennmaterial für die imperialistische Ausrottungspolitik.»[24]

So ist Auschwitz überall und nirgends, eine Floskel. Nach der Katastrophe von Fürstenfeldbruck wurde die dilettantische Art, wie deutsche Polizisten versuchten, die Geiseln zu befreien, im In- und Ausland heftig kritisiert. Wenn man sie aber nicht mit den palästinensischen Terroristen abfliegen lassen wollte, gab es kaum eine andere Möglichkeit als diesen Einsatz. Aus der politischen Entscheidung der deutschen Regierung, den Geiselnehmern nicht nachzugeben, konstruiert Ulrike Meinhof den Vorwurf an Israel, es habe seine Bürger geopfert. Dass ihr dabei Wörter wie «verheizen» und «Brennmaterial» einfallen, diskreditiert ihre gesamte vorangegangene Arbeit als Journalistin; in ihrer Argumentation ist sie beim Antisemitismus der Elterngeneration angekommen, für die die Juden an ihrem Unglück selber schuld waren.

Ulrike Meinhof schrieb das hassgesättigte Papier in der Isolationshaft in Köln-Ossendorf; von den anderen bekam es vor der Fertigstellung keiner zu sehen. Gudrun Ensslin glaubte, es stamme von Horst Mahler, der bereits von der Gruppenlinie abgewichen war, und kritisierte Text und Autor («weil Du irre bist, wenn Du ausläßt, was uns die zwei Jahre Praxis gebracht haben»). Ulrike Meinhof verteidigte das Manifest und feierte die Waffenbrüderschaft mit dem «Schwarzen September»: «Im materiellen Angriff die propagandistische Aktion: der Akt der Befreiung im Akt der Vernichtung.»[25]

Im Gefängnis, aus dem sie schließlich auch kein Palästinenser-Kommando mehr befreien konnte, entdeckten die Terroristen ihre schärfste Waffe: den Körper, das Leben und den Tod.

III. DIE EINGESCHLOSSENEN

Toter Trakt

«‹Ich allerdings durfte kraft meines Berufes immer dabeistehen, oft hockte ich dort, zwei kleine Kinder rechts und links in meinen Armen. Wie nahmen wir alle den Ausdruck der Verklärung von dem gemarterten Gesicht, wie hielten wir unsere Wangen in den Schein dieser endlich erreichten und schon vergehenden Gerechtigkeit!›»
Franz Kafka, «In der Strafkolonie»
(entstanden 1914)

1972 ist die RAF bereits ein Anachronismus. Die «Mai-Offensive» sollte der deutsche Beitrag zum Befreiungskampf des vietnamesischen Volkes sein, für den schon seit Ende 1967 im SDS Geld gesammelt worden war. Der Widerstand gegen diesen ebenso grausamen wie sinnlosen Krieg hatte inzwischen die Regierungsebene erreicht; Richard Nixon war Ende 1968 nicht zuletzt deshalb zum US-Präsidenten gewählt worden, weil er versprach, den Krieg zu beenden, den sein Vorgänger nicht gewinnen konnte. Beenden hieß aber, dass die USA immer stärkere Bombenangriffe gegen Nordvietnam flogen, um den Nachschub in den Süden des Landes zu unterbinden, während Henry Kissinger Geheimverhandlungen mit dem Norden führte. Nur die RAF, die es 1968, auf dem Höhepunkt des Konflikts, so wenig wie eine andere kleine radikale Minderheit gab, die bereit gewesen wäre, aus Protest gegen den Krieg in den Untergrund zu gehen, nur die RAF, die mit so großer Verzögerung zu den Waffen gegriffen hatte, konnte sie in ihrem weltpolitischen Größenwahn nicht niederlegen. Da sie zu spät kam, nahm ihre Demonstration sogleich militärische Formen an. Für die RAF herrscht Krieg, und wie im Krieg werden sie bis zum letzten

Mann kämpfen und fallen. Mit Ausnahme von Horst Mahler sollte keiner der RAF-Gründer das Gefängnis mehr lebend verlassen.

Erst im Gefängnis, so berichtet der vom intellektuellen Sympathisanten zum Guerillero gewandelte Régis Debray aus der Haft, habe er sich entschließen können, sich «vorbehaltlos der Revolution zu verschreiben», sein «ganzes Leben der Revolution zu weihen. Und erst jetzt kann ich wirklich sagen, daß es nichts mehr gibt, was mich davon abhalten kann, an der Revolution voll teilzunehmen.»[1] In einem Kassiber an Gudrun Ensslin empfiehlt Ulrike Meinhof ihr, diesen Aufsatz zu lesen.[2] «Freiheit», setzt sie hinzu, «Freiheit ist nur im Kampf um befreiung möglich.» Für diesen Kampf ist die Entlassung aus dem Gefängnis gar nicht mehr notwendig; es kommt auf das Opfer an.

Einen Tag nach ihrer Festnahme in Hannover wird Ulrike Meinhof in die Haftanstalt Köln-Ossendorf verbracht, in der bereits Astrid Proll sitzt und einen Nervenzusammenbruch erlitten hat. Um sie der Gruppe zu erhalten, hat ihr Baader, als er selber noch in Freiheit war, seine Lederjacke geschickt. Meinhof und Proll dürfen sich aber nicht sehen. Zu groß ist die Angst vor Konspiration, noch größer davor, die Gefangenen könnten im Handstreich befreit werden wie Andreas Baader 1970. Ulrike Meinhof wird 273 Tage in Isolationshaft verbringen.[3] Bald wird die RAF «Folter» oder «weiße Folter» zu ihrem Kampfbegriff machen und von «sensorischer Deprivation» sprechen. Auch wenn die RAF die Haftzeit in Köln propagandistisch bis zum Äußersten ausbeuten wird, bleibt doch die Tatsache, dass die Häftlinge in Ossendorf übel behandelt wurden. «Nicht zu Unrecht» habe Ulrike Meinhof vom «Toten Trakt» gesprochen, bestätigt der Vollzugsbeamte Horst Bubeck, der sie dann in Stammheim beaufsichtigen wird, «denn sie hatte dort ihre Zeit in totaler Einzelhaft verbringen müssen, in einer gegen alle Außengeräusche abgedichteten Zelle, in der 24 Stunden am Tag das Licht brannte. Kontakte zu anderen Häftlingen waren nicht gestattet.»[4] Astrid Proll, die bald haftunfähig werden wird, hat es schon erlebt, wie sie aus der Wirklichkeit davonrutscht. «Sie fühlte nur noch ihren Oberkörper, das Herz, aber keine Beine. Sie schwamm.»[5] Ulrike Meinhof lebt jetzt in genau den Verhältnissen, die sie als Journalistin bei den Fürsorgezöglingen angeprangert hat. Beim Weiß der Wände fühlt sie sich an das Kapitel «Weiß» in Herman Melvilles Roman «Moby Dick» erinnert[6]: «Es war die Weiße des Wals, die mich mehr als alles andere entsetzte. (...) lauert da doch zuunterst in der Vorstellung von diesem Farbton ein unergründliches Etwas, welches der Seele grausigere Bestürzungen eingräbt als jene Röte, die am Blute entsetzt.»[7] Sie verkraftet die Isolation nicht und rettet sich in die bewährten Metaphern, beschwört Buchenwald und Auschwitz, als wäre das die korrekte Beschreibung ihrer Situation. Durch die Anwälte, die sie noch besuchen dürfen, kann sie ihren eingeschränkten Blick auch nach draußen tragen. «Der ‹tote Trakt›, einer Gefangenen über acht Monate lang verordnet, ist das Grausamste, was bislang ausgedacht und durchgeführt wurde»[8], erklären sie in einem Artikel, ganz und gar eins mit dem paranoiden Weltbild ihrer Mandantin.

Wenigstens kann Ulrike Meinhof Anfang Oktober, nach zwei Jahren im Untergrund und vier Monaten Haft, endlich ihre Kinder wiedersehen. «He Mäuse», schreibt sie in der Vorfreude am 15. September 1972 (und längst befasst mit der Erklärung zum Überfall des «Schwarzen September» auf das Olympische Dorf in München zehn Tage zuvor), «ich sitze hier in meiner Zelle und führe meine Gedanken spazieren und einmal am Tag meine Beine auf einem Hof, wo ich hundert mal oder wie oft im Kreis rumlaufe. (...) Ich höre und sehe niemanden und nichts – nur die Wärter, wenn sie mir das Essen bringen».[9] Bei aller Freude über das Wiedersehen will sie ihre inzwischen zehnjährigen Zwillinge nicht im Unklaren über die Kräfteverhältnisse in der Welt lassen und schreibt in ein Kinderbuch für sie den lieben Gruß: «Alle Macht dem Volke!»[10] Ein Mal habe sie sich den Luxus geleistet, mehr an ihre Kinder als an die Revolution zu denken, gesteht sie ihrem Anwalt. Gegen die Revolution hatten die Töchter keine Chance.

«Und was war ich gegen Hunderte von verwaisten Kindern durch den Krieg in Vietnam?», sagte ihre Tochter Regine später. «Was war mein Leid gegen Verbrechen wie Anschläge und Morde?»[11]

Die (vielleicht bloß gespielte) Euphorie ihrer Solidaritätsadresse an den «Schwarzen September» weicht bald tiefster Depression. Ulrike Meinhof hat Angst und formuliert sie in einer Art Prosa-Elegie:

> «das Gefühl, es explodiert einem der Kopf (das Gefühl, die Schädeldecke müßte eigentlich zerreißen, abplatzen) –
> das Gefühl, es würde einem das Rückenmark ins Gehirn gepreßt,
> das Gefühl, das Gehirn schrumpelte einem allmählich zusammen, wie Backobst z. B. (...)
> das Gefühl, daß jetzt die Zeit abfließt, das Gehirn sich wieder ausdehnt, das Rückenmark wieder runtersackt – über Wochen.
> das Gefühl, es sei einem die Haut abgezogen worden.»[12]

Sie spricht vom Trakt als dem «versuch, einen selbstmord zu erpressen»[13], und legt damit für die Mit- und Nachwelt eine Spur, die wie logisch zu dem leblosen Körper führt, der am 9. Mai 1976 am Zellenfenster hängt. Der Staat, dem sie diese Strategie zutraut, mag ja böse sein, aber er wird niemals so dumm sein, durch die Ermordung seiner Gefangenen den Sympathisanten auch noch zu bestätigen, wie böse er ist.

Durch Kassiber wie diese beginnt Ulrike Meinhof eine Macht zu entfalten, von der sie als Kolumnistin und auch als Terroristin nur hätte träumen können. Diese Macht ist unmittelbar und bedarf der Sprache immer weniger – so wie die Gefangenen auch immer weniger bereit und in der Lage sind, sich so auszudrücken, dass sie außerhalb der RAF verstanden werden. In einem Text Gudrun Ensslins heißt es: «der mechanismus im ganzen ist: dass dem druck aus den fehlern/der unbegriffenen scheisse die ich in den 3 jahren laufen gelassen habe (STATT: SIE ZU SCHNAPPEN) – dass dem druck ICH nicht gewachsen sein kann, nicht gewachsen bin und das ist der punkt: auch die gruppe natürlich nicht – weil objektiv, im sinn von direkt/logisch, dem überhaupt nur ein altes schwein gewachsen sein kann. subjektiv – ist es möglich (dem gewachsen zu sein und dann auch: erwachsen zu sein/zu werden). DER PUNKT ist: was andreas jetzt bringt/macht ist die objektivität der guerilla/politik, die ganz subjektivität ist. ich bin das ist unmöglich: dumm – jede sekunde die ich noch was gebe auf diese sorte empfindung, die alt ist: ‹ungerechtigkeit›.» Da ist die äußerste Hermetik erreicht, ein Text, der vielleicht gar nicht mehr verstanden werden will. Die Deutung übernehmen andere.

Die Häftlinge sind quer über die Bundesrepublik verteilt. Gudrun Ensslin sitzt in Essen, Raspe in Köln, Baader in Schwalmstadt und Holger Meins in Wittlich. Um die Verbindung zwischen ihnen aufrechtzuerhalten, hat Gudrun Ensslin ein «info-system» organisiert, das vor allem über die beiden Anwaltskanzleien Groenewold (Hamburg) und Croissant (Stuttgart) läuft.

Die Haftbedingungen von Holger Meins sind ähnlich hart wie die Ulrike Meinhofs, die alles unternimmt, um die Angehörigen, die Anwälte und Freunde und Sympathisanten über ihre Lage in Kenntnis zu setzen. Sie fürchtet nichts mehr, als in einen Zustand der Willenlosigkeit zu geraten. Als Schreckbild steht ihr der mutmaßliche Reichstagsbrandstifter Marinus van der Lubbe vor Augen, von dem die Justiz des «Dritten Reiches» das gewünschte Geständnis durch Gehirnwäsche erlangt haben soll. Wieder geht es um ihren Kopf: Ein Bundesrichter empfiehlt, die Schuldfähigkeit der Gefangenen durch eine Untersuchung des Gehirns feststellen zu lassen. «macht euch ruhig mal klar, also bewußt, daß wenn ich hier nur noch, also erst dann rauskomme, wenn der dachschaden manifest ist, dann habt ihr nat. keine chance, den noch gegen folter zu verwerten»[14], schreibt sie am 30. März 1973 an eines der «Folterkomitees». Diese bilden sich in der gesamten Bundesrepublik um die Angehörigen der Gefangenen. Die Unterstützergruppen werden durch drastische Schilderungen der Zustände im Gefängnis genährt.

Um auf ihre Situation aufmerksam zu machen und ihre Lage künstlich zu verschlimmern, hat die RAF am 17. Januar 1973 einen Hungerstreik begonnen. Hunger heißt in der Gegnerschaft zur wohlhabenden Bundesrepublik eine *pièce de resistance*, Widerstand, Märtyrertum. «Wohlgenährt und kenntnislos» hatte die Journalistin Ulrike Meinhof die Regierung Adenauer 1964 genannt, ihr einen «Eichhörnchenvorrat» an Verstand und Moral zugestanden. Das ist ganz buchstäblicher Ekel vor der «Fresswelle», vor dem Wirtschaftswunder und in der ihr eigenen Art hochmoralisch gemeint. Für sie ist der Anspruch, sich mit der neuen Verfassung von der alten Barbarei zu lösen, verraten worden. Dieser Anspruch des Parlamentarischen Rates von 1948 schien ihr noch 1962 «angesichts der schmalen, vom Hunger gezeichneten Gesichter der Parlamentarier glaubwürdig»[15]. Hunger, Entsagung, also Idealismus wären dann ungleich glaubwürdiger als Unterwerfung, Anpassung, Mittun oder der Opportunismus, den sie der Linken immer wieder vorwirft.

Über das «info-system» können die Streikaktionen abgesprochen werden. In Erinnerung an die Fraktionskämpfe der Zwischenkriegszeit, die «Politischen» in den Konzentrationslagern und die in den fünfziger Jahren verfolgten Genossen von der illegalen KPD beanspruchen die RAF-Mitglieder für sich den Status politischer Gefangener. Sie fordern eine Verbesserung der Haftbedingungen, die Aufhebung der «Isolierhaft» und prangern sie als «Folter» an. Der Streik dauert einen Monat und wird draußen durch demonstrative Solidaritätsaktionen unterstützt. So kampiert eine Gruppe von Anwälten auf Feldbetten vor der Bundesanwaltschaft in Karlsruhe und hungert für einige Stunden mit. Auch der zweite Hungerstreik im Mai 1973, in dem die RAF wiederum die «Gleichstellung der politischen Gefangenen mit allen anderen Gefangenen!» fordert, muss ohne Erfolg nach 52 Tagen abgebrochen werden.

Im August 1973 erscheint ein *Kursbuch* zum Thema «Folter in der BRD. Zur Situation der Politischen Gefangenen». Das Adjektiv ist nicht zufällig großgeschrieben, denn es soll hier um mehr als Folter gehen, um das System, in dem Folter stattfindet, und darum, dieses System zu durchschauen und womöglich sogar zu entlarven. «Dieses Heft», heißt es drastisch gleich zu Anfang, «war von der *Kursbuch*-Redaktion nicht geplant. Es wurde ihr förmlich aufgezwungen durch die politische Realität.»[16] Sympathisanten wie Ulrike Meinhofs Studienfreund Jürgen Seifert und RAF-Anwälte wie Klaus Eschen, Jörg Lang und Johannes Riemann tragen Sachverständiges bei. Karl Markus Michel, neben Enzensberger der Herausgeber dieser erfolgreichsten *Kursbuch*-Ausgabe der siebziger Jahre, leitet ein mit dem Hinweis, dass an den Gefangenen ein Exempel statuiert werde. «An diesem Exempel wird gleichsam das Messer gewetzt, wird das repressive Instrumentarium der ‹freiheitlich demokratischen Grundordnung› erprobt.»[17]

Es ist ein Geschäft auf Gegenseitigkeit: Die Hungerstreikenden instrumentalisieren die Sympathisanten für die Kampagne gegen die «Folter», um die Gruppe zusammenzuhalten und neue Kämpfer zu rekrutieren. Und die Linke nimmt dankbar die Gelegenheit wahr, einmal mehr ihren demonstrativen Radikalismus zur Schau zu stellen. Ohne Folgen für sich befürchten zu müssen, kann sie Fundamentalkritik an dem System üben, das die RAF praktischerweise bereits als faschistisch durchschaut hat. Daher wird in diesem *Kursbuch* an (verdeckten) Nazi-Vergleichen nicht gespart: Im Gefängnis werde «selektiert», gebe es «Sonderbehandlung», und es werde «Folter» praktiziert. Das System sei drauf und dran, die Gefangenen zu vernichten.

Aus dem Gefängnis droht Ulrike Meinhof ihren Sympathisanten mit Selbstmord. Am Tod der Eingesperrten wären wieder einmal die Wohlmeinenden schuld, die sich zum eigenen Einsatz nicht aufraffen konnten: «wenn ihr das zulaßt», schreibt Ulrike Meinhof, «daß die schweinerei [gemeint ist: Isolationshaft] jetzt auch noch bei gudrun so durchzischt – dann habt ihr wirklich nur noch zwei möglichkeiten, wenn ihr noch menschen sein wollt: strick oder knarre.»[18]

Wenn ihr Menschen sein wollt: Gegen dieses existenzialistische Pathos konnte kein Rechtsstaat mehr etwas ausrichten. Das Wort war endgültig Fleisch geworden.

Mein Körper ist meine Waffe

> «Mein Hunger faszinierte mich. Es war der Hunger
> meines Seins nach dem Leben und nach dem Tod.»
> *Maria Erlenberger, «Der Hunger nach Wahnsinn.*
> *Ein Bericht» (1977)*

Auf 39 Kilo bei 1,83 Meter Körpergröße abgemagert, die Augen eingesunken, die Schläuche der Zwangsernährung gnädig entfernt, angetan mit einer prächtigen Kutte, einer Art Messgewand, bärtig wie ein russischer Pope: das ist kein Mensch mehr, sondern ein tolstoianischer Heiliger. So lag der tote Holger Meins da, aufgebahrt auf einer Doppelseite im *Stern*[1] – nach Benno Ohnesorg und Rudi Dutschke die dritte Ikone, vor der sich die Sekte RAF mitsamt ihren zahlreichen Unterstützern versammeln konnte. Meins war des mehrfachen Mordes verdächtigt, da er aber nicht mehr angeklagt, nie verurteilt wurde, konnte er für neue Rekruten und Sympathisanten der RAF der reine Engel werden, ein Märtyrer, feige gemordet vom Staat.

Zufällig nur scheint Holger Meins in die Bewegung geraten zu sein. Der Rausch, der Drogenrausch, faszinierte ihn mehr als die Politik, aber die Ereignisse vom 14. Mai 1970, als ihm die Polizei die Pistole an den Kopf setzte, genügten dann, um ihn aus der Boheme in den Untergrund zu treiben. Im Gefängnis wurde er «Jimmy», dann «Starbuck», der empfindsame Steuermann aus «Moby Dick», geführt von dem wahnsinnigen Kapitän Ahab, der natürlich Baader war und ihn und die anderen in den Untergang trieb, auf der Jagd nach dem Weißen Wal.

Dutzende von Anwälten, von denen nicht wenige mit ihren Zielen offen sympathisierten, malten in grellen Farben die Schreckensbilder von den isolierten, gar gefolterten Häftlingen, die der Leviathan, die verhasste Staatsmaschinerie, der Weiße Wal schon vor Prozessbeginn drangsalierte. Diese Kampagne wurde dadurch begünstigt, dass der Staat offensichtlich von dem Problem überfordert war, die zu allem entschlossenen Straftäter so zu verwahren, dass ihnen die Menschenwürde blieb. Untersuchungshaft heißt immer Einzelhaft, die sich aber im Fall der RAF-Gefangenen in Vorbereitung des größten Prozesses der Nachkriegszeit unangemessen lange hinzog.

Zusammen mit ihren Anwälten arbeiten die Gefangenen an ihrer Verteidigungsstrategie. Den Guerillakampf hat die RAF keineswegs aufgegeben, doch müssten dafür erst die Kämpfer aus dem Gefängnis befreit werden. Mehr oder weniger deutlich ergehen Appelle aus den Zellen an die Unterstützer, sie herauszuholen, am besten durch eine Geiselnahme, wie es die palästinensischen Brüder vorgemacht haben. Der Anwalt Siegfried Haag vermittelt die Wünsche der Gefangenen nach draußen. Über fünfhundert Dossiers von Persönlichkeiten des öffentlichen Lebens werden angelegt, alles Männer, die als mögliche Geiseln in Frage kommen: Bundestagsabgeordnete, Bürgermeister, Verleger, Politiker («spitze: biedenkopf, genscher, maihofer, weyer»)[2]. Margrit Schiller und der RAF-Anwalt Eberhard Becker, der ganz ins Lager seiner Mandanten gewechselt ist, planen eine Baader-Meinhof-Befreiungsaktion. Schiller ist Anfang 1973 nach sechzehn Monaten Untersuchungshaft vorzeitig freigekommen, nachdem sie wegen Mitgliedschaft in einer kriminellen Vereinigung, Urkundenfälschung und unerlaubten Waffenbesitzes zu zwei Jahren und drei Monaten verurteilt worden war. Die Gruppe beschafft sich Geld und Waffen und betreibt langwierig die geforderte Befreiung, so langwierig, dass sie dem Verfassungsschutz auffällt, observiert und unschädlich gemacht werden kann: Am 4. Februar 1974 werden in Hamburg Ilse Stachowiak, Eberhard Becker, Helmut Pohl, Christa Eckes, in Frankfurt Margrit Schiller und Wolfgang Beer verhaftet.

Eine Befreiung der seit fast zwei Jahren eingesperrten Haupttäter ist nicht in Sicht. Der RAF bleibt vorläufig nichts anderes übrig, als sich im Gefängnis einzurichten. Sie entdeckt eine neue Randgruppe und möchte eine «revolutionäre Gefängnisbewegung» in Gang setzen; dafür legt sie im September 1974 ein «Provisorisches Kampfprogramm für den Kampf um die politischen Rechte der gefangenen Arbeiter» vor. Während die sozialliberale Koalition «mehr Demokratie wagen» will und unter dem Druck der kulturrevolutionären Studentenbewegung im Jahrzehnt davor tatsächlich für eine Liberalisierung der Gesellschaft sorgt, kämpft die RAF die guten alten Kämpfe aus der Zeit vor 1933, teilweise allerdings angepasst an die gewerkschaftlichen Forderungen des Tages. Draußen etabliert die SPD den Wohlfahrtsstaat nach schwedischem Muster, und drinnen übernimmt die RAF die Vertretung der «gefangenen Arbeiter», für die sie die Segnungen des Sozialstaats wie «tarifgerechte Bezahlung», «freie Arztwahl», «Betriebsrat und Streikrecht», «Rente und Krankenversicherung» fordert.[3]

Schon um dem Vorwurf der «Isolationsfolter» zu begegnen, werden die übers Bundesgebiet verstreuten Häftlinge im Herbst in Stuttgart-Stammheim zusammengeführt, wo das Hauptverfahren gegen die Terroristen stattfinden soll und eigens dafür ein Gerichtssaal gebaut wird. Ulrike Meinhof ist, wie Gudrun Ensslin, bereits im April dorthin verlegt worden. Zunächst aber wird sie zusammen mit Horst Mahler wegen der bereits vier Jahre zurückliegenden Baader-Befreiung in Berlin vor Gericht gestellt. Den Prozessauftakt nutzt sie, um am 13. September 1974 einen weiteren Hungerstreik anzukündigen. «das ist der dritte hungerstreik der in den gefängnissen der bundesrepublik und westberlins isolierten politischen gefangenen GEGEN JEDE SONDERBEHANDLUNG. isolation ist vernichtungshaft – ist mit neuer technologie die alte sache im imperialismus; endlösung durch sonderbehandlung von damals zu ‹lebensunwerten›, heute (in der terminologie der bullen) ‹grundrechtsunwertem› leben erklärten minderheiten, jetzt:

der politischen gefangenen.»[4] Zur Bekräftigung zitiert sie Brecht: «Wer seine Lage erkannt hat – wie soll der aufzuhalten sein?»[5]

Ein Kassiber Baaders verspricht neue Rekorde: «ich denke, wir werden den Hungerstreik diesmal nicht abbrechen. das heißt, es werden Typen dabei kaputt gehen.»[6] 145 Tage dauert der Streik, und der ehemalige christliche Pfadfinder Holger Meins wird dabei kaputtgehen. Das politische Mittel der Wahl ist ein ausgedehnter Selbstmord, den der Hungerstreik möglich macht.

Der Direktor der Haftanstalt Wittlich hatte verfügt, dass Meins nicht bloß in einer Einzelzelle lebte, sondern dass auch die Zellen links und rechts von ihm sowie unter und über ihm leer blieben. Nach jedem Besuch soll er «körperlich durchsucht» und hinterher neu eingekleidet werden. Nach zwei Wochen beginnt für alle Gefangenen die Zwangsernährung, und wie das zugeht, hat Meins selber geschildert: «Festschnallen, zwei Handschellen um die Fußgelenke, ein 30 Zentimeter breiter Riemen um die Hüfte, linker Arm mit vier Riemen vom Handgelenk bis zum Ellenbogen ... von rechts der Arzt auf'n Hocker mit 'nem kleinen ‹Brecheisen›. Damit geht es zwischen die Lippen, die gleichzeitig mit den Fingern auseinandergezogen werden ...»[7]

Die Gruppenräson verlangt ein Opfer, der Staat kann es nicht verhindern. Angeblich wurde zwischen Baader und Ensslin eine Hierarchie im Sterben festgelegt. Baader, Ensslin und Meinhof haben gelegentlich heimlich gegessen (einige Anwälte erwiesen sich hier abermals als hilfreich) und überlebten deshalb, obwohl auch sie stark abmagerten. Holger Meins aß nicht. Gudrun Ensslin berät ihn, leitet ihn, verführt ihn: «du bestimmst, wann du stirbst. freiheit oder tod.» Astrid Proll gibt auf, auch Manfred Grashof, und Meins schreibt ihm einen vorwurfsvollen Brief, der zugleich eine Art RAF-Manifest wird. Da er später im *Spiegel* erscheint[8], erreicht der Abschiedsbrief weite Sympathisantenkreise. Die Wehklage des Todgeweihten endet mit einer Botschaft, als wär's ein Gedicht von Erich Fried (mit Anklängen an Eldridge Cleaver):

«Entweder Schwein oder Mensch
Entweder überleben um jeden
Preis oder Kampf bis zum Tod
Entweder Problem oder Lösung
Dazwischen gibt es nichts.»[9]

Die Verlegung der männlichen Gefangenen nach Stuttgart beginnt im Oktober. Baader und Raspe treffen Anfang November ein. Das ist für sie aber kein Grund, den Hungerstreik abzubrechen oder vom Vorwurf, sie würden isoliert und gefoltert, abzulassen.

Wegen seines geschwächten Gesundheitszustands wird bei Meins die Überführung nach Stammheim immer wieder hinausgeschoben. Am 8. November ruft Meins seinen Anwalt Siegfried Haag an und spricht von seinem nahen Tod. Haag fährt am nächsten Tag nach Wittlich. Der Arzt Helmut Henck, der in Stuttgart-Stammheim Gudrun Ensslin, dann auch Baader und Raspe künstlich ernähren lässt, bestätigt später im *Spiegel*, dass bei den Indikationen, die Meins zeigte, «eine Intensivpflege rund um die Uhr»[10] hätte einsetzen müssen. Doch in Wittlich hat sich der zuständige Arzt ins Wochenende verabschiedet. Siegfried Haag trifft auf einen Mann, der sich aufgegeben hat, auf einen, der sterben will und von den für seine Unversehrtheit Zuständigen nicht mehr daran gehindert wird: «Holger Meins lag mit geschlossenen Augen auf der Bahre, bis zum Skelett abgemagert (...), in die Hose hatte er sich Toilettenpapier und andere Papiertaschentücher gesteckt, damit seine Hose noch hielt und ihm der Gürtel nicht auf die Hüftknochen schnitt.»[11] Haag ruft beim zuständigen Haftrichter Theodor Prinzing an und fordert einen Vertrauensarzt. Doch Prinzing lässt sich nicht erweichen. Der Anwalt steckt seinem Mandanten noch eine Zigarette zwischen die Lippen, dann ist die Besuchszeit vorbei.

Meins ist zum Tode bestimmt, er will sterben, und die Bundesanwaltschaft ist am Ende nicht in der Lage, dieses Sterben zu verhindern. Rechtsanwalt Haag wird die unausgesprochene Botschaft verstehen: Folge mir nach! Er wird dem Sterbenden folgen und dessen Kampf fortsetzen. Denn die Welt ist nur noch manichäisch zu begreifen: drinnen oder draußen, RAF oder Staat, Mensch oder Schwein, *tertium non dabitur*.

Zehntausende gingen auf die Straße und erklärten Holger Meins zum Mordopfer.[12] Otto Schily sprach bei der Pressekonferenz davon, dass «die im Hungerstreik befindlichen Gefangenen in Raten hingerichtet werden»[13]. Die Gedanken sind frei, und auch ein Anwalt darf sich seine Gedanken machen, sogar übertreiben, aber mehr als der Vorwurf, es habe sich um einen besonders grausamen Selbstmord gehandelt, von dem der Staat seinen Schützling nicht abhalten wollte, hätte sich von Rechts wegen nicht erheben lassen. Nach Ansicht von Horst Herold habe die RAF damals «die Massen fast erreicht»; beim Kampf gegen den Terrorismus sei dies «eine der größten Niederlagen gewesen. Und ein ungeheurer Akt der Fahrlässigkeit des Justizvollzugs».[14] Der seit einem halben Jahr amtierende Bundeskanzler Helmut Schmidt bedauerte in einer Fernsehansprache den Tod von Meins, um dann zwar korrekt, aber politisch unklug schneidend fortzufahren: «Und nach all dem, was die Angehörigen dieser Gruppe Bürgern unseres Landes angetan haben, ist es allerdings nicht angängig, sie, solange sie ihren Prozeß erwarten, in einem Erholungsheim unterzubringen. Sie müssen schon die Unbequemlichkeiten eines Gefängnisses auf sich nehmen.» So zieht man neue Sympathisanten.

Bereits am 9. März 1974 hatte Holger Meins in der JVA Wittlich sein Testament formuliert. Der Tod bedeutet ihm nichts: «Es stirbt allerdings ein jeder. Frage ist nur wie und wie Du gelebt hast, und die Sache ist ja ganz klar: KÄMPFEND GEGEN DIE SCHWEINE als MENSCH FÜR DIE BEFREIUNG DES MENSCHEN: Revolutionär, im Kampf – bei aller Liebe zum Leben: den Tod verachtend. Das ist für mich: dem Volk dienen – RAF.»[15] Es könnte natürlich auch Amen heißen oder «Es ist vollbracht». Nochmal Che Guevara, nochmal Jesus Christus mit der Knarre.

Trotz seiner gern zelebrierten Härte war Andreas Baader durch den Tod von Meins empfindlich getroffen, zögerte aber so wenig wie die anderen, das öffentliche Sterben als Mittel im politischen Kampf einzusetzen.[16] Die RAF und vor allem die sie umgebenden konzentrischen Kreise aus Sympathisanten und Unterstützern waren trunken vom gemeinschaftlich genossenen Leid. Der irgendwann in Kauf genommene Tod Meins' brachte mehr Menschen auf die Straße als später selbst der Tod Ulrike Meinhofs. Das Christus-Bild wurde noch einmal religiös veredelt durch die Kerzenständer, die das Bett des ganz in Weiß aufgebahrten Toten zierten. Der fromme Rudi Dutschke gelobte am offenen Grab und mit erhobener Faust: «Holger, der Kampf geht weiter!»[17]

Entr'acte: Sartre in Stammheim

«Der Kampf geht weiter. Die Violenz muß weitergehen,
gerichtet nunmehr in kontinentalem Ausmaß gegen die
herrschenden Gewalten, die zwar ihre Zwischeninstanzen
entwickelt haben, aber immer noch die kaum veränderten
Unterdrücker von einst sind.»
Jean Améry, «Die Geburt des Menschen
aus dem Geiste der Violenz» (1968)

Es war eine typisch bundesrepublikanische Situation, und sie ereignete sich in einer der beliebtesten Sendungen des deutschen Fernsehens. Im «Internationalen Frühschoppen» wurde am 17. November 1974 der Ernstfall diskutiert, in den die RAF die Gesellschaft befördert hatte: «Leben als Wegwerfware?» Der Moderator Werner Höfer bat den Schriftsteller Jean Améry um ein Wort an die Gefangenen, die auch nach dem Tod von Holger Meins weiterhungern wollten, und der Gast aus Brüssel, der «ich Deutschland gegenüber ein Outsider bin und es zu bleiben wünsche», sagte nach langem Zögern: «Nicht aufgeben!»

Dieser pathetische Appell, mit dem die Sendung abrupt endete, verstörte die anderen Teilnehmer ebenso wie die Öffentlichkeit. *Bild* behauptete, der «österreichische Journalist» Améry habe die RAF «zur Fortsetzung ihrer Aktionen aufgefordert», und erreichte, dass der Staatsanwalt gegen ihn ermittelte. Die Untersuchung wurde bald eingestellt, aber Améry ermittelte selber gegen sich. Selbstverständlich könne er nicht die Taten einer Gruppe billigen, die es mit den Palästinensern halte, aber «ich weiß, dass der Hungerstreik die äußerste und einzige Waffe ohnmächtiger Inhaftierter ist»[1]. Améry, der von der Gestapo grausam gefoltert worden war und von dieser Tortur in mehreren Büchern Zeugnis abgelegt hatte, erklärte sich mit den RAF-Gefangenen solidarisch, die nicht unter einem diktatorischen Regime, sondern nur unter erschwerten Haftbedingungen und den Folgen des Hungerstreiks zu leiden hatten, zu dem sie sich aus eigener Wahl entschlossen hatten. Mit dem Segen eines erwiesenen Märtyrers ging die Gewalt, die Violenz weiter, musste weitergehen nach dem öffentlichen Sterben eines Terroristen.

Am Tag nach dem Tod von Holger Meins wird der Berliner Kammergerichtspräsident Günter von Drenkmann ermordet. Unter dem Vorwand, ihm nachträglich zum Geburtstag einen Blumenstrauß überreichen zu wollen, verschaffen sich die fünf Täter Einlass in seine Wohnung. Sie versuchen, ihn vor die Tür zu zerren. Als er sich der Verschleppung widersetzt, wird er von zwei Schüssen tödlich getroffen. Die namentlich bis heute nicht bekannten Täter, die zur «Bewegung 2. Juni» gehören, erklären in ihrem Bekennerschreiben, dass «der revolutionär holger meins dem justizmord zum opfer gefallen» sei. Er habe für das Volk gekämpft, «auch wenn es heute noch nicht alle begreifen». Und dann folgt der übliche Hinweis, dass die anderen angefangen hätten, denn «wer gewalt sät, wird gewalt ernten!!»[2]

Selbst in Unterstützerkreisen wird der Mord an Drenkmann scharf kritisiert, doch hält dort auch die Empörung über den Tod von Holger Meins an. In Stammheim, wo die sitzen, die den einen Toten zumindest einkalkuliert hatten, wird der Hass weiter geschürt («Wir weinen dem toten Drenkmann keine Träne nach»[3]) und Feind neu von Freund geschieden. Heinrich Böll, der in seiner Novelle «Katharina Blum» (1974) ein Traktat zum Thema «Wie Gewalt entstehen und wohin sie führen kann» versucht hat, distanziert sich in einem Interview mit der *Frankfurter Rundschau*, das am 14. November erschien, von der RAF. Er lehnt es ab, der Aufforderung von Daniel Cohn-Bendit zu folgen, sich jetzt erst recht mit der RAF zu solidarisieren.[4] Für ihn sei das Konzept der RAF schon immer «wahnsinnig» gewesen. Den Mord an Drenkmann verurteilt er als «ein Verbrechen ganz besonderen Grades»; es sei ein «doppeltes Verbrechen», weil man nun «jede Art radikaler Nachdenklichkeit beim kleinsten Volksschullehrer in Franken oder Niedersachsen» in Verdacht bringen und «mundtot machen» könne.[5] Ulrike Meinhof ist empört: «Wenn aus ‹literarischer Gewalt› materielle Gewalt wird, schlägt sich derselbe Böll auf die Seite derer, deren Wort er eben noch als verlogen gegeißelt hat.»[6]

Am 9. November war Ulrike Meinhof zusätzlich in einen Durststreik getreten, woraufhin Böll in einem Telegramm an den Bundesrichter um eine Besuchserlaubnis nachgesucht hatte. Bis dahin war jeder seiner Anträge, im Gefängnis ein Interview mit ihr zu führen, abschlägig beschieden worden. Jetzt erhielt er die Erlaubnis, allerdings ließ Ulrike Meinhof ihm ausrichten, «daß er nicht kommen soll, wenn er nicht wirklich entschlossen sei, jetzt was zu machen»[7]. In der Zwischenzeit hatte sie sich an Jean-Paul Sartre in Paris gewandt und ihn aufgefordert, ein Interview mit dem Häftling Andreas Baader über die RAF und den Hungerstreik zu führen, denn jetzt «sind die Schweine drauf, nach allem, was sie in ihrer psychologischen Kriegsführung gegen uns vorbereitet haben – Andreas zu ermorden»[8]. Obwohl sich Generalbundesanwalt Siegfried Buback in einem Brief an den zuständigen Haftrichter Prinzing «mit Entschiedenheit» dagegen ausspricht, wird Sartre schließlich die Besuchserlaubnis erteilt.[9]

Anfang 1973 hatte der Philosoph zwei *Spiegel*-Redakteure zu einem Gespräch über «Sozialisten und Kommunisten, Reform und Revolution» empfangen. An der RAF wusste der Herold der Verdammten dieser Erde zu loben, dass «die Energie, der Geist der Initiative und der Sinn für die Revolution bei ihr reell waren». Nur einen einzigen Vorwurf hat er der RAF zu machen: «Die Tätigkeit dieser Gruppe» sei «verfrüht».[10] Das wird die Gruppe gern gehört haben, auch wenn Sartre sie genaugenommen bereits für Geschichte erklärte.

In der Medienpolitik der RAF ist Sartre noch wichtiger als der unzuverlässige Böll. Für Sartre war der Übergang von der literarischen zur materiellen Gewalt das Natürlichste der Welt. Der Antikolonialist Sartre hatte Castro begleitet und Che Guevara gefeiert. Er war Exekutivpräsident des 1966 von Bertrand Russell gegründeten Vietnam-Tribunals gewesen. Außerdem hatte er schon in seinem Buch «Saint Genet, comédien et martyr» (1952) den Verbrecher zum Künstler par excellence erklärt. Die RAF lud deshalb über den Anwalt Klaus Croissant den Philosophen ein, in dem Kriminellen Baader ein weiteres Mal den Künstler modernen Typs zu entdecken. Mit dem Besuch Sartres wird das Gefängnis zur Weltbühne.

Der neunundsechzigjährige Sartre ist 1974 fast vollständig erblindet, und so erklärt sich vielleicht, warum er sich zum Narren machte, als er Baader tatsächlich zum Märtyrer erhob. Sartre kommt am 4. Dezember wunschgemäß nach Stuttgart, Hans-Joachim Klein von den Frankfurter «Revolutionären Zellen» fährt das Auto, Daniel Cohn-Bendit macht den Dolmetsch. Sartre trifft mit Baader in der Besucherzelle zusammen und berichtet anschließend, Baader müsse in einem kahlen, fensterlosen Raum vegetieren, in dem 24 Stunden am Tag das Neonlicht brenne. Baaders eigene Zelle verfügte über einen Lichtschalter, an der Wand hing ein Poster von Che Guevara, und durch das Fenster floss schwäbisches Tageslicht.

Bei der Pressekonferenz erklärt Sartre immerhin, dass die RAF die Linke insgesamt gefährde. In einem Beitrag für *Libération*, der passenderweise «Der langsame Tod des Andreas Baader» heißt, beklagt Sartre wunschgemäß Menschenrechtsverletzungen und behauptet kühn, Andreas Baader lebe wie die anderen in einer schallisolierten Zelle. «Diese Art der Folter führt beim Gefangenen zu Mangelerscheinungen; sie führt zu Stupor oder zum Tod.»[11] Sartre hat außerdem beobachtet, dass Baader infolge der Haft Schwierigkeiten beim Sprechen habe. «Manchmal legt er mitten im Satz den Kopf in die Hände und redet erst nach zwei Minuten weiter.» Das kann schon sein, muss aber nicht an den Haftbedingungen gelegen haben. Baader war kein großer Redner. Bei grundsätzlichen Äußerungen ließ er Gudrun Ensslin für sich sprechen, die dann verkündete: «Andreas sagt ...»

Für Baader muss ein Traum in Erfüllung gegangen sein; fünf Jahre nach den Fotos im Pariser Existenzialistencafé gehörte er plötzlich selber zur Literatur. Auch wenn sich Sartre nach der Begegnung keineswegs mehr so begeistert über die RAF äußerte, sie sogar kritisierte, hatte sich in Gestalt dieses bereits hinfälligen Weisen doch der Weltgeist gezeigt, der allein schon durch sein Erscheinen den entwaffneten Kämpfern seinen Segen gab. Seitdem war die RAF in Frankreich populär.

Auch in der DDR erfreute sich die eingesperrte RAF einer zumindest verhaltenen Sympathie. Friedrich Karl Kaul, der DDR-Anwalt, der den Gefangenen anbot, sie in Stammheim zu verteidigen, schrieb in einem Aufsatz für die Ostberliner *Weltbühne*, dass es «einzig die Ungeduld» sei, «die Ulrike Meinhof diesen Weg wies», und diese Ungeduld sei es auch, die «uns von Ulrike Meinhof und ihren Weg-Gefährten trennt». Die ideologische Grenzziehung schließt aber den rühmenden Hinweis ein, «daß Ulrike Meinhof in einer von persönlicher Ich-Sucht und materieller Besitzgier strotzenden Umwelt die menschliche Größe aufgebracht hat, für die Verwirklichung ihrer Idee alles zu opfern: Familie, Kinder, Beruf, und darüber hinaus dafür sogar ihr Leben auf's Spiel setzte».[12] Ja, es war ihr Ernst mit der Ungeduld: Seit einem Jahr wollte sie ihre Kinder nicht mehr sehen.

Negerküsse für die Kundschaft

«Die Pflicht eines jeden Gefangenen ist die Flucht.»
Inge Vietts Wandspruch in der Zelle

Ulrike Meinhof ist am 29. November 1974 in Berlin wegen eines «gemeinen kriminellen Verbrechens», der Beteiligung an der Baader-Befreiungs-Aktion, zu acht Jahren Freiheitsstrafe verurteilt worden. Für die Dauer des Prozesses war sie im Gefängnis in Moabit untergebracht. Die «Bewegung 2. Juni» hatte angeboten, sie und die anderen dort einsitzenden RAF-Mitglieder herauszuholen. Nach einigem Überlegen lehnte die RAF ab. Der «2. Juni» war ihr nach wie vor zu wenig seriös.

Inzwischen hatte Inge Viett dessen Führung übernommen. Sie stammt aus den sozialen Verhältnissen, aus denen die Journalistin Ulrike Meinhof in ihren Features berichtet hatte. Viett wuchs in Heimen und bei Pflegeeltern auf, sie wurde vom Bauern vergewaltigt und von der Bäuerin ausgebeutet. Mit fünfzehn lief sie davon; auf der Reeperbahn in Hamburg arbeitete sie als Stripperin. Sie taumelte durch die späten sechziger Jahre. Vom Elend auf den Straßen von Algier aufgerüttelt, erkannte sie, dass sie ihr Leben ändern und aus der Konsumwelt aussteigen müsse. In Berlin schmiss sie den «überflüssigen Szene-Konsum-Kitsch» aus der Wohnung und begann zu hassen: «Ich mied die Kaufhäuser, die Luxusstraßen. Sie ekeln mich. Der Überfluss ist obszön.»[1]

Die schlimme Kindheit, resümiert sie später, habe sie die «organisierte Härte» gelehrt und ihr den Wunsch eingegeben, «diese vermoderte, lug- und trugreiche Gesellschaft zu revolutionieren».[2] Als aus den «Umherschweifenden Haschrebellen» und den «Berliner Tupamaros» die «Bewegung 2. Juni» wird, ist Inge Viett dabei.

Sie beteiligt sich an einer Reihe von Sprengstoffanschlägen, unter anderem im britischen Yachtclub in Berlin-Kladow, bei dem am 2. Februar 1972 der Bootsbauer Erwin Belitz stirbt. Das Attentat soll eine «Solidaritätsaktion»[3] sein: Drei Tage zuvor haben britische Fallschirmjäger im nordirischen Londonderry dreizehn unbewaffnete Demonstranten erschossen.

Der Tod des Handwerkers war nicht beabsichtigt, aber er «konnte uns nicht aufhalten»[4], wie Inge Viett erklärt. Jetzt wurde der «2. Juni» ebenso gejagt wie die RAF, von der ihn die Fahnder aber kaum zu unterscheiden vermochten. In einer Programmschrift vom Sommer 1972 heißt es vielversprechend: «Die Bewegung muß zur Aktion übergehen, eine überzeugende revolutionäre Praxis treiben, sich den Massen durch *Kontinuität* und *vermittelte Aktionen* verständlich machen».[5] Die Popularität, die die «Bewegung 2. Juni» erlangte, konnte die RAF nie erreichen, obwohl es nicht an ähnlich lautenden Absichtserklärungen mangelte. Der «2. Juni» ist gleichwohl zur revolutionären Professionalisierung bereit. Zwar wollen sie nicht gleich, wie Gudrun Ensslin und Ulrike Meinhof, den revolutionären «24-stdn.tag»[6] einführen, aber immerhin, «die Genossen der Bewegung betrachten ihre Arbeit in der Massenfront, in der Logistik und in den bewaffneten, taktischen Einheiten als Vollzeitarbeit»[7].

Bommi Baumann hat sich für eine längere Drogenreise Urlaub genommen und ist nach Indien gegangen. Die übrigen Vollzeitrevolutionäre landen immer wieder im Gefängnis. Im Mai 1972 wird Inge Viett festgenommen, bis August sind auch die anderen fast alle eingesperrt. Nach einer «Versicherung auf Gegenseitigkeit» soll aber niemand länger als ein Jahr in staatlichem Gewahrsam bleiben. Die alten Gefängnisse in Berlin, die noch aus dem 19. Jahrhundert stammen, ermöglichen den Ausbruch der Inhaftierten und machen es ihren Freunden draußen leichter, ihnen dabei zu helfen.

Im Juli 1973 gelingt Inge Viett die Flucht. Ein halbes Jahr zuvor haben sich Juliane Plambeck und die Polizistentochter Gabriele

Rollnik, die ihr Soziologiestudium abgebrochen hat, der Gruppe angeschlossen. Zusammen bauen sie die Bewegung völlig neu auf, zu der auch Fritz Teufel stößt. Der jedoch kämpft bald an einer anderen Front: Unter dem Namen Jörg Rasche nimmt er im April 1974 die Arbeit in der Essener Presswerk AG auf und hilft, Klodeckel herzustellen. Wie ein ordentlicher Bürger fährt er jeden Tag mit dem Mofa zur Fabrik. Er macht es nicht so furchtbar lange, ist aber glücklich, endlich «mit der Arbeiterklasse in Kontakt zu kommen»[8]. Inge Viett und Ralf Reinders besuchen ihn einmal in seinem Arbeiter-Unterschlupf und können nur den Kopf schütteln über diese traurige und ärmliche Existenz. Zumindest Inge Viett wird ihr Glück später in ähnlich proletarischer Umgebung finden.

Die verantwortungslose Fröhlichkeit der «Blues»-Tage ist fast verflogen, aber der revolutionäre Ernst hat noch kein Ziel. In der Zeitung steht, wie es weitergehen soll: Gudrun Ensslin liest einen Artikel über die Innenministerkonferenz, auf der beschlossen wurde: «‹Leben der Geisel hat Vorrang vor Ergr. der Gewaltverbrecher›»[9], und berichtet den anderen davon durch einen Kassiber. Der gutgemeinte, menschenfreundliche Vorsatz hat die folgenden Entführungsaktionen begünstigt. Um Gefangene freizupressen, erwägen die Kämpfer des «2. Juni», die alliierten Stadtkommandanten zu entführen; auch andere Personen des öffentlichen Lebens wie der populäre Willy Brandt werden ins Visier genommen.

Während die RAF mit ihrem dritten Hungerstreik beschäftigt ist, bereiten die Frauen vom «2. Juni» gemeinsam mit Till Meyer eine Entführung vor. Dafür wird ein Ladenlokal gemietet und mit Secondhand-Kleidern ausgestattet, von denen einige tatsächlich verkauft wurden. In das dahinter eingerichtete «Volksgefängnis» soll ein hochrangiger Politiker gebracht und gegen Gefangene ausgetauscht werden. In die Vorbereitungen hinein platzt die Nachricht von Holger Meins' Hungertod. Kurzerhand wird Berlins höchster Jurist, der Kammergerichtspräsident Günter von Drenkmann, als Opfer ausersehen. Drenkmann hatte nicht das Geringste mit den Strafsachen gegen die RAF oder den «2. Juni» zu tun, war aber prominent genug, um als Pfand eingesetzt zu werden. Mit Hilfe dieser Geisel wäre es vielleicht möglich, Gefangene in Berlin (wo unter anderem gegen Ulrike Meinhof verhandelt wird) freizupressen. Drenkmann widersetzt sich der Geiselnahme, und statt ihn zu entführen, töten ihn die Angreifer. Auch wenn das ursprünglich nicht geplant war, fand für Gabriele Rollnik damit ein Rechtsausgleich statt: «Ein Leben für ein Leben. Wenn Tote, dann auf beiden Seiten.»[10]

Ihre nächste Aktion plant die «Bewegung 2. Juni» gründlicher, vor allem soll das Opfer nicht sterben, sondern tatsächlich als Geisel von Nutzen sein können. Sie besorgen sich die Adressen hoher Staatsvertreter und überfallen zur Geldbeschaffung zwei Banken. Wegen der bevorstehenden Wahl zum Berliner Abgeordnetenhaus erscheint Peter Lorenz als das ideale Opfer: Die regierende SPD wird es sich nicht leisten können, den Spitzenkandidaten der oppositionellen CDU in den Händen der Entführer zu belassen.

Am 27. Februar 1975, drei Tage vor der Wahl, wird Lorenz, der jeden Tag denselben Weg ins Büro nimmt, entführt. Ein Lastwagen kommt seinem Dienstwagen von rechts in die Quere und veranlasst den Fahrer zum Anhalten. Gleichzeitig fährt hinten ein Fiat auf. Lorenz' Chauffeur steigt aus, um sich den Schaden anzusehen und mit dem Fahrer des anderen Wagens zu sprechen, als er mit einem Besenstiel einen Schlag auf den Kopf erhält. Im Fallen kann er gerade noch erkennen, wie zwei Männer mit Lorenz davonfahren. Bei seiner Gegenwehr drückt Lorenz mit den Füßen die Windschutzscheibe nach draußen, sodass der Wagen ohne Fenster durch Berlin rast. Die Entführer geben Lorenz eine Betäubungsspritze in den Oberschenkel, die ihn benommen macht. Die Aktion war vorher mit Spielzeugautos durchgeplant worden.

Lorenz wird noch im Auto gefesselt und geknebelt. Mit verbundenen Augen wird er in die präparierte Zelle in der Ladenwohnung Schenkendorfstraße 7 (gegenüber befindet sich eine CDU-Geschäftsstelle) geschafft, wo ihn die Entführer bis zum

5. März versteckt halten. Seine 2,20 Meter breite, 3 Meter lange und 3 Meter hohe Zelle ist durch den Laden im vorderen Bereich getarnt. Hier entsteht das erste Bild, das deutsche Terroristen selber in die Welt setzen: Lorenz im Unterhemd, unrasiert und müde, hält eine Tafel vor sich mit der Aufschrift: «Peter Lorenz, Gefangener der Bewegung 2. Juni». So wird er mit der Polaroidkamera fotografiert.

Die Entführer schlagen einen Handel vor: Sie werden die Geisel wieder laufenlassen, wenn dafür inhaftierte Mitkämpfer freikommen. Die Mitteilung über die Vereinbarung soll in den Zeitungen veröffentlicht werden, «die anzeigen sind von der cdu zu bezahlen». «wir wollen keine geheimverhandlungen – dem volk darf nichts verborgen bleiben. nachrichten des staatsapparates an uns und ablauf der freilassung der genannten genossen, samt ihrem abflug müssen über funk und fernsehen abgewickelt werden.»[11] Über Nacht druckt der «2. Juni» dreißigtausend Broschüren, in denen die «Entführung aus unserer Sicht» erklärt wird. In der Brieftasche von Lorenz finden sie das unbeantwortete Schreiben einer Frau Busch, die um Hilfe für ihr krankes Kind bittet. Die Entführer schicken ihr das Bargeld, das Lorenz bei sich hat, weil das gut zu ihrem Bemühen um Volksnähe passt.[12] Die RAF spricht eifersüchtig von der «Bewegung Frau Busch».

In Bonn tagt der Krisenstab. Die Regierung muss damit rechnen, dass Lorenz stirbt, wenn die Forderungen nicht erfüllt werden. Justizminister Hans-Jochen Vogel ist gegen einen Austausch, Bundeskanzler Schmidt ebenfalls. Da er aber, wie er später erklärt, mit einer schweren Erkältung im Bett liegt, kann er sich dem Wunsch des Berliner Regierenden Bürgermeisters Klaus Schütz nicht widersetzen und muss sich mit den Bedingungen der Entführer einverstanden erklären. So dilettantisch die Aktion wirkt, die Entführer können die Freilassung der rechtskräftig Verurteilten Verena Becker, Rolf Heißler, Gabriele Kröcher-Tiedemann, Rolf Pohle und Ingrid Siepmann sowie der Untersuchungshäftlinge Etore Canella und Gerhard Jagdmann erpressen. Der inzwischen formell aus der RAF ausgestoßene Horst Mahler, der schon beinah die Hälfte seiner zehnjährigen Freiheitsstrafe abgebüßt hat, steht ebenfalls auf der Liste, will aber gar nicht ausgetauscht werden. Um das mitzuteilen, darf er in der «Tagesschau» auftreten und am 1. März um 23.55 Uhr seine neue Einsicht verkünden, wonach «die Entführung des Volksfeindes Peter Lorenz als Mittel zur Befreiung von politischen Gefangenen Ausdruck einer von Kämpfen der Arbeiterklasse losgelösten Politik» sei, «die notwendig in einer Sackgasse enden» müsse; die «Strategie des individuellen Terrors» sei «nicht die Strategie der Arbeiterklasse».[13]

Genau um diese und die sozialromantische Tradition bemüht sich aber die «Bewegung 2. Juni». Auf den Flugblättern, die in Telefonzellen und an vielen öffentlichen Plätzen ausliegen, erläutern die Erpresser, was sie sich unter dem Dienst am Volk vorstellen. «wir sind der meinung, daß worte und verbale forderungen nichts nützen, um das, was in diesem lande falsch läuft, zu verändern. (...) wir sind nicht ein haufen von leuten, die nach dem motto ‹je schlimmer, desto besser› wahllos draufschlagen, wo immer wir für ‹uns› eine gelegenheit dazu sehen.» Die Abgrenzung vom leninistischen Messianismus der RAF ist deutlich: «wir wissen, daß ‹wir› den staat nicht aus den angeln heben, nicht kaputt machen, nicht stürzen können», aber «wir begreifen unseren kampf als teil des allgemeinen widerstandes. stadtguerilla bedeutet phantasie und tatkraft; fähigkeiten, die das volk besitzt. auch wir sind listig, das heißt wir schlagen nicht wild um uns, sondern schätzen unsere möglichkeiten realistisch ein, um dann zu handeln.»[14]

Die Lorenz-Entführung wird der größte Triumph der «Bewegung 2. Juni», die aus der Spaßguerilla von Teufel und Kunzelmann hervorgegangen ist, und Inge Viett ist noch heute stolz darauf: Die Gefangenen erhalten wie verlangt 120000 Mark[15] und werden in Frankfurt zusammengeführt. Heinrich Albertz, der sein Versagen vom 2. Juni 1967 in den letzten Jahren als Seelsorger abzubüßen bemüht war, soll sie begleiten. Live überträgt die «Tagesschau», wie sie ein vollgetanktes Flugzeug besteigen, das sie alle in die «Demokratische Volksrepublik Jemen» fliegt. Dort unterhält die PFLP damals ihr wichtigstes Ausbildungslager. In Aden verabschiedet Albertz sich von jedem mit Handschlag und wünscht ihnen, «daß sie es nicht zu schwer hätten in diesem fremden Land»[16]. Aus Aden grüßen die Befreiten die in Deutschland weiter Inhaftierten: «Wir werden unsere Energie darein setzen, daß für sie auch bald ein Tag, so wunderschön wie heute, anbrechen wird. Wir werden siegen!»[17] Auf dieses vorher vereinbarte Stichwort vom «wunderschönen Tag» wird Peter Lorenz am 5. März freigelassen und erhält sogar noch das Kleingeld für ein Telefonat. Später lobt er seine Bewacher (von denen er vor Gericht keinen wiedererkennen wird), weil sie anständig mit ihm umgegangen seien.

Nach der Entführung wird Lorenz' Zelle wieder zerlegt und das Material in Müllsäcken im Stadtgebiet verteilt. Der Abfall wird später Indizien für die Tatbeteiligung liefern. Die Entführer verabschieden sich aus Berlin, machen Urlaub in Italien oder reisen ihrerseits zu den Palästinensern, um sich an der Waffe ausbilden zu lassen. «der staat und die polizei», jubeln die Rebellen in ihrem Abschlussbericht, «sind nicht allmächtig, auch wenn berlin die größte polizeidichte der welt hat.»[18] Daniel Cohn-Bendit vom Frankfurter «Revolutionären Kampf» bewundert die «technische Qualität des Ablaufs, die Intelligenz», tadelt die Aktion aber als «Terrorismus der Verzweiflung».[19] Rainer Werner Fassbinder, der während der Entführung seinen Film «Mutter Küsters' Fahrt zum Himmel» dreht, baut die Idee, dass mit einer Geiselnahme politische Gefangene freigepresst werden sollten, sogleich in seinen Film ein.

Noch einmal wendet sich die «Bewegung 2. Juni» in ihrer Erklärung an die Konkurrenz von der RAF: «auch wenns mal schief geht und auch wenns diesmal schief geht, eines können wir euch flüstern: UNS macht das leben wenigstens spaß, und wenns auch mal aus ist, dann hat es uns spaß gemacht.»[20]

Reinders, Vogel, Rollnik, Plambeck und Viett überfallen aus lauter Spaß am 30. und 31. Juli 1975 Filialen der Berliner Sparkasse in Britz und Schmargendorf. Beim zweiten Mal beruhigen sie die Kunden: «Sie brauchen keine Angst zu haben. Es passiert Ihnen nichts. Sie kennen das ja schon aus der gestrigen Abendschau.»[21] Obwohl draußen bereits die Hupe des Fluchtfahrzeugs zu hören ist, finden die Revolverhelden noch Zeit für eine volksnahe Manifestation. Fritz Teufel, der aus der Fabrik zurückgekehrt ist, aber die Arbeiterklasse nicht vergessen hat, verteilt Negerküsse und ein Flugblatt mit dem «Konjunkturprogramm der Bewegung 2. Juni»: «Wo alle sagen, dass der RUBEL wieder rollen muss, damit die SCHORNSTEINE wieder rauchen, will auch unsere Bewegung, im Rahmen ihrer bescheidenen Möglichkeiten – schliesslich sitzen wir alle im gleichen LATRINENDAMPFER – einen Beitrag leisten. Hoffentlich geht's gut, also: HER MIT DER KOHLE!!

Revolutionäre Negerküsse von den Stadtguerillas der Bewegung 2. Juni»[22]

Ulrike Meinhof hätte da bestimmt wieder gesagt, dass Negerküsse keine Aussage seien und die Bankräuber es unterlassen hätten, in Fernsehen und illustrierter Presse ihre Aktion zu erklären.[23]

Das Stockholm-Syndrom

> «Und heute kommt's mir vor, als ob die Radikalen,
> diese Geiselnehmer von heute, all dies machten,
> weil sie gern in einem Krieg dabei wären; obwohl
> ihnen das natürlich nicht klar ist.»
> *Hermann Lenz in einem Brief
> an Peter Handke (1975)*

Stefan Wisniewski stand in Berlin auf dem Tisch und hielt eine solidarische Rede für die Gefangenen, die sich seit 54 Tagen im Hungerstreik befanden. Da kam ein Genosse in das Jugendzentrum und überbrachte die Nachricht, dass Holger Meins gestorben sei. «Mir – und nicht nur mir – sind die Tränen in die Augen geschossen. Einige, die sonst zu den Kritikern der RAF zählten, haben sofort angefangen Molotowcocktails zu basteln, sind zum Ku'damm los.»[1] Wisniewski, der als Sohn eines polnischen Zwangsarbeiters in einem kleinen Dorf im Schwarzwald aufwuchs, später eine Zeitlang in einem Heim für Schwererziehbare leben musste und früh zur See fuhr, organisiert in Hamburg noch Meins' Beerdigung; danach geht er in den Untergrund. Zusammen mit Susanne Albrecht, Karl-Heinz Dellwo, Bernhard Rössner, Christine Dümlein, Christa Eckes, Wolfgang Beer, Christian Klar, Silke Maier-Witt und Sigrid Sternebeck hatte er sich schon im Frühjahr 1973 an einer Hausbesetzung in der Ekhofstraße in Hamburg beteiligt, mit der sie auf die Situation der Gefangenen aufmerksam machen wollten. Noch spektakulärer war die Besetzung des Hamburger Büros von Amnesty International im Jahr darauf, bei der unter anderem Günter Sonnenberg, Christian Klar, Adelheid Schulz, Knut Folkerts, Willy-Peter Stoll, Ralf Baptist Friedrich, Lutz Taufer, Roland Mayer, Susanne Albrecht und Volker Speitel mitmachten.

Auch Volker Speitel, der wie Haag in der Kanzlei von Klaus Croissant arbeitete, schließt sich in diesem Krisenjahr 1974 der RAF an. Später wird er aussagen, dass ihm die Internationalisierung der RAF, eine Koordination der Arbeit von IRA, ETA und «Brigate Rosse» «mit dem Ziel der Isolierung der BRD und schließlich gemeinsamen militärischen Aktionen gegen die BRD»[2], vorschwebte.

Die RAF musste wieder ganz von vorn anfangen. Sie hatte keine Waffen, kein Geld, keine Logistik, keine Kämpfer. Aus den Sympathisantenkreisen um die Folterkomitees meldeten sich Freiwillige zum Einsatz, die alle darauf brannten, den Tod von Holger Meins zu rächen und die Gefangenen, denen ein ähnliches Schicksal zu drohen schien, zu befreien. Im Unterschied zur ersten Generation braucht sich die zweite nicht mehr langwierig in den Terror hineinzusteigern. Die Skrupel vor der Gewaltanwendung hatten bereits andere für sie abgelegt, sie hatten, nach dem Wort von Peter Weiss, die Waffe in die Hand genommen, gekämpft und sich (für das Volk? für die anderen? für den eigenen Ruhm?) geopfert. Nun galt es, diesem Beispiel nachzufolgen. Die Trauer um die gefallenen Geschwister, die ernst gemacht hatten, musste aufhören. Sie hatten die für sie vorgesehene Karriere ausgeschlagen, ihr Weg führte nicht über die Horkheimer'schen «Bankette und Ehrentitel, über interessante Forschungen und Professorengehälter», und auch am fast übermenschlichen Glauben an die eigene Sendung fehlte es nicht. Die RAF wurde mit ihrem Fortbestehen immer sektiererischer, auch immer religiöser.

Der Erfolg der Konkurrenz von der «Bewegung 2. Juni» ermutigt die nachwachsende RAF-Generation, der an einem Beweis einer Holger Meins würdigen Opferbereitschaft ebenso viel liegt wie den Stammheimern an der Befreiung. Nach 145 Tagen beenden die Gefangenen am 5. Februar 1975 ihren längsten Hungerstreik («Versteht das als Befehl»[3], hat Baader drei Tage zuvor verkündet). Auch wenn sich nicht immer alle ständig daran beteiligt haben, sind sie gesundheitlich angegriffen und ein gerade noch lebender Vorwurf an die draußen. Der Plan, eine Botschaft zu besetzen, findet die Zustimmung der Gefangenen. Damit die Bundesregierung ein weiteres Mal nachgibt, muss es ein größeres Unternehmen als die Lorenz-Entführung werden. Speitel reist durch Europa und inspiziert verschiedene Objekte. Die deutsche Vertretung in Bern scheint ihm zu gut bewacht, sodass man sich schließlich im Benehmen mit den Stammheimern auf die in Stockholm verständigt.

Am 24. April 1975, zwei Monate nach der erfolgreichen Lorenz-Entführung, dringen vormittags um halb zwölf Uhr sechs Personen in Zweiergruppen zwischen den üblichen Besuchern in die Stockholmer Botschaft ein: Lutz Taufer, Karl-Heinz Dellwo, Bernhard Rössner, Hanna Krabbe, Siegfried Hausner und Ulrich Wessel. Geplant hat das Unternehmen Siegfried Haag, der aber nicht in Erscheinung tritt. Mit vorgehaltener Pistole werden einem Beamten die Schlüssel für den gesperrten dritten Stock abgenommen, wo sich die Mitarbeiter des höheren Dienstes zur Morgenkonferenz versammelt haben. Die Terroristen setzen sich dort fest und haben jetzt zwölf Geiseln in ihrer Gewalt. Diese müssen sich im Kreis auf den Bauch legen, und die Terroristen verbarrikadieren sich im Sicherheitsbereich. Inzwischen ist die schwedische Polizei in den unteren Stockwerken eingetroffen. Telefonisch fordert ein Geiselnehmer sie auf, das Gebäude innerhalb von dreißig Minuten zu räumen, andernfalls werde der Militärattaché Andreas von Mirbach erschossen. Trotz zweimaliger Ausdehnung des Ultimatums kommen die Polizisten der Aufforderung nicht nach. Schließlich gibt einer der Terroristen fünf Schüsse auf von Mirbach ab und stößt ihn dann die Treppe hinunter. Erst eine halbe Stunde später erlauben die Besetzer den Abtransport des Schwerverletzten. Wenige Stunden später stirbt von Mirbach bei einer Notoperation.

Um 15.30 Uhr lässt das «Kommando Holger Meins» dem Stockholmer Büro von dpa eine Erklärung zukommen. Darin wird die Freilassung von 26 «politischen Gefangenen in der Bundesrepublik Deutschland» verlangt; es handelt sich um Angehörige der RAF sowie Johannes Weinrich von den Frankfurter «Revolutionären Zellen». Die «Genossen» sollen noch am selben Abend bis 21 Uhr auf dem Frankfurter Flughafen zusammengeführt sein, wo eine aufgetankte Maschine mit drei Mann Besatzung bereitzustehen habe, um sie in ein noch zu bestimmendes Land auszufliegen. Der schwedische Botschafter und ein Anwalt sollen die Terroristen begleiten. Jeder Häftling sei mit 20 000 Dollar auszustatten, außerdem soll die deutsche Regierung Kontakt über die Massenmedien halten; «der Abflug der Genossen wird vom BRD-Fernsehen und vom schwedischen Fernsehen direkt übertragen». Sollte sich die Freilassung der Gefangenen verzögern, will man jede Stunde einen Beamten erschießen. Ein Sturm der Botschaft «bedeutet den Tod aller im Haus. Bei einem Angriff werden wir in den Räumen der Botschaft 15 kg TNT zur Explosion bringen.» Die Sprengmasse ist, verglichen mit dem Einsatz bei der «Mai-Offensive» drei Jahre zuvor, recht bescheiden, aber die neue Generation lernt ja noch. Das Pathos der RAF beherrscht sie schon: «Wir werden Menschen sein – Freiheit durch bewaffneten antiimperialistischen Kampf!»[4]

Es ist ein Kampf um alles oder nichts, eine Schlacht im Geist des toten Holger Meins. «Für uns stand von Anfang an fest, entweder wir kommen durch, oder wir sterben»[5], wie Karl-Heinz Dellwo später sagen wird. Für das Bundeskriminalamt ist Stockholm die «langersehnte Konfrontation»; endlich sind «Gegner und Front sichtbar geworden».[6]

In Bonn tagt seit 13 Uhr der Krisenstab. Helmut Schmidt will den Forderungen der Besetzer unter keinen Umständen nachgeben. Auch weitere Verhandlungen schließt er aus. Seine Entscheidung wird vom Krisenstab einstimmig bestätigt. Mehrfach telefoniert Schmidt mit dem schwedischen Ministerpräsidenten Olof Palme, dessen Justizminister Lennart Geijer mit den Terroristen verhandelt. Palme wie Geijer bieten ihnen wiederholt freien Abzug an, wenn sie die Geiseln gehen lassen. Gegen 21 Uhr teilt Geijer mit, dass die Bundesregierung das Ultimatum zurückweise. Die Besetzer reagieren bestürzt auf die Abweisung aus Bonn (die allerdings auch die Schweden überrascht). Sie sind im Zugzwang. Aus Stammheim haben sie den Auftrag, das Menschenmögliche für die Befreiung zu unternehmen und sich dafür notfalls auch zu opfern, und jetzt sind sie selber in der Botschaft gefangen. Die Ankündigung, jede Stunde eine weitere Geisel zu erschießen, ist so maßlos, dass keine Regierung darauf eingehen könnte. Kurz nach 22 Uhr holen sie den Wirtschaftsattaché Heinz Hillegaart. Er muss das Fenster öffnen und soll den draußen versammelten Polizisten und Feuerwehrleuten etwas zurufen. Man kann ihn nicht verstehen. Von hinten werden mehrere Schüsse auf den Mann abgegeben. Er sackt nach vorn, sein Oberkörper hängt leblos aus dem Fenster. Die Gruppe weist in einer neuen Erklärung darauf hin, dass ihr Ultimatum weiter bestehe, droht mit regelmäßigen Erschießungen und endet mit dem klassischen Slogan: «Sieg oder Tod».

Im Laufe des Tages sind vier Sekretärinnen freigelassen worden, aber die Geiselnehmer wollen weitermachen. Eine Viertelstunde vor Mitternacht kommt es zu einer gewaltigen Explosion. Die Terroristen behaupteten später, die stürmenden Polizisten hätten den Sprengstoff im Auftrag der deutschen Regierung detonieren lassen. Andere glauben, die RAF-Gruppe habe sich in der entstehenden Verwirrung davonmachen wollen. Eine Geisel meint: «Alle Beteiligten haben die Nerven verloren, sodass jemand womöglich über die Detonationsschnüre gestolpert ist.»[7] Der Sprengstoff bringt auch die Handgranaten zur Explosion, sodass mit einem Mal alle Fenster nach draußen gesprengt werden und schließlich die Flammen aus dem dritten Stock schlagen. Die sechs Geiseln gelangen verletzt ins Freie, Lutz Taufer, Karl-Heinz Dellwo, Bernhard Rössner und Hanna Krabbe werden von den wartenden Polizisten festgenommen. In den Trümmern findet sich am nächsten Morgen die Leiche von Ulrich Wessel. Siegfried Hausner wird trotz schwerster Brandverletzungen nach Stuttgart geflogen, wo er am 4. Mai im Gefängniskrankenhaus stirbt.

Anders als bei der Lorenz-Entführung hat der Staat diesmal nicht nachgegeben. «Denen musste doch mal gezeigt werden, daß es einen Willen gibt, der stärker ist als ihrer»[8], erklärt Helmut Schmidt in einem *Spiegel*-Interview. Als wenn es eine Frage des Willens wäre – ihr Hass, ihre Wut und das ständig genährte Gefühl, doch gegen diesen Staat im Recht zu sein, sorgen bei dieser zweiten Generation der RAF für ein irrationales Verhalten, dem mit Vernunft nicht mehr beizukommen ist. Einen Tag nachdem Hausner gestorben ist, kündigt Schmidt vor dem Bundestag den Kurs der nächsten Jahre an: «Wer den Rechtsstaat zuverlässig schützen will, muß innerlich auch bereit sein, bis an die Grenzen dessen zu gehen, was vom Rechtsstaat erlaubt und geboten ist.» Und der Staat rüstet auf: Die Polizei wird verstärkt und besser bewaffnet, und im Gegenzug werden die Rechte der Angeklagten und ihrer Anwälte eingeschränkt.

Peter-Jürgen Boock erlebt die Botschaftsbesetzung mit Freunden vor dem Fernseher mit und weiß sofort: «Leute, das geht schief.» Noch immer hängt er mit brüderlicher, mit Sohnesliebe an den inzwischen fünf Jahre Eingesperrten, die ihm einst die Freiheit schenkten. Längst schon wollte er bei ihren Aktionen mitmachen, bislang allerdings war er entweder zu jung oder nicht an der richtigen Stelle. Jetzt brauchen sie seine Hilfe. Aber «wenn das die RAF ist, wenn das die Art der Aktionen ist, liebe Leute, dann ohne mich»[9]. Worauf er mit Freunden einen Brief nach Stammheim schreibt, die Aktion in Stockholm kritisiert und sich für bessere anbietet. Der Brief kommt im richtigen Moment, denn von der RAF ist außer «ein paar Mark und zwei Pistolen, die aber auch nicht richtig funktionierten»[10], nichts mehr übrig.

Textkämpfe bis in den Tod

«eine nonne, weil dadrin – immer, bei mir:
religiöser wahn.»
Ulrike Meinhof

Am 21. Mai 1975 beginnt im eigens neben dem Stammheimer Gefängnis erbauten Gerichtssaal der Prozess in der «Strafsache gegen Andreas Baader, Gudrun Ensslin, Ulrike Meinhof und Jan-Carl Raspe, wegen Mordes u. a.». Auch wenn die Straftaten in Berlin, Hamburg, Frankfurt, Heidelberg und an vielen anderen Orten stattgefunden hatten, lag deren Verfolgung in den Händen der Bundesanwaltschaft, die es von ihrem Sitz in Karlsruhe nicht weit nach Stuttgart hatte. Auf dem Dach des Saals befindet sich ein Stahlnetz, das Sprengkörper abhalten und die Landung von Hubschraubern unmöglich machen soll. Das Gefängnis war Anfang der sechziger Jahre als moderne Justizvollzugsanstalt errichtet worden, doch eignet ihm nichts Liberales, gar Menschenfreundliches mehr. Hubschrauber kreisen über der Anlage, und Polizisten patrouillieren mit Schäferhunden. Stammheim gilt als ausbruchsicheres Gefängnis und wird sich zu einem mythischen Ort entwickeln, dem Ort, wo die Hoffnungen von 1968 vermodern. Der Schauplatz könnte nicht besser gewählt sein: Im nahen Tübingen verbrachte der geisteskranke Dichter Hölderlin mehr als dreißig Jahre unter der Aufsicht von Handwerksleuten, und auf dem Hohenasperg wurden in monarchischen Zeiten revolutionär gesinnte Intellektuelle als politische Häftlinge gehalten.

Fast tausend Zeugen hat die Staatsanwaltschaft aufgeboten, um die Angeklagten als Mörder und terroristische Gewalttäter zu überführen, die Prozessunterlagen umfassen Zehntausende von Seiten.

Während die Justiz alles daransetzt, der Angeklagten (auch, wie sich zeigen wird, durch Aussagen dubioser Zeugen) Herr zu werden, versuchen die Anwälte mit allen Mitteln, das Verfahren zu verzögern und aus dem Strafprozess einen politischen zu machen. Die Angeklagten befinden sich inzwischen seit drei Jahren ohne Prozess in Haft (nur Ulrike Meinhof ist wegen ihrer Beteiligung an der Befreiung Andreas Baaders bereits verurteilt) und sind durch die Hungerstreiks und das Leben im Gefängnis geschwächt. Das wird sie aber nicht hindern, auf dieser Bühne, von der zeitweise Hunderte von Journalisten berichten, eine Schiller'sche Tragödie zwischen Verantwortungs- und Gesinnungsethik aufzuführen. Der Tag ist gekommen, da sie einer zumindest teilweise aufgeschlossenen Öffentlichkeit ihren Krieg erklären können.

Dieser Krieg geht längst auch nach innen, wird zwischen den Gefangenen geführt. Das sozialistische Patientenkollektiv RAF verbringt die meiste Zeit mit Kritik und Gegenkritik, man könnte auch sagen: mit Zersetzung. Gegenseitige Verdächtigung und die Angst vor einem Verrat spielen die wichtigste Rolle in den Diskussionen. Denn gerade klandestine, geheimbündlerische Vereinigungen, Schattenarmeen und erst recht ideologische Krieger müssen darauf achten, die Reihen dicht geschlossen zu halten. «Du machst den Bullen die Tür auf – das Messer im Rücken der RAF bist Du, weil Du nicht lernst»[1], schreibt Gudrun Ensslin an die zunehmend verzweifelte Ulrike Meinhof, die den Kampf aufzugeben droht. Wo die Aktion nach außen, gegen einen echten oder auch nur gut imaginierten Feind nicht mehr möglich ist, richtet sie sich als Aggression gegeneinander.

In Stammheim leben die Häftlinge getrennt vom Normalvollzug; der siebte Stock wurde für sie umgebaut, sodass sie von den anderen isoliert sind, aber miteinander Umgang haben können. Aus Sicherheitsgründen wird ihnen der Hofgang nicht gestattet, dafür wird ihnen die überdachte und gesicherte Terrasse oben auf dem Gefängnisgebäude aufgeschlossen. Stammheim dürfte das erste Gefängnis auf der ganzen Welt gewesen sein, in dem zumindest in einem Trakt Männer und Frauen zusammengelegt waren; Gudrun Ensslin hatte durchgesetzt, dass ihrem «Baby» die Zelle zugeteilt wurde, die der ihren genau gegenüberlag. Für die Gefangenen wurde der «Umschluss» erfunden und eingeführt, sodass sie sich täglich mehrere Stunden auf dem Flur und in einer leerstehenden Zelle, die auch als Bibliothek genutzt wurde, sehen und sprechen konnten. Hingebungsvoll wird «Moby Dick» studiert, der Kampf gegen den Leviathan theoretisch fortgesetzt.

Je länger die Haft dauert, desto mehr verwandelt sich die Zelle in ein Studierzimmer. In der Haft wird das Lernpensum nachgeholt, für das in den Jahren der Demonstrationen keine Zeit blieb. Die Angeklagten dürfen erstaunlich viele Zeitschriften beziehen, darunter auch solche, die sich der Waffentechnik und der Wehrkunde widmen. Baader und Ensslin teilen die Arbeitsgebiete unter den Gefangenen auf. Wann, wenn nicht jetzt, ist die Gelegenheit, den Marxismus gründlich zu studieren und die RAF als entscheidende Kadergruppe auf dem Weg zum Kommunismus zu beschreiben? Getrennt in der Zelle und gemeinsam beim täglichen Umschluss wird die Geschichte der Befreiungsbewegungen durchgearbeitet und zugleich Material für eine Geschichte der RAF gesammelt, die Ulrike Meinhof im Auftrag der Gruppe schreiben soll.

Da die Gefangenen sich täglich sehen können, brauchen sie das «info-system» nicht mehr, um sich untereinander abzusprechen, für den Kontakt nach draußen aber wird es umso wichtiger. Über das «info» werden neue «Illegale» geworben, die sich allerdings erst einer Prüfung unterziehen müssen. Wie der RAF-Kurier Volker Speitel berichtet, kamen aus Stammheim Lektürelisten, die abzuarbeiten und im Lernerfolg zu referieren waren.[2] Das sich in Stammheim immer weiter verfestigende Wahnsystem wird von Unterstützern draußen bereitwillig übernommen und sorgt dafür, dass alle propagandistischen Erklärungen buchstäblich geglaubt werden, während der Staat und die ihm hörige Presse doch nur Lügen verbreiten können: Ja, die Polizei hat zuerst geschossen, deshalb muss man zurückschießen; ja, Springers Zeitungen hetzen gegen Studenten und andere Abweichler, deshalb ist es Zeit für Widerstand gegen diese alles überwältigende Macht, und deshalb muss die Polizei auch bei der Baader-Befreiung zuerst geschossen haben.

Gründliche Zeitungslektüre hilft den Gefangenen bei der Prozessvorbereitung. Medienbeobachtung ist wichtig, und mehr denn je ist die RAF ein Medienphänomen. Im Gefängnis könne sie die *Bild*-Zeitung nicht lesen, schreibt Gudrun Ensslin ihrer Schwester Christiane, «dabei muß man sie wirklich lesen»[3], und lässt sich ein Foto Baaders schicken, das im *Stern* erschienen ist. Arbeit heißt auch Selbstkritik, die hier bis ins philologische Detail geht. Gudrun Ensslin zeigt, was sie in der harten Schule von Walter Jens gelernt hat, als sie einen Brief Meinhofs an den Anwalt Hans Christian Ströbele («stroeb») bearbeitet, neu abtippt und den Redaktionsvorgang wiederum streng kommentiert. «lasse dabei eine schlussfloskel weg, weil sie nicht mehr unser verhältnis zu stroeb ausdrücken konnte, und streiche auch 2 od. 3 dieser knieweichen – ihrer funktion nach zeitraubenden, ihrem charakter nach luxuriösen füllwörter wie ‹eben› weg (die auch mittel sein können: muss man nur beherrschen können. d.h. sie müssen eben präzision vermitteln, sozial sein, treffen).»[4] Nachdem die Stadtguerilla ausgeschaltet worden war, wurde Stammheim zum Kampfplatz und die Sprache zur letzten Waffe.

Bertolt Brechts Lehrstück «Die Maßnahme» (1931) dient den Eingeschlossenen als Basistext. In dieser kommunistischen Tragödie geht es um Parteidisziplin, um die Frage, wie sich eine Hinrichtung als Mittel der Erziehung rechtfertigen lässt. In einem Tribunal wird über einen Genossen verhandelt, der versagt hat und für dieses Versagen so büßen soll, dass es den anderen eine Lehre ist. «Welche Niedrigkeit begingest du nicht, um / Die Niedrigkeit auszutilgen?»[5] Auch die Gewalttaten, die die RAF begangen hatte, hatte sie dieser Logik zufolge wegen der Niedrigkeit der Welt begehen müssen, um ihr zur Freiheit zu verhelfen. Diese Maßnahme – soweit ließ sich jedenfalls in der Fluchtburg Stammheim ihre

Geschichte rationalisieren – war historisch notwendig und deshalb gerechtfertigt, denn es ging um Befreiung. Dass die Befreier am Ende ihres Weges selber eingesperrt waren, adelte und bestätigte ihren Kampf nachträglich. Es war nicht umsonst, es war für die anderen, für «das Volk».

Auch die «Genossin» Ulrike Meinhof (wie ihr Ex-Mann sie zur selben Zeit in seinem gleichnamigen Schlüsselroman bezeichnet[6]) hat den Sinn der «Maßnahme» erkannt und nutzt die Pflicht zur Selbstkritik dazu, gleich eine Generalbeichte abzulegen. Nebenan wartet Gudrun Ensslin auf Text, auf Sätze, die sie redigieren, umschreiben, neu formulieren und im Verein mit Andreas Baader wieder an die Autorin zurückschicken kann, um sie weiter zu demütigen.[7] Ulrike Meinhof schreibt ihren Lebensgang in Worten auf, die (strenger formuliert, aber mit der gleichen Selbstzerstörungssucht) auch bei den Prozessen in Moskau hätten vorgetragen werden können: «meine sozialisation zum faschist, durch sadismus und religion, die mich eingeholt hat, weil ich mein verhältnis dazu, dh zur herrschenden klasse, mal ihr schoßkind gewesen zu sein, nie vollständig aufgelöst, restlos in mir abgetötet habe, ihr arschkriecher geblieben war. ausweichen vor der tatsache, daß ich andauernd, schon immer, auf euch meinen wahn projiziere, mir in der bürgerlichen sozialisation mit religion als überbau eingeimpft – der pigblick: doppelt sehn, doppelt hören, zwei gesichter, zwei stimmen – alles mögliche, bloß eins nicht: real, wirklich. also a. [Andreas Baader] dann schon so was wie der ‹liebe gott›.»[8]

«eine scheinheilige sau aus der herrschenden klasse»[9] nennt sie sich und hält das für Selbsterkenntnis. Das «Traktpapier», jener Text aus der Isolation in der weißen Zelle in Köln, fällt ebenfalls der Geißelungssucht der Nonne, die keine mehr sein will, zum Opfer: «es ist wirklich nur dreck», schimpft sie, «in der identifikation mit schriftstellern und intellektuellen, die dadrin zum ausdruck kommt», und beginnt zu rasen gegen ihr altes Ich, das sie aufgegeben hat und das anscheinend doch ständig aufs Neue niedergerungen werden muss: «weil das eben schon immer, von anfang an, soweit ich überhaupt nur zurückdenken kann – familie, sozialisation, religion, kp, mein job bei *konkret* – genau das wollte ich nat. nicht bleiben, ein schwätzer, als ich zur raf ging, ich bin es aber geblieben, bis jetzt (...) konnte umgedreht werden, weil ich sowieso nur ne scheinheilige votze war.» Jetzt hat sie ihre Lage erkannt: Sie ist eine Verräterin.

«angst ist reaktionär», schreibt sie, und «es geht mich nichts an – aber ich halte es nicht aus. (...) es geht nicht.» Dann wird sie wieder pragmatisch, den Blick nach vorn gerichtet, Objektivierung: «es geht um die eroberung des 24-stdn.tags des guerillero. und darum, in mir alles abgetötet zu haben, was insgeheim noch mit den schweinen dealt. (...) na ja – eben scheinheilig, die ganze kuh.»[10] Psycho-Amok wie zu den besten Zeiten der K I. Dazu gehört auch die verklärende Lesart, die Jan-Carl Raspe nach ihrem Tod vor Gericht vorträgt: «die ganze zeit, die ich die beziehung zwischen ulrike und andreas kenne – und ich kenne sie seit sieben jahren – war ihr signal intensität und zärtlichkeit, sensibilität und genauigkeit. (...) es war eine beziehung, wie sie sich zwischen geschwistern entwickeln kann – orientiert an einem identischen ziel, als funktion dieser politik. so war sie frei – weil freiheit nur möglich ist: im kampf um befreiung.»[11]

Die Landespolizeidirektion Stuttgart II meldet mit dem Vermerk «Eilt sehr!» am 9. Mai 1976 eine «Leichensache». Wie immer hatten die Gefangenen sich am Abend zuvor die Arbeit am Text aufgeteilt, sich für den nächsten Tag zu einer Diskussion über ein neues Papier verabredet und sogar, wie der Rechtsanwalt Klaus Croissant erklärt, miteinander «geflachst». Nach dem Lichtlöschen und dem Abgeben der Neonröhre soll noch das Geräusch der Schreibmaschine zu hören gewesen sein. Ulrike Meinhof nutzte wahrscheinlich das Licht des Fernsehers. Außerdem befindet sich, wie sich dann herausstellt, eine illegale Glühbirne in der Tischlampe. Der 9. Mai war Muttertag, und nach zwei Jahren Unterbrechung hatte sie ihre Kinder doch wieder sehen wollen, allerdings kam es nicht mehr dazu.[12] Für *Bild* war sie inzwischen eine «alternde Bandenchefin» und «mit 41 schon in den Wechseljahren».[13]

Auf ihrem Arbeitstisch lag die «Philosophische Grammatik» Ludwig Wittgensteins aufgeschlagen: «Die Wortsprache ist nur eine unter vielen möglichen Arten der Sprache und es gibt Übergänge – einer zur andern.»[14] Ulrike Meinhof, die das Schwert erhoben hatte, kam nicht durch das Schwert um, sondern durch das allzu schwere Wort. Irgendwann, vermutlich kurz nach Mitternacht, schneidet sie ein Handtuch in Streifen, knüpft einen Strick daraus, steigt auf einen Stuhl, windet den Strick durch das Fenstergitter, schlingt ihn um den Hals und lässt sich fallen.

In Westdeutschland herrscht Anfang Mai eine halbe Nachrichtensperre, denn der größte Druckerstreik in der Geschichte der Bundesrepublik verhindert, dass am Montag und den Tagen danach Zeitungen erscheinen. Eine ideale Voraussetzung für die Entstehung von Verschwörungstheorien. Zwei Tage nach Ulrike Meinhofs Tod verliest Jan-Carl Raspe im Gerichtssaal in Stammheim eine Erklärung: «wir glauben, dass ulrike hingerichtet worden ist. wir wissen nicht, wie, aber wir wissen, von wem und wir können das kalkül der methode bestimmen. (…) hätte sich ulrike entschlossen, zu sterben, weil sie es als letzte möglichkeit sah, sich – revolutionäre identität – gegen die langsame zerstörung des willens in der agonie der isolation zu behaupten – hätte sie es uns gesagt, auf jeden fall andreas: so war ihr verhältnis zueinander.»[15]

Otto Schily spricht von einem «anonymen Mord»[16], dem Ulrike Meinhof zum Opfer gefallen sei, und bringt damit einen verbreiteten, wenn auch wenig plausiblen Verdacht auf den Begriff, es könnten Unbekannte die Gefangene umgebracht haben. In seiner Erklärung steigert Raspe den Vorwurf zur «hinrichtung», benennt den Generalbundesanwalt Buback als den Verantwortlichen, und sieht in der Bundesrepublik wieder den «faschismus» am Werk.[17] Zur Bekräftigung explodieren in Frankreich und Italien Brandsätze in Niederlassungen deutscher Firmen. Schily setzt eine zweite Autopsie durch, die zum gleichen Ergebnis wie die erste kommt: Tod durch Erhängen, kein Verdacht auf Fremdeinwirkung.

«Freiheit ist nur im Kampf um Befreiung möglich» sollte auf ihrem Grabstein auf dem Dreifaltigkeitsfriedhof in Berlin stehen und durfte da nicht stehen. Fünf-, vielleicht sechstausend Menschen wohnen der Beerdigung bei, zum Teil vermummt oder schwarz und weiß geschminkt. Die Polizei befürchtet Ausschreitungen, es gibt aber keine. Die Trauergemeinde murrt nur bei Helmut Gollwitzers Ansprache, die ihr nicht politisch genug ist. Gollwitzer klagt nicht die Obrigkeit an und beschwert sich nicht einmal über die Hubschrauber, die sicherheitshalber auch hier kreisen, oder über die Fotografen, die nicht alle für Zeitungen arbeiten, sondern spricht von der «Liebe Gottes».[18] «Wir tragen Trauer und Wut, die wir niemals verlieren werden» steht auf einem Transparent, und wie eineinhalb Jahre zuvor bei Holger Meins lautet das Gelöbnis: «Der Kampf geht weiter!» Schily, eben noch unerbittlich in seinen Zweifeln an der offiziell genannten Todesursache, blickt nach vorn: «Der Tod und das Leiden von Ulrike Meinhof möge ein Zeichen für die Hoffnung der Menschheit sein.»[19]

Klaus Wagenbach hält wie schon am Grab von Feltrinelli eine Rede und versucht sich als Vermittler zwischen den vermummten Sympathisanten und dem bürgerlichen Teil der Trauergemeinde, dem eine aus seiner Mitte abhandengekommen ist. «Was Ulrike Meinhof umgebracht hat, waren die deutschen Verhältnisse. Der Extremismus derjenigen, die alles für extremistisch erklären, was eine Veränderung der Verhältnisse auch nur zur Diskussion stellt.»[20] Die deutschen Verhältnisse begannen für ihrer beider Generation mit dem Verbot der KPD, setzten sich fort in den Notstandsgesetzen und im langen Schweigen zum Krieg in Vietnam. Wagenbach setzt die Reihe fort, indem er an die polizeiliche Verfolgung selbst noch der politischen Texte der RAF mit Hilfe des neuen § 129a StGB zur «Bildung terroristischer Vereinigungen» erinnert, wonach einem eine Freiheitsstrafe bis zu fünf Jahren droht, wenn man für eine solche Vereinigung «um Mitglieder oder Unterstützer wirbt», und sei's durch ein Buch. Am Grab rechnet Wagenbach Tote gegen Tote: «Die Polizei tötete während der zweijährigen Fahndung mehr Menschen als die fünf, die bei Attentaten der ‹Roten Armee Fraktion› getötet wurden.» Das ist eine kühne Rechnung und nicht einmal dann möglich, wenn man die im Dienst erschossenen Polizisten nicht als Opfer sehen wollte.

Nach ihrem Tod kann Ulrike Meinhof aus der RAF herausgelöst und wieder in die linke Gemeinschaft aufgenommen werden, der sie durch ihren Sprung aus dem Fenster uneinholbar enteilt war. Der Übergang vom Wort zur Tat war ihr am schwersten gefallen, aber dann war sie den Weg ganz gegangen. Erich Fried vergleicht die Tote mit Rosa Luxemburg, der ehemalige Bundespräsident Gustav Heinemann sagt ihr nach: «Mit allem, was sie getan hat, so unverständlich es war, hat sie uns gemeint.»

Wegen dieser ungeheuren Außenwirkung wird ihre Bedeutung innerhalb der Gruppe bis heute stark überschätzt. Ulrike Meinhof war nicht «das Gesicht des Terrors», als das sie auf den Steckbriefen erschien, sondern sollte als erfahrene Medienarbeiterin für die Propaganda zuständig sein. Ihr letztes großes Werk war die Folterkampagne: Mit Verweis auf die unmenschlichen Haftbedingungen, die ihr in Köln-Ossendorf zugemutet wurden, sprach sie vom «gas», von «buchenwald», von «auschwitz» und nahm die Wohlmeinenden draußen in mitfühlende Geiselhaft. Wagenbach schließt mit einem versöhnlichen Brecht-Zitat: «Ach, wir / Die wir den Boden bereiten wollten für Freundlichkeit / Konnten selber nicht freundlich sein.»

Ob Ulrike Meinhof in Stammheim wirklich den Ausstieg aus der Gruppe vorbereitete, wie es Stefan Aust andeutet, ist zweifelhaft. Freundlich war sie nicht, sie kämpfte bis zum Schluss für die Sache. In den selbstzerfleischenden Zellenzirkularen bezeichnete sie sich gern als «nonne»; sie war zum Opfer prädestiniert, das sie der Gruppe zuletzt durch ihren Tod brachte.

Exkurs: Das Frankfurter Kreuz

«Ulrike Meinhof hatte sich durch ihren Wahnsinn
geopfert, aber man konnte sie nicht fallen lassen. Sie hatte
die revolutionäre mit ihrer Waffengewalt verwechselt und
nicht gesehen, dass in unserer Weltgegend die militärische
Seite der Befreiung überhaupt nicht zur Debatte steht.»
Barbara Sichtermann (2001)

In Frankfurt wird demonstriert nach dem Tod Ulrike Meinhofs, und nicht nur in Frankfurt, sondern in den meisten Großstädten in Deutschland. Joschka Fischer, «Verteidigungsminister» beim «Revolutionären Kampf», drückt sich weniger vorsichtig als Schily und Wagenbach aus: Ulrike Meinhof sei «im Knast von der Reaktion in den Tod getrieben, ja im wahrsten Sinne des Wortes vernichtet»[1] worden. Am 10. Mai treffen siebenhundert revolutionäre Kämpfer auf die Polizei; Molotowcocktails fliegen, ein Polizist wird verletzt. Aus einem mitgeführten Sarg (unerlässliches Requisit seit Kunzelmanns Tagen) holen die Demonstranten weitere Brandsätze und schleudern sie auf die Polizisten. Ein Polizeiwagen steht in Flammen. Der Polizeiobermeister Jürgen Weber wird brennend aus dem Auto gezogen und wälzt sich am Boden. Seine Haut ist zu sechzig Prozent verbrannt. (Er überlebt und wird Außenminister Joschka Fischer 2001 laut und deutlich verzeihen.) Zusammen mit elf weiteren Männern und zwei Frauen wird Fischer wegen des Verdachts des versuchten Mordes, schwerer Körperverletzung, schwerer Sachbeschädigung und der Zugehörigkeit zu einer kriminellen Vereinigung in Haft genommen. Nach wenigen Stunden müssen alle wieder freigelassen werden. Zu einer Anklage ist es nie gekommen, aber Fischer war gewarnt.

Es war Joschka Fischer[2], der am Abend vorher bei der Planung der Demonstration für den Einsatz der Molotowcocktails plädierte. Später hat er in der Zeitschrift *Brigitte* öffentlich bereut: «Ich bin manchmal am Abgrund entlangbalanciert, war dann immer realitätstüchtig genug zu erkennen: Das ist der Abgrund. Und habe dann rechtzeitig wieder den Schritt weggetan.»[3] Die Bundesrepublik stand nicht unbedingt am Abgrund und nicht einmal vor einer Revolution, aber die Auseinandersetzungen sind ziemlich gewalttätig verlaufen. Jener gewalttätige Angriff löste, zusammen mit den wiederentdeckten Bildern aus dem Jahr 1973, die Joschka Fischer mit einem Motorradhelm und dabei zeigen, wie er einen Polizisten niederschlägt, Anfang 2001 eine farcenhafte Reprise der Jahre 1967ff. aus. Mit großer Verspätung wurde noch einmal ein Kampf zwischen links und rechts ausgetragen, wurde «1968» als grundkriminell und Vorbereitung der RAF denunziert oder die Sozialisierung auf der Straße als wesentliche Voraussetzung für die Demokratisierung der Bundesrepublik bezeichnet. Anstifterin war niemand anders als Bettina Röhl, die Tochter Ulrike Meinhofs. Sie rief einen «Staatsnotstand» aus, wandte sich an den Bundespräsidenten, um ein angebliches Kartell des Verschweigens und Vertuschens anzuklagen, das auf mysteriöse Weise bei ihrer Mutter seinen Anfang genommen und bei Joschka Fischer und der rot-grünen Regierung geendet haben soll.

Fischers langer Lauf, der ihn nach mehr als zwanzig Jahren bis ins Außenministerium führte, beginnt in den Wochen, als die sympathisierende Linke um Ulrike Meinhof und damit die eigenen verpassten Chancen trauert. Jene linke Fraktion, die mit der Gewalt nicht bloß liebäugelte, entschied sich knapp sieben Jahre nach dem Beginn der sozialliberalen Koalition für den einst von Rudi Dutschke proklamierten «langen Marsch durch die Institutionen» und für den Parlamentarismus als Weg zur Macht. Dreieinhalb Wochen nach der gewalttätigen Demonstration und der anschließenden Festnahme hält Fischer zu Pfingsten auf Einladung von Oskar Negt auf dem Römer seine Wende-Rede, in der er dazu auffordert, einen Teil der Waffen niederzulegen: «Je isolierter wir politisch wurden, desto militaristischer wurde unser Widerstand, desto leichter wurden wir isolierbar, desto einfacher war es für die Bullen, uns von ‹Politrockern› zu ‹Terroristen› umzustempeln, und auf den Landfriedensbruch die kriminelle Vereinigung und Mordanklage folgen zu lassen. In diesen Tagen waren wir Spontis sehr nahe an ein wirkliches Zerschlagenwerden herangekommen.» Man könnte natürlich auch sagen, dass Fischer beinahe aus dem Knast nicht wieder herausgekommen wäre.[4]

«Wir wollen ein anderes Leben, ein revolutionäres Leben», erklärt Fischer. «Wir wollen nicht eines fernen Tages den Sozialismus aufbauen, sondern für uns vollzieht sich Befreiung im alltäglichen Widerstand, in unserem Leben.» (Wobei sich die Frage stellt, ob die RAF je mehr als die Rote Armee aufbauen wollte.) «Die anderen denken nur an Widerstand, an Kampf, und haben sich ein anderes Leben aus dem Kopf geschlagen. Sie treiben ihre vom System erzwungene Selbstentfremdung bis zu physischer und politischer Selbstaufgabe.» Da hat einer seinen Marcuse gelesen und besser verstanden als die Generation von Kunzelmann und Meinhof.[5]

Zum ersten Mal ertönt von innen, aus der militanten Szene, ein Wort der Vernunft. Noch spricht der Politiker Joschka Fischer zwar als «commandante», redet von «Bullen» und schwärmt von der Militanz der Straße, aber er ist bereits auf der sicheren Seite, eine Art Proto-Gorbatschow, der sich vom alten Irrsinn verabschiedet, indem er sich ein letztes Mal rituell vor ihm verneigt: «Wir können uns aber nicht einfach von den Genossen der Stadtguerilla distanzieren, weil wir uns dann von uns selbst distanzieren müssten.» Doch der glänzende Redner weiß den Ausweg, für den «Revolutionären Kampf», für die RAF, die ihre Bomben nicht zuletzt ins Bewusstsein der im alltäglichen Straßenkampf Befangenen geworfen hat, und auch für sich: «Wenn unser Programm nur Verzweiflung, Gefängnis und Tod enthält, so sind wir dieser Gesellschaft endgültig unterlegen.» Fischer weigert sich, den Selbstvernichtungstrip mitzumachen, dem nach Holger Meins nun auch Ulrike Meinhof zum Opfer gefallen ist. «Uns treibt nicht mehr der Hunger nach Essen, uns treibt der Hunger nach Freiheit; Liebe, Zärtlichkeit, nach anderen Arbeits- und Verkehrsformen», verkündet der Volkstribun auf dem Römerberg. Zuletzt fordert Fischer seine Freunde und auch die RAF auf, «die Bomben wegzulegen und die Steine und einen Widerstand, der ein anderes Leben meint, wieder aufzunehmen».[6]

Baader, Ensslin, Raspe und Irmgard Möller werden herzlich gelacht haben, als sie diese Schmusereien aus der Wohlfühl-Wohngemeinschaft lasen (und sie lasen es bestimmt). Für Holger Meins und Ulrike Meinhof gab es allerdings nichts mehr zu lachen. Sie waren bereits am Ziel.

Im Frankfurter Milieu gab es seit 1969 enge Verbindungen zur RAF. Die verschiedenen Gruppen bekriegten sich, leisteten aber im Zweifel auch gegenseitige Unterstützung. Eine Gruppe mochte von der Gewalt nicht lassen und fand damit nicht bloß lokalen Ruhm, sondern erregte Aufsehen in der ganzen Welt. Die «Revolutionären Zellen» (RZ) bilden sich ebenfalls Anfang der siebziger Jahre. Die Mitglieder erklären der Gesellschaft nicht gleich den Krieg, sondern versuchen, durch Sabotageakte zu stören. Sie verüben 1973 nach Pinochets Putsch in Chile einen Brandanschlag auf eine Niederlassung der US-amerikanischen Firma ITT, die am Sturz des Präsidenten Salvador Allende beteiligt war. In ihrer Zeitschrift *Revolutionärer Zorn* nennen sie drei Bereiche für ihre Anschläge: antiimperialistische (also gegen amerikanische Einrichtungen zielende) Aktionen; Aktionen zur Unterstützung von Mieterprotesten und gegen Fahrpreiserhöhungen, später für Asylanten; schließlich und ausdrücklich «antizionistische Aktionen», die beispielsweise auch Firmen treffen können, die Orangen aus Israel transportieren. Die RZ sehen sich «in einer Front» mit der IRA, der ETA, der «Action Directe», den Roten Brigaden und eben mit den Palästinensern. «Man hat sich gegenseitig geholfen»[7], wie das frühere RZ-Mitglied Gerd Schnepel erläutert. Im Unterschied zur RAF tauchen die RZ nicht in den Untergrund ab, sondern operieren aus einer legalen Existenz.

Merkwürdigerweise beginnt auch diese Organisation wieder sehr literarisch, nämlich im Umkreis des Verlags Roter Stern[8] in Frankfurt, 1970 von einem Kollektiv um den ehemaligen SDS-Vorsitzenden KD Wolff gegründet. Im Nachwort zu einem Reader mit einer Auswahl aus der kubanischen Zeitschrift *Tricontinental* brachte Wolff, damals noch beim März-Verlag, «Beiträge, die vielleicht mithelfen können, ein Bewußtsein der Rolle der kapitalistischen Metropolen neu zu entwickeln und die Notwendigkeit ihrer Zersetzung zu begründen»[9]. Diese Zersetzung haben sich dann andere vorgenommen, und sie konnten sich auf das ebenfalls in dem Band vertretene «Kleine Handbuch des brasilianischen Stadtguerilla» von Carlos Marighella stützen. Auch Jan-Carl Raspes Diplomarbeit «Zur Sozialisation proletarischer Jugendlicher» gehörte zum revolutionären Verlagsprogramm; sie wurde 1972 veröffentlicht, als Raspe längst in den Untergrund gegangen war. Wolff verfügt über intensive Kontakte zu den Black Panthers, beteiligt sich an der Fluchthilfe für US-amerikanische Soldaten und erwartet noch eine ganze Zeitlang das Heraufdämmern der Revolution. Fürs Milieu druckt er ab 1971 die Zeitschrift *Erziehung und Klassenkampf* und wendet sich dann zunehmend der Literatur und der Psychoanalyse zu. In dieser «bleiernen Zeit» (wie die Beschreibung der siebziger Jahre mit einem Ausdruck Hölderlins lautet) gibt Dietrich Eberhard Sattler den hermetischen Dichter Friedrich Hölderlin in einer unbearbeiteten Fassung heraus, befreit von der Diktatur der Philologie und der Institutionen, das reine, unverfälschte, «heilignüchterne» Wort. 1975 erscheint der erste Band bei KD Wolff. Die Hardliner im Verlag, die lieber weiter Aktionsbücher und die Kampfschriften der Hausbesetzer gemacht hätten, schreiben einen offenen Brief, in dem sie ironisch feststellen, wie nützlich doch der «wahre Hölderlin» den Obdachlosen sein werde und den arbeitslosen Jugendlichen, zu schweigen ganz vom «tapfer kämpfenden Volk der Palästinenser»![10].

Der Verlagsmitarbeiter Johannes Weinrich gehört zu jenen, die sich von Hölderlin verabschieden und sich lieber auf die Seite der Palästinenser schlagen. Als das «Kommando Holger Meins» die deutsche Botschaft in Stockholm besetzt, wird auch die Auslieferung Weinrichs verlangt, der da in Karlsruhe in Haft sitzt, weil er am 13. Januar 1975 an dem Anschlag auf eine El-Al-Maschine auf dem Pariser Flughafen Orly beteiligt gewesen sein soll. Er wird für zwei Tage nach Stammheim verlegt, wo er «die wahre, harte Staatsmacht» kennenlernt und sich nach eigener Aussage radikalisiert.[11]

Als Weinrich in der Haft erkrankt, erhält er, begünstigt durch die Bitten von Professoren und Schriftstellern (darunter Peter O. Chotjewitz und Martin Walser), am 18. November 1975 Haftverschonung.[12] Nach der Haft und weil er in seiner Buchhandlung in Bochum mehrfach die Durchsuchungen der Polizei erleben musste, die bei ihm gewaltverherrlichendes Schrifttum beschlagnahmen wollte, wandelt sich der ehemalige Pazifist (als den er sich auch heute noch versteht) zum radikalen Kämpfer, der Tote in Kauf nimmt: «Man kommt da nicht mit sauberen Händen raus.»[13] Und auch ohne die Palästinenser gehe es nicht, für die Terror ein Teil der Völkersolidarität, aber vor allem ein Geschäft auf Gegenseitigkeit sei. Ende September 1977 wird Weinrich in Bagdad die Verbindung zwischen Wadi Haddad von der PFLP und den dort untergetauchten Organisatoren der Schleyer-Entführung herstellen. Später entwickelte er sich zu einem erfolgreichen Handlanger für den internationalen Terroristen Ilich Ramírez Sánchez, genannt Carlos, für den er Einsätze in aller Welt ausführt.[14]

Zur Gruppe «Revolutionärer Kampf», die sich Anfang der siebziger Jahre Straßenschlachten und Häuserkämpfe mit der Frankfurter Polizei liefert, gehört auch Hans-Joachim Klein. «Klein-Klein» gilt als Ehren-Proletarier der «Putzgrüppler», wurde bewundert wegen seines Tatendrangs, während er seinerseits einen so zungenfertigen Mann wie Joschka Fischer anhimmelte. Klein, der 1974 den hohen Besucher Sartre nach Stammheim chauffierte, kann schon von der Bundeswehr her mit Waffen umgehen. Er prügelt sich an der Seite Fischers mit Polizisten, hält aber auch Kontakt zu den «Revolutionären Zellen», die von Frankfurt aus zum internationalen Einsatz aufbrechen. Irgendwann, erklärt Daniel Cohn-Bendit, habe sich Klein mit der Ankündigung abgemeldet, er wolle jetzt zum Skifahren. Fünf Wochen später, am 21. Dezember 1975, überfällt er zusammen mit vier weiteren Männern (darunter Carlos) und einer Frau (die bei der Lorenz-Entführung freigepresste Gabriele Kröcher-Tiedemann[15]) die in Wien zur OPEC-Konferenz versammelten, überwiegend arabischen Ölminister. Das Kommando gibt sich als «Arm der arabischen Revolution» aus, der (da sich die Angreifer ihre Waffen in der libyschen Botschaft besorgt haben und die Flucht in Libyen endet) offensichtlich jener von Oberst Gaddafi war. Die Terroristen töten einen österreichischen Wachmann, einen Iraker und einen Libyer und nehmen dann siebzig Geiseln, darunter elf Minister. Die Geiselnahme ist erfolgreich, denn die österreichische Regierung stellt den Attentätern das geforderte Flugzeug zur Verfügung. Klein, der beim Überfall einen Bauchschuss erlitten hat, kann mit den anderen fliehen. Die Geiseln werden in Algerien und Libyen freigelassen. Bald danach steigt Klein aus und taucht mit Hilfe der alten Frankfurter Freunde in Frankreich unter.

Die Frankfurter expandieren unverdrossen: Am 27. Juni 1976 entführt ein PFLP-SC-Kommando eine Air-France-Maschine auf dem Weg von Tel Aviv nach Paris. Unter den 257 Menschen an Bord befinden sich 83 israelische Staatsangehörige. Bei den Entführern handelt es sich um zwei Palästinenser und zwei Deutsche. Jeder verfügt über eine Pistole und eine Handgranate. Nach einer Zwischenlandung in Athen wird die Maschine nach Afrika umdirigiert. Die nächste Zwischenlandung erfolgt im libyschen Bengasi, wo ein Sprengkörpersystem installiert wird. Auf dem Flughafen Entebbe der ugandischen Hauptstadt Kampala schließlich selektieren die Entführer die Passagiere; wer seinem Pass zufolge kein

Jude oder Staatsbürger Israels ist, wird freigelassen.[16] Die Selektion der 103 Geiseln nehmen unter Anleitung des in Entebbe wartenden Wadi Haddad[17] zwei ehemalige Mitarbeiter des Verlages Roter Stern vor, die Deutschen Brigitte Kuhlmann (Tarnname Halimeh) und Wilfried Böse (Mahmud); ugandische Soldaten, wiederum angeleitet vom eingeweihten Diktator Idi Amin, der persönlich am Flughafen erscheint, überwachen diese Aufteilung.[18] Wilfried Böse, «der blonde Luftpirat», wie er im offiziellen Protokoll des israelischen Verteidigungsministeriums genannt wird, verliest eine Liste mit Namen. «Obwohl er versicherte», schreibt ein Offizier der israelischen Armee, «dass die Liste nichts mit der Nationalität zu tun hatte, war klar, dass er nur Israelis und Juden aufrief. Das deutsche Wort ‹Selektion› ging murmelnd durch den Raum – die Erinnerung an Dr. Josef Mengele, der in Auschwitz die Auswahl zwischen denen, die leben sollten und jenen, die sterben mussten!»[19] Den «Revolutionären Zellen» ist zum ersten Mal die Waffenbrüderschaft mit den Palästinensern gelungen, von der Ulrike Meinhof nach dem Münchner Anschlag bloß theoretisch schwärmte.

Die Terroristen verlangen die Freilassung von 53 politischen Gefangenen, überwiegend Palästinensern, sowie von Jan-Carl Raspe, Ingrid Schubert, Werner Hoppe, Fritz Teufel, Ralf Reinders und Inge Viett. Das Ultimatum wird verlängert, die Freilassung zugesagt, doch dann landet in der Nacht auf den 4. Juli ein israelisches Fallschirmjägerkommando auf dem Flughafen, stürmt innerhalb von drei Minuten die Wartehalle und befreit die Geiseln. Die Luftpiraten, inzwischen sind es sechs, womöglich sieben, werden alle getötet[20], außerdem zwei Geiseln sowie 45 ugandische Soldaten und ein Offizier der israelischen Luftwaffe, der Bruder des späteren Premiers Benjamin Netanjahu. Die Soldaten machen die auf der Landebahn stehenden ugandischen Flugzeuge fluguntauglich und verlassen selber das Land. In einem Krankenhaus, in das sie schon vor der Trennung der Passagiere gebracht worden war, stirbt die britische Staatsbürgerin Dora Bloch, die ein deutsches

EXKURS: DAS FRANKFURTER KREUZ

Konzentrationslager überlebt hat: Aus Rache für die israelische Aktion hat Idi Amin sie umbringen lassen.[21]

Die Luftlande-Operation der Israelis wird erwartungsgemäß vom UN-Sicherheitsrat missbilligt, aber auf der ganzen Welt gefeiert. In Deutschland kommen manchem doch Zweifel, ob sich in der Zusammenarbeit mit den Palästinensern, die ihre eigene Politik verfolgen, bewusst oder unbewusst nicht doch der Antisemitismus der Väter äußert. 1967, nach dem Sechstagekrieg, den Israel gegen die arabische Übermacht führte, hatte sich Ulrike Meinhof noch eindeutig davon distanziert: «Wer den Bestand dieses Staates glaubt zur Disposition stellen zu sollen, muß wissen, daß nicht die Täter, sondern wiederum die Opfer von damals getroffen würden.»[22]

«Daß die einzige Geisel, die die Flugzeugentführung nicht überlebte, ausgerechnet eine ehemalige KZ-Inhaftierte war, ging zwar nicht unmittelbar zu Lasten des Kommandos, lag aber nichtdestoweniger in der Logik der Aktion», heißt es in einer späten Selbstkritik der «Revolutionären Zellen». «Entebbe war kein Einzelfall, wohl aber der Kulminationspunkt einer Entwicklung, in deren Verlauf wir uns mehr und mehr von dem entfernt hatten, wofür wir mal angetreten waren. (...) Wir machten uns die Losungen des palästinensischen Befreiungskampfes zu eigen und setzten uns darüber hinweg, daß unsere Geschichte eine vorbehaltlose Parteinahme ausschloß.»[23] Diese Erklärung kam erst im Dezember 1991 zustande, also fünfzehn Jahre nach Entebbe, als in Deutschland hinlänglich bekannt geworden war, dass das frühere RZ-Mitglied Gerd Albartus tot war. Albartus war ein so begeisterter Anhänger der palästinensischen Sache gewesen, dass er 1977 einen Brandanschlag auf ein Kino unternommen hatte, in dem ein Entebbe-Film[24] lief. Dafür (und wegen Mitgliedschaft in einer terroristischen Vereinigung) hatte er mehrere Jahre im Gefängnis verbracht. 1987 war der immer noch für die Sache der Palästinenser Glühende in den Libanon geflogen, als Verräter vor ein Volksgericht gestellt und (angeblich von Carlos) erschossen worden. In ihrer Auflösungserklärung führt die RAF Albartus, der ebenso wenig wie Wilfried Böse und Brigitte Kuhlmann zur RAF gehörte, in ihrer Totentafel an.

Die Gefangenen in Stammheim kritisieren das Verhalten der deutschen Beteiligten in Entebbe ausdrücklich, allerdings haben sie auch «angedeutet, daß es anders bewertet werden muß, wenn ein deutsches Flugzeug entführt wird»[25]. Die Schlussbemerkung in einem Dossier («amtlich geheimhalten») des BKA vom 28. September 1976 über terroristische Bedrohungen lautet: «Mit weiteren Aktivitäten dieser Art muß gerechnet werden.»

Der letzte Auftritt

«377 Tage lag ich auf faulem Stroh in einem
finstern Loch, und 3 andere Jahre schmachtete ich
in der Einsamkeit hin, bey elender Kost, ohne den
tröstenden Anblik des Menschen – ohne Mutter, Weib,
Kinder, Freund.»
Christian Friedrich Daniel Schubart (1783)

Die Aufmerksamkeit, die den Häftlingen durch das Gerichtsverfahren, in Deutschland das aufwendigste seit den Nürnberger Prozessen 1945/46, zuteil wird, verleitet wenigstens einen Teil der Öffentlichkeit dazu, die Angeklagten unter Einsamkeit und dem unterbundenen Kontakt zu anderen Menschen leiden zu sehen. In Stammheim fand kein Schauprozess statt, aber es war allen deutlich, dass hier über den politischen Aufbruch einer ganzen Generation gerichtet wurde. Zwischen den Tätern und dem Volk, in dessen Namen verhandelt und schließlich das Urteil verkündet werden sollte, standen die Anwälte, die das Gericht mit allen Mitteln attackierten. Sie machten kaum ein Hehl aus ihrer politischen Sympathie für die Angeklagten. Wenigstens drei Anwälte – Christian Ströbele, Rupert von Plottnitz und Otto Schily – gingen später, nach der Gründung der Grünen, selber in die Politik. Andere folgten dem Beispiel Horst Mahlers, zogen die Anwaltsrobe aus und tauchten in den Untergrund ab, um den Kampf für ihre Mandanten militant fortzusetzen: Jörg Lang, Eberhard Becker, Siegfried Haag. Je mehr sich der Volkszorn über den «Champagner-Knast» und die angeblich luxuriösen Haftbedingungen entzünden ließ, desto mehr fühlten sich die anderen zur Solidarität mit den Eingeschlossenen gedrängt.

Auch wenn sie nicht selber in den Untergrund gingen, überschritten manche Anwälte in Stammheim die Grenze rechtsförmigen Verhaltens. Kurt Groenewold und Klaus Croissant machten sich bereitwillig zu Helfern der eingeschlossenen Terroristen, die sie weniger als Mandanten und mehr als gefangene Genossen wahrnahmen. Croissant drohte schließlich sogar die Verhaftung wegen Unterstützung einer terroristischen Vereinigung. Deshalb floh er im Juli 1977 nach Paris, wo er politisches Asyl beantragte. Vor allem seine Kanzlei in Stuttgart wurde wie ein Außenbüro von Stammheim geführt, aus dem alles in die Zelle geliefert wurde, was die Angeklagten begehrten. Und das waren keineswegs nur Kassiber.

So streng das Gefängnis auch bewacht wurde, allein Arndt Müller, der in der Stuttgarter Kanzlei von Klaus Croissant arbeitete, hatte 49 Mal Gelegenheit, im Gerichtssaal unkontrolliert Material an die Gefangenen zu übergeben. Der Chefkurier Volker Speitel höhlte dafür Aktenordner aus und verklebte sie anschließend oberflächlich mit Buchbinderleim. Der Ordner wurde nur nachlässig kontrolliert und den Angeklagten im Gerichtssaal übergeben, von wo aus sie unbehelligt in die Zellen zurückkehrten.

Ende 1976 ließen sich die Eingesperrten eine Kleinkamera kommen. Damit fotografierten sich Baader, Ensslin und Raspe gegenseitig auf dem Dach des Stammheimer Gefängnisses. Die Bilder sollten der Propaganda dienen und einen geplanten Band mit Texten der RAF illustrieren. Es gelang ohne weiteres, den Film wieder hinauszuschmuggeln. Der Materialtransport ging fröhlich weiter. Die Anwälte beschafften, was immer bestellt wurde: Heizspiralen, Glühbirnen, Kleinradios, Heizplatten und Sprengstoff.

Die Gefängnisverwaltung muss von diesen Schmuggelaktionen zumindest geahnt haben. Warum nicht mehr dagegen unternommen wurde, bleibt ein Rätsel. Bei Baader fand man im März 1976 in einer Thermoskanne einen sechs Zentimeter tiefen Einsatz mit einer Lampe und einem Kabel. Jan-Carl Raspe fertigte eine Kochplatte (gefunden März 1976), eine Destillieranlage für Alkohol (gefunden 1975/76), bastelte aus einem Edding-Stift einen Tauchsieder und funktionierte seinen Plattenspieler mit Hilfe der «Illustrierten Geschichte der deutschen Revolution» zu einer Heizplatte für Pizzen um.[1] «Fast jede Nacht wehten Essensgerüche durch den siebten Stock»[2], wird der Vollzugsbeamte Horst Bubeck später erzählen. Das gehörte offenbar zum gemeinschaftlichen Lagererlebnis und störte niemanden. Einmal wird Müller mit mehreren Glühplatten erwischt, darf sich aber weiterhin mit seinen Mandanten besprechen. Nachdem sich die Anwälte über die Justizverwaltung empört hatten, die nicht einmal vor entwürdigenden Leibesvisitationen zurückschrecke, schafft Müller Sprengstoff in der Unterhose nach Stammheim hinein. Im Untersuchungsausschuss – aber erst da – äußerten die Beamten ihre Verwunderung über die merkwürdig ausgebeulte Hose Müllers.

Peter-Jürgen Boock muss auf Wunsch der Häftlinge zwei Pistolen für den Schmuggel in den Hochsicherheitstrakt vorbereiten. Doch in Stammheim soll es bereits 1975 Waffen gegeben haben, und womöglich waren es nicht nur die Anwälte, die sich dafür einspannen ließen.[3] Andreas Baaders Verteidiger Peter O. Chotjewitz will von seinem Mandanten im Sommer 1977 erfahren haben, «daß ein Bediensteter der Anstalt bereit sei, ihnen Waffen zu beschaffen»[4], sogar ein Maschinengewehr. So unwahrscheinlich das klingt – und im Untersuchungsausschuss des Baden-württembergischen Landtags kam dafür auch kein Beweis ans Licht –, es wäre nicht das erste Mal, dass sich im geschlossenen System des Gefängnisses eine Komplizenschaft zwischen Personal und Häftlingen entwickelt hätte, eine Art gemeinsames Knast-Syndrom. Die Mitglieder des Ausschusses erfuhren immerhin, dass sich in den Zellen nicht bloß Waffen befanden, sondern dass es möglich war, einem der Häftlinge auf dem Postweg unbehindert den Strick zuzustellen, an dem er sich bitte aufhängen möge.

Im Herbst 1977 werden die Gefangenen im 7. Stock über drei Handfeuerwaffen verfügen, außerdem über mindestens zehn Stangen Sprengstoff. Waffen und Sprengstoff verschwanden hinter der Sockelleiste, die Raspe mit einer selber angerührten Verputzmasse

aus Holzteilchen, Papier, Toilettenpapier und Farbe zum Versteck herrichtete. Trotz mehrerer Zellendurchsuchungen wurde folgendes Material erst nach dem 18. Oktober entdeckt:
- ein 21 cm langes und 4,3 cm starkes Sprengstoffpaket mit 273 Gramm Gewicht in Zelle 723
- vier Sprengstoffpakete mit einem Gesamtgewicht von 360 Gramm in Zelle 721
- insgesamt 22 Gramm in den Zellen 768 und 769

Die Zünder waren getrennt geliefert worden und ebenfalls unentdeckt geblieben. Wozu brauchten die Eingesperrten Waffen? Wollten sie sich den Weg freischießen? Erwogen wurde immerhin, Generalbundesanwalt Siegfried Buback, wenn dieser als Zeuge im Prozess auftreten sollte, mit Hilfe dieser Pistolen als Geisel zu nehmen und so die eigene Freilassung zu erzwingen. Und der Sprengstoff? Ein Ausbruchsversuch wäre damit zunächst möglich gewesen, aber ebenso schnell am Kordon von Polizisten um Gericht und Gefängnis gescheitert.

Während die Häftlinge sich für diese seltsame Form von Stadtguerilla vorbereiten, geht im Nebengebäude der Kampf vor Gericht weiter. Gemeinsam mit ihren Mandanten heben die Verteidiger regelrechte Schützengräben aus und machen sich die Perspektive der Angeklagten so leidenschaftlich zu eigen, dass Otto Schily am 4. Mai 1976 im Gerichtssaal beantragen kann, den früheren US-Präsidenten Richard Nixon, den ehemaligen Verteidigungsminister Melvin Laird und den ehemaligen Oberkommandierenden der US-Streitkräfte in Vietnam, General Creighton Abrams, vorzuladen. Als Zeugen seien sie in der Lage, so argumentiert Schily, «zu bekunden, daß sie, in der Absicht, das vietnamesische Volk ganz oder mindestens teilweise zu zerstören, (...) vorsätzlich Vietnamesen in großer Zahl getötet und Vietnamesen in noch größerer Zahl schwere körperliche oder seelische Schäden zugefügt haben»[5]. Hans Heinz Heldmann begründet die Vorladung mit dem Hinweis auf Völkerrechtsverletzungen, «die vom Territorium der Bundesrepublik aus begangen» worden und mit der Duldung der jeweiligen Bundesregierung geschehen seien, was für die Verteidigung «entscheidungserheblich» sei, weil sich danach klären lasse, «ob die seinerzeitige Gewaltanwendung gegen bestimmte militärische Einrichtungen der USA auf dem Territorium der Bundesrepublik, so Bombenangriffe auf die US-Stützpunkte in Frankfurt und Heidelberg, gerechtfertigt waren»[6]. Und Schily schlägt den großen historischen Bogen: «Stellen Sie sich einmal vor, es wäre auf eine Institution wie im Dritten Reich das Reichssicherheitshauptamt ein Bombenanschlag verübt worden», sagt er und will für die Mai-Offensive 1972 ein «Notwehr- oder Nothilferecht»[7] zumindest zu bedenken geben.

Als Anwälte sprechen Heldmann und Schily Rollenprosa, doch ist es ihnen Ernst mit ihrer Anklage, auch Schily; er hat 1969 selber gegen den Vietnamkrieg demonstriert. Dieser Krieg, gegen den die K I protestierte und gegen den Baader und Ensslin vor unendlich langer Zeit Brandsätze in zwei Kaufhäusern gelegt haben, ist längst vorbei. Die USA haben das Land, in dem sie nichts verloren hatten und wo sie nichts gewinnen konnten, als Verlierer geräumt, eine Folge auch des weltweiten Protests, aus dem die RAF hervorging. Die Angeklagten, das ergäbe die Schlussfolgerung aus diesen Anträgen, haben nicht nur nicht schuldhaft gehandelt mit ihren Bombenanschlägen auf amerikanische Einrichtungen, sondern sie haben als Einzige überhaupt gehandelt, sie haben den von Deutschland unterlassenen Widerstand geleistet und nicht zuletzt Wiedergutmachung für die Sünden des «Dritten Reiches».

Die moralische Empörung verfängt naturgemäß nicht im Rechtsraum. Das Gericht lehnt den Antrag mit knappen Worten ab; der Vietnamkrieg tut in Stammheim nichts zur Sache und hat mit dem «Verfahren gegen Baader (...) wegen Mordes, u.a.» nichts zu tun. Das allerdings ist ein systemimmanenter Irrtum und bestätigt, was Schily wieder und wieder beklagt: dass die Angeklagten längst verurteilt sind. Bisher nicht vom Gericht, sondern von der Öffentlichkeit, aber auch von den Politikern, die miteinander um die krasseste Wertung wetteifern. Dabei ist es der BKA-Chef Herold, der die Vorlage für diese Argumentation lieferte, als er 1975 die Frage stellte, ob der «Terrorismus nicht eine neue Form des Ersatzkrieges, des Volkskrieges, des Kleinkrieges, des Guerillakampfes darstellt, ob er den großen Krieg ersetzt»[8]. Manche, so Herold weiter, sprächen bereits davon, «völkerrechtliche Kriterien» anzuwenden, und dass man den «Kämpfenden die Vergünstigungen der Genfer Konvention» für Kriegsgefangene zubilligen müsse.[9] Die RAF durfte sich mit solchen theoretischen, aber strafrechtlich nicht relevanten Veredelungen endlich als die Armee anerkannt fühlen, die sie nie war, so wenig wie ihr Krieg über Anschläge hinausging. Der italienische Staatsgerichtshof gestand allerdings den Partisanen, die mit Anschlägen gegen die deutschen Besatzer gekämpft hatten, die volle Immunität zu, da sie an einer «rechtmäßigen Kriegshandlung» teilgenommen hätten.[10] Andreas Baader greift Herolds Argument sofort auf, und der Darmstädter Rechtsprofessor Axel Azzola, Verteidiger Ulrike Meinhofs, zieht die Konsequenzen: Die Angeklagten müssten freigesprochen werden, da ihre Taten als Kriegshandlungen gar nicht strafbar seien. Azzola bringt die RAF in die Nähe der Südtiroler Terroristen, die sich noch bis in die sechziger Jahre mit Bombenanschlägen gegen die Romanisierung ihrer Heimat wehrten, dafür in Italien hart bestraft, in Österreich und Deutschland (wo die meisten von ihnen eine Heimstatt fanden) aber als Helden gefeiert wurden.

Anfang 1977, in seinen letzten Wochen, droht der Stammheimer Prozess noch zu scheitern. Im Januar wird der Vorsitzende Richter Theodor Prinzing von der Verhandlungsführung entbunden. Er hat Akten aus dem Prozess an den Vorsitzenden der nächstzuständigen Revisionsinstanz am Bundesgerichtshof in Karlsruhe weitergeleitet. Mit der Bitte, doch in der Berichterstattung über die RAF für ein Gegengewicht zu der bei Gericht besonders wenig gelittenen Hamburger Presse zu sorgen, hatte der Karlsruher Richter dann die noch nicht im Prozess verwerteten Unterlagen an seinen Corpsbruder Herbert Kremp, den Chefredakteur der

Welt, geschickt. Doch kann wiederum die Hamburger Presse am 26. Februar 1977 enthüllen, dass der Atomwissenschaftler Traube 1975/76 wegen seiner vermeintlichen Nähe zur RAF abgehört wurde. Schily fordert die Vorladung von Bundesinnenminister Werner Maihofer, um ihn nach möglichen Abhörmaßnahmen in Stammheim fragen zu können. Der baden-württembergische Justizminister Traugott Bender muss zugeben, dass er im Verein mit dem Innenminister und mit Amtshilfe verschiedener Geheimdienste 1975 nach der Besetzung der Botschaft in Stockholm und 1976 nach der Festnahme von Siegfried Haag und Roland Mayer die Gespräche der Verteidiger mit ihren Mandanten habe abhören lassen. Bender beruft sich auf «übergesetzlichen Notstand» und «Abwehr von konkreten Gefahren für Leib und Leben unschuldiger Personen». Nach diesem Rechtsbruch weigert sich Schily, noch weiter an dem Verfahren mitzuwirken und als «eine Art Alibi»[11] zu dienen; das Verhältnis zum Gericht sei (und er zitiert unbeabsichtigt den revolutionären Enzensberger von 1967) nicht mehr «reparabel».

IV. «OFFENSIVE '77»

Vorbereitungen

«Wenn ich sterbe mit Schmach, wenn an den Frechen nicht
  Meine Seele sich rächt, wenn ich hinunter bin
    Von des Genius Feinden
      Überwunden, ins feige Grab,

Dann vergiß mich o dann rette vom Untergang
  Meinen Nahmen auch du, gütiges Herz! nicht mehr
    Dann erröthe, die du mir
      Hold gewesen, doch eher nicht!»
Friedrich Hölderlin, «Abschied» (1800)

1977 regiert die Furcht in Deutschland. Zwischen 15 000 und 50 000 Menschen[1] demonstrieren am 19. Februar 1977 in Itzehoe gegen den Bau des Kernkraftwerks Brokdorf. Obwohl das Verwaltungsgericht die Demonstration untersagt hatte, ziehen sie mit Transparenten und zumeist stumm an den Bauplatz. An der ersten Polizeisperre kehren sie um. Zwar hat der ebenfalls auf massenhafte Unterstützung hoffende «Kommunistische Bund» zum Einsatz von Gewalt aufgefordert, aber es bleibt friedlich. Die für den Kampf gegen die RAF in den letzten Jahren verstärkte und hochgerüstete Polizei präsentiert sich in ihrer ganzen Martialität vor den Sperranlagen, greift jedoch nicht ein. Vier Wochen später ereignet sich beim Bauplatz des Atomkraftwerks Grohnde die von manchen erhoffte und von den Behörden gefürchtete Schlacht. 20 000 Menschen durchbrechen die Polizeisperren, versuchen mit Bolzenschneidern den Bauzaun zu zerstören, und die Polizei wehrt sich mit Wasserwerfern. Die Bilder gleichen jenen von den Ostertagen 1968 in Berlin, und wieder gehen sie um die Welt.

Die Anti-Atom-Bewegung kann, wie schon in den späten Fünfzigern, wahre Volksmassen mobilisieren. Damals schien die Welt vom Untergang durch Atomwaffen bedroht, jetzt ist es die Atomenergie, die bedrohlich wirkt, die, wenn auch noch so friedlich genutzt, den Staat zu immer größeren Schutzmaßnahmen zwingt, welche unvermeidlich gegen die Bevölkerung gerichtet sind. Das Beispiel des abgehörten Klaus Traube ist beispielhaft dafür. Nur wenige Jahre vor dem von George Orwell beschworenen Schreckensdatum 1984 fürchten viele den totalen Überwachungsstaat. Und in den Atomkraftwerken baut sich dieser Staat symbolhafte Wehrburgen seiner grenzenlosen Machtgier.

Der Staat wird in diesen Jahren mustergültig von Bundeskanzler Helmut Schmidt verkörpert, Oberleutnant im Zweiten Weltkrieg und durch seinen Einsatz bei der Hamburger Sturmflut 1962 zu einem pragmatischen Helden aufgestiegen. Schmidt war 1976 im Amt bestätigt worden; bei den Bundestagswahlen gewann die von ihm geführte sozialliberale Koalition knapp gegen den Unionskandidaten Helmut Kohl. Hunderttausende kann die Anti-Atom-Bewegung bald mobilisieren, wesentlich mehr, als die Unterstützerszene der RAF selbst in ihren besten Zeiten aufbieten konnte. Nur der Gegner ist der gleiche, es ist der Staat, der seine Macht durch Repression vorführt, sodass, wie schon in den sechziger Jahren, Widerstand zur Bürgerpflicht wird. Robert Jungk, Zukunftsforscher von Beruf und Apokalyptiker von Neigung, seit Jahrzehnten ein Kenner der Materie, malt den Teufel mit Glutfarben an die Wand: «Der Atomstaat ist die Fortsetzung des SS-Staates. Er bedeutet die Überwachung jedes einzelnen, denn Atom muß geschützt werden. Die Atomenergie ist nur ein Vorwand für den totalitären Atomstaat der Zukunft.»[2] So wird der Riesenbauplatz Brokdorf, wo eine potentiell todbringende Energie lauert, nach Stammheim zum zweiten Symbol für den unbedingten Machtwillen des Staates.

Die RAF als aktive Kampftruppe gibt es nicht mehr, eine neue formiert sich. Die Rechtsanwälte Siegfried Haag und Roland Mayer waren von Baader mit der außergerichtlichen Wahrnehmung seiner Interessen beauftragt worden. Haag hatte bereits die Waffen für die Attentäter von Stockholm besorgt und war im Mai 1975 deshalb verhaftet, aber wegen Mangel an Beweisen wieder freigelassen worden. Mit dem Auftrag, die RAF neu zu organisieren – was nichts anderes heißt, als ein weiteres Baader-Befreiungs-Kommando auf die Beine zu stellen – wurde er im Sommer 1975 zum neuen Anführer der Guerilla bestimmt und ging dann endgültig in den Untergrund. Haag verabschiedete sich mit einer Erklärung, mit der er die Stelle des RAF-Aussteigers Mahler einzunehmen schien: «In einem Staat, der die Vernichtung von Revolutionären durch Gleichschaltung von Gesetzgebung, Verwaltung und Justiz zu seinem Programm erhoben hat, (...) dessen Funktionsträger Holger Meins und Siegfried Hausner hingerichtet haben, (...) werde ich meine Freiheit nicht bedrohen lassen, meinen Beruf als Rechtsanwalt nicht länger ausüben. Es ist an der Zeit, im Kampf gegen den Imperialismus wichtigere Aufgaben in Angriff zu nehmen.»[3]

Die wichtigeren Aufgaben oder jedenfalls das, was er dafür hielt, erforderten auch bei ihm den Schritt vom Wort zur Tat. Haag zog ebenfalls die Robe aus und trug wie die Richter im Stammheimer Prozess einen Revolver im Holster, nicht zur Selbstverteidigung allerdings, sondern weil er jetzt gegen den Staat in den Krieg ziehen wollte. Er versammelte Roland Mayer, Peter-Jürgen Boock, dessen Frau Waltraud, Rolf Klemens Wagner, Stefan Wisniewski, Knut Folkerts, Günter Sonnenberg, Verena Becker und Christian Klar um sich. Klar, Folkerts, Mayer, Sonnenberg sowie Adelheid Schulz kannten sich aus Karlsruhe, wo sie in einer Wohngemeinschaft zusammengelebt hatten. Das politische Erweckungserlebnis war für sie der von den Amerikanern unterstützte Militärputsch gegen den demokratisch gewählten chilenischen Präsidenten Salvador Allende im September 1973.[4] Die Junta unter General Augusto Pinochet regierte mit grausamer Hand: sie verschleppte ihre Gegner, ließ sie aus Flugzeugen werfen, sperrte sie in Lager, folterte sie auf bestialische Weise. Als der CDU-Generalsekretär Bruno Heck nach Chile reiste, um sich persönlich ein Bild von der Situation zu machen, versicherte er, der Aufenthalt im Fußballstadion von Santiago de Chile, in dem Tausende von Regimegegnern eingesperrt waren, sei eine bessere Sommerfrische. Auch der CSU-Vorsitzende Franz Josef Strauß eilte nach Chile und ließ sich zusammen mit Pinochet vor einer Gedenktafel für die deutschen Einwanderer mit der Aufschrift «Unseren Ahnen» fotografieren. Vietnam war als Projektionsfläche verloren, es gab aber Palästina und jetzt noch ein weiteres Land in der «Dritten Welt», mit deren «leidender Menschheit» man sich verbünden konnte.

Die Stammheimer waren aber gar nicht an einer neu organisierten Stadtguerilla interessiert, die sich am internationalen Befreiungskampf beteiligen würde, sondern an ihrer eigenen Befreiung. Sie wollten endlich Taten sehen.[5] Die Bewaffnung der Gefangenen in den Zellen ging erstaunlich leicht vonstatten, und auch die neuen Kämpfer draußen konnten sich rasch Waffen besorgen. Das Schießenlernen war schon schwerer. Bei einer Polizeikontrolle im hessischen Sprendlingen wurden am 7. Mai 1976, zwei Tage vor dem Tod Ulrike Meinhofs, Rolf Klemens Wagner und Peter-Jürgen Boock gestellt. Sie verletzten den Polizisten Fritz Sippel tödlich und konnten fliehen.

Die neue Generation der RAF wandte sich nach bewährtem Muster hilfesuchend an die Palästinenser. Dafür erwiesen sich die Verbindungen der Frankfurter «Revolutionären Zellen» und der «Bewegung 2. Juni» als nützlich, die diesen Kontakt bereits pflegten.

Im Sommer 1976 flog die neu formierte Gruppe in den Südjemen, um sich dort im palästinensischen Trainingslager besser als die Ur-RAF an der Waffe ausbilden zu lassen. Sie trainierten «wie die Besessenen»[6] mit Pistolen, Gewehren, Raketenwerfern und Bomben. An einem Spätnachmittag Ende August soll zum ersten Mal der Name Schleyer gefallen sein: «Alle waren sich einig, dass eine Befreiung der Gefangenen nur mit einer Geiselnahme mehrerer politischer, militärischer oder industrieller Entscheidungsträger durchsetzbar sein würde.»[7] Voller Tatendurst kehrte das Befreiungskommando nach Deutschland zurück. Doch am 30. November 1976 wurden Siegfried Haag und Roland Mayer bei Butzbach in einem gestohlenen Auto gestellt. Sie ließen sich widerstandslos festnehmen. Weil Haag nicht geschossen hatte, war er für Baader jetzt der «Oberbulle». Im Wagen fand sich Geld aus mehreren Banküberfällen und ein sorgfältig gearbeitetes Diagramm, das insgesamt elf mit Codenamen aufgeführten Männern und Frauen für jeden der kommenden Tage ihre Arbeit im Befreiungsplan zuwies. Offensichtlich stand eine größere Aktion bevor, die in den Begriffen «rache» und «big raushole» nicht unbedingt verschlüsselt war. Dass jedoch mit dem Codewort «margarine» Siegfried Buback gemeint war, dessen Initialen identisch mit dem Namen einer bekannten Margarinemarke waren, mit der Chiffre «big money» Jürgen Ponto und mit dem Kürzel «H.M.» Hanns Martin Schleyer, erschloss sich erst, als es bereits zu spät war.

Am 8. Februar 1977 wird Brigitte Mohnhaupt aus der Haft entlassen.[8] In Stammheim war sie in der Zelle 719 untergebracht, in der im Jahr zuvor Ulrike Meinhof gestorben war. Ein Schreiben der Stammheimer spricht jetzt ihr die «Befehlsgewalt» zu. Zusammen mit Rolf Heißler hatte sie 1969 den «Ansturm der APO»[9] auf das Münchner Institut für Zeitungswissenschaften angeführt, war drei Jahre später in den Untergrund gegangen und nach der Verhaftung 1972 wegen Unterstützung einer kriminellen Vereinigung zu vier Jahren und acht Monaten verurteilt worden. Jetzt soll sie dafür sorgen, dass die Gefangenen freikommen. Nach der Doppelspitze Gudrun Ensslin (Regie) und Ulrike Meinhof (Buch) führt wieder eine Frau die RAF. Und in Stammheim ist die ehemalige Publizistikstudentin eindeutig auf Aktion, auf gewaltsame Befreiung der Gefangenen eingeschworen worden.

Als Erstes sucht Brigitte Mohnhaupt das Büro des Rechtsanwalts Klaus Croissant in Stuttgart auf und organisiert den schriftlichen

Kontakt zwischen den «Illegalen» und den Häftlingen neu, der über diese Kanzlei läuft. Volker Speitel und Hans-Joachim Dellwo unternehmen im folgenden halben Jahr Dutzende von Kurierfahrten. Dabei werden die Kassiber aus Stammheim an konspirativen Treffpunkten weitergereicht und dann beantwortet, sodass die Gefangenen wieder Post bekommen. Vorsorglich werden Geld, Waffen und Sprengstoff in Erdverstecken in der Umgebung Stuttgarts vergraben.

Obwohl sie als hochverdächtig gilt und zunächst auch überwacht wird, kann Brigitte Mohnhaupt, nachdem alles neu geregelt ist, im Untergrund verschwinden. In Amsterdam trifft sie sich mit Peter-Jürgen Boock und berichtet von der Lage in Stammheim. Die Gefangenen könnten ihre Situation kaum mehr ertragen, sie rechneten damit, von wem auch immer umgebracht zu werden, und drohten, sich vorher selber umzubringen. Das allerdings sollte als «Mord» ausgegeben werden. «Wir haben dann miteinander geschlafen. Es war wunderschön und zugleich tieftraurig. Und damit war das auch zwischen uns besiegelt»[10], berichtete Boock später. Diese beiden bilden jetzt in der Nachfolge Gudrun Ensslins und Andreas Baaders das Hohe Paar des Terrors. Gemeinsam führen sie die «zweite Generation» der RAF.

Nach zwei Jahren, am 28. April 1977, geht der Stammheimer Musterprozess zu Ende. Die Angeklagten sind bei der Verkündung des Urteils gar nicht erst im Gerichtssaal erschienen. In der Begründung wird jede politische Rechtfertigung zurückgewiesen, es zählt allein die kriminelle Tat, und die wird bestraft. Das Gericht vergisst auch nicht den militanten Größenwahn der RAF, der sie in den Untergrund trieb: «Unübersehbar sind dabei die Verherrlichung der ‹Aktion› und die Fixierung auf Gewalt. Die Angeklagten wollten, weil sie sich die Welt anders ausgedacht hatten, als sie ist, ‹Bewusstseinsveränderung› nach ihren Vorstellungen ‹von der Praxis› her – mit Bomben – erzwingen. Da sie nichts zu bewirken vermochten, verstiegen sie sich in ihrer Anmassung dazu, über Tod und Leben anderer Menschen verfügen zu können; so schickten sie sich an, vorbedacht und planmäßig, mit System, zu töten.»[11]

Wegen vierfachen Mordes und Mordversuchs in 34 weiteren Fällen werden Andreas Baader, Gudrun Ensslin und Jan-Carl Raspe zu jeweils lebenslanger Haft verurteilt. Die Anwälte beantragen Revision; das Urteil ist nie rechtskräftig geworden.

Ulrike Meinhof und Holger Meins waren bereits im Gefängnis gestorben; ihr Tod trieb der RAF weitere Sympathisanten zu, die den Feldzug, in den sie 1970 aufgebrochen war, auch nach der Verhaftung der ersten Generation fortsetzten. Die Kampagne gegen die «Isolationshaft», gegen «Folter» oder auch «Mord im Knast» verhinderte eine vorzeitige Auflösung, der Kampf, der jedenfalls politisch noch kaum begonnen hatte, musste weitergehen.

Siegfried Buback wird ermordet

«Die Poesie stand noch nie auf dem Boden
der freiheitlich-demokratischen Ordnung, immer schon
war sie, wem sag ich das, weiter als die Verhältnisse,
die sie zuließen, und war, wenn sie gut war,
keineswegs friedlich. Sehr wahr, sehr richtig.
Also Berufsverbot.»
F. C. Delius, «Augsburger Möglichkeiten» (1977)

Das «Kommando Ulrike Meinhof» erschießt am Gründonnerstag, dem 7. April 1977, morgens kurz nach neun Uhr Siegfried Buback auf offener Straße in Karlsruhe. (Für die Tat werden Günther Sonnenberg, Knut Folkerts und Christian Klar verantwortlich gemacht und verurteilt, obwohl einiges dafür spricht, dass sich das Gericht geirrt hat, wenn nicht sogar Aussagen, die in eine andere Richtung zielen, übergangen wurden. So befand sich Knut Folkerts, von Zeugen bestätigt, nach eigener Aussage am Tattag gar nicht in Karlsruhe. Christian Klar soll nicht in der Lage gewesen sein, die tödlichen Schüsse abzugeben. Neuerdings wird deswegen gegen den bisher nicht in diesem Zusammenhang genannten Stefan Wisniewski ermittelt. Obwohl sie als tatbeteiligt gilt, wird Verena Beckers Anteil an dem Mord vernachlässigt, was sicherlich damit zu tun hat, dass sie 1982 bereit war, über die RAF auszusagen.)[1] Seit dem Anschlag auf Rudi Dutschke ebenfalls am Gründonnerstag sind inzwischen neun Jahre vergangen, und auch hier treffen die Mörder auf einen Wehrlosen.

Generalbundesanwalt Buback ist der oberste Strafverfolger in der Bundesrepublik und hat dafür gesorgt, dass die Anführer der RAF in einem Prozess vor Gericht stehen. Das zu erwartende Urteil, das nur auf lebenslänglich lauten kann, wird von der RAF außergerichtlich mit dem Mord an ihrem Verfolger beantwortet. Zugleich ist es eine brutale Demonstration der inzwischen erlangten Wehrhaftigkeit, Rache für Ulrike Meinhofs Tod, für den nach dem Rechtsverständnis der RAF der Staat zu büßen hat. Die Eskalationsspirale geht weiter, denn in der Logik der neuen RAF-Generation ist wie in der ersten in der Bundesrepublik Deutschland der Faschismus am Werk, müssen deshalb die Konflikte erst recht auf die Spitze getrieben werden. «Wahrscheinlich wurde Buback erschossen, um die Bundesanwaltschaft zu einer härteren Linie zu provozieren»[2], wie Volker Speitel glaubt.

Natürlich gilt Buback als gefährdet und wird bewacht, aber das rettet ihn nicht; die RAF will beweisen, dass sie nach den Fehlschlägen der vergangenen Jahre weiter zuschlagen kann. Als sein Mercedes an einer roten Ampel halten muss, fährt ein Motorrad rechts auf die Abbiegerspur neben die Beifahrerseite. Der Mann (die Frau?) auf dem Soziussitz holt ein Maschinengewehr aus der Aktentasche und feuert ins Wageninnere. Fünfzehn Kugeln töten Buback und seinen Chauffeur Wolfgang Göbel; der auf der Rückbank sitzende Polizist Georg Wurster stirbt sechs Tage später. Die Täter fliehen auf dem Motorrad, aber erst nachdem sie sich überzeugt haben, dass ihr Opfer auch gewiss tot ist. Das Motorrad verstecken sie unter einer Autobahnbrücke und fahren mit einem bereitstehenden Alfa Romeo weiter. Obwohl sofort eine Ringfahndung ausgelöst wird, sind die Täter verschwunden. Die Polizei kann nur die Fluchtfahrzeuge sicherstellen.

Die Gefangenen begleiten die Aktion mit einem weiteren Hungerstreik und einer Erklärung, in der sie sich in eine Koalition der Aufständischen von der IRA (Irland) über die ETA (Spanien) bis zu den palästinensischen Gefangenen in Israel einreihen: «den widerstand bewaffnen, die illegalität organisieren, den antiimperialistischen kampf offensiv führen».[3] Erst am 13. April trifft bei der Nachrichtenagentur dpa ein Bekennerschreiben ein, mit dem das Exekutionskommando des Weltgeistes das neu erreichte Niveau der Brutalität erläutert: «für die ‹akteure des systems selbst› wie buback findet die geschichte immer einen weg.»[4] Das ist reiner Marxismus, wie ihn sich Hegel nicht besser hätte erträumen können. Die ganze Trostlosigkeit des Unternehmens kommt im nächsten Satz zum Vorschein: «am 7. 4. 77 hat das KOMMANDO ULRIKE MEINHOF generalbundesanwalt siegfried buback hingerichtet. buback war direkt verantwortlich für die ermordung von holger meins, siegfried hausner und ulrike meinhof.» In einem Land, das 1949 im Artikel 102 des Grundgesetzes die Todesstrafe abgeschafft hat, wird das moralische Widerstandsrecht, mit dem die Journalistin Ulrike Meinhof zehn Jahre gerungen hat, von der RAF zum Tötungsauftrag verdreht; sie verlangt nach ihrem selbsterfundenen Kriegsrecht die «Hinrichtung» ihrer Gegner. Wer für das Aufspüren und für die Haft der RAF-Angehörigen zuständig ist, kann nach dieser grauenhaften Logik jederzeit umgebracht werden. Buback, so heißt es weiter, habe «in seiner funktion als generalbundesanwalt – als zentrale schalt- und koordinationsstelle zwischen justiz und den westdeutschen nachrichtendiensten in enger kooperation mit der cia und dem nato-security-committee – ihre ermordung inszeniert und geleitet.»[5]

Die Opfer sind für die RAF keine Menschen mehr, sondern Funktionsträger. Je bedeutender ihre Funktion, desto besser für den Nimbus der Angreifer, und desto mehr werden sie sich im Recht gegen dieses System fühlen. Während 1971 noch ein Fünftel der Bevölkerung mehr oder weniger deutliche Sympathien für die RAF äußerte und noch 1975 sechzig Prozent der Befragten den Austausch von Peter Lorenz gegen die Häftlinge begrüßten, hat sich die RAF mit dem Mord an Siegfried Buback als brutale Terrorsekte isoliert. Schon 1966, als er sich mit den «Erinnerungen eines Terroristen» (1929) von Boris Savinkov auseinandersetzte, hatte Rudi Dutschke vor der Möglichkeit gewarnt, dass «die Herrschenden» über den «revolutionären Terrorismus ihre Stabilität und Legitimität zurückgewinnen» konnten, «indem sie dagegen Staat und Repressionsapparat organisierten und das ‹Volk› gegen die ‹Revolutionäre› aufwiegelten».[6] Das Volk aufwiegeln wollte in ihrer Selbstüberschätzung auch die RAF – allerdings nicht gegen sich, sondern gegen den Staat.

Ein Schlüsseltext dafür, wie sehr sich die RAF von allem entfernt hatte, was seit 1967 jung, links und revolutionär war, erscheint nach den Ostertagen 1977 in einer Studentenzeitschrift. Kein Dichter hat ihn gefeiert, kein Professor hat ihn gewürdigt[7], und doch ist der Artikel «Buback – ein Nachruf» einer der wenigen sprechenden Texte aus dem wortreichen und sprachbesessenen «Roten Jahrzehnt». Noch im Jahr 2001, mitten in der künstlichen Aufregung um die ersten Etappen in Joschka Fischers politischer Laufbahn, wurde er als Beispiel dafür angeführt, wie «menschenverachtend» und «zynisch» die staatsferne Linke jener Jahre war, die sich über den Mord an Siegfried Buback auch noch zu freuen wagte. In einer für den gesamten RAF-Komplex typischen Exaltation wurde plötzlich Jürgen Trittin, der vor Jahrzehnten ebenfalls in Göttingen studiert und es in der ersten rot-grünen Bundesregierung zum Umweltminister gebracht hatte, wegen dieses Nachrufs stellvertretend haftbar gemacht und im Ernst und vor den laufenden Kameras der Talkshow «Sabine Christiansen» gezwungen, sich davon zu distanzieren. Trittin hatte mit dem Nachruf auf Buback buchstäblich nichts zu tun, aber das tat in dieser Aufgeregtheit nichts zur Sache. *Bild*, die gute alte *Bild*-Zeitung, machte ihn mit einem gefälschten Foto zum Gewalttäter.[8]

Am 25. April 1977 war in der Asta-Zeitschrift *göttinger nachrichten* der redselige Nachruf auf den ermordeten Generalbundesanwalt erschienen, mit dem der Autor, ein «Göttinger Mescalero», «ein bißchen zu einer öffentlichen Kontroverse» beitragen wollte. Die hatte er mit dem nächsten Satz bereits erzeugt: «Meine unmittelbare Reaktion, meine ‹Betroffenheit› nach dem Abschuß von Buback ist schnell geschildert: ich konnte und wollte (und will) eine klammheimliche Freude nicht verhehlen.»[9] Die historische Ungerechtigkeit will es, daß außer diesem einen Satz nichts von dem Traktat überliefert wird. Der Autor steigert sich im allmählichen Verfertigen seiner Gedanken beim Schreiben in eine dubiose Begründung für den Mord, bei der sich der weitverbreitete Hass auf den Staat schon in der grauenhaften Sprache äußert.[10] «Ich habe diesen Typ oft hetzen hören, ich weiß, daß er bei der Verfolgung, Kriminalisierung, Folterung von Linken eine herausragende Rolle spielte. Wer sich in den letzten Tagen nur einmal genau sein Konterfei angesehen hat, der kann erkennen, welche Züge dieser Rechtsstaat trägt, den er in so hervorragender Weise verkörperte.»[11] Dieser physiognomischen Charakterisierung des obersten Strafverfolgers gehen allerdings die «Typen» voraus, denen man nur «genau ins Gesicht sehen» müsse, die «Fratze des Terrors», die mit Hilfe der Skandalpresse seit 1967 über Deutschland droht.

Auch wenn die Erklärung sich als unstrukturierte Plauderei ausgibt und der Ton die angestrengte Schnoddrigkeit des Intellektuellen verrät, der auf möglichst große Distanz zu jedem Gefühl hält, ist der Text wohldurchdacht und sichert sich bei jedem Schritt nach allen Seiten ab. Anders als die Kommune I in ihren Flugblättern wählt der Mescalero nicht die Form der missverständlichen Rollenprosa, sondern gibt seine eigenen Gedanken wieder. Wegen dieser Form der Selbstbefragung (die zweieinhalb Jahre zuvor auch Jean Améry versuchte) hat der «Nachruf», wie der damals verantwortliche Redakteur meint, «bei vielen jungen Menschen endlich eine Abkehr von irgendwelchen Sympathien mit RAF-Kugeln und -Bomben» eingeleitet. «Er hat dazu beigetragen, dass nicht noch mehr Menschenleben zerstört wurden.»[12]

Der Staat jedoch vermutete in Göttingen ein Unterstützernest der RAF und versuchte die Wiederveröffentlichung des «Nachrufs» mit allen Mitteln zu unterbinden. Der Mord an Buback, die erste Gewalttat der RAF seit fast zwei Jahren, hatte die Öffentlichkeit ebenso wie die Institutionen alarmiert.[13] Der Text konnte noch so mäßigend auf die der Gewalt nicht abgeneigten Unterstützerszene einwirken, haften blieb die «klammheimliche Freude» über den Mord. Es erhob sich ein gewaltiges Brausen der Abscheuerklärungen; selbst die großen Zeitungen trauten sich nicht, den Text zu veröffentlichen, und zogen es vor, ihn stellvertretend für die Leser zu verdammen. Sogar in der *Frankfurter Rundschau*, in der *Zeit* und im *Spiegel* war nur mehr von «Menschenverachtung» und vom (bewährtes Schlagwort bisher der Linken) «Faschismus» die Rede. Die «klammheimliche Freude» wurde wieder und wieder zitiert, nicht aber die Botschaft, die der Mescalero für das linke Milieu hatte, in dem aus Sympathisanten leicht Kombattanten werden konnten.

Denn wie endet dieser Nachruf? Doch beinah volkspädagogisch: «Wir alle müssen davon runterkommen, die Unterdrücker des Volkes stellvertretend für das Volk zu hassen (...). Unser Weg zum Sozialismus (wegen mir: Anarchie) kann nicht mit Leichen gepflastert werden.» Nicht nur in der Wirkung, schon auch im Tonfall und den Alternativen zur Gewalttätigkeit ähnelt der Text der Rede Joschka Fischers im Jahr zuvor auf dem Römerberg. «Warum liquidieren?», fragte der Mescalero. «Um der Machtfrage willen (o Gott!), dürfen Linke keine Killer sein, keine Brutalos, keine Vergewaltiger, aber sicher auch keine Heiligen, keine Unschuldslämmer.»[14]

Und doch sollte niemand dem Mescalero auf seinem Befreiungsweg aus der RAF-Zwangsgemeinschaft folgen dürfen. Die staatlichen Organe bekamen keinen von den Mördern Bubacks zu fassen und richteten ihre Wut deshalb ausgerechnet gegen einen Text, der einen Ausweg aus der Gewalt anbot, und die Stammheimer reagierten erst gar nicht auf den Nachruf und empfanden ihn erwartungsgemäß als «politisch eher ärgerlich».[15]

Es ist ein Funktionär des bei den Asta-Wahlen allzeit unterlegenen Rings Christlich Demokratischer Studenten (RCDS), der das Augenmerk der Staatsanwaltschaft auf das verbrecherische Tun der *göttinger nachrichten* lenkt. Ein Großaufgebot der Polizei durchsucht, mit Maschinengewehren bewaffnet, die Redaktion und vermutet einen terroristischen Zusammenhang. Bundesjustizminister Vogel stellt Strafanträge gegen alle Nachdrucke «unter jedem in Betracht kommenden rechtlichen Aspekt». Mehr als 130

Universitätsangehörige protestieren gegen die Durchsuchungsaktion. Eine Gruppe von Professoren, unter ihnen Peter Brückner, Johannes Agnoli, Ulrich Preuss und Christa Thürmer-Rohr, entschließt sich, den gemeingefährlichen Nachruf, den niemand kennen sollte, in einer Broschüre zu dokumentieren, um ihn «einer öffentlichen Diskussion zugänglich zu machen»[16]. Dann allerdings begehen sie den Fehler, den «Mescalero»-Text mit einem Artikel von Rosa Luxemburg zu kombinieren, der die Ermordung des zaristischen Generalgouverneurs Sergej Alexandrowitsch Romanow kommentiert. Durch die Parallelisierung adeln sie die Ermordung Bubacks zu einem Freiheitsakt, wie es 1905 der Mord an jenem «Moskauer Bluthund» war.[17]

Der Staat trat nochmal streng auf, er forderte, nachdem der «Mescalero» nicht zu packen war[18], von den Professoren, die seinen Text im Namen der Meinungsfreiheit veröffentlicht hatten, dass sie ihm öffentlich abschwören. Jeder musste einen theatralischen Treueid ableisten: «Mord oder Entführung oder überhaupt den Einsatz von Gewalt lehne ich in unserem freiheitlich demokratischen Rechtsstaat unter jeder Bedingung ab.»

Bestraft wurde dann einzig der Hannoveraner Professor Peter Brückner, der bei seiner Behörde ohnehin verhasst war. Der CDU-Ministerpräsident Ernst Albrecht, Dienstherr Brückners und damals einer der Prätendenten für die nächste Kanzlerkandidatur, wollte ihn «abschießen»[19]. Brückner erhielt Hausverbot an seiner Universität, durfte keine Vorlesungen mehr halten, sein Gehalt wurde auf einen Sockelbetrag gekürzt, und als sein Vorgesetzter konnte Albrecht ihm sogar noch untersagen, Lehraufträge an anderen Universitäten anzunehmen, an die er gerufen wurde. Dabei hatte das deutsche Elendsjahr 1977 gerade erst richtig angefangen.

Der junge Anwalt Gerhard Schröder spricht 1979 von einem «Stück politischer Justiz». Als Vertreter der Angeklagten unterstellt er nicht völlig zu Unrecht, dass die CDU-Regierung in Niedersachsen die Justiz missbrauchen wollte, um ihren Willen gegen die unbotmäßigen Professoren durchzusetzen. Schröder wird grundsätzlich: «Daß dabei eines der wesentlichen Prinzipien der freiheitlich-demokratischen Grundordnung, nämlich das Prinzip der Gewaltenteilung, massiv verletzt wurde, liegt angesichts der Erklärungen führender Repräsentanten des Landes Niedersachsen auf der Hand.»[20] Am Ende werden die Professoren freigesprochen, dafür aber verschiedene Drucker und für den Druck verantwortliche Studenten bestraft. Peter Brückner bleibt suspendiert.

Da die Terroristen nicht zu greifen sind und sich Politiker aller Parteien als Hüter von Sicherheit und Ordnung profilieren wollen, wird in diesem Jahr die Intelligenz (oder wen man dafür hält) haftbar gemacht. 1974, nach dem Urteil gegen Ulrike Meinhof und Horst Mahler wegen der Baader-Befreiung, hatte Erich Fried ein Gedicht mit dem Titel «Die Anfrage» geschrieben, das tatsächlich auf eine solche hinauslief: «wie viel Tausend Juden / muß ein Nazi ermordet haben / um heute verurteilt zu werden / zu so langer Haft?»[21] Eine Bremer Lehrerin wagt es, drei Jahre später, dieses Gedicht im Unterricht zu besprechen, und sorgt für eine Staatsaffäre. Denn nach dem Tod Siegfried Bubacks hat Erich Fried aus Sympathie mit der inzwischen toten Ulrike Meinhof, in deren Namen Buback ermordet wurde, ein Gedicht veröffentlicht, in dem in widerwärtiger Weise von «diesem Stück Fleisch» die Rede ist. Bernd Neumann, der CDU-Fraktionsvorsitzende in der Bremer Bürgerschaft, empfiehlt deshalb für Frieds Gedicht die klassische deutsche Form der Zensur: «So etwas würde ich lieber verbrannt sehen, das will ich Ihnen einmal ganz eindeutig sagen!»[22]

Der Theaterregisseur Claus Peymann wird angefeindet und berühmt, weil er am Schwarzen Brett des Staatstheaters um Geld für die Zahnbehandlung von Gudrun Ensslin bittet. Er selber habe auch schon gespendet, einen «namhaften Geldbetrag», nämlich hundert Mark, «was für einen Schauspieldirektor der Württembergischen Staatstheater allenfalls bei Anlegung altschwäbischer Maßstäbe namhaft genannt werden kann»[23], wie sein Vorgesetzter, der Stuttgarter Oberbürgermeister Manfred Rommel, später spottete. Während die Terroristen ihren mörderischen Wahn austoben und die Politiker sich als Polizisten betätigen, wird den Künstlern der Staat immer fremder. Der Regisseur Rainer Werner Fassbinder, der die Kaufhausbrandstifter Andreas Baader und Horst Söhnlein aus München kannte, erklärt im *Spiegel*, er möchte «lieber in Mexiko Straßenkehrer sein als in Deutschland Filmemacher»[24]. Paradoxerweise wird in diesem Herbst die Versöhnung der Linken mit dem fremden Staat einsetzen.

Der Deutsche Sommer

«Eine häßliche Staatsphysiognomie setzt allemal
Verachtung der Gesetze, der Ordnung und Tugend
voraus, und je mehr der politische Physiognomist
Verzerrungen und Mißzüge wahrnimmt, je sicherer kann
er auf den unausbleiblichen oft sehr nahen Verfall des
Staates schließen. Die Physiognomie kann sich in einem
Staate wie bei einzelnen Menschen verschlimmern oder
verbessern.»
Christian Friedrich Daniel Schubart,
«Deutsche Chronik» (1791)

Am 9. August 1977 wird in Tübingen der fünf Tage zuvor verstorbene Philosoph Ernst Bloch zu Grabe getragen. Sein Verleger Siegfried Unseld spricht, sein Kollege und Freund Walter Jens spricht, die Studenten benennen die Eberhard-Karls-Universität in «Ernst-Bloch-Universität» um. Rudi Dutschke, in dem der messianische Bloch manchmal Fleisch von seinem Fleische gesehen hatte, erregt sich am Grab des Philosophen über die Pompes funèbres, die wenige Tage zuvor einem «hohen Bankspekulanten» zuteil geworden seien, einer «Charaktermaske des Finanzkapitals»[1], während bei Bloch kein einziger staatlicher Vertreter zu sehen sei. «Was für ein gespaltenes, geschichtsloses, finanziell reiches, geistig immer ärmer werdendes Volk ist existent in diesem Staat»[2], echauffiert sich der ehemalige Volkstribun, der nach seiner Genesung mit der Idee liebäugelte, den Marsch durch die Institutionen mit einer neuen Partei zu beginnen.

Der Staat hat andere Sorgen, als sich um einen (wie ihn Dutschke nennt) «unaustauschbaren, subversiv schreibenden Philosophen»[3] zu bemühen. Am 30. Juli ist der Vorstandssprecher der Dresdner Bank, Jürgen Ponto, erschossen worden.[4] «zu ponto und den schüssen, die ihn jetzt in oberursel trafen, sagen wir, dass uns nicht klar genug war, dass diese typen, die in der dritten welt kriege auslösen und völker ausrotten, vor der gewalt wenn sie ihnen im eigenen haus gegenübertritt fassungslos stehen», heißt es in dem von Susanne Albrecht unterschriebenen Bekennerschreiben[5], das der Staat am 14. August erhält. «es geht natürlich immer zuerst darum, das neue gegen das alte zu stellen und das heißt hier: den kampf, für den es keine gefängnisse gibt gegen das universum der kohle, in dem alles gefängnis ist.»[6]

Die Autorin dieser Grundsatzerklärung, die Hamburger Bürgertochter Susanne Albrecht, beschreibt damit recht genau, welche Angst, welchen Terror die RAF inzwischen zu verbreiten versteht. Es ist jener Terror, mit dem Che Guevara gedroht hatte, nämlich «den Krieg bis dorthin [zu] tragen, wohin der Feind ihn trägt: in sein Haus, in seine Vergnügungsstätten; man muß ihn zum totalen Krieg machen».[7]

Schon 1973 soll Susanne Albrecht erklärt haben, sie habe «die Kaviarfresserei satt»[8]. Sie kam 1951 in Hamburg-Othmarschen zur Welt, besuchte die Waldorfschule und wurde anschließend auf ein Internat in Holzminden geschickt. Nach dem Selbstmord ihres Freundes studierte sie Pädagogik und Psychologie und arbeitete in einem Kinderladen. Ihr Vater, ein bekannter Seerechtsanwalt, war eine Zeitlang Bürgerschaftsabgeordneter in Hamburg gewesen. Früh lernt die Tochter, das «universum der kohle» zu verachten, in dem sie aufgewachsen ist. Sie betreut schwererziehbare Jugendliche und muss erleben, dass sie genau das Freizeitzentrum zertrümmern, das ihnen doch helfen soll. Aus Solidarität mit den RAF-Gefangenen beteiligt sie sich im Frühjahr 1973 zusammen mit ihrem Freund Karl-Heinz Dellwo an der Besetzung des Hauses in der Hamburger Ekhofstraße. Bei der Räumung werden ihr die Hände auf den Rücken gefesselt; sie kann nicht begreifen, wie die Polizei «gegen friedliche Menschen so brutal vorgehen»[9] kann. Sie schließt sich einem der «Folter-Komitees» an und betreut später als Gehilfin im Büro des Hamburger Anwalts Kurt Groenewold die Stockholm-Attentäter, zu denen Dellwo gehört. Sie wechselt nach Stuttgart und arbeitet dort zusammen mit Silke Maier-Witt, Sigrid Sternebeck und Angelika Speitel im Büro Croissant.

Noch einer arbeitet für Croissants Kanzlei und hält für die Gefangenen die Verbindung nach draußen: der Schauspieler Christof Wackernagel, der bereits als Jugendlicher durch die Hauptrolle in Johannes Schaafs Film «Tätowierung» (1967) berühmt geworden ist. Da spielte er einen Fürsorgezögling, der von einem wohlhabenden Unternehmer adoptiert und im Wohlstand doch nicht glücklich wird. Das ist die Situation jener Bürgerkinder, die der Welt der Eltern entsagen. Die Jüngeren betrachten die Gesellschaft aus der gleichen moralischen Perspektive wie in den Sechzigern Meinhof und Ensslin. Die wesentlich liberaleren Siebziger werden nach diesen Vorbildern als ebenso verlogen und halbherzig gesehen. Von der allgemeinen Korruption nehmen sie allein die Eingeschlossenen von Stammheim aus.

Als Mitarbeiter im Büro des Verteidigers Croissant durfte Wackernagel 1976 mit in den Gerichtssaal, als die Angeklagten eine politische Erklärung abgeben wollten. Die Angeklagten wirkten niedergeschlagen, aber Wackernagel konnte die Stimmung mit einem einzigen Satz aufhellen: «Ulrike und Andreas, die Genossen draußen erwarten ein Wort von euch.»[10] Wackernagels Stiefvater war als Mitwisser der Widerstandsaktion, für die die Mitglieder der «Weißen Rose» 1943 hingerichtet wurden, zu achtzehn Monaten Gefängnis verurteilt worden. Der Sohn beendete seine Filmlaufbahn damit, dass er auf dem Sommerfest des Kanzleramts die Gäste und damit lauter potentielle Entführungsopfer filmte. Denn weiter gilt der Plan, auch der Auftrag, durch eine Entführung die Freilassung der Gefangenen zu erpressen. Wackernagel wird dabei sein.

Das Entsatzkommando der RAF, das sich wie Wackernagel und Albrecht um das Büro Croissant gruppiert, erwägt eine Zeitlang, eine Tagung der EU-Außenminister in Luxemburg zu stürmen, Sprengladungen zu zünden und die Minister zu entführen, um ein

Faustpfand zu erlangen. Auch in Schweden wird eine Entführung vorbereitet, mit der die Stockholm-Attentäter freigepresst werden sollen, doch werden die Pläne vorzeitig entdeckt. Für Deutschland lautet der Kampfauftrag, dass die Stammheimer um jeden Preis herauszuholen sind.

Die neuen Mitglieder der Befreiungs-RAF stammen aus der Unterstützerszene. Susanne Albrecht gehört mit Sigrid Sternebeck und Silke Maier-Witt zu den «Hamburger Tanten», die in der RAF-Hierarchie nicht für große Aktionen vorgesehen sind, sondern nur Handlangerdienste verrichten sollen. Sie wird moralisch erpressbar, als sie den anderen verrät, dass sie Jürgen Ponto kennt. Ponto, den sie «Onkel» nennt, hat mit ihrem Vater in Hamburg studiert. Wie später Hanns Martin Schleyer soll er entführt werden, um mit diesem Doppelpfand aus der Finanz- und der Industriewelt die Freilassung der Gefangenen zu erpressen.

Susanne Albrecht will sich dem Plan zunächst widersetzt haben. Die anderen drohten, die Aktion dann ohne ihre Hilfe «auf brutale Art und Weise auf der Straße»[11] durchzuziehen, und wie das aussehen konnte, hatte die Ermordung Bubacks gezeigt. Als man ihr versichert, dass Ponto nichts zustoßen werde, ist sie schließlich bereit, bei der Entführung mitzumachen.[12] Bis dahin hatte Susanne Albrecht als «Legale» für die RAF gearbeitet, Ende Juni 1977 verschwindet sie im Untergrund und beteiligt sich an den Vorbereitungen. Willy Peter Stoll und Knut Folkerts informieren sich im Hamburger Weltwirtschaftsarchiv über Ponto und überfallen in Frankfurt ein Waffengeschäft; es werden Wohnungen angemietet, Autos beschafft, und ein «Volksgefängnis» wird vorbereitet. Und dann die herzenskalte Ankündigung der Hausfreundin, einen Strauß mit roten Rosen in der Hand, am Gartentor zur Kaffeezeit am 30. Juli: «Hier ist Susanne.»

Sie verschafft damit sich sowie Christian Klar und Brigitte Mohnhaupt Einlass in Pontos Haus. Der Hausmeister hatte Frau Ponto vom Garten aus versichert, die Besucher sähen sehr manierlich aus, und «in der Tat», heißt es in der Urteilsbegründung

Bundesgerichtshofs, «hatten die Besucher auf gepflegtes Aussehen Wert gelegt».[13] Die Entführer warten, bis Ponto ein Telefonat beendet hat, dann bedrängen sie ihn; aus der Entführung wird Mord. Christian Klar und Brigitte Mohnhaupt geben mehrere Schüsse auf den Bankier ab. Mit klaffenden Wunden liegt Ponto am Boden, und so findet ihn seine Frau, als sie von der Terrasse hereinkommt. Die Mörder fliehen zusammen mit Peter-Jürgen Boock, der im Auto draußen auf sie gewartet hat. Den für die Entführung präparierten VW-Bus stellen sie in der Nähe ab. Ponto wird noch in die Klinik geflogen, wo er seinen Verletzungen erliegt. In Stammheim höhnt man über die Dilettanten, die nicht einmal einen schutzlosen Mann aus seinem Haus entführen könnten.

Taktisch ist der Mord an Jürgen Ponto ein ungeheurer Fehlschlag. Den Stammheimern hilft er nicht, dafür wächst die allgemeine Empörung über die Mordtaten der RAF. Die Linke will nichts mit diesem Vernichtungsfeldzug zu tun haben. Es geht ihr um konkretere Anliegen als den Terroristen, die mit aller Macht befreit werden sollen: Am gleichen Wochenende haben sich Zehntausende von Atomkraftgegnern, darunter viele aus Deutschland, im französischen Malville versammelt, um gegen den dort geplanten Bau eines «Schnellen Brüters» zu demonstrieren. Die französische Polizei geht mit größter Brutalität vor und setzt Granaten ein. Ein Demonstrant wird getötet, fünf weitere verlieren Hände oder Füße.

«wir haben in der situation, in der bundesanwaltschaft und staatsschutz zum massaker an den gefangenen ausgeholt haben, nichts für lange erklärungen übrig»[14], verkündet Susanne Albrecht in ihrem Bekennerschreiben und meint mit dem «Massaker» die angedrohten Folgen des neuen Hungerstreiks, den die Gefangenen am 9. August begonnen haben. Damit soll weniger der «staatsschutz» oder die Gefängnisverwaltung unter Druck gesetzt werden, sondern die wiederformierte RAF, das Befreiungskommando, das den Gefangenen viel zu wenig für die Befreiung unternimmt.

Es ist bereits der fünfte Hungerstreik, und wieder muss mit Toten gerechnet werden.

Das Kommando will ebenfalls ein «massaker» anrichten, als Signal und Begleitschutz zur großen Befreiungsaktion, für die Hanns Martin Schleyer entführt werden wird. Für Baader, Ensslin und Raspe ist bis zur möglichen Revision der Rechtsweg ausgeschlossen, und so verfallen die Rächer auf den Gedanken, nach dem Mord an Buback gleich die ganze Instanz anzugreifen, die für die juristische Niederlage gesorgt hat. Boock baut eine zerlegbare «Stalinorgel» mit 42 Abschussrohren, die sich innerhalb von drei Sekunden zünden lassen sollen. Im zweiten Stock eines Karlsruher Hauses, direkt gegenüber der Bundesanwaltschaft, haben die Terroristen ein Atelier ausfindig gemacht. Am 30. August 1977 schleppen sie das Schussgerät in die Wohnung des Malers Theodor Sand, der zusammen mit seiner Frau vorsorglich gefesselt und geknebelt worden ist, und richten es vom Atelier aus auf den nur achtzehn Meter entfernten Feind. Passenderweise sind die Kartons mit «A. Krieg» beschriftet. Mit dem Einsatz dieser Stalinorgel hätte die «Rote Armee Fraktion» beweisen können, dass sie den Großen Anti-Vaterländischen Krieg führt. Dazu kommt es dann nicht, weil die Zündung versagt.[15] Die Terroristen legen noch fünf Hunderter für eventuell entstandenen Schaden auf den Tisch und hinterlassen ein Plakat mit der Aufschrift: «ACHTUNG NICHT SCHIESSEN IN DER WOHNUNG IST NUR DAS EHEPAAR SAND».[16] Die beiden können sich nach Stunden selber befreien.

In einer Erklärung vom 3. September behauptet die RAF, sie habe die Bundesanwaltschaft nicht angreifen, sondern nur warnen wollen[17], verbindet das jedoch mit der Drohung: «sollten andreas, gudrun und jan getötet werden, werden die apologeten der harten haltung spüren, dass das, was sie in ihren arsenalen haben, nicht nur ihnen nützt, dass wir viele sind und dass wir genug liebe – also hass und phantasie haben, um unsere und ihre waffen so gegen sie einzusetzen, dass ihr schmerz unserem entsprechen wird.»[18]

Liebe ist Hass und Phantasie, das ist die umgewertete Botschaft der verlorenen Jugendrevolte von 68, und wie viel auch den Gefangenen notfalls einfällt, zeigen sie in ihren Botschaften an die Kämpfer draußen. «Ungeheuer ist viel. Doch nichts / Ungeheuerer als der Mensch», übersetzt Hölderlin den Chor in der «Antigone» des Sophokles. Ungeheures verlangten auch die Stammheimer von ihrem Fußvolk: die Befreiung um jeden Preis. Sie erwarten, aus dem «sichersten Gefängnis der Welt» (wie es der baden-württembergische Justizminister nennt) herausgeholt zu werden. In einem Kassiber, der die anderen am 4. September erreicht, weisen die Stammheimer darauf hin, dass sich «Guerilla immer über die Qualität des Angriffs definiert»[19]. Die «Qualität» meint, kaum verklausuliert, den Einsatz von mehr Gewalt als bisher, schließlich schrecken die Eingeschlossenen auch nicht davor zurück, Gewalt gegen sich selber anzuwenden. «Wir werden nicht länger darauf warten, daß ihr endlich begreift, und unser Schicksal wieder selbst in die Hand nehmen.»[20] Peter-Jürgen Boock erläuterte bei seiner Vernehmung: «Für uns war klar, daß damit eine Selbstmordaktion gemeint war, ohne daß dies explizit gesagt wurde.»[21] Der Auftrag endet mit der vorläufigen Verstoßung aus der Sekte RAF: «Verwendet die drei Buchstaben erst wieder, wenn euch zum Begriff OFFENSIVE etwas anderes einfällt als Ausflüchte.»[22] Für den gehorsamen Sohn Peter-Jürgen Boock, der selber Baader und Ensslin die Freiheit verdankt, ist das die Drohung mit Liebesentzug.

Die als Weichlinge, als die, «die sich RAF nennen»[23], beschimpften «Illegalen» mussten handeln. Konkrete Anweisungen bekommen sie nicht; Details bleiben Brigitte Mohnhaupt überlassen. Grundsätzlich gilt, was Baader empfohlen hatte: «Ganz oben angreifen.»

Die «Aktion» am 5. September

«Wenn ein Partisanenkommando einen Konzernchef
gefangen nimmt, weil er Arbeiter auf die Straße gesetzt
hat, und damit die Rücknahme der Kündigung erreicht,
werden auch das noch einige Arbeiter ‹kriminell›
finden. (...) Wird die als Beispiel erwähnte Aktion unter
geeigneten Bedingungen zur richtigen Zeit durchgeführt,
werden viele Arbeiter begreifen, daß es letztlich
der einzige Weg ist, die berechtigten Interessen des
Proletariats erfolgreich durchzusetzen.»
Kollektiv RAF [Horst Mahler],
«Über den bewaffneten Kampf in Westeuropa» (1971)

Ende August 1977 hält der BKA-Chef Horst Herold im Kanzleramt bei Helmut Schmidt einen einstündigen Vortrag über die aktuelle Gefahrenlage. Herold weiß genau: In allernächster Zeit wird etwas passieren. Er kann berichten, dass es im Raum Nordrhein-Westfalen sein und dass es sich um einen Mordversuch oder eine Entführung handeln wird. In Frage kommt ein Politiker oder ein Wirtschaftsführer. Auch die Täter sind bereits bekannt, es fehlt nur noch die Tat.

Wie zu Beginn der RAF, im Juni 1970, besteht die Gruppe aus zwanzig Leuten. Sie wurden zum Teil seit Jahren gesucht oder sogar observiert: Susanne Albrecht, Peter-Jürgen Boock, Elisabeth von Dyck, Knut Folkerts, Rolf Heißler, Monika Helbing, Sieglinde Hofmann, Christian Klar, Friederike Krabbe, Christine Kuby, Silke Maier-Witt, Brigitte Mohnhaupt, Gert Schneider, Adelheid Schulz, Angelika Speitel, Sigrid Sternebeck, Willy-Peter Stoll, Christof Wackernagel, Rolf Klemens Wagner und Stefan Wisniewski.

Der Deutsche Herbst zeigt Herold mit seinen Fahndungsfähigkeiten auf der ganzen strahlenden Höhe. Endlich darf er vorführen, was er mit Hilfe der bis dahin kaum genutzten Datenverarbeitung alles kann. Weil er nur mit Daten operiert, müssen ihn keine Loyalitäten, auch keine langwierigen Herleitungen in der Tätergeschichte interessieren. In seinem Netz finden sich potentielle Gewalttäter mit eindeutigen, das heißt verdächtigen Merkmalen: unstetes Leben, Miete und Strom werden im Voraus bar bezahlt, anonyme Wohnverhältnisse also, Vorliebe für schnelle Autos, Möglichkeit zur raschen Flucht durch die Nähe zur Autobahn. In der Rekonstruktion der Schleyer-Entführung werden zwanzig konspirative Wohnungen und 23 Fahrzeuge entdeckt, die die RAF allein im September und Oktober 1977 nutzte[1], aber da war es längst zu spät.

Trotz all des angesammelten kriminalistischen Wissens kann Monika Helbing als «Annerose Lottmann-Bücklers» am 18. Juli 1977 in Erftstadt-Liblar eine Dreizimmerwohnung mieten, die alle Kriterien einer Terroristenunterkunft erfüllt: Das «Volksgefängnis» liegt in einem anonymen Hochhaus, der Aufzug fährt von der Tiefgarage in den dritten Stock, es ist nicht weit bis zur Autobahn, und die Interessentin zahlt die Kaution in bar, die Miete im Voraus bis Januar 1978. Ein Wandschrank in der Diele wird als Zelle hergerichtet: Schaumstoffmatten sollen jedes Geräusch dämpfen, an der rückwärtigen Wand wird eine Kette angebracht. Weitere Wohnungen werden gemietet, Autos gekauft oder gestohlen, mit bereits ausgegebenen Kennzeichen versehen, und eine ständig wechselnde Gruppe beobachtet Schleyer in Stuttgart, wo seine Familie wohnt, in Meersburg, wo er Urlaub macht, und in Köln, wo er arbeitet.

Schleyer weiß, in welcher Gefahr er schwebt. Nach der Ermordung Pontos waren im Fernsehen Fahndungsbilder gezeigt worden. Eine Mitarbeiterin des Hamburger Weltwirtschaftsinstituts hatte Willy-Peter Stoll und Knut Folkerts erkannt, die sich Anfang Juli die Materialmappen zu Jürgen Ponto und Schleyer hatten geben lassen. Am 31. Juli hatte ihn deshalb Innenminister Werner Maihofer in Meersburg angerufen und ihm mitgeteilt, dass er nunmehr zu den gefährdetsten Personen gehöre. Wenige Tage vor der Entführung traf sich der Oppositionsführer Helmut Kohl (CDU) mit ihm im Bonner Restaurant «Roma» und sprach über die terroristische Bedrohung. «Wir stimmten in einem wesentlichen Punkt überein, nämlich dass der Staat sich niemals mehr erpressen lassen dürfe. Beide hatten wir für uns persönlich ausgeschlossen, im Falle einer Entführung gegen Terroristen ausgetauscht zu werden.»[2]

Die Entführung wird schon lange vorbereitet. An der Strecke zwischen Schleyers Büro und seiner Wohnung postieren sich RAF-Leute, die von Telefonzellen aus die jeweilige Position des observierten Arbeitgeberpräsidenten durchgeben. Schließlich ist Schleyer genug ausgespäht, seine Fahrtroute bekannt, sind die konspirativen Wohnungen gemietet, die Autokennzeichen gefälscht, die Fluchtwege vorbereitet. Am 4. September treffen sich Boock und Wisniewski mit Volker Speitel, Ralf Baptist Friedrich und Christof Wackernagel, die alle in der Kanzlei Croissant und legal für die RAF arbeiten. Die beiden «Illegalen» kündigen an, dass es «ab morgen» eine große Aktion geben werde, und empfehlen, den Raum Köln–Bonn zu meiden. Wackernagel entschließt sich bei diesem Treffen, in den Untergrund zu gehen.

Die Stuttgarter fahren noch nachts zurück, die anderen beiden treffen sich mit Rolf Heißler, Sieglinde Hofmann, Adelheid Schulz und Willy-Peter Stoll in einer der konspirativen Wohnungen in Köln-Junkersdorf. Brigitte Mohnhaupt ist in Stuttgart geblieben, um das Bekennerschreiben für das symbolische Attentat auf die Bundesanwaltschaft zu formulieren. In jener Nacht wird der Angriff für den nächsten Tag beschlossen. Später will Boock zu einem anderen RAF-Mitglied gesagt haben: «Das war unsere Wannseekonferenz.»[3] Alle sind sich klar darüber, dass sie, um Schleyer ergreifen zu können, seine Begleiter erschießen müssen. Rolf Heißler ist dazu nicht bereit und zieht sich aus dem Kommando zurück. Er wird in der Telefonkette eingesetzt, an der auch Adelheid Schulz beteiligt ist. Boock tritt an Heißlers Stelle, schließlich ist seine Bindung an Baader und Ensslin viel enger als die der anderen.

Hanns Martin Schleyer verlässt am 5. September 1977 um 17.10 Uhr sein Büro in der Kölner Innenstadt, um zu seiner Wohnung in der Raschdorffstraße zu fahren. Da es sich dabei um eine Einbahnstraße handelt, muss sein Auto den Umweg über die schmale Vincenz-Statz-Straße nehmen. Heinz Marcisz fährt Schleyer, der hinten rechts sitzt. Marcisz trägt keine Waffe, der Mercedes ist nicht gepanzert, wird aber von einem weiteren Mercedes begleitet, in dem drei bewaffnete Polizisten sitzen.

Im Café «Strass» wartet das «Kommando Siegfried Hausner», benannt nach dem Mitglied, das 1975 nach dem Überfall auf die Botschaft in Stockholm gestorben ist, auf das Stichwort «Mendocino» von der Telefonkette. Bis zum frühen Morgen haben sie den Entführungsplan immer wieder durchgesprochen; jetzt sind sie erschöpft und erst recht aufgedreht. Die einen nehmen Beruhigungsmittel, andere etwas zum Aufputschen. Sie sind auf alles vorbereitet. Boock hat von Che Guevara gelernt, dass ein Bauchschuss tödlich wäre, wenn man vorher gegessen hätte. Der Guerillero weiß: «Erstens, saubere Unterwäsche, zweitens, nüchterner Magen.»[4]

Boock hat an der Ecke Friedrich-Schmidt-Straße/Vincenz-Statz-Straße einen weißen VW-Bus auf dem Gehsteig geparkt, aus dem er und Sieglinde Hofmann einen blauen Kinderwagen heben. Als sie Schleyers Auto um 17.28 Uhr kommen sieht, schiebt Sieglinde Hofmann den Wagen, in dem zwei langschäftige Schnellfeuerwaffen verborgen sind, auf dem linken Gehsteig in die Vincenz-Statz-Straße; Boock geht neben ihr. Für Willy-Peter Stoll, der wenige Meter weiter postiert ist, bedeutet das den Beginn der «Aktion». Er schlägt auf den Kofferraum des gelben Mercedes, in dem Stefan Wisniewski sitzt, worauf dieser mit quietschenden Reifen entgegen der erlaubten Fahrtrichtung auf das herannahende Auto Schleyers zufährt. Unmittelbar vor ihm reißt Wisniewski das Steuer nach links herum und versperrt so den Weg. Marcisz muss abrupt bremsen, das nachfolgende Polizeifahrzeug kann nicht mehr schnell genug halten, prallt auf den vorausfahrenden Wagen und schiebt ihn in Wisniewskis Mercedes. Schleyers Auto ist in der Mitte eingekeilt. Den emblematischen Kinderwagen, der Marcisz angeblich zum Bremsen veranlasste, hat der Chauffeur wahrscheinlich gar nicht gesehen, weil er und die Polizeibeamten «ihre ganze Aufmerksamkeit auf das plötzlich vor ihnen nach rechts abbiegende Sperrfahrzeug gerichtet haben»[5], wie ein Gerichtsurteil festhält.[6]

Von da an wird geschossen.

Das Kommando will Schleyer lebend und schießt deshalb nur auf seine Begleiter; «auf die wurde im Grunde genommen kein Gedanke verschwendet».[7] Die Polizisten tragen eine Pistole; einer von ihnen verfügt zusätzlich über eine MP. Die Terroristen benutzen Schnellfeuerwaffen osteuropäischer Herkunft; Wisniewski feuert mit Stahlprojektilen gegen die Autos. Sieglinde Hofmann «gab vier, fünf Schüsse auf den Fahrer ab, an seinem Zusammenzucken war zu erkennen, daß der Mann getroffen worden war»[8]. Vermutlich stirbt er durch die Kugeln Stolls. Der springt, während Boock und Hofmann das Begleitfahrzeug noch von der Seite beschießen, auf dessen Motorhaube und feuert sein ganzes Magazin ins Wageninnere. Erst da hört der Lärm auf, den das Trommelfeuer verursacht hat.

Stefan Wisniewski hat die Aufgabe, Schleyer aus dem Auto zu holen. Schleyer ist wider Erwarten unverletzt. Wisniewski reißt die Tür auf, zerrt ihn heraus und lässt sich, als ihm der schwere Mann zu entgleiten droht, von Sieglinde Hofmann helfen. Sie führen Schleyer um den gelben Mercedes herum zum VW-Bus, den Boock inzwischen rückwärts in die Vincenz-Statz-Straße gefahren hat. Stoll sichert mit seiner Pistole den Tatort und den Rückzug. Schleyer wird in den Ladebereich des VW-Busses gestoßen, wohin ihm Wisniewski und Hofmann folgen. Sie ist ausgebildete Krankenschwester und gibt Schleyer durch den Stoff seiner Hose eine Beruhigungsspritze. Stoll springt auf den Beifahrersitz, Türen schlagen. Eine Lücke im Feierabendstau ermöglicht es Boock, sich auf der Friedrich-Schmidt-Straße einzufädeln. Der VW-Bus verschwindet sofort, weil Boock auf der leeren Gegenfahrbahn die Kolonne überholen kann.

Einen derart brutalen Überfall hatte es in Deutschland noch nicht gegeben, und selbst den Augenzeugen kam es so unwirklich vor wie die Szene in einem Film: quietschende Reifen, splitterndes Glas, drei Autos ineinander verkeilt, eine Schießerei mit Schnellfeuergewehren, Schreie, ein startendes Auto und dann Stille. Es ging so schnell, dass die Zeit stehenblieb. In zwei Minuten sind 130 Schüsse gefallen. Auf der Straße liegen vier Leichen. Hanns Martin Schleyer ist verschwunden. Für Bundesjustizminister Hans-Jochen Vogel, der eine gute Stunde später am Schauplatz eintrifft, erwacht die «Erinnerung an den Krieg, an Tote und Gefallene»[9]. Die deutsche Fraktion der Roten Armee hat endlich, was sie immer wollte.

Krieg im Frieden

«Die Rote Armee Fraktion wähnte, Schleyer müsse
freigelassen werden, weil er ein alter Nazi war, sie
gründete ihre Aktion auf dem Irrglauben, die Solidarität
der Kriegskameraden sei so gross, dass sie ihn niemals
fallen lassen könnten, als wäre SS-Mitgliedschaft ein
Unantastbarkeitsmerkmal – dabei wurde genau deshalb
Hanns Martin Schleyers Ermordung in Kauf genommen:
ihn zu schützen, wäre auf seine ganze Generation
zurückgefallen.»
Christof Wackernagel (1997)

Mehrere Fahrer haben die Schießerei gesehen und gehört und nehmen die Verfolgung des Fluchtfahrzeugs auf, und doch gelingt es Peter-Jürgen Boock, durch riskantes Manövrieren zu entkommen. In einer Tiefgarage wird Schleyer in einen Mercedes umgeladen und Zum Renngraben 8 geschafft, wo er, bewacht von Stefan Wisniewski, der neben ihm liegt, acht Stunden lang in dem präparierten Kofferraum warten muss.

Die Polizei, von Anwohnern alarmiert, erreichte den Tatort bereits nach wenigen Minuten, kam aber zu spät. Ihre Kollegen Helmut Ulmer und Roland Pieler hatten, der eine vom Beifahrersitz, der andere rechts hinten, das Auto noch verlassen und insgesamt elf Schüsse abgeben können, die allerdings ins Leere gingen. Als kurz darauf die Rettungsfahrzeuge eintreffen, sind Ulmer und Pieler ebenso wie die Fahrer Reinhold Brändle und Heinz Marcisz bereits verblutet.

Um 18.11 Uhr, vierzig Minuten nach dem Attentat, meldet die Nachrichtenagentur Associated Press (AP) den Überfall; die Bundesregierung ist seit 18.03 Uhr informiert. Hans-Jochen Vogel und

Staatsminister Hans-Jürgen Wischnewski fahren unverzüglich an den Tatort. Horst Herold erreicht die Nachricht in Oberbayern; er bricht seinen Urlaub ab und kommt nach Bonn. Herold ist sich sicher, dass die Täter den Großraum Köln noch nicht verlassen haben (was zutrifft) und «dem über sie hereinbrechenden engmaschigen Schleppnetz zum Opfer fallen»[1] werden (was sich als Irrtum erweisen sollte).

Bereits um 21.00 Uhr, noch eine halbe Stunde vor Bundeskanzler Schmidt, gibt dessen späterer Nachfolger Helmut Kohl im Fernsehen eine Erklärung zu der «blindwütigen Bande von Mördern» ab, die unterwegs sei, «um unserem Volke und der Zivilisation und dem, was wir freiheitliche Demokratie nennen und leben wollen, den Krieg zu erklären».[2]

Als Kriegserklärung versteht auch Schmidt den Angriff. Unerschrocken wirkt er im Fernsehen, streng gescheitelt wie immer, aber es klingt, als beiße er die Zähne zusammen, während er seinen Zorn über die Brutalität äußert, «mit der die Terroristen in ihrem verbrecherischen Wahn vorgehen». Die RAF spricht von der «Offensive», und der ehemalige Wehrmachtsoffizier Schmidt setzt ihr die «Front» entgegen. «Jedermann weiß, daß es eine absolute Sicherheit nicht gibt. Aber diese Einsicht kann nicht die staatlichen Organe davon abhalten und hat sie schon bisher nicht davon abgehalten, mit allen verfügbaren Mitteln gegen den Terrorismus Front zu machen.» Schmidt begreift, dass die RAF die Machtfrage gestellt hat, und er lässt keinen Zweifel daran, dass er die Macht nicht aus der Hand des Staates zu geben bereit ist. Die Terroristen, die im Augenblick «ein triumphierendes Machtgefühl» empfinden mögen, sollten wissen, dass sie nicht bloß die staatlichen Organe, sondern den «Willen des ganzen Volkes» gegen sich hätten.[3]

Während die Aufnahme um 21.30 Uhr gesendet wird, finden die Fahnder den weißen VW-Bus und darin die erste Nachricht: «an die bundesregierung / sie werden dafür sorgen, dass alle öffentlichen fahndungsmassnahmen unterbleiben – oder wir erschiessen schleyer sofort ohne dass es zu verhandlungen über seine freilassung kommt. / raf.»[4] Die Fahndungsmaßnahmen unterbleiben selbstverständlich nicht. Außerdem werden noch in derselben Nacht die Zellen der RAF-Gefangenen und die Kanzlei Croissant in Stuttgart durchsucht, doch lassen sich keine konkreten Hinweise auf die inzwischen angelaufene Aktion finden.

Seit dem Anschlag sind vier Stunden vergangen. Schleyer liegt noch immer im Kofferraum in der Tiefgarage. Helmut Schmidt telefoniert mit den Partei- und Fraktionsvorsitzenden sowie dem Generalbundesanwalt, und er ruft Waltrude Schleyer an, die längst von der Entführung ihres Mannes weiß. Im Kanzleramt tagt um Mitternacht ein innerer Kreis, der mit Bedacht nicht Krisenstab, sondern «Kleine Lage» genannt wird. Der Staat soll sich nicht in einer Krise befinden, er darf nicht nervös wirken.

Zwischen zwei und drei Uhr morgens wird Schleyer aus dem Kofferraum geholt und mit dem Aufzug in die Wohnung 104 im dritten Stock gefahren. Seine Entführer haben Handtücher, frische Unterwäsche und Kindernahrung besorgt. Außerdem ist das Zimmer, in dem er die meiste Zeit liegt, verwanzt; die Gespräche, die die RAF im «Volksgefängnis» mit ihm führt, sollen für noch unbestimmte propagandistische Zwecke aufgezeichnet werden.

Die Aktion «big raushole» ist zwar lange und gründlich vorbereitet worden, aber sie wird durch den zähen Fortgang so schnell verlangsamt, dass sie scheitern muss: Es war leicht, aus fast heiterem Himmel zu viert zwei Autos zu überfallen, es war auch noch leicht, die Geisel durch den abendlichen Berufsverkehr in ein sicheres Versteck zu bringen, aber bei den Verhandlungen stößt das bis zur Hysterie aufgeregte Kommando auf die staatsmännische Ruhe, mit der der Bundeskanzler und die Vertreter der Behörden auf den Anschlag reagieren. Schmidt ist sich mit seinen Beratern, dem BKA-Präsidenten, auch mit den Vorsitzenden der Parteien einig, dass den Forderungen der Entführer auf keinen Fall nachgegeben werden darf. Gleichzeitig soll alles unternommen werden, um Schleyer zu finden und seine Entführer abzuurteilen.

In den folgenden Tagen verwendet die RAF einige Mühe darauf, allgegenwärtig und möglichst ortlos zu wirken. In der Nähe der Schweizer Grenze wird ein VW-Bus geparkt, in dem Schleyers Krawatte liegt. Helmut Schmidt weiß nichts davon, aber die Entführer schwelgen in dem Hochgefühl, dass sie die Geisel nur eine halbe Stunde vom Kanzleramt entfernt versteckt halten. Um das in Wiesbaden ansässige BKA zu blamieren und die Polizei zu verwirren, muss einer der RAF-Kuriere von Köln nach Frankfurt und weiter nach Wiesbaden reisen. Am Dienstagnachmittag, dem 6. September, findet die Tochter eines evangelischen Dekans im Briefkasten ein Schreiben, das «an die bundesregierung» adressiert ist. Darin wiederholen die Entführer, dass alle Fahndungsmaßnahmen einzustellen seien, «oder schleyer wird sofort erschossen». Dem Brief liegt ein Foto von Schleyer bei, das ihn im Unterhemd vor dem RAF-Signet mit der Heckler & Koch-Maschinenpistole und dem fünfzackigen Stern und einem Schild mit der Aufschrift «Gefangener der R.A.F.» vor der Brust zeigt. In diesem ausführlichen Schreiben bekennt sich das «kommando siegfried hausner» zur Entführung (der Mord an den Begleitern wird nicht erwähnt). Es endet mit einer drastischen Handlungsanweisung an den Bundeskanzler, der sich 1975 bei der Botschaftsbesetzung in Stockholm nicht erpressen ließ: «wir gehen davon aus, dass schmidt, nachdem er in stockholm demonstriert hat, wie schnell er seine entscheidungen fällt, sich bemühen wird, sein verhältnis zu diesem fetten magnaten der nationalen wirtschaftscreme ebenso schnell zu klären.»[5]

Seit 1975 haben die Terroristen den Einsatz drastisch erhöht. Schleyers Leben, so glauben sie, werde nicht so leicht aufs Spiel gesetzt wie das von kleinen Botschaftsangestellten. Das «kommando siegfried hausner» will Schleyer erst wieder hergeben, wenn Andreas Baader, Gudrun Ensslin, Jan-Carl Raspe, Verena Becker, Werner Hoppe, Karl-Heinz Dellwo, Hanna Krabbe, Bernd Rössner, Ingrid Schubert, Günter Sonnenberg und Irmgard Möller freigelassen werden. Sie sollen, mit jeweils 100 000 Mark versehen, in ein Land ihrer Wahl ausreisen dürfen. Schon bis zum nächsten Morgen um acht Uhr habe man sie in Frankfurt zusammenzuführen. Wie bei der Lorenz-Entführung zweieinhalb Jahre zuvor soll die Abreise live im Fernsehen übertragen werden.

Das BKA lässt in der «Tagesschau» nur den dürren Hinweis an die Entführer senden, dass sich ihr Schreiben gerade auf dem Weg nach Bonn befinde und dort erst später eintreffen werde. Von der Erpressung ist offiziell noch nicht die Rede, nur von der Entführung Schleyers. Hier zeigt sich die Verzögerungstaktik von Bundesregierung und Polizei: Während die Entführer hingehalten werden, sucht die Polizei nach ihnen und nach Schleyer. Die Ultimaten der Terroristen müssen hintertrieben werden. Durch den Pressesprecher Klaus Bölling bittet die Regierung die Chefredakteure der Zeitungen und Magazine, nur mit äußerster Zurückhaltung zu berichten. Das nimmt den Entführern die Möglichkeit, sich in den Medien darzustellen. Der Druck, den sie auf die Bundesregierung ausüben könnten, wird wesentlich kleiner, wenn die Verhandlungen unter Ausschluss der Öffentlichkeit stattfinden.

Für den Fall, dass die Regierung nicht nachgeben sollte, war Schleyers Tod für das RAF-Kommando beschlossene Sache: «Wir wollten Leben gegen Leben, einen schnellen Austausch von Gefangenen», sagte der Mittäter Stefan Wisniewski später. «Wenn das nicht läuft, sollte Schleyer erschossen werden.»[6] Auf der gegnerischen Seite war man sich sicher, Schleyer rechtzeitig zu finden, und glaubte deshalb, nicht nachgeben zu müssen. Der Rechtsstaat konnte sich nicht nochmal eine Schwäche wie 1975 bei der Lorenz-Entführung leisten, zumal sich sonst auch noch die dialektische Logik der Terroristen bestätigt hätte: dass der Staat bereitwillig seine Grundsätze opfert, wenn es um einen «fetten magnaten der nationalen wirtschaftscreme» geht.

Die Entführer haben ihr Drohpotential maßlos überschätzt: So schnell, wie sie es verlangen, könnte die Bundesregierung zwar notfalls reagieren, aber noch lassen sich technische Hindernisse vorschützen. Auch Schleyer kann die Bundesregierung nicht drängen. Dem maschinenschriftlichen Erpresserbrief liegt ein kurzes Handschreiben Schleyers bei, in dem er versichert, dass es ihm gutgehe; er glaube, man werde ihn freilassen, wenn die Forderungen erfüllt werden. «Das», fügt er, sicherlich im Benehmen mit seinen Bewachern, hinzu, «das ist jedoch nicht meine Entscheidung.»[7]

Am nächsten Morgen, es ist der 7. September, bittet der Bundesjustizminister über den Generalbundesanwalt die zuständigen Landesminister, den Kontakt der Gefangenen nach außen zu unterbinden. Ohne gesetzliche Grundlage wird eine Kontaktsperre verfügt; die Häftlinge in Stammheim sollen weder miteinander noch mit ihren Anwälten reden dürfen. Auf diese Weise soll verhindert werden, dass die Aktion vom Gefängnis aus gesteuert wird. Ganz unterbunden werden kann der Kontakt dennoch nicht. Ob es eine regelrechte Sprechanlage gegeben hat, die der Tüftler Raspe über nicht mehr genutzte Leitungen installiert haben soll, ist zumindest zweifelhaft. Sicher ist aber, dass sich die Gefangenen über Klopfzeichen und durch Schreien am Zellengitter knapp verständigen konnten.

Über den Rundfunk fordert die Bundesregierung an diesem Vormittag einen «Lebensbeweis»[8] von Schleyer (der mit seinem Brief und dem Foto doch eben einen geliefert hat). Das Ende des Ultimatums wird kommentarlos übergangen, die erpresserische Eile gebremst. Nach dem tollkühnen Überfall am Montagabend sind die Terroristen jetzt gezwungen, am selben Ort zu bleiben, wären also auch leichter lokalisierbar. Das Hochhaus Zum Renngraben 8 wird von einer Polizeistreife mehrmals als verdächtig gemeldet. Die dienstliche Meldung geht jedoch in der Fülle der Hinweise aus der Bevölkerung unter.

In der Zwischenzeit gewöhnen sich Schleyer und seine Entführer so sehr aneinander, dass auch er vom «Sie» zum «du» wechselt. Die Terroristen zeigen sich ihrem Opfer ganz offen, was zumindest unvernünftig, wenn nicht schon das Kalkül auf Schleyers Ende ist. Bewaffnet mit Klemmbrett, Fotokopien und Notizzetteln, verhört die RAF nicht nur den «Bilderbuch-Boß»[9], sondern verhandelt über deutsche Geschichte.

Schleyer, wie sein politischer Freund Franz Josef Strauß 1915 geboren, trat 1930 mit fünfzehn in die Hitlerjugend ein, 1933 in die SS (Mitgliedsnummer: 227014), wo er es zum Untersturmführer bringen sollte, dann in die schlagende Verbindung «Suevia», 1937 in die NSDAP. In seiner Verbindung gab Schleyer sich zeittypisch antisemitisch und drängte auf den Ausschluss jüdischer Corpsmitglieder. In einem Lebenslauf für seinen Dienstherrn, den Reichsminister Wilhelm Frick, bezeichnete sich der ehrgeizige Jurist 1938 als «alten Nationalsozialisten und SS-Führer»[10]. Nach kurzem Wehrdienst übernahm er die Leitung des Studentenwerks Prag und arbeitete im Zentralverband der Industrie für Böhmen und Mähren; sein Vorgesetzter Bernhard Adolf war verantwortlich für die Arisierung der böhmischen Industrie. Ob und inwieweit Schleyer daran beteiligt war, ist umstritten.[11]

Diese Karriere setzte er, unterbrochen nur von drei Jahren Internierung wegen seiner SS-Mitgliedschaft und zuletzt doch als «Mitläufer» eingestuft und mit einer Geldbuße von 300 DM recht günstig davongekommen, in der Bundesrepublik fort. 1949 bewarb er sich mit der Eigencharakterisierung, dass er auch im Nachkriegsdeutschland «den festen Willen zum restlosen Einsatz meiner Person für eine gestellte Aufgabe»[12] zu zeigen bereit sei, bei der Industrie- und Handelskammer Baden-Baden.

In Prag hatte Schleyer die Kontakte geknüpft, die ihm zu seiner Laufbahn im Wirtschaftswunder-Deutschland verhalfen. Seit 1951 war er für Daimler-Benz tätig, wo er bereits 1959 in den Vorstand berufen wurde. Als Leiter der Personalabteilung wurde er 1960 «persönlich» davon unterrichtet, dass der technische Angestellte Ricardo Klement, der bei Mercedes-Benz Argentinia arbeitete, in seinem früheren Leben ein alter Kamerad, nämlich der SS-Obersturmbannführer Adolf Eichmann war.[13]

Der Unternehmer Schleyer entsprach mustergültig dem Klischee des Kapitalisten. Die weggespreizte Zigarette, der Siegelring, die

Schmisse aus der Burschenschaft, die massige Figur – so und nicht anders stellte man sich einen Wirtschaftskapitän vor. Unter PR-Gesichtspunkten war er eine Katastrophe. Das lag nicht einmal an der Infamie der Terroristen: Die «Tagesschau», berichtet Jörg Schleyer, brachte zum ersten Mal am Tag der Entführung ein Bild seines Vaters, das ihn nicht unsympathisch wirken ließ.[14]

Der Arbeitgebervertreter Schleyer galt als ehrgeizig und dabei als kumpelhaft, angesehen sogar bei den Gewerkschaftsführern, die ihn als entschlossenen Gegner kannten; 1963 hatte Schleyer einen Arbeitskampf in der baden-württembergischen Metallindustrie durch die Aussperrung von 300000 Metallern gewonnen. Für den Schleyer-Entführer Stefan Wisniewski, den «Sohn eines polnischen Zwangsarbeiters»[15], verkörperte Schleyer «die faschistische Kontinuität». Dennoch ist in den im Herbst 1977 veröffentlichten RAF-Erklärungen von Schleyers Vorleben in Prag nicht die Rede. Wisniewski nannte das zwanzig Jahre danach einen «politischen Fehler»[16]. Die RAF wusste über Schleyers Laufbahn genau Bescheid, und angeblich erwog man sogar, ihn seine SS-Nummer entblößen zu lassen und ihn mit dem Schild «Gefangener seiner eigenen Geschichte» zu fotografieren, ließ es aber bleiben, weil man Schleyer als Geisel brauchte. Wäre er durch seine Vorgeschichte diskreditiert worden, hätte das seinen Tauschwert erheblich gemindert.[17]

Später bereute die RAF ihr marktorientiertes Denken heftig. Umso mehr Mühe verwendete sie darauf, Schleyer als typisch deutschen Fall und sich als Racheengel der Geschichte darzustellen. Entführt wurde aber nicht der ehemalige Nazi, sondern der (wie man damals sagte) Konzern-Lenker, der Mann, der seine Laufbahn mit Hilfe alter Seilschaften fast ungebrochen fortsetzen und der Politik beinah alles vorschreiben konnte. Nur – und da scheiterte die RAF an ihren Klischees –, nur nicht seine Freilassung.[18]

Im «Volksgefängnis» befragen die Entführer Schleyer zu seiner Rolle in der NS-Studentenschaft und im besetzten Prag, zu den Gewerkschaften, zum Export von *dual-use-*, also de facto Rüstungsgütern in den Vorderen Orient. Als müssten sie die Arbeiterkämpfe der zwanziger und dreißiger Jahre fortführen, vernehmen sie Schleyer zu seiner Rolle bei Tarifauseinandersetzungen. Er soll die Bedeutung der Gewerkschaften anerkennen, als gäbe es in der Bundesrepublik nicht seit Jahrzehnten die Tarifautonomie, bei der sich die Gewerkschaften, wenn auch manchmal erst nach zähen Verhandlungen, auf wundersame Weise immer mit den Unternehmerverbänden über einen Abschluss einigen.

Als die Entführer merken, wie naiv ihre wirtschaftspolitischen Vorstellungen sind, brechen sie die Befragung ab. Schon nach wenigen Tagen ist eine seltsame Vertrautheit entstanden. Das gemeinsame Leben im Versteck verbindet kaum weniger als die Gegnerschaft zur Regierung in Bonn, die den Forderungen der Geiselnehmer nicht nachkommen will. Gemeinsam wird die Erklärung formuliert, die Schleyer auf einem zur Ausstrahlung im Fernsehen bestimmten Video verliest.

Die Entführer begreifen sehr wohl, dass sie hingehalten werden sollen, doch mehr als drohen können sie nicht. Sie deponieren das Video, das Boock gedreht hat, bei einem Mainzer Geistlichen. Ein Brief liegt bei, in dem sie die Regierung verdächtigen, am Ende doch «die militaerische loesung durchzuziehen»[19]. Auf dem Video sieht man Schleyer, wie er aus der *Stuttgarter Zeitung* vom 7. September vorliest und dann, im eigenen Interesse, die Forderung der Terroristen unterstützt: «Wenn die Bundesregierung, was ich hoffe, sich entschließt, auf die Bedingungen einzugehen und damit für meine Freilassung einzutreten, dann verbinde ich damit die dringende Bitte, von weiteren Verzögerungen Abstand zu nehmen und insbesondere keine Maßnahmen einzuleiten, die als sogenannte militärische Lösungen gelten können, denn ich bin nach all meinen Beobachtungen überzeugt, daß diese unweigerlich meinen Tod zur Folge hätten.»[20]

Ein dicker Mann, das Hemd weit offen, die schwere Brille. Das Band rauscht, frühe Videotechnik, und Schleyer liest stockend ab, was er mit anderen formuliert hat, um, wenn nicht an die Einsicht, so doch an das Mitleid der Herrschenden zu appellieren. Schleyers Stimme klingt hallend wie aus einem Grab. Friedrich Christian Delius nennt das «eigentliche Skandalon» jenes Herbstes 1977: «Nie zuvor hatte man in Deutschland einen SS-Mann leiden sehen.»[21]

Der Fernsehzuschauer sah weder den SS-Mann noch den Arbeitgeberpräsidenten leiden; auf Wunsch der Regierung wird keines der RAF-Videos ausgestrahlt. Die Zeitungen, Rundfunk und Fernsehen halten sich an die von der Regierung erbetene Nachrichtensperre. Das RAF-Kommando wird unruhig, seine Geisel auch. Schleyer schreibt an seinen Sohn Eberhard, um ihn von der Entschlossenheit der RAF zu überzeugen. «Es gibt, wie man gesehen hat, keinen absoluten Schutz, wenn man so sorgfältig und konsequent arbeitet wie die RAF.» Am Freitag, dem 9. September, erhält Eberhard von Brauchitsch, Geschäftsführer der Flick KG in Düsseldorf, einen Brief Schleyers. Der Entführte bekräftigt darin die Forderungen seiner Bewacher, indem er auf eine rasche Lösung drängt. Brauchitsch soll sich an «unsere Freunde», gemeint sind die CDU und die Wirtschaftsverbände, wenden.

Am Abend des 10. September gehen die Entführer auf den Vorschlag der Bundesregierung ein, sich beim Genfer Anwalt Denis Payot zu melden, dessen Namen sie selber ins Spiel gebracht haben: Er sollte als neutraler Beobachter die unbehelligte Ausreise der Gefangenen überwachen. Da alle Telefonverbindungen in die Schweiz über eine Relaisstation in Frankfurt laufen, ist eine Überwachung sämtlicher Gespräche möglich, die aus dem Köln-Bonner Raum nach Genf geführt werden. Doch auch das bringt die Fahndung nicht weiter.

Eine Woche nach der Entführung Schleyers, nach sieben Tagen Totalfahndung, muss der Chef des BKA dem Bundeskanzler mitteilen, dass das Versteck Schleyers trotz Telefonüberwachung, Abrechnungs- und Verbrauchsprüfungen und verschärfter Autobahnkontrolle nicht zu finden ist. (Die Kuriere fahren mit der Bundesbahn.)

Schleyers Frau beschwört in *Bild* die Regierung: «Laßt meinen Mann leben» und «Tauscht ihn aus!»[22], aber auf dem beigefügten Foto sieht sie schon wie seine Witwe aus. Sie muss geahnt haben, was keiner auszusprechen wagt: Der Staat wird Schleyer opfern müssen, um seine Stärke zu zeigen. Helmut Schmidt würde nicht nachgeben.

Umzug und weitere Verhandlungen

«In der RAF-Fraktion herrschte eine dermaßen
grundtiefe Uneinigkeit mit der Welt, so wie sie
war, daß es eigentlich nur noch eine Wahl gab:
Entweder ich töte mich selber und will mit allem
überhaupt nichts mehr zu tun haben, oder ich spiele
einfach eine Art Roulette, habe vielleicht Glück
und erlebe eine bessere Welt.»
Rio Reiser (1994)

Die Entführer hatten nie die Absicht, in langwierige Verhandlungen mit der Bundesregierung zu treten, und müssen sich jetzt doch fügen. Der Umweg über Genf und das Büro des Anwalts Payot gefährdet durch den verstärkten Nachrichtenverkehr ihre Untergrundarbeit und verlangsamt das Austauschverfahren zusätzlich. Das RAF-Kommando hat, wie mit jedem weiteren Tag deutlicher wird, den Wert seiner Geisel überschätzt und muss mit jedem weiteren Tag mehr um sie fürchten. Am Mittag des 12. September wird bereits das vierte Ultimatum gestellt, wonach sich die Bundesregierung bis Mitternacht entscheiden müsse, «ob sie den austausch will oder nicht»[1]. Bei Payot geht die Drohung ein, «die Person» werde «in den nächsten 24 Stunden hingerichtet (exekutiert), wenn die Bundesregierung nicht eine konkrete Maßnahme durchführt».[2] Zuerst im Krisenstab, dann im größeren Kreis wird darüber beraten, wie auf diese ernste und vergleichsweise einsilbige Drohung zu reagieren sei. Um 21 Uhr schließlich kündigt die Bundesregierung im Radio weitere Nachrichten an und gibt bekannt, dass mit der Befragung der Gefangenen begonnen werde. Sie sollen sich erklären, in welches «Land ihrer Wahl» sie ausgeflogen werden wollen.

Damit entspricht die Bundesregierung einer Anweisung der Entführer, die aber, wie sich herausstellt, keinen Kontakt nach Stammheim haben und deshalb auch nicht wissen, welche Freiheit sie ihren eingesperrten Helden verschaffen sollen. Die Entführung Schleyers entspricht zwar einem Auftrag aus Stammheim, ist aber keineswegs aus der Zelle «gesteuert».[3] Mit der aufwendigen Befragung kann die Bundesregierung die Verhandlungen um Wochen verzögern, weil mit den genannten Asylländern Kontakt aufgenommen werden muss.

Am nächsten Tag kommt jeweils ein Abgesandter des Bundeskriminalamtes und der Bundesanwaltschaft nach Stammheim, um die vorbereiteten Fragebögen auszuteilen. Die Gefangenen sollen erklären, ob sie überhaupt bereit seien, sich ausfliegen zu lassen, und falls ja, in welches Land. Die Kontaktsperre verhindert eine Absprache unter den Häftlingen, sodass sich vier von ihnen – Hanna Krabbe, Bernd Rössner, Karl-Heinz Dellwo und Werner Hoppe – weigern, überhaupt Auskunft zu geben. Andreas Baader erscheint den Beamten stark verunsichert; ganz gleich, wie aufrichtig sein Angebot gemeint ist: Unaufgefordert bietet er an, dass er und die Seinen nach einer Ausreise nicht mehr in die Bundesrepublik zurückkehren würden, es sei denn, die politischen Verhältnisse änderten sich oder das Urteil würde aufgehoben.

Im Bonner Krisenstab werden zwischendurch «exotische» Lösungen diskutiert. Während der baden-württembergische Ministerpräsident Hans Filbinger sich vorstellen kann, einige Gefangene freizulassen, überlegen andere, ob die Androhung von Gewalt die Gefangenen dazu bewegen könnte, ihre Mitkämpfer draußen zum Aufgeben zu überreden. Generalbundesanwalt Kurt Rebmann soll das «Modell 6», die zeitweilige Suspendierung von Artikel 102 des Grundgesetzes, vorgeschlagen haben: Die Todesstrafe wäre dann wieder möglich gewesen, und man hätte die Häftlinge in Stammheim erschießen können.[4] Die anderen in der Runde können sich nicht mit solchen Überlegungen anfreunden. Hans-Jochen Vogel hat größte Bedenken gegen jede Form von Grundgesetzänderung,

Helmut Schmidt lehnt derlei Vorschläge gleich ab, zumal sie Schleyer erst recht das Leben kosten würden. Trotz der Kontaktsperre erfahren die Eingeschlossenen von den Planspielen in Bonn, die auch in den Medien diskutiert werden.[5]

Golo Mann, der 1968 nach dem Attentat auf Rudi Dutschke die Macht des Springer-Konzerns beschränkt sehen wollte, beschwört in der *Welt* den «Bürgerkrieg» herauf, für den *Bild* sogleich die Waffen liefert: «Den Bürgerkrieg ernst nehmen, das heißt Ernst machen gegen die Krieger. In diesem Kampf darf es keine mildernden Umstände geben. Nur dieses: das Grundgesetz in der linken, die Waffen in der rechten Hand.»[6] Wer diesem Ruf zu den Waffen nicht folgen wollte, war als Feind durchschaut und galt der aufgeschreckten Mehrheit als Sympathisant.

Überall wittert man plötzlich Sympathisanten. Luise Rinser darf nicht in einer schwäbischen Kleinstadt lesen, weil jemand sich erinnert, dass sie 1970 den Satz geschrieben hat: «Gudrun Ensslin hat in mir eine Freundin fürs Leben gefunden.» Heinrich Böll wird wegen seiner angeblichen RAF-Nähe so heftig angegriffen, dass Marcel Reich-Ranicki die Kampagne als «lebensgefährlich für die Demokratie»[7] verurteilt. «Und wenn es besonders die Springer-Presse ist, die ihn besonders gern attackiert», ergänzt er im Fernsehen, «so mag das damit zusammenhängen, daß er in der Erzählung ‹Die verlorene Ehre der Katharina Blum› die verheerende Rolle der *Bild*-Zeitung dekouvriert hat. Das hat man ihm nicht verziehen.»[8]

Auch Günter Wallraff gehört zu den Feinden der *Bild*-Zeitung. In diesem September veröffentlicht er ein Buch über seine Erlebnisse als «Hans Esser» in der *Bild*-Redaktion Hannover. «Der Aufmacher» erscheint zum völlig falschen Zeitpunkt. Obwohl Wallraff sich bereits 1970 von der RAF distanziert hat, muss er seinem Buch eine Ehrenerklärung voranstellen. «Ich verabscheue Gewalt und Terror. Ich verurteile die Morde an von Drenkmann, Buback, Ponto und den vier Begleitern Schleyers.»[9] Das reicht natürlich nicht. Wie Heinrich Böll und Wolf Biermann wird Wallraff in diesem Herbst aus bayrischen Schulbüchern herausgesäubert.

Im Fernsehen übernimmt Golo Mann das Regiment und droht mit dem Schlimmsten: «Der Moment kann kommen, in dem man jene wegen Mordes verurteilten Terroristen, die man in sicherem Gewahrsam hat, in Geiseln wird verwandeln müssen, indem man sie den Gesetzen des Friedens entzieht und unter Kriegsrecht stellt.»[10] Und in der *Frankfurter Allgemeinen* macht man sich vorsorglich so seine Gedanken: «Wäre es nicht an der Zeit», fragt dort Johann Georg Reißmüller in aller Scheinheiligkeit, «über ein Notrecht gegen Terroristen nachzudenken?»[11] Auch das eine gute Frage, nämlich eine, vor der der Journalistin Ulrike Meinhof schon eineinhalb Jahrzehnte zuvor bange war.

Am Donnerstagmorgen, dem 15. September, gibt Helmut Schmidt im Bundestag eine Erklärung ab. Anders als 1974 nach dem Tod von Holger Meins findet er diesmal die richtigen Worte und zeigt sich ebenso standhaft gegen den Druck der Entführer wie jenen von rechts. Er verwahrt sich gegen die Rede vom «Krieg». Den Tätern von Köln spricht er politische Motive ab, nennt sie «Mörder» und gelobt, dem vielseitig geschürten Volksempfinden nicht nachzugeben: «Die Bundesregierung will ihrer Überzeugung getreu das Recht bewahren.»[12]

Um dem wachsenden Fahndungsdruck auszuweichen, beschließen die Terroristen, ihre Geisel aus Köln zu entfernen. Zwar sind bereits Wohnungen in Den Haag und Brüssel gemietet, es gelingt auch der Transport über die grüne Grenze nach Holland, aber dann ist nicht einmal eine Tarnung vorbereitet, um Schleyer ins Haus in der Stevinstraat 266 in Den Haag zu schaffen. Wie in einem agitpropistischen Bilderbuch spielt er dort Monopoly mit seinen Bewachern, bildet Holdings und verliert dann doch gegen die gewitzteren Investoren. Das Spiel lässt die RAF-Leute sogar die Waffen vergessen. Einmal soll der erschöpfte Boock neben Schleyer eingeschlafen sein, ein Beweis für die wachsende Verbundenheit von Tätern und Opfer. Schleyer liefert seinen Bewachern konkrete Vorschläge, wie sie den Verhandlungsdruck erhöhen könnten. Eine der Frauen kann er fast dazu überreden, an der Gruppe vorbei eine Botschaft an seine Familie weiterzuleiten.

Am 19. September kommt es nicht weit von dem neuen Versteck zu einer Schießerei, an der Angelika Speitel beteiligt ist. Dadurch wird die holländische Polizei auf die RAF aufmerksam. Als sie drei Tage später in einem Autoverleih in Utrecht auf die Rückgabe eines verdächtigen Wagens wartet, geht ihr Knut Folkerts in die Falle. Folkerts erschießt den Polizisten Arie Kranenburg und verletzt dessen Kollegen Leendert Cornelius Pieterse, kann dann aber überwältigt werden. Angeblich bieten ihm die Fahnder eine Million Mark, wenn er über die anderen aussagt.[13] Das BKA ist sich inzwischen sicher, dass Schleyer in Den Haag versteckt wird. Allerdings sind die Entführer wieder schneller und mit ihrer Geisel rechtzeitig nach Brüssel entkommen. Dort verschwinden sie in einem Hochhaus, möglicherweise in der Nähe des Flughafens. Gefunden wurde die Wohnung bis heute nicht.

Bereits in der ersten Woche nach der Entführung waren Vorbereitungen getroffen worden, um die Bewacher Schleyers auszutauschen. Wankelmütige wie Susanne Albrecht, Friederike Krabbe oder Monika Helbing werden im Lauf des September nach Bagdad geschickt, dazu Gert Schneider und Elisabeth von Dyck. Brigitte Mohnhaupt und Peter-Jürgen Boock folgen. Knut Folkerts, Angelika Speitel, Stefan Wisniewski, Willy-Peter Stoll, Christof Wackernagel und Rolf Klemens Wagner bleiben in Europa. Wagner hält Telefonkontakt zur Familie Schleyer und zu Eberhard von Brauchitsch. Die Abteilung in Bagdad nimmt in der dritten Septemberwoche Kontakt zum PFLP-Chef Wadi Haddad auf, um endlich einen Ausweg aus der Schleyer-Entführung zu finden. «Wir wollten Rat, weil wir in der festgefahrenen Situation nicht mehr weiter wussten. Aber im Grunde warteten wir auf ein Wunder»[14], sagt Boock. Er verfiel sogar auf den Vorschlag, in Bonn ein Flugzeug über dem Regierungsviertel abstürzen zu lassen. Haddad schickt Johannes Weinrich («Steve») von den «Revolutionären Zellen» zu Mohnhaupt und Boock; Weinrich soll vorfühlen, in welchem Zustand sich die Truppe befindet, wie dringend sie seine Hilfe braucht.

Es ist für Haddad eine Frage der Ehre, dass sich die Palästinenser für das Opfer der Deutschen erkenntlich zeigen: Seit Entebbe schuldet er ihnen zwei Tote. Haddad bietet seinen Gästen die Wahl zwischen einer Botschaftsbesetzung mit Geiselnahme in Kuwait und einer Flugzeugentführung. Beide Optionen hat er bereits vorbereitet. Nach aufwendigen Beratungen und Abstimmung zwischen Bagdad und Brüssel entscheidet man sich mit einigen Skrupeln für das Flugzeug und ist froh, dass die Entsatzaktion von den «P's» ausgeführt wird, die für derlei Operationen bekannt, stellenweise sogar berühmt sind.

Die RAF sah sich immer im Auftrag der «Dritten Welt» in Deutschland kämpfen, und die bedenkenlose Militanz der palästinensischen Befreiungsbewegung diente ihr seit ihren Anfängen als Vorbild. Geschwächt, wie sie ist, hält sich die RAF deshalb an die PFLP und setzt sie als ihre letzte Waffe gegen Deutschland ein.

Wie zur Bekräftigung der Waffenbrüderschaft zwischen der «Ersten» und der «Dritten Welt» gelingt einer anderen mit den Palästinensern befreundeten Terrorgruppe in diesen Tagen eine Flugzeugentführung. Am 28. September 1977 bringen Mitglieder der japanischen «Roten Armee» ein japanisches Flugzeug in ihre Gewalt, verlangen 6 Millionen Dollar Lösegeld und die Freilassung von neun Genossen. Die Regierung in Tokio gibt bereits am nächsten Tag nach – angeblich, weil die erste Geisel, mit deren Erschießung die Entführer drohten, ein weißer Amerikaner war.[15] Algerien, eines der möglichen Asylländer für die Gefangenen von Stammheim, nimmt die Freigepressten auf. Schleyers Bewacher in Brüssel erfahren davon ebenso wie ihre Geisel, die sich in einem Brief vom 6. Oktober den gleichen «nur humanitär zu begründenden und aus der jeweiligen Situation zu entscheidenden Akt»[16] wünscht. Auf dem beigefügten Polaroidfoto sitzt Schleyer vor dem RAF-Symbol und trägt das Schild «Seit 31 Tagen Gefangener».

Haddad will ein palästinensisches Kommando entsenden, um

ein deutsches Verkehrsflugzeug zu entführen. Neben der Freilassung der Stammheimer fordert die PFLP die Auslieferung zweier palästinensischer Kämpfer, die im Nato-Land Türkei inhaftiert sind, sowie, zur Empörung von Brigitte Mohnhaupt, ein Lösegeld von 15 Millionen Dollar.

In Bagdad wird alles besprochen: Selbst der Einsatz der Handgranaten für die Flugzeugentführung wird geplant; Boock empfiehlt die vergleichsweise harmlosen Modelle aus Glas, die bei der Röntgenkontrolle nicht auffallen würden. Die Entführer – der Kommandeur Zohair Akache, der sich «Mahmud» nennt, sein Begleiter Nabil Harb sowie die beiden Frauen Souhaila Andrawes und Nadia Shehadah – sollen über Algier nach Palma de Mallorca reisen. Außerdem ist eine Deutsche an den Vorbereitungen beteiligt, die sogenannte schöne Frau. Nach dem Urteil des Oberlandesgerichts Frankfurt vom 16. November 1998 handelte es sich dabei um Monika Haas aus dem Umfeld der Frankfurter «Revolutionären Zellen». Sie soll Waffen und Munition im Gepäck und im Kinderwagen ihres drei Monate alten Säuglings transportiert und nach Mallorca geschafft haben, die Ausrüstung des Hijacker-Kommandos.[17]

Die zweite Septemberhälfte hat Staatsminister Hans-Jürgen Wischnewski vorwiegend im Flugzeug verbracht. Um den Wünschen der Gefangenen scheinbar zu entsprechen, ist er mit einer Sondermaschine und einem Koffer voller Bargeld (den er allerdings nicht eingesetzt haben will) in jene arabischen Länder gereist, die von den Gefangenen als Zielländer genannt wurden. Sowohl die libysche wie die südjemenitische Regierung erklärten überraschend, dass sie nicht bereit seien, die Terroristen aufzunehmen. Anschließend besucht Wischnewski, seit den fünfziger Jahren besonders mit der algerischen Befreiungsbewegung verbunden, seine Freunde in Algier. Staatspräsident Houari Boumedienne fürchtet, man könnte ihn für den Tod Schleyers verantwortlich machen, gibt dem Drängen des «guten Freunds seines Landes»[18] dann aber nach und die erbetene Erklärung ab: Algerien würde die freigepressten Terroristen nicht aufnehmen. In Bagdad wird Wischnewski nicht einmal empfangen. Dass dort Wadi Haddad mit seiner PFLP-GC operiert, ist in Bonn sehr wohl bekannt. Verbindungen zum irakischen Geheimdienst verschaffen dem BKA sogar Gewissheit über den Aufenthaltsort und das Treiben eines Teils der deutschen Terroristen, allerdings nützt dieses nachrichtendienstliche Wissen zu diesem Zeitpunkt nicht mehr viel.

Schleyers Ehefrau bedient sich ein weiteres Mal der Zeitung, um sich an ihren Mann zu wenden. Die Bundesregierung stellt es den Wirtschaftsfreunden Schleyers anheim, Schleyer freizukaufen. Eberhard von Brauchitsch fragt vorsorglich, ob die Bundesregierung das verauslagte Geld wieder erstatten würde oder ob man es wenigstens von der Steuer absetzen könne.[19] Im weiteren Verlauf erübrigt sich dieser Einsatz.

Am 27. September landet Wischnewski mittags in Ho-Chi-Minh-Stadt, dem ehemaligen Saigon. Der Bürgermeister, früher stellvertretender Außenminister der Revolutionsregierung des Vietcong, verspricht Wischnewski, in dessen Sinne mit der Regierung in Hanoi zu verhandeln. Das tut er auch, und die Regierung erklärt wunschgemäß, Vietnam sei nicht bereit, Terroristen aufzunehmen, selbst «wenn welche dabei sein sollten, die früher schon einmal für uns demonstriert haben»[20]. Die Überredungskunst Wischnewskis muss gewaltig gewesen sein, denn Baader und die Seinen «waren Volkshelden in Vietnam»[21], wie der Schriftsteller Peter Paul Zahl meint.

Am 30. September wird das Kontaktsperre-Gesetz, das bereits seit drei Wochen praktiziert wird, im Bundestag verabschiedet. Als «Entschuldigungsgrund für den, der geringerwertige Rechtsgüter verletzt, um höhere zu verteidigen»[22], tritt es am 2. Oktober in Kraft. Die Gefangenen sind nach einem vergleichsweise kurzen Hungerstreik, den sie in der Aussicht auf ihre Befreiung abgebrochen haben, geschwächt. Obwohl noch keiner älter als 37 ist, sind sie alle gesundheitlich angeschlagen, sie brauchen regelmäßig Beruhigungs-, Aufputsch- und Schlafmittel. Jan-Carl Raspe wirkt auf den Gefängnisarzt depressiv. Der lässt am 6. Oktober die Anstaltsleitung wissen: «Nach dem Gesamteindruck muß davon ausgegangen werden, daß bei dem Gefangenen eine echte suizidale Handlungsbereitschaft vorliegt. Ich bitte um Kenntnisnahme und Mitteilung, auf welche Art und Weise ein eventueller Selbstmord verhindert werden kann.»[23] Baader schreibt einen Brief an das Oberlandesgericht, in dem er einen Selbstmord vorbereitet, der wie ein Mord aussehen soll: «Ich stelle dazu fest: keiner von uns – das war in den paar Worten, die wir vor zwei Wochen an der Tür wechseln konnten und der Diskussion seit Jahren klar – hat die Absicht, sich umzubringen. Sollten wir (...) hier ‹tot aufgefunden werden›, sind wir in der guten Tradition justizieller und politischer Maßnahmen dieses Verfahrens getötet worden.»[24] Die Drohung richtet sich diesmal an die Regierung, die nicht vergessen hat, welche Unruhe der Zellen-Tod von Holger Meins und Ulrike Meinhof jeweils auslöste.

Die Entführung der «Landshut»

«Wie die staatlichen Organe ihre Verpflichtung zu
einem effektiven Schutz des Lebens erfüllen, ist
von ihnen grundsätzlich in eigener Verantwortung zu
entscheiden.»
BVerfGE 46, 160 – Schleyer (1977)

Fünfeinhalb Wochen ist Hanns Martin Schleyer inzwischen verschwunden. Die Regierung denkt noch immer nicht daran, den Forderungen der Geiselnehmer nachzugeben. Dann kommt der längst befürchtete zweite Schlag, und jetzt trifft es keinen Industrievertreter, sondern die Zivilbevölkerung. Kurz nach 14.30 Uhr am 13. Oktober 1977 meldet die Flugsicherung in Aix-en-Provence eine Routenabweichung: Die Lufthansa-Maschine «Landshut» aus Mallorca ist vom Weg abgebogen und landet statt in Frankfurt in Rom. Das Kommando «Martyr Halimeh» hat das Flugzeug, in dem sich (einschließlich der Entführer) 86 Passagiere und fünf Besatzungsmitglieder befinden, in seine Gewalt gebracht. Bei der Märtyrerin handelt es sich, wie die Passagiere erfahren, um niemand anders als die Deutsche Brigitte Kuhlmann (Ehrenname «Halimeh»), die am 4. Juli 1976 in Entebbe bei der Befreiung der jüdischen Geiseln von einem israelischen Befreiungskommando erschossen wurde.

Die Entführung wird eine Irrfahrt. Die Maschine soll nach Aden in die Sozialistische Volksrepublik Jemen umdirigiert werden, aber zunächst geht es darum, die Verfolger zu verwirren. Da die Maschine nicht für Langstreckenflüge vorgesehen ist, muss sie immer wieder landen und auftanken. In Jemen sollten die Geiseln in ein Camp verbracht werden, in dem Monika Haas' Ehemann Saki das

Kommando führte. Dort hätten sich nach der Auslieferung auch die Freigepressten eingefunden.

Die deutsche bittet die italienische Regierung dringend, die «Landshut» am Weiterfliegen zu hindern, und sei es, dass Soldaten in die Reifen schießen; die Italiener gehen nicht darauf ein. Noch immer sind sie empört (und verübeln es Deutschland), weil der als Kriegsverbrecher verurteilte SS-Obersturmbannführer Herbert Kappler zwei Monate zuvor mit Hilfe der von deutschen Stellen tolerierten «Stillen Hilfe» für NS-Verbrecher aus einem italienischen Krankenhaus fliehen konnte. Das Flugzeug hebt nach zwei Stunden wieder ab und fliegt nach Larnaka auf Zypern, wo auf Betreiben von Hans-Jürgen Wischnewski PLO-Chef Jassir Arafat auf die Entführer einredet, ohne Erfolg.[1] Von der PLO will der Kommando-Chef Mahmud nichts wissen. Er droht, die Maschine mitsamt den Passagieren zu sprengen, wenn seine Forderungen nicht erfüllt werden. Die Zyprioten geben nach, das Flugzeug wird aufgetankt.

Noch vor der Landung in Larnaka ist in Frankfurt eine weitere Lufthansa-Maschine gestartet, die in Köln die Beamten von der GSG 9 aufgenommen hat. Diese Spezialeinheit ist nach dem Massaker an der israelischen Olympiamannschaft 1972 in München aufgebaut worden, kommandiert wird sie von Ulrich Wegener, der sich die Ausbildung von israelischen und britischen Spezialtruppen abgeschaut hat. Der Marschbefehl erreicht die GSG 9, während sie damit beschäftigt ist, in Köln verdächtige Wohnungen zu durchsuchen und sie dafür notfalls aufzubrechen.

Seit Larnaka folgen der «Landshut» also zwei Maschinen: In der einen sitzt Staatsminister Wischnewski mit zehn Millionen Mark Verhandlungskapital, in der anderen die GSG 9, die auf ihren Einsatz wartet. Die «Landshut» startet wieder, fliegt nacheinander Beirut, Damaskus und Bagdad an, doch der Flughafen wird jeweils geschlossen, alle Positionslichter sind gelöscht, damit die Maschine nicht landen kann; alle drei Staaten fürchten diplomatische Schwierigkeiten. Als der Treibstoff zu Ende zu gehen droht, landet das Flugzeug in Dubai. Über den Tower verhandelt der Verteidigungsminister lange und vergeblich mit den Entführern. «Captain Mahmud» redet sich in solchen Eifer, dass er schließlich nach Halstabletten verlangt. Es ist unerträglich heiß im Flugzeug, die Getränke gehen zu Ende, die Entführer terrorisieren die Fluggäste. In einem Anfall von Großzügigkeit bestellt Mahmud Getränke, beobachtet aber schon das Betanken der Maschine mit äußerstem Misstrauen. Er überwacht den Kontakt mit dem Tower, doch Kapitän Schumann kann durch vier ungerauchte Zigaretten im Müll die Anzahl der Entführer signalisieren. Als Mahmud erfährt, dass eine der Stewardessen Geburtstag hat, zeigt er plötzlich wieder gute Laune, lässt eine Torte, Kaffee und Champagner kommen und kündigt an, den Sprengstoff von den Wänden zu entfernen. Dann entdecken die Entführer im Handgepäck eines Passagiers einen Montblanc-Kugelschreiber, halten das Emblem für einen Davidsstern und drohen damit, alle Juden an Bord zu erschießen. «Ich stelle sie in die offene Flugzeugtür und schieße ihnen von hinten eine Kugel in den Kopf», kündigt er an.

Kurz nach ein Uhr morgens ist aus dem Genfer Büro des Anwalts Payot die Nachricht nach Bonn gelangt, dass eine Erklärung der Entführer folgen werde. In Bonn ist seit dem Nachmittag klar, dass sich die Aktion gegen Deutschland richtet und wahrscheinlich auch mit der Schleyer-Entführung zu tun hat. Jetzt bestätigt sich die Vermutung: Eine «Organisation für den Kampf gegen den Weltimperialismus» übernimmt die Verantwortung und verlangt die Freilassung der RAF-Gefangenen sowie der «palästinensischen genossen der pflp» Mahdi und Hussein und obendrein 15 Millionen Dollar, für deren Übergabe durch Eberhard Schleyer genaue Anweisungen erteilt werden.

Nach diesem «ultimatum an den kanzler der brd», das im Laufe der Nacht zum 14. Oktober von Genf nach Bonn weitergeleitet wird, bleiben Schmidt nur wenig mehr als 48 Stunden. Bis Sonntag, den 16. Oktober, sollen die Gefangenen bereits eines der von ihnen genannten Zielländer – inzwischen sind es Vietnam, Jemen und Somalia – erreicht haben. «falls die gefangenen nicht freigelassen werden oder ihren bestimmungsort nicht erreichen, und falls das geld nicht in der angegebenen weise und zeit geliefert wird, werden sowohl herr hanns-martin schleyer als auch alle passagiere und die crew der lufthansamaschine 737, flugnr. LH 181 sofort getötet.»[2]

Schleyers Sohn Eberhard soll mit dem Lösegeld, gestückelt in verschiedene Währungen, am 15. Oktober mittags im Frankfurter «Interconti» erscheinen und dort weitere Anweisungen abwarten. Die Entführer seines Vaters bekräftigen ihr sechstes Ultimatum durch eine erneute Erklärung: «wir haben helmut schmidt jetzt genug zeit gelassen, um sich in seiner entscheidung zu winden, zwischen der amerikanischen strategie der vernichtung von befreiungsbewegungen in westeuropa/3.welt und dem interesse der bundesregierung den zur zeit für sie wichtigsten wirtschaftsmagnaten – eben für diese imperialistische strategie – nicht zu opfern. das ultimatum der operation kofre kaddum des kommandos ‹martyr halimeh› und das ultimatum des kommandos ‹siegfried hausner› der raf sind identisch. das ultimatum läuft am sonntag, den 16. okt. 1977 um 8.00 uhr g.m.t. ab. wenn bis zu diesem zeitpunkt die elf geforderten gefangenen ihr ziel nicht erreicht haben, wird hanns-martin schleyer erschossen.»[3]

Das beigefügte Foto zeigt Schleyer nur mehr mit dem Datum «13. 10. 77» unter dem Logo RAF sowie einem Beweis der neuen internationalen Kampfgemeinschaft: «Commando/Siegfried Hausner/Commando/Martyr Halimeh». Bild und Text, verbunden mit einer ausführlichen politischen Begründung der Aktion Kofre Kaddum, gehen am Freitagmorgen von der Post in Heidelberg an alle Nachrichtenagenturen und die in Bonn akkreditierten Korrespondenten der internationalen Zeitungen. Während Captain Mahmud in Dubai verhandelt, wüste Reden führt, die Passagiere abwechselnd bedroht und ihnen mit geradezu orientalischer Gastfreundschaft begegnet, tagt in Bonn der Krisenstab und tritt anschließend das Kabinett zusammen. Ohne große Debatten wird die Fortsetzung der harten Linie beschlossen: kein Austausch der Gefangenen, auch nicht gegen die Passagiere im Flugzeug. Wischnewski wird wiederum ermächtigt, die Verhandlungen mit arabischen Staatschefs zu führen. Schmidt telefoniert mit dem britischen Premierminister und dem französischen Staatspräsidenten.

Am Abend des 14. Oktober treffen bei Payot in Genf die Erklärungen von RAF und PFLP in einer englischen Version ein, dazu ein Video, auf dem Schleyer zunächst aus der *Welt* vom Donnerstag vorliest. In seiner Stimme liegt die Verzweiflung des Todgeweihten: «Ich frage mich in meiner jetzigen Situation wirklich, muß denn noch etwas geschehen, damit Bonn endlich zu einer Entscheidung kommt?» Und er redet den Zuständigen in Bonn dringlich ins Gewissen: «Schließlich bin ich nun fünfeinhalb Wochen in der Haft der Terroristen und das alles nur, weil ich mich jahrelang für diesen Staat und seine freiheitlich-demokratische Ordnung eingesetzt und exponiert habe.»[4]

Staatsmänner in der ganzen Welt versichern Schmidt ihrer Solidarität. Papst Paul VI. fordert die Entführer auf, die Passagiere freizugeben, und bietet sich selber als Geisel an. Die Regierung ändert ihre Informationspolitik und zitiert aus dem jüngsten Schreiben der Schleyer-Entführer. Versehentlich entschlüpft Regierungssprecher Klaus Bölling auch die Information, dass ein Befreiungsteam bereitgehalten werde.

Justizminister Hans-Jochen Vogel versucht vergeblich, Eberhard Schleyer davon abzubringen, mit dem Lösegeld für seinen Vater ins Unbekannte zu reisen; das Geld wird dennoch von der Bundesbank zur Verfügung gestellt. Offensichtlich wollten ihn die Entführer auf eine Reise um die halbe Welt schicken, auf der sich die Spur seiner Begleiter wie des Geldes verloren hätte. Bölling lässt die Information über das Treffen an die Presse durchsickern; als mehr als hundert Journalisten im «Interconti» auftauchen, ist die Übergabe gescheitert. Noch mehrfach ruft Rolf Klemens Wagner bei dem jungen Schleyer an und versucht ihn doch noch zu der von der Bundesregierung hintertriebenen Reise zu überreden.

Schließlich verständigt man sich darauf, dass das Lösegeld den Gefangenen mitgegeben werden soll.

Während am Samstagmittag in Frankfurt die Geldübergabe platzt, landet das Flugzeug mit der GSG 9 in Dubai. Kapitän Schumann hat, in Absprache mit Mahmud, ein Telegramm an Helmut Schmidt geschickt: «Sie sind unsere letzte und einzige Hoffnung.»[5] Eberhard Schleyer, von Beruf Rechtsanwalt, sieht noch eine andere und ruft das Bundesverfassungsgericht an. Er bittet im Namen seines Vaters um eine einstweilige Anordnung, womit der Antragsgegner, die Bundesregierung, gezwungen würde, «den Forderungen der Entführer (...) als unabdingbare Voraussetzung zur Abwendung gegenwärtiger drohender Gefahr für das Leben des Antragstellers stattzugeben»[6].

Ein BKA-Beamter reist nach Stammheim und legt den Gefangenen wiederum die Liste der Zielländer vor. Andreas Baader, Gudrun Ensslin, Jan-Carl Raspe, Verena Becker und Irmgard Möller wissen offensichtlich trotz der Kontaktsperre über die Flugzeugentführung Bescheid. Vietnam und Südjemen hätten bereits abgelehnt, Somalia müsse erst noch gefragt werden. Die Gefangenen zweifeln an der Auskunft, wären aber auch bereit, sich nach Somalia ausfliegen zu lassen. Baader wünscht dringend, mit Staatssekretär Schüler zu sprechen, «um mit ihm die politische Dimension des Gefangenenaustausches zu erörtern»[7]. In Dubai schießt Mahmud auf die Techniker, die sich dem Flugzeug nähern.

Nach 21 Uhr befasst sich der 1. Senat des Bundesverfassungsgerichts in Karlsruhe mit dem Eilantrag gegen die Bundesregierung und die Regierungen jener Bundesländer, in deren Gefängnissen RAF-Terroristen sitzen. Der Antragsteller hat in seinem Begehren auch nicht den Hinweis auf den Präzedenzfall zweieinhalb Jahre zuvor vergessen: «Im Entführungsfall Peter Lorenz sei den Forderungen der Entführer auf Freilassung mehrerer Gefangener stattgegeben worden, um das bedrohte Leben des Entführten zu retten.»[8] Vor Gericht argumentiert für die Bundesregierung Hans-Jochen Vogel, dass es «in dieser außerordentlichen Notsituation keine Entscheidung» gebe, «die, an den Maßstäben des Grundgesetzes gemessen, als die allein richtige bezeichnet werden» könne. Vogel betont den «judicial self-restraint», also die Zurückhaltung der Judikative, damit den anderen Verfassungsorganen (hier: der Regierung) noch Raum für freie politische Gestaltung bleibe. Das Bundesverfassungsgericht folgt ihm darin, der Antrag Schleyers auf Erlass einer Einstweiligen Anordnung wird am Sonntagmorgen abgewiesen.

In Dubai verstreicht das Ultimatum am Sonntagmorgen um neun Uhr deutscher Zeit zunächst folgenlos. Die Gefangenen warten in ihren Zellen und die Geiseln im Flugzeug; in Bonn wird beratschlagt. Die GSG 9, unterstützt von britischen Kollegen, ist in Stellung gebracht. Schmidt telefoniert mit Scheich Raschid Bin Said al Maktum von den Vereinigten Arabischen Emiraten, der auch der Herrscher von Dubai ist und das Abfliegen der «Landshut» verhindern oder zumindest hinauszögern soll. Das Flugzeug startet dennoch. Captain Mahmud hat vorher gedroht, alle fünf Minuten eine Geisel zu erschießen.

Auch im Sultanat Oman ist die Landebahn gesperrt, deshalb fliegt die «Landshut» wie von Anfang an geplant nach Aden. Wie in den anderen arabischen Ländern versucht die Regierung eine Landung zu verhindern. Die Maschine setzt neben der mit Fahrzeugen zugeparkten Landebahn auf einer Sandpiste auf. Kapitän Jürgen Schumann begibt sich nach draußen, um das Fahrwerk zu überprüfen, und verschwindet. Es ist nicht zu klären, ob und mit wem er Kontakt aufgenommen hat. Nach einer Stunde kommt Schumann zurück und wird von Mahmud als «Verräter» beschimpft. Mahmud schlägt ihn, lässt ihn niederknien und erschießt ihn vor den Augen der entsetzten Passagiere. Mahmud, der nicht anders als seine Geiseln nach drei Tagen Irrfahrt vollkommen erschöpft ist, droht mit weiteren Exekutionen. Erst einige Stunden später quetschen die Entführer Schumanns Leiche in einen hohen Schrank im hinteren Teil des Flugzeugs.

Am Sonntagabend will die Bundesregierung zum ersten Mal Kontakt mit der Sowjetunion aufgenommen haben, anschließend auch mit der DDR, doch muss dieser Kontakt schon ein paar Tage älter sein. Bis eben noch hat das Regime in Aden die PFLP-Leute als Gäste betrachtet, die recht freizügig im Land leben und sich an der Waffe üben durften. Plötzlich wollen die jemenitischen Freunde der PFLP nichts mehr von den Freischärlern wissen und haben deshalb auch die Landung hintertrieben. Der DDR-Staatsratsvorsitzende Erich Honecker hat, wie sich Hans-Jochen Vogel vorsichtig ausdrückt, «in einer für die damalige Zeit positiven Weise reagiert»[9], und die Entführung geht nicht wie von der PFLP Wadi Haddads geplant zu Ende. Captain Mahmud zwingt den Kopiloten Jürgen Vietor, die «Landshut» wieder zu starten, und entspricht damit dem strategischen Kalkül Wischnewskis und der Bonner Einsatzleitung.

Um halb fünf morgens landet die Maschine in Mogadischu, der Hauptstadt des afrikanischen Staates Somalia, der auch von den Gefangenen in Stammheim als mögliches Zielland genannt wurde. Wischnewski kommt aus Dschiddah nachgeflogen. Über die Notrutsche befördern die Entführer die Leiche des erschossenen Kapitäns ins Freie.

Staatschef Siad Barre versteht sich zwar als Sozialist und Freund der palästinensischen Sache, doch kann auch er gewonnen werden: Der CSU-Vorsitzende Franz Josef Strauß, der sich zufällig auf Staatsbesuch in Dschiddah befindet, überredet den saudischen König Chaled, im Sinne der Bundesregierung auf Barre einzuwirken.

Wischnewski ist mittags in Mogadischu gelandet und hat sich sofort zu Siad Barre bringen lassen, mit dem Bundeskanzler Helmut Schmidt bereits telefoniert hat. Wischnewski schlägt eine gemeinsame Aktion der somalischen Sicherheitskräfte mit der GSG 9 vor, die ihrerseits von zwei britischen Experten unterstützt wird. Offenbar lässt man Siad Barre im Unklaren darüber, woher die Entführer stammen; auch der Scheich von Dubai wollte nicht auf Palästinenser schießen lassen. Gegen 17.30 Uhr landet, aus Kreta kommend, die Maschine mit der GSG 9 in Mogadischu. Die Vorbereitungen für den Sturm beginnen.

Die Bundesregierung entspricht endlich dem Wunsch Baaders und schickt einen Abgesandten des Kanzleramtes nach Stammheim, allerdings nicht den verlangten Staatssekretär. Aus dem etwa einstündigen Gespräch protokolliert der Beamte: «Nach ihrer Freilassung würden sie ihre Zusage, in der Bundesrepublik Deutschland keine Anschläge mehr zu verüben, selbstverständlich halten. (...) Ich wiederhole», betont der Ministerialdirigent, «daß seine gesamte Argumentation fast ausschließlich auf den Gedanken einer Freilassung fixiert war.»[10]

Der Bundesregierung liegt kein Gedanke ferner.

Baader hat offensichtlich einen höherrangigen staatlichen Vertreter erwartet und lässt deshalb von seinem Plan ab, den Regierungsvertreter mit Hilfe einer eingeschmuggelten Pistole als Geisel zu nehmen und seine Befreiung selber zu erzwingen. Die Gefangenen wissen trotz der Kontaktsperre, dass eine Entscheidung unmittelbar bevorsteht, aber groß ist die Hoffnung nicht, dass sie bald frei sein könnten. In Mogadischu entgeht Mahmud nicht, dass eine weitere Maschine gelandet ist. Er lässt sich beruhigen, als er hört, dass mit ihr ein hoher Vertreter des «faschistischen, imperialistischen westdeutschen Regimes»[11] eingetroffen sei, der mit ihm verhandeln wolle. Wischnewski verhandelt zunächst jedoch mit Siad Barre über den Einsatz der GSG 9, bietet Geld und will die Entführer notfalls laufenlassen, wenn sie die Geiseln freigeben. Gefangene sollten der somalischen Regierung gehören. Siad Barre darauf: «Was, Gefangene wollen Sie auch machen?»[12]

Martyr Mahmud verlängert mehrfach das unverrückbar letzte Ultimatum. Dann verkündet er den Passagieren, dass ihre Regierung sie sterben lassen wolle. Die Stewardess Gaby Dillmann darf einen letzten Appell an den deutschen Botschafter richten, ein Testament: «Wir wissen, daß dies das Ende ist. Wir wissen, daß wir sterben müssen. (...) Ich habe nicht gewußt, daß es Menschen wie in der deutschen Regierung gibt, die mitverantwortlich für unseren Tod sind. Ich hoffe, sie können mit dieser Schuld auf ihrem Gewissen leben.»[13] Die Entführer fesseln den Passagieren mit eingesammelten Damenstrumpfhosen die Hände auf den Rücken und besprengen, um weiter Angst zu schüren, alle mit Bordalkohol. An den Wänden hängt wieder Sprengstoff. Auch die Entführer sind zum Sterben bereit, da sie längst gestorben seien: «Wenn Ihre Regierung des westdeutschen Regimes glaubt, es werde hier ein zweites Entebbe geben, dann träumen Sie.»[14]

Aber Ulrich Wegener, der Leiter der GSG 9, ist kein Träumer. Fünfzehn Monate zuvor hat er als Beobachter an der israelischen Befreiungsaktion in Entebbe teilgenommen.[15] Um Zeit zu gewinnen, versichert Wischnewski den Entführern, dass die deutschen Gefangenen bereits freigelassen seien und sich auf dem Weg nach Mogadischu befänden; in Istanbul würden sie kurz zwischenlanden, um auch die beiden in der Türkei inhaftierten Palästinenser mit an Bord nehmen zu können. Damit sind zehn weitere Stunden gewonnen, um die Mahmud dann auch das Ultimatum verlängert. Mahmud freut sich auf den Triumph seines Kommandos und gratuliert seinen Geiseln, indem er deren Fesseln lösen lässt. Die Passagiere jubeln.

Im Schutz der Dunkelheit schleichen sich die GSG-9-Beamten unter die «Landshut». Das somalische Kabinett tagt im Flughafengebäude. Mahmud verhandelt mit dem Tower über die Modalitäten der Übergabe. Noch einmal wird die Aktion gefährdet: Um 19.18 Uhr bringt AFP die Meldung, dass «die Funkauswertung des israelischen Fernsehens» eine Änderung der Situation in Mogadischu erwarten lasse. «La television d'autre part confirme la presence sur l'aeroport de la capitale somalienne d'un commando anti-terroristes ouest-allemand ...»[16] BBC und AFN verbreiten die Meldung zwei Stunden lang, die *Welt* deutet an, dass ein Sturm auf das Flugzeug bevorsteht,[17] bis der Bitte der Bundesregierung entsprochen wird, vorerst keine weiteren Nachrichten über die geplante Aktion zu bringen (die bereits gedruckten Zeitungen werden wieder eingesammelt). Zum Glück ahnt Mahmud weiter nichts von ihr. Unbemerkt haben die GSG-9-Männer Wanzen und Sprengstoff an den Türen der «Landshut» angebracht. Einzelne Passagiere sind erschöpft eingeschlafen.

Wenige Minuten vor Mitternacht, eine Stunde vor Ablauf des Ultimatums, entzünden somalische Soldaten einen Holzstoß vor dem Flugzeug, um durch das plötzlich auflodernde Feuer die Entführer nach vorn, ins Cockpit, zu locken. Blendgranaten setzen die Palästinenser für Sekunden außer Gefecht, die Notausgänge werden aufgesprengt, und die Soldaten stürmen das Flugzeug mit den Worten: «Kopf runter! Wo sind die Schweine?»[18] Sie beginnen zu schießen, drei der Entführer sind auf der Stelle tot, Souhaila Andrawes wird lebensgefährlich verletzt. Einen GSG-9-Mann trifft ein Streifschuss am Hals, Gaby Dillmann wird leicht verletzt, als eine der gläsernen Handgranaten explodiert. In sieben Minuten ist alles vorbei, und die Geiseln können das Flugzeug verlassen. Der Erfolg der Aktion wird kodiert in den Tower gefunkt. Um 00.12 Uhr meldet sich Wischnewski von dort aus bei Helmut Schmidt: «Das Flugzeug ist geknackt. Die Arbeit ist erledigt.»[19]

Als sie mit blutverschmierten Haaren auf einer Bahre abtransportiert wird, macht Souhaila Andrawes ein trotziges Victory-Zeichen. Auf ihrer Brust prangt wieder einmal Che Guevara, der gemeinsame Held von PFLP und RAF:[20] Der Kampf ... mein Blut ...

Die Selbstmordnacht von Stammheim und der Mord an Hanns Martin Schleyer

«Aber ich schwöre Dir, es ist mir ganz unmöglich länger zu leben; meine Seele ist so wund, daß mir, ich möchte fast sagen, wenn ich die Nase aus dem Fenster stecke, das Tageslicht wehe tut, das mir darauf schimmert.»
Heinrich von Kleist in einem Brief an seine Cousine (1811)

Am 18. Oktober 1977 um 0.38 Uhr meldet der Deutschlandfunk, dass die «entführten 86 Geiseln alle glücklich befreit worden» sind, der Entlastungsangriff ist damit gescheitert. Jan-Carl Raspe verfügt über ein Transistorradio, das bei der Zellendurchsuchung wie so vieles andere übersehen wurde. Die Häftlinge sind allesamt wach, weil es in dieser Nacht um alles geht. Offenkundig verständigen sie sich gleich nach der Nachricht aus Mogadischu auf Selbstmord. Ein Austausch war nicht mehr zu erwarten, nachdem die Regierung nicht nachgegeben hatte, als es nur um ein Leben ging, um das von Schleyer. Baader bedient sich wie Raspe einer eingeschmuggelten Pistole. Er schießt zweimal, um einen Kampf anzudeuten, vielleicht auch als Signal an die anderen, setzt sich dann den Lauf in den Nacken und drückt ab. Er ist sofort tot. Seit den Tagen der Kommune I hatte Baader Sinn für symbolisches Handeln, für die «Propaganda der Tat», und deshalb musste sein aufgesetzter Genickschuss wie eine Hinrichtung aussehen.

Raspe holte seine Pistole aus dem Versteck hinter der Fußleiste, wo er sie zusammen mit dem Dynamit verborgen hatte, und schoss sich in den Mund. Als morgens seine Zelle geöffnet wurde, fand man ihn blutüberströmt. Er wurde rasch ins Krankenhaus gefahren, wo er innerhalb weniger Minuten starb. Gudrun Ensslin hatte ein Stromkabel abgeschnitten und es sich um den Hals geschlungen. Mit dieser Schlinge um den Hals stieß sie den Stuhl weg; es war der Tod Ulrike Meinhofs. Verena Becker scheint von der Verabredung nichts mitbekommen zu haben; ihre Zelle lag auch zu weit entfernt.

Auch Irmgard Möller hat diese Selbstmordnacht überlebt. In Zelle 725 bringt sie sich mit einem recht stumpfen Anstaltsmesser Stiche in die Brust bei und behauptet, überfallen worden zu sein. Vor dem Untersuchungsausschuss des baden-württembergischen Landtags bestreitet sie am 16. Januar 1978 suizidale Absichten bei den Gefangenen. «Für uns war klar, Selbstmord ist nicht Sache. Wir sind entschlossen zu kämpfen.»[1] Doch ist dieses theatralische Sterben erst recht eine Kampfhandlung. Ein Staatsanwalt fühlt sich durch die «Dürrenmattsche Bühnendimension»[2] an früher erinnert: Der Genickschuss, mit dem sich Baader umbringt, soll einmal mehr auf das alte System verweisen, das die RAF in der Bundesrepublik erkennen wollte – den angeblich fortlebenden Nazismus von SS und Volksgerichtshof.

Die Frage Mord oder Selbstmord war offensichtlich Glaubenssache. Jean-Paul Sartre, der Baader 1974 in Stammheim besucht hatte, gehörte zu den Unterzeichnern einer Erklärung, die in der italienischen Zeitung *il manifesto* die deutschen Behörden des Mordes anklagten. Der Terrorist Eamon Collins von der befreundeten IRA, der selber Bomben transportiert hatte und dafür viele Jahre im Gefängnis saß, bestand noch 1997 darauf, dass Andreas Baader und die anderen umgebracht worden seien.[3] Im eigenen Interesse musste die RAF die Legende vom Mord in Stammheim aufrechterhalten. Sie war nicht mehr so wundertätig wie der Hungertod Holger Meins', half aber wieder mit, neue Mitglieder zu rekrutieren und die alten im Interesse der Sache zusammenzuhalten. Mit dieser frommen Lesart ließ sich selbst die schlimmste Niederlage in einen Sieg verwandeln. Einen Höhepunkt im Totenkult markiert die in Frankfurt erscheinende Zeitschrift *Autonomie*:

«Drei erlöschen nach innen – aber es strahlt nach außen. Noch ihr Tod ein Sprengsatz. Es war ihr Tod. Und es war ein Sieg.»[4]

Der Anwalt Karl-Heinz Weidenhammer hat mit viel Mühe die Möglichkeit konstruiert, wie die Gefangenen von einem auswärtigen Stoßtrupp, einer Art GSG 9, angeleitet womöglich vom Mossad, in ihren Stammheimer Zellen umgebracht worden sein könnten.[5] Viel wurde auch gemunkelt über den «Sand in Baaders Schuhen», der vermutlich von der Baustelle im 7. Stock und eben nicht von dem Wüstenflughafen in Mogadischu herrührte, wohin Baader verbracht worden sein könnte, um dort umgebracht zu werden. Der nachmals als Innenminister bekannte Otto Schily bezweifelte die offizielle Todesversion und forderte eine internationale Untersuchungskommission, die sich des Falls auch annahm. Sie kam, wie die erste, die deutsche, zu dem nächstliegenden Ergebnis: Die drei Gefangenen hatten sich in auswegloser Lage selber getötet. Dennoch blieb manches unstimmig, war vieles sogar verdächtig. Ausgerechnet in einem Hochsicherheitsgefängnis sollten die Terroristen an Waffen gelangt sein? Hatte sich der Staat dieses fortgesetzten Ärgernisses einfach entledigt? Wie konnten die Gefangenen sich überhaupt untereinander verständigen? Ihre Radios hatte man ihnen weggenommen. Die Türen zum Gang wurden zum Abend hin schallisoliert. Dennoch existierte zumindest ein Klopf- und Morsesystem, mit dem sich vier Menschen zum Selbstmord verabreden konnten, als es längst keinen Umschluss mehr gab. Die Häftlinge im 7. Stock in Stammheim konnten auch aus dem Fenster schreien und waren am Fenster der nächsten Zelle zu hören.

Der Staat machte seinen Gegnern die Freude und gab widersprüchliche Darstellungen. Dass es Selbstmord war, wusste Innenminister Werner Maihofer, der als Juraprofessor den Fachbegriff «Präjudizierung» hätte kennen müssen, noch vor dem Gerichtsmediziner. Mit Sicherheit hat der Staat seine Aufsichtspflicht verletzt und es an der fürsorglichen Überwachung seiner Häftlinge fehlen lassen. Noch während der Schleyer-Entführung, am 2. Oktober 1977, war der RAF-Kurier Volker Speitel verhaftet worden. Seine Vernehmung begann nach offziellen Angaben erst im darauffolgenden Jahr, was in der bedrängten Lage, in der sich Schleyer und damit auch das BKA und die Bundesregierung befanden, äußerst unwahrscheinlich ist. Vielmehr dürften die Beamten alles darangesetzt haben, von Speitel noch während der Schleyer-Entführung Informationen über die Schleyer-Entführer zu erlangen. Speitel war nicht bloß im Büro Croissant beschäftigt und dirigierte dort als Externer den «info»-Verkehr, sondern hatte persönlich die Aktenordner für den Waffentransport präpariert. Er wusste, was die Aufseher, was die zuständigen Behörden hätten wissen müssen. Sowohl Baader wie Ensslin hatten mit Selbstmord gedroht. Durch Speitels Aussagen hätte auch die Gefängnisverwaltung vor dem 18. Oktober erfahren können, dass die Gefangenen über Waffen verfügten und deshalb in der Lage wären, sich selber zu töten. Dass niemand von dem Waffen- und Sprengstoffarsenal wusste, ist äußerst unwahrscheinlich.[6]

Die von Brigitte Mohnhaupt so genannte *suicide action* wird europaweit als Aktion des Staates gesehen, der wieder einmal seine faschistische Fratze gezeigt habe. In Paris, Rom, London, auch in New York gibt es Anschläge gegen die Niederlassungen deutscher Firmen. Zu unwahrscheinlich erscheint die Vorstellung, dass die seit fünf Jahren eingesperrten und inzwischen verurteilten Terroristen Handfeuerwaffen horten konnten.

Andererseits erreichen Helmut Schmidt nach dem erfolgreichen Ende der Aktion «Feuerzauber» Glückwünsche aus der ganzen Welt. Zwar gibt es auch siegesstolze Erinnerungen an die tollkühne Rettungsaktion, mit der der SS-Hauptsturmführer Otto Skorzeny 1943 den italienischen Diktator aus seinem Berggefängnis befreite, aber in der Mehrheit wird der zivilistische Kanzler für sein Durchhaltevermögen und seine eisernen Nerven bewundert und dafür, dass er sich von den Terroristen nicht in die Ecke hat treiben lassen.

Der Triumph von Mogadischu und die nachfolgende Selbstmordnacht bedeuten für Schleyer den Tod. In Brüssel und Bagdad wird über sein Schicksal abgestimmt und das Urteil telefonisch gefällt. Es lautet einstimmig auf Töten, und niemand «äußerte irgendwelche Zweifel an seiner Richtigkeit und seiner Berechtigung»[7]. Die RAF rächte sich an dem Staat, der sich nicht erpressen ließ. Schleyer erfährt nichts vom Einsatz der GSG 9, man macht ihm vor, in Mogadischu seien die Geiseln gegen die Gefangenen ausgetauscht worden und er müsse vor seiner Freilassung nur ein letztes Mal verlegt werden, damit alle Spuren verwischt würden.

Noch einmal muss er in den Kofferraum eines Mercedes steigen, dann verlässt er Brüssel in Richtung Frankreich. Kurz hinter der Grenze heben ihn Fahrer und Beifahrer aus dem Kofferraum, legen ihn auf den Boden und erschießen ihn.[8] Keine dreißig Sekunden soll der ganze Vorgang gedauert haben. Drei Schüsse in den Hinterkopf, aus einer Entfernung von weniger als 50 cm abgegeben, führen in Minuten zum Tod. Bei der Obduktion fand sich im Mund Schleyers Gras. In der Logik der RAF, die doch nachträglich den Nationalsozialismus bekämpfte, konnte ein Mann, der aus dem «Dritten Reich» hervorgegangen war, um im Nachfolgestaat Bundesrepublik wiederum zu Macht und Einfluss zu gelangen, gar nicht anders als durch einen Genickschuss sterben. Dass sie dabei selber wie Nazi-Schergen handelten, scheint die Mörder nicht gestört zu haben.

Am liebsten hätten Schleyers Bewacher die Leiche wieder zurück nach Deutschland, direkt vors Kanzleramt, gebracht. Allen hätte so deutlich werden sollen, dass Schleyer nicht etwa durch die RAF ermordet worden, sondern an der Unnachgiebigkeit des Staates zugrunde gegangen war. Doch ist Bonn in diesen Tagen zu gut abgesichert, als dass sich ein Fahrzeug auch nur in die Nähe der Bannmeile hätte wagen können. Die Täter bringen den toten Schleyer mit einem Audi 100 stattdessen nach Mülhausen im Elsass. Es ist wahrscheinlich ein Zufall, aber vielleicht auch nicht, dass die Mörder ihr Opfer in der rue Charles Péguy zurücklassen, die nach einem französischen Arbeiterkind benannt ist, das Sozialist wurde und sich dann dem Katholizismus und Nationalismus zuwandte. 1914 fiel Péguy an der Marne.

Am Nachmittag des 19. Oktober ruft eine Frau bei dpa in Stuttgart an und verliest folgende Mitteilung: «wir haben nach 43 tagen hanns-martin schleyers klägliche und korrupte existenz beendet. herr schmidt, der in seinem machtkalkül von anfang an mit schleyers tod spekulierte, kann ihn in der rue charles peguy in muhlhouse [!] in einem grünen audi 100 mit bad homburger kennzeichen abholen. für unseren schmerz und unsere wut über die massaker von mogadischu und stammheim ist sein tod bedeutungslos. andreas, gudrun, jan, irmgare [!] und uns überrascht die faschistische dramaturgie der imperialisten zur vernichtung der befreiungsbewegungen nicht. wir werden schmidt und der daran beteiligten imperialistischen allianz diese blutbäder nie vergessen. der kampf hat erst begonnen. freiheit durch bewaffneten antiimperialistischen kampf. kommando siegfried hausner.»[9]

Auch dieser trotzige Text stammt von Brigitte Mohnhaupt, die sich einerseits schwere Vorwürfe machte, weil die Befreiung der Gründerfiguren nicht gelungen war, andererseits aber sogleich das Potenzial erkannte, das der gemeinsame Selbstmord für die Rekrutierung neuer Mitglieder bot. Helmut Schmidt hat nur vorübergehend gesiegt. Die Terroristen gaben nach dieser Niederlage nicht auf, sondern fühlten sich jetzt erst recht zum fortwährenden Widerstand aufgefordert. Der Kampf war vorbei, der Kampf ging weiter.

Das Ende der Reise

«Wir Kommunisten sind alle Tote auf Urlaub.»
Eugen Leviné 1919 in seiner Rede vor Gericht

Im Sommer 1977, zwischen dem Mord an Buback und jenem an Ponto, ist ein Buch erschienen, und es kommt aus einer anderen Zeit. Der Autor hat sich sechs Jahre zuvor bei einem letzten psychotischen Schub umgebracht. Für eine Veröffentlichung galt das Manuskript zunächst als zu chaotisch, und was war es überhaupt? Ein expressionistisches Kunstwerk, ein Protokoll, *écriture automatique*? «Die Reise» hieß es schließlich, und das war die Übersetzung dessen, was es schildern wollte, den Trip, den ultimativen Drogentrip, der konsequent mit dem Absturz, der Auflösung im Nichts endete. Im *Spiegel* wird «Die Reise» gefeiert und bald auch von anderen wahrgenommen als das, was es ist, der «Nachlass einer Generation»[1].

Bernward Vesper hatte die RAF nicht mehr erlebt, aber er war an ihrem Anfang dabei gewesen, als Verlobter Gudrun Ensslins, als Verleger der Manifeste von 1967/68, als einer der Landstörzer, die 1969 das Haus der Familie Röhl in Blankenese verwüsteten. In seinem Buch schildert er einen entscheidenden Ausgangspunkt der Revolte, die Abwehr der Vater-Welt. Das autoritäre Milieu im ländlichen Niedersachsen, in dem er groß wurde, war mit dem Ende des Nationalsozialismus keineswegs untergegangen, sondern weste fort in der Bundesrepublik. Die Älteren waren korrumpiert, sodass sie den idealistischen Überschwang der Jüngeren nicht begreifen konnten. «Es gibt eben Menschen, und es sind nicht die schlechtesten und meist jüngere», schreibt Heinrich Böll in seiner Rezension der «Reise», «die mehr sein wollen als Konsumenten, die sich – Gott seis geklagt – vielleicht nach Liebe, Brüderlichkeit,

Gleichheit, Gerechtigkeit sehnen, die nicht ‹die beste aller Welten› wollen, sondern eine bessere.»[2]

Vespers Lebenslauf vom nationalsozialistischen Blut und Boden seines Vaters in den eigenen Drogenirrsinn war einzigartig, aber gleichzeitig typisch für seine Generation. Typisch auch in dem maßlosen Selbstbewusstsein, in dem wieder und wieder die Verbindung vom «Dritten Reich» zu Vietnam hergestellt werden muss, ein nachgeholter Vatermord. Ursprünglich sollte «Die Reise» den Titel «Hass» tragen, eine Parole, unter der auch die RAF angetreten ist und nun erst recht weitermacht. Das Junge Deutschland, das sich im 19. Jahrhundert mit Hamlet verglich («Ernst und stumm / In seinen Toren jede Nacht / Geht die begrabne Freiheit um»), hat als Bezugsgröße weiterhin den Gott der Väter, Adolf Hitler, und muss sich wie die Väter mit ihm identifizieren. «Ja, ich wußte ganz genau, daß ich Hitler war, bis zum Gürtel», rhapsodiert Vesper, «daß ich da nicht herauskommen würde, daß es ein Kampf auf Leben und Tod ist, der mein Leben verseucht, seine gottverdammte Existenz hat sich an meine geklebt wie Napalm, (...) aber es ist gar nicht Hitler, ist mein Vater, ist meine Kindheit, meine Erfahrung, BIN ICH ...»[3]

Auch Martin Walser erinnert an Vietnam als Ausgangspunkt der RAF und daran, dass die Terroristen mit «harmloseren Taten» begonnen hatten, «die wiederum provoziert worden seien, weil damals Napalm auf Frauen und Kinder geworfen wurde»[4], aber das ist in diesem Herbst ein schon fast verbotenes Argument.

Es war ein Mordherbst, und ein Film hält fest, wie es war: die alleinstehende Frau, bei der plötzlich ein gesuchter Terrorist klingelt; der Grenzübergang, an dem ein Polizist seine Macht ausspielt; der Fernsehrat, dem die «Antigone» des Sophokles plötzlich zu aktuell ist und der die Übertragung der Tragödie deshalb verhindert; die Diskussionen um Todesstrafe und Standgericht für terroristische Gewalttäter. Bundespräsident Walter Scheel hält die Rede bei der Trauerfeier, auf der er sich bei der Familie des Opfers entschuldigt: «Wir wissen uns alle in seiner Schuld. Im Namen aller deutschen

Bürger bitte ich Sie, die Angehörigen von Hanns-Martin Schleyer, um Vergebung.»[5] Die Familie hatte sich verbeten, dass ein Mitglied des Krisenstabes bei der Trauerfeier sprach; zur Beerdigung wurde nur der baden-württembergische Ministerpräsident Hans Filbinger geduldet, der den Vorschlag gemacht hatte, wenigstens einige der Gefangenen freizulassen. Alexander Kluge interviewt den Küchenchef des Stuttgarter Hotels, in dem sich die Trauergemeinde nach der Beisetzung trifft, und es fällt das grässliche Wort: «Traurige Anlässe muss man auch bedienen.» Bei Mercedes wehen die blauen Fahnen mit Flor im Wind; die Bänder stehen drei Minuten still.

«Deutschland im Herbst» entsteht als Gemeinschaftswerk der Regisseure Volker Schlöndorff, Edgar Reitz, Bernhard Sinkel, Stefan Aust, Rainer Werner Fassbinder und Alexander Kluge. Im Gefängnis in Tegel wird der Revolutionär Horst Mahler interviewt. Mahler empfängt in seiner kleinen Zelle, in der er sichtlich arbeitet. Er hat sich im Gefängnis in einen russischen Anarchisten verwandelt, dem das religiöse Eifern nicht fremd ist: Bart, Brille, der Arbeiteranzug. Mahler unterscheidet zwischen dem «kriminellen Verbrecher», der die bürgerlichen Schranken durchbricht, und dem «Revolutionär», der sich von seinen Gewissensbissen befreit, indem er «die allgemeine Moral übersteigert» und sich so eine absurde eigene Moral setze. Mahler findet das bereits bei Hegel angelegt, bei dem das «Herzklopfen für das Wohl der Menschheit» umschlage «in das Toben des verrückten Eigendünkels».[6]

Deutschland wird in diesem Film in Trauer gezeigt, alles verzögert in einer existenziellen Zeitlupe wahrgenommen, und selbst die Fahnen bei Schleyers Beerdigung schlagen in einem Hölderlin'schen Metrum. Der Staat hatte nicht einmal einen seiner mächtigsten Repräsentanten schützen können. Die anderen, die vage Sympathisierenden, die sich mitschuldig am Tod der RAF-Gründer fühlen, bestärkt der mehrheitliche Hass auf die endlich toten Terroristen nur noch in ihrem selbstverliebten Kummer. Kluge endet mit Rosa Luxemburgs Abschiedsworten: «Die Revolution sagt: Ich war, ich bin, ich werde sein.»[7]

Es war, als würde eine Messe nicht bloß für die Selbstmörder von Stammheim, sondern für eine ganze Generation gelesen, die sich bedrängt und bedroht wähnte von einem Staat, der noch die totalitären Züge des vorigen zu tragen schien. Während Filbinger die Alternative «Freiheit oder Sozialismus» propagiert, lautet sie für Kluge «Sozialismus oder Barbarei». In der Frage «Mensch oder Schwein» heißt es 1977, Konsequenzen zu ziehen. Der vierundzwanzigjährige Wolfgang Grams und zwei seiner Freunde lassen sich unter dem Eindruck des Deutschen Herbstes sterilisieren, «weil sie in diese Welt keine Kinder setzen wollten»[8]. Die zwanzigjährige Birgit Hogefeld sieht den «neuen Faschismus» heraufziehen, später wird sie ihr Jurastudium abbrechen und sich ebenfalls für den bewaffneten Kampf entscheiden.

Helmut Ensslin wünscht sich, dass seine Tochter auf dem Dornhaldenfriedhof in Stuttgart, und zwar zusammen mit Andreas Baader und Jan-Carl Raspe, beerdigt werde. Der Volkszorn lässt sich leicht gegen diese christliche Geste erregen, doch der Stuttgarter Bürgermeister Manfred Rommel, dessen Vater einst von Hitler zum Selbstmord gezwungen wurde, gestattet sich und dem Land unerwarteten Großmut.

Sogar Filbinger zeigt Verständnis für die Entscheidung.[9] Rommel ist zur Familie Schleyer gegangen und hat gefragt, ob sie Einwände habe, und die Familie hatte nichts einzuwenden.[10] Wahrscheinlich war es die Empörung über seine Geste der Nächstenliebe, die seiner weiteren Karriere ein Ende setzte: Als Filbinger im Jahr darauf wegen seiner zunächst hartnäckig verleugneten Tätigkeit als Marinerichter im «Dritten Reich» zurücktreten musste, scheiterte Rommel mit seiner Kandidatur als Filbingers Nachfolger. Filbinger hatte seine Kollaboration mit der fast sprichwörtlich gewordenen Aussage gerechtfertigt: «Was gestern recht war, kann heute nicht unrecht sein», und schien damit die antifaschistische Verbissenheit der RAF zu bestätigen. Filbingers Rücktritt bescherte ihr einen kleinen Triumph. Der Mann, der als Ministerpräsident die Vorgänge im Gefängnis Stammheim zu verantworten hatte, war ein Opfer seiner und der deutschen Vergangenheit geworden.

Auf dem Dornhaldenfriedhof in Stuttgart erlebt die todessüchtige RAF einen ihrer größten Siege. Auch wenn es auf keinen Fall eines sein soll, ist die Beisetzung von Gudrun Ensslin, Andreas Baader und Jan-Carl Raspe in einem gemeinsamen Grab ein Staatsbegräbnis, das jenes für den staatstragenden Schleyer an Pathos noch weit übertrifft. Beim ermordeten Industrieverbandsvorsitzenden darf die Vergangenheit des SS-Offiziers nicht zur Sprache kommen, bei den anderen drei Toten, deren Leben vom Überleben Schleyers abhing, wird verschwiegen, dass ihr revolutionärer Zorn sie zu Mördern werden ließ. Stammheim war für sie zuletzt der Führerbunker, in dem sie fanatisch an den Endsieg glaubten.[11] An diesem Grab geht am 27. Oktober 1977 das letzte Nachhutgefecht des Zweiten Weltkriegs zu Ende.

Im Film «Deutschland im Herbst» zeigt der herrisch zum Himmel gereckte Kahlkopf Helmut Ensslins am offenen Grab seiner Tochter den höchsten Triumph an: Das «heilige Menschentum» hat doch gesiegt. «Wir haben am Vorabend Vater und Mutter befragt», berichtet Alexander Kluge über die Dreharbeiten, «wir sind da hin, wo Gudrun Ensslin geboren wurde. Die Mutter hat uns erzählt, dass sie sich schuldig fühlt, weil sie das Kind, was man als Christin nicht tut, schon der Sonne ausgesetzt hat, bevor es ein dreiviertel Jahr war. Das darf man nicht tun, da kann der Teufel reinschlüpfen. So hat man sehr viel von der geistigen Prägung der Familie mitbekommen – um dann zu erfahren, dass die Ärzte bei der Obduktion den Kopf, nachdem das Gehirn entnommen ist, mit Stroh ausstopfen.»[12]

Nach der Beerdigung der drei Terroristen findet eine «Geselligkeit» für die Angehörigen statt. Die Eltern von Gudrun Ensslin sind dabei, die Mutter von Andreas Baader, Schily, Kluge. Baaders Mutter genießt die solenne Trauerstimmung, die Aufmerksamkeit für die Angehörigen. Sie wirkt erhoben. «Man hätte mit der Frau tanzen können.»[13]

V. DER KAMPF DARF NIMMER ENDEN

Aftermath

«Minus mal minus gibt plus, dachte er, erst die
Vernichtung der Vernichtung macht Leben möglich.»
Christof Wackernagel, «Nadja.» (1984)

Der Aufstieg und vor allem die endlose Agonie der RAF sind untrennbar verbunden mit dem schlechten Gewissen derer, die nicht mittun wollten oder konnten. Die Gewissensfrage von Peter Weiss stellte sich weiter. «Am Schluss waren wir alle nur noch hilflose Sympathisanten, während die RAF da draußen rumtobte»[1], meint sogar Rainer Langhans, der zwar mehrfach vor Gericht stand, aber nie in die Gefahr oder auch nur in Versuchung geriet, selber in den Untergrund zu gehen. Die RAF-Leute hatten stellvertretend für die anderen die Waffe in die Hand genommen und durften daher nicht im Stich gelassen werden, schon gar nicht nach ihrem Tod, der sie unter die Schar der Heiligen versetzte. Sie starben, auf dass andere, Jüngere, ihrem Beispiel nachfolgten. Kunzelmanns Wunsch an Ostern 1968, dass es einen Toten auf der eigenen Seite geben möge, hatte sich nach dem Mord an Schleyer gleich mehrfach erfüllt und ging weiter in Erfüllung: Am 12. November 1977 wird Ingrid Schubert erhängt in ihrer Zelle in München-Stadelheim aufgefunden. Zu maßlosen dreizehn Jahren war sie wegen der Befreiung Baaders sieben Jahre zuvor verurteilt worden, am beinah schon vergessenen Ausgangspunkt der RAF.

Mit den großen Toten als mahnendem Beispiel ließ sich die Gruppe zusammenhalten, ließen sich aus dem Kreis der bisher legalen Unterstützer neue Kämpfer werben und wurde die Lebensdauer des bewaffneten Kampfs gegen die Bundesrepublik um eineinhalb Jahrzehnte über den Herbst 1977 hinaus verlängert. Das

Potential war längst nicht ausgeschöpft, es kam nur darauf an, es auch zu nutzen.

Die Gruppe befindet sich Ende 1977 in einem desolaten Zustand. Sie hat sich wieder in den Nahen Osten zurückgezogen, in den Ruheraum, den Wadi Haddad ihr verschafft hatte. Niemand weiß mehr, wie es weitergehen soll. Alle plagen tiefe Schuldgefühle wegen des fehlgeschlagenen Befreiungsversuchs. Friederike Krabbe, genannt Rima, verlässt die RAF und bleibt in Bagdad.[2]

Im gruppendynamischen Gespräch kommt man zu dem Schluss, dass die Niederlage zwar nicht schönzureden, aber in den RAF-, also in den historischen Prozess zu integrieren sei: «Wir haben '77 als den Übergang von der ersten zur nächsten Etappe der Guerilla bestimmt», lautet die neue Leitlinie im sogenannten Mai-Papier, das allerdings erst 1982 veröffentlicht wird. Die RAF habe die «Machtfrage» gestellt, und die Regierung (der Staat) habe sie beantwortet durch Schleyers und den Tod der Stammheimer, in der Hoffnung, «daß damit ein für allemal oder jedenfalls für die nächsten Jahre Schluß» sei. «Sie hätten es fast geschafft», fahren die Autoren dieses trutzigen Papiers fort, «aber die Ironie ist, daß sie genau dadurch eine Situation geschaffen haben, in der wir unter veränderten und so besseren Bedingungen weiterkämpfen konnten.»[3]

Ausgerechnet die Ironie! Das mag sich absurd oder doch wahnhaft realitätsblind anhören, entspricht aber der Logik der Psychosekte RAF. Wenn der Staat uns trifft, so lautet die Rechtfertigung schließlich seit dem Tod Benno Ohnesorgs, hat er sich die Folgen selber zuzuschreiben. «Staatsschutz und Guerilla bekämpfen sich, sind sich aber nicht mehr fremd; der eine braucht den andern»[4], wird Hans-Joachim Klein von den «Revolutionären Zellen» diese Zwangslage beschreiben. Der Staat wehrt sich gegen die Bedrohung und rüstet auf, seine Gegner treiben die Eskalation immer weiter. Die Ereignisse des Jahres 1977 liefern in der paranoiden Wahrnehmung der Überlebenden, die alles gegeben und praktisch alles verloren haben, die Rechtfertigung für eine immer noch größere Brutalität.

Die wird nicht zuletzt von der «Bewegung 2. Juni» streng als «volksfeindlich» kritisiert; erste Gespräche über ein Zusammengehen der beiden Gruppen scheitern daran. Wie um zu zeigen, dass man mit geringerem Gewalteinsatz erfolgreicher sein kann, führt der «2. Juni» in diesem Herbst seine eigene Entführung durch, um damit das Geld für das Leben im Untergrund zu erpressen. Die Bundesanwaltschaft hat Peter-Jürgen Boock einmal vorgerechnet, dass die RAF allein in der Zeit, da er ihr angehörte, sieben Millionen Mark verbraucht hat. «Im Schnitt haben wir pro Nase und Monat in unserer besten Phase bis zu siebzigtausend Mark gebraucht.»[5] Der Bedarf der «Bewegung 2. Juni» war sicherlich geringer, da sie ständig zwischen Untergrund und Legalität wechselte und lange nur in Berlin tätig wurde. Während Deutschland noch gelähmt ist von der Entführung der «Landshut», der Ermordung Schleyers und den Selbstmorden in Stammheim, gelingt ihr im November 1977 wieder eine Unternehmung, die ihren Robin-Hood-Ruf bestätigt. Eine Frauen-Gang, bestehend aus Inge Viett, Ina Siepmann, Gabriele Rollnik, Juliane Plambeck, Ingrid Barabaß und Angelika Goder, unterstützt von Klaus Viehmann und dem angeworbenen Österreicher Thomas Gratt, bringt den vierundsiebzigjährigen Wiener Wäschefabrikanten Palmers in ihre Gewalt. Nach Zahlung eines Lösegelds von 30,5 Millionen Schilling (umgerechnet 4,3 Millionen Mark) lässt sie ihn vier Tage später frei.

Erst im Rückblick fiel der RAF auf, dass ihr die breite Unterstützung fehlte. Längst entstehen neue soziale Bewegungen, und sie werden schnell so mächtig, dass auch die aus der Studentenbewegung übriggebliebenen K-Sekten bald ihr Heil bei den Grünen suchen werden, die aus der Anti-Atom-Bewegung hervorgehen.

Einer der Aktivisten will ein Fanal setzen: Einen Monat nach der Todesnacht von Stammheim, am 16. November 1977, verbrennt sich der Tübinger Lehrer Hartmut Gründler in Hamburg an der

Petri-Kirche, um gegen die Atomkraft und gegen den angeblich dafür verantwortlichen Helmut Schmidt, den «Wundertäter von Mogadischu», den «Abgott der Nation», zu protestieren.[6]

Die Anti-Atom-Bewegung wird zum beherrschenden Thema, das an der RAF vollkommen vorbeigeht. Die denkt in vertrauten Mustern und plant eine große Racheaktion: die Entführung von Außenminister Hans-Dietrich Genscher. Ein Teil der Gruppe sammelt sich in zwei konspirativen Wohnungen in Paris, um die RAF neu zu organisieren, ein anderer kehrt bereits Ende 1977 nach Deutschland zurück, um den nunmehr als Vermächtnis übertragenen Kampfauftrag der Stammheimer fortzuführen. Mal mit einem aus dem Tierasyl besorgten Hund, mal getarnt als Jogger, recherchieren Willy-Peter Stoll, Stefan Wisniewski, Adelheid Schulz, Angelika Speitel und Silke Maier-Witt Genschers Tagesablauf. Es wird auch darüber gesprochen, in das Haus eines amerikanischen Offiziers einzudringen, wo man (in schrecklicher Reprise der Empfehlung André Bretons) «alles umlegen müßte, was sich einem in den Weg stellt»[7].

Die wichtigste Aktivität besteht aber zunächst im Krankendienst an Peter-Jürgen Boock. Seit Andreas Baader und Gudrun Ensslin ihn aus dem Jugendheim befreit hatten, stand Boock in Treue fest zu ihnen. Als die Schleyer-Entführung ebenso zu scheitern drohte wie zuvor die Pontos und die Beschießung der Bundesanwaltschaft, muss der ehemalige Junkie Boock kollabiert und wieder süchtig geworden sein. Er hatte vor seinen Ersatzeltern versagt. Boock kann kaum mehr etwas essen und ist von Morphium und anderen Betäubungs- und Schmerzmitteln abhängig. Auch deshalb sorgten die anderen dafür, dass er im September mit nach Bagdad flog. Wer ihm seine Sucht vorwerfen will oder an seiner Verlässlichkeit zweifelt, wird von Brigitte Mohnhaupt auf eine angeblich lebensbedrohende Darmkrebserkrankung Boocks hingewiesen. Die Gruppe ist sein einziger Halt, und die Gruppe muss ihn erhalten. Die Abhängigkeit von ihr hat auch ganz schlichte materielle Gründe: Nur indem er der RAF treu blieb, konnte Boock, wie der

Sachverständige Buschor später vor Gericht ausführte, «mit kontinuierlicher Opiatversorgung rechnen»[8].

Kuriere müssen von Bagdad nach Europa reisen, um Nachschub zu besorgen. Als die Dolantin-Lieferungen ausbleiben, wird Gert Schneider nach Amsterdam geschickt. Dort wird er am 10. November zusammen mit Christof Wackernagel nach einer Schießerei verhaftet. Christine Kuby widersetzt sich bei einer ähnlichen Beschaffungsaktion in Hamburg im Januar 1978 zunächst der Festnahme und wird dann ebenfalls verhaftet. Boock folgt dem Rest der Gruppe nach Paris. Schließlich soll er aufgrund seiner Beschwerden in einem Krankenhaus in der DDR untersucht werden.[9] Auf dem Weg von Paris wird er zusammen mit Brigitte Mohnhaupt, Sieglinde Hofmann und Rolf Klemens Wagner, die ihn betreuen sollen, am 11. Mai 1978 bei der Zwischenlandung in Zagreb festgenommen. Sie kommen in Auslieferungshaft. Am gleichen Tag wird Stefan Wisniewski in Paris verhaftet.

Die verbliebenen Mitglieder verabreden sich zu weiteren Aktionen «mit der Zielrichtung Amerikaner»[10]. Für größere Vorhaben bedürfen sie jedoch der Hilfe Wisniewskis, der von allen am meisten Erfahrung besitzt. Wieder muss, ehe etwas unternommen werden kann, ein Gefangener befreit werden. Wisniewski ist in die Justizvollzugsanstalt Frankenthal in der Pfalz gebracht worden, und die Gruppe fasst den tollkühnen Plan, ihn mit einem Hubschrauber herauszuholen.[11] Über den Studenten Werner Lotze, der sich nach der vermeintlichen Mordnacht von Stammheim der RAF angeschlossen hat, aber vorläufig noch legal bleibt, wird Wisniewski in den Plan eingeweiht. Stoll, Klar und Adelheid Schulz geben sich als Filmteam aus und lassen sich viermal über Neckar und Rhein fliegen. Beim Piloten erkundigen sie sich beiläufig, ob es möglich sei, mit dem Hubschrauber in einem Burginnenhof zu landen und beispielsweise eine dreiköpfige Familie herauszuholen, und ob sie den Hubschrauber für die Filmaufnahmen selber fliegen könnten. Der Pilot wird misstrauisch, auch erscheint ihm die Video-Ausrüstung der drei gar zu dürftig für eine so große Filmproduktion. Am

6. August 1978, beim nächsten Ausflug über dem Neckar, werden sie von alarmierten Polizeibeamten observiert und fotografiert. Sie merken allerdings nach der Landung, dass sie beobachtet werden, und können die BKA-Beamten abschütteln. Für die Polizei waren es drei von vielen Verdächtigen, die in den letzten Monaten auf der Suche nach den Schleyer-Mördern überprüft und gern auch festgenommen wurden. Erst bei der Auswertung der Fotos wurde dem BKA klar, dass man drei Terroristen entwischen ließ.

Wisniewski kann jedenfalls nicht befreit werden; es war der letzte Versuch der RAF, einen der Ihren aus dem Gefängnis zu holen. Kühne Pläne werden geschmiedet und wieder verworfen, die Ermordung des Vorstandssprechers der Deutschen Bank wird erwogen, ein neues Mitglied, Ekkehard von Seckendorff-Gudent, der in Hamburg als Armenarzt praktiziert hat und ebenfalls für Boock beigezogen worden war, nimmt Kontakt zu den italienischen «Brigate Rosse» auf. Die Polizei bleibt nicht untätig, und die Zahl der Mitglieder wird weiter dezimiert: Am 6. September setzt sich Willy-Peter Stoll, der «wie ein wandelndes Fahndungsplakat herumlief»[12], in ein Restaurant in Düsseldorf und wird von zwei Polizisten erschossen. Er habe, erklären sie, eine Waffe gezogen. «Sofort töten, scheint daher die vielleicht geheime, vielleicht ausgesprochene Überzeugung bei allen Organen der vollziehenden Gewalt zu sein. Nur der tote Terrorist ist ein ganzer Erfolg und uns allen eine Erleichterung»[13], notiert der Schriftsteller Botho Strauß in seinem adornitischen Buch «Paare Passanten». Innerhalb der Gruppe gibt es Streit um Stoll, der nicht genügend betreut worden sei. Er stirbt fast auf den Tag ein Jahr nach der Schleyer-Entführung. Boock wird später andeuten, dass sich Stoll aus Schuldgefühl habe erschießen lassen.[14]

Zwei Wochen später kommt es zur nächsten Schießerei, diesmal in einem Wald bei Dortmund. Die Gruppe plant einen Sprengstoffraub, und dem Neuling Werner Lotze muss erst noch beigebracht werden, wie man mit der Waffe umgeht. Angelika Speitel und Peter Knoll, der vom «2. Juni» zur RAF gewechselt ist, veranstalten eine Schießübung mit ihm. Sie wählen eine Stelle, die durch eine Autobahn und eine Bahnlinie ausreichend beschallt scheint. Spaziergänger hören die Schüsse trotzdem und alarmieren die Polizei. Die Polizeibeamten Hans-Wilhelm Hansen und Otto Schneider erscheinen auf der Lichtung, mit einer Pistole und einer MP bewaffnet. Schneider fordert Angelika Speitel auf, die Hände zu heben. Sie greift nach ihrer Waffe und schießt, die Polizisten erwidern das Feuer, Werner Lotze trifft Hansen, der am Tatort verblutet. Speitel erleidet einen Schenkeldurchschuss und wird verhaftet, Knoll bleibt mit einem Bauchdurchschuss liegen, an dem er zwei Wochen später stirbt. Lotze kann unerkannt fliehen.

Bei einem weiteren Schusswechsel am Grenzübergang Kerkrade werden am 1. November die niederländischen Polizisten Dionysius de Jong und Johannes Goemans von Rolf Heißler und Adelheid Schulz tödlich verletzt. Die beiden Täter können fliehen, aber mittlerweile ist die RAF stark dezimiert: Neun Mitglieder sind ihr im Laufe des Jahres 1978 verloren gegangen. Christian Klar schlägt eine militärische Vergeltungsaktion vor, die den sinnigen Namen «Joghurt-Topf» erhält. Auf einer Lichtung werden Tretminen vergraben, auf die man nichtsahnende Polizisten locken will, Hauptsache, ein «Blutbad». Erst als sich bereits inhaftierte Gruppenmitglieder gegen diesen Wahnsinn wenden, wird der Plan fallengelassen. Die Gruppe bricht alle Vorbereitungen für Vergeltungsschläge und neue Aktionen ab und zieht sich nach Aden zurück. Dort sind inzwischen auch Boock, Mohnhaupt, Hofmann und Wagner angekommen, die von der jugoslawischen Regierung auf Druck der Palästinenser wider Erwarten freigelassen worden sind.

Christian Klar hat mit seinem Aktionismus, mit seinem Eifer, in dem er immer den härtesten Vorschlag macht, die Nachfolge von Baader und von Boock angetreten, der seine Erkrankung maßlos übertrieben hatte; der angebliche Darmkrebs hatte sich als harmlose, leicht zu entfernende Geschwulst erwiesen. Brigitte Mohnhaupt drängt auf eine Aktion, bei der die RAF endlich wieder statt als Gruppe schießwütiger Polizistenmörder als politisches Projekt in den Schlagzeilen erscheint. Selbst in der Gruppe werden Zweifel laut, da das Programm der RAF nur mehr in der Bereitschaft zu bestehen scheint, «Menschen zu töten»[15]. So wird es Werner Lotze später erklären, der bei einem Banküberfall erlebte, wie der Kassiererin die nackte Panik in den Augen stand. Die RAF braucht unbedingt einen Erfolg und eine neue Strategie.

Das kleine Vietnam, an dessen Schicksal sich die studentische Wut Mitte der sechziger Jahre entzündet hatte, gab es nicht mehr. Die «amerikanische Militärmaschine» hatte sich aus Vietnam zurückgezogen. Aber noch immer stand das amerikanische Militär in Europa. Helmut Schmidt nutzte sein nach der Befreiungsaktion von Mogadischu weltweit gewachsenes Ansehen, um den Westen zur Nachrüstung aufzufordern. Bereits im Oktober 1977 warnte er in einem Vortrag im Londoner International Institute for Strategic Studies vor einem Rüstungsungleichgewicht, für das die auf Westeuropa gerichteten SS-20-Raketen sorgen würden, mit deren Stationierung die Sowjetunion begonnen hatte. Das apokalyptische Szenario der späten fünfziger Jahre wiederholt sich. Der Welt droht neuerlich der Untergang durch die Atomrüstung, und für die RAF wird die Nato zur plakativen Zielscheibe.

Niemand verkörpert die Nato besser als ihr Oberbefehlshaber. Alexander Haig war Berufssoldat, hatte am Korea- und Vietnamkrieg teilgenommen und sogar Operationen gegen Kuba geleitet. Er war Stabschef des allgemein verabscheuten Richard Nixon gewesen, und durch seine gegenwärtige Position wäre er auch bedeutend genug, um mit ihm als Pfand wieder Gefangene freizupressen. Doch ist die Mannschaft inzwischen so stark dezimiert, dass man sich eine Entführung nicht mehr zutraut und deshalb beschließt, ihn gleich zu töten.

Die RAF braucht für den geplanten Anschlag Geld, und offenbar muss sie sowohl der PFLP wie dem «2. Juni» entstandene Auslagen ersetzen. Bei zwei Banküberfällen in Darmstadt und Nürnberg am 19. März und am 17. April 1979 werden insgesamt

250000 Mark erbeutet. Als Elisabeth von Dyck zweieinhalb Wochen später noch einmal in die konspirative Wohnung in Nürnberg zurückkehrt, um sie zu «cleanen», wird sie bereits erwartet; ein Polizist erschießt sie von hinten. Es gibt inzwischen den Begriff der «putativen Notwehr»; der bayrischen Polizei ist außerdem der tödliche, sogenannte finale Rettungsschuss erlaubt. Am 9. Juni kann die Polizei in Frankfurt Rolf Heißler verhaften; es ist der einzige Fall, in dem die im Verlauf der letzten fünf Jahre immer weiter perfektionierte Rasterfahndung tatsächlich zur Festnahme eines Terroristen führte. Ohne dass er seine Waffe ziehen kann, erhält er von einem Polizisten einen Schuss in den Kopf; die Kugel kann operativ entfernt werden, Heißler hat Glück und überlebt. Aber Botho Strauß' Verdacht, man wolle sich auf diese Weise der Terroristen entledigen, scheint sich zu bestätigen.

In Brüssel gehen Werner Lotze, Rolf Klemens Wagner, Sigrid Sternebeck, Ralf Baptist Friedrich, Silke Maier-Witt, Susanne Albrecht und Sieglinde Hofmann und der neu hinzugekommene Henning Beer daran, das Attentat auf Haig auszuführen. Nach monatelanger Planung haben sie am 25. Juni 1979 unter einer Brücke, die Haig bei Obourg auf dem Weg zum Hauptquartier in Brüssel überqueren muss, einen Kessel mit fast zwölf Kilo Plastiksprengstoff deponiert, der mit einem 180 Meter langen Zündkabel verbunden ist. Lotze und Wagner verständigen sich über Funk: Der eine beobachtet die Anfahrt der Wagenkolonne, der andere drückt auf den Auslöser – einen Sekundenbruchteil zu spät; die Sprengmasse detoniert nicht unter, sondern hinter dem Wagen Haigs. Zwar wird der Mercedes von der Druckwelle erfasst, aber kaum beschädigt. Der General bleibt unverletzt, die Insassen des Begleitfahrzeugs tragen lediglich Schürfwunden und Prellungen davon. In der Meinung, sie hätten ihr Ziel erreicht und Alexander Haig wäre tot, fliehen Lotze und Wagner auf dem Motorrad nach Brüssel, wo Sieglinde Hofmann sie erwartet. Zusammen lösen sie die letzte RAF-Wohnung in Brüssel auf und ziehen sich wieder nach Paris zurück.

Es bekennt sich ein «Kommando Andreas Baader» zu dem Anschlag: «wir haben diese aktion gemacht, weil haig in einer besonderen präzision den ‹neuen kurs› oder den ‹modified style› der amerikanischen strategie repräsentiert und exekutiert.»[16] Was immer er repräsentierte, Haig hatte keine Gelegenheit, irgendetwas zu exekutieren. Er musste in relativen Friedenszeiten als Symbolfigur für die angeblich kriegstreiberischen USA büßen. Die Bundesrepublik werde zur «aggressivsten us-base» ausgebaut, «atomwaffenstarrend, mit einer nach oben gleitenden, eskalierenden präsenz amerikanischer truppen ausgestattet, das ganze land eine einzige kaserne»[17]. Das Bekennerschreiben wird nicht bloß auf Deutsch, sondern auch auf Französisch und Englisch herausgebracht.

Dem Größenwahn der RAF konnte kaum ein größerer Gegner als die Nato erwachsen. Nach ihrer Niederlage von 1977 blähte sich die deutsche Stadtguerilla zu einer international operierenden Bewegung auf und suchte allen Ernstes die militärische Auseinandersetzung mit einer unbezwingbaren Weltmacht. Die RAF verfolgte die gleichen Ziele wie die deutsche Friedensbewegung, die allerdings rein pazifistisch operierte und damit genau die Massenwirkung erzielte, von der die RAF in ihren Manifesten träumte. Der im Dezember 1979 gefasste «Doppelbeschluss» der Nato (nämlich einerseits mit der Sowjetunion weiter über Abrüstung zu verhandeln, andererseits der Rüstung der sowjetischen Seite mit eigenen Raketen zu begegnen) treibt Tausende auf die Straße. Am 10. Oktober 1981 werden sich schließlich mehr als eine Million Menschen in Bonn zur bis dahin größten Demonstration der Nachkriegszeit versammeln.

Peter-Jürgen Boock war wegen seiner drogenbedingten Unzuverlässigkeit zeitweise aus der RAF ausgeschlossen worden. Bis auf weiteres blieb er in Aden, wo er nur mehr das Materiallager betreuen durfte. Nach dem gescheiterten Anschlag reute die anderen ihr Verhalten doch, denn ein gewiefter Techniker wie Boock hatte ihnen in Brüssel gefehlt. So wird er wieder in die Gruppe aufgenommen.

Um für die nötige Liquidität zu sorgen, muss erneut eine Bank überfallen werden. Während der Vorbereitungen kommt es zum Streit; Werner Lotze steigt endgültig aus. Nach dem Mord an Hans-Wilhelm Hansen hatte er schon einmal seine Waffe zurückgegeben. Er hatte sich in der Gruppe rechtfertigen müssen, weil er davongekommen war. Ob er überhaupt geschossen habe, wurde er inquisitorisch gefragt. Den Mord an Hansen wird er 1990 gestehen, ohne dass ihm bis dahin etwas vorgeworfen worden war. Er habe seinerzeit schießen müssen, weil er «keine Niederlage für die Gruppe wollte»[18].

Boock bekommt die Chance, sich zu rehabilitieren. Gemeinsam mit ihm betreten Christian Klar, Henning Beer und Rolf Klemens Wagner am Morgen des 19. November 1979 die Schweizerische Volksbank in der Zürcher Bahnhofsstraße und rauben innerhalb von fünfzig Sekunden mit vorgehaltener Pistole 548 000 Schweizer Franken. Zur Flucht wollen sie Fahrräder und die Straßenbahn benutzen. Wagner wird gestellt, als er auf die Tram wartet. In seiner Tasche findet die Polizei eine Pistole und 335 000 Franken. Die anderen drei liefern sich eine wilde Schießerei mit Bankangestellten und Polizisten. Auf der Flucht durch ein Einkaufszentrum im Bahnhofsgelände schießen sie die Hausfrau Edith Kletzhändler nieder, die ihren Verletzungen erliegt. Sie requirieren ein Auto und werden von der Polizei beschossen, während Boock von der Rückbank aus auf die Polizisten zurückfeuert. Schließlich können Boock, Beer und Klar entkommen.

Die wiederum reduzierte Gruppe sammelt sich im Hauptquartier in Paris. Der Anschlag auf Haig ist zwar gescheitert, die Nato-Strategie soll aber weiter verfolgt werden. «Wir haben uns zu identifizieren mit unseren Niederlagen»[19], hatte Ulrike Meinhof schon 1972 erklärt, als sie in Berlin vor Gericht stand. Die RAF kann so nicht weitermachen, aber sie findet einen Weg.

Der real fusionierende Terrorismus

«Geh doch nach drüben!»
Volksmund (ca. 1954–89)

Die RAF entstand als ein Zerfalls-, wenn auch nicht ganz als Zufallsprodukt der Protestbewegung und erlangte ihren besonderen Ruf unter den vielen neuen kommunistischen Sekten durch ihre Militanz. Vom Gründungsaufruf an verstand sie sich als gewaltbereiter, militärischer Arm einer weltrevolutionären Bewegung. Die linken Kritiker mochten noch so streng darauf hinweisen, dass schon Lenin «individuellen Terror» als unvereinbar mit dem Kommunismus abgelehnt hatte, für die RAF ist die Waffe mehr als ein Markenzeichen, das sie im Schilde führt, sie stellt die Verbindung her zwischen der «kleinen radikalen Minderheit», die sich seit 1967 im Verteidigungsfall wähnt, und der großen siegreichen Roten Armee.

So schwach, wie sie inzwischen geworden ist, bedarf die RAF der Unterstützung durch andere, weniger elitär ausgerichtete Gruppen. Dafür bietet sich die «Bewegung 2. Juni» an, die sich unter dem Einfluss der dominierenden Inge Viett ihrerseits radikalisiert und dem kommunistischen Programm angenähert hat, das die RAF in ihren Erklärungen gern verkündete. Der «2. Juni» ist seinerseits geschwächt und auf die Unterstützung der militanteren RAF angewiesen. Die beiden Gruppen bewegen sich aufeinander zu, wobei der «2. Juni» endgültig seine subversiven Anfänge aufzugeben bereit ist. Selbst die Lorenz-Entführung, die nicht nur glimpflich für den Beteiligten, sondern erfolgreich für die Entführer abgelaufen ist, wird inzwischen als «konsumierbares Ritual» abgefertigt: «In unserer propagandistischen Arbeit zu und nach

Peter Lorenz war uns der kurzfristig errungene Sieg wichtiger, als das politisch militärische Niveau zu erkämpfen, das die imperialistische Strategie bricht.»[1]

Trotz der harschen Kritik, die Gudrun Ensslin am Unernst der Bewegung geübt hatte, war man sich doch nicht grundsätzlich feind. Den Behörden fiel es ohnehin schwer, die «Bewegung 2. Juni» und die RAF auseinanderzuhalten, die schon seit 1971 nicht ganz korrekt als Gruppe «anarchistischer Gewalttäter» bezeichnet wurde, ein Titel, den die straff organisierte Kadergruppe RAF weit von sich gewiesen hätte. Anarchisten waren allenfalls die Nachfolger der «Umherschweifenden Haschrebellen» in Berlin. Dennoch blieb man jenseits aller Differenzen solidarisch im Kampf gegen die Autoritäten: Wenn in Stammheim ein neuer Hungerstreik ausgerufen wurde, hungerten die Gefangenen des «2. Juni» in Moabit und Tegel mit, wenn Kontaktsperre verhängt wurde, galt die ebenso für die Aktivisten des «2. Juni». Als es darum ging, die Gefangenen in Stammheim hochzurüsten, waren auch die Berliner gefragt worden, ob sie möglichst kleine Waffen zur Verfügung stellen könnten, die sich in die Zellen schmuggeln ließen. Auch beim Geld hörte die Freundschaft nicht auf: Nach der Palmers-Entführung teilte der «2. Juni» die Beute mit der RAF und der PFLP.[2] Und wie die RAF hat der «2. Juni» mittlerweile ebenfalls ein Guerilla-Training bei den Palästinensern absolviert, bei dem Inge Viett auf den OPEC-Attentäter Hans-Joachim Klein traf, der sie an der Waffe ausbildete.[3]

Auch wenn sich Inge Viett durch ihren Einsatz als Chefin herausprofiliert hatte, legte der «2. Juni» doch immer noch größten Wert darauf, gemeinschaftlich und nicht so paranoid militärisch wie die RAF zu handeln. Nur zögernd konnten sich die Mitglieder entschließen, das alles hinter sich zu lassen. Bis dahin hatte man schon aus Sicherheitsgründen darauf geachtet, getrennte Wege zu gehen. Die Geheimhaltung zwischen den beiden Gruppen war so entschlossen gewahrt worden, dass die Leute vom «2. Juni», die sich zum Tatzeitpunkt ebenfalls in Karlsruhe befanden, nicht darüber informiert wurden, dass dort für die Karwoche 1977 der Anschlag auf den Generalbundesanwalt Siegfried Buback und dessen Begleiter geplant war. Auch von der Schleyer-Entführung wussten sie nichts, oder doch nur, dass eine Aktion bevorstand, von der «die ganze Zukunft (...) geprägt»[4] sein würde.

Beim «2. Juni» entwickeln sich Befreiungsaktionen nicht gleich zu existenzialistischen Dramen wie bei der RAF. Am 27. Mai 1978, ein Dreivierteljahr nach der Schleyer-Entführung, stürmt ein Kommando unter der Führung von Inge Viett den Besucherraum im Gefängnis Moabit und befreit den Genossen Till Meyer. Gemeinsam fliehen sie über Ostberlin nach Bulgarien. Am Strand überlegt die Freibeuterbande, ob sie sich nicht auch an der Nachrüstungsdebatte beteiligen könnte. Der Plan ist so verwegen wie naiv-romantisch: Man will den Bundeswehrgeneral Gerd Schmückle entführen, um von ihm «Auskunft über die militärischen Planungen der Nato und Bonns»[5] zu erhalten. Doch wird Meyer innerhalb weniger Tage zusammen mit Angelika Goder, Gabriele Rollnik und Gudrun Stürmer von einer BKA-Truppe festgenommen. Das BKA hat die Telefongespräche mit einer Kontaktadresse in Bielefeld abgehört und kann deshalb schnell feststellen, wo die Gesuchten untergetaucht sind. Nach Mogadischu darf ein weiteres Mal eine deutsche Polizeitruppe im sozialistischen Ausland operieren. Seit in Italien die «Brigate Rosse» nach dem Muster der Schleyer-Entführung Aldo Moro, den Vorsitzenden der Democracia Christiana entführt und anschließend ermordet haben, befindet sich ganz Europa in Alarmbereitschaft. Da man eine Beteiligung östlicher Geheimdienste vermutete, waren diese nur allzu gern bereit, mit dem Westen zusammenzuarbeiten, und sei es, um zu beweisen, dass die Terroristen der gemeinsame Feind waren; ein entsprechender Wink aus Moskau dürfte hilfreich gewesen sein.

Inge Viett bleibt seltsamerweise unbehelligt. Sie reist weiter nach Paris, wo sie aus Rache mehrere Anschläge auf bulgarische Einrichtungen unternimmt. Obwohl sie vom «Verrat» eines kommunistischen «Bruderstaats» enttäuscht ist, lässt sie sich von

Berliner Freunden so weit zureden, «daß weitere schwerwiegende Angriffe auf die VR Bulgarien unterblieben»[6].

Ob zwischen dem Ministerium für Staatssicherheit (MfS) der DDR und Inge Viett bereits Mitte der siebziger Jahre eine Verbindung bestand, wie die Journalisten Michael Müller und Andreas Kanonenberg behaupten,[7] ist eher zweifelhaft. Aber die Staatssicherheit wusste von Anfang an sehr genau über die Reisebewegungen sowohl der RAF wie des «2. Juni» Bescheid, zumal der sicherste Weg aus Westberlin heraus über den DDR-Flughafen Schönefeld führte. Aus der Kontaktaufnahme, die Ulrike Meinhof im Sommer 1970 in Ostberlin versucht hatte, war damals nicht die erhoffte Zusammenarbeit geworden.

Ulrike Meinhofs Kontakte knüpft Inge Viett 1978 neu und diesmal erfolgreich. Im Frühjahr 1978 wird sie bei der Einreise nach Ostberlin angehalten, durchsucht und mit einer Waffe im Hosenbund ertappt.[8] Harry Dahl, der Leiter der Abteilung XXII im MfS (Terrorabwehr) erscheint, begrüßt sie als «Genossin», behauptet, sie schon lange zu kennen, und versichert ihr gleich, dass sie nichts zu befürchten habe. «Die DDR würde zwar unsere terroristische Praxis nicht in Ordnung finden, aber es entspräche nicht ihrem kommunistischen Verständnis, uns an den Gegner, der ja auch der ihre wäre, zu verraten.»[9] Es gibt, versichert ihr Harry Dahl zum Abschied, «keine Zusammenarbeit mit dem BRD-Polizeiapparat, die unsere Sicherheit bedrohen würde»[10]. Seitdem führt die Staatssicherheit eine Karteikarte über sie, auf der sie (nicht ganz korrekt) zugeordnet wird: «Die VIETT ist führendes Mitglied der ‹RAF›.»[11]

Dahl bietet vor allem Reiseerleichterungen für die Terroristen an. Schon bisher war der Weg über Ostberlin die einfachste Möglichkeit, aus dem eingeschlossenen Westberlin in den Nahen Osten oder nach Paris zu gelangen. Doch bei jeder Reise von Westdeutschland nach Berlin und wieder heraus waren die rigiden Grenzkontrollen zu ertragen. Deshalb entschloss sich nicht nur Bommi Baumann, der Stasi alles zu sagen, was er ohnehin auf der Zunge trug; damit erleichterte er sich das Reisen. Auch die Band «Ton Steine Scherben» berichtete bereitwillig über ihren Drogenkonsum und über allgemein bekannte Vorgänge in Westdeutschland. Dafür mussten sie nicht mehr bei jeder Fahrt die Verstärker auseinanderbauen. Seit sie «beim westdeutschen Staatsschutz als RAF-Sympathisanten anerkannt waren»[12], wurden sie von den Grenzern im Osten durchgewinkt, von denen im Westen aber umso schärfer kontrolliert. Diesen Status erreicht Inge Viett jetzt auch: Als sie nach der Befreiung Till Meyers an der Grenze festgehalten wird, genügt ein Anruf bei Harry Dahl, und sie darf passieren. Wieder verspricht er ihr, es werde seitens der Staatssicherheit keine Zusammenarbeit mit der westdeutschen Polizei geben.

Das bisher gezeigte «Wohlverhalten», so schließt ein Bericht von 1979 über die Toleranz der DDR gegenüber Terrorgruppen, «bestärkte offenbar diese Kräfte in der Meinung, die DDR auch für ihr strategisches Konzept des ‹bewaffneten Kampfes› gewinnen zu können, welches weltweit Gewaltakte einschließt».[13]

Am 5. Mai 1980 werden in Paris Sieglinde Hofmann von der RAF sowie Ingrid Barabaß, Carola Magg, Karin Kamp-Münnichow und Regina Nicolai von der «Bewegung 2. Juni» verhaftet. Mittlerweile ist die RAF nur zu gern bereit, die verwegene und ihrerseits dezimierte Schar vom «2. Juni» aufzunehmen. Vor einer regelrechten Fusion aber fordert sie allen Ernstes Selbstkritik. «Wir sollten uns unterwerfen»[14], berichtet Gabriele Rollnik, die nicht bereit war, den anarchistischen Aufbruch zu verleugnen. Die Leute vom «2. Juni» hatten allerdings den Kammergerichtspräsidenten Drenkmann ermordet, aber anders als bei der RAF war die Brutalität nicht die Voraussetzung für ihren Kampf. Bei der Entführung von Peter Lorenz kam niemand zu Schaden, und Walter Palmers verabschiedete sich nicht ohne Grund mit Wiener Höflichkeit von seinen Entführern – er bedankte sich sogar für die gute Behandlung. Für richtige Terroristen waren die Leute vom «2. Juni» einfach nicht militärisch genug. Bei der Ausbildung im Palästinenserlager war es der strikt antiautoritären Gruppe sogar gelungen, die hierarchischen Strukturen bei den Ausbildern aufzulösen.

Beim Prozess wegen der Ermordung Günter von Drenkmanns und der Entführung von Peter Lorenz darf auch die undogmatische Geschichte des «2. Juni» ein letztes Mal zur Sprache kommen, der als «Spaßguerilla» begann und sich lange dagegen wehrte, als Truppenteil einer Roten Armee zu enden. Fünf Jahre nach der Verhaftung der Tatverdächtigen hatten die V-Leute genügend Material herbeigeschafft, sodass die Bundesanwaltschaft lebenslänglich für Ralf Reinders und für seine Mitangeklagten jeweils fünfzehn Jahre Gefängnis fordern konnte. Zu ihnen gehört auch Fritz Teufel. Am 27. Mai 1980, dem 178. Verhandlungstag, steht der verdiente Spaßvogel des Volkes auf und plädiert für sich. Man merkt ihm die Folgen der langen Haft und des wiederholten Hungerstreiks an. Er ist noch einer aus der allerersten Generation der Aktivisten, zu alt eigentlich für die terroristische Bewegung, über die hier verhandelt wird, und er hat einen Ruf zu verteidigen. Er bittet den Vorsitzenden Richter Geus um Entschuldigung, wenn er diesmal nicht seine üblichen Possen anbieten könne.[15] Der Teufel sieht gar nicht mehr zum Fürchten aus: «Wie Sie sehen, habe ich mich nach den Blödoyers der Bundesanwälte rasiert und mir die Haare schneiden lassen, um der Welt die Fratze des Terrors zu zeigen, die ich bisher hinter Bart und Matte versteckte.» 1638 Tage saß er in Haft, aber er saß unschuldig, wie er so treuherzig wie möglich vorträgt, denn er hat als Alibi seinen Ausflug zur werktätigen Bevölkerung: Während der Lorenz-Entführung war Teufel mit der Herstellung von Klodeckeln beschäftigt.

Die Staatsanwaltschaft ist brüskiert, versucht mit halsbrecherischen Konstruktionen die Anwesenheit Teufels an dem einen oder andern Tatort nachzuweisen und wie es ihm vielleicht doch noch gelungen sein könnte, trotz Mord und Entführung in Berlin am nächsten Tag in Essen pünktlich seine Schicht anzutreten. Es hilft alles nichts: Teufel, der einmal als Berufsziel «humoristischer

Schriftsteller» und als Vorbild Wilhelm Busch angab, hat die Strafverfolgungsbehörden ein weiteres Mal unsterblich blamiert. Die fünf Jahre Haft wegen Waffenbesitzes, Diebstahls und Mitgliedschaft in einer kriminellen Vereinigung, für die ihn das Gericht verurteilt, sind durch die Untersuchungshaft bereits abgegolten. Teufel ist am Tag der Urteilsverkündung frei und lässt sich von den Anwälten an der Bank vorbeifahren, in der er in einem früheren Leben Negerküsse verteilt hatte. «Lass mich kurz aussteigen», sagt er zu seinem Verteidiger. «Ich will nur kurz ein Konto eröffnen.»[16]

Zwei Wochen nach Teufel geben auch die ebenfalls Mitangeklagten Gabriele Rollnik, Angelika Goder und Gudrun Stürmer eine überraschende Erklärung ab. Der Ton ist selbstkritisch, in der Wortwahl nähern sich die Autorinnen sogar der rituellen Selbstkritik in betonkommunistischen Parteiverbänden an. «Wir haben die revolutionäre Theorie ... für unwichtig gehalten und ‹drauflos gekämpft›, mit dem Ziel, die Jugendlichen anzutörnen. Und so haben wir auch unsere Praxis nach der Frage, was törnt an, bestimmt und nicht nach der Frage, wo sind die wirklichen Widersprüche, die Friktionen in der imperialistischen Strategie, die wir angreifen müssen.»[17] Angreifen können aber die Leute von der RAF besser, die es schon immer auf die großen Ziele abgesehen hatten und denen die Revolutionsfolklore, die jemand wie Fritz Teufel pflegte, denkbar fremd war. Logische Konsequenz: «Wir lösen die Bewegung 2. Juni als Organisation auf und führen in der RAF – als RAF – den antiimperialistischen Kampf weiter.»[18]

In der Erklärung, die am 11. Juni 1980 auch in der *Frankfurter Rundschau* erscheint, ist in dem bekannten freudlosen Jargon der RAF viel von Befreiungsbewegungen, Ost-West-Gegensatz, Kriegsvorbereitungen, vom «Kampf um Kommunismus», einer «historischen Aufgabe» und wiederum vom Eskalieren die Rede, aber es soll der Abschiedsbrief des «2. Juni» sein: «EINHEIT IM ANTIIMPERIALISTISCHEN BEWAFFNETEN KAMPF. Zum letzten Mal: Bewegung 2. Juni.»[19]

Mit vereinten Kräften kann der antiimperialistische Kampf wieder aufgenommen werden. Die RAF will weiterhin ihren Beitrag zur Debatte um die Nachrüstung leisten und hat sich als Zielobjekt wiederum einen hohen Nato-Offizier ausgesucht. Der Viersternegeneral Frederick Kroesen ist Commander in Chief der US-Landstreitkräfte und Commander des Nato-Abschnitts Europa-Mitte mit Sitz in Heidelberg. Wie bei Schleyer und Haig wird die Strecke ausgespäht, die er regelmäßig zurücklegt. Noch bei der Vorbereitung dieses Anschlags kommen am 25. Juli bei einem Verkehrsunfall in der Nähe von Bietigheim-Bissingen Juliane Plambeck (früher «2. Juni») und Wolfgang Beer ums Leben. In einem weiteren Fahrzeug fahren zwei andere Gruppenmitglieder, die den Unfall mit ansehen. Sie können nur mehr den Tod der beiden feststellen, dann verschwinden sie. Der Ausfall von Beer und Plambeck schwächt die RAF weiter, zumal mehrere Mitglieder sich aus dem bewaffneten Kampf verabschieden wollen.

Ein weiterer Hungerstreik, es ist bereits der achte, soll die Unterstützer mobilisieren, damit sie endlich etwas für die Eingeschlossenen unternehmen. In der Erklärung, die zu Beginn des Hungerstreiks, am 6. Februar 1981, herauskommt, versteigen sich die RAF-Häftlinge noch weiter in ihre Paranoia. Sie sehen sich als Zielscheibe des Imperialismus, als «Kriegsgefangene mit Geiselstatus»; es habe sogar im Nationalen Sicherheitsrat der USA eine «Entscheidung zur Endlösung» gegeben: «Die Exekution von Andreas, Gudrun, Jan, Ingrid und unserer Schwestern und Brüder aus dem Kommando Martyr Halimeh.»[20]

Im Laufe dieses Hungerstreiks stirbt am 16. April Sigurd Debus, der kaum zur eigentlichen RAF zu zählen ist, sich ihr aber im Streik und erst recht durch seinen Tod angeschlossen hat. Seit 1975 verbüßte er eine zwölfjährige Haftstrafe wegen mehrerer Banküberfälle, Waffenbesitzes und dem Versuch, eine terroristische Vereinigung aufzubauen. Debus war verhaftet worden, als er an einer Bombe bastelte, deren Einsatz durch den Hinweis eines wachsamen Mitbürgers allerdings verhindert wurde. Die Reihe der Märtyrer, auf die man sich berufen kann, ist noch länger geworden. In der Gruppe ist die Empörung über Debus' Tod groß, aber die Empörungsbereitschaft in der Bevölkerung hat seit der Schleyer-Entführung stark nachgelassen. Nichts erinnert mehr an den Mobilisierungseffekt nach dem Tod von Holger Meins.

Am 31. August 1981 unternehmen Helmut Pohl, der im Herbst 1979 nach Verbüßung seiner Haftstrafe freigekommen ist, und Ingrid Jakobsmeier, die im Jahr darauf zur RAF fand, einen Sprengstoffanschlag auf das Hauptquartier der US-Luftwaffe Europa-Mitte in Ramstein, in dem auch die Zentrale der Nato-Luftstreitkräfte Europa-Mitte untergebracht ist. Sie beladen einen VW mit annähernd hundert Kilo Sprengstoff, fahren ihn auf den Parkplatz und aktivieren den Zeitzünder. 17 Menschen werden zum Teil lebensgefährlich verletzt; die Explosion richtet einen Millionenschaden an. Es bekennt sich ein «Kommando Sigurd Debus» zu dem Anschlag auf die «zentrale für den atomkrieg in europa» und die «startbasis für den krieg in der 3. welt».[21]

Zwei Wochen später wird der nächste Schlag gegen die «weltbeherrschungspläne der us-imperialisten» geführt, das lange geplante Attentat auf Nato-General Frederick Kroesen. Auf seinem Weg zur Dienststelle in Heidelberg lauert ihm ein Kommando unter der Führung von Christian Klar auf. Er hat sich ein Zelt und genügend Lebensmittel besorgt, um mehrere Tage in einer kaum einsehbaren Lichtung am Hang über der Straße entlang des Neckars hausen zu können. Das Attentat soll mit einer sowjetischen Panzerfaust RPG-7 bewerkstelligt werden. Christian Klar feuert von seinem Hochsitz aus zwei Granaten, Kaliber 85 mm, auf die unten vorbeifahrende gepanzerte Limousine Kroesens. Ein Geschoss trifft den Kofferraum, das zweite durchschlägt den Fahrgastraum und dringt wieder nach draußen. Die Insassen werden nur leicht verletzt.

Mit viel Glück überlebt Frederick Kroesen den Anschlag ebenso wie vor ihm Alexander Haig, und bei der Sprengladung in Ramstein kam es wegen der frühen Stunde nicht zu Toten. Die RAF hat dennoch zeigen können, wie gewaltbereit sie immer noch ist und welches technologische Niveau diese Gewaltbereitschaft inzwischen erreicht hat. Die Eskalation, die der amerikanischen «Militärmaschinerie» vorgeworfen wird, gehört auch bei deren Gegnern zum Programm, und nach wie vor wird jede Gewalttat als Widerstandsakt legitimiert: «widerstand heisst angriff gegen den konterrevolutionären angriff. widerstand heisst die eigene praxis in den zusammenhang der Guerilla stellen»[22], heißt es im Bekennerschreiben des «Kommandos Gudrun Ensslin», in dem auch nochmal klargestellt wird, gegen wen das Attentat sich richtete: «kroesen ist frontgeneral.» Die RAF befindet sich weiter im Krieg.

Der Osten ist rot

«Ihre volle Resozialisierung wurde erreicht.»
*Generalleutnant a. D. Gerhard Neiber
über die RAF-Aussteiger*

Im Herbst 1980 sind Christian Klar, Adelheid Schulz, Helmut Pohl, Inge Viett und Henning Beer in die DDR gereist, um Unterstützung bei der Staatssicherheit zu finden. «Bei einem Treffen», so etwas unbestimmt Inge Viett, sei vorsichtig gefragt worden, ob «das MfS bereit wäre, sie finanziell und materiell zu unterstützen». Eine direkte Subvention der beiden Terror-Vereine lehnt die Stasi ab, bietet jedoch Waffenbrüderschaft und fürs Erste einen Lehrgang an. Die RAF und die «Bewegung 2. Juni» verfügten zwar dank der Palästinenser bereits über eine solide militärische Ausbildung, «aber die Professionalität in der DDR war außerordentlich attraktiv», wie sich Inge Viett dankbar erinnert. «Alles war durchorganisiert, trotzdem locker, guerillamäßig, kein militärischer Drill, kein autoritäres Vermitteln.»[1]

Die Verhandlungen mit der Staatssicherheit haben gleichzeitig ein strikt ziviles Ziel. Nach Lotze hatten auch andere Mitglieder aufgegeben, was ihnen die Bezeichnung «Fehler» eintrug, kein besseres Wort für Versager. Boock musste wegen seiner Labilität von seinen Freunden bewacht werden. In einem unbeobachteten Moment setzte er sich ab, floh nach Hamburg und konnte dort untertauchen. Die anderen Kampfmüden suchten gemeinsam mit der Gruppe eine Lösung. Inge Viett trägt ihrem Vertrauensmann bei der Stasi den Wunsch der Aussteiger vor, sich in einem fernen Land außerhalb der Reichweite der bundesrepublikanischen Rasterfahndung anzusiedeln. Sie denkt an Mosambik oder Angola, und tatsächlich haben bereits einige begonnen, Portugiesisch zu lernen. Die Verbindungen der DDR in diese sozialistischen Länder wären vielleicht hilfreich bei der Kontaktaufnahme. Da macht Dahl einen überraschenden Vorschlag: «Habt ihr nicht mal daran gedacht, die demobilisierten Kämpfer zu uns zu bringen?» Denn befreundete Kämpfer sind sie doch. Die Fusionserklärung von RAF und «2. Juni» in der *Frankfurter Rundschau* hatte Harry Dahl selbstverständlich gelesen und fand das gar nicht klug. «Der Klassenfeind muß doch nicht alles wissen ...» Wohl aber die Stasi. Ein kleiner Informationsvorsprung im Wettbewerb der Systeme ist kein Nachteil.[2]

Mit dem real existierenden Sozialismus hatte die RAF bis dahin (wie alle linken Organisationen im Westen) ihre Schwierigkeiten. Zwar wurde in der DDR und auch in der glorreichen Sowjetunion der Aufbau des Sozialismus vorangetrieben, aber es war dabei ein weiterer autoritärer Staat entstanden, der sich bei aller Liebe doch nicht so sehr von dem Leviathan unterschied, den es im Westen zu bekämpfen galt.

Im Hauptquartier in Paris sammeln sich die Aussteiger. Die RAF ist bei jedem einzelnen bereit, ihn aus der Gruppe zu entlassen, doch ist der Innendruck so groß, dass sich die Abtrünnigen wie Verräter fühlen. Silke Maier-Witt soll offen geweint haben: «Ein Ausstieg war für mich eine persönliche Niederlage, da ich mir vorwarf, nicht fähig zu sein, Gruppenmitglied zu sein.»[3] Sie und die anderen werden nach Abgabe der Waffe in andere Wohnungen verbracht, schließlich in einem Haus in der Bretagne zusammengeführt, um dort die Übersiedlung in die DDR zu erwarten.

Im Sommer 1981, knapp vier Wochen vor dem Anschlag auf das US-Hauptquartier in Ramstein, ist Inge Viett damit beschäftigt, die letzten Spuren ihres Aufenthalts in Paris zu beseitigen. Als sie mit einem Motorrad ohne Sturzhelm durch die Stadt fährt, will sie der Polizist Francis Violleau anhalten. Bei der Flucht gerät sie in eine Sackgasse, schießt auf Violleau und verletzt ihn so schwer, dass er sein Leben lang gelähmt bleibt. Neunzehn Jahre später stirbt er vierundfünfzigjährig.[4]

Inge Viett folgt Susanne Albrecht, Monika Helbing, Silke Maier-Witt, Sigrid Sternebeck, Ralf Baptist Friedrich, Ekkehard von Seckendorff-Gudent, Christine Dümlein, Werner Lotze und Henning Beer, die bereits in der DDR angekommen sind. Die zehn Umsiedler erhalten eine neue Identität, einen Arbeitsplatz, eine Wohnung und einmal im Monat, später halbjährlich, eine maßvolle Schulung, die aber eher einem Kameradschaftstreffen gleicht, bei dem mögliches Heimweh nach der Militanz oder gar nach dem Westen abgeschöpft wird. Die Waffe haben sie bereits abgegeben, und in der heimatnahen und doch so fernen DDR beginnt ein neues Leben. Am Ende einer mehr oder weniger erfolgreichen Laufbahn als Terroristen werden sie in einem kommunistischen Land pensioniert, das einst tatsächlich mit den Waffen der Roten Armee entstanden ist: Diese Fraktion der RAF stolpert als historisches Zitat der Roten Armee hinterher.

Sorgfältig legendiert, mit einem Geburtsort außerhalb Deutschlands versehen und als geschieden und auch sonst enttäuscht vom Leben im Westen ausgezeichnet, gehen die Neubürger als Krankenschwester, Arzt oder Laborantin ins Volk und bewegen sich dort, nach Maos Gebot, wie die Fische im Wasser. Das Volk reagiert allerdings manchmal etwas verständnislos, wenn ihm weisgemacht wird, die neue Kollegin sei freiwillig aus der BRD in die DDR übergesiedelt. Inge Viett ist jetzt Eva Maria Sommer und Bürgerin der DDR. So löst sie für sich den manichäischen Imperativ von Holger Meins und findet, ohne sich eindeutig für oder gegen etwas entscheiden zu müssen, aus der hypermoralischen Falle der RAF heraus und auf einen dritten Weg. *Tertium dabitur.*

Als überzeugte Kommunistin muss sie zugeben, sich bisher zu wenig um den realen Sozialismus gekümmert und die DDR snobistisch allenfalls als Durchreiseland in die arabischen Länder betrachtet zu haben. Nach einer schrecklichen Kindheit in Pflege und Heim, nach anstrengenden Jahren im Untergrund und im Gefängnis befindet sich Inge Viett 1982 endlich «auf befreitem Gebiet», im heimatlichen Ausland, von dem schon die Studentenbewegung mit ihrer Schwärmerei für die «Dritte Welt» träumte. Aus ihrer «selbstbezogenen Trübnis» war Viett der Qualitätssprung in die «Stromschnellen der Militanz» gelungen[5], aber die lässt sie jetzt ebenfalls hinter sich. Dafür also, so lautet die Botschaft ihrer Autobiographie «Nie war ich furchtloser», dafür hatten die RAF und die «Bewegung 2. Juni» all die Jahre gekämpft, für einen Vorruhestand in der DDR.

Jahrelang war Inge Viett «unterwegs in Sachen Revolution». Sie gehörte zum terroristischen Jetset, wenn sie von Prag nach Karatschi nach Moskau nach Aden flog, nicht anders als der ungreifbare Carlos, der in diesen Jahren in Europa sein Unwesen treibt und ebenfalls über beste Kontakte nach Ostberlin verfügt. Man denke sich ein flottes Aktenköfferchen dazu und den Respekt der bodenverhafteten Grenzkontrolleure: So weit wie diese Inge Viett würden sie nie herumkommen in der Welt.

Schließlich gibt es nichts mehr zu sabotieren und zu entführen. Nach den Jahren in der Guerilla, dem zweimaligen Gefängnisausbruch, den Banküberfällen und Schießereien tut eine Erkenntnis besonders weh, nämlich dass der neue «Massenwiderstand auf der Straße» gegen Atomkraftwerke und die Nachrüstung wirkungsvoller ist als Entführungen und Bombenanschläge, zumal er sich «ganz und gar ohne uns und die RAF» entwickelt hat. Beide Vereine, in denen Inge Viett als leitende Angestellte mitgewirkt hat, sind zu Anfang der achtziger Jahre nur mehr unbegreifliche Relikte aus der späten Adenauerzeit. Die Gegner haben inzwischen dazugelernt, und das Volk, das doch in die Freiheit geführt werden sollte, will gar nicht mehr, jedenfalls nicht diese.

Der unauffällige Rückzug ist die menschenfreundlichste Option, und die beste für alle Beteiligten. «Alle Personen haben sich fest in das berufliche und öffentliche Leben eingegliedert»[6], heißt es 1985 in einem Bericht über die Aussteiger. Die Neubürger werden bespitzelt, ihre Wohnungen sind verwanzt, und einige von ihnen dienen der Stasi wiederum als IMs für die Mitbürger. Inge Viett zum Beispiel findet die neuen Kollegen in den Betrieben, in denen sie arbeitet, so träge, verschlossen, intrigant, manchmal auch offen feindselig, wie eben Kollegen auf der ganzen Welt sind. Als es mit der DDR längst bergab geht, stürzt sie sich mit dem Eifer der Frischbekehrten in die Arbeit.

Silke Maier-Witt gilt als BRD-Bürgerin (die Legende lautet, sie sei in Den Haag geboren) und wird deshalb immer auf ihre Übersiedlung in den Osten angesprochen. Ihre Tätigkeit als Krankenpflegerin bringt sie mit vielen Menschen in Verbindung, und das Interesse an ihrer Biographie bringt die Kollegen ihrerseits zum Reden. Silke Maier-Witt petzt alles weiter: wer trinkt, wer Witze über andere erzählt, wer bei Parteiversammlungen einschläft, wer den Film über Ernst Thälmann nicht anschauen will. «Westkontakte» werden gemeldet, Devisenbesitz, die Lektüre von Frauenzeitschriften aus der Bundesrepublik, und eine Kollegin «hatte sogar feuchtes Toilettenpapier aus der BRD mit».[7] Außer den glücklich der BKA-Fahndung Entronnenen glaubte 1982 wahrscheinlich nur noch Franz Josef Strauß so inbrünstig an die DDR.

Am 9. November 1985 zieht Silke Maier-Witt eine «Persönliche Bilanz nach 5 Jahren»[8]. Offenbar waren die überlieferten Aufzeichnungen für ein Referat im Kreis der ehemaligen Kämpfer gedacht. Auch mit neuer Identität bleibt die RAF eine politische Psychosekte. Zum Schluss ihrer Aufzeichnungen wird Silke Maier-Witt die «Gefährten» noch einmal in «Kampfgefährten» verbessern, aber der Abschied vom bewaffneten Kampf ist längst vollzogen. Nicht anders als die Selbstbeschreibungen ihrer Kampfgefährten lesen sich diese Bekenntnisse so brav parteikommunistisch, wie es im Ostblock längst keiner mehr war. Ist die Bekenner- und Verkündungsprosa der RAF schon schwer erträglich, so meldet sich in den Berichten aus dem neuen, besseren Leben ein noch ganz anderes Grauen: «Die 5 Jahre waren Jahre des Suchens und des Lernens, es waren Jahre voller Neuigkeiten, Jahre des Staunens und Begreifens und auch Jahre von Erfolg und Niederlagen. Es war vor allem eine Zeit der inneren Umwandlung, der Wandlung vom linken Chaotentum zum Kommunismus.»[9] Selbst den beaufsichtigenden Stasi-Leuten war der Eifer der Neubürgerin nicht ganz geheuer: «Im Mai 1988 zeigte sich, daß der IM vielfältige Aktivitäten zur übertriebenen Eigenprofilierung und -entwicklung innerhalb des Betriebes» unternommen habe, sogar ein ganz DDR-untypisches «überdurchschnittliches berufliches Engagement, politisch-progressives Auftreten» an den Tag lege, wodurch die Legende des IM und die Sicherheit der sie überwachenden Behörden gefährdet schienen.[10]

Fort kann sie nun nicht mehr, deshalb malt auch Inge Viett sich die hässliche Welt schön. Naturwüchsig stellt sich die wandervogelartige Sentimentalität ein, die sie als Kind entbehren musste: «Das Bilatal, die sächsische Schweiz, die uralten Kiefern der Boddenlandschaften ... Hiddensee im Novembersturm ... Die tiefgrünen mecklenburgischen Wälder, in denen wir uns verlaufen und nächtigen müssen, die ruhigen freien Seen mit ihren Mücken, Fröschen und leisen Wellen, von keiner Touristikindustrie belästigt ...»[11] Es war einmal, die DDR.

«Wie kann man nur mit so einer Vergangenheit leben?» steht drohend in einem anonymen Brief, den Susanne Albrecht in der Post findet. Nicht einmal ihr Mann weiß von ihrer Vorgeschichte, aber es hat sie offensichtlich jemand erkannt. Auch Inge Viett wird enttarnt; vermutlich waren es DDR-Bürger, die auf einer Reise zu Verwandten im Westen die Gesichter auf den Fahndungsplakaten gesehen haben. Beide Frauen müssen, um die DDR nicht zu blamieren, erneut die Identität wechseln. Silke Maier-Witt wird ebenfalls erkannt. Eine Kollegin, die in den Westen ausgereist ist, meldet den Behörden, was sie über die Frau auf dem Fahndungsplakat weiß. Das BKA, auch der BND sind demnach informiert. Dennoch hält man sich aus politischen, jedenfalls taktischen Erwägungen zurück. Am 26. Mai 1986 notiert ein BKA-Beamter, es gebe Grund zur Annahme, «daß der BND nicht gewillt ist, sein in der DDR bestehendes Ermittlungsnetz wegen der Recherchen nach einer Person, von der nur die Vermutung besteht, daß es sich um eine Zielperson handelt, zu gefährden»[12].

Spätestens seit 1986 wirkt das Verschwinden der RAF in der DDR wie eine große Verschwörung, in die alle möglichen Institutionen und Personen in Ost und West eingeweiht waren. Die Informationen über die Aussteiger wandern zwischen BND, Stasi und dem Geheimdienst der UdSSR hin und her. Die «angebliche Gerlach» (Silke Maier-Witt) soll die Ausbildung abgebrochen haben und sich nicht mehr in Erfurt aufhalten. Es ist die Rede von einem Rechtshilfeersuchen (die DDR lieferte natürlich nicht aus). Die «angebliche Gerlach» muss sich 1987 sogar einer Gesichtsoperation unterziehen, um wieder unkenntlich zu werden.[13]

Bei der Bundesanwaltschaft war schon vor der Umsiedlungsaktion bekannt, dass die DDR nicht bloß Ulrike Meinhof verbunden war und über Anwälte auch nach deren Tod Kontakt nach Stammheim hielt[14], sondern sich auch als Asylland für die RAF anbot. Die DDR habe die «theoretischen Arbeiten der RAF im antiimperialistischen Kampf (...) durchaus ernst genommen», berichtete der während der Schleyer-Entführung festgenommene RAF-Kurier und spätere Kronzeuge Volker Speitel der Bundesanwaltschaft, die sich den Sachverhalt bereits 1979, als die RAF selber noch längst nicht wegen einer möglichen Übersiedlung verhandelte, folgendermaßen notierte: «So dürfte es zu erklären sein, daß die DDR auf offiziösen Kanälen zu verstehen gegeben haben soll, daß sie die Gefangenen nehmen würde. Die Kontakte in die DDR wurden von Rechtsanwalt Weidenhammer gehalten.»[15] Ganz gleich, welche Interessen die DDR damit verfolgte, es gab diese Kontakte bereits seit Mitte der siebziger Jahre. Der ersten Generation, die ohnehin zu lebenslänglicher Haft verurteilt war, nützten sie nichts mehr, wohl aber den Nachfolgern, die sich entschließen konnten, die Waffen zurückzugeben.

Wenn die Bonner Regierung 1982 unter Bundeskanzler Schmidt tatsächlich nicht gewusst haben sollte, dass Silke Maier-Witt und die neun anderen in der DDR verschwunden waren, so wusste die nachfolgende Regierung Kohl spätestens seit 1986, dass Silke Maier-Witt, deutlich sichtbar an jeder westdeutschen Tankstelle als Terroristin gesucht, in der DDR versteckt war. Aber da lebte sie unter Aufsicht und konnte keinen Schaden mehr anrichten. Auf die Frage des Autors, ob die Bundesregierung tatsächlich so ahnungslos war, wie sie tat und tun musste, antwortete Helmut Schmidt etwas kryptisch: «Unsere Aufgabe damals war, einerseits Menschenleben zu retten und andererseits die Verbrecher zu fassen und sie vor Gericht zu stellen – nicht aber einen großen Konflikt mit der DDR und mit dem Islam zu provozieren.»[16]

1997 wurden in Berlin-Moabit vier Offiziere des Ministeriums für Staatssicherheit angeklagt. Der Verteidiger Karl Pfannenschwarz erklärte, Harry Dahl, Günter Jäckel, Hans-Hermann Petzold und Gerd Peter Zaumseil «müssten eher einen Verdienstorden bekommen, weil sie die Terroristen aus dem Verkehr gezogen haben. Das war ein erfolgreiches Resozialisierungsprogramm.»[17] Die vier werden zunächst wegen versuchter Strafvereitelung zu Geldstrafen bis fünftausend Mark verurteilt und im Jahr darauf schließlich freigesprochen. Nicht ausgeschlossen, dass der Freispruch vor allem dem Rechtsanwalt Osterloh zu verdanken ist, der damit drohte, die «RAF-Stasi-Connection»[18] zu einer Dreiecksgeschichte bis nach Bonn und ins Bundeskanzleramt zu verlängern. Honecker habe Helmut Schmidt informiert; sogar der Überbringer der Information sei, so Osterloh, bekannt: «Es war Hans-Jürgen Wischnewski.»[19] (Der wiederum nichts gewusst haben will.)

Der Nutzen dieser halbamtlichen Bereinigung des Problems ist gar nicht hoch genug zu veranschlagen: Die Terroristen legten die Waffen nieder, waren dafür der westdeutschen Fahndung entzogen und verblieben in der DDR unter strenger Aufsicht. Als aktive Terroristen hätten sie weitere militärische und politische Einrichtungen und Institutionen (und vor allem deren Repräsentanten) bedroht, als Gefangene hätten sie durch Hungerstreik-Aktionen unablässig auf sich aufmerksam gemacht und schließlich durch weitere Selbstmordinszenierungen dem Ansehen der Bundesrepublik nicht zuletzt im Ausland schaden können. Darum sagte

Stasi-Chef Erich Mielke mit einigem Recht: «Ich bin der Überzeugung, daß wir damit auch der BRD einen großen Dienst erwiesen haben.»[20]

Als alter Straßenkämpfer konnte Mielke seine Sympathien für die RAF nicht ganz verhehlen. «Ihre Haltung zur kapitalistischen Gesellschaftsordnung, ihre Orientierung an der sozialistischen Idee stand unseren Auffassungen nahe. Deshalb wollten wir ihnen helfen»[21], erklärte er 1992. Nächstenliebe war aber nicht das einzige Motiv. «Im Falle eines Krieges», so Mielkes langjähriger Stellvertreter Markus Wolf, «hätten wir ein *stay behind* von Leuten brauchen können, die in der Lage gewesen wären, im Hinterland des Aggressors eine Guerilla aufzubauen, Netze von Spezialisten, die Brücken sprengen und strategische Installationen hätten angreifen können.»[22] Das sind Überlegungen aus dem Kalten Krieg, der sich aber in den späten siebziger und frühen achtziger Jahren erneut verschärfte.

Zwischen 1974 und 1988 soll sogar eine zweihundert Mann starke DKP-Kampftruppe existiert haben, die in der DDR geschult und für den bewaffneten Kampf gegen Westdeutschland ausgebildet wurde.[23] Die Mitglieder des Vereins mit dem Decknamen «Ralf Forster» unterschrieben eine Verpflichtungserklärung; auf Verrat, da war Mielke dann doch strenger als die RAF, stand der Tod. «Geplant waren Anschläge zur Destabilisierung der Bundesrepublik», behauptet ein ehemaliger DKPist. «Geübt wurde der Untergrundkampf in einem geheimen Militärcamp am Springsee in Brandenburg.» Einer der Beteiligten geht noch einen Schritt weiter: «Als das Attentat auf Herrhausen stattgefunden hat [30. November 1989], habe ich gesagt: Das wäre also zum Beispiel so ein Fall gewesen, für den wir geübt haben. Unser Auftrag war die Vernichtung von bestimmten, wie wir es damals nannten, reaktionären Führungspersönlichkeiten des kapitalistischen Systems in der Bundesrepublik.»[24]

Es klingt hochkonspirativ, aber weitere Informanten aus der abgestorbenen DKP bestätigen, dass es diese Truppe tatsächlich gab und dass an der Panzerfaust für den Ernstfall geübt wurde.[25] Auch wenn die DDR politisch den Ausgleich suchte und, seit den sechziger Jahren, die diplomatische Anerkennung in der Welt, wollte sie auf eine militante Strategie grundsätzlich nicht verzichten.

Die hochideologischen und wenig professionellen Kämpfer der RAF wären dafür nicht die Idealbesetzung gewesen: Aus realsozialistischer Perspektive begannen sie mit dem bewaffneten Aufstand (so kläglich er ausfiel) viel zu früh und machten den Gegner so noch wehrhafter. Die DDR habe sogar versucht, «mäßigend auf die Aktivitäten der RAF einzuwirken»[26], meint Inge Viett. Für eigene Interessen war eine solche Truppe nicht einzusetzen, es sei denn, indem man der Bundesrepublik durch Frühverrentung der Terroristen einen «großen Dienst» erwies, für den sich der Westen erkenntlich zeigen musste, sei es diplomatisch oder finanziell.

Ein solches deutsch-deutsches Einvernehmen kann sich George A. Carver, ehemaliger CIA-Missionschef und Geheimdienstkoordinator an der Botschaft der USA in Bonn, nicht vorstellen. Die DDR habe vielmehr «ein vitales Interesse daran gehabt, die nachfolgende ‹Terroristen-Generation› zu ‹ermutigen›. Und dafür habe es keine bessere Botschaft gegeben, als ihr zu signalisieren, daß sie sich auf die Unterstützung des Ostens verlassen und hier im Zweifel auch Unterschlupf finden könne.»[27]

Auch Monika Haas, bei der man Zuarbeit für die Stasi, den BND und den israelischen Mossad vermutet hat, bestätigt das Interesse der DDR an einer grenzüberschreitenden Kampfgemeinschaft: «Die Staatssicherheit der ehemaligen DDR spielte offensichtlich mit dem Gedanken, die RAF eventuell für ihre Zwecke benutzen zu können (...). Zwischen 1980 und 1982 beherbergte die Abteilung 8 zwei bis dreimal jährlich RAF-Mitglieder und trainierte sie in Briesen bei Frankfurt/Oder im Umgang mit Waffen.»[28] Christian Klar, der das Attentat auf den US-General Kroesen ausführte, gehörte nicht zu einer Mielke-Guerilla, aber er war einer von denen, die in Forsthaus Briesen mit der Panzerfaust RPG-7 übten.[29]

In ihrem Prozess hat sich Inge Viett eindeutig geäußert: Diese

Übung fand 1981 statt, vor dem Attentat auf Frederick Kroesen. RAF-Leute widersprechen, Stasi-Leute halten sich vage, im Urteil wird die Angabe 1981 bestätigt. Damit allerdings hätte die DDR Mithilfe beim Mordversuch an Kroesen geleistet. «Die Schießübung hat tatsächlich stattgefunden», erklärte 1991 ein Stasi-Oberst, «aber nach dem Anschlag auf Kroesen. Also Beihilfe zum Mordversuch kann nicht stimmen. Wir haben die drei RAFler im Frühjahr 1982 mit der RPG schießen lassen.»[30]

Während die RAF also mit mehr oder weniger großer Entschlossenheit im Westen gesucht wird, ist sie im Osten, in der DDR, verschwunden. Zehn Altkader haben sich dort angesiedelt, und auch die noch aktiven RAF-Mitglieder – Christian Klar, Brigitte Mohnhaupt, Adelheid Schulz, Helmut Pohl und Ingrid Jakobsmeier – nutzen die DDR als Rückzugsraum. Die RAF sucht logistische Hilfe und beschließt deshalb eine Internationalisierung des Kampfes. Die kommenden Unternehmungen werden zusammen mit der IRA, der französischen «Action Directe», den italienischen «Brigate Rosse» und der ETA ausgeführt.

Im lange vorbereiteten «Mai-Papier», das 1982 erscheint und den Titel «Guerilla, Widerstand und antiimperialistische Front» trägt, wird ein weiteres Mal resümiert, wie der bewaffnete Kampf bisher verlaufen ist. Kaum überraschend das Ergebnis: Er ist weder aussichtslos noch gescheitert, er muss weitergehen. Die RAF vertritt ihre eigene, von niemandem mehr nachvollziehbare Revolutionsmoral. Für die schwindende Zahl der Sympathisanten zieht sie Bilanz und spricht sich gleichzeitig selber Mut zu: «Es ging 7 Jahre darum, in dieser politischen Wüste, in der alles nur Schein, Ware, Verpackung, Lüge und Betrug ist, den Geist und die Moral, die Praxis und die politische Orientierung des unwiderruflichen Bruchs und der Zerstörung des Systems hereinzubringen. Guerilla.» Die derzeitige «relative Schwäche des antiimperialistischen Kampfes im westeuropäischen Zentrum» könne «zur Stärke im internationalen Kampf gemacht werden». Aber die Nato ist nicht durch eine einzelne Panzerfaust zu beeindrucken, und die immer neuen Toten sind nur dazu geeignet, der RAF endgültig alle Sympathisanten abspenstig zu machen. Das Konzept Stadtguerilla besteht nur mehr im Menschenopfer.[31]

Brigitte Mohnhaupt redigierte dieses Papier in der DDR. Dass es das vorläufige Vermächtnis der zweiten Generation sein würde, konnte sie nicht wissen, aber vielleicht doch ahnen. Seit mehr als einem Jahr waren sie und Christian Klar immer wieder bis kurz vor einem Zugriff observiert worden. Der freiberufliche Agent Werner Mauss, der zeitweise für den BND, aber auch für das BKA arbeitete, behauptet sogar, er habe über den Rechtsanwalt Hans-Heinz Heldmann, der schon Andreas Baader verteidigt hatte, Brigitte Mohnhaupt Geld dafür geboten, dass sie aus dem Terrorismus aussteige. Heldmann und Mauss trafen sich im neutralen Ausland, es wurde auch Geld über den Tisch geschoben, aber Brigitte Mohnhaupt bestreitet, dass sie mit Heldmann überhaupt in Verbindung stand.[32]

Am 26. Oktober 1982 entdecken angebliche Pilzsammler[33] in einem Waldstück bei Heusenstamm in Hessen das wichtigste Erddepot der RAF. Die beiden müssen neben Kenntnissen in der Pilzkunde über eine enorme schatzgräberische Findigkeit verfügt haben, denn in einem Meter Tiefe finden sich nicht nur Waffen, die bei den Anschlägen auf Schleyer und Kroesen benutzt worden waren, sondern auch Ausweise, Bargeld, Fälschungsunterlagen, Fotos, mehrere Briefe Schleyers sowie der Schlüssel für weitere Verstecke. Es handelte sich um ein vorläufiges Archiv der RAF, und es wird zu ihrem vorläufigen Ende beitragen.

Mit Hilfe der verschlüsselten Hinweise lassen sich neun weitere Depots finden, in denen insgesamt eintausend Asservate sichergestellt werden. Der Polizei fallen automatische Waffen, Handgranaten, Lagepläne, Aufzeichnungen aus der Schleyer-Entführung, Bargeld, Ausweisunterlagen und Kommandoerklärungen in die Hände. Jetzt müssen die Beamten nur noch auf die Terroristen warten.

Am 11. November werden Adelheid Schulz und Brigitte Mohnhaupt gestellt, als sie eben wieder Waffen einlagern wollen. Fünf Tage später wird Christian Klar an einem Erddepot im Sachsenwald bei Hamburg festgenommen. Wie die beiden Frauen wirkt er erschöpft und so kampfesmüde, dass sich bald das Gerücht verbreitet, er habe sich ergeben wollen.

Damit ist die zweite Generation der RAF fast vollständig im Gefängnis, soweit sie nicht in der DDR untergetaucht ist. Wie schon 1972 und dann wieder 1977 scheint die RAF 1982 am Ende angekommen.

Internationale Front

«Wir waren denen, die wir bekämpfen wollten, sehr
ähnlich und sind ihnen wohl immer ähnlicher geworden.»
*Birgit Hogefeld 1996 in ihrem Schlusswort
vor dem OLG Frankfurt*

Die Historisierung der RAF beginnt bereits, als sie noch mordet und noch längst nicht damit aufhören will, Bomben ins «Bewußtsein der Massen»[1] zu schmeißen. Nicht bloß die Medien, die über jeden Anschlag und jede Verhaftung detailliert berichteten, sicherten den Kämpfern die unerlässliche Aufmerksamkeit, auch die Generationsgefährten konnten die Augen von dem wahnhaften Treiben der Desperados nicht wenden. Sie gehörten weiter «zu uns», wie es Daniel Cohn-Bendit bei der Verurteilung der Kaufhausbrandstifter verkündet hatte. Die Terroristen verband mit den Wortführern von 1968 der gemeinsame Aufbruch wenn nicht in die Gewalt, so doch in eine morgenrote Revolution. Der Schriftsteller Peter Schneider erinnert 1985 in der *Zeit* daran, dass die «Idee von der Stadtguerilla und vom bewaffneten Kampf in den Metropolen (...) keineswegs in den Hirnen von ein paar isolierten Einzelkämpfern entstanden» ist. «Sie schwamm von Anfang an mit im Gedanken- und Gefühlsstrom der 68er-Generation und wurde mit einer heute unvorstellbaren Offenheit auf Teach-ins diskutiert, an denen Tausende teilnahmen.»[2] Die einen entschieden sich für den Marsch durch die Institutionen, die anderen für den Weg in die Gewalt.

Peter-Jürgen Boock ist in den achtziger Jahren der Einzige aus der RAF, der sich von der Gewalt öffentlich losgesagt hatte, und damit der ideale Gegenstand für eine therapeutische Nachbereitung des Terrors. Nach einem Aussteiger-Gespräch im *Spiegel* im Januar 1981 hat er sich gestellt. Die Polizei fand 33 eingetopfte Cannabis-Pflanzen bei ihm. Nicht bloß vor Gericht, sondern auch bei Freunden und Unterstützern bis zu Martin Niemöller und Heinrich Böll präsentiert er sich als Opfer, noch immer das vernachlässigte und misshandelte Heimkind. Seine Berichte aus dem «Hochsicherheitstrakt» werden kaum weniger ehrfürchtig gelesen als im Jahrzehnt davor die Elegien, die Ulrike Meinhof aus Köln-Ossendorf nach draußen schaffen konnte. «Schwarzes Loch: Endstadium einer ausgebrannten Riesensonne, deren Masse und Gewicht sich so weit verdichtet haben, daß sich selbst das Licht ihrer Anziehungskraft nicht mehr zu entziehen vermag. (…) Ich stecke im Sumpf fest und versinke langsam, wenn ich strample, um mich zu wehren. Wenn ich versuche, nach etwas zu greifen, um mich herauszuziehen, versinke ich nur um so schneller.»[3]

Als ihn das Stuttgarter Oberlandesgericht 1984 zu dreimal lebenslänglich plus fünfzehn Jahre verurteilt, empören sich viele seiner Fürsprecher, denn Boock hatte doch die anderen aufgefordert, das Morden aufzugeben, und stritt weiter jede eigene Mordtat ab: «ich habe niemanden getötet und ich habe auch niemandem befohlen oder niemanden veranlaßt, dergleichen zu tun»[4], wie er Peter Schneider unaufgefordert versichert. Sein Leugnen der eigenen Beteiligung bei gleichzeitigem Bekenntnis der eigenen Schuld («Vor mir selbst spricht mich das nicht frei»[5]) erinnert auf die seltsamste Weise an die Art, wie sich Hitlers Rüstungsminister Albert Speer 1946 vor dem Nürnberger Gerichtshof aus der Schlinge wand.[6]

1983, noch während des ersten Gerichtsverfahrens, nimmt Schneider Kontakt zu Boock auf und beginnt einen Briefwechsel mit dem Gefangenen. Neben Daniel Cohn-Bendit und dem da bereits verstorbenen Rudi Dutschke ist Peter Schneider einer der wenigen seiner Generation, die zumindest zeitweise zu einer Folgekostenabschätzung der Propaganda des gewalttätigen Worts in der Lage sind und eine Mithaftung für das, was dann geschah, nicht ausschließen.

Schneider will Boock nach dem «inneren Konflikt» zwischen eigener Umkehr und Verrat an seiner «ehemaligen Bezugsgruppe» befragen, und es sollte ein öffentliches Gespräch werden, möglichst im Fernsehen.[7] Die gruppendynamische Zug- oder auch Erpressungskraft der RAF mag da schon stark geschwunden sein, sie ist aber immer noch das beste Thema für Therapiesitzungen, in denen sich über Gemeinsames und Trennendes ausführlich diskutieren lässt. Boock ist der ideale Patient, mit dem unter Anleitung eines verständnisvollen Supervisors die Geschichte einer ganzen Generation abgearbeitet werden kann. Am Ende steht ein Briefwechsel, in dem ein «Schiffbrüchiger» und der «Bewohner des Festlandes» trotz allen Bemühens nicht zueinander kommen können. Schneider berichtet vom Skifahren in den Dolomiten, von seinem Kind und den verschiedenen Weinsorten, die er auf seinen Reisen verkosten durfte, vergisst aber nicht das «schlechte Gewissen»[8] zu erwähnen, das ihn weiter das Gespräch mit Boock suchen lässt. Boock bleibt nur das Gefängnis.[9]

Boock ist der einzige «Schiffbrüchige», der zu einem Dialog bereit ist. Christian Klar und Brigitte Mohnhaupt setzen die RAF-Tradition fort und führen weiter ihren gemeinsamen Monolog aus der Zelle. Das Gefängnis bietet Zeit und Gelegenheit, in einer «Erklärung zu '77» die «Niederlage» von damals zu analysieren, in bewährter Weise Selbstkritik zu üben und eine Kampfbereitschaft zu beschwören, die sie selber nicht mehr vorführen können. Je unangreifbarer, je siegreicher der Staat, desto leichter ist es, die Bundesrepublik als «Nazi-Nachfolgestaat und antikommunistisches Bollwerk im Rahmen der NATO» zu schmähen, als «Staat, der die Menschen vernichtet, um sich vor ihnen zu schützen». Der «Faschismus im Zeitalter der Automation und Datenverarbeitung der institutionellen Durchdringung der Gesellschaft» hatte sich «umgewälzt». Er brauche «keine Massenmobilisierung, keine ideologisierten Faschisten mehr (…), sondern nur noch den Funktionär und Technokraten im Dienst des imperialistischen Staates». Diese Fortschreibung der Faschismustheorie bietet wenigstens den einen intellektuellen Reiz, dass sie auch als Selbstcharakterisierung der immer ortloser kämpfenden RAF gelesen werden kann. Nichts kann die Funktionäre davon abhalten, den Kampf, selbstverständlich im Dienst der revolutionären Sache, mit technokratischer Präzision fortzusetzen.[10]

Die Massen sind bewegt, doch haben sie nicht die Absicht, der RAF zu folgen. In ganz Europa und vor allem in Deutschland wird gegen die Nachrüstung demonstriert. Mehr als vier Millionen Menschen unterzeichnen den «Krefelder Appell» gegen die Stationierung amerikanischer Mittelstrecken-Atomwaffen. Während Helmut Schmidt weiterhin die Stationierung betreibt, sympathisiert der SPD-Vorsitzende Willy Brandt mit den Jüngeren, die sich dem «Rüstungswahnsinn» immer stärker widersetzen. Der Bundeskanzler verliert zunehmend den Rückhalt in seiner eigenen Partei und trägt damit zum Erstarken der Grünen bei. Im Herbst 1982 wird er durch Helmut Kohl (CDU) abgelöst. Wolf Biermann singt unter großer Zustimmung «Soldaten sehn sich alle gleich / Lebendig und als Leich». Erneute Demonstrationen in Bonn und an den Orten, die für die Stationierung der Pershing-Raketen vorgesehen sind, erfreuen sich großer Aufmerksamkeit in den Medien. Heinrich Böll sitzt mit Walter Jens, dem SPD-Politiker Erhard Eppler und vielen anderen Intellektuellen in Mutlangen und blockiert die Zufahrt zum dortigen Stützpunkt der US-Army. Der baden-württembergische Innenminister Roman Herzog (CDU) lässt die Demonstranten wegtragen, verfügt dafür ein Ordnungsgeld und lässt die Widerständler notfalls vor Gericht bringen.[11] Die massenhaften Proteste bleiben am Ende wirkungslos. In der neuen Regierung aus CDU/CSU und FDP findet sich eine Mehrheit, die am 22. November 1983 dem Nachrüstungsbeschluss zustimmt.

Die RAF hat seit ihrer «Nato-Eskalation» ähnliche Gegner wie die Friedensbewegung, aber sie verfolgt andere Ziele. Und sie baut nicht auf die Massen, sondern mehr denn je auf Technokraten und Funktionäre. Die Geschichte der RAF hat inzwischen genügend

Märtyrer hervorgebracht, die den Faschismus durchschaut zu haben glauben und ihm folgerichtig zum Opfer gefallen sind. Diesem Beispiel gilt es nachzueifern.

Der Stafettenlauf geht also weiter: Der 1953 in Wiesbaden geborene Wolfgang Grams, dessen Vater von der Hitlerjugend zur SS gegangen war, hat an der Beerdigung von Baader, Ensslin und Raspe auf dem Stuttgarter Dornhaldenfriedhof teilgenommen. Nach dem Abitur war er nach Südeuropa gereist, und in Griechenland hatte ihm ein Zigeuner die eintätowierte Häftlingsnummer aus einem KZ der Nazis gezeigt. Grams verweigert den Wehrdienst, wird beim Zivildienst im Krankenhaus in Wiesbaden gelobt für seinen Einsatz. Er zieht in eine WG, ereifert sich über die «Dritte Welt», schließt sich der Sozialistischen Initiative Wiesbaden an. Wie Christian Klar nimmt er bei der Besetzung des Büros von Amnesty International 1974 in Hamburg teil. Er bewegt sich in der RAF-Unterstützerszene, besucht Gefangene, betreut Ausländerkinder, leistet Kurierdienste für die Militanten im Untergrund. Seine Empörung über den «offen reaktionär auftretenden imperialistischen Staat»[12] wächst, als er nach dem Deutschen Herbst fast ein halbes Jahr auf Verdacht eingesperrt, schließlich freigelassen und mit einer Haftentschädigung von zehn Mark pro Tag abgefunden wird. Da ist er für den Staat bereits verloren.

In der Wiesbadener Szene lernte er Birgit Hogefeld kennen. Ihr Vater war Soldat gewesen, und ihre Mutter hatte mit eigenen Augen gesehen, wie im «Dritten Reich» Behinderte zur Vergasung abtransportiert wurden. Allerdings hatte auch sie es versäumt, Widerstand zu leisten. «Gezeugt wurden wir auf den kaum erloschenen Öfen von Auschwitz und mit einer Erblast von Millionen Toten. Über unserer Kindheit lag dumpfes Schweigen und die satte Vollgefressenheit des deutschen Wirtschaftswunders»[13], wird Birgit Hogefeld (Jahrgang 1956) später mit einer moralischen Indignation schreiben, die bis in die Metaphorik an das Pathos der Journalistin Ulrike Meinhof erinnert.

Noch immer gilt der deutsche Faschismus und damit der nachgetragene Widerstand als Hauptbegründung für den Kampf gegen den Nachfolgestaat Bundesrepublik Deutschland. Auch Birgit Hogefeld reist in die DDR, wo sie wie die anderen DDR-Besucher in Buchenwald gewesen sein wird. Jedenfalls zitiert sie in einer Erklärung vor Gericht («in dieser Tradition habe ich mich, meine Lebensentscheidung und unseren Kampf immer gesehen»[14]) die Inschrift des Denkmals im dortigen KZ: «Wir führen in vielen Sprachen den gleichen harten erbarmungslosen und opferreichen Kampf, und dieser Kampf ist noch nicht zu Ende. Die Vernichtung des Nazismus und seiner Wurzeln ist unsere Losung. Der Aufbau einer neuen Welt des Friedens und Freiheit ist unser Ziel.»

Wie Grams ist auch Birgit Hogefeld musisch begabt. Sie schlägt sich als Orgellehrerin durch, studiert dann aber doch «nicht ohne innere Überwindung»[15] Jura, denn sie will, politisiert durch die letzten Vietnam-Demonstrationen, vor allem das Bild des napalmverbrannten Mädchens Phan Thị Kim Phúc, dem Beispiel Otto Schilys und Klaus Croissants folgen und den Gefangenen helfen. Das Zusammentreffen mit Wolfgang Grams radikalisiert beide. Sie werden ein Paar. Nach einer langen Bedenkzeit mit Gefangenenbesuchen und Kuriertätigkeiten im legalen Bereich gehen sie 1984 selber in den Untergrund.

Zu diesem Zeitpunkt kann man schon nicht mehr von der RAF sprechen. Sie ist zerfallen, zerschlagen, entkernt. Am 22. Juni 1984 wird Manuela Happe, die über die «Bewegung 2. Juni» zur RAF gekommen ist, festgenommen. Sie hat bereits den Stuttgarter Richter ausgespäht, der das Verfahren gegen Christian Klar und Brigitte Mohnhaupt leiten soll. Am 2. Juli werden Helmut Pohl, Christa Eckes, Ingrid Jakobsmeier, Stefan Frey, Barbara Ernst und Ernst-Volker Staub in einer Wohnung in Frankfurt verhaftet. Damit befinden sich die letzten Mitglieder im Gefängnis, die noch mit der ersten und zweiten Generation zusammen gekämpft haben. Viele Aktivisten können nicht mehr frei sein, aber die Verbliebenen (und neu Rekrutierten) bauen eine neue Kampfgruppe auf. Dass es sich nicht mehr um die alte RAF handelt, wird schon daran deutlich, dass diese Gruppe zwar den fünfzackigen Stern verwendet, aber auf die Maschinenpistole und den Schriftzug «RAF» verzichtet.

Die Mitglieder gehen als «Illegale Militante» in den Untergrund und treten zunächst nur durch Beschaffungsaktionen in Erscheinung. Bei einem Banküberfall in Würzburg erbeuten sie 170 000 Mark, bei einem weiteren Überfall auf ein Waffengeschäft bei Ludwigshafen gelangen sie an 22 Pistolen, zwei Gewehre und annähernd dreitausend Schuss Munition.

Das muss die RAF gewesen sein, obwohl keiner mehr so genau weiß, was oder wer die RAF eigentlich ist. Auf jeden Fall tut sich um die Jahreswende 1984/85 eine bis heute nicht bekannte Gruppe, die nichts mehr mit den Gründern von 1970 zu tun hat, aber weiterhin als RAF auftritt, mit der französischen «Action Directe» (AD) zusammen und verübt eine Reihe von Anschlägen. Die Bekennerschreiben sind in der Folge zweisprachig abgefasst. Begleitet von einem erneuten Hungerstreik, der am 4. Dezember 1984 mit einer Erklärung von Christian Klar und Brigitte Mohnhaupt vor dem Stuttgarter Gericht beginnt, finden wieder Attentate statt. Die RAF leistet einen weiteren Beitrag zur Nachrüstungsdebatte: Am 18. Dezember 1984 kann ein Auto mit gefälschten Kennzeichen auf das Gelände der Nato-Kaserne in Oberammergau gefahren werden. Die mitgeführte Ladung – 25 Kilo Sprengstoff, dessen Wirkung durch drei Gasflaschen und eine Tasche mit schweren Eisenteilen noch verstärkt werden soll – hätte ein Blutbad angerichtet. Doch die Bombe kann rechtzeitig entschärft werden.

Die RAF scheint aber nicht allzu unglücklich über den Fehlschlag zu sein, sondern rühmt sich einer «revolutionären Front in Westeuropa, die jetzt real wird»[16]. Das «Kommando Jan Raspe» habe es auf die «Kader für die integrierten Stäbe der Nato»[17] abgesehen und beruft sich auf die IRA. Auch die Häftlinge versichern in ihrer Hungerstreikerklärung vom 4. Dezember 1984, der Streik der IRA-Häftlinge von 1981 und der kurdischen Häftlinge in der Türkei biete «Orientierung» und strahle eine «besondere internationalistische Kraft» aus.[18] Im Maze-Gefängnis waren die IRA-Häftlinge für das Recht, ihre eigene Kleidung tragen zu dürfen und nicht arbeiten zu müssen, in den Hungerstreik getreten. Einer von ihnen, Bobby Sands, wurde sogar als Kandidat aufgestellt und nach London ins Parlament gewählt, konnte das Mandat aber nicht mehr antreten; Sands starb nach 66 Tagen Hungerstreik. «Er hatte sich zum Sterben entschlossen; wenigstens er war entschlossen, dieses Opfer zu bringen»[19], berichtete später einer seiner Gefährten. Insgesamt ließen zehn IRA-Leute dabei ihr Leben. Für die weitere Rekrutierung der IRA war dieser Hungerstreik ein ungeheurer Propagandaerfolg.

Im Lauf des Jahres 1985 werden mindestens fünf weitere Anschläge gemäß der Parole «Die antiimperialistische Front in Westeuropa aufbauen!» verübt, nicht alle von der RAF. Zusammen mit einer Komplizin will Johannes Thimme einen Anschlag auf die Deutsche Forschungs- und Versuchsanstalt für Luft- und Raumfahrt in Stuttgart unternehmen. Thimme, der Christian Klar flüchtig aus Karlsruhe kannte, war wegen vermeintlicher RAF-Mitgliedschaft bereits 1976 in die Terroristenfahndung geraten. Da war er zwanzig und fertig mit dem Staat, in dem «40% hitler verehren und schmidt wählen». Ohne dass ihm weitere Straftaten nachzuweisen waren, wurde er 1978 wegen Mitgliedschaft in einer terroristischen Vereinigung zu 22 Monaten Haft verurteilt. Nach seiner Freilassung ist ihm eine Rückkehr in die Gesellschaft erst recht unmöglich. Um sich für die Aufnahme in die RAF zu qualifizieren, plant er seinen Anschlag auf die Deutsche Versuchsanstalt. Dabei ist ihm allerdings entgangen, dass das Unternehmen einige Monate zuvor ausgezogen war. Mit einem Kinderwagen schaffen er und seine Komplizin am 20. Januar 1985 nachts den Sprengstoff zu dem Gebäude. Die Bombe, mit der Thimme den Hungerstreik der Häftlinge drastisch unterstützen will, explodiert in seinen Händen. Er ist sofort tot.[20]

Fünf Tage zuvor ist das gemeinsame Kommuniqué von «Action Directe» und RAF erschienen: «Pour l'unité des révolutionnaires en Europe de l'Ouest» / «Für die Einheit der Revolutionäre in Westeuropa», von der man sich einen «qualitativen Sprung» erwartet. Was damit gemeint ist, wird wenig später deutlich. Am 25. Januar ermordet ein «Kommando Elisabeth von Dyck der Action Directe» in Paris General René Audran, als Abteilungsleiter im französischen Verteidigungsministerium zuständig für Waffenexport.

Keine Woche darauf folgt der nächste Schlag der deutsch-französischen Waffenbrüderschaft. Opfer ist diesmal Ernst Zimmermann, Vorstandsvorsitzender der Motoren- und Turbinen-Union (MTU) und Präsident des Bundesverbandes der Deutschen Luftfahrt-, Raumfahrt- und Ausrüstungsindustrie. Am frühen Morgen des 1. Februar 1985 klingelt eine Frau an der Gartentür von Zimmermanns Haus in Gauting bei München. Sie brauche seine Unterschrift und verlangt Einlass. Ein Komplize drängt sich mit einer Maschinenpistole durch die bereits geöffnete Tür. Das Ehepaar Zimmermann wird überwältigt. Nachdem die Täter die Frau gefesselt und geknebelt haben, führen sie den Mann ins Schlafzimmer. Dort setzen sie ihn auf einen Stuhl und bringen ihm wie Hanns Martin Schleyer einen Genickschuss bei, an dem Zimmermann im Krankenhaus stirbt. Von den Tätern fehlt bis heute jede Spur.

Offensichtlich gelten diese Anschläge vor allem Angehörigen des sogenannten militärisch-industriellen Komplexes[21], dem «in den für die kapitalistische Rekonstruktion zentralen Betrieben: Erforschung und Produktion neuer Technologien, Elektronik, Waffen – Kriegsökonomie – entscheidende Bedeutung»[22] zukomme, wie es im Bekennerschreiben heißt. Zimmermanns MTU beliefert die Bundeswehr und die Flugzeugbauer Boeing und Airbus, Audran sorgte von Frankreich aus für den Waffenexport in alle Welt.

Das Kommando, das Zimmermann ermordet, ist nach Patsy O'Hara benannt, einem der IRA-Mitglieder, die 1981 im Hungerstreik gestorben sind. Zu den Zielen der IRA gehörten der Aufbau des Sozialismus und die Befreiung von der britischen

Herrschaft. Dafür waren wie selbstverständlich «Hinrichtungen» vorgesehen. Die Kämpfer müssten sich – wie es im «Green Book» heißt, in dem die IRA ihre Grundsätze formuliert hat – ihrer Überzeugungen so sicher sein, dass sie ihre Gegner «ohne Zögern und Bedauern umbringen» könnten. Erstes Ziel der Guerilla sei «ein Zermürbungskrieg gegen alle Feindtruppen, in dem so viele Tote wie möglich anzustreben sind».[23] Die Brutalität, mit der die IRA seit Jahren kämpft, um die verhassten Engländer aus Nordirland zu vertreiben, dient jetzt offenbar auch der RAF zum Vorbild. Je prominenter, je zahlreicher die Menschenopfer, desto eher soll jener Krieg in Gang kommen, den sich die erste Generation schon 1970 wünschte. «Das Terrain, auf dem sich das europäische Proletariat rekonstruieren wird zur Klasse, die vollständige Umwälzung der Produktionsverhältnisse erkämpft, ist der Kampf für die Einheit der revolutionären Front, die Organisierung des Klassenkriegs in Europa»[24], wissen inzwischen auch die deutschen Kämpfer.

Kaum hat sich die RAF von deutschen Belangen gelöst und dem Klassenkrieg in Europa angeschlossen, meldet sich die Vergangenheit, die noch immer nicht vergehen will. Zum vierzigsten Jahrestag des Kriegsendes besucht der amerikanische Präsident Ronald Reagan zusammen mit Bundeskanzler Kohl den Soldatenfriedhof Bitburg, auf dem, wie sich überraschend herausstellt, zwischen den deutschen und amerikanischen Gefallenen des Zweiten Weltkriegs auch 49 Männer der Waffen-SS begraben liegen. Der langjährige Chefredakteur des Bayerischen Rundfunks, Franz Schönhuber, hatte 1981 seine Erinnerungen an seine Kriegszeit bei der SS unter dem stolzen Titel «Ich war dabei» veröffentlicht. Nun fordert Günter Grass den Bundeskanzler auf, den Friedhof nicht zu besuchen, weil er, Kohl, die SS sonst rehabilitiere.

Die erhoffte Versöhnung mit der Vergangenheit gelingt nicht Kohl, sondern Richard von Weizsäcker. Der Bundespräsident spricht im Parlament zum ersten Mal offiziell vom 8. Mai

1945 als dem «Tag der Befreiung» und vergisst auch nicht zu erwähnen, wie es dazu kam: «Aber wir dürfen nicht im Ende des Krieges die Ursache für Flucht, Vertreibung und Unfreiheit sehen. Sie liegt vielmehr in seinem Anfang und im Beginn jener Gewaltherrschaft, die zum Krieg führte.» Weizsäcker bezieht sich in seiner Rede auch auf ein Versöhnungsangebot des neuen sowjetischen Parteichefs Michail Gorbatschow, der mit seinen programmatischen Schlagworten «Glasnost» und «Perestroika» binnen weniger Monate zum Medienliebling aufsteigt. Der durch die Hochrüstung wirtschaftlich ruinierten Sowjetunion bleibt nichts anderes übrig, als den Ausgleich mit dem Systemgegner USA zu suchen. Die RAF, die sich doch auf den historischen Sieg der Roten Armee über Nazi-Deutschland berief, muss den Kampf gegen die Nato und den weltweit drohenden Faschismus fortan ganz alleine führen.

Während die USA und die UdSSR den Kalten Krieg offiziell für beendet erklären, will die RAF nichts von einem Friedensvertrag wissen. Auf der Kommandoebene der RAF wird seit mindestens einem Jahr der Plan verfolgt, in eine US-Air-Base einzudringen und in einer Rache- und Strafaktion möglichst viele Soldaten zu töten. Den Kämpfern der RAF standen noch immer die US-Soldaten vor Augen, die als Mordbrenner und Mörder in vietnamesische Dörfer eingedrungen waren.

Am 7. August 1985 lockt ein RAF-Mitglied – nach Erkenntnis des Gerichts handelte es sich um Birgit Hogefeld – den amerikanischen Soldaten Edward Pimental aus einer Wiesbadener Diskothek. Am nächsten Morgen entdecken Spaziergänger ihn im Felixwald bei Wiesbaden. Er liegt auf dem Bauch; jemand hat ihn wiederum mit aufgesetztem Genickschuss umgebracht. Bei dem Toten finden sich keine Ausweispapiere, denn darum ging es den Tätern: Sie brachten den Soldaten nur um, «weil wir seine ID-Card gebraucht haben»; in einer Erklärung vom 25. August wird dem Soldaten allen Ernstes vorgeworfen, dass er «seinen früheren Job an den Nagel gehängt hat, weil er schneller und lockerer Kohle machen wollte».[25] Die RAF hätte den Soldaten demnach aus jenem «universum der kohle, in dem alles gefängnis ist»[26], befreit, aus dem bereits Susanne Albrecht versucht hatte zu entkommen.

Die ID-Card erlaubte eine Wiederholung des Anschlags von Oberammergau, diesmal mit den erwünschten Folgen. Mit dem geraubten Ausweis hat ein RAF-Mitglied am 8. August ein Auto mit einer Sprengladung von fünfzig Kilo auf die US-Air-Base in Frankfurt geschafft. Die Bombe explodiert mit Zeitzünder. Es sterben der US-Soldat Frank Scarton und die Zivilangestellte Becky Bristol. Elf Personen werden durch die Metallsplitter zum Teil lebensgefährlich verletzt. Die Verantwortung für das Attentat übernimmt die RAF zusammen mit der «Action Directe» durch ein «Kommando George Jackson», dessen Name an ein 1971 in San Quentin erschossenes Mitglied der Black Panthers erinnern soll. In der Begründung, die RAF und «Action Directe» gemeinsam herausgeben, wird ein Zusammenhang mit einem «Krieg gegen die sozialistischen Staaten im Osten»[27] hergestellt. Die USA, angeführt vom neuen Präsidenten Ronald Reagan, hegen angeblich Welteroberungsgelüste. «Alle müssen begreifen», heißt es in der Erklärung vom 25. August 1985, «dass Krieg ist – und sich entscheiden.»[28]

Die RAF hat sich wieder einmal entschieden. Mit diesem Anschlag und vor allem mit dem Mord an einem Soldaten, «weil wir seine ID-Card gebraucht haben», verscherzt sie sich jeden Rest von Sympathie im linken Milieu. Der Verleger KD Wolff, der sich während des Vietnamkriegs für die amerikanischen Deserteure engagiert hat, schreibt einen offenen Brief an die Mörder Edward Pimentals, um an dieses gemeinsame Vietnam-Engagement zu erinnern, und kommt zu einem vernichtenden Befund: «Mit Eurem Mord an Edward Pimental und der zynisch-faulen Erklärung habt Ihr alles, was je auch für den westdeutschen Terrorismus motivierend war, verraten. Euer ‹Krieg› enthält kein Bild einer Befreiung. Eure Gewalt ist zum ‹Teil des Problems›, nicht seiner Lösung geworden.» Wolff empfiehlt den konzeptlos, aber mit Berufung auf die Ideale der vorigen Generation mordenden Kämpfern, die eigenen Befehle zu verweigern und aus dem selbsterfundenen Krieg zu desertieren. «Alles wäre besser – Sozialarbeiter in einem PLO-Flüchtlingslager, Übersetzerin in einem syrischen oder irakischen Pressebüro, Mitarbeiter beim Bewässerungsprogramm im Süd-Jemen – als so weiterzumorden – auch etwas in Euch selbst.»[29]

Viel später, als dieser Krieg endlich beendet ist, wird die Tatbeteiligte Birgit Hogefeld den Mord an Pimental als «grauenhaft und zutiefst unmenschlich» bezeichnen und vor Gericht aussprechen, wie sehr das Denken in der Kategorie von Freund versus Feind die RAF bestimmt hat, «ein Schwarz-Weiß-Schema, das fast alle Widersprüchlichkeiten und gegenläufige Bewegungen ausgeblendet und negiert hat und in dem die Menschheit in ‹Mensch oder Schwein› aufgeteilt wurde».[30]

Noch aber ist es nicht so weit. Statt mit Selbstreflexion, die nach Birgit Hogefelds Ansicht «allerspätestens 77 hätte einsetzen müssen»[31], ist die RAF damit beschäftigt, den ehemaligen Sympathisanten und der vage sympathisierenden Linken, die für den Mord an Pimental kein Verständnis hat, ein paar Nachhilfestunden im revolutionären Kampf zu geben. Im September erscheint in der Flugschrift «zusammen kämpfen» ein Interview, das die RAF mit sich selber führt. Als wär's ein Teach-in, stellt sie sich dem Vorwurf, mit dem Mord an Pimental, der nicht als Mord bezeichnet wird, hätten sie «den Bullen Raum gelassen, um ihre Propaganda gegen die Aktion hochzuziehen». Das sei in der Tat ein «Fehler» gewesen, wie die im Januar 1986 folgende «Erklärung an die, die mit uns kämpfen», nochmals erläutert: Die «Erschießung des GIs» habe «die Wirkung des Angriffs gegen die Air Base und so die Auseinandersetzungen um die politisch-militärische Bestimmung der Aktion, wie die Offensive überhaupt, blockiert» und «der Staatsschutzpropaganda und auch einem Haufen Arschlöcher in der Linken die Munition geliefert für ihren Versuch, den Widerstand an der Erschießung des GIs zu spalten». Der Kampf gegen den Imperialismus, wenn er unter «veränderten subjektiven und objektiven Bedingungen im praktischen Prozess» geführt werde, fordere nun mal seine Opfer. Der Kampf gegen den «Todfeind der Menschheit», die USA, müsse weitergehen. «Den revolutionären Krieg führen», schließt die gewundene Erklärung, «kämpfen heißt leben.» Oder im Fall der RAF: sterben.[32]

«akteure des systems»

«Indem die Leidenschaft der Freiheit in ihm erwacht,
wählt er sich selbst, und kämpft um diesen Besitz als um
seine Seligkeit; und das ist seine Seligkeit, weil durch sie
jede Möglichkeit, etwas anderes zu werden, vielmehr, sich
in etwas anderes umzudichten, ausgeschlossen wird.»
*Gudrun Ensslin zitiert aus Sören Kierkegaards
«Entweder – Oder»*[1]

Am 26. April 1986 explodiert in der Ukraine der Reaktor von Tschernobyl. Tagelang wird der Störfall verschwiegen, dann ist von einer «Havarie» die Rede, schließlich muss die Sowjetunion westliche Länder um Hilfe bitten. Nach dem Reaktorbrand in Three Mile Island (Pennsylvania) im Jahr 1979 ist für die Kernkraftgegner, die im bayerischen Wackersdorf vehement gegen den Bau einer Wiederaufbereitungsanlage demonstrieren, ein weiterer sinnfälliger Beweis erbracht, wie gefährlich und vor allem wie wenig kontrollierbar Atomenergie ist.

Mit ihrem nächsten Anschlag wollte die RAF die Angst vor der Atomkraft ausbeuten. Im Landkreis München, auf der Straße zwischen Grünwald und Straßlach, sterben am 9. Juli 1986 durch einen Sprengsatz der Siemens-Manager Karl-Heinz Beckurts und sein Fahrer Eckhard Groppler. Diese Art von Bomben hatte die IRA seit Jahren gebaut: Fernzündung über ein langes Kabel, das im Boden vergraben wird, damit es auch aus der Luft nicht zu erkennen ist.[2] Das «Kommando Mara Cagol»[3] weist darauf hin, dass Beckurts Chef der Kernforschungsanlage Jülich gewesen sei. Inzwischen betrieb er als Leiter des Zentralbereichs Forschung und Technik bei der Siemens AG den Bau der Wiederaufbereitungsanlage Wackersdorf.

Wie 1977 bei Hanns Martin Schleyer hatten die Terroristen einen doppelten Feind gefunden. Doch anders als damals zögerten sie nicht, ihn doppelt schuldig zu sprechen: Als Teil der Bourgeoisie habe der entschiedene Befürworter der Kernenergie am Plan mitgewirkt, den «jungen Nationalstaaten (...) die Festsetzung des Ölpreises aus der Hand zu schlagen», und als Repräsentant eines Unternehmens, das mit dem Nationalsozialismus kollaboriert hatte, sei der 1930 geborene Beckurts natürlich mitschuldig an Auschwitz.[4]

Mit einem überraschenden Gefühl für das richtige Timing schmarotzt die RAF damit an einem über die Wissenschaft hinaus populären Thema. Erst zu Anfang der achtziger Jahre wurde auch im Westen Deutschlands die Geschichte der deutschen Wirtschaft und vor allem deren Verstrickung in den Nationalsozialismus forschungswürdig. Hans Magnus Enzensberger nahm 1983 die Flick-Affäre zum Anlass, auf diese Traditionslinien hinzuweisen: Das Nürnberger Tribunal der Alliierten habe «Flick 1947 als Kriegsverbrecher zu sieben Jahren Gefängnis verurteilt und ihn im August 1950 vorzeitig wieder laufenlassen, genau einen Tag bevor Bundeskanzler Adenauer von den Hohen Kommissaren der Besatzungsmächte in aller Form um die Aufstellung einer westdeutschen Armee nachsuchte. Das Rüstungsgeschäft konnte wieder beginnen.»[5] Die Kippfigur Kapitalismus/Faschismus, die Max Horkheimer benannt hatte, zeigt ihre paradigmatische Kraft. In zwei Bänden, die Hans Magnus Enzensberger zusammen mit der Hamburger Dokumentationsstelle zur NS-Politik herausbringt, wird in diesen Jahren die Bedeutung der Deutschen und der Dresdner Bank im «Dritten Reich» dokumentiert.[6]

Siemens ist ebenfalls ein Hätschelkind deutscher Wirtschaftsförderung gewesen. In Kenntnis der aktuellen Forschung kann die RAF erklären, dass Siemens ein Beweis für die «Kontinuität des Faschismus und Imperialismus Deutschlands» sei; das Unternehmen habe nicht bloß «Hitler mit an die Macht geschoben», sondern auch «Fabriken neben den KZs hier, in Polen, der Tschechoslowakei» gebaut. «Heute», so heißt es in bewährter Phraseologie weiter im Bekennerschreiben, «gehört Siemens weltweit zu den größten transnationalen Konzernen, ist verantwortlich für die Ausbeutung, Vernichtung und Verelendung von Millionen von Menschen in der 3. Welt und den Metropolen.»[7]

Diese «Dritte Welt» dringt im Verlauf des Jahres 1986 verstärkt in die Metropolen ein, denn die Namen, die sich die «Kämpfenden Einheiten» bei den zahlreichen Anschlägen gegen den «militärisch-industriellen Komplex» geben, sollen nicht bloß an griechische, spanische und irische Terroristen erinnern, sondern auch an die Befreiungskämpfe in El Salvador und in Peru.

Dreieinhalb Wochen nach dem Attentat auf Beckurts gelingt der Polizei erstmals ein größerer Schlag gegen die RAF, als in Rüsselsheim Eva Haule, die am Anschlag auf die Kaserne in Oberammergau und am Mord an dem Soldaten Pimental beteiligt war, sowie die Mittäter Luitgard Hornstein und Christian Kluth verhaftet werden. Die RAF setzt ihre Offensive gegen alles, was sie unter dem «militärisch-industriellen Komplex» versteht, unvermindert fort und ermordet zum ersten Mal in der Geschichte der «Roten Armee Fraktion» einen Politiker. Am 10. Oktober 1986 überfallen zwei maskierte Täter in Bonn den von der Arbeit heimkehrenden Ministerialdirigenten Gerold von Braunmühl; er wird mit derselben Waffe wie Hanns Martin Schleyer erschossen. Von Braunmühl arbeitete im Außenministerium, wo er für die Verbindungen zwischen Europa und der Nato zuständig war. Im Bekennerschreiben des «Kommandos Ingrid Schubert» werden nicht nur die zahlreichen Funktionen und Tätigkeiten des Diplomaten aufgezählt, es wird auch der «militärische Schlag gegen Libyen» erwähnt; von Braunmühl sei mit dessen «propagandistischer Vorbereitung und Durchführung» befasst gewesen.[8]

Hintergrund dieser kryptischen Andeutung ist der von Libyen finanzierte und bewaffnete internationale Terrorismus. In der Nacht zum 5. April 1986 hatte eine mit Hilfe des libyschen Geheimdienstes platzierte Bombe die gern von US-Soldaten besuchte Berliner Diskothek «La Belle» zerstört. Drei Menschen starben, mehr als zweihundert wurden zum Teil schwer verletzt. Zehn Tage später bombardierten amerikanische Flugzeuge in einer Vergeltungsaktion die libyschen Städte Tripolis und Bengasi, zerstörten ein Wohnhaus des libyschen Revolutionsführers Gaddafi und töteten mindestens dreißig Zivilisten. Gaddafi selber blieb unverletzt. Die USA, erklärte Präsident Ronald Reagan, besäßen «direkte, präzise und unwiderlegbare Beweise» dafür, dass Libyen für den Anschlag auf die Diskothek «La Belle» verantwortlich sei.

Libyen ist neben Saudi-Arabien der reichste der jungen arabischen Nationalstaaten, der sich die Festsetzung des Ölpreises nicht aus der Hand schlagen lässt. Mit dem Geld finanziert Oberst Gaddafi auf der ganzen Welt terroristische Anschläge. Die IRA verdankt ihm die Möglichkeit zur hochmodernen Kriegführung. Von August 1985 bis zum Oktober des folgenden Jahres schickt Gaddafi in mehreren Lieferungen 1200 Kalaschnikows, 130 Raketenwerfer, fünf Tonnen Semtex-Sprengstoff und insgesamt eine Million Schuss Munition nach Irland.[9] Die IRA kann das Material längst nicht alles verbrauchen; der Guerillakrieg in Mitteleuropa hätte sich damit ohne weiteres zu einem kleinen Feldzug steigern lassen. Dafür allerdings mangelt es der RAF nicht nur an Kämpfern, sondern vor allem an der Unterstützung, die die IRA schon immer aus dem Volk erfahren durfte.

Der amerikanische Vergeltungsangriff liefert der RAF ein weiteres Thema für ihren antiimperialistischen Kampf, aber ganz gleich, ob sie es überhaupt anstrebte oder nicht – die RAF wurde einfach nicht populär. Die amerikanischen Bomber sind in Frankfurt gestartet, der mit der Startbahn West zu einem modernen Großflughafen ausgebaut werden soll. Tausende blockieren die Zufahrtswege zur Baustelle und versuchen, das Abholzen des Waldes zu verhindern. In einem «Hüttendorf» erwarten sie trotzig die Planierraupen. Der Schlag gegen Libyen scheint zu bestätigen, was die Demonstranten immer schon befürchtet haben: Die Startbahn sei die Startrampe für neue Kriege, womöglich mit deutscher Beteiligung.

Diese Proteste laufen längst nicht mehr alle so friedlich ab, wie noch die Massendemonstrationen gegen die Stationierung der amerikanischen Raketen. Der Mord an von Braunmühl aber stößt nicht einmal in den Kreisen militanter Atomkraft- und Rüstungsgegner auf Zustimmung oder Verständnis. Es gab reisende Terrorgruppen, die aus dem Schutz genehmigter Massendemonstrationen Polizisten angriffen (der «Autonome Block»), es gab Kommandos, die Strommasten umsägten, aber die zunehmend verschraubteren Begründungen der RAF für ihre Exekutionen lassen sich weniger denn je vermitteln: «Unser Angriff zielt auf den aggressiven BRD-Staatsapparat in seiner Funktion als Kernstaat der politischen Formierung Westeuropas in der imperialistischen Kriegsstrategie.»[10] Wieder ist es die Maschinerie, der anonyme «Apparat», der angegriffen wird. Dass es einen Menschen trifft, lässt sich dabei leicht übersehen.

Einen Monat nach dem Anschlag auf von Braunmühl melden sich dessen Geschwister mit einem offenen Brief «An die Mörder unseres Bruders» in der *tageszeitung*. Noch nie zuvor hatte es vonseiten der Opfer und deren Angehörigen so viel Verständnis und Gesprächsbereitschaft für die RAF gegeben, die damit weiter in die Isolation getrieben wird. Die Familie begnügt sich nicht damit, ihre «Abscheu» und ihr «Entsetzen» vor den «feigen Mördern» zum Ausdruck zu bringen, sondern fordert eine Begründung über die esoterischen Weltanschauungsmanifeste hinaus. «Ein politisches Konzept, was auf Befreiung aus ist, hat guten Grund, abstrakt zu sein», so wird Christian Klar noch 2001 die paradoxe Logik der RAF und ihrer Nachfolgeorganisationen erklären: «Weil die konkrete Freiheit, die Menschen, die aufstehen, selber ausführen müssen.»[11] Die Brüder des erschossenen Beamten können nicht verstehen, warum die Terroristen Gerold von Braunmühl diesem unterentwickelten Freiheitsbegriff geopfert haben. «Einer menschenwürdigen Welt werdet Ihr uns mit Euren Morden kein Stück näher bringen. Hört auf. Kommt zurück. Habt den Mut, Euer geistiges Mordwerkzeug zu überprüfen.»[12]

Der Brief ist einer der wenigen Texte in der Auseinandersetzung mit der RAF, der tatsächlich auf die Argumente der Guerilla eingeht, und kann sie genau deshalb als irrational entzaubern. Peter Weiss hatte einst den Mut des Guerilleros Che Guevara gefeiert und die eigene Feigheit gegeißelt, Peter Schneider so rhetorisch wie fordernd gefragt, ob «wir» den Schneid zum Einsatz von Gewalt aufbrächten, die Brüder Braunmühl stellen die Mutfrage jedoch andersherum und fordern den Mut, das eigene Scheitern einzusehen. Das aber ist, jedenfalls in diesem Jahr 1986, zu viel verlangt von den Kämpfern.

Die Frage «Wer gibt Euch das Recht zu morden?» wird von der RAF nicht beantwortet.[13] Sie unterbricht den antiimperialistischen Kampf nicht einmal: Am 17. November 1986 wird George Besse, der Generaldirektor der französischen staatlichen Autofirma Renault, vor seiner Wohnung in Paris ermordet. In einem Schreiben bekennt sich wiederum die «Action Directe» zu der Tat. Im darauffolgenden Februar werden vier führende Mitglieder der «Action Directe» verhaftet; die Gruppe ist damit zerschlagen. In ihrem Versteck lagern zahlreiche Asservate der RAF. Die Zusammenarbeit mit der RAF ist beendet.

Bald darauf findet die RAF in den «Brigate Rosse», von denen heute bekannt ist, dass sie vom italienischen, wohl auch vom amerikanischen Geheimdienst unterwandert waren, neue Bundesgenossen und versucht, knapp zwei Jahre nach dem Mord an von Braunmühl, einen weiteren Anschlag auf ein Mitglied der Bundesregierung. Am 20. September 1988 eröffnen zwei Männer das Feuer auf Hans Tietmeyer, den Staatssekretär im Finanzministerium. Er und sein Fahrer können unverletzt entkommen, weil die Maschinenpistole Ladehemmung hat. Tietmeyer wird in der Erklärung des «Kommandos Khaled Aker»[14] in bewährter Weise als

«Stratege und einer der Hauptakteure im internationalen Krisenmanagement» bezeichnet, als jemand, der den «Zusammenbruch des Wirtschafts- und Finanzsystems verhindern will», das in bester marxistischer Lehre ohnehin reif für den Zusammenbruch sein müsste. Die Anwälte der «Dritten Welt» haben dem Kapitalismus nichts Neues vorzuwerfen: «Der Imperialismus kann nur noch Destruktivkräfte entwickeln, sein Wesen ist Zerstörung.»[15]

Der Kapitalismus war sicherlich behilflich, doch gelingt es dem kommunistischen Ostblock 1989, sich im Verlauf weniger Monate selber zu zerstören. Der Zusammenbruch des COMECON, der osteuropäischen Warenaustauschgemeinschaft, eröffnet dem Westen mit einem Mal einen riesigen, bisher ungenutzten Markt. Erich Honecker und das SED-Politbüro, das fast bis zum letzten Tag in der Furcht vor Staatssicherheitschef Erich Mielke lebt, wehrt sich mit aller Kraft gegen die ausgerechnet von Moskau ausgehende Liberalisierung des Ostblocks. Umso überraschender kommt das Ende. In der allgemeinen Verwirrung geht am 9. November 1989 die Mauer auf.

Am 30. November 1989 wird nach zwölf Jahren Haft Verena Becker entlassen; Bundespräsident von Weizsäcker hatte sie in aller Stille begnadigt. Am gleichen 30. November, mitten im Maueröffnungstaumel, wird morgens um halb neun in Bad Homburg Alfred Herrhausen, der Vorstandssprecher der Deutschen Bank, ermordet. Eine Sprengladung, die «auch einen Panzer umgeworfen»[16] hätte, schleudert den 2,8 Tonnen schweren Mercedes Herrhausens in die Luft und lässt ihn quer zur Fahrbahn wieder aufschlagen. Herrhausen wohnt nur wenige Meter vom Tatort entfernt; anders als bei Hanns Martin Schleyer wird Herrhausens Dienstwagen nicht bloß von einem, sondern von zwei Autos begleitet. Die beiden nehmen ihn in die Mitte, und doch erweist sich diese Vorsichtsmaßnahme als vergeblich. Das vordere Auto hat den Seedammweg bereits verlassen, als die Explosion ausgelöst wird. Herrhausens Wagen passiert eine Lichtschranke, die in zwei einander gegenüberliegenden Fahrbahnbegrenzungen installiert ist. Dadurch wird eine 50-Kilo-Bombe[17] gezündet, die auf ein an ein Geländer gelehntes Fahrrad gepackt ist und mit einem Metalltrichter genau auf den Rücksitz des Autos zielt.[18] Herrhausens Fahrer Jakob Nix wird im Gesicht verletzt und sinkt stark blutend zusammen. Für Herrhausen kommt jede Hilfe zu spät. Der Bankier ist von einem Metallteil aus der Tür am Oberschenkel getroffen worden und verblutet in kürzester Zeit. Die Leibwächter im nachfolgenden Wagen können nur mehr den Brand löschen, der als Folge der Explosion im Auto ausbricht.

Für den *Spiegel* ist der Mord ein «Attentat auf den Kapitalismus»[19]. Herrhausen ist das bekannteste Gesicht der Wirtschaftsgroßmacht BRD. Im Unterschied zu Schleyer aber wirkt er nicht unsympathisch. Er gehört zur neuen, zur jüngeren Generation von Managern, die nicht durch den Nationalsozialismus, sondern durch amerikanisches Effizienzdenken geprägt ist. Herrhausen ist für Kunst zu begeistern, er beruft sich wie der frühere Bundeskanzler Helmut Schmidt auf Karl Poppers Werk «Die offene Gesellschaft und ihre Feinde» (1945), und er studiert sogar den Gegner; in seiner Bibliothek findet sich ein durchgearbeitetes Exemplar von Robert Havemanns «Dialektik ohne Dogma» (1964).[20] Ja, der mächtige Vorstandssprecher scheint unter dem schlechten Ruf als Kapitalist zu leiden. Er tritt auch außerhalb der üblichen Wirtschaftskreise auf, diskutiert mit Schülern und Studenten und pflegt über Jahre eine Brieffreundschaft mit einer jungen Frau, der er 1982 bei einer Podiumsdiskussion über Hausbesetzer begegnet ist.[21]

Dabei hatte er seine Karriere keineswegs vernachlässigt. Herrhausen hätte demnächst in den Ruhestand treten können, aber ihm standen noch viele Möglichkeiten offen. Später sollte es heißen, er habe sich wegen seines entschlossenen Zupackens in der Bank viele Feinde gemacht und deshalb am Todestag kündigen wollen, womöglich, um dann ein neues Studium zu beginnen, Philosophie natürlich. Davon weiß an diesem letzten Novembertag noch niemand. Der *Stern* und die *Wirtschaftswoche* zeigten ihn wenige

Monate zuvor an einer geöffneten Tresortür, eine Aufnahme, die für die Vorstandskollegen nur die Eitelkeit Herrhausens bestätigte, der *Spiegel* feierte ihn als «Herrn des Geldes», präsentierte ihn auf dem Titel zwischen den Banktürmen Frankfurts, und der Text zu diesem Steckbrief findet sich in der Titelgeschichte: «Wohl noch nie beherrschte einer die Wirtschaftsszene so souverän wie derzeit der Deutsche-Bank-Sprecher Alfred Herrhausen.»[22] In derselben Ausgabe heißt es, Bundespräsident von Weizsäcker wolle Angelika Speitel und Peter-Jürgen Boock begnadigen; er habe bereits an einem «dritten Ort» mit ihnen gesprochen. Doch damit ist es fürs Erste vorbei, der Terrorismus, den man eingedämmt glaubte, ist zurück, brutaler denn je, aber auch effizienter.

Herrhausen ist, allein schon durch die Art, wie er die Zeitungen sein Image als Neuerer pflegen lässt, das ideale Opfer für eine geschwächte Guerillatruppe, die den spektakulären Erfolg sucht. Als Vorstandssprecher der Deutschen Bank gilt er zugleich als Vertreter des «militärisch-industriellen Komplexes». Die Deutsche Bank kontrolliert über Schachtelbeteiligungen die Daimler-Benz AG und die Allianz-Gruppe; Herrhausen selber ist Vorstand in mehreren großen Industrie-Unternehmen. In den Monaten vor seinem Tod kauft Daimler-Benz, dem nicht unbedingt sanften politischen Druck aus Bonn und München folgend, die Rüstungsfirma Messerschmitt-Bölkow-Blohm (MBB), um den Automobilkonzern unter der Leitung von Edzard Reuter in ein zukunftsfähiges europäisches Luft- und Raumfahrtunternehmen umzuwandeln. Im November 1989 erwirbt die Deutsche Bank für 2,7 Milliarden Mark das englische Bankhaus Morgan Greenfell; der Zusammenschluss wurde drei Tage vor Herrhausens Tod bekannt gegeben.

Doch Herrhausen praktiziert nicht nur modernes Management, sondern auch eine andere Form von Kapitalismus. Als Pionier der Globalisierung ist er zugleich bemüht, ihre Folgen rechtzeitig abzudämpfen, und schlägt vor, den Haushalt von Schwellenländern wie Mexiko und Brasilien durch eine Umschuldung zu entlasten. In seinem Bemühen, das Image der Deutschen Bank zu modernisieren und zu verbessern, präsentierte Herrhausen sein Entschuldungsprogramm immer wieder in den Zeitungen. Im September 1989 schrieb er in einem Beitrag fürs *Handelsblatt*: «Die Zeit ist reif für einen neuen Versuch. Für alle Beteiligten steht mehr auf dem Spiel als Kapital und Zinsen.»[23]

Ein Großkapitalist, der sich plötzlich für die Belange der «Dritten Welt» zu interessieren scheint, verdirbt einer politischen Gruppe das Konzept, die ihre Legitimation aus den sechziger Jahren und den Befreiungskämpfen jener Zeit in ebendieser «Dritten Welt» bezieht. Wenn die Täter in ihrer Erklärung also von Herrhausens Plänen «gegen die Länder im Trikont» sprechen, «die selbst in ‹linksintellektuellen› Kreisen als humanitäre Fortschrittskonzepte gepriesen werden»[24], reagieren sie wie die kommunistischen Kämpfer der Wende vom 19. zum 20. Jahrhundert auf die «Sozialrevolutionäre», auf jenen Teil der Linken, der, statt den Weg des Kampfes zu gehen, den Kompromiss sucht. Im Weltbild der Guerilla ist einer wie Herrhausen weniger Gegner als Konkurrent; er schwächt die klare Linie, die eindeutige Haltung. Gerade ein Banker, der alles tat, um nicht als die übliche «Charaktermaske» zu erscheinen, sich sogar um einen Kapitalismus mit menschlichem Antlitz bemühte, machte sich zur Zielscheibe der Terroristen.

Die Welt ändert sich in diesem November, und wieder einmal kommt die RAF zu spät. Als die Vorbereitungen für die elektronische Sprengfalle begannen, ahnte niemand, wie schnell die gesamte Weltordnung der Nachkriegszeit zusammenbrechen würde. Die Deutschen sitzen vielleicht noch nicht an einem Tisch, aber sie fallen sich jubelnd in die Arme. Den Mördern Herrhausens bleibt nichts anderes übrig, als nach Leitartiklerart hinterherzukommentieren: «Wir alle, die gesamte revolutionäre Bewegung in Westeuropa», heißt es im Bekennerschreiben, das fünf Tage nach dem Anschlag eingeht, «stehen vor einem neuen Abschnitt. Die völlig veränderte internationale Situation und die ganzen neuen Entwicklungen hier erfordern, daß der gesamte revolutionäre

Prozeß neu bestimmt und auf neuer Grundlage weiterentwickelt werden muß.»[25]

Da es zu spät kommt, bleibt dem RAF-Kommando nur der Rückgriff auf den Formelvorrat ihres Klassenkampfes: Es sei ihnen ein Schlag gegen den Mann «an der Spitze der faschistischen Kapitalstruktur, gegen die sich jeder Widerstand durchsetzen muß»[26], gelungen. «Durch die Geschichte der Deutschen Bank zieht sich die Blutspur zweier Weltkriege und millionenfacher Ausbeutung, und in dieser Kontinuität regierte Herrhausen an der Spitze dieses Machtzentrums der deutschen Wirtschaft; er war der mächtigste Wirtschaftsführer in Europa.» Der Begriff «Wirtschaftsführer» erinnert an den «Reichswirtschaftsführer», wie die Hauptprofiteure im «Dritten Reich» betitelt wurden. Dennoch gelingt es nicht, Herrhausen mit der deutschen Geschichte zu verketten, als deren Rächer die RAF sich nach wie vor begreift. Herrhausen ist längst weiter und steht, nach jener von Berthold Beitz und Otto Wolff von Amerongen zur Zeit der sozialliberalen Koalition, vor einer zweiten großen Expansion in den osteuropäischen Markt, und wie damals wird sie von der Politik gefördert. Der Parteichef der UdSSR, Michail Gorbatschow, hat Herrhausen wie einen Staatsgast empfangen, und kaum ist die Grenze auf, spricht sich der Bankier für die Wiedervereinigung aus.

Die RAF erkundigte sich bei den «Brigate Rosse» nach panzerbrechenden Waffen, entschied sich dann aber für die Fernzündung einer Bombe. Stolz weisen sie auf ihren technologischen Erfolg hin: «Mit einer selbstgebauten Hohlladungsmine haben wir seinen gepanzerten Mercedes gesprengt.»[27] Die Zündschnur hatte ein Bautrupp, der auch noch besonders sorglos vorging, im Verlauf mehrerer Wochen unter der Teerdecke des Bürgersteigs anbringen können. Ein Gärtner fand im Laub das achtzig Meter lange Kabel und entfernte es; die Täter ersetzten es durch ein neues. Obwohl Herrhausen als der gefährdetste deutsche Manager galt, wurde niemand auf den schmalen Seedammweg und das dort scheinbar vergessene Fahrrad aufmerksam. Noch eine halbe Stunde vor dem

Anschlag war der Tatort kontrolliert worden, aber den Kontrolleuren war nichts aufgefallen.

In der Berichterstattung gilt der RAF-Häftling Helmut Pohl wenn nicht als Drahtzieher, so doch als Anstifter des Attentats. Am 1. Februar 1989 hatte er als Sprecher der über das Bundesgebiet verteilten Gefangenen einen weiteren Hungerstreik angekündigt. Wieder geht es der eingesperrten RAF darum, die Identität als Kampfeinheit zu wahren: «Jetzt lassen wir nicht mehr los, die Zusammenlegung muß jetzt erreicht werden.»[28]

Dass ein Auftrag aus der Zelle, gar direkt von Helmut Pohl ergangen sein soll, ist mehr als unwahrscheinlich. Die Vermutung stützt sich auf einen Brief, den die *tageszeitung* zwei Wochen vor dem Anschlag, am 16. November, druckte, lange nach dem erfolglos abgebrochenen Hungerstreik. Er ist «ende oktober» entstanden, zu einer Zeit, als die Vorbereitungen zu dem Anschlag bereits begonnen hatten.[29] Die Bemerkung, «es ist nichts mehr offen, es tut sich nichts, wir sind mit unserem projekt nicht weitergekommen, wir müssen uns auf eine neue phase des kampfs orientieren, aber mit den erfahrungen aus diesem streik»[30], wird vom BKA und von der Bundesanwaltschaft als Aufforderung zum Morden verstanden. In Wahrheit hat die eingesperrte RAF längst den Kontakt zur wie immer gearteten RAF draußen verloren. Befreiung gibt es nur noch im Kampf um die eigene Gesundheit; darum soll mit dem Hungerstreik auch eine vorzeitige Entlassung der gesundheitlich am meisten beeinträchtigten RAF-Mitglieder erreicht werden. Die weiteren Anschläge sind für die Eingesperrten kontraproduktiv. Immerhin suchen die Attentäter die Verbindung mit den Gefangenen: Die Erklärung zum Mord an Herrhausen endet mit der Formel «Zusammen kämpfen!». Auch in ihr geht es um die Zusammenlegung der Gefangenen, muss das «Vernichtungsprojekt gegen sie endlich gestoppt werden»[31].

Für eine Steuerung aus der Zelle fehlte jedoch eine Verbindungsfigur wie 1977 Brigitte Mohnhaupt, die instruiert und mit einem

Auftrag von drinnen nach draußen gehen und den Krieg der Guerilla fortsetzen könnte. Gerhard Boeden, der Präsident des Bundesamts für Verfassungsschutz, sah in Pohls Brief ein «deutliches Signal an die RAF draußen»; die Botschaft sei gewesen: «Ihr habt jetzt wieder freie Hand.»[32] Der Brief endet mit einer Empfehlung, die Rudi Dutschkes, auch Herbert Marcuses, auch Heideggers Angriffsziel wiederholt: den Kampf gegen die Maschine. Es bleibe nur noch eines, schließt Pohl im Namen der Gefangenen, «dass veränderungen nur erreicht werden, wenn man in den mechanismus, nach dem das ganze funktioniert, trifft. Die kosten müssen höher getrieben werden als der profit, den sie sich versprechen.»[33] Wieder also Angriff auf das Herz des Staates, nur welcher Mechanismus ist gemeint? Welche Kosten gemeint sein konnten, zeigte sich am 30. November 1989.

Wenige Spuren finden sich am Tatort, der Bombenschalter, der lapidare Hinweis, vorschriftsmäßig mit dem Roten Stern versehen, dass hier das «Kommando Wolfgang Beer» zugeschlagen habe. Zwei Jogger wurden beobachtet, über deren Aussehen die Aussagen allerdings weit auseinandergehen. Bei der sofort eingeleiteten Ringfahndung wird ein Lancia sichergestellt, ein «Doublettenfahrzeug», aber ohne weitere Indizien. Die RAF wird zum Phantom, der Mordfall Herrhausen, wie auch die Entführung Schleyers, zu einer weiteren Niederlage für die Fahnder.

Die deshalb froh waren, den Zeugen Siegfried Nonne präsentieren zu können. Im Januar 1992 legte Nonne ein Geständnis zum Herrhausen-Mord ab. Die Polizei verdächtigte daraufhin Andrea Klump und Christoph Seidler und erließ einen Haftbefehl gegen die beiden. Sie sollen, behauptete Nonne, die Tat mit ihm zusammen geplant und ausgeführt haben. Bei dem Zeugen handelte es sich allerdings um einen ehemaligen Mitarbeiter des hessischen Verfassungsschutzes mit geringer Glaubwürdigkeit; er war wegen erwiesener Unfähigkeit freigesetzt worden. Ein halbes Jahr nach seiner ersten Aussage erklärte Nonne in der ARD-Fernsehsendung «Brennpunkt», er sei von zwei Beamten seiner Behörde gezwungen worden, RAF-Mitglieder der Tat zu bezichtigen. Zunächst hatte Nonne behauptet, er habe den Tätern seine Wohnung zur Verfügung gestellt, in der angeblich Reste des bei der Tat verwendeten Sprengstoffs gefunden wurden. Erst 1995 kam heraus, dass es sich nicht etwa um TNT-Spuren, sondern um andere Chemikalien handelte.[34]

Ein Nervenarzt bescheinigte Nonne «Glaubwürdigkeit», aber es ist nicht klar, welche seiner Aussagen denn als glaubwürdig zu gelten hätte. Nonne musste über Jahre psychiatrisch versorgt werden. 1994 wurde das Verfahren gegen ihn niedergeschlagen, das gegen Seidler erst 2003, lange nachdem er sich selber gestellt hatte.

Für die «akteure des systems» werde es «keinen platz geben (...) in der welt, an dem sie vor den angriffen revolutionärer guerillaeinheiten sicher sein können», verkündete das «Kommando Ulrike Meinhof» in tschekistischer Sprache, als Siegfried Buback «hingerichtet» worden war, und jetzt hatte es einen weiteren dieser «akteure» getroffen. Herrhausen war ein fast überdeterminiertes Ziel; manche sehen deshalb ein «RAF-Phantom» wüten: eine Geheimgesellschaft, die im Auftrag der alten kapitalistischen Garde den Modernisierer umgebracht und letztlich seinen konservativeren Nachfolger Hilmar Kopper installiert habe, der den geplanten Schuldenerlass als «intellektuelle Bemerkung» abtat.[35] Diese Theorie ist nicht ohne Reiz, wenn sie auch in den Grundzügen an die beliebten Gerüchte um die Ermordung des bald nach seinem Tod glorifizierten John F. Kennedy erinnert.

Doch nicht nur Verschwörungstheoretiker bezweifeln, dass der logistisch und personell zerriebenen RAF ein so perfektes Attentat gelungen sein soll. Sogar in Vorstandskreisen bei der Deutschen Bank[36] wird darüber spekuliert, ob nicht ein Geheimdienst dahinterstecken könnte, die in solchen Fällen immer gern berufene CIA womöglich. Auch Horst Herold, der 1981 aus dem Amt als BKA-Präsident geschieden ist, aber das Treiben der RAF weiter verfolgte, vermutete, dass die Täter zumindest über eine «Quelle im Objekt» verfügten. «Da sitzt irgendein Konfident im Apparat, hebt den Hörer ab und sagt: ‹Jetzt fährt er los.›»[37]

Heute gelten Andrea Klump und Christoph Seidler nicht einmal mehr der Bundesanwaltschaft als tatverdächtig, sie sind nie Mitglied der RAF gewesen, und der Einzige, der sich selber in einen Zusammenhang mit der Tat brachte, ist der psychisch labile Siegfried Nonne. Der Mord an Alfred Herrhausen ist ebenso wenig aufgeklärt wie der an Detlev Karsten Rohwedder, dem nächsten Opfer der RAF.

Der Achtundfünfzigjährige steht am Abend des 1. April 1991, eine halbe Stunde vor Mitternacht, mit dem Rücken zum Fenster in seinem Düsseldorfer Haus, als ihn der erste von drei Schüssen aus sechzig Metern Entfernung trifft; ein zweiter verletzt seine Ehefrau. «Wer nicht kämpft, stirbt auf Raten», heißt es im Bekennerschreiben. Und wieder: «Freiheit ist nur möglich im Kampf um Befreiung.»[38]

Zu dem Anschlag bekannte sich ein «Kommando Ulrich Wessel», benannt nach dem Terroristen, der 1975 in der Stockholmer Botschaft gestorben war. Rohwedder sei der klassische «schreibtischtäter», der «im interesse von macht und profit elend und tod von millionen menschen» geplant habe.[39] Das ist recht kühn an der Wirklichkeit vorbeiformuliert: Rohwedder wirkte im Sinn des «rheinischen Modells» außerordentlich erfolgreich als Sanierer bei Hoesch, wo er den Arbeitsplatzabbau sozialverträglich durchführte. Als Nachfolger des plötzlich zurückgetretenen Rainer Maria Gohlke wurde er im August 1990, unmittelbar nach der Wirtschafts- und Währungsunion zwischen der Bundesrepublik Deutschland und der DDR, zum Chef der Treuhand berufen. In dieser noch vom Ministerrat der DDR beschlossenen «Anstalt zur treuhänderischen Verwaltung des Volkseigentums» waren die staats- oder bisher volkseigenen Betriebe der DDR zusammengeführt worden, die portionsweise an (vorwiegend westdeutsche) Investoren verkauft werden sollten.

Bis zur Wiedervereinigung zählte sich die DDR zu den bedeutendsten Volkswirtschaften der Welt. Plötzlich wurden die Arbeiter und Angestellten massenhaft entlassen, gleichzeitig kam es zu Subventionsbetrug in Milliardenhöhe, über den in den Zeitungen viel berichtet wurde. Dass diese von den DDR-Ökonomen seit Jahren schöngelobte Volkswirtschaft innerhalb weniger Monate zusammenbrach, überraschte auch die Beobachter aus dem Westen; die Menschen in der DDR kränkte es. Schuld an der Katastrophe war naturgemäß der Westen, und die RAF reagierte mit einer neuen Variante der Kolonialismus-These: Aus der DDR sei durch die Treuhand eine «kolonie der bundesrepublik»[40] geworden.

Sogleich kommt es zu Spekulationen, hinter dem Mord an Rohwedder könnte die Stasi stecken, deren alle und alles umfassender Würgegriff erst allmählich bekannt wird. Die RAF selber bezeichnet später die angebliche «RAF-Stasi-Connection» als Erfindung des «Gehirnwäscheapparats». Es ist wohl eher so, dass die RAF wieder Anschluss an das Volk suchte, jenes Volk, das erst in den Montagsdemonstrationen die Freiheit forderte und inzwischen etwas unzufrieden ist mit deren Begleiterscheinungen. «Mit den Schüssen auf den Chef der Treuhandanstalt unternimmt die RAF erstmals einen allerdings durchsichtigen Versuch, sich den verzweifelten Menschen in den sozialen Krisengebieten Ostdeutschlands direkt anzubiedern», schreibt die *taz* in ihrem Kommentar zu dem Bekennerschreiben.[41]

Zwischen dem Mord an Herrhausen und dem an Rohwedder liegt das Attentat auf Hans Neusel, Staatssekretär im Bundesinnenministerium, den die RAF am 27. Juli 1990 mit einer Sprengfalle umbringen wollte. 25 Kilo Sprengstoff wurden gegen sein Auto eingesetzt; er überlebte den Anschlag mit leichten Verletzungen. In den Zuständigkeitsbereich des Sicherheitspolitikers Neusel gehörte die RAF, die in diesen Wochen den schlimmsten Schlag seit der Niederlage von 1977 hinnehmen musste: Peter-Michael Diestel, der letzte Innenminister der DDR, lieferte nach und nach die zehn in der DDR untergetauchten RAF-Terroristen aus, die, mit Ausnahme von Inge Viett, sofort bereit waren, über ihre lange zurückliegende Kampfzeit und, zum ersten Mal, über den Tatanteil der anderen zu sprechen.

Im Mai 2001, fast genau zehn Jahre nach dem Mord an Rohwedder, kann das Bundeskriminalamt bekanntgeben, dass ein «Durchbruch» gelungen sei. Es sei jetzt möglich, auch in «telogenen» – bereits ausgefallenen – Haaren DNS-Spuren festzustellen. In dem am mutmaßlichen Standort des Schützen gefundenen Handtuch hätten sich Haare befunden. «Eine Haarspur stammt zweifelsfrei von Wolfgang Grams.»[42] Grams ist da schon fast acht Jahre tot.

Fragen über Fragen

«Alle modernen Revolutionen haben mit einer
Verstärkung der Staatsgewalt geendet.»
Albert Camus, «Der Mensch in der Revolte» (1951)

Am Anfang und am faktischen Ende der RAF stehen geheimdienstliche Operationen, die auf ihre Art zum jeweils gewünschten Erfolg führten; in beiden Fällen half die Infiltration des Gegners. So ließ sich in den neunziger Jahren unter staatlicher Aufsicht beenden, was in den Sechzigern ebenfalls unter dieser Aufsicht begonnen hatte. Denn die Berliner Konfliktstrategie hatte 1969/70 das gebracht, was sie bringen sollte: Der Feind war durch die Bewaffnung tatsächlich als Feind markiert und durch die Unterwanderung, so glaubte man, zu kontrollieren. Dass sich eine winzige Splittergruppe innerhalb der linken Freischärler die staatlich organisierten Waffen zunutze machen und sich erst recht radikalisieren würde, um dem Staat nicht bloß den Krieg zu erklären, sondern ihn tatsächlich anzugreifen, überstieg offenbar die Phantasie der um den Staatsschutz besorgten Mächte.

Wie Monaden bewegten sich die von der Linken abgespaltenen Krieger der Stadtguerilla durch die siebziger Jahre, in Zellen organisiert, die wenig voneinander wussten und kaum je zu einer gemeinsamen Strategie in der Lage waren. Damit wurde allerdings auch eine Infiltrierung so gut wie ausgeschlossen. Bis zum Ende der achtziger Jahre gelang es nicht, Spitzel oder V-Leute bei der RAF einzuschleusen. Von den gefassten Tätern sprach bis zur Ergreifung der DDR-Aussteiger so gut wie niemand über die Gruppenstruktur oder gar über den Anteil einzelner Gruppenmitglieder an den Anschlägen. Verena Becker, die sich Anfang 1982 dem Verfassungsgericht offenbarte, blieb bis zur «Generalbeichte» des 1990 als Haupttäter entlarvten Peter-Jürgen Boock die einzige bisher bekannte Ausnahme. Hätte sie sich nicht durch die in den Zellen beschlagnahmten Kassiber über Vorbereitungen und Pläne informieren können, die Polizei hätte wenig oder fast nichts über das Treiben der RAF gewusst. Die Anschläge kamen unerwartet, oft nach langen Latenzperioden und immer ohne Vorwarnung. Fast jedes Mal schienen die Behörden überrascht, hatten sie die RAF doch bereits für erledigt gehalten.

Im Jahr nach dem Schock der Schleyer-Entführung versuchte es der Staat wieder einmal mit Prävention. Der niedersächsische Ministerpräsident Ernst Albrecht (CDU) behauptete am 7. Juli 1978 im Bundesrat Ungeheuerliches: «Ich kann Ihnen nachweisen, daß es Terroristen gibt, die wir freilassen müssen, bei denen wir schon heute wissen, welches die Mordpläne sind, die sie aushecken. Das können wir auf den Heller genau, würde ich sagen, schriftlich nachweisen. Wir können Ihnen sogar Namen von Leuten nennen, die ermordet werden sollten.»[1] Albrecht ist für die Sicherheitsverwahrung von terroristischen Ersttätern; schließlich habe das Beispiel Brigitte Mohnhaupt gezeigt, dass auch eine fünfjährige Haftstrafe Terroristen nicht davon abhalte, sich nach der Entlassung gleich wieder in den Kampf zu stürzen. «Und Sie», so wandte sich Albrecht an die versammelten Ländervertreter im Bundesrat, «geben uns nicht die Möglichkeit, irgendetwas dagegen zu tun.»[2]

Bundesjustizminister Hans-Jochen Vogel bat Albrecht sofort schriftlich um Namen und Aufklärung. Albrecht antwortete vage, konnte aber wenige Tage später einen scheinbar manifesten Beweis erbringen: Am Morgen des 25. Juli hatten Unbekannte ein vierzig Zentimeter großes Loch in die Außenmauer der Justizvollzugsanstalt Celle gesprengt, in der Sigurd Debus seine zwölfjährige Haftstrafe verbüßte. Die offizielle Erklärung lautete, die RAF habe versucht, mit diesem Anschlag ihr Mitglied Debus zu befreien. Aber niemand versuchte, ihn rauszuholen, und die RAF hatte auch nichts damit zu tun. Erst acht Jahre später wurde bekannt, dass das ganze Unternehmen mit dem Segen Albrechts vom niedersächsischen Verfassungsschutz eingefädelt worden war.

Debus war kein Mitglied der RAF und nicht einmal ein richtiger Terrorist. Debus war Mitglied in einer winzigen K-Gruppe, die ihn dann allerdings ausstieß, und er hatte mehrere Banküberfälle begangen, er verstand sich auch als linker Kämpfer, aber zur RAF gehörte er bis zu seiner Verhaftung 1974 nicht. Der niedersächsische Verfassungsschutz verfolgte gleichwohl den Plan, über Debus in die unzugängliche RAF einzudringen. Dafür bediente man sich der Hilfe zweier verurteilter Straftäter, die wie Debus in Celle inhaftiert waren. Manfred Berger, den ein 1969 begangener Mordversuch an einem Polizisten für diese Aufgabe qualifizierte, und Klaus-Dieter Loudil wurden als V-Männer angeworben. Die beiden versuchten, im Gefängnis Debus' Vertrauen zu gewinnen. Sie würden ihn befreien, versprachen sie ihm, und diese Befreiung eines Gefangenen sollte dem V-Mann Loudil wiederum genug Glaubwürdigkeit verschaffen, dass er innerhalb der RAF akzeptiert würde.

Das Loch in die Gefängnismauer wurde professionell von GSG-9-Männern gesprengt und in der nachfolgenden Pressekonferenz der Verdacht auf Loudil gelenkt, der aus dem Hafturlaub nicht zurückgekehrt war. Albrecht hatte dafür gesorgt, dass Loudil vom zuständigen hessischen Ministerpräsidenten begnadigt wurde. Loudil suchte Kontakt zu einer linken Gruppe in Braunschweig, er reiste zu vermeintlichen RAF-Unterstützern nach Holland und nach Paris, um von seinem tollkühnen Befreiungsplan zu renommieren (von dem sogar der Häftling Debus überrascht wurde), aber er fand keinen Glauben, sodass sich die Sache verlief und keinerlei Erkenntnisse über die RAF zu gewinnen waren.

Erst 1986 kam heraus, dass der vermeintliche Bombenanschlag der RAF auf das Celler Gefängnis nichts weiter als eine bestenfalls gutgemeinte Geheimdienstaktion war.

Drei Jahre tagte ein Untersuchungsausschuss des niedersächsischen Landtags, bis die Öffentlichkeit schließlich 1989 erfuhr, dass durch Albrechts Präventionsmethode Straftaten begangen, aber keine verhindert worden waren. Albrecht hatte das Unternehmen 1986 noch als erfolgreich verteidigt: «Wir haben bewiesen, daß das Wort von der wehrhaften Demokratie keine Phrase ist (...) Wir haben auf diese Weise schlimme Verbrechen verhindern und andere Verbrechen aufklären können.»[3] Nichts davon ist wahr, wie der Untersuchungsausschuss schließlich befand.

Berger war 1978 im Untergrund verschwunden und finanzierte sich durch Autodiebstähle. Als er deswegen vor Gericht stand, wirkte sich strafmildernd aus, dass es ihm seine Arbeit für den Verfassungsschutz unmöglich gemacht habe, «sich in die Gesellschaft normal einzugliedern und ein bürgerliches Leben zu führen».[4] Der Erfolg der Aktion bestand vor allem darin, dass die Haftbedingungen für Debus verschärft wurden und Albrecht in der auslaufenden Ära Schmidt lange als nächster Kanzlerkandidat der CDU galt. Das später als «Celler Loch» bekannt gewordene Fiasko sollte Albrecht eigentlich als mutigen Mann zeigen, als den Vertreter von Recht und Ordnung, der sich mehr als die amtierende sozialliberale Bundesregierung um die Sicherheit der Bürger sorgte.

Der staatsschützerische Anschlag auf das Gefängnis in Celle im Sommer 1978 war bestimmt nicht die einzige geheimdienstliche Operation in der dreißigjährigen Verlaufsgeschichte der RAF, durch ihr Bekanntwerden aber die spektakulärste. Die RAF wurde dadurch nicht berührt, keine einzige ihrer späteren Straftaten konnte verhindert werden. Die dafür vorgesehenen Organe unternahmen dennoch alles ihnen Mögliche, um die RAF unschädlich zu machen, und sei es, durch eigene Drohszenarien. Nach dem Anschlag auf Alfred Herrhausen berichtete der *Stern*, dass die Sicherheitsorgane mit einem zweiten, einem Zwillingsanschlag rechneten. Nach dem «Kommando Wolfgang Beer» könnte, so die referierte Spekulation, ein weiteres Kommando aktiv werden, das nach Juliane Plambeck benannt wäre, die 1980 zusammen mit Beer bei einem Verkehrsunfall gestorben ist. «Da eine entsprechend ausführliche Begründung des Anschlages auf Dr. Herrhausen bisher nicht vorliegt, wäre eine weitere Aktion von ähnlicher Schwere zumindest denkbar», wird aus einer BKA-Lageanalyse zitiert, deshalb sei es nur logisch, dass «als nächste Kommandobezeichnung Juliane Plambeck zur Verfügung stehen würde».[5]

Das schien sich bei einem angeblichen Anschlag zu bestätigen, der Anfang des folgenden Jahres auf den damaligen Landwirtschaftsminister Ignaz Kiechle (CSU) unternommen wurde. Das Scheitern des Anschlags wurde in einem weiteren Brief zugegeben, der gleichzeitig mit dem Bekennerschreiben eintraf, nur hatte es den Anschlag nie gegeben, auch nicht als Versuch. Das – richtig – «Kommando Juliane Plambeck» klagt in einer Erklärung vom 2. März 1990 über «Kiechle und die Bonner Strategen», die «ganze Volkswirtschaften in existentielles Chaos stürzen» wollten; für den «gesamten Widerstand» sei es eine «unabdingbare Notwendigkeit, die veränderte Situation zu analysieren und zu einem forcierten Aktionismus gegen das System überzugehen».[6] Selbst für RAF-Verhältnisse ist das eine reichlich abstruse Ausdrucksweise und entspricht eher dem, was sich ein nicht sehr gefestigter Analytiker an Gedanken über die RAF zusammendenkt. Die RAF protestierte, nannte Kiechle einen «Agrar-Wurm» und ein «völlig nichtnachvollziehbares Angriffsziel» und bezeichnete den Anschlag als eine «VS-Kiste» (VS für Verfassungsschutz), vergaß aber nicht den Stolz über die «Nähe» zu erwähnen, «die über den Angriff auf Herrhausen zwischen vielen Teilen der revolutionären Linken und uns neu entstanden» sei.[7] Dieses Schreiben wiederum erklärte der Hamburger Verfassungsschutz für echt. Wer auch immer sich zu dem Anschlag, den es nicht gab und der deshalb auch nicht fehlschlagen konnte, bekannt hat, es war nicht die RAF, und sei es deren «dritte Generation».[8]

Als nach der Verhaftung von Brigitte Mohnhaupt und Christian Klar 1982 auch die «zweite Generation» aufgerieben war, schien sich das Problem RAF von selbst zu lösen. Doch es folgte die Serie von Anschlägen auf Politiker und Manager aus dem «militärisch-industriellen Komplex». War das die dritte «Generation»? Wie muss man sich diese Formation vorstellen? War sie eine leninistische Kadergruppe wie die der Gründer? Wollte auch sie die Rote Armee aufbauen? Wo und wer waren ihre Unterstützer? Was war aus der RAF nach dem Ende des Vietnamkrieges geworden? Eine Terrororganisation, die wie jene um «Carlos» und Johannes Weinrich auf Bestellung tötete? Und schließlich: Warum weiß man fast nichts über sie? Bis heute ist keiner der Anschläge – Zimmermann, Beckurts, von Braunmühl, Tietmeyer, Herrhausen, Neusel, Rohwedder – aufgeklärt. Es gibt nicht einmal Verdächtige, nach denen gefahndet wird; in zwei Fällen wurden in der Nähe des Tatorts einzelne Haare gefunden, die inzwischen in der Mikroanalyse bestimmten Personen zugeordnet werden konnten; die Waffe, mit der Rohwedder aus 74 Meter Entfernung erschossen worden ist, kam wenige Wochen zuvor, am 13. Februar 1991, bei einem hochmerkwürdigen Anschlag zum Einsatz: Drei Unbekannte schossen nachts vom rechten Rheinufer auf die US-Botschaft auf der gegenüberliegenden Seite. Es handelte sich, was sonst, um einen Protest gegen den Irakkrieg, gegen den in Deutschland Zehntausende unter Transparenten wie «Kein Blut für Öl!» demonstrierten.

Anders als die Anschläge auf Alexander Haig und Frederick Kroesen waren die gegen die deutschen Manager auf furchterregende Weise erfolgreich. Sie zeigten die RAF auf einem technologischen Niveau, das ihr bis dahin gefehlt hatte. Für den waffentechnischen Nachschub war sie in den siebziger Jahren auf die Unterstützung der Palästinenser angewiesen; hätten die Waffenbrüder nicht noch die «Landshut» entführt, dann hätten sich die Schleyer-Entführer noch viel früher das Scheitern ihrer «big raushole» eingestehen müssen. Die Frage bleibt also, wie es der personell, finanziell und technisch erledigten RAF, trotz erhöhter Aufmerksamkeit der Fahndung, auch nach dem Verlust des nährenden Substrats von Hilfswilligen und erst recht ohne den Wärmestrom der Sympathisanten gelingen konnte, diese Anschläge auszuführen. Eine Frage, mehr nicht. Eine Frage, die bisher nicht geklärt ist.

Bad Kleinen und ein letztes Spektakel

«Ruhig in einer ungeheuren Erschöpfung.»
Karin Struck, «Klassenliebe» (1973)

Anfang der neunziger Jahre treten die spektakulären Morde an Herrhausen und Rohwedder erstaunlich rasch in den Hintergrund. Die Wiedervereinigung, dann der unter amerikanischem Kommando geführte Krieg gegen den irakischen Diktator Saddam Hussein, der im Sommer 1990 das Nachbarland Kuwait besetzt hatte, beansprucht fast alle Aufmerksamkeit. Die Polizei präsentiert die wenigen Spuren, kann aber keinen Täter vorweisen. Die RAF bleibt das Mysterium, das sie seit 1982 geworden ist.

Auch die Häftlinge haben darunter zu leiden, dass ihre Anliegen niemanden mehr interessieren; die alten Kämpfer sind verurteilt, aber wofür sie einmal gekämpft haben, ist schon kaum mehr zu rekonstruieren. Beim Dreikönigstreffen der FDP im Januar 1992 schlägt Innenminister Klaus Kinkel (FDP) dann völlig überraschend eine Initiative vor, die den Stellungskrieg zwischen Staat und Stadtguerilla beenden helfen soll. Mit Unterstützung von Bundeskanzler Kohl und Innenminister Wolfgang Schäuble fordert Kinkel vom Staat die Bereitschaft zur Versöhnung. Die RAF müsse von ihrem Tun ablassen, dann kämen auch Hafterleichterungen in Frage und im Einzelfall eine vorzeitige Entlassung. Natürlich ist eine solche Initiative nur unter einer konservativen Regierung möglich; einer linksliberalen wie der von Helmut Schmidt wäre immer Kumpanei mit linken Gewalttätern vorgeworfen worden.[1]

Die Kinkel-Initiative zwingt die RAF zu einer Reaktion, und es wird eine Teil-Aufgabe. Mit Datum vom 10. April 1992 erklären die Kämpfer der RAF, sie wollten «VON UNS AUS DIE

ESKALATION ZURÜCKNEHMEN». Sie sagen auch gleich, was sie mit diesem Begriff, mit dem bisher die steigende Wehrhaftigkeit der Gegenseite bezeichnet wurde, genau meinen: «WIR WERDEN ANGRIFFE AUF FÜHRENDE REPRÄSENTANTEN AUS WIRTSCHAFT UND STAAT FÜR DEN JETZT NOTWENDIGEN PROZESS EINSTELLEN».[2] Die Autoren des «April-Papiers» beziehen sich auf Kinkels Vorschlag und gestehen überraschenderweise ihr Scheitern ein – sie wollen darüber nachdenken, was sie «falsch gemacht haben». Die RAF fordert die Freilassung der am längsten eingesperrten Gefangenen, macht das aber, und das ist das Ungewöhnlichste an diesem Papier, nicht zur Bedingung. Dieser einseitige Waffenstillstand muss den Militaristen der RAF sehr schwer gefallen sein, deshalb entlassen sie den Leser ihrer Kapitulationsurkunde mit der Drohung: «wenn sie uns, also alle, die für eine menschliche gesellschaft kämpfen, nicht leben lassen, dann müssen sie wissen, dass ihre eliten auch nicht leben können.» In den folgenden Jahren werden mehrere der Lebenslänglichen freigelassen, als Erster schon im Mai der gesundheitlich schwer angeschlagene Günter Sonnenberg.

Die RAF bleibt dennoch dem Gefängnis treu; es ist ihr dauerhaftestes Symbol, eigentlicher Hort ihrer Macht. Das Gefängnis bedeutete Isolation, zugleich jedoch wahre Gemeinschaft und Solidarität. Die Befreiung des Gefangenen Baader brachte die RAF 1970 ins Leben, und von 1972 an saßen alle aus der Gründergeneration als selbsternannte «Kriegsgefangene» im Gefängnis. Der Kampf gegen «Isolationsfolter» und «Vernichtungshaft» (als deren Opfer Holger Meins und Ulrike Meinhof galten) half, immer neue Mitglieder zu rekrutieren. 1977 schließlich brachten sich drei Gefangene in dem Mausoleum um, das allein für sie errichtet worden zu sein schien und das sie schon als Lebende bezogen hatten.

So gilt auch der letzte Anschlag der RAF einem Gefängnis. Drei Männer und eine Frau sperren am frühen Morgen des 27. März 1993 das Gelände um den noch nicht bezogenen Neubau der Justizvollzugsanstalt Weiterstadt bei Darmstadt mit den üblichen rotweißen Baustellenbändern ab und bringen die mit dem RAF-Stern verzierte Warnung an: «Knastsprengung in Kürze – Lebensgefahr. Sofort wegrennen». Die insgesamt elf Wachleute sind überwältigt, in einen VW-Transporter gepackt und in Sicherheit gebracht worden. Dem Wachhund verpasst man einen Maulkorb. Nach gut drei Stunden Arbeit sind zweihundert Kilo Sprengstoff so gründlich über die gesamte Anlage verteilt, dass sich noch vor deren Inbetriebnahme binnen Sekunden 123 Millionen Mark in die Luft sprengen lassen. Der ehemalige BKA-Präsident Horst Herold kann seine Bewunderung für diese Tat der absterbenden RAF nicht verhehlen: Er staunt über die «weitverzweigte Logistik», mit der der Neubau «in eine klägliche Ruine» verwandelt wird, und findet das Bestreben «bemerkenswert (...), erstmals Personenschäden zu vermeiden».[3] Für einen Vertreter des Staates ist das vor allem ein bemerkenswertes Einfühlungsvermögen, Ergebnis sicherlich einer gemeinsamen Geschichte, die Täter und Jäger eng zusammengeführt hat.[4] Herold trägt ein Bild des gesprengten Baus wie ein Memento in seiner Brieftasche.

Im Fluchtfahrzeug findet sich eine Erklärung des «Kommandos Katharina Hammerschmidt»[5], in der es heißt: «der weiterstädter knast steht exemplarisch dafür, wie der staat mit den aufbrechenden und sich zuspitzenden widersprüchen umgeht: gegen immer mehr menschen knast, knast, knast.»[6] Der Anschlag ist eine weitere Gewalttat und wird auch wie eine Gewalttat verurteilt, aber die Schadenfreude könnte kaum größer sein;[7] die Schlagzeile der *taz* am 29. März 1993 lautet mit Berliner Hintergrund: «Einstürzende neue Bauten in Hessen». Sogar in der Bundesanwaltschaft ist man überrascht und spricht davon, dass sich die RAF damit um den Friedensnobelpreis bewerben wolle. Zum ersten Mal wurde betont, dass man die Wachleute auf keinen Fall gefährden wollte: «Die RAF», heißt es im Bekennerschreiben, «hat kein Interesse daran, solche Leute zu verletzen oder zu töten.»[8] Weiterstadt bildet deshalb den Kontrapunkt zum Beginn der RAF und zu Ulrike Meinhofs berüchtigten Worten: «und natürlich kann geschossen werden».

Gegen Ende der RAF-Geschichte wirkt dieser Anschlag wie das letzte und zugleich das kostspieligste situationistische Spektakel. Plötzlich trat auch die militaristische RAF als Spaßguerilla auf, der eine wahrhaft subversive Aktion gelungen war, jedenfalls war sie es für den, der «Wegsperren – und zwar für immer!» nicht für ein sozialpolitisches Rezept hält. In Weiterstadt kann die RAF den verhassten Staat in seinem Herrschaftsbereich, der Gefängnisvogtei, treffen, ohne dass jemand verletzt wird. Es war, das zeigte der Anschlag, weiter mit der RAF zu rechnen. Sie hatte zwar den Kampf gegen den Staat vorübergehend eingestellt, sich aber deshalb noch nicht aller Mittel dazu begeben.

Sosehr das Häuflein der Kämpfer zersprengt ist, das zwischen Paris, der belgischen Nordseeküste, der ehemaligen DDR, dem Rheinland und immer wieder Wiesbaden oszilliert, es gelingt dem rheinland-pfälzischen Verfassungsschutz endlich, einen V-Mann einzuschleusen und dann gleich bis an die vermutete Kommandoebene, zu der in Ermangelung weiterer Namen Birgit Hogefeld gerechnet wird, heranzuführen. Klaus Steinmetz bringt die RAF an ihr Ende.

Steinmetz kommt aus der Friedensbewegung in Kaiserslautern, beteiligt sich an den Demonstrationen gegen die Startbahn West, an Lateinamerika-Komitees, protestiert zeitgemäß gegen Nachrüstung, Atomkraft und den Imperialismus. Mit vielen anderen bereitet er 1987 Demonstrationen zum zehnten Jahrestag der Todesnacht von Stammheim vor. Er ist kein Theoretiker, eher ein Mann der Tat: Gefangenenbefreiung, Einbruch, Organisieren ohne viel Worte. Er wird bei einem Einbruch erwischt, die Gefängnisstrafe setzt man ihm zur Bewährung aus, denn er ist bereits ein wichtiger Informant. Seinem eigenen Verständnis nach ist er kein Spitzel, sondern ein «Mittler», da er seinem Agentenführer nicht bloß Namen von gewaltbereiten Demonstranten verrät, Aktionen bespricht, Pläne weitergibt, sondern angeblich auch die Ziele der Friedensbewegung erläutert.

Steinmetz entwickelt sich zum Perspektivagenten. Er habe es nur gut gemeint, versicherte er in einem Beitrag für die *tageszeitung*, und vielleicht hat er ja wirklich mäßigend auf die Kader einwirken können, die sich noch immer Vorwürfe machten wegen Edward Pimental, noch größere aber der Linken, die ihnen diesen Mord weiter verübelte.

Der V-Mann weiß mitzuteilen, dass er sich mit Birgit Hogefeld treffen soll. Er wird mit einem Peilsender und einem Mikro ausgerüstet; ein Überwachungswagen folgt den beiden, während sie in Wismar spazieren gehen. Der Zugriff ist beschlossen und von Generalbundesanwalt Alexander von Stahl persönlich angeordnet. In letzter Minute wird der Einsatz in Wismar abgebrochen, weil die Lauscher erfahren, dass sich ein weiterer Freund ankündigt, mit dem Birgit Hogefeld am 27. Juni 1993 in der Mitropa-Gaststätte im Bahnhof Bad Kleinen zusammentreffen will. Es ist Wolfgang Grams.

Der Zugriff in Bad Kleinen sollte ein Triumph langjähriger Polizeiarbeit werden, die erste Festnahme gesuchter Terroristen seit acht Jahren (die von der DDR stillgelegten Aussteiger nicht mitgerechnet), auch ein Erfolg der geheimdienstlichen Strategie, mit Hilfe eines V-Manns in den inneren Kreis der RAF vorzudringen. Bei der «Operation Weinlese» sind im Bahnhof, davor, auf dem Bahnsteig, in einem Hubschrauber, in mehreren Fahrzeugen ungefähr hundert Beamte verteilt, darunter Mitarbeiter der GSG 9, des rheinland-pfälzischen Verfassungsschutzes und des BKA. Alles ist für die Festnahme vorbereitet.

Birgit Hogefeld kommt kurz nach 13 Uhr aus Wismar an. Bis 15 Uhr sitzt sie mit Grams und Steinmetz in der Kneipe, auch hier gut bewacht. Als sie den Bahnhof durch die Unterführung verlassen, erfolgt der Zugriff. Steinmetz soll nicht enttarnt und deshalb wie ein Verdächtiger behandelt werden. Den sieben Beamten in der Unterführung gelingt es, Birgit Hogefeld und Steinmetz zu Boden zu werfen und ihnen die Pistole an den Kopf zu drücken. Hogefeld ist zwar schwer bewaffnet, kann sich aber nicht mehr wehren.

Grams jedoch gelingt es auszureißen. Er flieht über den Treppenaufgang auf den Bahnsteig zwischen den Gleisen 3 und 4, wird verfolgt, dreht sich um und beginnt auf die Beamten, die ihm mit gezogener Pistole folgen, zu schießen. Er trifft Michael Newrzella und einen weiteren Beamten. Auf Grams werden insgesamt 33 Schüsse abgefeuert, aber nach allem, was die Gerichte in verschiedenen Instanzen erkannt haben, ist er es selber, der sich den tödlichen Schuss in die Schläfe beibringt – noch auf dem Bahnsteig, im Fallen, oder möglicherweise erst, als er bereits im Gleisbett liegt. Grams und Newrzella sterben beide an diesem Sonntagnachmittag im Krankenhaus.

Es gibt keinen Zweifel daran, dass Newrzella durch eine Kugel aus Grams' Pistole gestorben ist, aber bei Grams entbrennt fast unverzüglich eine Kontroverse darum, ob es wirklich Selbstmord war.[9] Eine Kioskbesitzerin will gesehen haben, dass es sich anders zugetragen hat: «Der Beamte zielte auf den Kopf und schoss aus nächster Nähe, wenige Zentimeter vom Kopf des Grams entfernt. Dann schoss auch der zweite Beamte auf Grams, aber mehr auf den Bauch oder die Beine. Auch der Beamte schoss mehrmals.» Von «Killfahndung» ist die Rede, bald auch vom Versagen der Einsatzleitung. Die Aussage der Kioskbesitzerin, die später ihr Zeugnis widerruft, wird von einem Angehörigen der GSG 9 bestätigt: «Ein Kollege von der GSG 9 hat aus einer Entfernung von Maximum fünf Zentimetern gefeuert.» Diese Version macht sich der *Spiegel* zu eigen und sorgt, zusammen mit dem Fernsehmagazin «Monitor», für den lange nicht ausgeräumten Verdacht, Grams sei von der Polizei erschossen worden. ««Die Tötung des Herrn Grams gleicht einer Exekution», sagt ein Zeuge, der beim Einsatz dabei war und sich dem *Spiegel* offenbart hatte.»[10] Was immer die Zeugen zu diesen Erklärungen trieb, sie waren nicht zutreffend.

Die offizielle Untersuchung – zunächst von der Universität Münster durchgeführt, dann der Stadtpolizei Zürich übertragen, weil man sicherstellen will, dass Objektivität gewahrt wird – bestätigt, dass sich Grams im Fallen selber getötet hat. Wie damals bei Che Guevara werden der Leiche Grams' bei der Untersuchung die Hände abgehackt. Die Eltern von Wolfgang Grams werden bis 1998 immer wieder vor Gericht ziehen, um Gewissheit über die Todesumstände zu erlangen.

Heute steht fest[11], dass Grams sich den tödlichen Schuss selber beigebracht hat; fest steht aber auch, dass das BKA so schlampig gearbeitet hat, dass anderweitige Vermutungen möglich wurden: Die Überwachung aus der Luft war lückenhaft, der Befehl zum Eingreifen wurde missverstanden, die Beamten hatten wegen der Unterführung keinen Funkkontakt, sie trugen keine kugelsicheren Westen, das Gesicht des toten Wolfgang Grams wurde gereinigt, ehe man ihn fotografiert hatte, und noch eine Woche nach dem Vorfall fanden Journalisten Patronen im Gleisbett. Der V-Mann, der nicht auffliegen sollte, wurde nur zum Schein verhaftet, was der Polizei die Möglichkeit nahm, ihre Erkenntnisse zu belegen. Der rheinland-pfälzische Innenminister Walter Zuber bestritt zunächst, dass neben Grams und Hogefeld eine dritte Person am Tatort war, wird dann aber durch die Filmaufnahmen widerlegt; Steinmetz war damit verbrannt, ein Verräter, auf den angeblich die ganze halblegale Szene Jagd machte. Er tauchte unter und schrieb einen Brief an die Wiesbadener Genossen, in dem er behauptete, nichts mit dem Verfassungsschutz zu tun zu haben – «solchen Mördersäuen» würde er «noch nicht mal ein Kochrezept verraten, geschweige denn einen Genossen ans Messer liefern».[12] Das war natürlich gelogen; schon am nächsten Tag musste Innenminister Zuber zugeben, dass Steinmetz seit zehn Jahren für den Verfassungsschutz Wiesbaden tätig war.

Wolfgang Lüder, der innenpolitische Sprecher der FDP, warnte vor mangelhafter Aufklärung der Vorgänge und erinnerte an die Folgen des Versuchs, die Umstände zu vertuschen, unter denen Benno Ohnesorg am Abend des 2. Juni 1967 gestorben war: «Damals begann, was später die RAF wurde.»[13] Für die zutreffende Behauptung, der Tod Benno Ohnesorgs stehe am Anfang der RAF, war dem Hannoveraner Psychologieprofessor Peter Brückner noch

1977 «die Ausübung seiner Amtsgeschäfte bis auf weiteres untersagt» worden. Seither hatten sich die Zeiten geändert: Zum ersten Mal durfte jetzt davon die Rede sein, dass ein Terrorist nicht von sich aus die Polizei angegriffen, sondern erst geschossen hatte, als er sich der Festnahme entziehen wollte. Das war, wiederum verglichen mit dem wütenden Verfolgungsinteresse früherer Jahre, nicht bloß vernünftig, sondern staatspolitisch wertvoll. Der RAF wurde keine neue Eskalation vorgeworfen, sodass die Friedenspolitik des Staates gegenüber seinen Feinden aufrechterhalten werden konnte.

Der Rechtsstaat funktionierte auch sonst und nicht zuletzt, weil er in der Lage war, sich zu korrigieren: Generalbundesanwalt Alexander von Stahl behauptete zwar wiederholt, Birgit Hogefeld habe sich der Verhaftung widersetzt und wild um sich geschossen, doch konnte ihn Hogefeld mit einer einstweiligen Verfügung daran hindern, weiter die Unwahrheit zu verbreiten. Stahl ist der erste Bundesanwalt, der sich dem gerichtlichen Begehren einer Terroristin beugen musste. Weil tatsächlich nicht auszuschließen war, dass ein Beamter auch dann noch auf Grams geschossen hatte, als dieser bereits verletzt auf den Gleisen lag, trat am 4. Juli 1993 Bundesinnenminister Rudolf Seiters zurück. Drei Tage später wurde Alexander von Stahl von der ihm vorgesetzten Bundesjustizministerin Leutheusser-Schnarrenberger entlassen.

Bis zuletzt versuchte die Bundesanwaltschaft, Birgit Hogefeld mit dem Instrument der «kollektiven Tat» wegen Mordversuchs an dem Polizisten Manfred Newrzella verurteilen zu lassen: «Die auf die geschilderte Weise zustandegekommene Kollektiventscheidung gilt allen Angehörigen dieses Täterkollektivs als verbindlich», lautete schon 1985 die Begründung im Urteil gegen Rolf Klemens Wagner und Adelheid Schulz.[14] Diesmal erkannte das Gericht anders. Wenn Birgit Hogefeld am Ende dennoch zu lebenslänglich verurteilt wurde, dann wegen ihrer Beteiligung an der Ermordung Edward Pimentals.

Auch für ihr Leben sei der Tod von Holger Meins bestimmend

gewesen, erklärte Birgit Hogefeld vor Gericht und schloss die Hoffnung auf die Weitergabe dieser Stafette an, «genauso wie heute der Tod von Wolfgang und die Umstände seiner Tötung im weiteren Leben einiger junger Menschen eine Rolle spielen» würden.[15] Trotz einiger Unklarheiten beim Hergang der Polizeiaktion, trotz der Gerüchte um Mord und Selbstmord hat der Tod von Wolfgang Grams nie die Rolle gespielt wie jener von Holger Meins.

Über die vielen Jahre, die sich die sogenannte dritte Generation der RAF vom antiautoritären, vom revolutionären Aufbruch der Jahre 1967/68 entfernt hatte, waren ihr die Unterstützer abhandengekommen. Von Anfang an hatten sich nur die wenigsten bereitgefunden, den Todestrip der Gründer ebenfalls anzutreten, doch hatten ihn zunächst genug mit mehr oder weniger großem Beifall, auf jeden Fall mit einem kaum vorstellbaren Maß an Aufmerksamkeit begleitet. Diese Aufmerksamkeit, dieses teilnehmende Interesse, aus dem das Wohlgefallen schon lange geschwunden war, war im Lauf der achtziger Jahre fast vollständig verdunstet. Der Todessog, der die RAF mehr als zwanzig Jahre lang am Leben hielt, hatte endlich nachgelassen.

Epilog
Der Krieg ist aus

Wilhelm Müller/Franz Schubert,
«Die Winterreise» (1827)

67 Tote, 230 Verletzte, 250 Millionen Euro Sachschaden, 31 Banküberfälle mit einer Beute von 3,5 Millionen Euro, ungezählte Milliarden für die Bekämpfung, mehr als eine Million Asservate im Polizeiarchiv, elf Millionen Blatt Ermittlungsakten und am Ende 517 Personen verurteilt wegen Mitgliedschaft in einer terroristischen Vereinigung, 914 wegen Unterstützung: Das ist die Bilanz, die der ehemalige BKA-Chef Horst Herold nach der Selbstauflösung der RAF zieht.[1] Die RAF musste sich auflösen, weil sie endlich doch einsah, dass ihr «schleichend Volk» (Ludwig Börne) sie im Stich gelassen hatte. Es wollte einfach nicht von Männern und Frauen vertreten werden, die im selbstgestellten Auftrag mit der «Firebird» in der Hand gegen die Herrschenden kämpften. Die Bomben, die die RAF baute, sollten «in das Bewußtsein der Massen»[2] geschmissen werden, aber sie gelangten nur bis in die Medien. Das «Medienspektakel», meint Herbert Nagel, der als Mitarbeiter der vorangegangenen «Subversiven Aktion» weiß, wovon er spricht, hat «Ziel und Aktion ihrer revolutionären Existenz bis ins letzte bestimmt»[3]. Verändert wurde durch diesen Guerilla- und Medienkampf nichts, die RAF allerdings zu einem schrecklichen Popanz,

der Gesamtdeutschland über Jahrzehnte beschäftigen konnte. Als sie am 20. April 1998 das Ende bekanntgab, mussten es weithin hallende Worte sein, denn schließlich sah sie sich immer als objektives Werkzeug des Weltgeistes: «Die Stadtguerilla in Form der RAF ist nun Geschichte.»[4]

1998 lief die lange Ära Kohl aus. Helmut Kohl hatte 1982 Helmut Schmidt abgelöst, womit das kurze sozialdemokratische Interregnum in der westdeutschen Nachkriegsgeschichte auch schon wieder beendet war. Schmidts Sturz war auch eine Folge der übergroß gemalten terroristischen Bedrohung, für die die Konservativen, die ihrerseits unter dem Machtverlust von 1969 litten, gern die SPD mitverantwortlich gemacht hatten. Diese Sühnezeit war 1998 vorbei, und nun schickten sich die Generationsgefährten der Baader-Meinhof-Gruppe an, als erste rot-grüne Regierung die Macht zu übernehmen. Der ehemalige Juso-Vorsitzende Gerhard Schröder, der die bei Ernst Albrecht zum Treueid verpflichteten Professoren verteidigt und für Horst Mahler die Wiederzulassung als Anwalt erkämpft hatte, wurde Bundeskanzler; Joschka Fischer, der sich 1976 als Straßenkämpfer an den besonders gewalttätigen Demonstrationen nach Ulrike Meinhofs Tod beteiligt hatte, Außenminister; Otto Schily, der Verteidiger von Mahler und von Gudrun Ensslin, Innenminister; Jürgen Trittin, der im niedersächsischen Landtag die Grünen im Untersuchungsausschuss zum Celler Loch vertreten hatte, Umweltminister; und die neue Justizministerin Herta Däubler-Gmelin, die wie Mahler, Enzensberger und Ulrike Meinhof zu den ersten Mitgliedern im Republikanischen Club gehörte, war Ohrenzeugin gewesen, als der Kriminalobermeister Kurras den Studenten Ohnesorg vom Rechtsstaat unbehelligt erschießen konnte.

Die RAF war in diesen neunziger Jahren längst nicht mehr das Schreckgespenst aus den Anfängen, und der Staat hatte bereits mit der Deeskalation begonnen. Während zehn Kombattanten, überwiegend aus der zweiten und dritten Reihe, in der DDR versteckt und die bis dahin gefährlichsten Gewalttäter gefangen genommen wurden, versuchten Martin Walser und Antje Vollmer, dann auch die Minister Gerhart Baum und Klaus Kinkel, die RAF zum Aufgeben zu überreden. Schon 1988 begnadigte der rheinland-pfälzische Ministerpräsident Bernhard Vogel Klaus Jünschke, der sich glaubhaft vom Terror losgesagt hatte. 1989 verabschiedete der Bundestag ein Gesetz, mit dem das Rechtsinstitut des Kronzeugen eingeführt wurde. Als die Aussteiger in der DDR verhaftet wurden, konnten sie von dieser Regelung profitieren, und die Behörden gewannen zum ersten Mal wesentliche Erkenntnisse über die Anschläge der RAF in den siebziger Jahren. In Einzelfällen gewährte der bis dahin so unerbittliche Staat Haftverschonung. Unter den Gefangenen wurden solche friedensstiftenden Maßnahmen heftig diskutiert. Einige nahmen die Vorschläge zur Güte an, andere wie Brigitte Mohnhaupt und Christian Klar wollten auch mit einem milder werdenden Staat keine gemeinsame Sache machen.

Klaus Jünschke hatte während seines Prozesses 1976 noch den Richter angegriffen und zu Boden gestoßen. Birgit Hogefeld, eine der wenigen namhaft gewordenen Mitglieder der letzten RAF-Generation, konnte 1994 ihr Verfahren bereits zu dem Eingeständnis nutzen, der «bewaffnete Kampf» sei ein Irrtum gewesen. Sie hatte, um ihre «eigene Situation besser begreifen zu können», im Gefängnis Berichte von Tupamaros gelesen, auch von KZ-Häftlingen, und wollte sich, nach Lektüre von Jean Améry, dann doch nicht als «Folteropfer» sehen, nach allem ein freiwilliger Verzicht auf einen wesentlichen Bestandteil im Mythos RAF.[5] «Wir hatten uns», schrieb sie über die letzte Phase der RAF, «immer weiter von der konkreten gesellschaftlichen Realität hier entfernt und damit auch von vielen Menschen, die ein Leben unter den Zwängen und Wertkategorien im Kapitalismus, in dem nur Geld und Ellenbogen zählen, nicht für das größte menschliche Glück halten, sondern die dieses Leben in allererster Linie als leer und unerfüllt empfinden.»[6] Verspätet empfiehlt sie den Rückzug aus der Weltrevolution in die Stadtteilarbeit. Vernunft kehrt ein, ein wenig.

Kurz darauf schien auch eine Initiative des Verfassungsschutzes, der seit 1982 versucht hatte, RAF-Mitglieder aus dem Gruppenverband zu lösen, erste sichtbare Erfolge zu erzielen: Christoph Seidler, der als einer der Mittäter bei der Ermordung Alfred Herrhausens gesucht wurde, kam nach vielen Jahren aus dem Libanon zurück, lebte ein Jahr in Deutschland und stellte sich am 22. November 1996 den Ermittlungsbehörden in Karlsruhe. Noch am gleichen Tag musste ihn die Staatsanwaltschaft wieder freilassen – Seidler war, obwohl er zehn Jahre lang auf den Fahndungsplakaten stand, nichts vorzuwerfen. Er war nicht einmal «Aussteiger», denn «aus der RAF konnte er nicht aussteigen, weil er dort nie war», wie eine mit dem RAF-Signet versehene Erklärung bestätigte, die der *tageszeitung* zuging.[7] Seidler kannte sowohl Andrea Klump als auch Siegfried Nonne, wollte sich aber mit der bewaffneten Politik der RAF nicht angefreundet, sondern nur deren Kontakte genutzt haben, um im Libanon zu verschwinden, wo er an der Seite der Palästinenser im Bürgerkrieg gekämpft haben soll. Ein weiteres, recht pittoreskes Alibi Seidlers besteht darin, dass er im Oktober und November 1989, als das Attentat auf Herrhausen geplant und ausgeführt wurde, in einem libanesischen Dorf lebte, wo er Umgang mit zwei Brüdern hatte, die in der drusischen Miliz dienten. Für sie soll er ein Bild von Che Guevara gemalt haben.[8]

Sabine Callsen wurde seit 1985 mit Haftbefehl gesucht, auch sie befand sich auf den Fahndungsplakaten, die es im März 2003, als sie sich in Frankfurt stellte, schon nicht mehr gab. Offenbar hatte sie achtzehn Jahre im Libanon gelebt, sich aber nichts strafrechtlich Relevantes zuschulden kommen lassen. Ein Verfahren gegen sie wurde von der Staatsanwaltschaft Hamburg mangels hinreichenden Tatverdachts eingestellt. Der Haftbefehl gegen sie wurde unter Auflagen außer Vollzug gesetzt. Die jüngste Generation der RAF war um ein weiteres Mitglied verkleinert worden.

Schließlich ging am 28. September 2004 der Prozess gegen Andrea Klump zu Ende, auch sie dringend der Ermordung Herrhausens verdächtig. 1999 war sie nach einer Schießerei in Wien festgenommen worden, bei der ihr Komplize Horst Ludwig Meyer starb. 1987 hatten sich Meyer und Klump im Libanon von der PFLP für den militärischen Kampf ausbilden lassen. Wie die Carlos-Gruppe agierten sie als Söldner fremder Interessen. Andrea Klump plante mit Meyer und einer dritten Person 1988 einen Anschlag auf eine Diskothek im Hotel «Playa de la Luz» im spanischen Rota. Dabei wollte man besonders perfide vorgehen: Die Hotelgäste sollten telefonisch vor einer Bombe gewarnt werden, die man zünden wollte, wenn sich nach dem Alarm genügend Menschen versammelt hätten. Bevor sie ihren Plan ausführen konnten, wurden sie von zwei spanischen Polizisten gestellt. Meyer schoss, die Täter konnten entkommen, indem sie ein englisches Ehepaar zwangen, sie in ihrem Wohnmobil bis nach Sevilla mitzunehmen.

Die nächste Aktion verlief ebenfalls nicht wie geplant: Am 23. Dezember 1991 explodierte auf der Straße zum Budapester Flughafen ein Fiat Tipo, in dem 25 Kilo Sprengstoff lagerten. Getroffen werden sollte ein Reisebus. Doch der Funkzünder ging ein paar Sekunden zu früh los. Zwei Polizisten in dem Streifenwagen, der den Bus eskortierte, wurden schwer verletzt, außerdem vier der Reisenden, russische Juden, die sich auf dem Weg nach Israel befanden. Am Tag nach dem Anschlag ging der französischen Nachrichtenagentur AFP das Bekennerschreiben einer «Bewegung für die Befreiung von Jerusalem» zu. Meyer, Klump sowie eine unbekannte Person hatten den Anschlag im Auftrag einer palästinensischen Gruppe ausgeführt. Wegen Beihilfe zum versuchten Mord in 32 Fällen wurde Andrea Klump zu insgesamt zwölf Jahren Gefängnis verurteilt. Der Vorwurf, sie sei am Herrhausen-Attentat beteiligt gewesen, ließ sich aber ebenso wenig aufrechterhalten wie die bis dahin unterstellte Mitgliedschaft in der RAF.

Wie viele zur letzten, zur sogenannten dritten Generation der RAF gehörten, wie stark sie überhaupt als Gruppe organisiert war, wie viele von den Illegalen und Militanten das Land verließen, ehe ihnen die Polizei auf die Spur kam, war in den letzten zwanzig Jahren nicht zu klären. Spätestens 1996 gab es die RAF nur noch als Phantom. Die Fahndungsplakate verschwanden, da die vermuteten Gewalttäter verhaftet oder selber spurlos verschwunden waren. Die RAF war keine Gefahr mehr, strahlte aber weiter wie radioaktives Material. Es gab keine Bekennerschreiben mehr, dafür begann die Aufarbeitung der RAF-Geschichte, der Versuch, sich vor den alten Freunden zu rechtfertigen. Im Triumph über die in die polizeiliche und politische Bedeutungslosigkeit hinübergerettete Klandestinität klingt die RAF in der Selbstbeschreibung wie eine Blutsbrüderschaft «Schwarze Hand» oder sonst ein mafiotisches Unternehmen, das sich zur *omertà* verpflichtet hat: «Sie wissen nicht viel über uns», erklärt die RAF 1996 stolz in einem Zeitungsbeitrag. «Sie haben noch nie wirklich durchgeblickt, wie unsere Strukturen aussehen oder wer in der RAF organisiert ist.»[9] Als «Fratze des Terrors» ist nur Birgit Hogefeld übrig geblieben, die unter einer leichten Gehbehinderung leidet, nicht unbedingt die beste Voraussetzung für die Stadtguerilla. Dass sie die blutrünstige Chefin der RAF, die Nachfolgerin von Gudrun Ensslin, Brigitte Mohnhaupt und Inge Viett gewesen sein soll, glaubt nicht einmal die Bundesanwaltschaft. Aber wer war es dann? Und wer – noch so eine Kinderfrage – wer hat eigentlich die Auflösungserklärung formuliert? Je näher man die RAF ansieht, desto ferner schaut sie zurück.

«Vor zehn Tagen die Alpen, jetzt zurück, dahinter das *verhaßte Land*»[10], schrieb Bernward Vesper 1970 in der «Reise», als die RAF den Feldzug gegen Deutschland begann. (Er brachte sich dann um.) «Ich habe mich hierzulande (…) nie sicher gefühlt»[11], klagte die Schriftstellerin Gisela Elsner 1982. (Sie brachte sich dann auch um.) «Ich habe diese Leute und dieses Land gehaßt»[12], lautet Karl-Heinz Dellwos Begründung für seinen Eintritt in die RAF. Mit Anklängen an Brechts Gedicht vom «Radwechsel» beschreibt auch Birgit Hogefeld ihre Entfremdung: «Die Welt, aus der ich komme, der fühle ich mich nicht mehr zugehörig, und so bin ich irgendwo im Niemandsland auf der Suche nach, ja was eigentlich?»[13]

Die Terroristen waren seit 1970 Ausgewanderte im eigenen Land, mit dem sie sich mehr (wenn auch negativ) identifizierten als alle anderen. Es konnte dem revolutionären Geist keine Heimat bieten, nur eine Walstatt, ein Schlachtfeld, auf dem diesmal richtig ausgefochten werden sollte, was die Väter falsch gemacht und versäumt hatten.[14] Die besondere deutsche Geschichte konnte mit moralischem Mehrwert das ausgleichen, was an revolutionärer Voraussetzung fehlte. Hatten die Eltern geschwiegen zu Auschwitz und den Nationalsozialismus durch Passivität unterstützt, so wollten die Kinder rechtzeitig anprangern. «Zu erwägen ist nicht ein *Widerstandsrecht* in der Bundesrepublik, wie es hier nicht um Rechte geht, sondern was die Politik der RAF ausdrückt», hatte sich die Angeklagte Gudrun Ensslin fünf Tage vor Ulrike Meinhofs Tod in Stammheim grundsätzlich vernehmen lassen, «*ist das Bewußtsein der Pflicht zum Widerstand in der Bundesrepublik*».[15]

Dieser überlieferten Pflicht folgte zuletzt und wieder mit Rücksicht auf das unvergängliche «Dritte Reich» Birgit Hogefeld. Mit Hinweis auf den Mord an dem US-Soldaten Edward Pimental und die zwei Opfer, die im Gerichtssaal die Spätfolgen der Verletzung geschildert hatten, die sie beim Anschlag von Wiesbaden erlitten, erklärte sie 1996 in ihrem Schlusswort vor dem Frankfurter Oberlandesgericht, dass «vieles in unserer Geschichte als Irrweg anzusehen» sei. Birgit Hogefeld erwähnte dabei ausdrücklich die «Eskalation des Militärischen»[16], die allerdings bei der RAF kein «Irrweg» war, sondern von Anfang an dazugehörte: Nachdem Horst Mahler, Gudrun Ensslin, Andreas Baader und zuletzt Ulrike Meinhof lange genug die «produktiven Aspekte» von «Terror und Offensive» bedacht hatten, rüsteten sie mit freundlicher Unterstützung der staatlichen Organe zum bewaffneten Kampf gegen diese auf. Statt der Morgenröte einer Bloch'schen Revolution kam es aber nur zum blutigen Terror, die Verwandlung von denkenden Menschen in eine «wirksame, gewaltsame, selektive und kalte Tötungsmaschine»[17] mit der guevaresken Bereitschaft, jederzeit zu morden.

Unmenschlich handelten die deutschen Guerilleros gerade dann, wenn sie die Menschlichkeit zu propagieren vorgaben, natürlich immer mit Rücksicht auf Brechts «Niedrigkeit», auf Frantz Fanons durch seinen Kolonialherren unterdrückten Schwarzen, der erst jemanden totschlagen muss, eher er seiner selbst und seiner Identität innewerden kann. Der Mord an Pimental schließlich zeigte die RAF als umgekehrte Kolonisatoren. Im Bestreben, den Ausbeuter umzubringen, führten sie sich wie die Landesherren auf, die Fremde vertreiben mussten.

Nur der Internationalismus bot Rettung vor jenem Deutschland, das von seiner Geschichte so belastet schien, dass doch bloß Nazis drauf stolz sein konnten. Daraus wurden die Verherrlichung der «Dritten Welt», und der selbstgewählte Auftrag, sich für deren Befreiungskampf zu melden. Bahman Nirumands Ansichten aus Persien heizten die Studentenrevolte an, weil sie Argumente lieferten gegen einen Despoten, der sich als Angehöriger des Westens präsentierte und im Inneren sein Volk schindete. Auf dem Rückenumschlag seines Buches «Persien, Modell eines Entwicklungslandes oder Die Diktatur der Freien Welt» waren Bilder von Folterungen und der Hinrichtung Oppositioneller zu sehen. Der Autor fürchtete, aus Erfahrung, die Savak, den persischen Geheimdienst, aber der religiöse Fundamentalismus spielte keine Rolle bei ihm. Und so achtete niemand auf den Mullah, den der Schah erst ins Exil in den Irak und dann nach Paris getrieben hatte, wo er seinen Zorn und sein religiöses Eiferertum inmitten der westlichen Dekadenz schärfte und als Racheengel und Erlöser in den Iran zurückkehrte. Auch Nirumand kehrte 1979 dorthin zurück und wurde, wie alle Demokraten, sofort an den Rand gedrängt. «Wir haben mit der Religion einfach nicht gerechnet.»[18] Die Meinungen sind geteilt, aber im alten Regime des Schahs dürfte es doch schlimmer zugegangen sein als in der religiösen Diktatur des heutigen Gottesstaates.

Die Geschichte ist über das Schah-Regime ebenso hinweggegangen wie über das Vietnam, das ein Jahrzehnt lang alle Leidenschaften an sich band, und über die RAF, die sie am Anfang nutzen konnte. Die kommunistische Republik Vietnam umfasst seit mehr als dreißig Jahren das gesamte, das wiedervereinigte Vietnam, empfängt heute den amerikanischen Präsidenten zum Staatsbesuch und hofft auf weitere Aufträge als Billiglohnland.

Dass sich Terrorismus wie bei den Attentätern vom 11. September 2001 religiös begründen würde, das hätte sich im politischen Aufbruch der Sechziger niemand vorstellen können. Und doch stand eine ursprünglich religiöse Inbrunst am Anfang auch der deutschen Revolte, zumindest bei ihren bedeutendsten Frauen, bei Ulrike Meinhof und bei Gudrun Ensslin, und mit einer quasireligiösen Inbrunst wurde an einem fernen Liebesobjekt festgehalten: der «Dritten Welt», dem Kommunismus, dem Volk.

Der Kolonialkrieg im eigenen Land musste irgendwann zu Ende gehen, weil die Kämpfer müde und alt wurden; nicht wenige sind gestorben. «Wir haben eine umfassende Niederlage erlitten», erklärte Karl-Heinz Dellwo 1997. Eine Niederlage nur? Dellwo war 1975 beteiligt an der Erstürmung der Deutschen Botschaft in Stockholm. Eine Niederlage gesteht Dellwo ein, nicht das Scheitern der gesamten Unternehmung. Erst spät setzte sich, bei einigen, die Erkenntnis durch: «Wir hatten keine klaren politischen Ziele, wir wussten überhaupt nicht, was wir mit dem politischen Mittel RAF erreichen wollten.»[19] Gabriele Rollnik sah im Rückblick einen strukturellen Fehler: «Bis 1989 war es der RAF eigentlich egal, wie ihr Agieren in der Bevölkerung, in der deutschen Linken aufgenommen wird.»[20]

Im Januar 1997 schrieb Helmut Pohl nach insgesamt zwanzig Jahren Haft ein Gnadengesuch an den Bundespräsidenten Roman Herzog, jenen Herzog, der dreißig Jahre zuvor als Vorsitzender des Disziplinarausschusses den Germanistikstudenten Fritz Teufel wegen ungehörigen Verhaltens vorladen ließ. Bereits 1996 hatte Pohl den noch in Freiheit befindlichen Kämpfern die Selbstauflösung empfohlen. Jetzt wollte er mit seiner Frau und den beiden halbwüchsigen Kindern eine Familie bilden. Zum ersten Mal, seit Ulrike Meinhof und Gudrun Ensslin ihre Kinder verlassen und sich in den Untergrund verabschiedet hatten, argumentierte wieder jemand mit privaten Gründen, mit bürgerlichen Vorstellungen. Im Mai 1998 wurde Pohl entlassen. (Hans Magnus Enzensberger war dabei behilflich.)

Kurz zuvor hatte eine respektvoll erschütterte Welt die Nachricht von der offiziellen Auflösung der RAF empfangen, an der nur erstaunte, dass sie überhaupt noch kam. Der bayrische Verfassungsschutz hatte schon 1997 über sie berichtet, sie sei «nicht mehr existent»[21], und in einem Leserbrief (!) an die *junge welt* hatte die RAF das RAF-Konzept bereits im Dezember 1996 für «überholt» erklärt: «das ist objektiv so. dabei bleibt es auch.»[22] Allerdings wolle sie sich an ein «Resümee der Geschichte der Linken – und in ihr der RAF» machen, ebendas, was Ulrike Meinhof in der Stammheimer Zelle formulieren sollte.

Die Auflösungserklärung, die am 20. April 1998 bei der Nachrichtenagentur Reuters einging, wurde dann der letzte PR-Erfolg der RAF. Keiner hatte sie zu fassen bekommen; sie gab ihr (Jürgen Habermas hat viele Leser) «Projekt» aus scheinbar freien Stücken auf. Niemand hat dieses Projekt in Theorie und Praxis klarer definiert als Holger Meins auf seinem Sterbebett: Entweder Schwein oder Mensch. Die RAF wollte Mensch sein und erklärte deshalb alle anderen zu Schweinen. Ihre Selbstermächtigung, ihre Anmaßung, den Krieg in der «Dritten Welt» im eigenen Auftrag mit den bescheidenen Hilfstruppen in Mitteleuropa zu unterstützen, erlaubte ihr keine Differenzierung mehr. Es musste ein sinnloser Opfergang werden, verstärkt um die deutsche Unbedingtheit, die Karl-Heinz Dellwo formulierte: «Für uns stand von Anfang an fest, entweder wir kommen durch, oder wir sterben.»[23]

An jenem 20. April eröffnete sich endlich auch im Westen der dritte Weg: «Wir haben die Konfrontation gegen die Macht gewollt. Wir sind Subjekt gewesen, uns vor 27 Jahren für die RAF zu entscheiden. Wir sind Subjekt geblieben, sie heute in die Geschichte zu entlassen.»[24] In diesem Abschiedsgesang arbeitet die RAF an ihrem Bild für die Nachwelt: Sie hat den guten Kampf gekämpft, den Lauf vollendet, und dass sie die Krone noch nicht errungen hat, muss an Mächten liegen, die sich am Ende als stärker erwiesen haben.

Immerhin, dass es ihr am «Mut zu kämpfen» gefehlt habe, musste sich die RAF in ihrer Bilanz nicht vorwerfen. Auch ein Zaudern nicht, dem die Geschwister Scholl mitten im Krieg mit ihrem Selbstopfer begegnen wollten. «Die RAF nahm den Kampf gegen einen Staat auf, der nach der Befreiung vom Nazi-Faschismus mit seiner nationalsozialistischen Vergangenheit nicht gebrochen hatte», heißt es in dem kurzen historischen Abriss, der die Taten der RAF wenn nicht rechtfertigen, so doch erklären soll. Die Gründer der deutschen Stadtguerilla sind aufgestanden gegen das, was sie als grundfalsch empfanden. «Der bewaffnete Kampf war die Rebellion gegen eine autoritäre Gesellschaftsform, gegen Vereinzelung und Konkurrenz. Er war die Rebellion für eine andere soziale und kulturelle Realität. Im Aufwind der weltweiten Befreiungsversuche war die Zeit reif für einen entschiedenen Kampf, der die pseudonatürliche Legitimation des Systems nicht mehr akzeptiert und dessen Überwindung ernsthaft wollte.»[25] Es folgt ein Rückblick auf die eigene Geschichte, die ins Scheitern mündete. «Die RAF konnte keinen Weg zur Befreiung aufzeigen. Aber sie hat mehr als zwei Jahrzehnte dazu beigetragen, daß es den Gedanken an Befreiung heute gibt.»[26]

Noch im Untergang will die RAF einen moralischen Sieg feiern, sieht sie sich doch als die einzige übriggebliebene politische Avantgarde. Fast pfadfinderhaft endet diese Elegie auf dreißig Jahre Widerstand: «Wir möchten in diesem Moment unserer Geschichte alle grüßen und ihnen danken, von denen wir auf dem Weg der letzten 28 Jahre Solidarität bekommen haben, die uns in verschiedenster Weise unterstützt haben und die von ihrer Grundlage aus mit uns zusammen gekämpft haben.»[27]

Auf dieses Lebewohl folgt, wie auf einem Kriegerdenkmal, ein

Verzeichnis von 26 Toten, zu denen auch Georg von Rauch, Werner Sauber und Ina Siepmann von der «Bewegung 2. Juni» sowie Wilfried Böse, Brigitte Kuhlmann und Gerd Albartus von den «Revolutionären Zellen» gerechnet werden. Der Krieg ist endlich aus. Die 34 Opfer, die die RAF bei der Polizei, unter US-Soldaten, Politikern und Managern und deren Begleitern gefordert hat, werden ebenso wenig erwähnt wie die mindestens fünf Unbeteiligten, die über die Jahre bei verschiedenen Polizeizugriffen umgekommen sind. Dafür erscheint in der Liste «Jürgen Peemöller», der ebenfalls nicht zur RAF zu rechnen ist. Pemöller war am 2. Juni 1985 bei dem Versuch gestorben, im Verwaltungsgebäude der Messe AG in Hannover eine Bombe anzubringen.

In den letzten Worten, die von der RAF verlauten, legt sie Wert auf eine doppelte literarische Rückversicherung:

«Die Revolution sagt:
ich war
ich bin
ich werde sein»

Der Schriftsteller Erich Fried hatte Ulrike Meinhof als größte Deutsche seit Rosa Luxemburg bezeichnet, Alexander Kluge seinem Beitrag in dem Gemeinschaftsfilm «Deutschland im Herbst» (1978) genau dieses Versprechen der glanzvoll gescheiterten Revolutionärin Rosa Luxemburg beigesellt, die ihrerseits den deutschen Dichter Ferdinand Freiligrath mit einer Klage über die verlorene Revolution von 1848 zitierte. Mit einem Zitat aus einem Film über die Wirkung der RAF beendet die RAF ihre Auflösungserklärung vom 20. April 1998, sinnigerweise veröffentlicht an einem Tag, an dem eine frühere Generation den «Führer-Geburtstag» feierte.[28]

In ihren Mitteilungen beschwört die RAF immer «die Geschichte». Es ist die Geschichte, die sie mit den Zuschauern und erst recht den halbherzigen Mitmachern verbindet, und es ist die Geschichte des Landes, gegen das sie so lange und so aussichtslos gekämpft hat.

Eine Historisierung der RAF kann aber nicht gelingen, «solange der Zusammenhang zwischen dem Sündenfall des Staates und der Feindschaft gegen den Staat nicht eingestanden wird»[29]. Auch wenn das Horst Mahler gesagt hat, auch wenn das *Bild* anders sieht, ist das richtig. Der bewaffnete Widerstand hätte nicht entstehen können ohne ständige, moralisch begründete Rückversicherung beim verbrecherischen «Dritten Reich», das den Gründern der RAF in der Bundesrepublik der sechziger Jahre so lebendig vorkam, dass sie glaubten, sich dagegen in einem Akt des nachholenden Widerstands erheben zu müssen. Es hieße also, den RAF-Terror zu banalisieren, wenn man wie Jan Philipp Reemtsma wider besseres Wissen zu dem Schluss kommen würde: «Es war tatsächlich nichts dahinter außer Größenwahn und Lust an der Gewalttat.»[30]

Das Jahr 2007 begann mit einer erregten Debatte darüber, ob den Mördern der RAF die Gnade zustehe, die der Strafvollzug bei nicht politisch motivierten Mördern vorsieht. Die Forschung mag sich einig darüber sein, dass die Wurzeln des Terrors zu einem nicht geringen Teil in die deutsche Vergangenheit zurückreichen, in der Begnadigungsdiskussion triumphierte ein leicht zu reizendes Rachebedürfnis. Auch wenn die Straftaten Jahrzehnte zurückliegen, brach eine hysterische Diskussion los, die bis in die Wortwahl an die Berichterstattung in den späten sechziger und frühen siebziger Jahren erinnerte.

Nachdem Brigitte Mohnhaupt, die von 1972 bis 1977 eingesperrt war und wieder seit 1982 wegen mehrfachen Mordes, im März 2007 mit fünfjähriger Bewährungsfrist vorzeitig entlassen worden ist und im August Eva Haule folgte, gibt es derzeit noch zwei RAF-Gefangene: Christian Klar, seit 1982 in Haft, und Birgit Hogefeld (seit 1993). Klar dürfte, nachdem der Bundespräsident dessen Gnadengesuch im Mai 2007 abgelehnt hat, Anfang 2009 nach dann sechsundzwanzigjähriger Haft vorzeitig entlassen werden. Bei diesen Gefangenen scheint sich noch einmal der Ausgangspunkt der RAF in den sechziger Jahren zu bestätigen, als man die alten Nazis laufen ließ. Dafür dürfen die Terroristen die für Kapitalverbrechen vorgesehenen Strafen des Rechtsstaates bis zur Neige auskosten. Kein einziger Nazi-Verbrecher (den von einem alliierten Tribunal zu lebenslanger Haft verurteilten Rudolf Heß ausgenommen) musste so lange im Gefängnis bleiben wie die Terroristen der RAF. In einem Brief an Karl Jaspers konstatierte Hannah Arendt 1962 sarkastisch: «Ich glaube für 6500 vergaste Juden bekommt man 3 Jahre 6 Monate, oder so ähnlich.»[31]

Von den Gründern der RAF lebt nur noch Horst Mahler, der sich nach der Entlassung aus dem Gefängnis zuerst der FDP und später der NPD zuwandte. In einem Prozess vor dem Bundesverfassungsgericht vertrat Mahler 2003 die NPD, die sein früherer Verteidiger, der Bundesinnenminister Otto Schily, verboten haben wollte, und siegte. Anschließend verließ er die Partei. Als nach der Jahreswende 2007 über die vorzeitige Entlassung von Christian Klar und Brigitte Mohnhaupt diskutiert wurde, verbüßte Mahler eine neunmonatige Freiheitsstrafe wegen Volksverhetzung.

Innenminister Otto Schily hat kein einziges der Sondergesetze, die 1976/77 gegen seinen erbitterten Widerstand eingeführt wurden, abschaffen helfen. Als die islamistischen Terroristen, die im März 2004 im Bahnhof von Madrid ihre Bomben zündeten, zur Erklärung das ewige Guerillero-Bekenntnis «Ihr liebt das Leben, wir lieben den Tod» verkündeten, gab Schily knapp zurück: «Die Terroristen sollten aber wissen: Wenn ihr den Tod so liebt, dann könnt ihr ihn haben.»[32] Seinen Mandanten, die mindestens so todessüchtig waren, hat er das nicht gesagt.

Hans Magnus Enzensberger, einst der Herold der Befreiungsbewegungen in der «Dritten Welt», singt heute das Lob der Inkonsequenz und unterstützte die beiden amerikanischen Kriege gegen «Hitlers Wiedergänger», den irakischen Diktator Saddam Hussein.

Rudi Dutschke starb an Weihnachten 1979 bei einem epileptischen Anfall in Folge des Attentats von 1968. In Berlin ist die Koch- in Rudi-Dutschke-Straße umbenannt worden; sie stößt auf die Axel-Springer-Straße.

Die Aktionskünstler von der Kommune I sind rentenbezugsberechtigt; ihr Wohnungsgeber Uwe Johnson ist schon lange tot. Die aufgelöste RAF besteht weiter: bei der Bundesanwaltschaft, die ihr nicht mehr auf die Spur kommt und nur auf den DNS-Rest verweisen kann, der den ermordeten Detlev Rohwedder mit dem ebenfalls toten Wolfgang Grams in Verbindung bringt. Sonst ist wenig bekannt. Die RAF hat gute Chancen, spurlos zu verschwinden. Keines der letzten Attentate ist aufzuklären, niemand weiß, wo sich Ernst-Volker Wilhelm Staub, Daniela Klette und Burkhard Garweg, die drei Gesuchten, inzwischen aufhalten.

Der Sinn der Organisation RAF war ihr Scheitern.

Anmerkungen

* Eine kuriose, aber dann doch wieder absolut zeitgemäße Formulierung. Zitiert nach Eva Hesse, «Die Wurzeln der Revolution. Theorien der individuellen und der kollektiven Freiheit». München: 1974, S. 7 (Motto). Eine Verifikation dieses Zitats durch den Innenminister der Regierung Schröder wollte nicht gelingen.

Prolog

1 Homer, «Die Odyssee». Deutsch von Wolfgang Schadewaldt. Reinbek bei Hamburg 1972 [1958], S. 139.
2 *Bild*, 9. November 2002.
3 Alle Zitate in: H. Finkemeyer und R. Kautzky, «Das Kavernom des Sinus cavernosus», in: *Zentralblatt für Neurochirurgie*. Band 29 (1968). Heft 1.
4 *Stern*, 2. Juli 1972.
5 «Das Gehirn von Ulrike Meinhof», Artikelnummer 920771581 («Vor Kurzem in Magdeburg aufgetaucht – jetzt schon bei mir in der Aktion! Startpreis ab 1 €. Versand in Sicherheits-Kühltasche.») Verkäufer war *kobolderin(67)*. Wobei die Chronistenpflicht den Hinweis verlangt, dass Ulrike Meinhofs Tochter Bettina Röhl auf ihrer Website nach der folgenden Ankündigung tatsächlich zeigt, was sie verspricht: «Hier an dieser Stelle werden die Hirnfotos von Ulrike Meinhof entsprechend dem Willen der Erben, die das Persönlichkeitsrecht nach Ulrike Meinhof halten, veröffentlicht, um sie der drohenden Veröffentlichung in den Medien und der Beschädigung durch Medieninteressen zu entziehen, nachdem ein gerichtlicher Versuch dies zu verhindern scheiterte. Die Bilder zeigen das Gehirn. Sie sind nur für medizinisch Interessierte bestimmt und erfordern einen rücksichtsvollen nervenfesten Betrachter.»
6 Michael Herrmann/Hans-Joachim Lenger/Jan Philipp Reemtsma, *Die andere Wand*. In: *Hamburger Rundschau*, 1988. Zitiert nach: «Die andere Wand. Über die Parole ‹Boykottiert Israel!› an einem der Häuser der Hamburger Hafenstraße». In: Jan Philipp Reemtsma, «u. a. Falun. Reden & Aufsätze». Berlin 1992, S. 148.
7 Vgl. etwa Butz Peters, «Tödlicher Irrtum. Die Geschichte der RAF». Berlin 2004, und Wolfgang Kraushaar, «Dutschke, Baader und die Revolution». Hamburg 2005.
8 Dieter Schenk, «Der Chef. Horst Herold und das BKA». Hamburg 1998, S. 157.
9 http://www.deutsches-kolleg.org/hm/bibliographie/dielogik.htm?
10 Hier zitiert nach: Christa Rotzoll, «Frauen und Zeiten. Porträts». München 1991 [1987], S. 90, 92.
11 Stefan Aust, «Der Baader-Meinhof-Komplex». Erweiterte und akualisierte Ausgabe. Hamburg 1997 [1985], S. 137.

12 Peter Schneider, «Wer springt durch den Feuerring?», in: Gerd Conradt, «Starbuck Holger Meins. Ein Porträt als Zeitbild». Berlin 2001, S. 76, 77.
13 Inge Viett, «Lust auf Freiheit. Unsere Geschichte als Klassenkampf von unten verteidigen», in: *junge welt*, 24. Februar 2007.
14 Conradt (2001), S. 78.
15 *Kursbuch 11* (Januar 1968), S. 1.
16 Zitiert nach der Dokumentation: «‹Wir werden Angriffe auf führende Repräsentanten aus Wirtschaft und Staat einstellen›», in: *tageszeitung*, 14. April 1992.

Wo alles herkommt

1 «Warum ich nach sechzig Jahren mein Schweigen breche. Eine deutsche Jugend: Günter Grass spricht zum ersten Mal über sein Erinnerungsbuch und seine Mitgliedschaft in der Waffen-SS», in: *Frankfurter Allgemeine Zeitung*, 12. August 2006.
2 2004 wurde Konrad Adenauer von den ZDF-Zuschauern zum «Größten Deutschen» erwählt.
3 Zitiert nach: Hanna Leitgeb, «Der ausgezeichnete Autor. Städtische Literaturpreise und Kulturpolitik in Deutschland 1926–1971». Berlin, New York 1994, S. 330.
4 Peter Rühmkorf, «Die Jahre die Ihr kennt. Anfälle und Erinnerungen». Reinbek bei Hamburg 1972, S. 78.
5 Nach Meinung des SPD-Bundestagsabgeordneten Adolf Arndt hatte der Antikommunismus den Antisemitismus ersetzt. Vgl. Verhandlungen des Deutschen Bundestages, 3. Wahlperiode, Stenographischer Bericht, 103. Sitzung vom 18. Februar 1960. Deutscher Bundestag, S. 5606.
6 Ralph Giordano, «Die Partei hat immer recht. Ein Erlebnisbericht über den Stalinismus auf deutschem Boden». Freiburg im Breisgau 1990 [1961], S. 58.
7 Zitiert nach: Klaus Rainer Röhl, «Fünf Finger sind keine Faust. Eine Abrechnung». München 1998 [1974], S. 53.
8 Helmut Schelsky, «Die skeptische Generation. Eine Soziologie der deutschen Jugend». Düsseldorf, Köln 1957, S. 489.
9 Vgl. Joachim Schöps (Hg.), «Die *Spiegel*-Affäre des Franz Josef Strauß», Reinbek bei Hamburg 1983, S. 57.
10 Vgl. Renate Riemeck, «Ich bin ein Mensch für mich. Aus einem unbequemen Leben». Stuttgart 1994 [1992], S. 179–188.
11 Heinrich Albertz, «Blumen für Stukenbrock. Biographisches». Reinbek bei Hamburg 1983 [1981], S. 68. – Der Theologe Albertz, 1967 Regierender Bürgermeister von Berlin, war mit der Familie Meinhof weitläufig verwandt.
12 Riemeck (1992), S. 74.
13 Inge Scholl, «Die weiße Rose». Frankfurt am Main 1968 [1955], S. 47.
14 Vgl. Bettina Röhl, «So macht Kommunismus Spaß! Ulrike Meinhof, Klaus Rainer Röhl und die Akte *konkret*». Hamburg 2006, S. 160.
15 «Also es lief darauf hinaus, wir mussten doch 40 000 Mark im Monat zuschießen», erklärte der Geldbote Manfred Kapluck in dem Beitrag «Stasikontakte – Neues zu Leben und Tod von Ulrike Meinhof» in der Sendung «Report

Mainz» am 7. Mai 2001. Die Zahl dürfte zumindest für die fünfziger Jahre stark übertrieben sein; nach Klaus Rainer Röhl (1998), S. 60, kostete die Produktion des ersten Hefts «genau 800 D-Mark».
16 Ernst (!) Magnus Enzensberger, «Neue Vorschläge für Atomwaffen-Gegner», in: *konkret*, Juli 1958.
17 Zitiert nach: Bettina Röhl (2006), S. 192.
18 Jürgen Habermas, «Unruhe erste Bürgerpflicht», in: *Diskus* (Juni 1958), zitiert nach dem Faksimile in: Wolfgang Kraushaar, «Die Protest-Chronik 1949–1959. Eine illustrierte Geschichte von Bewegung, Widerstand und Utopie». Band 3 («1957–1959»). Hamburg 1996, S. 1899.
19 Vgl. «Die Kiste bleibt zu. Neues zur Gründungslegende der Bundesrepublik: Horkheimer gegen Habermas, dazwischen Adorno», in: *Die Zeit*, 20. September 1996. – Als Habermas zum ersten Mal wählen durfte, 1953, gab er seine Stimme der von Gustav Heinemann gegründeten GVP, der sich zunächst auch Johannes Rau angeschlossen hatte. (Vgl. Jürgen Habermas, «Vergangenheit als Zukunft». Zürich 1990, S. 64.)
20 Vgl. Kraushaar (1996), Band 3, S. 1899.
21 Zitiert nach dem Faksimile in: Ebd., S. 1814.
22 «Batista and Regime Flee Cuba; Castro Moving to Take Power; Mobs Riot and Loot in Havana», in: *New York Times*, January 2, 1959. Meine Übersetzung.
23 Bericht des Teilnehmers Günther Schwarberg, mündlich am 20. Oktober 2006.
24 Zitiert nach: Tilman Fichter, «SDS und SPD. Parteilichkeit jenseits der Partei». Opladen 1988, S. 272.
25 Brief von Helmut Schmidt vom 11. November 2004.
26 Zitiert nach: Fichter (1988), S. 302.
27 SPD-Parteivorstandsprotokolle 1959 im Archiv der sozialen Demokratie, Friedrich-Ebert-Stiftung, PV-Protokolle 1959, hier maschinenschriftliches Protokoll der Sitzung des Parteivorstands am 13. 2. 1959 in Bonn, zitiert nach: Fichter (1988), S. 300.
28 Jürgen Habermas/Ludwig von Friedeburg/Christoph Oehler/Friedrich Weltz, «Student und Politik. Eine soziologische Untersuchung zum politischen Bewußtsein Frankfurter Studenten». Neuwied, Berlin 1961, S. 51.
29 Rudolf Walter Leonhardt, «Die deutschen Universitäten 1945–1962», in: Hans Werner Richter (Hg.), «Bestandsaufnahme. Eine deutsche Bilanz 1962. Sechsunddreißig Beiträge deutscher Wissenschaftler, Schriftsteller und Publizisten». München, Wien, Basel 1962, S. 356.
30 Alexander und Margarete Mitscherlich, «Die Unfähigkeit zu trauern. Grundlagen kollektiven Verhaltens». München 1967, S. 23.
31 Bundestagsberichte der 1. Wahlperiode, 234. Sitzung, Bonn, Mittwoch, den 22. Oktober 1952, S. 10736.
32 Vgl. Dieter Schenk, «Die braunen Wurzeln des BKA». Frankfurt am Main 2003, S. 261–270. (Die frühere Ausgabe erschien 2001 unter dem Titel: «Auf dem rechten Auge blind. Die braunen Wurzeln des BKA».) Otto Köhler, «Rudolf Augstein. Ein Leben für Deutschland». München 2002, S. 142–145.

Theorie der Guerilla

1 Zitiert nach: Butz Peters, «Tödlicher Irrtum. Die Geschichte der RAF». Berlin 2004, S. 55.
2 Dieter Kunzelmann, «Leisten Sie keinen Widerstand! Bilder aus meinem Leben». Berlin 1998, S. 9.
3 Manifest vom 17. Mai 1960, zitiert nach dem Faksimile in: Jo-Anne Birnie Danzker und Pia Dornacher (Hg.), «Gruppe SPUR». Ostfildern 2006, S. 192.
4 «Die situationistische Internationale, gez. Asger Jorn, Hans Platschek, München, 1. Januar 1958». Zitiert nach dem Faksimile in: Wolfgang Kraushaar, «Die Protest-Chronik 1949–1959. Eine illustrierte Geschichte von Bewegung, Widerstand und Utopie», Band 3 («1957–1959»). Hamburg 1996, S. 1769.
5 Zitiert nach dem Faksimile in: Kunzelmann (1998), S. 25.
6 Dass Roman Herzog sich bei Maunz habilitierte und als dessen Assistent tätig war, hat offensichtlich verhindert, dass er gemerkt hätte, wie sein verehrter Lehrer im Nachbarzimmer Glossen für die *Deutsche National-Zeitung* schrieb.
7 Zitiert nach dem Faksimile in: Kunzelmann (1998), S. 36.
8 Zitiert nach dem Faksimile in: Frank Böckelmann und Herbert Nagel (Hg.), «Subversive Aktion. Der Sinn der Organisation ist ihr Scheitern». Frankfurt am Main 2002, S. 145.
9 Zitiert nach dem Faksimile in: Ebd., S. 145.
10 Brief von Frank Böckelmann an Steffen Schulze vom 17. August 1964, zitiert nach: Ebd., S. 162.
11 Zitiert nach: Max Horkheimer, «Gesammelte Schriften», Band 2 («Philosophische Frühschriften 1922–1932»). Frankfurt am Main 1987, S. 348. Zuerst erschienen unter dem Pseudonym «Heinrich Regius», «Dämmerung. Notizen in Deutschland». Zürich 1934 (geschrieben zwischen 1926 und 1931).
12 «Lebenszeichen 2001», in: Böckelmann/Nagel (2002), S. 503.
13 Rudi Dutschke, «Jeder hat sein Leben ganz zu leben. Die Tagebücher 1963–1979». Köln 2003, S. 17.
14 Ebd., S. 363.
15 Bernd Rabehl, «Nachtcafé», in: Kunzelmann (1998), S. 38f.
16 Ebd., S. 42.
17 Zitiert nach dem Faksimile in: Kunzelmann (1998), S. 25.
18 Dutschke (2003), S. 34, Anmerkung. – Klaus Meschkat vom Republikanischen Club erzählte 2000 über Rudi Dutschke: «Was er mir nach meiner Erinnerung zuerst beigebracht hat, war ein besseres Verständnis des Films ‹Viva Maria› von Louis Malle, den ich in meiner Beschränktheit als spannende Unterhaltung konsumiert hatte: Rudi erklärte ihn mir als Schlüssel zum Verständnis der möglichen Rolle europäischer Intellektueller in der bevorstehenden lateinamerikanischen Revolution, und sicher schweben mir seither Brigitte Bardot und Jeanne Moreau in der Blüte ihrer Schönheit vor, wenn es um die Frage geht, welcher Art von Avantgarde ‹man› sich notfalls anvertrauen könnte.» Klaus Meschkat: «Beitrag zur Rudi-Dutschke-Konferenz der Heinrich-Böll-Stiftung, 21. 1. 2000», zitiert nach: http://www.trend.infopartisan.net/trd0200/t220200.html

19 Herbert Marcuse, «Repressive Toleranz», in: Robert Paul Wolff, Barrington Moore und Herbert Marcuse, «Kritik der reinen Toleranz». Frankfurt am Main 1968 [1966], S. 121.
20 Ebd., S. 127.
21 Herbert Marcuse, «Die Analyse des Exempels. Hauptreferat des Kongresses ‹Vietnam – Analyse eines Exempels›», zitiert nach: Wolfgang Kraushaar (Hg.), «Frankfurter Schule und Studentenbewegung. Von der Flaschenpost zum Molotowcocktail. 1946–1995». Hamburg 1998, Band 3, S. 208, 209.
22 Frantz Fanon, «Von der Gewalt», in: *Kursbuch 2* (April 1965), S. 7.
23 Beide Zitate nach: Kunzelmann (1998), S. 49.
24 Laut dem Statistischen Jahrbuch für die Bundesrepublik Deutschland stieg die Zahl von 223 183 (Sommersemester 1960) auf 613 000 (1968). Vgl. Gudrun Kruip, «Das ‹Welt›-‹Bild› des Axel Springer Verlags. Journalismus zwischen westlichen Werten und deutschen Denktraditionen». München 1999, S. 220, Anmerkung.
25 Zitiert nach: Jürgen Miermeister, «Rudi Dutschke». Reinbek bei Hamburg 1999 [1986], S. 57.
26 Erklärung des Regierenden Bürgermeisters von Berlin, Brandt, zu den Demonstrationen vor dem Berliner Amerika-Haus 5. Februar 1966, zitiert nach: Willy Brandt, «Berliner Ausgabe», Band 3 («Berlin bleibt frei. Politik in und für Berlin 1947–1966»). Bonn 2004, S. 497.
27 Vgl. Klaus Rainer Röhl, «Fünf Finger sind keine Faust. Eine Abrechnung». München 1998 [1974], S. 183 f.
28 Zitiert nach: Marco Carini, «Fritz Teufel. Wenn's der Wahrheitsfindung dient». Hamburg 2003, S. 39 f.
29 Aus Peter Schneiders Beitrag zur Podiumsdiskussion zum Thema «Provokation als Öffentlichkeit» während der Ringvorlesung «1968. Vorgeschichte und Konsequenzen» der FU Berlin im Sommersemester 1988 (Tonbandabschrift).
30 Frantz Fanon, «Die Verdammten dieser Erde». Vorwort von Jean-Paul Sartre. Frankfurt am Main ²1967 [1966], S. 18.
31 Durch Aktionen der RAF kamen 34 Menschen ums Leben, sie selber zählt 26 Tote aus ihren eigenen Reihen; durch Polizeikugeln starben fünf Unbeteiligte.

Das bewaffnete Wort

1 Hermann L. Gremliza, «War sie denn unser?», in: *konkret,* Juni 1976. – Genaugenommen war Kiesinger stellvertretender Abteilungsleiter für Propaganda im Außenministerium, allerdings zuständig für die Verbindung zum Propagandaministerium von Joseph Goebbels.
2 Hubertus Knabe, der bereits in verschiedenen Büchern die Unterwanderung Westdeutschlands durch die Stasi nachgewiesen haben will, kommt bei Heinrich Lübke immer wieder auf die angebliche «Stasi-Fälschung» zurück. Die DDR betrieb tatsächlich in mehreren Wellen eine Kampagne gegen verschiedene Politiker im Westen, aber die Fakten über den damaligen Bundespräsidenten brauchte niemand zu fälschen. Eine letzte Bestätigung dafür, dass Lübke sogar

Zwangsarbeiter angefordert hat, kam durch Material der Gauck-Behörde zutage. (Vgl. *Der Spiegel*, 28. Mai 2001.)
3 Anne Frank, «Das Tagebuch der Anne Frank. 12. Juni 1942 – 1. August 1944». Frankfurt am Main 1955.
4 Ulrike Marie Meinhof, «Zum 20. Juli», in: *konkret* (Doppelheft 7/8), August/September 1964.
5 Renate Riemeck, «Ich bin ein Mensch für mich. Aus einem unbequemen Leben». Stuttgart ²1994 [1992], S. 211.
6 Peter Rühmkorf, «Die Jahre die Ihr kennt. Anfälle und Erinnerungen». Reinbek bei Hamburg 1972, S. 224.
7 Vgl. Klaus Rainer Röhl, «Fünf Finger sind keine Faust. Eine Abrechnung». München 1998 [1974], S. 149. – Nach Bettina Röhl ist Ulrike Meinhof Mitglied der Partei geblieben. (Vgl. ‹Ich habe das Ghetto weggedrängt›. Bettina Röhl sprach mit Marcel Reich-Ranicki über Antisemitismus, Nachkriegsdeutschland, Albert Speer und Ulrike Meinhof», in: netzeitung.de/feuilleton/280075.html)
8 *konkret* (Doppelheft 7/8), August/September 1964.
9 Brief von Karl Heinz Bohrer vom 14. September 2004.
10 *konkret* (Doppelheft 7/8), August/September 1964.
11 Ulrike Marie Meinhoff [!], «Provinz und kleinkariert», in: «Die Ära Adenauer. Einsichten und Ausblicke». Frankfurt am Main 1964, S. 112.
12 *konkret* (Doppelheft 7/8), August/September 1964.
13 Hans Magnus Enzensberger, «Reflexionen vor einem Glaskasten», in: Hans Magnus Enzensberger, «Politik und Verbrechen. Neun Beiträge». Frankfurt am Main ²1986 [1964], die beiden Zitate S. 38 und 20.
14 Ulrike Marie Meinhof, «Der Wolff-Prozess», in: *konkret*, September 1964.
15 Marcel Reich-Ranicki, «Mein Leben». Stuttgart 1999, S. 460.
16 Joachim Fest, «Die Verzweiflung des Gedankens: Extempore über Ulrike Meinhof», in: Joachim Fest, «Begegnungen. Über nahe und ferne Freunde». Reinbek bei Hamburg 2004. S. 256.
17 Ebd., S. 257.
18 «Hitler in euch», in: *konkret*, Oktober 1961, zitiert nach: Ulrike Marie Meinhof, «Deutschland Deutschland unter anderm. Aufsätze und Polemiken». Berlin 1995, S. 42. – Strauß klagte, unterlag aber im Prozess, in dem der spätere Bundespräsident Gustav Heinemann die Autorin erfolgreich verteidigte. In einem Epilog ergänzt sie 1963: «So wie wir unsere Eltern nach Hitler fragen, werden wir eines Tages nach den Herren Adenauer, Schröder, Höcherl, von Hassel gefragt werden.»
19 Ulrike Marie Meinhof, «Zum 20. Juli», in: *konkret* (Doppelheft 7/8), August/September 1964.
20 «Die Intellektuellen und Frommes Wünsche. Hans Magnus Enzensberger über Trauer und Terrorismus in der ‹FAZ›», in: *Der Spiegel*, 8. August 1977.
21 Hans Magnus Enzensberger, «Klare Entscheidungen und trübe Aussichten»; zuerst erschienen unter dem Titel «The Writer and the Politics», in: *Times Literary Supplement*, 28. September 1967, zitiert nach: Joachim Schickel (Hg.), «Über Hans Magnus Enzensberger». Frankfurt am Main 1970, S. 229.
22 Ulrich Enzensberger, «Die Jahre der Kommune I. Berlin 1967–1969». Köln 2004, S. 11.

ANMERKUNGEN (SEITE 59–66) 461

23 Hans Magnus Enzensberger, «Rede vom Heizer Hieronymus. Rede am 16. März 1967 in Nürnberg», zitiert nach: *Tintenfisch 1. Jahrbuch für Literatur*. Berlin 1969, S. 85.
24 Zitate nach: «Ich will nicht der Lappen sein, mit dem man die Welt putzt. André Müller spricht mit Hans Magnus Enzensberger», in: *Die Zeit*, 20. Januar 1995 (Zitiert als Enzensberger 1995).
25 Georg Büchner/Ludwig Weidig, «Der Hessische Landbote. Texte, Briefe, Prozeßakten». Kommentiert von Hans Magnus Enzensberger. Frankfurt am Main 1965, S. 168f.
26 Ulrich Greiner, «Der Risiko-Spieler. Über Hans Magnus Enzensberger», in: *Die Zeit*, 25. Februar 1983.
27 Enzensberger (1995).
28 So die Schätzung bei Frank Böckelmann und Herbert Nagel (Hg.), «Subversive Aktion. Der Sinn der Organisation ist ihr Scheitern». Frankfurt am Main 2002, S. 489.
29 Hans Magnus Enzensberger, «Berliner Gemeinplätze», in: *Kursbuch 11* (Januar 1968), S. 159 und 165.
30 Zitiert nach: Bernd Neumann, «Uwe Johnson». Hamburg 1994, S. 598.
31 Saul Bellow, «Ein Diebstahl. Novelle». Köln 1991, S. 35f. (Das amerikanische Original erschien 1989.)
32 Klaus Rainer Röhl (1998), S. 216.
33 Brief vom November 1971, zitiert nach: Carlo Feltrinelli, «Senior Service. Das Leben meines Vaters Giangiacomo Feltrinelli». München 2003, S. 439. (Das italienische Original erschien 1999.) – Die Übersetzerin, Friederike Hausmann, ist übrigens die junge Frau auf dem berühmten Foto, die am Abend des 2. Juni 1967 den Kopf des erschossenen Benno Ohnesorg auf ihre Handtasche bettet. Sie erlebte den tödlichen Polizeieinsatz als reinen «Faschismus».
34 Klaus Rainer Röhl (1998), S. 216.

Tage der Kommune

1 Dieter Kunzelmann, «Leisten Sie keinen Widerstand! Bilder aus meinem Leben». Berlin 1998, S. 60.
2 Zitiert nach: Bernd Neumann, «Uwe Johnson». Hamburg 1994, S. 614.
3 Ulrich Enzensberger, «Die Akte BRD vs. Pudding. Warum wir in der Berliner Wohnung Uwe Johnsons als Terroristen festgenommen wurden – eine Akteneinsicht», in: *Frankfurter Allgemeine Sonntagszeitung*, 31. März 2002.
4 Eine feinsinnige Anspielung, denn schließlich sprach auch Konrad Adenauer 1962 von einem «Abgrund an Landesverrat», der den Überfall auf die Redaktion des *Spiegel* rechtfertigen sollte.
5 Beide Zitate nach: Kai Hermann, «Elf kleine Oswalds», in: *Die Zeit*, 14. April 1967, S. 11.
6 Zitiert nach: Neumann (1994), S. 613.
7 Zitiert nach ebd., S. 614f.
8 Uwe Johnson brieflich am 28. April 1967 an Siegfried Unseld, in: «Uwe Johnson – Siegfried Unseld. Der Briefwechsel», herausgegeben von Eberhard Fahlke und Raimund Fellinger. Frankfurt am Main 1999, S. 482.

9 Uwe Johnson, «Jahrestage. Aus dem Leben der Gesine Cresspahl». Band 1. Frankfurt am Main 1988 [1970], S. 15.
10 «Eine schnelle Mark mit Stammheim. Fritz Teufel hat das neue Buch von Stefan Aust ‹Der Baader-Meinhof-Komplex› schon zweimal gelesen», in: *tageszeitung*, 23. Januar 1986.
11 Ulrike Marie Meinhof, «Napalm und Pudding», in: *konkret*, Mai 1967.
12 Kunzelmann (1998), S. 64.
13 Versichert, «mit freundlichen Grüßen», die Abteilung Öffentlichkeitsarbeit beim Verfassungsschutz Berlin am 1. Oktober 2004.
14 Teufel (1986).
15 Zitiert nach: Markus Mohr/Klaus Viehmann (Hg.), «Spitzel. Eine kleine Sozialgeschichte». Berlin, Hamburg 2004, S. 126.
16 Ermittlungssache 352 Gs. 623/67 vom 6. April 1967 (HIS).
17 «Heindke, KHM», zitiert nach dem Faksimile in: Kunzelmann (1998), S. 67.
18 Im Plädoyer Horst Mahlers gegen den Antrag der Bundesregierung vor dem Bundesverfassungsgericht, die NPD zu verbieten, heißt es spitz: «Peter Urbach, dessen ladungsfähige Anschrift der für den Verfassungsschutz zuständigen Abteilung des Innensenators von Berlin bekannt ist, wird ggf. unter Eideszwang bekunden, daß er die erwähnten strafbaren Handlungen auf Anweisung des Amtes ausgeführt habe.» (Horst Mahler, «Zum Verbotsantrag gegen die NPD, gerichtet an das Bundesverfassungsgericht, Zweiter Senat, Berlin, 30. August 2002», S. 31.)
19 Gespräch mit Rainer Langhans am 2. September 2003.
20 «Sehr geehrter Herr Winkler, leider kann das Bundesamt für Verfassungsschutz (BfV) aus Gründen des Datenschutzes Ihrem Wunsch nicht entsprechen, in der geforderten Weise Auskunft zu der o. g. Person zu erteilen. (...) Die Beantwortung von Auskunftsersuchen Dritter an das BfV regelt § 19 BVerfSchG. Gemäß § 19 Abs. 4 BVerfSchG ist die Übermittlung personenbezogener Daten nur dann zulässig, wenn dies zum Schutz der freiheitlichen demokratischen Grundordnung, des Bestandes oder der Sicherheit des Bundes oder eines Landes oder zur Gewährleistung der Sicherheit von lebens- oder verteidigungswichtigen Einrichtungen nach § 1 Abs. 4 des Sicherheitsüberprüfungsgesetzes erforderlich ist. Diese Voraussetzungen sind im Falle Ihrer Anfrage nicht gegeben.» (E-Mail des Bundesamtes für Verfassungsschutz vom 19. Mai 2004.)

Der surrealistische Kaufhausbrand

1 Dieter Kunzelmann, «Leisten Sie keinen Widerstand! Bilder aus meinem Leben». Berlin 1998, S. 70.
2 Reinhard Lettau, «Von der Servilitaet der Presse», zitiert nach: Ulrich Ott und Friedrich Pfäfflin (Hg.), «Protest! Literatur um 1968. Katalog der Ausstellung im Deutschen Literaturarchiv Marbach 1998». Marbach am Neckar 1998, S. 121.
3 Diese Zahlen nach: Bernard J. Houssiau, «22 Mai 1967. L'incendie de l'Innovation, 35 ans déjà». Bruxelles 2002, S. 28.
4 *Bild*, 23. Mai 1967, zitiert nach Ulrich Enzensberger, «Die Jahre der Kommune I. Berlin 1967–1969». Köln 2004, S. 137.

5 Ulrich Enzensberger (2004), S. 138.
6 *Bild*, 23. Mai 1967, zitiert nach Ulrich Enzensberger (2004), S. 137.
7 «Das meiner Feder entstammte», wie Kunzelmann betont; vgl. Kunzelmann (1998), S. 78. – In seinem Redebeitrag bei einer Podiumsdiskussion unter dem Titel «Provokation als Öffentlichkeit» während der Ringvorlesung zum Thema «1968. Vorgeschichte und Konsequenzen» der FU Berlin im Sommersemester (Tonbandabschrift) bestritt Kunzelmann am 18. Mai 1988 mit Verweis auf eine Gegendarstellung in der *Berliner Morgenpost* allerdings seine Urheberschaft am Flugblatt Nummer 8.
8 Kai Hermann, «Elf kleine Oswalds», in: *Die Zeit*, 14. April 1967.
9 Zitate nach dem Faksimile des Flugblatts 8 in: Kunzelmann (1998), S. 79.
10 *B.Z.* vom 27. Mai 1967.
11 Kunzelmann (1998), S. 79.
12 Ebd.
13 *B.Z.* vom 27. Mai 1967.
14 Kunzelmann (1998), S. 78.
15 Zitate nach: André Breton, «Die Manifeste des Surrealismus». Reinbek bei Hamburg 1977, S. 56.
16 Ebd.
17 «Die beiden [Baader und Ensslin] waren wie Bonnie und Clyde», sagte Ellinor Michel im *Stern*, 12. Juni 1972.
18 Brief vom «23. VII. 67», zitiert nach: Peter Szondi, «Briefe». Frankfurt am Main 1993, S. 234.

Es begann am 2. Juni 1967

1 In der Kommune I hing zwischen einem Plakat des SDS («Alle reden vom Wetter. Wir nicht») und einem Foto von Lee Van Cleef aus Sergio Leones Western «Zwei glorreiche Halunken» (1966) eine Aufnahme der Beatles von den Dreharbeiten für den Film «Magical Mystery Tour» (September 1967).
2 *konkret*, Juni 1967. – Es gibt ein Protokoll vom 1. Dezember 1966, das Rechtsanwalt Friedrich Karl Kaul über ein Treffen zwischen Ulrike Meinhof und dem Genossen Steinke angefertigt hat. Die DDR sollte weitere Informationen über Heinrich Lübkes Tätigkeit im «Dritten Reich» liefern. (BStU, ZA, MfS – Sekr. d. Min. 1239, S. 189–191.)
3 Bahman Nirumand, «Persien, Modell eines Entwicklungslandes oder Die Diktatur der Freien Welt». Nacherinnerung von Hans Magnus Enzensberger. Reinbek bei Hamburg 1967.
4 Vgl. Peter Rühmkorf, «Die Jahre die Ihr kennt. Anfälle und Erinnerungen». Reinbek bei Hamburg 1972, S. 216.
5 Gespräch mit Horst Mahler am 11. Januar 1997 in Berlin.
6 Vgl. Bernward Vesper, «Die Reise. Romanessay», Jossa 1978 [1977], S. 164.
7 Gespräch mit Tilman Fichter am 8. Oktober 2004 in Berlin. Vgl. auch Uwe Soukup, «Wie starb Benno Ohnesorg? Der 2. Juni 1967», Berlin 2007, S. 27.
8 *Der Abend*, 6. Juni 1967, zitiert nach: *Kursbuch 12* (April 1968), S. 50.
9 Walter Barthel, «Als der Schah kam, waren die Wurfgeschosse ausgegangen. Rechtsanwalt sammelte Material gegen ‹Querschläger› und ‹Notwehr›», in:

Kölner Stadt-Anzeiger, 5. Juni 1967. – An der Verlässlichkeit des Autors besteht kein Zweifel, denn es sind viele ähnlich lautende Zeugnisse überliefert. Allerdings ist Walter Barthel ein Musterbeispiel für die berlintypisch innige Verflechtung von Staatsschutz, Stasi und Studentenpolitik: Barthel, den der *Kölner Stadt-Anzeiger* als «unseren Korrespondenten» ausweist, war führendes Mitglied im Republikanischen Club, Redakteur beim *extradienst*, arbeitete als IM «Kurt» der Stasi zu und wirkte außerdem für den Berliner Verfassungsschutz.

10 «Die haben dann alles niedergeprügelt, was sich ihnen in den Weg stellte.» E-Mail von Herta Däubler-Gmelin vom 15. Mai 2007.
11 *Der Spiegel*, 5. Juni 1967.
12 Zitiert nach: Friedrich Mager und Ulrich Spinnarke, «Was wollen die Studenten?». Frankfurt am Main 1967, S. 112.
13 Brief von Bernd Rabehl vom 28. September 2004.
14 Heinrich Albertz, «Blumen für Stukenbrock. Biographisches». Reinbek bei Hamburg 1983 [1981], S. 247.
15 Nicolas Born, «Die erdabgewandte Seite der Geschichte. Roman». Reinbek bei Hamburg 1976, S. 51.
16 Es gibt einen Fortschritt in der Welt: Zum 40. Todestag am 2. Juni 2007 ließ der Berliner Polizeipräsident einen Kranz mit der Aufschrift «In stillem Gedenken» niederlegen.
17 «Eine schnelle Mark mit Stammheim. Fritz Teufel hat das neue Buch von Stefan Aust ‹Der Baader-Meinhof-Komplex› schon zweimal gelesen», in: *tageszeitung*, 23. Januar 1986.

Nie wieder Auschwitz

1 Jillian Becker, «Hitler's Children. The Story of the Baader-Meinhof Terrorist Gang». London 1977. Revised edition. 1977, S. 41. Zugegeben: meine Übersetzung, aber bitte, hier ist das Original: «At a meeting in the SDS offices on the night of June 3rd [sic!], a tall blonde named Gudrun Ensslin protested shrilly that the ‹fascist state› was out to kill them all, that they must organize for resistance, that they could only answer violence with violence. ‹It's the generation of Auschwitz – you cannot argue with them!› she cried, reaching a pitch of hysteria and weeping uncontrollably, the black make-up around her eyes running down her cheeks and smeared about her temples.» Good gracious!
2 Stefan Aust, «Der Baader-Meinhof-Komplex». Erweiterte und aktualisierte Ausgabe. Hamburg 1997, S. 60. Die erste Ausgabe erschien 1985.
3 Vgl. Gerd Koenen, «Vesper, Ensslin, Baader. Urszenen des deutschen Terrorismus». Köln 2003, S. 124.
4 Brief von Bernd Rabehl vom 28. September 2004.
5 Ulrich Chaussy, «Die drei Leben des Rudi Dutschke. Eine Biographie». Berlin 1993, S. 172. Das Buch erschien zum ersten Mal 1983.
6 Gespräch mit Tilman Fichter am 8. Oktober 2004 in Berlin.
7 Ulrich Enzensberger, «Die Jahre der Kommune I. Berlin 1967–1969». Köln 2004, S. 167.
8 *Pardon*, August 1967, S. 51, zitiert nach: Wolfgang Kraushaar (Hg.), «Frankfur-

ter Schule und Studentenbewegung. Von der Flaschenpost zum Molotowcocktail. 1946–1995». Hamburg 1998, Band 1, S. 254. – Es kann sich nicht um ein Versehen handeln: «Ich habe unmittelbar nach der Ermordung von Ohnesorge [!] meinen Studenten im Soziologischen Seminar gesagt, dass die Studenten heute die Rolle der Juden spielen würden – und ich werde dieses Gefühl nicht los.» So gehört in dem Fernsehfilm «Adorno – Teil 2: Der Bürger als Revolutionär» von Meinhard Prill und Kurt Schneider, gesendet am 29. Dezember 2003 auf Phoenix. (Zitiert nach der die Sendung begleitenden Website von 3sat. online.) In einer Stellungnahme zum Freispruch für den Kriminalobermeister Kurras erklärte Adorno am 23. November 1967 zu Beginn seiner Ästhetik-Vorlesung: «Die Affektarmut des ‹Es tut mir leid› verklagt ihn ebenso wie das unpersönliche ‹[dass dabei] ein Student ums Leben gekommen ist›. Das klingt, als hätte am zweiten Juni eine objektive höhere Gewalt sich manifestiert und nicht Herr Kurras, zielend oder nicht, auf den Hahn gedrückt. Solche Sprache ist zum Erschrecken ähnlich der, die man in den Prozessen gegen die Quälgeister der Konzentrationslager vernimmt.» (*Diskus – Frankfurter Studentenzeitung*. November/Dezember 1967, S. 4, zitiert nach: Kraushaar, Band 2, S. 324.)
9 *Stern*, 25. Juni 1967. – Der Kommentar erschreckte Gerd Bucerius, den Verleger des *Stern* wie auch der *Zeit*, derart, dass Haffners Kolumne nur mit einem Vorspann erscheinen durfte: «Nur weil wir die Meinungsfreiheit wirklich für das höchste Gut der Demokratie halten, geben wir Sebastian Haffner das Wort zu seinem Aufschrei über die Berliner Vorfälle.»
10 «Sebastian Haffners Monatslektüre», in: *konkret*, Juli 1967.
11 Hans Magnus Enzensberger, «Berliner Gemeinplätze II», in: *Kursbuch 13* (Juni 1968), S. 193.
12 Sebastian Haffner, «Ist die Bundesrepublik zu retten?», in: *Stern*, 5. Mai 1968.
13 Sebastian Haffner, «Die Bestie erwacht», in: *Stern*, 10. März 1968.
14 In der Zeichnung von «Markus», die die Kolumne Haffners begleitet, unterhalten sich zwei Männer im Restaurant. Während draußen die Bürger die Fäuste schütteln gegen einen Transparentträger («Frieden in Vietnam»), sagt drinnen der eine zum anderen: «Jetzt kann man hierzulande wieder ganz beruhigt leben, lieber Levi – sie haben einen neuen Sündenbock gefunden!»
15 Zitiert nach dem Artikel «Sollte ich auf die Barrikaden gehen?», in: *Die Welt*, 6. Juni 1967.

Revolutionen

1 *Bild*, am 3. Juni 1967.
2 Was den «ehemaligen SA-Führer» Hugo Gleiter aus Horb am Neckar zu einem empörten Leserbrief an den *Schwarzwälder Boten* veranlasst: «Wir weisen es zurück, mit den Teufels, Dutschkes und anderen ungewaschenen, verkommenen LSD-Schluckern in einen Topf geworfen zu werden. Die SA war der Aufstand der Anständigen gegen den damals auf allen Gebieten zutage getretenen Zerfall. Während die frommen Bürger zu träge und zu feige waren, hat die SA allein den Kampf gegen Verseuchung und Dekadenz aufgenommen.» Zitiert nach: *Der Spiegel*, 22. Januar 1968.
3 *Der Spiegel*, 12. Juni 1967.

4 Ulrike Marie Meinhof, «Drei Freunde Israels», in: *konkret*, Juli 1967.
5 Zitiert nach: «Bedingungen und Organisation des Widerstandes. Der Kongreß in Hannover. Protokolle Flugblätter Resolutionen». Berlin 1967, S. 20. (Es handelt sich um die VoltaireFlugschrift Nr. 12, herausgegeben von Bernward Vesper.)
6 Rudi Dutschke, «Professor Habermas, Ihr begriffsloser Objektivismus erschlägt das zu emanzipierende Subjekt! (Redebeitrag auf einem Kongreß in Hannover am 9. Juni 1967)», zitiert nach: Rudi Dutschke, «Geschichte ist machbar. Texte über das herrschende Falsche und die Radikalität des Friedens». Berlin ²1981 [1980], S. 79, 80, 81.
7 Zitate nach: «Bedingungen und Organisation des Widerstandes» (1967), in: Dutschke (1981), S. 43 und 48.
8 Peter Rühmkorf, «Die Jahre die Ihr kennt. Anfälle und Erinnerungen». Reinbek bei Hamburg 1972, S. 226.
9 Jillian Becker, «Hitler's Children. The Story of the Baader-Meinhof Terrorist Gang». London 1977 [1977].
10 Rühmkorf (1972), S. 226.
11 Karl Heinz Bohrer, «Die mißverstandene Rebellion», in: *Merkur*, Januar/Februar 1968, S. 41.
12 Vgl. Irene Lusk, «Che lebt», in: Eckhard Siepmann (Redaktion), «Heiss und kalt. Die Jahre 1945–1969. Das BilderLeseBuch». Berlin 1986 [1986], S. 573.
13 Die Nachdichtung eines Liedes von Carlos Puebla endet mit den Worten: «Uns bleibt, was gut war und klar war: / Daß man bei Dir immer durchsah, / Und Liebe, Haß, doch nie Furcht sah, / Comandante Che Guevara».
14 *Kursbuch 11* (Januar 1968), S. 1 und 2.
15 Horst Mahler hat darauf hingewiesen, dass der konservative CDU-Politiker Alfred Dregger eine eigene Terrorismus-Theorie vortrug. Zu einer terroristischen Bewegung sei es nur in den drei Staaten gekommen, die im 20. Jahrhundert vom Faschismus beherrscht wurden: in Japan, Italien und Deutschland. (Gespräch mit Horst Mahler am 11. Januar 1997 in Berlin.)
16 *Kursbuch 13* (Juni 1968).
17 Hans Magnus Enzensberger, «Staatsgefährdende Umtriebe». Frankfurt am Main ²1968 [1968], S. 26.
18 Die Stasi hat auch das brav mitgeschrieben, zitiert nach: Ulrike Meinhof, «Student und Presse – oder: der vorweggenommene Polizeistaat», NDR, 13. 2. 68. Mitschrift der «Abt. Information» im Staatlichen Rundfunkkomitee, Blatt 20.
19 Zitiert nach: Joachim Schickel (Hg.), «Über Hans Magnus Enzensberger». Frankfurt (1970), S. 230.
20 Vgl. Rudi Dutschke und Hans-Jürgen Krahl, «Sich-Verweigern erfordert Guerilla-Mentalität», in: Dutschke (1981), S. 94. – Die Stadtguerilla war bald in aller Munde. Kleine zeitgenössische Literaturauswahl: Dem *Kursbuch 18* (Oktober 1969) liegt als «Kursbogen» «Tupamaros. Neue Methoden der Stadtguerilla» von Carlos María Gutiérrez bei. 1970 erscheint auf Deutsch das «Mini-Handbuch des Stadtguerilla» des im Jahr davor im Kampf gestorbenen Guerilleros Carlos Marighella. (Taschenbuchausgabe: Carlos Marighela, «Zerschlagt die Wohlstandsinseln der Dritten Welt. Mit dem Handbuch der Guerilleros von São Paulo». Reinbek bei Hamburg 1971.) 1971 wird bei dtv das «Petit manuel

de guérilla urbaine. Quatre pièces» des Franzosen Armand Gatti unter dem Titel «Kleines Handbuch der Stadtguerilla» verlegt und bei Ullstein (der damals immerhin zum Springer-Konzern gehört) Martin Oppenheimers «The Urban Guerrilla[!]» (1969) unter dem Titel «Stadt-Guerilla».

21 Vgl. Rudi Dutschke und Hans-Jürgen Krahl, «Sich-Verweigern erfordert Guerilla-Mentalität», in: Rudi Dutschke (1981), S. 94.

22 *Der Spiegel*, 10. Juni 1967.

23 Günter Gaus spricht mit Rudi Dutschke. Gesendet am 7. Dezember 1967, zitiert nach: Günter Gaus, «Was bleibt, sind Fragen. Die klassischen Interviews». Berlin 2000, S. 438.

24 Referat auf dem «Internationalen Vietnam-Kongreß» in West-Berlin am 18. Februar 1968, zitiert nach: Wolfgang Kraushaar (Hg.), «Frankfurter Schule und Studentenbewegung. Von der Flaschenpost zum Molotowcocktail. 1946–1995». Hamburg 1998, Band 2, S. 345.

25 Gespräch mit Tilman Fichter am 8. Oktober 2004.

26 Bernd Rabehl, «Subjektiver Faktor – Zur Offensivtheorie von Rudi Dutschke». Vortrag, gehalten in Bad Boll am 6. Februar 1998, veröffentlicht auf der inzwischen eingestellten Website revolte.net.

27 Gespräch mit Rainer Langhans am 2. September 2003.

28 Rabehl (1998).

29 «Die Bundesrepublik ist ein Morast». *Spiegel*-Interview mit dem Dramatiker Peter Weiss, in: *Der Spiegel*, 18. März 1968.

30 Ulrike Marie Meinhof, «Vietnam und die Deutschen», in: *konkret*, November 1967.

31 Die Zitate sind zwar nicht näher ausgewiesen, stammen aber von Rudi Dutschke, zitiert nach: Jürgen Miermeister, «Rudi Dutschke mit Selbstzeugnissen und Bilddokumenten». Reinbek bei Hamburg 1999 [1986], S. 90.

32 Tilman Fichter und Siegward Lönnendonker, «Macht und Ohnmacht der Studenten. Kleine Geschichte des SDS», Hamburg 1998, S. 171.

33 Siegwart Lönnendonker, selber im SDS-Vorstand, ist 1968 mit seiner Band mehrfach in der McNair-Kaserne aufgetreten. Sie spielten für die US-Soldaten, die damals noch nach Schwarz und Weiß getrennt im Publikum saßen. Aufrührerische Tendenzen über gelegentliche Jungs-Schlägereien hinaus hat er allerdings nicht bemerkt. (Gespräch mit Siegwart Lönnendonker am 8. Oktober 2004 in Berlin.)

34 Günter Amendt und Bernd Rabehl bestätigen, dass die Pappraketen aus dem Osten kamen.

35 Vgl. Ulrich Chaussy, «Die drei Leben des Rudi Dutschke. Eine Biographie». Berlin 1993, S. 177f.

36 Zitiert nach: Mario Krebs, «Ulrike Meinhof. Ein Leben im Widerspruch». Reinbek bei Hamburg 1995 [1988], S. 150.

37 Chaussy (1993), S. 205.

38 Referat auf dem «Internationalen Vietnam-Kongreß» in West-Berlin am 18. Februar 1968, zitiert nach: Kraushaar (1998), Band 2, S. 344.

39 Diese Anekdote ist mehrfach bezeugt. Vgl. etwa Gretchen Dutschke, «Rudi Dutschke. Wir hatten ein barbarisches, schönes Leben. Eine Biographie», Köln 1996, S. 180.

40 Bahman Nirumand, «Leben mit den Deutschen. Briefe an Leila». Reinbek bei Hamburg 1989, S. 112.
41 Ulrich Enzensberger, «Die Jahre der Kommune I. Berlin 1967–1969». Köln 2004, S. 259 f.
42 *Der Spiegel*, 26. Februar 1968.
43 Am 6. März 1968 im Auditorium Maximum der TU Berlin, zitiert nach: Günter Grass, «Der Biedersinn gibt wieder den Ton an», in: «Werkausgabe in zehn Bänden», Band IX («Essays, Reden, Briefe, Kommentare»). Darmstadt und Neuwied 1987, S. 280.
44 Rudi Dutschke, «Jeder hat sein Leben ganz zu leben. Die Tagebücher 1963–1979». Köln 2003, S. 63.
45 Vgl. Michael Jürgs, «Der Fall Axel Springer. Biographie». München 1995, S. 255 f.
46 Vgl. Peter O. Chotjewitz, «Das Jahr 1968», in: Ders., «Fast letzte Erzählungen», Berlin 2007, S. 29.
47 *The New York Review of Books*, 29. Februar 1968. Auf Deutsch unter dem Titel «Warum ich Amerika verlasse» in der *Zeit* vom 1. März 1968, zitiert nach: Hans Magnus Enzensberger, «Offener Brief», in: Joachim Schickel (1970), S. 233 und 238.
48 Peter Handke, «Straßentheater und Theatertheater», in: *Theater heute* (Heft 4, 1968), zitiert nach: Peter Handke, «Ich bin ein Bewohner des Elfenbeinturms». Frankfurt am Main 1972, S. 55.

Die Gesellschaft des Spektakels

1 Günter Grass, «Über das Ja und Nein», in: «Werkausgabe in zehn Bänden», Band IX («Essays, Reden, Briefe, Kommentare»). Darmstadt und Neuwied 1987, S. 324.
2 Siegfried Schober, «Endstation eines Traums», in: *Die Zeit*, 31. Januar 1986.
3 Aussage laut Polizeiprotokoll I –A – KJ 1 – vom 8. April 1968.
4 Ulrich Enzensberger, «Die Jahre der Kommune I. Berlin 1967–1969». Köln 2004, S. 192.
5 Vgl. ebd., S. 167.
6 «Sprengt die Opernhäuser in die Luft!» *Spiegel*-Gespräch mit dem französischen Komponisten und Dirigenten Pierre Boulez, in: *Der Spiegel*, 25. September 1967. – Worte, vor allem solche, können gefährlich sein. Vierunddreißig Jahre später, im paranoiden November 2001, wurde der inzwischen sechsundsiebzigjährige Pierre Boulez wegen dieser Äußerung von der Schweizer Polizei in Basel als vermeintlicher Sprengstoff-Terrorist festgenommen. Vgl. «Conductor held over ‹terrorism› comment», BBC News, Tuesday, 4 December, 2001, 23:47 GMT.
7 Vgl. Thorwald Proll und Daniel Dubbe, «Wir kamen vom anderen Stern. Über 1968, Andreas Baader und ein Kaufhaus». Hamburg 2003, S. 24.
8 Karl-Heinz Janßen, «Die Zeit in der *Zeit*. 50 Jahre einer Wochenzeitung». Berlin 1995, S. 226.
9 Ebd., S. 226.
10 Bucerius berief sich dabei auf Winston Churchill, der Feldmarschall von Man-

ANMERKUNGEN (SEITE 111-120)

stein, der 1949 vor einem Militärgericht stand, fast 20 000 Mark spendierte, damit er sich einen Verteidiger leisten konnte. Vgl. Janßen (1995), S. 226.
11 Ulrich Enzensberger (2004), S. 188.
12 Stefan Aust, «Der Baader-Meinhof-Komplex». Erweiterte und aktualisierte Ausgabe. Hamburg 1997, S. 65.
13 Proll/Dubbe (2003), S. 7, S. 9f.
14 Ebd., S. 13f.
15 Butz Peters, «Tödlicher Irrtum. Die Geschichte der RAF». Berlin 2004, S. 40; Wolfgang Kraushaar, «1968. Das Jahr, das alles verändert hat». München, Zürich 1998, S. 96. Nach Aust (1997), S. 66, waren es 282 339 Mark (Kaufhaus Schneider) + 390 865 Mark (Kaufhof), was dann 673 204 Mark ergäbe.
16 Kraushaar (1998), S. 96.
17 Zitiert nach: Gerd Koenen, «Vesper, Ensslin, Baader. Urszenen des Terrorismus». Köln 2003, S. 142.

Das Attentat auf Rudi Dutschke

1 Zitiert nach: Wolfgang Kraushaar, «1968. Das Jahr, das alles verändert hat». München, Zürich 1998, S. 46.
2 Stefan Aust, «Staat der Gewalt. Protokoll eines Attentats», in: *konkret*, Mai 1968.
3 Fritz Teufel, «Rudi, der Kampf geht weiter!» (1980), zitiert nach: Bernd Kramer (Hg.), «Gefundene Fragmente». Band 1, Berlin 2004, S. 171. – Die Kommunarden sollen «in schallendes Gelächter» ausgebrochen sein, als sie von dem Attentat erfuhren. (Vgl. Inga Buhmann, «Ich habe mir eine Geschichte geschrieben». Frankfurt am Main 1983 [1977], S. 289.)
4 Ulrike Marie Meinhof, «Vom Protest zum Widerstand», in: *konkret*, Mai 1968.
5 Zitiert nach: Michaela Karl, «Rudi Dutschke. Revolutionär ohne Revolution». Frankfurt am Main 2003, S. 131.
6 In der Rede am 18. Februar 1968 auf dem Vietnam-Kongress, zitiert nach: Rudi Dutschke, «Geschichte ist machbar. Texte über das herrschende Falsche und die Radikalität des Friedens». Berlin ²1981 [1980], S. 120.
7 «Durch die Institutionen oder in den Terrorismus: Die Wege von Joschka Fischer, Daniel Cohn-Bendit, Hans-Joachim Klein und Johannes Weinrich». Inaugural-Dissertation zur Erlangung des Doktorgrades der Philosophie an der Ludwig-Maximilians-Universität München, vorgelegt von Anne Maria Siemens aus München. Frankfurt am Main 2006, S. 369.
8 Inge Scholl, «Die weiße Rose». Frankfurt am Main 1968 [1955], S. 47f.
9 So wird Aust bei Jillian Becker, «Hitler's Children. The Story of the Baader-Meinhof Terrorist Gang». London 1977 [1977], S. 61 referiert (meine Übersetzung). – Auf Nachfrage erklärt Aust, dass diese Angabe «nicht ganz richtig und nicht ganz falsch» sei. (Brief von Stefan Aust vom 29. November 2004.)
10 Ulrich Chaussy, «Die drei Leben des Rudi Dutschke. Eine Biographie». Berlin 1993, S. 196.
11 Vgl. Christian Semler, «Die lange Nacht vom 11. 4. 1968. Ein Rückblick ohne

Zorn auf die Kampagne zur Enteignung Axel Cäsar Springers», in: *tageszeitung*, 10. April 1993.
12 Brief von Stefan Aust vom 29. November 2004.
13 Stefan Aust (1968).
14 Annette Ramelsberger, «Auf der anderen Seite der Barrikade. 30 Jahre danach: Wie sich ‹Bild›-Zeitungsreporter an den Kampf der 68er gegen Springer erinnern», in: *Süddeutsche Zeitung*, 19./20. Juli 1997.
15 Gespräch mit Tilman Fichter am 8. Oktober 2004 in Berlin.
16 Tilman Fichter und Siegward Lönnendonker, «Macht und Ohnmacht der Studenten. Kleine Geschichte des SDS», Hamburg 1998, S. 175. – Dieter Kunzelmann, «Leisten Sie keinen Widerstand! Bilder aus meinem Leben». Berlin 1998, S. 98, behauptet, Rainer Langhans habe sich an den Tankverschlüssen zu schaffen gemacht: «Niemand kannte sich mit Automotoren, Benzintanks und Ölleitungen besser aus als Rainer Langhans. Schließlich war sein Vater Gebrauchtwagenhändler.»
17 Michael ‹Bommi› Baumann, «Wie alles anfing». München 1975, S. 40.
18 Alfred Neven DuMont, der Verleger des *Kölner Stadt-Anzeigers*, ärgerte sich über die Berichterstattung und weigerte sich über mehrere Tage, die *Bild*-Zeitung in seinem Haus zu drucken. Hinweis von Frank Rossow.
19 Im *Kölner Stadt-Anzeiger*, 19. April 1968, zitiert nach: Kraushaar (1998), S. 111.
20 *Die Zeit*, 19. April 1968, zitiert nach: Wolfgang Kraushaar (Hg.), «Frankfurter Schule und Studentenbewegung. Von der Flaschenpost zum Molotowcocktail. 1946–1995». Hamburg 1998, Band 3, S. 363.
21 Peter Rühmkorf, «Die Jahre die Ihr kennt. Anfälle und Erinnerungen». Reinbek bei Hamburg 1972, S. 221f.
22 Hans Magnus Enzensberger, «Berliner Gemeinplätze», in: *Kursbuch 11* (Januar 1968), S. 151.
23 *Bild*, 18. April 1968.
24 *Die Welt*, 15. Mai 1968.
25 Zitiert nach: Kunzelmann (1998), S. 100.
26 Vgl. Bernd Rabehl, «Die Provokationselite: Aufbruch und Scheitern der subversiven Rebellion in den sechziger Jahren», zu finden unter: http://people.freenet.de/visionen/. Adolf Theobald, damals Chefredakteur von *Capital*, bestreitet das. (E-Mail vom 9. November 2006.)
27 Thorwald Proll und Daniel Dubbe, «Wir kamen vom anderen Stern. Über 1968, Andreas Baader und ein Kaufhaus». Hamburg 2003, S. 36.
28 Zitiert nach ebd., S. 32.
29 Ebd., S. 32.
30 Zitiert nach: Stefan Aust, «Der Baader-Meinhof-Komplex». Erweiterte und aktualisierte Ausgabe. Hamburg 1997, S. 76.
31 Zitiert nach: Werner Birkenmaier, «Der Fall Gudrun Ensslin», in: *Frankfurter Rundschau*, 28. Oktober 1968.
32 Rudolf Wassermann, «1968 – wie es wirklich gewesen ist», in: *Mut*, August 2003, S. 20f.
33 Zitiert nach: Stefan Reinecke, «Otto Schily. Vom RAF-Anwalt zum Innenminister». Hamburg 2003, S. 100.

ANMERKUNGEN (SEITE 127-130) 471

34 Zitiert nach: Aust (1997), S. 77.
35 Gespräch mit Horst Mahler am 11. Januar 1997.
36 Die Reporterin Ulrike Meinhof soll Baaders Eingeständnis notiert, aber unterdrückt haben. Sie hätten den Brandsatz auch dann gelegt, wenn sie gewusst hätten, dass sie damit beispielsweise ein Hausmeisterehepaar gefährdet hätten. (Klaus Rainer Röhl, «Fünf Finger sind keine Faust. Eine Abrechnung». München 1998 [1974], S. 354, Anmerkung.)
37 Nach Reinecke (2003), S. 101. – Die Justiz konnte auch Milde walten lassen: «Da der Angeklagte [Andreas Baader] noch sehr jung ist und durch den frühen Verlust seines Vaters im Zeitpunkt seiner wesentlichen Entwicklung ohne festen Halt war und auf Grund seiner Erziehung noch auf eine günstige zukünftige Entwicklung hoffen läßt, hat das Gericht von der Möglichkeit der Strafaussetzung zur Bewährung Gebrauch gemacht.» (Geschäftsnummer 292 Ds 50/65 Urteil vom 13. September 1965, Amtsgericht Tiergarten, Verteidiger Rechtsanwalt Schily.) Da geht es noch um das Fahren ohne Führerschein.
38 «Ich habe nie verstanden, warum das Urteil der Springerzeitungen über die brennenden Warenhäuser des 17. Juni [1953] und das Frankfurter Warenhaus, das Baader angekokelt hatte, so verschieden war. Oder doch, ich habe verstanden: Es war verlogen. Wir jedenfalls hielten damals schon Gewalt gegen ‹Sachen und Personen› für falsch, sie anscheinend nicht.» (Klaus Rainer Röhl [1998], S. 56.)
39 Zitiert nach: Aust (1997), S. 78.
40 Rudolf Walter Leonhardt, «Rebellen als Brandstifter», in: *Die Zeit*, 8. November 1968.
41 «Stellungnahme der Berliner Kommune I für den *Spiegel*», in: *Der Spiegel*, 8. April 1968.
42 Uwe Nettelbeck, «Der Frankfurter Brandstifter-Prozeß. Viermal drei Jahre Zuchthaus für eine sinnlose Demonstration», in: *Die Zeit*, 8. November 1968.
43 Zitiert nach: Reinecke (2003), S. 102.

Die Gewaltfrage wird beantwortet

1 Wolfgang Kraushaar, «1968. Das Jahr, das alles verändert hat». München, Zürich 1998, S. 277.
2 «Ich kann mir nicht vorstellen, daß wir die angefahren haben. Also das gab's gar nicht, glaub ich. Das müssen die anderen gemacht haben, unsere Gegner.» (Gert Möbius von der Rockband «Ton Steine Scherben» in dem Film «Was war links? Vierteilige historische Revue», SWR/B 1, Folge 3, am 25. bzw. 27. Februar 2003, zitiert nach: www.waswarlinks.de/folge3/kommentar3.html)
3 Genauso viele Steine hat Kai Hermann von der *Zeit* gezählt. (Vgl. *Die Zeit*, 8. November 1968.)
4 Gespräch mit Barbara Sichtermann am 29. Januar 2001 in Berlin.
5 Zitiert nach: Tanja Stelzer, «Die Zumutung des Fleisches», in: *Der Tagesspiegel*, 6. Dezember 2003.
6 «‹Ich bin eigentlich ein 66er›. Friedrich Christian Delius über ‹Mein Jahr als Mörder› und das Berlin der Fünfziger- und Sechzigerjahre», in: *Der Tagesspiegel*, 27. Dezember 2004.

7 Gespräch mit Barbara Sichtermann am 29. Januar 2001 in Berlin.
8 Zitiert nach: Ulrike Marie Meinhof, «Die Würde des Menschen ist antastbar. Aufsätze und Polemiken». Berlin 1995, S. 153 und 154.
9 Peter Rühmkorf, «Die Jahre die Ihr kennt. Anfälle und Erinnerungen». Reinbek bei Hamburg 1972, S. 228.
10 Klaus Rainer Röhl, «Fünf Finger sind keine Faust. Eine Abrechnung». München 1998 [1974], S. 213. – Auch Stefan Aust («Der Baader-Meinhof-Komplex». Erweiterte und aktualisierte Ausgabe. Hamburg 1997, S. 55) zitiert diese Passage, allerdings handelt es sich Aust zufolge um «Tagebuchnotizen», und bei ihm heißt es: «Die Rolle, die mir dort Einsicht verschaffte (...)» Der Brief (das Tagebuch) ist leider nicht mehr nachweisbar.
11 «Gewalt», in: *konkret*, Juni 1968. Dem von Ulrike Meinhof organisierten Redaktionskollektiv, von dem der Artikel stammt, gehörte neben Enzensberger, Nirumand, Dutschke, Salvatore, Michael Schneider, Jürgen Horlemann und Eckhard Siepmann auch Peter Schneider an, dem der Abschnitt «Gewalt in den Metropolen», aus dem hier zitiert ist, zugeschrieben wird.
12 Laut Wolfgang Kraushaar (Hg.), «Frankfurter Schule und Studentenbewegung. Von der Flaschenpost zum Molotowcocktail. 1946–1995». Hamburg 1998, Band 1, S. 283, rief sie: «Kiesinger, Nazi!»
13 Zitiert nach: «Ihr könnt weinen – aber dann kämpft». Ein Interview mit Beate Klarsfeld von Thilo Knott, in: «Dutschke und Du. Verändern, kämpfen, leben: Was wir von Rudi Dutschke lernen können». *taz journal*, Dezember 2005, S. 55.
14 Vgl. *Der Spiegel*, 12. Mai 1969.
15 So gesendet zum Beispiel in «Report Mainz», 7. Mai 2001.
16 Zitiert nach: Klaus Rainer Röhl (1998), S. 271 f.
17 *Der Spiegel*, 12. Mai 1969. – Laut Jillian Becker («Hitler's Children. The Story of the Baader-Meinhof Terrorist Gang». London 1977 [1977], S. 206), die mit Aust, Rühmkorf und Homann gesprochen hat, gehörten zu der Eingreiftruppe aus Berlin neben Astrid Proll und Vesper auch zwei Reporter aus dem Berliner Büro des *Spiegel*. («There were also two reporters from the Berlin offices of *Der Spiegel*.») Nach glaubhaften Angaben erhielten sie eine Schmutzzulage vom Berliner *Spiegel*-Büro für diesen besonderen Einsatz. Vgl. Klaus Rainer Röhl (1998), S. 278. Bei Klaus Rainer Röhl, «Deutsches Phrasenlexikon. Politisch korrekt von A–Z». 4. aktualisierte Auflage, München 2001 [1995], S. 225, Anmerkung, ist von «je 100,– DM» die Rede: «Dies ermittelte später der unter den Linken hochangesehene Journalist Günter Wallraff.» Wallraff bestätigt die Zahlung (Telefonat am 13. September 2004). Auf die Anfrage beim *Spiegel*, ob die Röhl'schen Angaben denn zuträfen, antwortete Chefredakteur Stefan Aust, der 1969 noch für *konkret* arbeitete, am 1. September 2004: «Ich kann mir aber beim besten Willen nicht vorstellen, dass die *Spiegel*-Redaktion irgendwelche Tagegelder, Reisekostenzuschüsse, Honorare oder dergleichen für das Demolieren eines Hauses bezahlt hat. Ich würde so etwas jedenfalls nicht genehmigen.»
18 Bernward Vesper, «Die Reise. Romanessay». Jossa 1978 [1977], S. 184.

ANMERKUNGEN (SEITE 135–145)

Jugendarbeit

1 Zitiert nach: Arnulf Baring, «Machtwechsel. Die Ära Brandt–Scheel». Stuttgart 1982, S. 68.
2 Vgl. Stefan Aust, «Der Baader-Meinhof-Komplex». Erweiterte und aktualisierte Ausgabe. Hamburg 1997, S. 85.
3 Thorwald Proll und Daniel Dubbe, «Wir kamen vom anderen Stern. Über 1968, Andreas Baader und ein Kaufhaus». Hamburg 2003, S. 63.
4 Manson wollte den Überfall auf die schwangere Sharon Tate und ihre Freunde wie ein von Schwarzen veranstaltetes Massaker wirken lassen. Deshalb schrieben die Mörder das von Schwarzen für Polizisten verwendete Schimpfwort «*pigs*» an die Wand.
5 Herbert Marcuse, «Repressive Toleranz», in: Robert Paul Wolff, Barrington Moore und Herbert Marcuse, «Kritik der reinen Toleranz». Frankfurt am Main 1968 [1966], S. 121.
6 Zitiert nach dem Buch des ehemaligen Fürsorgezöglings Peter Brosch, «Fürsorgeerziehung. Heimterror, Gegenwehr, Alternativen». Frankfurt am Main 1975, S. 107.
7 Gespräch mit Günter Amendt am 9. Oktober 2004 in Hamburg.
8 Gespräch mit Jörg Schröder am 1. Februar 2001 in Augsburg.
9 Zitiert nach: Aust (1997), S. 94.
10 «Kommt zur roten Knastwoche nach Ebrach», in: *Agit 883*, 10. Juli 1969, zitiert nach dem Faksimile in: Wolfgang Kraushaar, «Die Bombe im Jüdischen Gemeindehaus». Hamburg 2005, S. 108.
11 Zitiert nach: Werner Kohn u. a. (Hg.), «In Bamberg war der Teufel los. K(l)eine 68er APOlogie». Bamberg 1993, S. 77.
12 Zitiert nach: Bernt Engelmann, «Großes Bundesverdienstkreuz. Tatsachenroman». München 1974, S. 150 und 151.

Morgenlandfahrer

1 Brief von Detlev Claussen vom 2. Dezember 2004.
2 Dieter Kunzelmann, «Leisten Sie keinen Widerstand! Bilder aus meinem Leben». Berlin 1998, S. 124.
3 Ebd., S. 125.
4 Zitiert nach: Bernd Kramer (Hg.), «Gefundene Fragmente». Band 1, Berlin 2004, S. 9.
5 Michael ‹Bommi› Baumann, «Wie alles anfing». München 1975, S. 66.
6 Vgl. Matthias Matussek und Philipp Oehmke, «Die Tage der Kommune», in: *Der Spiegel*, 29. Januar 2007.
7 So jedenfalls erzählt es Albert Fichter in Wolfgang Kraushaar, «Die Bombe im Jüdischen Gemeindehaus». Hamburg 2005.
8 Wolfgang Kraushaar, «Aus der Protest-Chronik», in: *Mittelweg*, Dezember 2000/Januar 2001, S. 39.
9 Man soll ja nicht vergleichen: Dr. Paul Karl Schmidt, der nachmalige Paul Carell, im Ribbentrop'schen Außenministerium zuständig für Propaganda, machte seinem Vorgesetzten fünfundzwanzig Jahre vorher, am 27. Mai 1944, einen

Vorschlag, wie man angesichts der bevorstehenden Deportation von Juden aus Budapest unerwünschten Reaktionen des Auslands vorbeugen und auch die Stimmung im Land gleich richtig beeinflussen könnte: «Ich möchte deshalb anregen», schrieb der SS-Obersturmbannführer in einer Notiz mit dem Vermerk «Geheim», «ob man diesen Dingen nicht vorbeugen sollte dadurch, daß man äußere Anlässe und Begründungen für die Aktion schafft, z.B. Sprengstoffunde in jüdischen Vereinshäusern und Synagogen, Sabotageorganisationen, Umsturzpläne, Überfälle auf Polizisten, Devisenverschiebungen großen Stils mit dem Ziel der Untergrabung des ungarischen Wirtschaftsgefüges. Der Schlußstein unter eine solche Aktion müßte ein besonders krasser Fall sein, an dem man dann die Großrazzia aufhängt.» (Staatsarchiv Nürnberg NG-2424) Später, glücklich entnazifiziert, versorgte Carell das Verlagshaus Springer mit Berichten darüber, wie edel der deutsche Soldat im Zweiten Weltkrieg gekämpft hatte. Schmidt-Carells letzte berufliche Aufgabe bestand darin, für die persönliche Sicherheit Axel Springers zu sorgen.

10 Der Senator für Inneres am 16. Januar 1981 an Herrn Dr. Andreas Gerl, Mitglied des Abgeodnetenhauses von Berlin. Mitgeteilt von Tilman Fichter.
11 Zitiert nach: Ulrich Enzensberger, «Die Jahre der Kommune I. Berlin 1967–1969». Köln 2004, S. 367.
12 Dieter Kunzelmann, «Brief aus Amman», in: *Agit 883*, 27. November 1969, zitiert nach dem Faksimile in: Kunzelmann (1998), S. 123.
13 Zitiert nach ebd., S. 123.
14 Vgl. David Th. Schiller, «Palästinenser zwischen Terrorismus und Diplomatie. Die paramilitärische palästinensische Nationalbewegung von 1918 bis 1981». München 1982, S. 401.
15 Zitiert nach: Ulrich Enzensberger, «Die Jahre der Kommune I. Berlin 1967–1969». Köln 2004, S. 368.
16 Baumann (1975), S. 69.
17 Stellungnahme Horst Mahlers «Zum Verbotsantrag gegen die NPD», gerichtet an das BVG, Zweiter Senat, Berlin, 30. August 2002, S 31.

Der Menschenfischer

1 Luise Rinser, «Grenzübergänge. Tagebuch-Notizen». Frankfurt am Main 1972, S. 275.
2 Ulrike Marie Meinhof, «Jugendkollektive 1969», S. 4f. eines Typoskripts, das im Hamburger Institut für Sozialforschung (HIS) liegt und dem Sozialistischen Anwaltskollektiv und zum Brandstifterprozess gehört.
3 Vgl. Peter Schneider, «Hausordnung B», in: Peter Schneider, «Ansprachen. Reden / Notizen / Gedichte». Berlin 1970, S. 47 und 49.
4 Ulrike Marie Meinhof, «Vorbemerkungen», in: Ulrike Marie Meinhof, «Bambule. Fürsorge – Sorge für wen?». Berlin 1994 (Erstausgabe 1971; dieser Beitrag wurde erstmals in die Ausgabe 1987 aufgenommen), S. 11. Die redaktionelle Nachbemerkung auf S. 12 erläutert, dass diese Sätze drei Sendungen entnommen sind, die im Hessischen und Westdeutschen Rundfunk liefen.
5 Eberhard Itzenplitz, «Über die Filmarbeit mit Ulrike Meinhof», in: ebd., S. 134, Anmerkung.

6 Zitiert nach Reinhard Mohr, «‹Revolutionäres Gewäsch›. Bislang unbekannte Briefe von Ulrike Meinhof dokumentieren ihren Bruch mit der bürgerlichen Welt», in: *Der Spiegel*, 12. August 1996.
7 Zitiert nach ebd.
8 Ulrike Edschmid, «Frau mit Waffe. Zwei Geschichten aus terroristischen Zeiten». Berlin 1996, S. 108.
9 In seinem Roman «La neige brûle» wird Debray 1977 die deutschen Terroristen, denen er unwissentlich Logis gewährte, streng verurteilen: «Das sind Provokateure. Bei den Iren und den Basken ist das was anderes: das sind unterdrückte Völker.» (Régis Debray, «Ein Leben für ein Leben. Roman». Düsseldorf 1979, S. 201.)
10 Thorwald Proll und Daniel Dubbe, «Wir kamen vom anderen Stern. Über 1968, Andreas Baader und ein Kaufhaus». Hamburg 2003, S. 64.
11 Ulrich Enzensberger, «Die Jahre der Kommune I. Berlin 1967–1969». Köln 2004, S. 372.
12 Rinser (1972), S. 275 und 276.
13 Peter O. Chotjewitz, «Nicht versöhnt», in: *stern.de*, 24. November 2003.
14 Gespräch mit Horst Mahler am 11. Januar 1997 in Berlin.
15 Gretchen Dutschke, «Rudi Dutschke. Wir hatten ein barbarisches, schönes Leben. Eine Biographie», Köln 1996, S. 239.
16 Vgl. Brief an Fritz J. Raddatz, am 27. Juli 1969 aus London, zitiert nach: «‹Lieber Fritz›. Briefe an Fritz J. Raddatz 1959–1990». Hamburg 1991, S. 69.
17 Das Deutsche Literaturarchiv in Marbach verwahrt einen Brief von Hendrix an Uschi Obermaier («Private»), in dem er sich an «your friends at your house» erinnert. «But I didn't know what to say – I like them.»
18 Zitiert nach: Detlef Siegfried, «Time Is on My Side. Konsum und Politik in der westdeutschen Jugendkultur der 60er Jahre». Göttingen 2006, S. 697.
19 Der Jurist Horst Mahler war inzwischen ebenfalls ruiniert. Seine Strafe wegen Landfriedensbruch als angeblicher Anführer der Schlacht am Tegeler Weg wurde zwar in der folgenden Amnestierung von Demonstrationsvergehen kassiert, aber es blieb im Zivilprozess ein Strafbefehl von 76 000 Mark.
20 Hannah Arendt, «Reflexionen über die Gewalt», in: *Merkur*, Januar 1970.

Die Baader-Befreiungsarmee

1 Anonym [Peter Schneider], «Gewalt in den Metropolen», in: *konkret*, Juni 1968, zitiert nach: Klaus Rainer Röhl, «Fünf Finger sind keine Faust. Eine Abrechnung». München 1998 [1974], S. 244.
2 «Die Partei aufbauen». Plattformen, Grundsatzerklärung der KPD/AO, KPD/ML, KPD/ML-ZK Linie, KPD/ML-Bolschewik Linie, KPD/ML-Neue Einheit, Rote Garde, KB/ML, PL/PI, Proletarische Front». Berlin 1971, S. 47.
3 Detlev Claussen in einem Brief vom 2. Dezember 2004.
4 Ulrike Edschmid, «Frau mit Waffe. Zwei Geschichten aus terroristischen Zeiten». Berlin 1996, S. 112.
5 Stellungnahme Horst Mahlers «Zum Verbotsantrag gegen die NPD», gerichtet an das BVG, Zweiter Senat, Berlin, 30. August 2002, S. 31. – Die RAF trug die Pistole FN als «Dienstwaffe». Eine Pistole FN, Kaliber 9 mm Parabellum, Nr.

32192, wurde am 1. Juni 1972 bei dessen Festnahme bei Jan-Carl Raspe sichergestellt. Holger Meins' FN trug die Nummer 40061. Auch die am 7. Juni 1972 in Hamburg verhaftete Gudrun Ensslin trug unter anderem eine FN, 9 mm Parabellum, mit der Nr. 32194 bei sich.

6 Gespräch mit Tilman Fichter am 8. Oktober 2004 in Berlin.
7 Günther Nollau, «Das Amt. 50 Jahre Zeuge der Geschichte». München 1978, S. 190.
8 Vernehmungsniederschrift Peter Homann, Oktober 1971, S. 3 f.
9 Die Waffen gab es, sie lagen bereit für den Einsatz, aber sie hätten, so vorsichtig waren die Vorgesetzten Urbachs doch, im entscheidenden Moment versagt. (Vgl. Jillian Becker, «Hitler's Children. The Story of the Baader-Meinhof Terrorist Gang». London 1977 [1977], S. 125.)
10 So jedenfalls Astrid Proll; vgl. Ulrike Edschmid (1996), S. 113. – Laut Stefan Aust («Der Baader-Meinhof-Komplex». Erweiterte und aktualisierte Ausgabe. Hamburg 1997, S. 112) war das Ungeschick Mahlers schuld, der am nächsten Morgen anrief und nach dem Häftling Baader fragte, über dessen Identität die Polizei sich noch nicht schlüssig war.
11 Nollau (1978), S. 191.
12 Dieses Konzept findet sich in den Unterlagen des «Sozialistischen Anwaltskollektivs», das Mahler mit Hans-Christian Ströbele und Klaus Eschen am 1. Mai 1969 gegründet hatte. Einen letztgültigen Beweis gibt es nicht, aber stilistisch ist dieses Manuskript Mahler zuzuordnen. Signatur im HIS: SAK 280,08 («Pol. Manuskripte»).
13 Strafsache (500) 2 P KS 1/71 (2/73)// 552 – 2/75, Urteilsbegründung, S. 10.
14 Ebd., S. 52.
15 Astrid Proll, «Hans und Grete. Bilder der RAF 1967–1977». Berlin 2004 [1998], S. 11.
16 Vgl. Gespräch mit Peter Paul Zahl am 9. April 2002 in Hamburg.
17 Zeugen haben den Mann benannt, aber er wurde nie wegen der Tat verurteilt.
18 Zumindest das Drehbuch «Bambule» erschien dann 1971 bei Wagenbach.
19 Klaus Wagenbach in einem Brief vom 27. August 2004.
20 Brief von Karl Heinz Bohrer vom 14. September 2004.
21 Wagenbach wurde wegen Beihilfe zu einer Bewährungsstrafe verurteilt.
22 Strafsache (500) 2 P KS 1/71 (2/73)// 552 – 2/75, Urteilsbegründung.
23 E-Mail von Dieter E. Zimmer vom 19. Juli 2004.
24 «Bericht über die Vorfälle am 14. 5. 1970 im Institut» der Institutsleiterin Quast (datiert: 15. 5. 1970). (Hausarchiv, Zentralinstitut.)
25 Hans Joachim Schneider in einem undatierten Protokoll, das er für das Zentralinstitut für Soziale Fragen anfertigte.
26 Quast (1970).
27 Karl Heinz Bohrer, «Fantasie, die keine war. Woran sich die 68er ungern erinnern: Ihre pazifistische Wende hat das geistige Abenteuer der Revolution verraten», in: *Die Zeit*, 8. Februar 2001.
28 Edschmid (1996), S. 114.
29 Strafsache (500) 2 P KS 1/71 (2/73)// 552 – 2/75, Urteilsbegründung, S. 82. – Immerhin: «Der Angeklagten Meinhof ist zugutegehalten worden, daß sie un-

bestraft ist, aus geordneten Verhältnissen kommt und nach einer mehrjährigen Studienzeit einen ordentlichen Beruf ausgeübt hat.» (S. 83)
30 Bernward Vesper, «Die Reise. Romanessay». Jossa 1978 [1977], S. 143.
31 Strafsache (500) 2 P KS 1/71 (2/73)// 552 – 2/75, Urteilsbegründung, S. 52f.

Im Untergrund

1 «Das Konzept Stadtguerilla», zitiert nach: «Rote Armee Fraktion. Texte und Materialien zur Geschichte der RAF». Berlin 1997, S. 30. Im Folgenden zitiert als «raf:texte».
2 Vgl. Peter Jochen Winters, «Er fühlt sich als prominente Figur», in: *Frankfurter Allgemeine Zeitung*, 18. Januar 1973.
3 Gerd Conradt, «Ein deutscher Frühling», in: *Der Tagesspiegel*, 14. Mai 2000.
4 Klaus Rainer Röhl meint, die Gruppe habe sich in konspirativen Wohnungen versteckt, die noch auf Betreiben Rudi Dutschkes eingerichtet wurden. (Klaus Rainer Röhl, «Fünf Finger sind keine Faust. Eine Abrechnung». München 1998 [1974], S. 354, Anmerkung.)
5 Manfred Grashof in einem Interview mit Moritz von Uslar in der Beilage *jetzt* der *Süddeutschen Zeitung* vom 1. September 1997.
6 *Bild* (Berlin), 17. Mai 1970.
7 Gespräch mit Tilman Fichter am 8. Oktober 2004 in Berlin.
8 Ulrike Edschmid, «Frau mit Waffe. Zwei Geschichten aus terroristischen Zeiten». Berlin 1996, S. 110f.
9 Günter Wallraff, «Ulrikes Rote Armee», in: *konkret*, Juni 1970, zitiert nach: Günter Wallraff, «Vom Ende der Eiszeit oder wie man Feuer macht. Aufsätze, Kritiken, Reden». Köln 1987, S. 24.
10 «Die Rote Armee aufbauen», in: «raf:texte», Zitate S. 24 und 25.
11 Ebd., S. 25.
12 Ebd., S. 26.
13 Vgl. Friedrich Schiller, «Das Lied von der Glocke»: «Ein süßer Trost ist ihm geblieben, / Er zählt die Häupter seiner Lieben, / Und sieh! ihm fehlt kein teures Haupt.»
14 Am 19. März 1970 traf sich Bundeskanzler Willy Brandt mit dem DDR-Ministerpräsidenten Willi Stoph in Erfurt.
15 Vgl. *Stern*, 12. Juli 1970.
16 *Stern*, 31. Mai 1970.
17 *Der Spiegel* zahlte angeblich 1000 Dollar an Michèle Ray. (Vgl. «Das Konzept Stadtguerilla», in: «raf:texte», S. 27.)
18 Es ist gut möglich, dass die RAF ihren populären Namen – «Baader-Meinhof-Bande/Gruppe» – der Dachzeile («Baader/Meinhof») über dem *Spiegel*-Artikel verdankt.
19 «Das Konzept Stadtguerilla», in: «raf:texte», S. 27.
20 *Der Spiegel*, 15. Juni 1970.
21 Wahrheitswidrig behauptete Ulrike Meinhof, es hätten bei der Baader-Befreiung «die Bullen zuerst geschossen». («Das Konzept Stadtguerilla», in: «raf:texte», S. 30.)
22 *Der Spiegel*, 15. Juni 1970.

23 Carlos Marighella, «Kleines Handbuch des brasilianischen Stadtguerilla», in: Karl Dietrich Wolff (Hg.), «*Tricontinentale* Auswahl 1967–1970». Frankfurt am Main 1970, S. 220f. Unter den Übersetzern der verschiedenen Beiträge in diesem Reader finden sich so erlauchte Namen wie Thomas Schmid (später *Frankfurter Allgemeine*, heute *Welt*) und Rupert von Plottnitz (später hessischer Justizminister). Im Jahr darauf erschien eine andere Ausgabe in der Taschenbuchreihe rororo-aktuell, versehen allerdings mit einem Hinweis ad *usum delphini*: «Politische Phantasten in der Bundesrepublik haben sich die Lehren Marighellas auch für die westliche Industriegesellschaft zu Herzen genommen und glauben, mit Bombe und Bankraub Revolution machen zu können.»

In der Wüste

1 *Der Spiegel*, 15. Juni 1970.
2 Auch der *Stern* (12. Juli 1970) kennt erstaunliche Details aus dem Militärcamp.
3 Bericht der HA/X vom 8. November 1970 (BStU).
4 Gespräch mit Horst Mahler am 11. Januar 1997 in Berlin.
5 Peter Homann, «‹Aber nicht andere nur, auch uns töten wir›», in: *Der Spiegel*, 21. Oktober 2002.
6 *Stern*, 12. Juli 1970.
7 Dass Baader dabei «Samthosen» getragen hat, ist ein feuilletonistisches Märchen, das auch dann nicht wahr wird, wenn es von Aust bis Peters und zuletzt von Karin Wieland liebevoll weiterkolportiert wurde.
8 Vernehmungsniederschrift Peter Homann vom 20. 12. 1971, S. 2.
9 Ulrike Edschmid, «Frau mit Waffe. Zwei Geschichten aus terroristischen Zeiten». Berlin 1996, S. 117.
10 Gespräch mit Horst Mahler am 11. Januar 1997 in Berlin. – Peter Homann behauptete 2002, Mahler habe sich nicht viel mildtätiger verhalten. (Vgl. *Der Spiegel*, 21. Oktober 2002.) Dreißig Jahre zuvor allerdings hatte er auf die Frage des *Spiegel* «Haben Sie damals für möglich gehalten, daß man sie [gemeint ist: Sie] liquidiert?» geantwortet: «Nee, nee.» (Vgl. *Der Spiegel*, 22. November 1971.)
11 «‹Ist dein Mut zu töten wirklich so groß?› Offener Brief von Horst Mahler an den Philosophen Günther Anders», in: *tageszeitung*, 16. Juli 1987.
12 Mahler will das «strikt» abgelehnt haben. Gespräch mit Horst Mahler am 11. Januar 1997 in Berlin.
13 So Ali Hassan Salimeh laut Homann (2002).
14 Vgl. *Der Spiegel*, 22. November 1971.
15 Gespräch mit Horst Mahler am 11. Januar 1997 in Berlin.

Die Konkurrenz schläft nicht

1 MfS AKK 10454/76, Blatt 00017–19.
2 Vgl. ebd. 00023f.
3 Ebd., Blatt 00017–19. – Hektische Bearbeitungskürzel auf allen Schreiben.

4 Mit «erhalten» am 20. August unterschrieben. Ebd., Blatt 00027.
5 Dieter Kunzelmann, «Leisten Sie keinen Widerstand! Bilder aus meinem Leben». Berlin 1998, S. 129.
6 Peter Rühmkorf, «Tabu II. Tagebücher 1971–1972». Reinbek bei Hamburg 2004, S. 18.
7 Michael ‹Bommi› Baumann, «Wie alles anfing». München 1975, S. 92.
8 Anklageschrift gegen Mitglieder der Bewegung «2. Juni» vom 29. Juni 1977.
9 Gespräch mit Peter Paul Zahl am 9. April 2002 in Hamburg.
10 Baumann (1975), S. 122.
11 Zitiert nach: Jürgen Serke, «Der Mann, der diesen Staat haßt», in: Stern, 4. Januar 1973.
12 Vgl. Margot Overath, «Drachenzähne. Gespräche, Dokumente und Recherchen aus der Wirklichkeit der Hochsicherheitsjustiz». Hamburg 1991, S. 150, und «Von den Haschrebellen zur Bewegung 2. Juni». Gespräch von Klaus Hermann und Peter Hein mit Ralf Reinders und Ronald Fritzsch am 22. November 1992, zitiert nach: http://www.nadir.org/nadir/archiv/PolitischeStroemungen/Stadtguerilla+RAF/2_juni/2_juni_2.html – Im Prozess um die Lorenz-Entführung spielte das Geständnis von Ralf Reinders keine Rolle mehr; alle Ermittlungen zu den vor 1974 begangenen Straftaten wurden wegen Geringfügigkeit eingestellt.

Ortlose Guerilla

1 Zitiert nach dem «Bericht vom 7. 2. 1972 über das Ermittlungsverfahren gegen Dr. med. Wolfgang Huber u. a. wegen Gründung und Mitgliedschaft in einer kriminellen Vereinigung u. a.» des Landeskriminalamts Baden-Württemberg, S. 5.
2 Ebd.
3 «Bei diesem Amoklauf wird die Guerilla ortlos». (Peter Brückner, «Ulrike Meinhof und die deutschen Verhältnisse». Berlin 2001 [1976], S. 172.)
4 Michael Schulte, «Ich freu mich schon auf die Hölle. Szenen aus meinem Leben». Wien 2005, S. 205.
5 Ulrich Enzensberger, «Die Jahre der Kommune I. Berlin 1967–1969». Köln 2004, S. 135.
6 Kommune 2 [Christel Bockhagen, Eike Hemmer, Jan Raspe, Eberhard Schultz], «Kindererziehung in der Kommune», in: Kursbuch 17 (Juni 1969), S. 151.
7 «Das Konzept Stadtguerilla», zitiert nach: «Rote Armee Fraktion. Texte und Materialien zur Geschichte der RAF». Berlin 1997, S. 30.
8 Aussage vor dem Ermittlungsrichter des Bundesgerichtshofes am 8. August 1972 in der JVA Bonn, wo ihm Müller nach dessen Verhaftung vorgeführt wurde: «Ich habe dabei den Mann, der als Fünfter vorgeführt wurde, den soeben genannten Mann, der damals auf uns geschossen hat, mit an Sicherheit grenzender Wahrscheinlichkeit wiedererkannt. Ich habe ihn nach seinem ganzen Erscheinungsbild, insbesondere aber an seiner Figur und seiner charakteristischen Art zu gehen (er hat einen besonders auffälligen Gang), wiedererkannt.» Später rückte Lemke von seiner Aussage («Er war es. Jeder Irrtum ist ausgeschlossen») wieder ab.

9 Margrit Schiller gab am 19. Juni 1976 eine Erklärung ab, in der sie Müllers Schusswaffengebrauch schildert: «Ich habe dann gesehen, wie Schmid die Handtasche der Person [gemeint ist Ulrike Meinhof] packte, die sie an der Schulter hängen hatte. Müller war neben ihr, hielt seine Pistole in der Hand und schoß auf Schmid. Schmid ließ die Tasche los und fiel auf den Boden. Müller und die Person liefen weiter, und dabei hörte ich weitere Schüsse.» (Zitiert nach: Ernst Lütcke, «‹Revier Blutbuche› 1945–1988». Hamburg 1989, S. 115.) Schiller schrieb in ihren Erinnerungen: «Der Polizist kam Ulrike immer näher und packte schon ihre Tasche. Sie strauchelte einen Moment, riß sich aber los. Gerhard, der schon vor Ulrike lief, stoppte, drehte sich mit der Waffe in der Hand um und schoß. Einmal, zweimal, immer wieder. Der Polizist stürzte, und sein Kollege, der den dreien nachgehetzt war, warf sich zu Boden.» (Margrit Schiller, «Es war ein harter Kampf um meine Erinnerung». Ein Lebensbericht aus der RAF». Hamburg 1999, S. 14) Schiller vermutet, was nicht zu bestreiten ist, dass Gerhard Müller «Aussagen gegen seine ehemaligen Kampfgefährten» machte und so «einen Deal mit der Bundesanwaltschaft» erreichte: «Verzicht auf eine Mordanklage wegen der Erschießung des Polizisten Schmid in Hamburg gegen seine Bereitschaft, in den Prozessen gegen die RAF als Kronzeuge der Anklage aufzutreten.» (Ebd., S. 155) Sekretiert sind in diesem Zusammenhang die Akten mit der Nummer 3 ARP P 74775 I. Müller ist wie der V-Mann Urbach selbstverständlich «unbekannten Aufenthalts».
10 «‹Heute diene ich mit der reinen Wahrheit›. Gesetzwidrige Manipulationen mit ‹Kronzeugen› in Terroristenprozessen», in: *Der Spiegel*, 14. Mai 1979. – «Das Geschäft mit Gerhard Müller war ein planmäßig vollzogener Rechtsbruch. In die Affäre verstrickt sind Justizangehörige und Politiker von hohem Rang. Gesetzliche Bestimmungen wurden verletzt, rechtsstaatliche Prinzipien unterlaufen, und der Verdacht auf Begünstigung im Amt reicht bis in Bonner und Karlsruher Chefetagen», schrieb *der Spiegel* drastisch.
11 Zitiert nach: Pieter H. Bakker Schut, «Stammheim. Der Prozeß gegen die Rote Armee Fraktion». Kiel 1986, S. 355.
12 2 StE (OLG Stgt) 1/74, S. 64. St.V/033,001 (HIS).
13 Gerhard Müller soll sich seiner Anwältin zufolge inzwischen umgebracht haben. Vgl. Sabine Rückert, «Leben mit der RAF», in: *Die Zeit*, 22. März 2007.
14 *Der Spiegel*, 14. Mai 1979.

«Ein Krieg von 6 gegen 60 000 000»

1 Zitiert nach: Eugen Kogon (Hg.), «Terror und Gewaltkriminalität. Herausforderung für den Rechtsstaat». Diskussionsprotokoll Reihe Hessenforum. Frankfurt am Main 1975, S. 89.
2 Dieter Schenk, «Der Chef. Horst Herold und das BKA». Hamburg 1998, S. 155.
3 Zitiert nach ebd., S. 160.
4 Hans Magnus Enzensberger, «Der Sonnenstaat des Doktor Herold. Über Privatsphäre, Demokratie und Polizeicomputer», in: *Der Spiegel*, 18. Juni 1979.
5 Zitiert nach: Kogon (1975), S. 87.
6 Ebd., S. 50.

ANMERKUNGEN (SEITE 193-198)

7 Zitiert nach ebd., S. 48.
8 Ebd., S. 48.
9 ««Niemand wird als Terrorist geboren». Ein *Zeit*-Gespräch mit Carlchristian von Braunmühl, dessen Bruder Gerold im Oktober 1986 von der RAF ermordet wurde», in: *Die Zeit*, 29. August 1997.
10 Schenk (1998), S. 157.
11 Zitiert nach dem Interview mit Nike Breyer, «Verbindlich war verdächtig», in: *tageszeitung*, 12. April 2003.
12 «Das Konzept Stadtguerilla», zitiert nach: «Rote Armee Fraktion. Texte und Materialien zur Geschichte der RAF». Berlin 1997, S. 31. Im Folgenden zitiert als «raf:texte». – Mit «Zimmermann» ist weder der spätere Innenminister Friedrich Zimmermann noch der 1985 ermordete Ernst Zimmermann gemeint, sondern der Moderator der legendären Fernsehsendung «Aktenzeichen XY ungelöst», Eduard Zimmermann.
13 Ebd., S. 29.
14 Ebd., S. 48. – In einer Rede in San Francisco sagte Eldridge Cleaver 1968: «What we're saying today is that you're either part of the solution or you're part of the problem.» (Zitiert nach: Eldridge Cleaver, «Post Prison Writings and Speeches». New York 1969, p. xxxii.)
15 Horst Mahler, «Die ‹Krise› der Außerparlamentarischen Opposition». Entstanden «Mitte Juni 1968». Im SAK-Archiv des HIS.
16 «Über den bewaffneten Kampf in Westeuropa» (1971), zitiert nach: «raf:texte», S. 100. – Die Schrift wird unter dem Tarntitel «Die neue Straßenverkehrsordnung» vertrieben.
17 ««Schwindsucht, Schüttelfrost, Eiterbeulen». Untersuchungshäftling Horst Mahler über RAF, Randgruppen und Revolution», in: *Spiegel*, 14. Februar 1972.
18 Harun Farocki, der mit Holger Meins zusammen Film studiert hatte, bestätigt das sogar: «Sie hatten den Armen noch nichts gegeben, aber immerhin nahmen sie den Banken etwas weg. Außerdem waren sie mit ihrer Intelligenz der Polizei voraus.» Zitiert nach: «Der kleine Ausschlag für eine große Entscheidung. Interview mit Harun Farocki über den deutschen Herbst», in: www.infopartisan.net/archive/1977/7717.html
19 Die Umfrage wird bei den Gefangenen heftig diskutiert. Jan-Carl Raspe, der erst nach einem abgeschlossenen Soziologiestudium in den Untergrund gegangen ist, bestellt bei den RAF-Anwälten sofort mehr Material, um die Reaktion der Bevölkerung auf die verschiedenen Aktionen der RAF zu überprüfen.
20 Hans Mathias Kepplinger, «Statusdevianz und Meinungsdevianz. Die Sympathisanten der Baader-Meinhof-Gruppe», in: *Kölner Zeitschrift für Soziologie und Sozialpsychologie* (Heft 4/1974), S. 779.
21 Ebd., S. 795.
22 Christa Rotzoll, «Frauen und Zeiten. Porträts». München 1991 [1987], S. 148.
23 Fritz J. Raddatz, «Unruhestifter. Erinnerungen». Berlin 2003, S. 433.
24 Brief Peter Handkes vom 2. September 2004.
25 Peter Handke, «An die Henker», in: Peter Handke, «Das Ende des Flanierens». Frankfurt am Main 1980, S. 122.

26 «Aber eins find ich auf jeden Fall Scheiße, nämlich, daß die Linke einfach davon ausgeht, Georg hätte überhaupt nicht gezogen.» (Michael ‹Bommi› Baumann, «Wie alles anfing». München 1975, S. 109.)
27 *Der Spiegel*, 21. November 1971.
28 Zitiert nach: *Stern*, 11. Juni 1972.
29 Renate Riemeck, «Gib auf, Ulrike!», in: *konkret*, November 1971.
30 Ulrike Meinhof scheint darunter gelitten zu haben, wie Renate Riemeck sogar über das Liebesleben der Jüngeren bestimmen wollte. Vgl. Bettina Röhl, «So macht Kommunismus Spaß! Ulrike Meinhof, Klaus Rainer Röhl und die Akte *konkret*». Hamburg 2006, S. 172 f.
31 Zitiert nach: Stefan Aust, «Der Baader-Meinhof-Komplex». Erweiterte und aktualisierte Ausgabe. Hamburg 1997, S. 209.
32 So jedenfalls referiert es die Stasi, die davon ebenfalls erfährt. Vgl. MfS 10454/76, Blatt 00030, datiert «Berlin, am 24. 12. 1971». Siehe auch «Wie war das in den 50ern?» Ein Interview von Alice Schwarzer mit Renate Riemeck, in: *Emma*, September 1989, zitiert nach: http://www.emma.de/552.html, abgefragt am 13. April 2007.
33 Brief Klaus Wagenbachs vom 27. August 2004.
34 Klaus Wagenbach, «Nachwort», in: Peter Brückner, «Ulrike Meinhof und die deutschen Verhältnisse». Berlin 2001 [1976], S. 193.
35 Horst Ehmke, «Mittendrin. Von der Großen Koalition zur Deutschen Einheit». Reinbek bei Hamburg 1996 [1994], S. 184.
36 Allerdings ist Klaus Pflieger («Die Rote Armee Fraktion – RAF – 14. 5. 1970 bis 20. 4. 1998»). Baden-Baden 2004, S. 28) der Meinung, sie hätten die Beute liegenlassen.
37 Alle Zitate aus: «‹Will Ulrike Gnade oder freies Geleit?› Schriftsteller Heinrich Böll über die Baader-Meinhof-Gruppe und ‹Bild›», in: *Der Spiegel*, 10. Januar 1972.
38 Oliver Tolmein, «‹RAF – das war für uns Befreiung›. Ein Gespräch mit Irmgard Möller über bewaffneten Kampf, Knast und die Linke». Hamburg 1997, S. 57.
39 Gerhard Löwenthal am 26. Januar 1972 im ZDF-Magazin, zitiert nach: Heinrich Böll, «Freies Geleit für Ulrike Meinhof. Ein Artikel und seine Folgen». Zusammengestellt von Frank Grützbach. Köln 1972, S. 104.
40 Vgl. Ehmke (1994), S. 179. – Abgelehnt wurden weniger als 450 Bewerber.
41 Ebd., S. 179 f.
42 Alfred Andersch, «Artikel 3(3)», 7. Strophe. Das Gedicht erschien 1976 in der *Frankfurter Rundschau*, zitiert nach: «Das Wasserzeichen der Poesie oder Die Kunst und das Vergnügen, Gedichte zu lesen. In hundertvierundsechzig Spielarten vorgestellt von Andreas Thalmayr [d.i. Hans Magnus Enzensberger]». Frankfurt am Main 1997 [1985], S. 218.

«Mai-Offensive»

1 «Der Baader-Meinhof-Report. Dokumente, Analysen, Zusammenhänge. Aus den Akten des Bundeskriminalamtes, der ‹Sonderkommission Bonn› und dem Bundesamt für Verfassungsschutz». Mainz 1972.

2 BKA/KT –W – 3078/72, zitiert nach der Kopie im Hamburger Institut für Sozialforschung (HIS).
3 Zitiert nach: Michaela Karl, «Rudi Dutschke. Revolutionär ohne Revolution». Frankfurt am Main 2003, S. 131.
4 Zitiert nach der Kopie im HIS des Bekennerschreibens «An die Nachrichtenredaktion des NDR/EILT!». Original beim BKA unter BKA/KT – 9552/72. Geschrieben mit einer Reiseschreibmaschine in der konspirativen Wohnung in der Ohlsdorfer Str. 1–3.
5 Schreibweise nach: Ernst Lütcke, ‹«Revier Blutbuche› 1945–1988». Hamburg 1989, S. 116.
6 So Lütcke (1989), S. 120, und Klaus Pflieger, «Die Rote Armee Fraktion – RAF – 14. 5. 1970 bis 20. 4. 1998». Baden-Baden 2004, S. 30: «22. März». Bei Stefan Aust, «Der Baader-Meinhof-Komplex». Erweiterte und aktualisierte Ausgabe. Hamburg 1997, S. 238, heißt es, Eckardt sei «zwei Wochen später» gestorben.
7 Seiner späteren Aussage nach habe ihn Meins zur Mitarbeit an einem Film, einer «Revolutions-Fiction», überredet. Dafür sollte er funktionstüchtige Granaten, Maschinenpistolen und Rohrbomben bauen, mit denen die RAF neue Mitglieder habe auf die Probe stellen wollen. (Vgl. Pieter H. Bakker Schut, «Stammheim. Der Prozeß gegen die Rote Armee Fraktion». Kiel 1986, 299.) – Hoff wurde erst 1975 verhaftet und ermöglichte die Verurteilung von Baader, Raspe und Ensslin. Da er «tätige Reue» zeigte, wurde er wie Müller zu einer geringen Strafe verurteilt und bald entlassen.
8 Zitiert nach: «Rote Armee Fraktion. Texte und Materialien zur Geschichte der RAF». Berlin 1997, S. 145.
9 Zitiert nach ebd., S. 148.
10 Zitiert nach: *Stern*, 11. Juni 1972.
11 Zitiert nach: *Süddeutsche Zeitung*, 19. Juni 1972.
12 Peter Rühmkorf notiert am 8. Juni 1972 in seinem Tagebuch, wie er sich für einen Moment selber so sehr als Fahndungsobjekt fühlt, dass er am Zeitungsstand in Hamburg zunächst nur *Bild* und *Hamburger Morgenpost* kauft und erst im Laden die verräterischen Zeitungen *Frankfurter Rundschau* und *Stern*. Peter Rühmkorf, «Tabu II. Tagebücher 1971–1972». Reinbek bei Hamburg 2004, S. 374.
13 Zitiert nach: Markus Wehner, «Das neue Gesicht des Terrorismus. Hat der Staat in der RAF-Zeit Fehler gemacht, aus denen er im Umgang mit islamistischen Gewalttätern lernen kann?», in: *Frankfurter Allgemeine Sonntagszeitung*, 1. April 2007.
14 Zitiert nach ebd. – «Die Menschen» haben die RAF vielleicht nicht unterstützt, aber sie formulierte einen verbreiteten Zorn gegen den amerikanischen Kriegseinsatz: «Warum konnten die Amis in Vietnam / So lässig üben den Völkermord? / Ach! weil die Verbündeten auch in Bonn / Zur Stange hielten mit Tat und Wort», dichtet Wolf Biermann 1977 in seinem «Lied vom Sack», zitiert nach: Wolf Biermann, «Alle Lieder». Köln 1991, S. 292f.
15 «Sie [die Angeklagten] wollten mit aufsehenerregenden Aktionen zeigen, wer sie sind und was sie können.» Vgl. 2 StE (OLG Stgt) 1/74, S. 75.
16 Aus einem «Fernseh-Interview mit Horst Mahler und Hans-Jürgen Bäcker,

Gründungsmitglieder der Rote Armee Fraktion (RAF), das vor einiger Zeit gesendet wurde». Dokumentiert in: *Frankfurter Rundschau*, 22. März 1978.
17 2 StE (OLG Stgt) 1/74, S. 276.

Schwarzer Sommer

1 Vgl. Stefan Aust, «Der Baader-Meinhof-Komplex». Erweiterte und aktualisierte Ausgabe. Hamburg 1997, S. 255. – Andreas Baader war ein begieriger Zeitungsleser, «weil er täglich wissen wollte, was über die RAF geschrieben wurde». (Kurt Oesterle, «Stammheim. Die Geschichte des Vollzugsbeamten Horst Bubeck». Tübingen 2003, S. 63)
2 Angela Davis hatte den Black Panther George Jackson bewogen, ein Buch über seine Haftbedingungen zu schreiben («Soledad Brother», New York 1970). Bei einem Ausbruchsversuch wurde er 1971 erschossen; die Waffe, eine 9-mm-Pistole, hatte ihm angeblich Angela Davis besorgt. Bob Dylan hat George Jackson ein Lied gewidmet, in dem es heißt: «Sometimes I think this whole world / Is one big prison yard.» Angela Davis wurde bereits am 4. Juni 1972 in allen Punkten der Anklage freigesprochen.
3 Oskar Negt, «Sozialistische Politik und Terrorismus». Erweiterte und veränderte Fassung der Kundgebungsrede zum Kongreß «Am Beispiel Angela Davis», 3. Juni 1972, zitiert nach: Wolfgang Kraushaar (Hg.), «Frankfurter Schule und Studentenbewegung. Von der Flaschenpost zum Molotowcocktail. 1946–1995». Hamburg 1998, Band 2, S. 752 (Nr. 397).
4 Zitiert nach: Oskar Negt, «Sozialistische Politik und Terrorismus. Auszüge einer Rede in Frankfurt 1970 [recte: 1972], in: Freimut Duve, Heinrich Böll und Klaus Staeck (Hg.), «Briefe zur Verteidigung der Republik», Reinbek 1978 [1977], S. 120.
5 Vgl. Oskar Negt, «Achtundsechzig. Politische Intellektuelle und die Macht», Göttingen ³2001 [1995], S. 260–266.
6 Zitiert nach: Christian Schmidt, «Wir sind die Wahnsinnigen. Joschka Fischer und seine Frankfurter Gang». München, Düsseldorf ²1999 [1998], S. 53.
7 Revolutionärer Kampf, «Gewalt», In: *Diskus*. 22. Jg. Heft 3/4, 30. Juni 1972. Zitiert nach: Wolfgang Kraushaar (Hg.), «Frankfurter Schule und Studentenbewegung. Von der Flaschenpost zum Molotowcocktail. 1946–1995». Hamburg 1998, Band 2, S. 763. Joschka Fischer übersetzte seinerzeit zusammen mit Thomas Schmid Louis Adamic' Klassiker «Dynamite» (1931), bei Trikont 1974 erschienen unter dem Titel «Dynamit. Geschichte des Klassenkampfes in den USA (1880–1930)».
8 Zitiert nach dem Faksimile des Kassibers in: *Stern*, 25. Juni 1972; vgl. Urteil Stammheim, S. 152.
9 Otto Schily galt der Bundesanwaltschaft als Kurier dieses Kassibers. Schily drohte deshalb der Ausschluss aus dem Verfahren in Stammheim. Erst 1978 wurde das letzte Ermittlungsverfahren in dieser Sache gegen ihn eingestellt.
10 Vgl. «Die Carlos-Haddad-Connection. Interview mit dem ehemaligen RZ-Mitglied Gerd Schnepel», in: *Jungle World*, 29. November 2000.
11 Für die folgenden Zitate vgl. Heinrich Hannover, «Die Republik vor Gericht.

1954–1974. Erinnerungen eines unbequemen Rechtsanwalts». Berlin 2000 [1988], S. 374.
12 Im Ordner Signatur Me, U/008,001 (HIS), datiert auf den 13. August 1974.
13 Interview mit Herbert Marcuse, in: *konkret*, 15. Juni 1972, zitiert nach: Kraushaar (1998), Band 2, S. 759 (Nr. 398).
14 «Kommen Sie raus, Ihre Chance ist null», in: *Der Spiegel*, 5. Juni 1972.
15 Karl Heinz Bohrer, «Fantasie, die keine war. Woran sich die 68er ungern erinnern: Ihre pazifistische Wende hat das geistige Abenteuer der Revolution verraten», in: *Die Zeit*, 8. Februar 2001.
16 Zitiert nach: «Der Mordbefehl in der Tasche von Ulrike Meinhof», in: *Stern*, 25. Juni 1972.
17 Seither wird immer wieder vermutet, es gäbe eine innige Kollaboration zwischen den Palästinensern und der RAF. Dafür spräche immerhin, dass der den RAF-Kämpfern aus Jordanien vertraute Abu Hassan auch dieses Kommando-Unternehmen dirigierte.
18 Zitiert (und übersetzt) nach: James Lawton, «Munich 1972. The Games of Death», in: *The Independent*, 1. September 2000.
19 Horst Mahler in einer undatierten Anmerkung (ca. 1999) unter «Bibliographie von Horst Mahler» zu seinem Text von 1971: «Über den bewaffneten Kampf in Westeuropa» (http://www.deutsches-kolleg.org/hm/bibliographie/). Zuletzt abgefragt am 8. Januar 2007.
20 Zitiert nach: Hansjakob Stehle, «Selbstkritik in der Moabiter Zelle. Horst Mahler verurteilt die RAF-Guerilla», in: *Die Zeit*, 11. November 1977.
21 «Wir waren so unheimlich konsequent ...». Eine Gespräch über die Geschichte der RAF mit Stefan Wisniewski. Von Petra Groll und Jürgen Gottschlich, in: *tageszeitung*, 11. Oktober 1977.
22 Zitiert nach: «Rote Armee Fraktion. Texte und Materialien zur Geschichte der RAF». Berlin 1997, S. 159.
23 Ebd., S. 164.
24 Ebd., S. 173.
25 Zitiert nach: Aust (1997), S. 273.

Toter Trakt

1 Régis Debray zitiert nach: Peter Brückner, «Debray und andere. Drei Versuche über die Ratlosigkeit», in: *Kursbuch 25* (Oktober 1971), S. 151.
2 «Ne [d. i. Gudrun Ensslin] soll Brückner über Debray im *Kursbuch* mal lesen.» (Ebd.)
3 Sie soll dort als Erstes die katholische Schriftstellerin Gertrud von Le Fort gelesen haben. Vgl. *Spiegel*, 24. Juli 1972, S. 61.
4 Kurt Oesterle, «Stammheim. Die Geschichte des Vollzugsbeamten Horst Bubeck». Tübingen 2003, S. 79.
5 Ulrike Edschmid, «Frau mit Waffe. Zwei Geschichten aus terroristischen Zeiten». Berlin 1996, S. 145.
6 Vgl. Ordner Me, U/008,002 (HIS), S. 11.
7 Herman Melville, «Moby Dick; oder: Der Wal». Frankfurt am Main 2004, S. 265, 267.

8 Klaus Eschen, Jörg Lang, Jürgen Laubscher und Johannes Riemann: «Folter in der BRD. Dokumentation zur Lage der Politischen Gefangenen. Zusammengestellt von Verteidigern in politischen Strafsachen», in: *Kursbuch 32* (August 1973), S. 15.
9 Zitiert nach: Stefan Aust, «Der Baader-Meinhof-Komplex». Erweiterte und aktualisierte Ausgabe. Hamburg 1997, S. 275.
10 Vgl. Heinrich Hannover, «Die Republik vor Gericht. 1954 – 1974. Erinnerungen eines unbequemen Rechtsanwalts». Berlin 2000 [1988], S. 385.
11 Dr. med. Regine Röhl, Ärztin, Berlin: «Persönliche Erfahrungen von Angehörigen terroristischer Gewalttäter oder Gewalttäterinnen». Leicht redigierte Tonbandabschrift eines Referats auf der Tagung «Terrorismus – Bestrafung – Versöhnung. Wie gehen wir in Deutschland mit früheren Gewalttätern und Gewalttäterinnen um?» Evangelische Akademie Bad Boll, 19.–21. Februar 1999, zitiert nach der *epd*-Dokumentation 32/99, S. 65.
12 Bundesrepublik Deutschland (BRD) – Rote Armee Fraktion (RAF), Köln 1987, zitiert nach: http://www.nadir.org/nadir/archiv/PolitischeStroemungen/ Stadtguerilla+RAF/RAF/brd+raf/013.html
13 Zitiert nach dem Ordner Me, U/008,002 (HIS), S. 14.
14 Zitiert nach ebd., handschriftlich ergänzt S. 12, Brief vom 30. März, wahrscheinlich 1973, an die Anwälte Klaus Croissant und Ulrich K. Preuss.
15 Ulrike Marie Meinhof, «Die Würde des Menschen», in: *konkret*, Oktober 1962.
16 K. M. M. [= Karl Markus Michel], «Zu diesem Heft», in: *Kursbuch 32* (August 1973), S. 1.
17 Ebd., S. 10.
18 Zitiert nach dem Ordner Me, U/008,002 (HIS), S. 18.

Mein Körper ist meine Waffe

1 *Stern*, 21. November 1974.
2 Zitiert nach: Klaus Pflieger, «Die Rote Armee Fraktion – RAF – 14. 5. 1970 bis 20. 4. 1998». Baden-Baden 2004, S. 47.
3 «Das Konzept Stadtguerilla», zitiert nach: «Rote Armee Fraktion. Texte und Materialien zur Geschichte der RAF». Berlin 1997, S. 190. – Man ist auch nur ein Mensch, aber als ich das zum ersten Mal hörte, bin ich offiziell aus dem Kreis der Sympathisanten ausgetreten. Terroristen oder meinetwegen sogar Revolutionäre, die um Aufnahme in die Sozialversicherung betteln!
4 Zitiert nach dem Faksimile in: Astrid Proll, «Hans und Grete. Bilder der RAF 1967–1977». Berlin 2004, S. 128.
5 Vgl. Bertolt Brecht, «Werke. Große kommentierte Berliner und Frankfurter Ausgabe», Band 3 («Stücke 3»). Berlin und Weimar/Frankfurt am Main 1988, S. 390. – Die Zeile «Wer seine Lage erkannt hat, wie soll der aufzuhalten sein?» aus Brechts Gedicht «Lob der Dialektik» fand zuvor schon Verwendung in der Ausgabe 13 der Zeitschrift *Agit 883*. Das KPD-Mitglied Ulrike Meinhof wird es über eine Platte von Ernst Busch und vielleicht schon bei ihren Besuchen in der DDR kennengelernt haben. «Nicht Marx und Engels überzeugten uns, sondern Brecht und Busch überzeugten hier eine ganze Generation», versichert

Klaus Rainer Röhl (Klaus Rainer Röhl, «Fünf Finger sind keine Faust. Eine Abrechnung». München 1998 [1974], S. 79). Röhl bestätigt auch, dass Ulrike Meinhof und er das Stück «Die Mutter» kannten, in das jenes «Lob der Dialektik» aufgenommen ist. (Ebd. 1998, S. 137.)
6 Zitiert nach: Pflieger (2004), S. 49. Allerdings stammt Baaders Anweisung nach Auskunft des baden-württembergischen Justizministers Traugott Bender bereits von 1973. (Vgl. «'Es werden Typen dabei kaputt gehen'», in: *Der Spiegel*, 18. November 1974.)
7 Zitiert nach: Pflieger (2004), S. 43.
8 *Der Spiegel*, 18. November 1974.
9 «der letzte brief von holger meins (am 31. 10. 1974)», zitiert nach der von den Stammheimer Häftlingen zusammengestellten Ausgabe: «texte : der RAF». Stuttgart, Malmö 1977, S. 14. Der Band ist mit den Minox-Fotos illustriert, die mit der ins Gefängnis geschmuggelten Kamera aufgenommen wurden.
10 «'Es kann immer zu Kipp-Reaktionen kommen'. *Spiegel*-Interview mit dem Stuttgarter Gefängnisarzt Dr. Helmut Henck über künstliche Ernährung», in: *Der Spiegel*, 18. November 1974.
11 Eidesstattliche Erklärung von Rechtsanwalt Dr. Croissant vom 10. November 1974 in Stuttgart, zitiert nach dem Befangenheitsantrag gegen den Vorsitzenden Richter Dr. Prinzing am Oberlandesgericht Stuttgart durch Gudrun Ensslin, ausgefertigt durch Otto Schily, 2 StE 1/74, S. 34 f.
12 In seinem Film «Der amerikanische Freund» (1978) wählt Wim Wenders als Bildhintergrund eine Hauswand, auf der eine meterhohe Schrift die Bundesrepublik des Mordes an Wenders' ehemaligem Mitarbeiter Holger Meins anklagt.
13 Zitiert nach: Stefan Reinecke, «Otto Schily. Vom RAF-Anwalt zum Innenminister». Hamburg 2003, S. 150.
14 Dieter Schenk, «Der Chef. Horst Herold und das BKA». Hamburg 1998, S. 164.
15 «texte : der RAF» (1977), S. 14 f.
16 Wie seine ehemalige Anwältin versichert. Vgl. Klaus Stern/Jörg Herrmann, «Andreas Baader. Das Leben eines Staatsfeinds». München 2007, S. 201.
17 «Moses und Aron», ein Film von Straub/Huillet, sollte dann in der Karwoche 1975 nicht im Fernsehen laufen. An Schönbergs hermetischer Musik, an der nicht weniger kargen Inszenierung der Oper durch die französischen Minimalisten wäre nichts auszusetzen gewesen, aber der Film war Holger Meins gewidmet. Eine Resolution des Autorenpaars, denen das Fernsehen «eine handgeschriebene Widmung an einen jungen Mann herausgeschnitten» hatte, einen letzten Gruß an «Holger Meins, der einer ihrer Kollegen und ein Freund war», unterschrieben neben Volker Schlöndorff und Alexander Kluge auch von Mario Adorf und Peter Handke, in Italien Pier Paolo Pasolini und Bernardo Bertolucci.

Entr'acte: Sartre in Stammheim

1 Jean Améry, «Werke», Band 7 («Aufsätze zur Politik und Zeitgeschichte»). Stuttgart 2005, S. 388.

2 Alle Zitate nach: Klaus Pflieger, «Die Rote Armee Fraktion – RAF – 14. 5. 1970 bis 20. 4. 1998». Baden-Baden 2004, S. 51.
3 Zitiert nach: Stefan Aust, «Der Baader-Meinhof-Komplex». Erweiterte und aktualisierte Ausgabe. Hamburg 1997, S. 306.
4 Vgl. Schreiben des Generalbundesanwalts Siegfried Buback an den Vorsitzenden Richter am OLG Stuttgart, Dr. Prinzing, vom 18. November 1974. Daniel Cohn-Bendit besteht darauf, dass er nur von einer «Solidarisierung gegen die Haftbedingungen» gesprochen habe und seine und die Position Joschka Fischers «Weder Staat noch RAF» gewesen sei. Nach dem Tod von Holger Meins sei es darum gegangen, «verstärkt etwas gegen die Haftbedingungen zu unternehmen». (Telefonat mit Daniel Cohn-Bendit am 2. Juli 2007.)
5 Das Gespräch zwischen Heinrich Böll und Wolfram Schütte erschien am 14. November 1974 unter dem Titel «Größte Gefahr: Resignation» in der *Frankfurter Rundschau*.
6 Zitiert nach: Aust (1997), S. 306.
7 Zitiert nach: Gerrit-Jan Berendse, «Schreiben im Terrordrom. Gewaltcodierung, kulturelle Erinnerung und das Bedingungsverhältnis zwischen Literatur und RAF-Terrorismus». München 2005, S. 11.
8 Zitiert nach: http://www.nadir.org/nadir/archiv/PolitischeStroemungen/Stadtguerilla+RAF/RAF/brd+raf/018.html, zuletzt abgefragt am 24. Juli 2007.
9 Bundesarchiv, B362/3387.
10 ««Volksfront nicht besser als Gaullisten». Jean-Paul Sartre über Sozialisten und Kommunisten, Reform und Revolution», in: *Der Spiegel*, 12. Februar 1973.
11 Jean-Paul Sartre, «La mort lente d'Andreas Baader», in: *Libération*, 7 Decembre 1974. Meine Übersetzung.
12 Zitiert nach dem Nachdruck: «Der kurze Weg der Ungeduld. Friedrich K. Kaul über Mahler, Baader und Meinhof», in: *das da*, April 1974. Nach der Akte MfS – HA XXII, Nr. 5194/2, Blatt 00006.

Negerküsse für die Kundschaft

1 Inge Viett, «Nie war ich furchtloser. Autobiographie». Hamburg 1997, S. 79.
2 Ebd., S. 18 und 19.
3 Ebd., S. 91.
4 Ebd. – Nach Inge Vietts Angaben legte die Bombe Harald Sommerfeld, der später mit dem Verfassungsschutz zusammenarbeitet.
5 Zitiert nach der Anklageschrift gegen Ralf Reinders u. a. vom 29. Juni 1977, 1 BJs 20/75 und 1 StE 2/77, S. 80.
6 Vgl. Selbstkritik Ulrike Meinhofs, im Ordner datiert 13. August 1974. Signatur Me, U/008,001 (HIS).
7 Zitiert nach der Anklageschrift (29. Juni 1977), S. 80. – Allerdings handelt es sich nicht um ein offizielles Programm, sondern die Zusammenfassung einer Diskussion. Der Richter wollte, so Ralf Reinders, «zu gerne wissen, wer das denn geschrieben hat. Wir auch. Wir haben natürlich intern nachgefragt. Aber wir haben es nicht herausbekommen.» («Von den Haschrebellen zur Bewegung 2. Juni». Gespräch von Klaus Hermann und Peter Hein mit Ralf Reinders und Ronald Fritzsch am 22. November 1992, zitiert nach: http://www.nadir.org/

nadir/archiv/PolitischeStroemungen/Stadtguerilla+RAF/2_juni/2_juni_2.html, zuletzt abgefragt am 24. Juli 2007.)
8 Zitiert nach: Margot Overath, «Drachenzähne. Gespräche, Dokumente und Recherchen aus der Wirklichkeit der Hochsicherheitsjustiz». Hamburg 1991, S. 173.
9 Zitiert nach dem Urteil vom 28. April 1977, S. 280.
10 Gabriele Rollnik und Daniel Dubbe, «Keine Angst vor niemand. Über die Siebziger, die Bewegung 2. Juni und die RAF». Hamburg 2004, S. 31.
11 Anklageschrift (29. Juni 1977), S. 190.
12 Vgl. Rollnik/Dubbe (2004), S. 39.
13 Anklageschrift (29. Juni 1977), S. 204.
14 Zitiert nach ebd., S. 79 – Dass man wenigstens die «politische Strafjustiz» einmal doch «aus den Angeln heben» könne, war 1967 der Wunsch Hans Magnus Enzensbergers gewesen.
15 Für jeden der sechs verurteilten Häftlinge wurden jeweils 20 000 Mark gefordert. Da Horst Mahler nicht am Flughafen erschien und Rolf Pohle trotzdem auf der Aushändigung auch von Mahlers Reisegeld bestand, wurde er nach seiner Festnahme wegen räuberischer Erpressung zu drei Jahren und drei Monaten Haft verurteilt.
16 Heinrich Albertz, «Blumen für Stukenbrock. Biographisches». Reinbek bei Hamburg 1983 [1981], S. 186.
17 Anklageschrift (29. Juni 1977), S. 208.
18 Ebd., S. 225.
19 Daniel Cohn-Bendit, «Der grosse Basar. Gespräche mit Michel Lévy, Jean-Marc Salmon, Maren Sell». München 1975, S. 136 und 137.
20 Zitiert nach der Anklageschrift (29. Juni 1977), S. 227.
21 Ebd., S. 155.
22 Ebd. – Dort wurde auch penibel verzeichnet, was die Bankräuber erbeutet haben, nämlich DM 106 053,41 + DM 119 788,43 («einschließlich Fremdwährungsanteil»).
23 «Wir sind von RAF-Seite für diese Sachen ziemlich heftig kritisiert worden. Ab diesem Tag waren wir die populistische Fraktion. Es würde uns nur noch auf Populismus ankommen, wir würden die Sache nicht ernst nehmen.» (Fritzsch/Reinders [1992].)

Das Stockholm-Syndrom

1 «Wir waren so unheimlich konsequent …». Ein Gespräch über die Geschichte der RAF mit Stefan Wisniewski. Von Petra Groll und Jürgen Gottschlich, in: *tageszeitung*, 11. Oktober 1997.
2 Zitiert nach Akte TE 007,013 im HIS. Enthaltend die Aussagen Speitels bei der Bundesanwaltschaft von 1978/79.
3 Zitiert nach: «Rote Armee Fraktion. Texte und Materialien zur Geschichte der RAF». Berlin 1997, S. 192.
4 Zitiert nach ebd., S. 196.
5 «Wir haben uns die Niederlage handhabbar gemacht». Karl-Heinz Dellwo im Gespräch mit Petra Groll. In: *tageszeitung*, 27. Juni 1998.

6 Zitiert nach: «Wendepunkt Stockholm», in: *Stern*, 30. April 1975.
7 Telefonat mit der damaligen Pressereferentin des Stockholmer Militärattachés (19. April 2000).
8 «‹Denen mußte es mal gezeigt werden›. *Spiegel*-Interview mit Bundeskanzler Helmut Schmidt», in: *Der Spiegel*, 28. April 1975.
9 Zitiert nach: Stefan Aust, «Der Baader-Meinhof-Komplex». Erweiterte und aktualisierte Ausgabe. Hamburg 1997, S. 332.
10 Wisniewski (1997).

Textkämpfe bis in den Tod

1 Zitiert nach: Stefan Aust, «Der Baader-Meinhof-Komplex». Erweiterte und aktualisierte Ausgabe. Hamburg 1997, S. 315.
2 «‹Wir wollten alles und gleichzeitig nichts›. Ex-Terrorist Speitel über seine Erfahrungen in der westdeutschen Stadtguerilla», in: *Der Spiegel*, 4. August 1980.
3 Brief vom 28. Juli 1972, erhalten am 12. Dezember 1972, zitiert nach: Gudrun Ensslin, «‹Zieht den Trennungsstrich, jede Minute›. Briefe an ihre Schwester Christiane und ihren Bruder Gottfried aus dem Gefängnis 1972–1973». Hamburg 2005, S. 36.
4 Im Anhang des Durchsuchungsberichts des Landeskriminalamts Baden-Württemberg, Az.: 811/3 vom 10. Mai 1976.
5 Bertolt Brecht, «Die Maßnahme. Zwei Fassungen». Frankfurt am Main 2003 [1998], S. 56.
6 Klaus Rainer Röhl, «Die Genossin. Roman», Wien u. a. 1975.
7 Es wird später kolportiert, Baader habe Ulrike Meinhofs Texte zerrissen und sie als «Scheiße» bezeichnet.
8 Selbstkritik Ulrike Meinhofs, im Ordner datiert 13. August 1974. Signatur Me, U/008,001 (HIS). (Der ‹liebe Gott›: Einfache Anführung von Hand.)
9 Ebd.
10 Ebd.
11 Zitiert nach: Pieter H. Bakker Schut, «Stammheim. Der Prozeß gegen die Rote Armee Fraktion». Kiel 1986, S. 395.
12 «Sie [Bettina Röhl] freute sich, von ihrer Mutter zu hören, befand aber, daß die Mutter nun auch noch eine oder zwei Wochen warten könne, nachdem sie zwei Jahre nichts von sich hatte hören lassen.» Bettina Röhl, «So macht Kommunismus Spaß! Ulrike Meinhof, Klaus Rainer Röhl und die Akte *konkret*». Hamburg 2006, S. 615.
13 Georg F. Schiller und Willi Schmitt, «Die Wahrheit über den Selbstmord von Ulrike Meinhof. Sie machte sich noch einmal schön und riß ein Handtuch in Streifen ...», in: *Bild*, 14. Mai 1976.
14 Ludwig Wittgenstein, «Philosophische Grammatik». Frankfurt am Main 1973, S. 93. – Aufgeschlagen waren die Seiten 94/95 des Buches.
15 «erklärung von jan-carl raspe im prozess in stuttgart-stammheim am 11. 5. 76», zitiert nach der von den Stammheimer Häftlingen zusammengestellten Ausgabe: «texte : der RAF». Stuttgart, Malmö 1977, S. 21.
16 Zitiert nach: Stefan Reinecke, «Otto Schily. Vom RAF-Anwalt zum Innenminister». Hamburg 2003, S. 184.

ANMERKUNGEN (SEITE 262-270) 491

17 Zitiert nach: Pieter H. Bakker Schut, «Stammheim. Der Prozeß gegen die Rote Armee Fraktion». Kiel 1986, S. 396.
18 Was *Bild* streng missbilligte: «Woher ist Gollwitzer so sicher, daß Gott die Terroristin in Liebe zu sich genommen hat?» (*Bild*, 17. Mai 1976.)
19 Zitiert nach: Willi Kinnigkeit, «'Wir tragen Trauer und Wut'», in: *Süddeutsche Zeitung*, 17. Mai 1976.
20 Klaus Wagenbach, «Grabrede für Ulrike Meinhof», zitiert nach: Klaus Wagenbach (Hg.), «Warum so verlegen? Über die Lust an Büchern und ihre Zukunft». Berlin 2004, S. 64.

Exkurs: Das Frankfurter Kreuz

1 Zitiert nach: Christian Schmidt, «Wir sind die Wahnsinnigen. Joschka Fischer und seine Frankfurter Gang». München, Düsseldorf ²1999 [1998], S. 89.
2 Wie Christian Schmidt unwidersprochen in seinem Buch behauptet.
3 Zitiert nach: Schmidt (1999), S. 94.
4 Joschka Fischer war bereits 1967 in Stuttgart zum ersten Mal von der Polizei brutal verprügelt und anschließend für einige Tage in Stammheim in Haft genommen worden.
5 Alle Zitate nach: http://www.freilassung.de/div/texte/rz/ib110_210676.htm sowie Brückner, «Ulrike Meinhof und die deutschen Verhältnisse». Berlin 2001 [1976], S. 185-187.- In der Buchausgabe wird diese Rede einem anonymen «Genossen vom *Revolutionären Kampf*» zugeschrieben.
6 Zitiert nach ebd.
7 «Die Carlos-Haddad-Connection. Interview mit dem ehemaligen RZ-Mitglied Gerd Schnepel», in: *Jungle World*, 29. November 2000.
8 Nach der berühmten Reportage Edgar Snows über Mao Tse-tungs Langen Marsch: «Roter Stern über China» (auf Dt. erschienen 1970 im März-Verlag).
9 Karl Dietrich Wolff (Hg.), «Tricontinental. Eine Auswahl 1967-1970». Frankfurt am Main 1970, S. 316.
10 «Sechs Mitarbeiter und ehemalige Mitarbeiter von *Erziehung und Klassenkampf* und des Verlags», die sich aus Angst vor dem Berufsverbot in dem «Offenen Brief» nicht mit Namen nennen wollten, zitiert nach: Fördergesellschaft für die Frankfurter Hölderlin-Ausgabe (Hg.), «Le pauvre Holterling. Nr. 1. Blätter zur Frankfurter Ausgabe». Frankfurt am Main 1976, S. 22.
11 Zitiert nach dem Interview mit Johannes Weinrich, in: «Durch die Institutionen oder in den Terrorismus: Die Wege von Joschka Fischer, Daniel Cohn-Bendit, Hans-Joachim Klein und Johannes Weinrich». Inaugural-Dissertation zur Erlangung des Doktorgrades der Philosophie an der Ludwig-Maximilians-Universität München, vorgelegt von Anne Maria Siemens aus München. Frankfurt am Main 2006, S. 315. «Nachts um drei», erklärt Weinrich, «durften wir antreten zur Durchsuchung mit Videokamera im Arsch, dem vollen Programm.»
12 Vgl. Ebd., S. 366.
13 Zitiert nach ebd., S. 370.
14 Eine weitere Zusammenarbeit zwischen deutschen und arabischen Terroristen ergab sich am 18. Januar 1976, als mit Wissen des ugandischen Staatspräsidenten Idi Amin im Nachbarstaat Kenia eine israelische El-Al-Maschine bei der

Landung in Nairobi mit sowjetischen Flugabwehrkanonen beschossen werden sollte. Beteiligt daran waren Thomas Reuter und Brigitte Schulz. Zumindest in der Nähe dieser Täter befand sich Monika Haas, die zwar vom kenianischen Geheimdienst aufgegriffen und anschließend vom israelischen Mossad verhört wurde, aber schließlich wieder ins Camp nach Aden zurückkehren durfte, wo sie Peter-Jürgen Boock sah. Inzwischen stand sie unter dem besonderen Schutz des Palästinenserchefs Zaki Helou, den sie später heiratete. Und selbst das ist noch nicht das Ende der Geschichte: Im Herbst 1977 wird Monika Haas eine entscheidende Rolle bei der Entführung der «Landshut» spielen.

15 Obwohl ihr nicht nur durch Kleins Aussage wenigstens einer der drei Morde zuzuschreiben ist, wurde sie 1990 bei einem Prozess in Köln aus Mangel an Beweisen freigesprochen. Gabriele Kröcher-Tiedemann starb 1995 an Krebs.

16 Die ehemaligen RZ-Mitglieder Schnepel und Weinrich bestreiten, dass es sich in Entebbe um eine Selektion gehandelt habe. Vielmehr habe man nur durch israelische Geiseln Druck auf Israel ausüben können.

17 Der israelische Geheimdienst beschrieb ihn als einen weiteren Netschajew, ein «Desperado, benimmt sich wie ein russischer Anarchist aus dem 19. Jahrhundert, der fast mystische Befriedigung darüber empfindet, daß er von der übrigen Welt isoliert ist und daß für ihn daher eigene Gesetze und Vorschriften gelten». (Zitiert nach: William Stevenson in Zusammenarbeit mit Uri Dan, «90 Minuten in Entebbe». Frankfurt am Main, Berlin 1976, S. 57.)

18 Nach Aussage von Patricia Heyman, die die Luftpiraten in Bengasi freiließen, wurde die Selektion bereits dort vorgenommen. Vgl. Stevenson (1976), S. 25.

19 «Entebbe Diary» by Maj. (Res.) Louis Williams, zu finden unter: http://www1.idf.il/DOVER/site/mainpage.asp?sl=EN&id=5&docid=23016&year=3&Pos=1

20 Es sollen «auch einige unserer befreiten Genossen» (in Frage kommen Verena Becker, Rolf Pohle, Ina Siepmann, Rolf Heißler und Gabriele Kröcher-Tiedemann) dabei gewesen sein. «Sie waren in den Minuten des israelischen Angriffs auf dem Tower und konnten im letzten Augenblick noch entkommen.» (Till Meyer, «Staatsfeind. Erinnerungen». Hamburg 1996, S. 69.)

21 Und als wenn das nicht schon schlimm genug wäre, kursiert die Legende, Idi Amin hätte sie eigenhändig erwürgt. Ein Künstler, der diese Erfindung für die Ausstellung «Berlin – Moskau 1950–2000» im Martin-Gropius-Bau in Berlin verwendete, wird auch noch ernst genommen. (Vgl. Tanja Dückers, «Parallele Bildwelten», in: *jungle world*, 5. November 2003.)

22 Ulrike Marie Meinhof, «Drei Freunde Israels», in: *konkret*, Juli 1967.

23 «Gerd Albartus ist tot», zit. nach: www.freilassung.de/div/texte/rz/Zorn04.htm

24 «Unternehmen Entebbe» von Marvin J. Chomsky. Helmut Berger spielte den «blonden Terroristen». Nach Meinung von Jean Améry im *Merkur*, Dezember 1977, wurden die Filme von Chomsky und Kershner in der Bundesrepublik nicht gezeigt. «Die Bundesrepublik hatte politische Rücksichten zu nehmen. ‹Feuerzauber› hat später erwiesen, daß es gut war, sich gewisse Sympathien nicht zu verscherzen.»

25 Vgl. «Wir waren so unheimlich konsequent ...». Ein Gespräch über die Geschichte der RAF mit Stefan Wisniewski. Von Petra Groll und Jürgen Gottschlich, in: *tageszeitung*, 11. Oktober 1997.

ANMERKUNGEN (SEITE 277–289)

Der letzte Auftritt

1 «Illustrierte Geschichte der deutschen Revolution». Frankfurt am Main: Verlag Neue Kritik 1970 [1929]. – Das Basteltalent des Gefangenen Raspe und ein Teil seines nachgelassenen Werks kann im Strafvollzugsmuseum Ludwigsburg bestaunt werden.
2 Kurt Oesterle, «Stammheim. Die Geschichte des Vollzugsbeamten Horst Bubeck». Tübingen 2003, S. 68.
3 «Die Memoiren von H. J. Klein, einem Untergrundkämpfer, der nicht mehr einverstanden ist». Erschienen in *Libération* vom 3. bis 7./8. Oktober 1978, zitiert nach der deutschen Übersetzung in: Hans-Joachim Klein, «Rückkehr in die Menschlichkeit. Appell eines ausgestiegenen Terroristen». Reinbek bei Hamburg 1979, S. 299.
4 Peter O. Chotjewitz, «Nicht versöhnt», in: *stern.de*, 24. November 2003.
5 Zitiert nach: Ulf G. Stuberger (Hg.), «‹In der Strafsache gegen Andreas Baader, Ulrike Meinhof, Jan-Carl Raspe, Gudrun Ensslin wegen Mordes u.a.› Dokumente aus dem Prozeß». Frankfurt am Main 1977, S. 243.
6 Zitiert nach ebd., S. 251.
7 Zitiert nach: Stefan Reinecke, «Otto Schily. Vom RAF-Anwalt zum Innenminister». Hamburg 2003, S. 179 und 180.
8 Zitiert nach: Eugen Kogon (Hg.), «Terror und Gewaltkriminalität. Herausforderung für den Rechtsstaat». Diskussionsprotokoll Reihe Hessenforum. Frankfurt am Main 1975, S. 48.
9 Ebd., S. 49.
10 Vgl. http://www.romacivica.net/anpiroma/resistenza/resistenza3c.htm, abgefragt am 4. Juli 2007.
11 Zitiert nach: Reinecke (2003), S. 190.

Vorbereitungen

1 Vgl. Stefan Aust, «Brokdorf. Symbol einer politischen Wende». Mit einer Einführung von Klaus Traube. Hamburg 1981, S. 42.
2 Zitiert nach ebd., S. 42.
3 Klaus Pflieger, «Die Rote Armee Fraktion – RAF – 14. 5. 1970 bis 20. 4. 1998». Baden-Baden 2004, S. 61.
4 Wie Christian Klar 2001 bestätigt hat. Vgl. «Zur Person. Günter Gaus im Gespräch mit Christian Klar». Gesendet am 12. Dezember 2001 im ORB.
5 Vgl. Karl-Heinz Dellwos Ausführungen im Mai 1998 in der Zürcher Roten Fabrik, zitiert nach: «Der Aufbruch war berechtigt. Über die Entwicklung der Stadtguerilla in der BRD in den 70er Jahren. Diskussion mit Gabriele Rollnik, Karl-Heinz Dellwo, Roland Mayer, Knut Folkerts», in: IG Rote Fabrik (Hg.), «Zwischenberichte. Zur Diskussion über die Politik der bewaffneten und militanten Linken in der BRD, Italien und der Schweiz». Berlin 1998, S. 35.
6 So Boock laut Gunther Latsch, «Pakt des Terrors», in: *Der Spiegel*, 28. Oktober 2002.
7 Ebd.
8 Bei Aust wird fälschlich der 27. Januar 1977 genannt.

9 Zitiert nach: Peter Glotz, «Klein, schwarz, stark», *Rheinischer Merkur*, 6. Mai 2004. – Glotz war damals Assistent von Otto B. Roegele am Münchner Institut für Zeitungswissenschaften.
10 Boock zitiert nach: Stefan Aust, «Der Baader-Meinhof-Komplex». Erweiterte und aktualisierte Ausgabe. Hamburg 1997, S. 439.
11 2 StE (OLG Stgt) 1/74, S. 76.

Siegfried Buback wird ermordet

1 Vgl. Axel Vornbäumen, «Die verlorene Ehre der Verena Becker», in: *Der Tagesspiegel*, 27. April 2007. Michael Buback, «Seit 30 Jahren nichts gehört», in: *Süddeutsche Zeitung*, 2. Mai 2007. «‹Logik des Krieges›». *Spiegel*-Gespräch mit Knut Folkerts, in: *Der Spiegel*, 14. Mai 2007. Die Bundesanwaltschaft ermittelt inzwischen gegen Verena Becker.
2 «‹Wir wollten alles und gleichzeitig nichts›. Ex-Terrorist Volker Speitel über seine Erfahrungen in der westdeutschen Stadtguerilla (II)», in: *Der Spiegel*, 4. August 1980.
3 Zitiert nach dem Urteil des OLG Stuttgart vom 14. Dezember 1978, S. 72. (Az: 2 – 1 StE 2/78)
4 Beschluss des Bundesgerichtshof 3 StR 120/86 in der Strafsache gegen Brigitte Margret Ida Mohnhaupt und Christian Georg Alfred Klar wegen Mordes u.a. vom 16. Juli 1986, S. 52. – Brigitte Mohnhaupt antwortet mit diesem Satz direkt auf Siegfried Buback, der 1976 in einem *Spiegel*-Interview gegen die RAF gerichtet gesagt hatte: «Und Leute, die sich dafür engagieren, wie Herold und ich, die finden immer einen Weg.» («‹Der Rechtsstaat auf dem Hackklotz›. Generalbundesanwalt Siegfried Buback über die strafrechtliche Bewältigung des Terrorismus», in: *Der Spiegel*, 16. Februar 1976.)
5 Beschluss des Bundesgerichtshof (16. Juli 1986), S. 52.
6 Zitiert nach: Bernd Rabehl, «Subjektiver Faktor – Zur Offensivtheorie von Rudi Dutschke». Vortrag, gehalten in Bad Boll am 6. Februar 1998, veröffentlicht auf der inzwischen eingestellten Website revolte.net.
7 Doch, Karl Heinz Bohrer in seinem Aufsatz «Die Drei Kulturen», in: Jürgen Habermas, «Stichworte zur ‹Geistigen Situation der Zeit›. 2. Band: Politik und Kultur», Frankfurt am Main 1979, dort vor allem S. 660f. Inzwischen ist ein weiterer Beitrag erschienen: Stefan Spiller, «Der Sympathisant als Staatsfeind. Die Mescalero-Affäre», in: Wolfgang Kraushaar (Hg.), «Die RAF und der linke Terrorismus». Hamburg 2006.
8 «Was machte Minister Trittin auf dieser Gewalt-Demo?», in: *Bild*, 29. Januar 2001.
9 Zitiert nach der Dokumentation in: Johannes Agnoli und dreizehn andere, «‹ ... da ist nur freizusprechen.› Die Verteidigungsreden im Berliner Mescalero-Prozeß». Reinbek bei Hamburg 1979, S. 198.
10 «Am 7. April 77 kehre ich auf dem Weg zur Uni in der Karl-Marx-Buchhandlung ein. An der Tür empfängt mich Daniel Cohn-Bendit, Primus inter Pares des Karl-Marx-Kollektivs. ‹Buback ist erschossen worden!›, brüllt er: ‹Findest du das gut oder blöd?› Meine Antwort trägt er in eine Hitliste ein. Die meisten Striche stehen unter ‹gut›. Die Frage, von wem Buback erschossen worden war,

ANMERKUNGEN (SEITE 296-298)

stellte sich ebenso wenig wie die Frage, warum.» (Klaus Walter, «Gewalt liegt in der Luft», in: *tageszeitung*, 7. April 2007.) Wie verbreitet die Abneigung gegen diese «Typen» war, ist einer Formulierung Joschka Fischers aus dem Jahre 1978 zu entnehmen, nach dem Mord an Buback, Ponto und Schleyer: «Bei den drei hohen Herren mag mir keine rechte Trauer aufkommen, das sag ich ganz offen, für mich.» So sagte er's im *PflasterStrand*, und so wird es zitiert bei Christian Schmidt, «Wir sind die Wahnsinnigen. Joschka Fischer und seine Frankfurter Gang». München, Düsseldorf 1999 [1998], S. 96.

11 Zitiert nach: Agnoli (1979), S. 198.
12 Leserbrief des damals zuständigen Redakteurs Jürgen Bischoff an die *Süddeutsche Zeitung*, 27. Februar 2001.
13 Zufällig sollte in der Osterwoche Straub/Huillets «Moses und Aron» wiederholt werden, und diesmal wurde die Ausstrahlung unterlassen, weil die Programmzeitschrift *Gong* darauf hinwies, dass «Moses und Aron» der Film war, der einmal eine Widmung an Holger Meins getragen hatte. «Moses und Aron» verschwand aus dem Programm, hieß die offizielle Begründung, «weil der Film durch jene (wenn auch getilgte) Widmung von der Gefahr des Missverständnisses nicht befreit ist». (Zitiert nach: «Eine Widmung. Begegnung mit Jean-Marie Straub und Danièle Huillet, Rom, August 1999», in: Gerd Conradt, «Starbuck Holger Meins. Ein Porträt als Zeitbild». Berlin 2001, S. 185.)
14 Zitiert nach: Agnoli (1979), S. 201.
15 Oliver Tolmein, «'RAF – das war für uns Befreiung'. Ein Gespräch mit Irmgard Möller über bewaffneten Kampf, Knast und die Linke». Hamburg 1997, S. 106.
16 Zitiert nach: Agnoli (1979), S. 168.
17 Boris Savinkov berichtet in seinen «Erinnerungen eines Terroristen» (auf Deutsch erstmals 1929) davon und von seinen Skrupeln, Unbeteiligte zu töten. Der Großfürst war der Neffe von Zar Nikolaus II. und einer der großen Schlächter des vorrevolutionären Russland; die am Attentat auf ihn beteiligte Dora Brillant brach in Tränen aus, als sie hörte, dass der Großfürst tot war. Vor Gericht schwärmt der Attentäter Kaljaev von der «Reinheit der Idee» und redet, wie die Angeklagten der RAF gern geredet hätten: «Wir sind zwei kriegführende Mächte. Ihr seid die Vertreter der kaiserlichen Regierung, Lohnknechte des Kapitals und der Gewalt. Ich bin einer der Volksrächer, Sozialist und Revolutionär. (...) Ihr habt dem Volk den Krieg erklärt, wir haben die Herausforderung angenommen.» Enzensberger nannte die russischen Anarchisten der vorletzten Jahrhundertwende die «schönen Seelen des Terrors» (Hans Magnus Enzensberger, «Politik und Verbrechen. Neun Beiträge». Frankfurt am Main 1978 [1964]) und erwähnte im gleichnamigen Aufsatz die Bearbeitung von Savinkovs Memoiren durch Albert Camus in dem Stück «Die Gerechten» (1949). 1985 gab Enzensberger Savinkovs «Erinnerungen eines Terroristen» als Band 4 der «Anderen Bibliothek» heraus. Das Buch ist ein Klassiker und muss in den sechziger Jahren weit verbreitet gewesen sein; Dutschke und Rabehl bezogen sich darauf und verwendeten bei ihren Studien über den «subjektiven Faktor» eine Ausgabe, die unter dem Titel «Die Memoiren eines Bombenlegers» 1929 in der Büchergilde Gutenberg, Berlin, erschienen ist. Peter Paul Zahl gab 1970 eine Auswahl heraus (Boris Sawinkow, «die ermordung des großfürsten sergej»).

18 Er wurde trotz aller Versuche der Polizei nie entdeckt und gab sich erst Anfang 2001 als Klaus Hülbrock zu erkennen. (Vgl. *tageszeitung*, 29. Januar 2001.)
19 Gespräch mit Peter Brückners Witwe Barbara Sichtermann am 29. Januar 2001 in Berlin.
20 Beide Zitate nach: Helmut Brunn und Thomas Kirn, «Rechtsanwälte, Linksanwälte». Frankfurt am Main 2004, S. 39 und 40.
21 Zitiert nach dem Abdruck in: *Der Spiegel*, 28. November 1977.
22 Zitiert nach: Gerhard Stadelmaier, «‹So etwas würde ich lieber verbrannt sehen›. Wie der Fraktionschef der Bremer CDU mit einem Gedicht Erich Frieds umgehen will», in: *Stuttgarter Zeitung*, 26. November 1977.
23 Manfred Rommel, «Trotz allem heiter. Erinnerungen». Stuttgart 1998, S. 262 und 263.
24 *Der Spiegel*, 11. Juli 1977.

Der Deutsche Sommer

1 Zitiert nach: Oskar Negt, «Achtundsechzig. Politische Intellektuelle und die Macht», Göttingen ⁵2001 [1995], S. 267.
2 Zitiert nach: Peter Michalzik, «Unseld. Eine Biographie». München 2003 [2002], S. 227f.
3 Zitiert nach: Negt (2001), S. 268.
4 Auch die Entscheidung für einen leitenden Angestellten dieser Bank, die sich, wie sich bald herausstellen sollte, im «Dritten Reich» mehr als jede andere an dem Gold bereichert hat, das den ermordeten Juden geraubt wurde, hatte nichts mit Politik, sondern nur mit dem Zufall der freundschaftlichen Nähe zu tun.
5 Es handelt sich um das einzige Bekennerschreiben der RAF, das mit einem Namen gezeichnet ist.
6 Zitiert nach dem Faksimile im Beschluss des Bundesgerichtshof 3 StR 120/86 in der Strafsache gegen Brigitte Margret Ida Mohnhaupt und Christian Georg Alfred Klar wegen Mordes u. a. vom 16. Juli 1986, S. 65.
7 Fidel Castro, «Rede vom 13. März»/Ernesto «Che» Guevara, «Botschaft an die Völker der Welt». München 1967, S. 19.
8 «Frauen im Untergrund: ‹Etwas Irrationales›», in: *Der Spiegel*, 8. August 1977.
9 Zitiert nach: Tobias Wunschik, «Baader-Meinhofs Kinder. Die zweite Generation der RAF». Opladen 1997, S. 212.
10 Zitiert nach: Ursula von Kardorff, «Teuflische Lehre beim Übervater. Christoph Wackernagels unaufhaltsamer Weg in den Terrorismus», in: *Süddeutsche Zeitung*, 29./30. Oktober 1977.
11 Vernehmung Susanne Albrecht am 16. Juli 1990, zitiert nach: Wunschik (1997), S. 251, Anmerkung.
12 Vgl. «‹Ein Phänomen der Verzweiflung›. *Spiegel*-Reporter Gerhard Mauz über Susanne Albrecht und andere», in: *Der Spiegel*, 8. August 1977, und Wunschik (1997), S. 314f.
13 Beschluss des Bundesgerichtshofs (16. Juli 1986), S. 62.
14 Zitiert nach ebd., S. 65.

ANMERKUNGEN (SEITE 306–312) 497

15 Boock behauptete später, er habe das Attentat sabotiert, weil ihm in letzter Sekunde Bedenken gekommen seien.
16 Beschluss des Bundesgerichtshofs (16. Juli 1986), S. 79.
17 OLG Düsseldorf, IV 12/79 – 1 StE 6/79, S. 14.
18 Zitiert nach: Beschluss des Bundesgerichtshofs (16. Juli 1986), S. 84.
19 Zitiert nach: Peter-Jürgen Boock, «Die Entführung und Ermordung des Hanns-Martin Schleyer». Frankfurt am Main 2002, S. 22.
20 Zitiert nach ebd., S. 22.
21 Vernehmung Boocks am 1. April 1992, zitiert nach: Wunschik (1997), S. 247.
22 Zitiert nach: Boock (2002), S. 23.
23 Zitiert nach ebd., S. 22.

Die «Aktion» am 5. September

1 Tobias Wunschik, «Baader-Meinhofs Kinder. Die zweite Generation der RAF». Opladen 1997, S. 253.
2 Helmut Kohl, «Erinnerungen 1932–1982». München 2004, S. 460.
3 Nach Stefan Aust, «Der Baader-Meinhof-Komplex». Erweiterte und aktualisierte Ausgabe. Hamburg 1997, S. 479. – Vielleicht stimmt's ja sogar, aber es passt einfach zu gut. Leidensneid und Mordlust sind eine unschlagbare Kombination.
4 Ebd, S. 485.
5 Urteil des OLG Düsseldorf am 4. Dezember 1981 in der Strafsache gegen Stefan Wisniewski wegen Mordes, Geiselnahme, Vergehens gegen § 129a StGB u.a., S. 209.
6 Ein Kinderwagen, um Schleyer moralisch zu erpressen. Das Bild ist einfach zu vollkommen, als dass das kollektive Gedächtnis darauf verzichten könnte: Schleyers Fahrer musste plötzlich scharf bremsen, denn «vor ihm auf der Straße stand ein blauer Kinderwagen, daneben, halb auf dem Gehweg, ein gelber Mercedes mit Kölner Kennzeichen» (Aust [1997], S. 486.). Dirk Kurbjuweit malt die Situation in einem Porträt von Rolf Marcisz, dem Sohn von Schleyers Fahrer, noch weiter aus: «Er weiß genau, von wo der Mercedes angefahren kam und wo eine Terroristin den Kinderwagen auf die Straße schob. ‹Dort, am dritten Baum.› Irgendwo hat er einmal aufgeschnappt, dass sein Vater hätte durchstarten müssen. Mit Freunden hat er daraufhin den Überfall nachgestellt. Aber er saß nicht am Steuer. Das wird er bis an sein Lebensende nicht tun: am Steuer eines Autos um diese Ecke biegen. Sein Vater ist unschuldig, das weiß er jetzt. ‹Niemand wäre durchgestartet, wenn er an einem Kinderwagen nicht vorbeikommt. Das bringt keiner.›» (Dirk Kurbjuweit, «Ich bin derjenige, der weiterleidet. Der Vater von Ralf Marcisz wurde bei Schleyers Entführung erschossen. Für den Sohn geriet das Leben außer Kontrolle», in: *Die Zeit*, 1. August 1997.) Auch bei Andres Veiel heißt es: «Plötzlich muss Marcisz hart bremsen. Ein blauer Kinderwagen ist auf die Straße gerollt.» (Andres Veiel, «Black Box BRD – Alfred Herrhausen, die Deutsche Bank, die RAF und Wolfgang Grams». Stuttgart, München 2002, S. 117.) Selbst Historiker sind nur allzu bereit, diesem erschreckend einprägsamen Bild – der Kinderwagen auf der Fahrbahn neben den zusammengeschobenen Autos, neben den Leichen – mehr

als den Ermittlungsergebnissen zu glauben. In seinen Erinnerungen kolportiert Helmut Kohl, dem bei der Abfassung gleich zwei Historiker zur Hand gingen, ein weiteres Mal die Legende, «dass Hanns-Martins Fahrzeug durch einen auf die Fahrbahn geschobenen Kinderwagen gestoppt worden war». (Helmut Kohl, «Erinnerungen 1932–1982». München 2004, S. 460.) Zuletzt kommt er bei Andreas Platthaus in «Alfred Herrhausen. Eine deutsche Karriere». Berlin 2006, S. 260 vor, wo eine Linie vom Kölner Kinderwagen zu dem angeblichen Kinderfahrrad gezogen wird, an dem die Bombe befestigt war, die Alfred Herrhausen tötete. Der Kinderwagen stand dann auch immer gern im Bild, wenn die menschenverachtende Brutalität der RAF illustriert werden soll, und findet beispielsweise auch Verwendung als Motiv auf dem Umschlag des von Freimut Duve, Heinrich Albertz und Klaus Staeck herausgegebenen Bandes «Briefe zur Verteidigung der Republik», Reinbek bei Hamburg 1977. Es gab zwar einen Kinderwagen am Tatort, aber der wurde vornehmlich zum Transport der sperrigen Waffen gebraucht. Bei dem sehr gründlichen Tobias Wunschik «diente ein Kinderwagen als Versteck für zusätzliche langschaftige Waffen», kam aber sonst nicht mehr zum Einsatz. (Tobias Wunschik, «Baader-Meinhofs Kinder. Die zweite Generation der RAF». Opladen 1997, S. 256.) Wie alle amtlichen Skizzen belegen, befand sich der Kinderwagen während des Attentats auf Schleyer am linken Straßenrand; erst im Verlauf der Spurensicherung gelangte er in die Nähe der Autos. So referiert die *taz* auch Knut Folkerts, der zwar nicht am Tatort, aber an der Schleyer-Entführung beteiligt war (*taz*-Journal, «20 Jahre Deutscher Herbst. Die RAF, der Staat und die Linke», S. 16). Generalstaatsanwalt Klaus Pflieger folgt der Darstellung Boocks, wonach der Kinderwagen «allein dazu gedient» habe, «darin zwei Schnellfeuergewehre Heckler & Koch zu verstecken». Deshalb habe auch er den Kinderwagen «letztlich nicht als Sperrmittel angesehen». (E-Mail vom 16. April 2007.)

Der Kinderwagen als Tatwerkzeug geht wie so manches Bild aus der RAF-Geschichte vermutlich auf Jillian Beckers einprägsame Kolportage «Hitler's Children» zurück. «Dann wurde ein Kinderwagen von einer jungen Frau vor Dr. Schleyers Wagen geschubst. Sein Chauffeur riss am Steuer, um ihm auszuweichen, und stieß mit einem anderen Auto zusammen, das plötzlich aufgetaucht war, indem es die Einbahnstraße in falscher Richtung befahren hatte. Das Auto mit den Leibwächtern rammte Dr. Schleyers Auto. Fünf bewaffnete Männer tauchten auf der Straße auf, schossen mit Maschinengewehren in das Begleitfahrzeug und töteten die drei Polizisten. Der Fahrer von Dr. Schleyers Wagen wurde mit einem gezielten Schuss in die Brust getötet.» (Jillian Becker, «Hitler's Children. The Story of the Baader-Meinhof Terrorist Gang». London 1977. Revised edition, S. 345f. Meine Übersetzung.) Die Versuchung ist groß, Bilder zu arrangieren. Eine englische Bildredakteurin bestätigt, dass Fotografen, «um eine bessere Komposition zu bekommen», gern Kinderspielzeug zusammentragen oder ein Dreirad mitten unter Trümmer schieben. Vgl. Patrick Barkham, «Spot the difference», in: *Guardian*, 14. August 2006.

7 «Irgendwann ging es nicht mehr». Interview mit Silke Maier-Witt in der Zeitschrift *zivil* (1999), zitiert nach: http://www.india.de/raf.htm, zuletzt abgefragt am 24. Juli 2007.

8 Peter-Jürgen Boock, «Die Entführung und Ermordung des Hanns-Martin Schleyer». Frankfurt am Main 2002, S. 30.
9 Gespräch mit Hans-Jochen Vogel am 15. September 2004 in München.

Krieg im Frieden

1 Zitiert nach: «Der Herbst der Terroristen. Neue Erkenntnisse über die 45 Tage, die Deutschland vor 20 Jahren in Atem hielten», in: *Der Spiegel*, 15. September 1997.
2 Zitiert nach: «Dokumentation zu den Ereignissen und Entscheidungen im Zusammenhang mit der Entführung von Hanns Martin Schleyer und der Lufthansa-Maschine ‹Landshut›», herausgegeben vom Presse- und Informationsamt der Bundesregierung. Bonn ²1977, S. 13.
3 Alle Zitate nach Klaus Pflieger, «Die Aktion ‹Spindy›. Die Entführung des Arbeitgeberpräsidenten Dr. Hanns-Martin Schleyer». Baden-Baden 1997, S. 34 und 35.
4 Zitiert nach dem Faksimile in: Ebd., S. 34.
5 Zitiert nach dem Faksimile in: Ebd., S. 38 und 39.
6 «Wir waren so unheimlich konsequent ...». Ein Gespräch über die Geschichte der RAF mit Stefan Wisniewski. Von Petra Groll und Jürgen Gottschlich, in: *tageszeitung*, 11. Oktober 1997.
7 Zitiert nach dem Faksimile in: Pflieger (1997), S. 145.
8 Dokumentation (1977), S. 21.
9 Bernt Engelmann, «Bilderbuch-Boß Hanns Martin Schleyer», in: *konkret*, Juni 1975.
10 Brief vom 12. April 1938, zitiert nach: Bernt Engelmann, «Großes Bundesverdienstkreuz. Tatsachenroman». München 1974, S. 104.
11 Bei den Zeithistorikern herrscht keine Einigkeit über die Verlässlichkeit der Schleyer und seinen Aufenthalt in Prag betreffenden Dokumente, die in den sechziger und siebziger Jahren aus der DDR in den Westen gelangten.
12 Zitiert nach: Lutz Hachmeister, «Schleyer. Eine deutsche Geschichte». München 2004, S. 240.
13 Vgl. Schreiben vom 30. Mai 1960 an Dr. Schleyer.
14 Vgl. Detlef Esslinger, «Die Fratze und der Tod», in: *Süddeutsche Zeitung*, 14./15. August 2003.
15 Wisniewski (1997).
16 Dass die Entführer Schleyers Vergangenheit nicht thematisiert haben, «war sicher ein politischer Fehler», meinte Stefan Wisniewski 1997, «aber wir wollten ihn in dieser Situation nicht demütigen oder vorführen, weil er wußte, daß die Aktion für ihn tödlich enden kann».
17 Vgl. Wisniewski (1997).
18 Stefan Wisniewski erwähnt auch ein Schleyer-Porträt, das 1974 im *Stern* erschienen ist. Gemeint ist die Geschichte «Der Boss der Bosse» von Kai Hermann (*Stern*, 12. Dezember 1974). «Aus dem gläubigen Nationalsozialisten von einst ist ein leidenschaftlicher Bewunderer des Zionismus geworden», heißt es da. Vor allem aber Schleyers politische Rolle machte ihn zum Feind der RAF: «Seine Standeskollegen, sagt Schleyer, begriffen allmählich auch, daß

Unternehmersein eine politische Aufgabe sei.» Schleyer strebe, heißt es weiter im *Stern*, einen Ministerposten in einer Kohl-Biedenkopf-Regierung an.
19 Zitiert nach dem Faksimile in: Pflieger (1997), S. 44.
20 Zitiert nach ebd., S. 43.
21 Friedrich Christian Delius, «Die Dialektik des Deutschen Herbstes. Drei Thesen über das Terrorjahr 1977 und dessen Folgen», in: *Die Zeit*, 25. Juli 1997.
22 *Bild*, 12. September 1977.

Umzug und weitere Verhandlungen

1 Zitiert nach: «Dokumentation zu den Ereignissen und Entscheidungen im Zusammenhang mit der Entführung von Hanns Martin Schleyer und der Lufthansa-Maschine ‹Landshut›», herausgegeben vom Presse- und Informationsamt der Bundesregierung. Bonn ²1977, S. 34.
2 Zitiert nach ebd., S. 39.
3 «Ich hatte den Eindruck, daß die Entführung Schleyers und die daran geknüpften Bedingungen mit den Gefangenen, zumindest im Detail, nicht abgestimmt worden waren.» (Ein Beamter des BKA, zitiert nach ebd., S. 42.)
4 Vgl. «Dokumentation Kurt Rebmann», in: *Die Neue Gesellschaft/Frankfurter Hefte*, 6/1995, S. 450. Zuerst erschienen in: Wolfgang Korruhn, «Hautnah. Indiskrete Gespräche». Köln 1994. Von dieser Aufwallung Rebmanns ist, auch wenn Ohrenzeugen wie Helmut Schmidt und Hans-Jochen Vogel nähere Angaben verweigern, häufiger die Rede, zumal sich Rebmann Journalisten gegenüber seiner freiflottierenden Überlegungen gerühmt hat. Einmal in Fahrt, klärt er Wolfgang Korruhn auch noch über die deutsche Geschichte und insbesondere den Nationalsozialismus auf: «Sicherheit und Ordnung. Die Ankurbelung der Wirtschaft, da wurden die Autobahnen gebaut, der Neckarkanal weitergeführt usw.» Rebmann hört noch nicht auf. «Ach Gott, wissen Sie, da muss ich jetzt mal so sagen: Wenn Sie annehmen würden, man hätte die ganze Judenverfolgung, die ja furchtbar ist, nicht gemacht, und wenn wir den Zweiten Weltkrieg nicht geführt hätten, dann wäre das in Deutschland gar nicht so schlecht gewesen.»
5 Vgl. Kurt Oesterle, «Stammheim. Die Geschichte des Vollzugsbeamten Horst Bubeck». Tübingen 2003, S. 161f.
6 *Bild* am 8. September 1977, zitiert nach: Wolfgang Kraushaar, «44 Tage ohne Opposition. Die Schleyer-Entführung», in: «Der blinde Fleck. Die Linke, die RAF und der Staat». Frankfurt am Main 1987, S. 9.
7 Marcel Reich-Ranicki, «Böll wird diffamiert», in: *Frankfurter Allgemeine Zeitung*, 3. Oktober 1977.
8 «Titel, Thesen, Temperamente», ARD, am 6. Oktober 1977, zitiert nach dem Pressedienst PDI vom 1. November 1977, S. 8.
9 «Köln, den 16. 9. 1977», in: Günter Wallraff, «Der Aufmacher. Der Mann, der bei *Bild* Hans Esser war». Köln 2003 [1977], S. 9.
10 In der ARD-Sendung «Panorama» am 17. Oktober 1977.
11 Johann Georg Reißmüller, «Geschütztes und ungeschütztes Leben», in: *Frankfurter Allgemeine Zeitung*, 18. Oktober 1977.
12 Zitiert nach: Dokumentation (1977), S. 39*.

13 Horst Herold hält das für ein Gerücht und erklärt, dass niemand berechtigt gewesen wäre, eine solche Zusage ohne seine Zustimmung zu machen.
14 Gunther Latsch, «Pakt des Terrors», in: *Der Spiegel*, 28. Oktober 2002.
15 So der japanische Sicherheitsexperte Shinkichi Eto. Vgl. *Der Spiegel*, 17. Oktober 1977.
16 Zitiert nach dem Faksimile in: Klaus Pflieger, «Die Aktion ‹Spindy›. Die Entführung des Arbeitgeberpräsidenten Dr. Hanns-Martin Schleyer». Baden-Baden 1997, S. 76 und 155f.
17 Monika Haas wurde deswegen erst 1998 nach zweieinhalbjähriger Untersuchungshaft zu fünf Jahren Gefängnis verurteilt. Gerüchte, sie habe womöglich nicht bloß für den Mossad und die Stasi, sondern am Ende für den BND gearbeitet, schwirren weiter. Ihr früherer Verlobter Werner Hoppe hat der Stasi gegen Geld weitergegeben, was sie ihm erzählt hatte. 1981, als Boock verhaftet wurde, war Monika Haas wieder in den Nahen Osten geflohen, weil sie nach der Verhaftung Boocks Aussagen gegen sich fürchtete. Souhaila Andrawes sagte gegen sie aus, kam deshalb in den Genuss der Kronzeugenregelung und widerrief dann ihre Aussage. Monika Haas' Informationen über die bevorstehende Entführung der «Landshut», die sie an das BKA melden wollte, so geht das wildeste Gerücht, seien im Kompetenzwirrwarr untergegangen. Monika Haas bestreitet den Waffenschmuggel bis zum heutigen Tag.
18 Hans-Jürgen Wischnewski, «Mit Leidenschaft und Augenmaß. In Mogadischu und anderswo». München 1989, S. 208.
19 Vgl. ebd., S. 205f.
20 Zitiert nach ebd., S. 211.
21 Gespräch mit Peter Paul Zahl in Hamburg am 9. April 2002 in Hamburg.
22 Gespräch mit Hans-Jochen Vogel am 15. September 2004 in München.
23 Zitiert nach: Stefan Aust, «Der Baader-Meinhof-Komplex». Erweiterte und aktualisierte Ausgabe. Hamburg 1997, S. 580.
24 Ebd., S. 583.

Die Entführung der «Landshut»

1 Hans-Jürgen Wischnewski am 11. November 2004 in der Sendung «Maischberger» bei n-tv.
2 Zitiert nach dem Faksimile in: Klaus Pflieger, «Die Aktion ‹Spindy›. Die Entführung des Arbeitgeberpräsidenten Dr. Hanns-Martin Schleyer». Baden-Baden 1997, S. 85.
3 Ebd., S. 89.
4 Ebd., S. 90.
5 Ebd., S. 92.
6 Zitiert nach «Dokumentation zu den Ereignissen und Entscheidungen im Zusammenhang mit der Entführung von Hanns Martin Schleyer und der Lufthansa-Maschine ‹Landshut›», herausgegeben vom Presse- und Informationsamt der Bundesregierung. Bonn ²1977, S. 49*.
7 Zitiert nach: Pflieger (1997), S. 93.
8 BverfGE 46, 160. Urteil des Ersten Senats vom 16. Oktober 1977 auf die mündliche Verhandlung am 15. Oktober 1977.

9 Gespräch mit Hans-Jochen Vogel am 15. September 2004 in München.
10 Dokumentation (1977), S. 111.
11 So redet der aber immer. In einer Erklärung «An die Revolutionäre der Welt! / An alle freien Araber! / An alle palästinensischen Massen!» vom 13. Oktober 1977 hatte er verkündet: «Während das zionistische Regime die echteste und praktischste Fortsetzung des Nazismus ist, tun die Regierung in Bonn und die Parteien des Bundestages ihr möglichstes, um den expansionistischen Rassismus in Westdeutschland zu erneuern, besonders im militärischen Establishment und anderen staatlichen Einrichtungen» (Dokumentation, S. 91). Allerdings handelt es sich hier um eine Rückübersetzung aus dem Englischen, in das die ursprüngliche deutsche Version gebracht worden war, um den internationalen Anspruch des RAF/PFLP-Unternehmens zu betonen. Autorin des Urtextes ist Brigitte Mohnhaupt.
12 Hans-Jürgen Wischnewski, «Mit Leidenschaft und Augenmaß. In Mogadischu und anderswo». München 1989, S. 224.
13 Zitiert nach: Stefan Aust, «Der Baader-Meinhof-Komplex». Erweiterte und aktualisierte Ausgabe. Hamburg 1997, S. 626.
14 Zitiert nach ebd., S. 629.
15 Vgl. Ulrich Wegener, ehemaliger Kommandeur der GSG 9, im Gespräch mit Holger Lösch. BR-alpha, Sendetag: 14. November 2000. http://www.br-online.de/alpha/forum/vor0011/20001114_i.shtml, zuletzt abgefragt am 22. September 2006.
16 Dokumentation (1977), S. 113.
17 Vgl. Gernot Facius, «Helmut Schmidts Legende von Mogadischu», in: *Die Welt*, 7. Juni 2007.
18 Zitiert nach: «‹Kopf runter, wo sind die Schweine?› Wie die Geiseln in Mogadischu befreit wurden», in: *Der Spiegel*, 24. Oktober 1977.
19 Wischnewski (1989), S. 411.
20 Auch das Model Liz Hurley trägt gern den asketischen Che Guevara auf dem Hemd, begleitet allerdings von einer Louis-Vuitton-Handtasche, die 4500 Dollar kostet. (Vgl. *Independent*, 28. August 2004.)

Die Selbstmordnacht von Stammheim und der Mord an Hanns Martin Schleyer

1 Zitiert nach: http://www.nadir.org/nadir/archiv/PolitischeStroemungen/Stadtguerilla+RAF/RAF/brd+raf/041.html
2 Zitiert nach: «Licht in jede Ritze», in: *Der Spiegel*, 31. Oktober 1977.
3 Gespräch mit Eamon Collins am 19. August 1997 in Newry.
4 Zitiert nach: Christian Schmidt, «Wir sind die Wahnsinnigen. Joschka Fischer und seine Frankfurter Gang». München, Düsseldorf ²1999 [1998], S. 117. Scripsit der *Autonomie*-Redakteur Thomas Schmid, tricontinental einst, später Grünen-Vordenker und heute Chefredakteur der Springer'schen *Welt*. Die ist so klein, und das Personal aus Gerd Koenens «Rotem Jahrzehnt» noch immer unverzichtbar.
5 Karl-Heinz Weidenhammer: «Selbstmord oder Mord? Das Todesermittlungsverfahren: Baader, Ensslin, Raspe». Kiel 1988.

6 Laut Pflieger soll die Schmuggelaktion immerhin schon «Ende des Jahres 1977» bekannt geworden sein. Vgl. Pflieger (2004), S. 105, Fußnote.
7 Zitiert nach: Peter-Jürgen Boock, «Die Entführung und Ermordung des Hanns-Martin Schleyer». Frankfurt am Main 2002, S. 186.
8 Es waren Christian Klar und Stefan Wisniewski (Michael Müller und Andreas Kanonenberg, «Die RAF-Stasi-Connection». Berlin 1992), nach anderen Quellen war Rolf Klemens Wagner dabei.
9 Zitiert nach dem Faksimile der Erklärung, die sich in einem RAF-Depot fand, abgedruckt in: Klaus Pflieger, «Die Rote Armee Fraktion – RAF – 14. 5. 1970 bis 20. 4. 1998». Baden-Baden 2004, S. 106.

Das Ende der Reise

1 Peter Laemmle, «Leiden an Deutschland. Über Bernward Vespers autobiographischen Romanessay», in: *Die Weltwoche*, 8. Februar 1978.
2 «Wohin die Reise gehen kann. Heinrich Böll über die nachgelassene Autobiographie des Bernward Vesper, der Sohn eines NS-Schriftstellers und zeitweise Lebensgefährte von Gudrun Ensslin war», in: *konkret*, Januar 1978 (erschienen am 22. Dezember 1977).
3 Bernward Vesper, «Die Reise. Romanessay», Jossa 1978 [1977], S. 94.
4 Zitiert nach: Martin Walser, «An die Sozialdemokratische Partei Deutschlands», in: Freimut Duve, Heinrich Böll und Klaus Staeck (Hg.), «Briefe zur Verteidigung der Republik», Reinbek 1978 [1977], S. 158.
5 Zitiert nach: ««Hanns-Martin Schleyer war Repräsentant einer offenen Gesellschaft›. Auszüge aus der Rede des Bundespräsidenten beim Staatsakt in Stuttgart», in: *Frankfurter Allgemeine Zeitung*, 26. Oktober 1977.
6 Die schriftliche Fassung erschien 1978 unter dem Titel «Brief aus dem Kerker» in der österreichischen Zeitschrift *Forvm*. Hier zitiert nach: http://www.glasnost.de/hist/apo/mahler1.html, abgefragt am 6. Juli 2007.
7 Rosa Luxemburg in: *Die Rote Fahne*, 14. Januar 1919.
8 Andres Veiel, «Black Box BRD. Alfred Herrhausen, die Deutsche Bank, die RAF und Wolfgang Grams», Frankfurt am Main 2004 [2002], S. 111.
9 Manfred Rommel, «Trotz allem heiter. Erinnerungen». Stuttgart 1998, S. 269.
10 Vgl. Norbert Thomma, «Wie kalt war der deutsche Herbst?», in: *Der Tagesspiegel*, 20. Oktober 2002.
11 «Endsieg ist angesagt», schreibt das RAF-Mitglied Helmut Pohl 1990 über die Strategie der «staatlichen Hardliner». (Vgl. Gerd Rosenkranz, ««Was tun nach den ‹Siegen› des ‹Kapitalsystems›?› Helmut Pohl, Sprecher der Gefangenen aus der RAF, äußert sich zu Fragen der Zeit», in: *tageszeitung*, 3. September 1990.) Auch Brigitte Mohnhaupt gebraucht den Ausdruck «Endsieg» gegen die staatlichen Mächte. (Brigitte Mohnhaupt, ««Lauf ihnen nicht in die Hände, Rima», in: *tageszeitung*, 18. Dezember 1990.)
12 Gespräch mit Alexander Kluge am 8. Oktober 2001.
13 Gespräch mit Marie-Luise Scherer am 10. August 2004.

Aftermath

1 Gespräch mit Rainer Langhans am 2. September 2003 in Hamburg.
2 «Rima ist bei uns weggegangen, weil Guerilla nicht ihre Sache war.» (Brigitte Mohnhaupt, «‹Lauf ihnen nicht in die Hände, Rima›. Dokumentation eines Briefes der RAF-Gefangenen Brigitte Mohnhaupt, der die taz am Wochenende erreichte. Er befaßt sich mit dem ‹Aussteigerprogramm› des Verfassungsschutzes und indirekt mit dem Versuch der Bundesregierung, über Mittelsmänner Kontakte zur aktiven RAF zu knüpfen», in: *tageszeitung*, 18. Dezember 1990.)
3 Alle Zitate nach «Guerilla, Widerstand und antiimperialistische Front. Mai 1982», zitiert nach: «Rote Armee Fraktion. Texte und Materialien zur Geschichte der RAF». Berlin 1997, S. 291 und 292.
4 Hans-Joachim Klein, «Rückkehr in die Menschlichkeit. Appell eines ausgestiegenen Terroristen». Reinbek bei Hamburg 1979, S. 201.
5 Peter-Jürgen Boock, «‹Mit dem Rücken zur Wand ...› Ein Gespräch über die RAF, den Knast und die Gesellschaft». Bamberg 1994, S. 34.
6 Beide Zitate aus: «Ein Stachel bleibt – daß wir aufgerüttelt sind. Dokumente zur Selbstverbrennung des Atomkraftgegners Hartmut Gründler vor der St.-Petri-Kirche in Hamburg», in: *Frankfurter Rundschau*, 6. Februar 1978. – Heute gilt Gründler bei der neuen antikapitalistischen Bewegung «attac» als Märtyrer.
7 Silke Maier-Witt bei ihrer Vernehmung am 19. Juli 1990, zitiert nach: Tobias Wunschik, «Baader-Meinhofs Kinder. Die zweite Generation der RAF». Opladen 1997, S. 296.
8 OLG Stuttgart, 28. November 1986, 5(2) – 1 StE 5/81, S. 49.
9 So Klaus Pflieger, «Die Rote Armee Fraktion – RAF – 14. 5. 1970 bis 20. 4. 1998». Baden-Baden 2004, S. 112. – Laut Michael Müller und Andreas Kanonenberg, «Die RAF-Stasi-Connection». Berlin 1992, S. 55, sollte «die Behandlung Boocks in einem arabischen Krankenhaus» veranlaßt werden.
10 Vernehmung Silke Maier-Witt am 13. November 1990, zitiert nach: Wunschik (1997), S. 295.
11 Der Mechaniker Eric Grusdat arbeitete schon 1970 an einem Kleinhubschrauber, mit dem der Gefangene Horst Mahler aus Tegel befreit werden sollte.
12 Aussage Monika Helbing am 17. Oktober 1990, zitiert nach: Wunschik (1997), S. 301.
13 Botho Strauß, «Paare Passanten». München [7]1984 [1981], S. 156 f.
14 Peter-Jürgen Boock, «Die Entführung und Ermordung des Hanns-Martin Schleyer». Frankfurt am Main 2002, S. 189.
15 Zitiert nach: Gerd Rosenkranz, «Aus dem Innenleben der Guerilla. Die RAF-Heimkehrer aus dem Osten packen aus», in: *tageszeitung*, 20. November 1990.
16 Zitiert nach: Pflieger (2004), S. 119.
17 Zitiert nach: Müller/Kanonenberg (1992), S. 124.
18 Zitiert nach: Margot Overath, «Drachenzähne. Gespräche, Dokumente und Recherchen aus der Wirklichkeit der Hochsicherheitsjustiz». Hamburg 1991,

S. 180. – Obwohl feststand, dass Angelika Speitel den Polizisten nicht getötet hat, befand das Gericht 1979, sie habe «nach dem für die RAF typischen Grundsatz der Kollektivität» gehandelt. (So z. B. auch in der Urteilsbegründung des OLG Düsseldorf am 4. Dezember 1981 in der Strafsache gegen Stefan Wisniewski wegen Mordes, Geiselnahme, Vergehens gegen § 129a StGB u. a., S. 60.) Sie musste sich «alle Schüsse auf die Polizeibeamten, darunter den tödlichen Schuss, als eigene zurechnen lassen» und wurde deshalb zu lebenslanger Haft verurteilt (Urteil 1 StE 1/79 des OLG Düsseldorf vom 30. November 1979, zitiert nach: Overath [1991], S. 180). 1989 wurde sie von Bundespräsident Richard von Weizsäcker begnadigt.
19 Zitiert nach: Jürgen Serke, «Der Mann, der diesen Staat haßt», in: *Stern*, 4. Januar 1973.

Der real fusionierende Terrorismus

1 (6/1) 2 Ojs 23/77 (4/79) Kammergericht in der Strafsache gegen Gabriele Rollnik, Angelika Goder, Klaus Viehmann, Gudrun Stürmer wegen Vergehens nach § 129 a u. a., 15. Mai 1981, S. 57.
2 «Das entsprach unserem Verständnis von Solidarität.» (Gabriele Rollnik und Daniel Dubbe, «Keine Angst vor niemand. Über die Siebziger, die Bewegung 2. Juni und die RAF». Hamburg 2004, S. 78.)
3 «Und die Inge Viett hätte ich fast einmal erschossen.» (Hans-Joachim Klein, «Rückkehr in die Menschlichkeit. Appell eines ausgestiegenen Terroristen». Reinbek bei Hamburg 1979, S. 208.)
4 Rollnik/Dubbe (2004), S. 78.
5 Till Meyer, «Staatsfeind. Erinnerungen». Hamburg 1996, S. 373.
6 «Information über Aktivitäten von Vertretern der palästinensischen Befreiungsbewegung in Verbindung mit internationalen Terroristen zur Einbeziehung der DDR bei der Vorbereitung von Gewalttaten in Ländern Westeuropas» vom 8. 5. 1979, Nr. 285/79.
7 Michael Müller und Andreas Kanonenberg, «Die RAF-Stasi-Connection». Berlin 1992, S. 77.
8 Nach Meyer (1996), S. 363, war es im März 1978 im Zug von Prag nach Berlin, dass «Ina [Ingrid Siepmann] aus Versehen die Pistole aus dem Gürtel gerutscht» ist.
9 Inge Viett, «Nie war ich furchtloser. Autobiographie». Hamburg 1997, S. 179f.
10 Ebd., S. 179 und 180.
11 MfS 78/046, Signatur im HIS: HA XXII 19178 + 17007.
12 Rio Reiser, «König von Deutschland. Von Ton Steine Scherben bis in die Hitparaden. Erinnerungen erzählt von ihm selbst und Hannes Eyber». Köln 1994, S. 231.
13 «Information über Aktivitäten ...»
14 Rollnik/Dubbe (2004), S. 73.
15 Eine von Geus' Protokollführerinnen berichtet, dass Geus sich «über harte Worte der Angeklagten, Beschimpfungen und Beleidigungen außerhalb der Verhandlung amüsiert» habe. «Der Prozeß sei eine einmalige und schwer zu

beschreibende Sache gewesen, unwiederholbar und nicht vermittelbar. Sie sei ein bißchen stolz, dabei gewesen zu sein.» (Zitiert nach: Margot Overath, «Drachenzähne. Gespräche, Dokumente und Recherchen aus der Wirklichkeit der Hochsicherheitsjustiz». Hamburg 1991, S. 273, Anmerkung.)
16 Alle Zitate nach Marco Carini, «Fritz Teufel. Wenn's der Wahrheitsfindung dient». Hamburg 2003, S. 220–232.
17 Kammergericht (15. Mai 1981), S. 56.
18 Ebd.
19 Zitiert nach: «Der Blues. Gesammelte Texte der Bewegung 2. Juni», Band 2. Berlin 1982, S. 809.
20 Hungerstreikerklärung vom 6. Februar 1981, zitiert nach: «Rote Armee Fraktion. Texte und Materialien zur Geschichte der RAF». Berlin 1997, S. 286.
21 Zitiert nach: Pflieger (2004), S. 127.
22 Zitiert nach dem Faksimile in: Beschluss des Bundesgerichtshofs (16. Juli 1986), S. 141.

Der Osten ist rot

1 Alle Zitate nach: Inge Viett, «Nie war ich furchtloser. Autobiographie». Hamburg 1997, S. 230f.
2 Alle Zitate nach ebd. (1997), S. 223.
3 Vernehmung Silke Maier-Witt am 8. August 1990, zitiert nach: Tobias Wunschik, «Baader-Meinhofs Kinder. Die zweite Generation der RAF». Opladen 1997, S. 325.
4 Vgl. http://www.ipa-france.org/DELENFER.htm, abgefragt am 21. April 2007. – Dort wird allerdings fälschlich der 21. August 1980 als Tag der versuchten Festnahme der deutschen Terroristin genannt.
5 Viett (1997), S. 83.
6 Zitiert nach: Sigrid Averesch, «‹Harry› öffnete die Türen. Vor dem Berliner Landgericht beginnt der Prozeß um die Beziehung zwischen Stasi und Rote Armee Fraktion», in: *Berliner Zeitung*, 18. Februar 1997.
7 BStU, Blatt 000145.
8 Niedergelegt auf DDR-eigentümlichen Telefonnotizzetteln («... gleich mal aufschreiben:»), BStU Blatt 00099 bis 000111.
9 Ebd., Blatt 000100.
10 Bewertung vom 21. 11. 1988 für IMS «Anja Weber» – Reg.Nr.: XV/5511/81, BStU 00085.
11 Viett (1997), S. 273.
12 Zitiert nach: Zeitgeschichtliches Forum Leipzig (Hg.), «Duell im Dunkel. Spionage im geteilten Deutschland». Stiftung Haus der Geschichte der Bundesrepublik Deutschland. Köln, Weimar, Wien 2002, S. 125.
13 Vgl. Wunschik (1997), S. 395.
14 So wurde der Frankfurter Anwalt Karl Pfannenschwarz 1976 von der SED-Führung beauftragt, an der Internationalen Untersuchungskommission zum Tod Ulrike Meinhofs teilzunehmen.
15 Blattsammlung der Bundesanwaltschaft, beglaubigt am 29. Oktober 1979, TE 007,013 HIS.

ANMERKUNGEN (SEITE 387-391)

16 Brief Helmut Schmidts vom 11. November 2004.
17 Zitiert nach: Jakob Augstein, «Die seltsame Kumpanei von Stasi und RAF», in: *Süddeutsche Zeitung*, 15./16. Februar 1997.
18 So der Titel des 1992 erschienenen Buches von Michael Müller und Andreas Kanonenberg.
19 Zitiert nach: Andreas Förster, «Befehl ist Befehl. Unterbringung von RAF-Terroristen war keine Straftat/Bundesgerichtshof sprach ehemalige MfS-Offiziere von der Anklage der Strafvereitelung frei», in: *Berliner Zeitung*, 6. März 1998.
20 ««Ich sterbe in diesem Kasten». Der frühere Stasi-Chef Erich Mielke über Erich Honecker und den Untergang des SED-Regimes», in: *Der Spiegel*, 31. August 1992, S. 51.
21 Ebd.
22 ««Das war eine richtige Wildkatze». Markus Wolf über ‹Carlos'› Aufenthalt in der DDR», in: *tageszeitung*, 25. August 1994. – Es handelt sich um ein Interview, das M. Najman für den *Nouvel Observateur* und die *taz* führte. – Horst Mahler bestätigt: «Es gab so eine subversive Tendenz bei dem Mielke, dass man irgendwie eine subversive Truppe hier im Westen für den Tag X aufbauen könnte.» (Gespräch mit Horst Mahler am 11. Januar 1997 in Berlin.)
23 So das Magazin «frontal21» im ZDF am 18. Mai 2004.
24 Alle Zitate nach: Ulrich Stoll, «DKP-Geheimarmee sollte Gegner beseitigen». www.zdf.de/ZDFde/inhalt/3/0,1872,2126371,00.html, abgefragt am 6. August 2004.
25 Alle Ermittlungsverfahren gegen mutmaßliche Mitglieder wurden bereits Mitte der neunziger Jahre aus Mangel an Beweisen eingestellt.
26 Viett (1997), S. 226. – Schon «Anfang 1977» hatte der Frankfurter Anwalt Karl Pfannenschwarz über die DKP den Auftrag erhalten, «Gudrun Ensslin zu einem Gewaltverzicht der RAF (zu) überreden»; sie habe abgelehnt, denn in der Bundesrepublik könne man «nur mit Gewalt eine Veränderung erreichen». (Zitiert nach: Andreas Schäfer, «Die Terroristin und Herr Pfannenschwarz. Erstmals erzählt der heutige Bürgermeister von Dolgenbrodt, wie er 1977 im Auftrag der DKP Gudrun Ensslin und die RAF zu einem Gewaltverzicht überreden wollte», *Berliner Zeitung*, 6./7. September 1997.)
27 M. Sprengel, ««CIA kannte RAF-Stasi-Connection»», in: *tageszeitung*, 27. März 1992.
28 Zitiert nach: http://www.monika-haas.de/erkl96.htm
29 Christian Klar hatte bereits in Aden gelernt, wie man mit der Panzerfaust umgeht, war aber dann an Tbc erkrankt. Im Forsthaus Briesen bekam er Gelegenheit, seine Kenntnisse aufzufrischen.
30 Till Meyer, «Staatsfeind. Erinnerungen». Hamburg 1996, S. 471.
31 Alle Zitate nach Oliver Tolmein, «Stammheim vergessen. Deutschlands Aufbruch und die RAF». Hamburg 1992, S. 86f. und 94.
32 Vgl. Stefan Aust, «Mauss. Ein deutscher Agent». Hamburg 1988, S. 353-357.
33 Heute ist bekannt, dass der Polizei durch die Aussagen, die Verena Becker bereits Anfang 1982 machte, neue Erkenntnisse über die RAF zuwuchsen.

Internationale Front

1 «Über den bewaffneten Kampf in Westeuropa», zitiert nach: «Rote Armee Fraktion. Texte und Materialien zur Geschichte der RAF». Berlin 1997, S. 100.
2 Peter Schneider, «Gespräche eines Schiffbrüchigen mit einem Bewohner des Festlandes», in: *Die Zeit*, 5. April 1985. Im Weiteren zitiert als Schneider/Boock (1985).
3 Peter-Jürgen Boock, «Schwarzes Loch. Im Hochsicherheitstrakt». Reinbek bei Hamburg 1988, S. 10, 23.
4 «Hamburg, 13. 7. 1984» (Peter-Jürgen Boock an Peter Schneider), in: Schneider/Boock (1985).
5 Peter-Jürgen Boock, «Reden über das eigene Land», am 12. November 1989 verlesen in den Münchner Kammerspielen von dessen Intendanten Dieter Dorn, zitiert nach: Hans-Jürgen Wischnewski, Peter-Jürgen Boock, Wolf Graf von Baudissin, Monika Maron, Richard Löwenthal und Peter Sloterdijk, «Reden über das eigene Land: Deutschland 7», München 1989, S. 47.
6 Bereits acht Monate später, als die absterbende DDR die untergetauchten RAF-Täter an die Bundesrepublik auslieferte, war Boock bloßgestellt und musste sich zu den Mordtaten bekennen, für die er auch verurteilt worden war.
7 Schon 1979 hatte Innenminister Gerhart Baum (FDP) im *Spiegel* ein politisches Gespräch mit dem Freigänger Horst Mahler geführt, der der Ideologie der RAF nicht bloß abgeschworen hatte, sondern sie auch zu analysieren verstand.
8 «Berlin, 3. 2. 1984», (Peter Schneider an Peter-Jürgen Boock), in: Schneider/Boock (1985).
9 Den Kämpfern draußen gefiel dieser Resozialisierungsversuch bei einem Abtrünnigen gar nicht; das Bekennerschreiben nach dem Attentat auf Alfred Herrhausen Ende 1989 trägt den fiktiven Absender «P. Schneider».
10 Alle Zitate nach: «Guerilla, Widerstand und antiimperialistische Front», zitiert nach: «Rote Armee Fraktion. Texte und Materialien zur Geschichte der RAF». Berlin 1997, S. 306 und 311. Im Folgenden zitiert als «raf:texte».
11 Erst 1995 erklärt das Bundesverfassungsgericht, dass es sich bei der Blockade nicht um einen Gewaltakt handelte.
12 «Guerilla, Widerstand und antiimperialistische Front», zitiert nach: «raf:texte», S. 306.
13 Zitiert nach: Andres Veiel, «Black Box BRD. Alfred Herrhausen, die Deutsche Bank, die RAF und Wolfgang Grams», Frankfurt am Main 2004 [2002], S. 169.
14 «Der Verrat des Klaus Steinmetz. Eine Stellungnahme der Verteidigung von Birgit Hogefeld zur Vorgeschichte der Verhaftung in Bad Kleinen», in: *tageszeitung*, 22. Juli 1993.
15 Birgit Hogefeld, «Ein ganz normales Verfahren ... Prozesserklärungen, Briefe und Texte zur Geschichte der RAF». Mit einem Vorwort von Christian Ströbele. Berlin 1996, S. 96.
16 «Erklärung zu '77» vom 24. Dezember 1984, zitiert nach: «raf:texte», S. 328.
17 Erklärung vom 20. Dezember 1984, zitiert nach ebd., S. 327.
18 Erklärung vom 4. Dezember 1984, zitiert nach ebd., S. 327 und 328.

ANMERKUNGEN (SEITE 400–407)

19 Zitiert nach: Kevin Toolis, «Rebel Hearts. Journeys with the IRA's soul». London 1995, S. 140. Meine Übersetzung.
20 Vgl. Ulrike Thimme, «Eine Bombe für die RAF. Das Leben und Sterben des Johannes Thimme von seiner Mutter erzählt». München 2004.
21 Der Begriff, das muss man nochmal sagen, stammt von einem parteiischen Kenner der Materie: General Dwight D. Eisenhower bezeichnete in seiner Abschiedsrede als US-Präsident am 17. Januar 1961 mit diesem Begriff die herrschenden Mächte in den USA. «In the councils of government, we must guard against the acquisition of unwarranted influence, whether sought or unsought, by the military-industrial complex. The potential for the disastrous rise of misplaced power exists and will persist.» (Zitiert nach: http://www.eisenhower.utexas.edu/farewell.htm)
22 Erklärung vom 1. Februar 1985, zitiert nach: «raf:texte», S. 331. – Statt «Betrieben» muss es wahrscheinlich heißen «Bereichen».
23 Zitiert nach: Brendan O'Brien, «A Pocket History of the IRA». Dublin 1997, S. 97 und 98. Meine Übersetzung.
24 Erklärung zur «Erschießung von Ernst Zimmermann», zitiert nach: «raf:texte», S. 331.
25 «Zur Aktion gegen die Rhein-Main-Air-Base und die Erschießung von Edward Pimental. Erklärung vom 25. August 1985», in: «raf:texte», S. 344f.
26 Erklärung vom 14. 8. 1977, zitiert nach: «raf:texte», S. 269. (Unterzeichnet: «Susanne Albrecht aus einem Kommando der RAF».)
27 «Zur Aktion gegen die Rhein-Main-Air-Base und die Erschießung von Edward Pimental. Erklärung vom 25. August 1985», zitiert nach: «raf:texte», S. 345.
28 Ebd.
29 «Alles wäre besser, als so weiterzumorden. K.D. [!] Wolff, Verleger aus Frankfurt, einst Bundesvorsitzender des SDS, schrieb einen offenen Brief an die Mörder des US-Soldaten Edward Pimental», *tageszeitung*, 13. September 1985, zitiert nach: *taz-Journal.* «20 Jahre Deutscher Herbst», S. 44.
30 Schlusswort von Birgit Hogefeld am 29. Oktober 1996, zitiert nach: Hogefeld (1996), S. 160 und 170 f.
31 Ebd., S. 169. – Eine Selbstreflexion, zu der allerdings auch Birgit Hogefeld nicht in der Lage war. Vielmehr verzichtete sie wie die ganze Gruppe darauf und ging 1984 selber in den Untergrund.
32 Alle Zitate aus: «An die, die mit uns kämpfen. Erklärung vom Januar 1986», zitiert nach: «raf:texte», S. 349, 353, 358, 360.

«akteure des systems»

1 «Was aber das SATT-SEIN angeht», schreibt Gudrun Ensslin am 4. 12. 72 an ihren Bruder Gottfried, «bitte hier ein Satz, der mir teuer ist», worauf das Zitat folgt. (Gudrun Ensslin, ««Zieht den Trennungsstrich, jede Minute». Briefe an ihre Schwester Christiane und ihren Bruder Gottfried aus dem Gefängnis 1972–1973». Hamburg 2005.) Es stammt zwar, wie der Kommentar belegt, von Kierkegaard, ist aber vor allem das Motto zu Max Frischs existenzialistischem Roman «Stiller» (1954), der ursprünglich – es geht nämlich doch anders – «Ich bin nicht Stiller» heißen sollte.

2 Vgl. zum Beispiel den Bericht eines IRA-Aussteigers: Eamon Collins, «Killing Rage». London 1997, S. 78 f.
3 Benannt nach der Ehefrau von Renato Curzio, einem der führenden Mitglieder der italienischen «Brigate Rosse».
4 Erklärung vom 9. Juli 1986, zitiert nach: «Rote Armee Fraktion. Texte und Materialien zur Geschichte der RAF». Berlin 1997, S. 370. Im Folgenden zitiert als «raf:texte».
5 «Ein Bonner Memorandum», in: *Der Spiegel*, 1983, zitiert nach: Hans Magnus Enzensberger, «Mittelmaß und Wahn. Gesammelte Zerstreuungen». Frankfurt am Main 1988, S. 123.
6 «O.M.G.U.S.: Ermittlungen gegen die Deutsche Bank. 1946/47». Übersetzt und bearbeitet von der Dokumentationsstelle zur NS-Politik Hamburg. Nördlingen 1985. «O.M.G.U.S.: Ermittlungen gegen die Dresdner Bank». Bearbeitet von der Hamburger Stiftung für Sozialgeschichte des 20. Jahrhunderts. Übersetzt von Ulrike Bischoff. Nördlingen 1986.
7 Erklärung vom 9. Juli 1986, zitiert nach: «raf:texte», S. 371.
8 Erklärung vom 10. Oktober 1986, zitiert nach ebd., S. 379.
9 Vgl. Brendan O'Brien, «A Pocket History of the IRA». Dublin 1997, S. 108.
10 Erklärung vom 10. Oktober 1986, zitiert nach: «raf:texte», S. 376.
11 «Zur Person. Günter Gaus im Gespräch mit Christian Klar». Gesendet am 12. Dezember 2001 im ORB.
12 «'An die Mörder unseres Bruders'. Die Brüder des ermordeten Gerold von Braunmühl schreiben einen offenen Brief an die RAF», in: *tageszeitung*, 7. November 1986.
13 Später werden die Brüder und der Sohn von Braunmühls Birgit Hogefeld im Gefängnis besuchen.
14 Benannt nach einem Palästinenser, der im Jahr zuvor von israelischen Sicherheitskräften erschossen worden ist.
15 Erklärung vom 20. und 21. September 1988, zitiert nach: «raf:texte», S. 387.
16 So der hessische Verfassungsschutzchef Günter Scheicher, zitiert nach: Gerhard Wisniewski, Wolfgang Landgraeber und Ekkehard Sieker, «Das RAF-Phantom. Wozu Politik und Wirtschaft Terroristen brauchen». München ²1992, S. 97.
17 Butz Peters («Tödlicher Irrtum. Die Geschichte der RAF». Berlin 2004, S. 653) meint, es seien nur sieben Kilo gewesen.
18 Es war kein Kinderfahrrad, wie Andreas Platthaus («Alfred Herrhausen. Eine deutsche Karriere». Berlin 2006, S. 260) meint, sondern ein Herrenfahrrad.
19 So die Titelzeile in: *Der Spiegel*, 4. Dezember 1989.
20 Vgl. Platthaus (2006), S. 291.
21 Ende 2004 gibt die ehemalige Tanja Neumann als Tanja Langer diese Verbindung bekannt. Vgl. «'Lieber Alfred ...'», in: *Die Welt*, 30. November 2004.
22 «Der Herr des Geldes», in: *Der Spiegel*, 13. März 1989.
23 *Handelsblatt*, 30. Juni 1989, zitiert nach: Platthaus (2006), S. 212.
24 Erklärung vom 2. Dezember 1989, zitiert nach: «raf:texte», S. 392.
25 Ebd.
26 Ebd.
27 Ebd., S. 391.

ANMERKUNGEN (SEITE 418-428)

28 «Hungerstreikerklärung vom 1. Februar 1989», zitiert nach ebd., S. 389.
29 Anwohner sollen bereits im August rätselhafte Bauarbeiten beobachtet haben. (Vgl. Platthaus [2006], S. 264.) Als Zeitraum der Tatvorbereitung gilt «September bis November 1989». Vgl. Antwort der Bundesregierung vom 9. März 1995 auf eine Anfrage der Grünen. Drucksache 13/754, zitiert nach: http://dip.bundestag.de/btd/13/007/1300754.asc, abgefragt am 25. Januar 2006.
30 Helmut Pohl, «‹Seither ist Schweigen im Walde›», in: *tageszeitung*, 16. November 1989.
31 Erklärung vom 2. Dezember, zitiert nach: «raf:texte», S. 392.
32 «‹Es ist eingetroffen, was wir befürchtet haben›. *Stern*-Interview mit Gerhard Boeden, 64, Präsident des Bundesamtes für Verfassungsschutz, früher Vizechef des Bundeskriminalamtes und Leiter der Abteilung für Terrorismusbekämpfung, über RAF und Spionageabwehr», in: *Stern*, 7. Dezember 1989.
33 Helmut Pohl (1989).
34 Vgl. Antwort der Bundesregierung vom 9. März 1995.
35 Vgl. Andres Veiel, «Black Box BRD. Alfred Herrhausen, die Deutsche Bank, die RAF und Wolfgang Grams», Frankfurt am Main 2004.
36 Vgl. Platthaus (2006), S. 262.
37 Horst Herold, zitiert nach: «‹Da sitzt irgendein Konfident ...›. Der frühere BKA-Präsident Horst Herold zur aktuellen Terrorismus-Szene», in: *Süddeutsche Zeitung*, 1. Dezember 1989.
38 Zitiert nach dem in der *taz* vom 3. April 1991 abgedruckten Bekennerschreiben.
39 Ebd.
40 Ebd.
41 Gerd Rosenkranz, «Blutige Spekulation», in: *tageszeitung*, 3. April 1991.
42 http://www.bka.de/pressemitteilungen/2001/pm160501.hmtl, abgefragt am 4. Januar 2006.

Fragen über Fragen

1 Zitiert nach: Christa Ellersiek und Wolfgang Becker, «Das Celler Loch. Geschichte einer Geheimdienstaffäre». Hamburg 1987, S. 8.
2 Ebd.
3 Stenographischer Bericht der 111. Sitzung des niedersächsischen Landtags vom 25. April 1986, zitiert nach dem Faksimile in ebd., S. 14.
4 Zitiert nach: Stefan Aust, «Mauss. Ein deutscher Agent». Hamburg 1988, S. 240.
5 Zitiert nach: Rudolf Müller, «Das Attentat», in: *Stern*, 7. Dezember 1989.
6 Zitiert nach: *tageszeitung*, 6. März 1990.
7 Alle Zitate aus: «Zu Kiechle. Erklärung vom 26. April 1990», zitiert nach: «Rote Armee Fraktion. Texte und Materialien zur Geschichte der RAF». Berlin 1997, S. 393.
8 In seiner RAF-Chronik führt Klaus Pflieger («Die Rote Armee Fraktion – RAF – 14. 5. 1970 bis 20. 4. 1998». Baden-Baden 2004), der als Generalstaatsanwalt in Stuttgart mit den meisten Verfahren der achtziger und neunziger Jahre befasst war, den angeblichen Anschlag nicht einmal auf.

Bad Kleinen und ein letztes Spektakel

1 So wie bis auf zwei alle Häftlinge, die begnadigt wurden, davon profitierten, dass jeweils ein CDU-Bundes- oder Ministerpräsident darüber zu entscheiden hatte.
2 Zitiert nach der Dokumentation «‹Wir werden Angriffe auf führende Repräsentanten aus Wirtschaft und Staat einstellen›», in: *tageszeitung*, 14. April 1992. Dort auch die folgenden Zitate.
3 «‹Die entscheidende Triebkraft besteht in einem unbändigen, alles ausfüllenden Hass›. Interview mit dem ehemaligen Präsidenten des Bundeskriminalamtes Dr. Horst Herold», in: Wolfgang Kraushaar, «Die RAF und der linke Terrorismus». Hamburg 2006, S. 1390, 1391.
4 Noch weiter ging Kurt Rebmann, dem im Herbst 1977 als Generalbundesanwalt die Strafverfolgung der Terroristen oblag. «Ich muß sagen, die geschliffene Kriminalität dieser Leute hab' ich immer bewundert. (...) Ich hab' gesagt, das sind die Deutschen, die sind super, diese geschliffene Kriminalität ist in Europa einmalig.» «Dokumentation Kurt Rebmann», in: *Die Neue Gesellschaft/Frankfurter Hefte* 6/1995. Zuerst in: Wolfgang Korruhn, «Hautnah. Indiskrete Gespräche». Düsseldorf 1994.
5 Benannt nach der RAF-Angehörigen, die sich auf Betreiben ihres Anwalts Otto Schily freiwillig stellte und deren lebensgefährliche Krebserkrankung, an der sie sterben sollte, im Gefängnis nicht beachtet wurde.
6 Zitiert nach dem Faksimile in der *tageszeitung*, 29. März 1993.
7 Nicht alle Gefangenen sind einverstanden mit der Sprengung. Die Aktion ist ihnen «nicht radikal genug gewesen, kein richtiges Attentat». (Vgl. Karl-Heinz Dellwos Ausführungen im Mai 1998 in der Zürcher Roten Fabrik, zitiert nach: «Der Aufbruch war berechtigt. Über die Entwicklung der Stadtguerilla in der BRD in den 70er Jahren. Diskussion mit Gabriele Rollnik, Karl-Heinz Dellwo, Roland Mayer, Knut Folkerts», in: IG Rote Fabrik [Hg.], «Zwischenberichte. Zur Diskussion über die Politik der bewaffneten und militanten Linken in der BRD, Italien und der Schweiz». Berlin 1998, S. 34.)
8 Alexander Straßner, «Die dritte Generation der ‹Roten Armee Fraktion›. Entstehung, Struktur, Funktionslogik und Zerfall einer terroristischen Organisation». Wiesbaden 2003, S. 142.
9 Ein ehemaliger Mitarbeiter des Kölner Bundesamts für Verfassungsschutz versichert dem Autor, dass es sich nicht um einen Selbstmord handele, sondern um Tötung aus Rache.
10 *Der Spiegel*, 12. Juli 1993.
11 Vgl. zuletzt: Butz Peters, «Der letzte Mythos der RAF. Das Desaster von Bad Kleinen – wer erschoss Wolfgang Grams». Berlin 2006.
12 «‹Ich entkam ... ich bin kein Bulle›. Dokumentation des Briefs von Klaus S. aus Wiesbaden», in: *tageszeitung*, 19. Juli 1993.
13 Vgl. *Frankfurter Rundschau*, 6. Juli 1993.
14 OLG Düsseldorf V 5/83 – 1 StE 3/82 und 1 StE 2/83 GBA Karlsruhe in der Strafsache gegen Rolf Klemens Wagner, Adelheid Schulz wegen Verdachts des Mordes, der gemeinschaftlichen Beteiligung an einer terroristischen Vereinigung u. a. am 13. März 1985 für Recht erkannt, Urteil, S. 31.

15 «Der Verrat des Klaus Steinmetz. Eine Stellungnahme der Verteidigung von Birgit Hogefeld zur Vorgeschichte der Verhaftung in Bad Kleinen», in: *tageszeitung*, 22. Juli 1993.

Epilog

1 Horst Herold, «Die Lehren aus dem Terror», in: *Süddeutsche Zeitung*, 20./21. Mai 2000.
2 «Über den bewaffneten Kampf in Westeuropa», zitiert nach: «Rote Armee Fraktion. Texte und Materialien zur Geschichte der RAF». Berlin 1997, S. 100.
3 Herbert Nagel, «Carlos Supermaus. Betrachtungen zur RAF und Staatsgewalt». Hamburg, Zürich 1987, S. 58. Der Text erschien in anderer Fassung zuerst unter dem Titel «Carlos Supermaus gegen Schmidtchen Schleicher», in: *Autonomie* Nr. 10, 1/1978.
4 Zitiert nach: http://www.extremismus.com/terror/rafdox30.html, zuletzt abgefragt am 23. April 2007.
5 Birgit Hogefeld, «Über Isolationshaft» (10. Januar 1995), zitiert nach: Birgit Hogefeld, «Ein ganz normales Verfahren ... Prozeßerklärungen, Briefe und Texte zur Geschichte der RAF». Mit einem Vorwort von Christian Ströbele. Berlin 1996, S. 77.
6 Birgit Hogefeld, «Über den Kontakt der RAF mit dem V-Mann Steinmetz» (Frühjahr 1994), zitiert nach: Ebd., S. 39.
7 Rote Armee Fraktion, ««Das System braucht den Polizeistaat», in: *tageszeitung*, 5. Dezember 1996.
8 Vgl. *tageszeitung*, 16. Dezember 1996.
9 Rote Armee Fraktion, ««Das System braucht den Polizeistaat», in: *tageszeitung*, 5. Dezember 1996.
10 Bernward Vesper, «Die Reise. Romanessay». Jossa 1978 [1977], S. 22.
11 Gisela Elsner, «Gläserne Menschen», in: Peter Faecke (Hg.), «Über die allmähliche Entfernung aus dem Lande. Die Jahre 1962 – 1982». Düsseldorf 1983, S. 50.
12 Zitiert nach: «Der Aufbruch war berechtigt. Über die Entwicklung der Stadtguerilla in der BRD in den 70er Jahren. Diskussion mit Gabriele Rollnik, Karl-Heinz Dellwo, Roland Mayer, Knut Folkerts», in: IG Rote Fabrik (Hg.), «Zwischenberichte. Zur Diskussion über die Politik der bewaffneten und militanten Linken in der BRD, Italien und der Schweiz». Berlin 1998, S. 30.
13 Hogefeld (1996), S. 172f.
14 Peter-Jürgen Boock wurde noch 1983 von einem Gutachter untersucht, der im «Dritten Reich» an Euthanasieforschungen der Heidelberger Universität mitgewirkt hatte.
15 Zitiert nach der Urteilsbegründung vom 28. April 1977, S. 91 (meine Hervorhebung).
16 Hogefeld (1996), S. 160.
17 Zitiert nach: Ulrich Chaussy, «Die drei Leben des Rudi Dutschke. Eine Biographie». Frankfurt am Main 1985, S. 162.
18 Gespräch mit Bahman Nirumand am 28. November 1995 in Frankfurt.
19 Zitiert nach: Andreas Schäfer, ««Unsere Niederlage ist umfassend». In Zürich

sprechen frühere Aktivisten der Rote Armee Fraktion öffentlich über ihren Kampf und ihr Scheitern», *Berliner Zeitung*, 20. Mai 1997.
20 Ebd.
21 Vgl. «Das banale Ende der Roten Armee Fraktion», in: *Süddeutsche Zeitung*, 21. April 1998.
22 Zitiert nach: raf:texte (1997), S. 508.
23 «Wir haben uns die Niederlage handhabbar gemacht». Karl-Heinz Dellwo im Gespräch mit Petra Groll, in: *tageszeitung*, 27. Juni 1998.
24 Zitiert nach: http://www.extremismus.com/terror/rafdox30.html, zuletzt abgefragt am 23. Januar 2007.
25 Ebd.
26 Ebd.
27 Ebd.
28 Nur der historisch-politischen Korrektheit halber: Das Auflösungsschreiben trägt das Datum «März 1998», bekannt wurde es aber am 20. April.
29 Zitiert nach: Axel Jeschke und Wolfgang Malanowski (Hg.), «Der Minister und der Terrorist. Gespräche zwischen Gerhart Baum und Horst Mahler». Reinbek bei Hamburg 1980, S. 52.
30 Jan Philipp Reemtsma, «Lust an Gewalt», in: *Die Zeit*, 8. März 2007.
31 Brief Hannah Arendts vom Juli/August 1962 an Karl Jaspers, zitiert nach: Hannah Arendt/Karl Jaspers, «Briefwechsel 1926-1969». Herausgegeben von Lotte Köhler und Hans Saner. München, Zürich ²1987 [1985], S. 515.
32 «'Wer den Tod liebt, kann ihn haben'. Bundesinnenminister Otto Schily, 71, über das neue Interesse al-Qaidas an Deutschland, die gezielte Tötung von Terroristen und den Vorschlag einer Sicherungshaft für Islamisten», in: *Der Spiegel*, 26. April 2004.

Literaturhinweise

Hier folgt das, was unerlässlich ist für die Geschichte der RAF und mir besonders nützlich war. Weit mehr Material findet sich in den Fußnoten. Es gibt reichlich Literatur über die RAF, Dokumentationen, Doktorarbeiten, bemerkenswert viele Autobiographien, und es hört nicht auf. Die RAF ist wieder da angekommen, wo sie einmal ihren Ausgang genommen hat, beim Wort.

Ich war nicht dabei, in Köln so wenig wie in Amman, ich weiß es nicht besser, aber ich habe mir hier und da Zweifel an der überlieferten Version erlaubt. Unschätzbar daher der Zugang zum Archiv des Hamburger Instituts für Sozialforschung (HIS), den mir Reinhart Schwarz eröffnete. Zu danken habe ich Günter Amendt, Stefan Aust, Karl Heinz Bohrer, Detlev Claussen, Joachim Fest, Tilman Fichter, Horst Herold, Eberhard Itzenplitz, Alexander Kluge, Rainer Langhans, Otto van de Loo, Horst Mahler, Bernd Rabehl, Fritz J. Raddatz, Bettina Röhl, Michael Ruetz, Marie-Luise Scherer, Helmut Schmidt, Barbara Sichtermann, Hans-Jochen Vogel, Klaus Wagenbach, Uta Wagner, Günter Wallraff, KD Wolff, Peter Paul Zahl, Dieter E. Zimmer, die mir über die Jahre fast unzählige Fragen beantworteten. Habe ich jemanden vergessen? Viele weitere haben geholfen und wollen lieber ungenannt bleiben. Das Weltwirtschaftsarchiv, das Deutsche Rundfunkarchiv, die Hamburger Schulbehörde, die Bundesanwaltschaft, das Bundeskriminalamt, das Bundesarchiv und die Birthler-Behörde erwiesen sich als mehr oder weniger auskunftsbereit. Hans-Jürgen Joachim hat mich freundlicherweise durch die Justizvollzugsanstalt Stuttgart-Stammheim geführt, Bernd Klöckener und Gunnar Schmidt konnten mich wider Erwarten aus dem Untergrund wieder herausleiten.

Quellensammlungen und Grundsätzliches

«Analysen zum Terrorismus». Herausgegeben vom Bundesminister des Innern:
 Band 1: Iring Fetscher, Günter Rohrmoser, «Ideologien und Strategien». Opladen 1981.
 Band 2: Herbert Jäger, Gerhard Schmidtchen, Lieselotte Süllwold, «Lebenslaufanalysen». Opladen 1981.
 Band 3: Wanda von Baeyer-Katte, Dieter Claessens, Hubert Feger, Friedhelm Neidhardt, «Gruppenprozesse». Opladen 1982.
 Band 4/1: Ulrich Matz, Gerhard Schmidtchen, «Gewalt und Legitimität». Opladen 1983.
 Band 4/2.: Fritz Sack, Heinz Steiner, «Protest und Reaktion». Opladen 1984.
Klaus Biesenbach (Hg.), «Zur Vorstellung des Terrors. Die RAF». Göttingen 2005.
Frank Böckelmann und Herbert Nagel (Hg.), «Subversive Aktion. Der Sinn der Organisation ist ihr Scheitern». Frankfurt am Main 2002.
«Der Blues. Gesammelte Texte der Bewegung 2. Juni», Berlin 1982.
«Dokumentation zu den Ereignissen und Entscheidungen im Zusammenhang mit der Entführung von Hanns Martin Schleyer und der Lufthansa-Maschine ‹Landshut›», herausgegeben vom Presse- und Informationsamt der Bundesregierung. Bonn 1977.
Rolf Gössner, «Das Anti-Terror-System. Politische Justiz im präventiven Sicherheitsstaat». Hamburg 1991 (= Terroristen & Richter 2).
Heinrich Hannover, «Terroristenprozesse. Erfahrungen und Erkenntnisse eines Strafverteidigers». Hamburg 1991 (= Terroristen & Richter 1).
Wolfgang Kraushaar (Hg.), «Frankfurter Schule und Studentenbewegung. Von der Flaschenpost zum Molotowcocktail. 1946–1995». Hamburg 1998.
Wolfgang Kraushaar, «Die Protest-Chronik 1949–1959. Eine illustrierte Geschichte von Bewegung, Widerstand und Utopie», Hamburg 1996.
Margot Overath, «Drachenzähne. Gespräche, Dokumente und Recherchen aus der Wirklichkeit der Hochsicherheitsjustiz». Hamburg 1991 (= Terroristen & Richter 3).
«Rote Armee Fraktion. Texte und Materialien zur Geschichte der RAF». Berlin 1997.
Eckhard Siepmann (Redaktion), «Heiss und kalt. Die Jahre 1945–1969. Das BilderLeseBuch». Berlin 1986.
www.rafinfo.de
www.nadir.org/nadir/archiv/
www.extremismus.com/dokumente/dokumente.html

Berichte von Zeitzeugen und Historisches

Michael ‹Bommi› Baumann, «Wie alles anfing». München 1975.
Uwe Bergmann, Rudi Dutschke, Wolfgang Lefèvre, Bernd Rabehl, «Rebellion der Studenten oder Die neue Opposition». Reinbek bei Hamburg 1968 (= rororo aktuell 1043).
Peter-Jürgen Boock, «Die Entführung und Ermordung des Hanns-Martin Schleyer». Frankfurt am Main 2002.

LITERATURHINWEISE

Albert Camus, «Der Fremde. Erzählung». Aus dem Französischen von Georg Goyert und Hans Georg Brenner. Reinbek bei Hamburg 1953.

«Der Aufbruch war berechtigt. Über die Entwicklung der Stadtguerilla in der BRD in den 70er Jahren. Diskussion mit Gabriele Rollnik, Karl-Heinz Dellwo, Roland Mayer, Knut Folkerts», in: IG Rote Fabrik (Hg.), «Zwischenberichte. Zur Diskussion über die Politik der bewaffneten und militanten Linken in der BRD, Italien und der Schweiz». Berlin 1998.

Ulrike Edschmid, «Frau mit Waffe. Zwei Geschichten aus terroristischen Zeiten». Berlin 1996.

Gudrun Ensslin, «‹Zieht den Trennungsstrich, jede Minute›. Briefe an ihre Schwester Christiane und ihren Bruder Gottfried aus dem Gefängnis 1972–1973». Hamburg 2005.

Ulrich Enzensberger, «Die Jahre der Kommune I. Berlin 1967–1969». Köln 2004.

Frantz Fanon, «Die Verdammten dieser Erde». Vorwort von Jean-Paul Sartre. Aus dem Französischen von Traugott König. Frankfurt am Main 1966.

Birgit Hogefeld, «Ein ganz normales Verfahren … Prozesserklärungen, Briefe und Texte zur Geschichte der RAF». Mit einem Vorwort von Christian Ströbele. Berlin 1996.

Hans-Joachim Klein, «Rückkehr in die Menschlichkeit. Appell eines ausgestiegenen Terroristen». Reinbek bei Hamburg 1979 (= rororo aktuell 4544).

Wolfgang Kraushaar (Hg.), «Die RAF und der linke Terrorismus». Hamburg 2006.

Dieter Kunzelmann, «Leisten Sie keinen Widerstand! Bilder aus meinem Leben». Berlin 1998.

Ulrike Marie Meinhof, «Die Würde des Menschen ist antastbar. Aufsätze und Polemiken». Berlin 1995 (= Wagenbachs Taschenbuch 202).

Till Meyer, «Staatsfeind. Erinnerungen». Hamburg 1996.

Bahman Nirumand, «Persien, Modell eines Entwicklungslandes oder Die Diktatur der Freien Welt». Nacherinnerung von Hans Magnus Enzensberger. Reinbek bei Hamburg 1967 (= rororo aktuell 945).

Astrid Proll, «Hans und Grete. Bilder der RAF 1967–1977». Berlin 2004.

Thorwald Proll und Daniel Dubbe, «Wir kamen vom anderen Stern. Über 1968, Andreas Baader und ein Kaufhaus». Hamburg 2003.

Klaus Rainer Röhl, «Fünf Finger sind keine Faust. Eine Abrechnung». München 1998.

Gabriele Rollnik und Daniel Dubbe, «Keine Angst vor niemand. Über die Siebziger, die Bewegung 2. Juni und die RAF». Hamburg 2004.

Peter Rühmkorf, «Die Jahre die Ihr kennt. Anfälle und Erinnerungen». Reinbek bei Hamburg 1972 (= das neue buch 1).

Ulrike Thimme, «Eine Bombe für die RAF. Das Leben und Sterben des Johannes Thimme von seiner Mutter erzählt». München 2004.

Oliver Tolmein, «‹RAF – das war für uns Befreiung›. Ein Gespräch mit Irmgard Möller über bewaffneten Kampf, Knast und die Linke». Hamburg 1997.

Bernward Vesper, «Die Reise. Romanessay». Jossa 1977.

Inge Viett, «Nie war ich furchtloser. Autobiographie». Hamburg 1997.

«‹Wir waren so unheimlich konsequent …›. Ein Gespräch über die Geschichte der RAF mit Stefan Wisniewski. Von Petra Groll und Jürgen Gottschlich», in: *tageszeitung*, 11. Oktober 1977.

Überblicksdarstellungen und Weiterführendes

Stefan Aust, «Der Baader-Meinhof-Komplex». Erweiterte und aktualisierte Ausgabe. Hamburg 1997.

Jillian Becker, «Hitler's Children. The Story of the Baader-Meinhof Terrorist Gang». London 1977.

Marco Carini, «Fritz Teufel. Wenn's der Wahrheitsfindung dient». Hamburg 2003.

Tilman Fichter und Siegward Lönnendonker, «Macht und Ohnmacht der Studenten. Kleine Geschichte des SDS». Hamburg 1998.

Gerd Koenen, «Das rote Jahrzehnt. Unsere kleine deutsche Kulturrevolution 1967–1977». Köln 2001.

Gerd Koenen, «Vesper, Ensslin, Baader. Urszenen des Terrorismus». Köln 2003.

Mario Krebs, «Ulrike Meinhof. Ein Leben im Widerspruch». Reinbek bei Hamburg 1988 (= rororo aktuell 5642).

Michael Müller und Andreas Kanonenberg, «Die RAF-Stasi-Connection». Berlin 1992.

Butz Peters, «Tödlicher Irrtum. Die Geschichte der RAF». Berlin 2004.

Klaus Pflieger, «Die Aktion ‹Spindy›. Die Entführung des Arbeitgeberpräsidenten Dr. Hanns-Martin Schleyer». Baden-Baden 1997.

Klaus Pflieger, «Die Rote Armee Fraktion – RAF – 14. 5. 1970 bis 20. 4. 1998». Baden-Baden 2004.

Stefan Reinecke, «Otto Schily. Vom RAF-Anwalt zum Innenminister». Hamburg 2003.

Bettina Röhl, «So macht Kommunismus Spaß! Ulrike Meinhof, Klaus Rainer Röhl und die Akte konkret». Hamburg 2006.

Alexander Straßner, «Die dritte Generation der ‹Roten Armee Fraktion›. Entstehung, Struktur, Funktionslogik und Zerfall einer terroristischen Organisation». Wiesbaden 2003.

Andres Veiel, «Black Box BRD. Alfred Herrhausen, die Deutsche Bank, die RAF und Wolfgang Grams», München 2002.

Tobias Wunschik, «Baader-Meinhofs Kinder. Die zweite Generation der RAF». Opladen 1997.

Zeittafel

1967

Januar — In Berlin gründet sich die Kommune I (1.1.), zu der Dieter Kunzelmann, Fritz Teufel, Rainer Langhans und Ulrich Enzensberger gehören.

April — Die Kommune-Mitglieder werden verhaftet, weil sie angeblich ein Attentat auf den amerikanischen Vizepräsidenten Hubert Humphrey verüben wollten (5.4.).

Mai — Die Kommune verteilt auf dem Campus der Berliner Freien Universität Flugblätter, in denen in sarkastischem Ton dazu aufgefordert wird, als Protest gegen den Vietnamkrieg die Berliner Kaufhäuser anzuzünden. Die Staatsanwaltschaft ermittelt.

Juni — Der Schah von Persien besucht Berlin und wird als Staatsgast empfangen (2.6.). Bei einer Demonstration erschießt ein Polizist den Studenten Benno Ohnesorg. Der Bürgermeister erlässt ein Demonstrationsverbot.

Juli — Andreas Baader begegnet Gudrun Ensslin. Gemeinsam mit anderen nebeln sie den Turm der Berliner Gedächtniskirche mit Rauchbomben ein.

September — Beim SDS-Kongress in Frankfurt trägt Rudi Dutschke zusammen mit Hans-Jürgen Krahl ein «Organisationsreferat» vor, in dem vom «städtischen Guerillero» die Rede ist (5.9.).

Oktober — Andreas Baader und Astrid Proll deponieren eine Brandbombe im Berliner Amerikahaus (21.10.).

1968

April — Andreas Baader, Gudrun Ensslin, Thorwald Proll und Horst Söhnlein legen Brandsätze in zwei Frankfurter Kaufhäusern (2.4.) und werden bald verhaftet. / Ein Arbeiter schießt auf Rudi Dutschke und verletzt ihn lebensgefährlich (11.4.). Gewalttätige Ausschreitungen in ganz Deutschland folgen, die sich gegen die «Aufhetzungen» der Springer-Zeitungen richten.

Oktober — In Frankfurt werden die «Kaufhaus-Brandstifter» zu jeweils drei Jahren Gefängnis verurteilt (31.10.). Beim Prozess als Berichterstatterin dabei: Ulrike Meinhof. Als Verteidiger: Horst Mahler.

1969

Mai — Ulrike Meinhof, der es nicht gelungen ist, aus der Zeitschrift *konkret* ein Organ der Außerparlamentarischen Opposition (APO) zu machen, schickt ihrem geschiedenen Mann, dem Verleger Klaus Rainer Röhl, ein Rollkommando ins Haus (7.5.).

Juni — Baader, Ensslin und Proll kommen frei (13.6.) und stürzen sich bald in die «Jugendarbeit»: Mit Unterstützung des Frankfurter Jugendreferats befreien sie Dutzende von Lehrlingen aus hessischen Erziehungsheimen. Einer davon: Peter-Jürgen Boock.

November — Baader und Ensslin, deren Haftverschonung aufgehoben ist, fliehen von Frankfurt nach Paris; Astrid Proll folgt ihnen. Später reisen sie nach Italien.

1970

März — Auf Betreiben Mahlers sind Baader und Ensslin aus Italien zurückgekehrt und wohnen bei Ulrike Meinhof in Berlin. Gemeinsam mit Kunzelmann wird über eine Berliner «Stadtguerilla» diskutiert.

April — Baader wird verhaftet (4.4.), Gudrun Ensslin bereitet seine Befreiung vor.

Mai — Bei einer Haftausführung wird Baader befreit (14.5.); gesucht wird zunächst nur Ulrike Meinhof.

Juni — Meinhof, Mahler, Baader, Ensslin reisen mit weiteren Kampfentschlossenen über Ostberlin in ein palästinensisches Militärlager, um sich an der Waffe ausbilden zu lassen.

August — Rückkehr nach Berlin; erste Sabotage-Akte.

September — «Dreierschlag»: Die «Rote Armee Fraktion» und die «Berliner Tupamaros» überfallen drei Banken gleichzeitig (29.9.).

Oktober — Mahler und vier weitere RAF-Mitglieder werden verhaftet (8.10.). Die RAF verlagert ihre Tätigkeit ins westdeutsche Bundesgebiet.

1971

April — «Das Konzept Stadtguerilla» erscheint.

Mai — Astrid Proll wird verhaftet (6.5.).

Juli — Bei einer Großfahndung wird in Hamburg Petra Schelm erschossen (15.7.).

Oktober — Gerhard Müller erschießt in Hamburg den Polizisten Norbert Schmid (22.10.).

Dezember — In Berlin wird Georg von Rauch bei der Festnahme erschossen (4.12.). / Bei einem Banküberfall in Kaiserslautern erschießt ein RAF-Mitglied den Polizisten Herbert Schoner (22.12.).

1972

März — In Augsburg wird Thomas Weisbecker erschossen, und in Hamburg werden nach einem Schusswechsel Wolfgang Grundmann und Manfred Grashof festgenommen; der Polizist Hans Eckardt erliegt wenige Tage später seinen Schussverletzungen.

Mai — Die RAF führt ihre sogenannte Maioffensive durch: Bombenanschlag auf das US-Hauptquartier in Frankfurt (11.5.): ein Toter, dreizehn Verletzte. / Bombenanschlag auf die Polizeidirektion Augsburg (12.5.): fünf Verletzte / Bombenanschlag auf das Auto des Bundesrichters Wolfgang Buddenberg (15.5.); seine Frau wird schwer verletzt / Bombenanschlag auf das Verlagsgebäude von Axel Springer in Hamburg (19.5.): siebzehn Verletzte / Anschlag auf das US-Hauptquartier in Heidelberg (24.5.): drei Tote, fünf Verletzte.

Juni — Baader, Holger Meins und Jan-Carl Raspe werden in Frankfurt verhaftet (1.6.). / Gudrun Ensslin wird in Hamburg verhaftet (7.6.), Ulrike Meinhof zusammen mit Gerhard Müller in Hannover (15.6.).

September — Ein Palästinenser-Kommando des «Schwarzen September» überfällt bei den Olympischen Spielen in München die israelische Mannschaft (5.9.).

1973

Die RAF beginnt ihren ersten Hungerstreik und startet eine Kampagne gegen die Haftbedingungen. Die Anwälte beklagen die «Folter» der Gefangenen.

1974

Februar — Ilse Stachowiak, Eberhard Becker, Helmut Pohl, Christa Eckes, Margrit Schiller und Wolfgang Beer werden in Hamburg beziehungsweise Frankfurt verhaftet. Sie wollten die RAF-Häftlinge befreien.

September — Beginn des dritten Hungerstreiks (13.9.)

November — Holger Meins stirbt im Verlauf des Hungerstreiks (9.11.). Am darauffolgenden Tag (10.11.) ermordet eine Gruppe der «Bewegung 2. Juni» den Berliner Kammergerichtspräsidenten Günter von Drenkmann.

Dezember — Der Philosoph Jean-Paul Sartre kommt nach Stammheim und führt ein Gespräch mit Andreas Baader über dessen Haftbedingungen. Als Dolmetscher dabei: Daniel Cohn-Bendit, als Fahrer: Hans-Joachim Klein.

1975

Februar — Die Häftlinge brechen den Hungerstreik ab (5.2.); inzwischen sind die RAF-Angehörigen in Stuttgart-Stammheim zusammengeführt worden, wo sie ihren Prozess erwarten. / Die «Bewegung 2. Juni» entführt den Berliner CDU-Politiker Peter Lorenz (27.2.) und erreicht die Freilassung von Verena Becker, Gabriele Kröcher-Tiedemann, Rolf Pohle, Ina Siepmann und Rolf Heißler.

April	Das «Kommando Holger Meins», zu dem Hanna Krabbe, Karl-Heinz Dellwo, Bernd Rössner, Siegfried Hausner, Ulrich Wessel und Lutz Taufer gehören, besetzt die deutsche Botschaft in Stockholm und fordert die Freilassung von 26 Häftlingen in Deutschland (24. 4.).
Mai	In einem eigens errichteten Gerichtssaal neben dem Gefängnis Stuttgart-Stammheim beginnt der Prozess in «Strafsache gegen Andreas Baader, Gudrun Ensslin, Ulrike Meinhof und Jan-Carl Raspe, wegen Mordes u. a.» (21. 5.).
September	Inge Viett, Ralf Reinders und Juliane Plambeck von der «Bewegung 2. Juni» werden festgenommen (9. 9.).
Dezember	Eine Gruppe internationaler Terroristen überfällt im Auftrag der libyschen Regierung in Wien die OPEC-Konferenz und nimmt mehrere Minister als Geiseln (21. 12.).

1976

Mai	In Sprendlingen erschießen Peter-Jürgen Boock und Rolf Klemens Wagner den Polizisten Fritz Sippel und können anschließend fliehen (7. 5.)./ Ulrike Meinhof wird erhängt in ihrer Zelle aufgefunden (9. 5.).
Juni	Ein palästinensisches Kommando entführt ein in Tel Aviv gestartetes Flugzeug der Air France nach Entebbe (Uganda) und fordert die Freilassung von insgesamt 53 politischen Gefangenen unter anderem aus der Bundesrepublik Deutschland (27. 6.).
Juli	Eine israelische Eliteeinheit stürmt den Flughafen und tötet alle Entführer (4. 7.). / Monika Berberich, Juliane Plambeck, Gabriele Rollnik und Inge Viett von der «Bewegung 2. Juni» brechen aus der Haftanstalt Lehrter Straße in Westberlin aus (7. 7.).
November	Siegfried Haag und Roland Mayer werden bei Butzbach festgenommen (30. 11.).

1977

Februar	Brigitte Mohnhaupt wird aus der Haftanstalt Bühl entlassen (8. 2.), nachdem sie die Monate zuvor in Stammheim verbracht hat, wo sie Instruktionen für die Neuformation der RAF erhalten hat.
April	In Karlsruhe erschießt das RAF-«Kommando Ulrike Meinhof» Generalbundesanwalt Siegfried Buback und dessen Chauffeur Wolfgang Göbel (7. 4.); der sie begleitende Polizist Georg Wurster erliegt sechs Tage später seinen Verletzungen. / Baader, Ensslin und Raspe werden vom Oberlandesgericht Stuttgart jeweils zu lebenslanger Freiheitsstrafe verurteilt (28. 4.).
Mai	In Singen werden Verena Becker und Günter Sonnenberg festgenommen.
Juli	Das Oberlandesgericht Düsseldorf verurteilt Bernd Rössner, Karl-Heinz

	Dellwo, Taufer und Krabbe zu jeweils lebenslanger Freiheitsstrafe. (20.7.) / Ein RAF-Kommando ermordet Jürgen Ponto, den Sprecher der Dresdner Bank, in seinem Haus in Oberursel im Taunus (30.7.).
August	Gescheiterter Raketenwerferanschlag auf das Gebäude der Bundesanwaltschaft in Karlsruhe (25.8.).
September	In Köln wird der Arbeitgeberpräsident Hanns Martin Schleyer vom «Kommando Siegfried Hausner» entführt (5.9.). Dabei werden seine Begleiter Heinz Marcisz, Helmut Ulmer, Reinhold Brändle und Roland Pieler erschossen. Das Kommando fordert die Freilassung von elf RAF-Häftlingen. / In Utrecht wird der Polizist Arie Kranenburg bei der versuchten Festnahme von Knut Folkerts erschossen (22.9.).
Oktober	Das palästinensische «Kommando Martyr Halimeh» entführt die Lufthansamaschine «Landshut» auf dem Flug von Mallorca nach Frankfurt (13.10.). Nach einem Irrflug über das Mittelmeer und über die Arabische Halbinsel erschießt der Anführer des Kommandos, Zohair Youssi Akache, Flugkapitän Jürgen Schumann (16.10.). / Auf dem Flughafen von Mogadischu (Somalia) stürmt ein Kommando der GSG 9 die Maschine (18.10.). Die Geiseln werden befreit, drei der Entführer werden erschossen. Wenige Stunden später begehen Baader, Ensslin und Raspe in ihren Zellen Selbstmord. / In Mülhausen wird Hanns Martin Schleyer tot in einem Kofferraum gefunden (19.10.).
November	Ingrid Schubert begeht Selbstmord in ihrer Zelle in der Vollzugsanstalt München-Stadelheim (12.11.).

1978

Januar	Christine Kuby, die für Boock Medikamente beschaffen soll, wird in Hamburg von der Polizei gestellt und verletzt bei der Festnahme zwei Polizisten schwer (21.1.).
Mai	In Paris wird Stefan Wisniewski verhaftet (11.5.). Am selben Tag werden in Zagreb Peter-Jürgen Boock, Brigitte Mohnhaupt, Sieglinde Hofmann und Rolf Klemens Wagner festgenommen, dürfen aber im November in den Südjemen ausreisen.
Juli	Unbekannte sprengen ein Loch in die Außenmauer des Gefängnisses in Celle (25.7.). Auf einer Pressekonferenz wird der Verdacht auf die RAF gelenkt, die damit den Häftling Sigurd Debus habe befreien wollen. Erst acht Jahre später wird bekannt, dass der niedersächsische Verfassungsschutz für die Straftat verantwortlich war, mit der ein V-Mann in die RAF eingeschleust werden sollte.
September	Willy-Peter Stoll wird in Düsseldorf bei der versuchten Festnahme von einem Polizisten erschossen (6.9.). / Schießerei bei Dortmund zwischen der Polizei und Angelika Speitel, Werner Lotze und Michael Knoll (24.9.). Knoll und der Polizist Hans-Wilhelm Hansen sterben, sein Kollege Otto Schneider wird verletzt. Speitel wird verhaftet, Lotze kann entkommen.

November	Bei Kerkrade erschießen Rolf Heißler und Adelheid Schulz die niederländischen Zollbeamten Dionysius de Jong und Johannes Goemans.

1979

März	Überfall auf die Bank für Gemeinwirtschaft in Darmstadt (19.3.). Beute: 49000 DM.
April	Überfall auf die Schmidt-Bank in Nürnberg. Beute: 211000 DM (17.4.).
Mai	Elisabeth von Dyck wird in Nürnberg von einem Polizisten erschossen (4.5.).
Juni	Rolf Heißler wird in Frankfurt festgenommen und dabei verletzt (9.6.). / Bei Obourg in Belgien unternimmt das «Kommando Andreas Baader» einen Anschlag auf den Nato-Oberbefehlshaber Alexander Haig (25.6.). Drei Leibwächter werden verletzt, Haig selber bleibt unversehrt.
November	Überfall auf eine Filiale der Schweizer Volksbank in Zürich. Beute: umgerechnet 650000 DM. Dabei wird die Passantin Edith Kletzhändler erschossen, eine weitere Passantin und zwei Polizisten werden verletzt. Rolf Klemens Wagner wird verhaftet (19.11.).

1980

Frühjahr	Mehrere RAF-Mitglieder steigen aus. Susanne Albrecht, Christine Dümlein, Werner Lotze, Ekkehard von Seckendorff-Gudent, Ralf Baptist Friedrich, Sigrid Sternebeck, Monika Helbing, Silke Maier-Witt werden in Absprache mit der Staatssicherheit mit neuer Identität in der DDR untergebracht. Inge Viett folgt. Boock flieht nach Hamburg.
Mai	Sieglinde Hofmann und vier Frauen der «Bewegung 2. Juni» werden in Paris festgenommen.
Juni	Letzte Erklärung der «Bewegung 2. Juni». Danach schließen sich die restlichen Mitglieder der RAF an.
Juli	Wolfgang Beer und Juliane Plambeck sterben bei einem Verkehrsunfall in der Nähe von Bietigheim-Bissingen (25.7.).

1981

Januar	Peter-Jürgen Boock wird in Hamburg verhaftet (22.1.).
April	In Hamburg stirbt Sigurd Debus an den Folgen des achten Hungerstreiks der RAF (16.4.).
August	Inge Viett verletzt in Paris den Polizeibeamten Francis Voilleau schwer. / Das «Kommando Sigurd Debus» verübt einen Sprengstoffanschlag auf das Hauptquartier der US-Luftstreitkräfte in Ramstein (31.8.). 17 Personen werden verletzt. Der Sachschaden beträgt mehr als sieben Millionen Mark.

ZEITTAFEL

September Das «Kommando Gudrun Ensslin» verübt in Heidelberg einen Anschlag mit einer Panzerfaust auf den US-General Frederick Kroesen (15.9.). Der Angriff schlägt fehl.

1982

Mai Das sogenannte Mai-Papier, die RAF-Schrift «Guerilla, Widerstand und antiimperialistische Front», kommt in Umlauf.

Oktober Das RAF-Depot 1 bei Heusenstamm in Hessen wird entdeckt (26.10.). Danach können weitere sieben Erdverstecke ausgemacht werden, unter anderem das Depot «Daphne» bei Aumühle im Sachsenwald.

November Brigitte Mohnhaupt und Adelheid Schulz werden beim Depot 1 verhaftet. / Christian Klar wird am Depot «Daphne» festgenommen (16.11.).

1984

März Überfall der RAF auf eine Bank in Würzburg. Beute: 171000 DM (26.3.).

Juli In Frankfurt werden Ingrid Jakobsmeier, Helmut Pohl, Ernst-Volker Staub, Christa Eckes, Barbara Ernst und Stefan Frey verhaftet.

November Bei einem Überfall auf das Waffengeschäft Walla bei Ludwigshafen werden Handfeuerwaffen, Gewehre und Munition erbeutet.

Dezember Missglückter Sprengstoffanschlag des «Kommandos Jan Raspe» auf die Nato-Schule in Oberammergau (18.12.).

1985

Januar RAF und «Action Directe» veröffentlichen ein gemeinsames Papier mit dem Titel: «FÜR DIE EINHEIT DER REVOLUTIONÄRE IN WESTEUROPA» (15.1.). / Bei einem Sprengstoffanschlag in Stuttgart wird Johannes Thimme tödlich verletzt (20.1.). / Das «Kommando Elisabeth von Dyck» der «Action Directe» erschießt den Direktor im französischen Ministerium der Verteidigung, General René Audran (25.1.).

Februar MTU-Chef Ernst Zimmermann wird in Gauting bei München durch das RAF-«Kommando Patsy O'Hara» ermordet.

August Das RAF-«Kommando George Jackson» verübt einen Bombenanschlag auf die US-Flugbasis in Frankfurt (8.8.). Die Zivilangestellte Becky Bristol und der Soldat Frank Scarton werden getötet. Elf weitere Menschen werden verletzt. Um sich mit seinem Ausweis Zugang zur Basis verschaffen zu können, hat die RAF vorher den US-Soldaten Edward Pimental umgebracht.

1986

Juli Karl-Heinz Beckurts, Vorstandsmitglied bei Siemens und dort zuständig für den Bau der Wiederaufarbeitungsanlage Wackersdorf, sowie sein Fahrer Eckhard Groppler werden durch eine Sprengladung am Straßenrand in Straßlach bei München getötet (9.7.).

August Eva Haule, Luitgard Hornstein und Christian Kluth werden in Rüsselsheim verhaftet (2.8.).

Oktober Mord in Bonn an Gerold von Braunmühl, Abteilungsleiter im Auswärtigen Amt (10.10.). Verantwortlich erklärt sich das RAF-«Kommando Ingrid Schubert».

November Der Renault-Chef Georges Besse wird in Paris von der «Action Directe» ermordet (17.11.).

1988

Juni Sprengstoffanschlag in Rota/Spanien unter Tatbeteiligung von Andrea Klump und Horst-Ludwig Meyer (17.6.).

September Mordversuch an Finanzstaatssekretär Hans Tietmeyer in Bonn (20.9.).

1989

November Drei Wochen nach dem Fall der Mauer wird Alfred Herrhausen, der Vorstandssprecher der Deutschen Bank, vom RAF-«Kommando Wolfgang Beer» ermordet (30.11).

1990

Juni In der DDR werden zehn RAF-Aussteiger enttarnt und verhaftet. Susanne Albrecht in Berlin (6.6.), Inge Viett in Magdeburg (12.6.), Werner Lotze und Christine Dümlein in Senftenberg und Monika Helbing und Ekkehard von Seckendorff-Gudent in Frankfurt/Oder (14.6.), Sigrid Sternebeck und Ralf Baptist Friedrich in Schwedt (15.6.) und Silke Maier-Witt und Henning Beer in Neubrandenburg (18.6.).

Juli Sprengstoffanschlag auf Innenstaatssekretär Hans Neusel durch ein RAF-Kommando (27.7.). Er wird nur leicht verletzt.

1991

Februar Ein RAF-Kommando feuert quer über den Rhein mit Gewehren auf die Amerikanische Botschaft in Bonn (13.2.).

April Der Chef der Treuhand, Detlev Karsten Rohwedder, wird durch ein Fenster im ersten Stock seines Hauses in Düsseldorf-Oberkassel von einem Scharfschützen erschossen (1.4.).

1992

April Das «April-Papier» (10.4.) der RAF erscheint, die darin erklärt, sie wolle die Eskalation zurücknehmen und eine politische Diskussion führen.

1993

März — Das «Kommando Katharina Hammerschmidt» sprengt die gerade fertiggestellte Justizvollzugsanstalt Weiterstadt bei Darmstadt und verursacht einen Schaden von 123 Millionen Mark (27.3.).

Juni — Bei einem Einsatz in Bad Kleinen sterben das RAF-Mitglied Wolfgang Grams und der Polizeibeamte Michael Newrzella; Birgit Hogefeld wird verhaftet (27.6.).

1998

April — Die Auflösungserklärung der RAF wird bekannt: «Heute beenden wir das Projekt.» (20.4.)

August — In Frankreich verhaftet die Polizei Hans-Joachim Klein. 2001 wird er in Frankfurt in einem Verfahren, bei dem auch Joschka Fischer als Zeuge auftritt, zu einer mehrjährigen Gefängnisstrafe verurteilt.

1999

Juli — In Duisburg wird ein Geldtransporter überfallen (20.7.). Als Tatbeteiligte gelten die gesuchten RAF-Mitglieder Ernst-Volker Staub und Daniela Klette.

September — Horst-Ludwig Meyer stirbt bei einem Schusswechsel mit der Polizei in Wien (15.9.). Seine Freundin Andrea Klump wird verhaftet und 2004 wegen verschiedener Straftaten zu 14 Jahren Haft verurteilt. Obwohl sie lange auf dem Steckbrief stand, ist ihr eine Mitgliedschaft in der RAF nicht nachzuweisen.

2007

März — Brigitte Mohnhaupt wird vorzeitig entlassen (25.3.).

Mai — Bundespräsident Köhler lehnt nach einem persönlichen Gespräch mit Christian Klar dessen Begnadigung ebenso wie die Birgit Hogefelds ab (7.5.). Klar wird dennoch voraussichtlich Anfang 2009 entlassen werden.

Bildnachweis

Associated Press – AP: Tafel 11 (links unten) / Bayerisches Landeskriminalamt: Tafel 5 (links unten) / Ullstein Bilderdienst: Tafel 1–4, 5 (oben und rechts unten), 6–10, 11 (oben und rechts unten), 12.